해커스변호사

헌법

최근 3개년
중요판례

 해커스변호사

서문

Ⅰ. 이 책의 기획의도

변호사시험, 법원행정고시, 공무원시험 등 국가고시의 가장 큰 특징은 최근 판례의 대거 출제라 할 수 있습니다. 이러한 경향은 향후 시험에서도 유지되리라 생각합니다.

따라서 수험생들은 출제 경향에 맞추어 최근 판례인 2022~2025년 판례에 대해서 철저히 준비해야 할 것입니다. 이런 점을 고려하여 수험생들이 최근 판례를 효율적으로 공부할 수 있도록 이 책을 기획하게 되었습니다.

Ⅱ. 이 책의 특징과 활용법

1. 2022년 1월 ~ 2024년 12월 판례의 게재(2025년 상반기 판례는 7월말 별도 출간 예정)

시험에서 출제비중이 큰 최근 3개년(2022년 1월 ~ 2024년 12월) 판례를 총정리했습니다. 2026년 변호사시험의 경우 출제범위가 2025년 6월 선고 판례까지 포함됩니다. 그런데 헌법재판소가 6월말에 선고 예정인 점, 2025년 판례는 각 교과서에 소개되지 않는 낯선 것일 수밖에 없으므로 (이미 교과서에 소개된 2024년까지의 판례 보다) 더 상세히 정리할 필요가 있는 점 등을 고려하여 예년과 마찬가지로 '2025년 상반기 헌법중요판례' 책을 7월말경 별도로 출간 예정입니다. 그리고 수험생들의 부담을 덜고자 '2025년 상반기 헌법중요판례'에 대해서는 매년 해온 것처럼 7월말경 해커스변호사 학원에서 무료특강을 진행하겠습니다.

2. 중요판례 및 기타 요약판례의 선정

최근 3개년 판례 중 시험에 출제될 가능성이 있는 판례를 선정하였고, 특히 사건의 전체개요를 살펴 볼 필요가 있는 판례를 중요판례로 선정하였습니다. 그 외 출제가능성이 있는 판례는 요약판례로 소개하였습니다.

3. 판시사항의 정리 및 중요부분 밑줄처리

모든 판례의 「판시사항」을 정리하였는데, 이는 선택형(객관식) 시험에서는 OX를 결정하는 결론 부분에 해당하고, 논술형(사례형·기록형) 시험에서는 '논점의 정리(쟁점의 정리, 문제의 소재, 문제의 제기)'에 해당하는 핵심적인 부분입니다. 그리고 본문 판시내용 중 밑줄 친 부분은 당해 사건의 판시이유 중 중요부분에 해당합니다. 따라서 수험생들은 이 책을 처음 공부할 때에는 밑줄 친 부분 위주로 하여 판시내용을 전체적으로, 2회독 때부터는 판시사항과 밑줄 친 부분 위주로, 최종정리 때에는 판시사항 위주로 각 정리하는 방법이 효율적입니다. 2~3회독 때부터는 판시사항을 읽고 판결내용이 떠오르면 판결내용을 간단히 확인만 하거나 읽지 않고 생략해도 무방합니다.

4. 중요한 반대의견의 소개

비록 법정의견은 아니지만, 그에 못지않게 중요한 의미가 있는 반대의견을 소개하였습니다. 선택형시험에서는 법정의견을 정답으로 하기 때문에 선택형시험을 준비하는 독자는 이 부분을 생략하셔도 됩니다. 그러나 논술형시험에서는 반드시 법정의견을 따를 필요가 없고, 사안에 따라서는 반대의견이 더 논리적이라 할 수 있으므로 논술형시험을 준비하는 독자는 이 부분을 참고하여 공부하기를 바랍니다.

5. 강의의 활용

헌법판례는 일견 판시내용이 어렵지 않아 보이므로 강의의 도움이 불요할 것 같지만 실제로는 판시내용의 방대성·추상성 등으로 인하여 단시간에 그 내용을 정확히 이해하고 정리하기가 결코 쉽지 않습니다. 특히 출제비중이 큰 최근 판례에 대한 정확한 이해·정리의 필요성은 아무리 강조해도 지나치지 않다고 생각합니다. 따라서 혼자서 정리하려다가 불필요한 시간낭비를 하는 낭패를 방지하고 효율적인 공부를 위해서 반드시 최근 3개년 판례 강의 및 2025년 상반기 판례에 대한 무료특강을 이용하시기 바랍니다.

Ⅲ. 부탁의 변

시험이 다가올수록 절대로 분량을 늘리는 방식이 아닌 분량을 줄이는 방식의 공부를 하셔야 합니다. 그러나 최근 판례에 있어서만큼은 상황이 다르므로 지나치게 분량을 줄이는 방식의 공부는 오히려 위험하다고 생각합니다. 다시 한 번 말씀드리지만 최근 판례 특성상 한번이라도 확인하고 시험장에 들어가는 것과 그렇지 않은 것은 천양지차이므로 아무리 시간이 없다하더라도 최근 판례 강의 및 2025년 상반기 판례 무료특강을 이용하여 반드시 숙지하고 시험에 임하시기 바랍니다.

Ⅳ. 마무리 인사

아무쪼록 제 책과 강의가 수험생에게 '헌법실력의 향상'과 함께 '합격의 영광'도 함께 가져오기를 기원합니다.

2025. 2. 11.

법무법인(유) 세종 사무실에서

金 柳 香

목차

제2장 합헌 요약판례

부록

제1편

위헌판례

인격권

01 태아의 성별 고지 32주 제한 사건

2024.2.28. 2022헌마356 [의료법 제20조 제2항 위헌확인]   [위헌]

1. 사건의 개요

청구인들(변호사들)은 태아를 임신한 임부 및 임부의 배우자들이다. 의료인은 임신 32주 이전에 태아의 성별을 임부, 임부의 가족 등에게 고지할 수 없다는 의료법 제20조 제2항으로 인해 청구인들은 임신 32주 이전에는 태아의 성별을 알 수 없었다. 이에 청구인들은 위 의료법 조항이 청구인들의 헌법 제10조로 보호되는 부모의 태아 성별 정보 접근권을 침해하였다고 주장하면서, 이 사건 헌법소원심판을 청구하였다.

2. 심판의 대상

의료법(2009. 12. 31. 법률 제9906호로 개정된 것)
제20조(태아 성 감별 행위 등 금지) ② 의료인은 <u>임신 32주 이전에</u> 태아나 임부를 진찰하거나 검사하면서 알게 된 태아의 성(性)을 임부, 임부의 가족, 그 밖의 다른 사람이 알게 하여서는 아니 된다.

[관련조항]
의료법(2007. 4. 11. 법률 제8366호로 전부개정된 것)
제20조(태아 성 감별 행위 등 금지) ① 의료인은 태아 성 감별을 목적으로 임부를 진찰하거나 검사하여서는 아니 되며, 같은 목적을 위한 다른 사람의 행위를 도와서도 아니 된다.

구 의료법(2010. 1. 18. 법률 제9932호로 개정되고, 2023. 5. 19. 법률 제19421호로 개정되기 전의 것)
제66조(자격정지 등) ① 보건복지부장관은 의료인이 다음 각 호의 어느 하나에 해당하면 1년의 범위에서 면허자격을 정지시킬 수 있다. 이 경우 의료기술과 관련한 판단이 필요한 사항에 관하여는 관계 전문가의 의견을 들어 결정할 수 있다.
    4. 제20조를 위반한 경우

의료법(2020. 3. 4. 법률 제17069호로 개정된 것)
제88조의2(벌칙) 다음 각 호의 어느 하나에 해당하는 자는 2년 이하의 징역이나 2천만 원 이하의 벌금에 처한다.
    1. 제20조를 위반한 자

3. 주 문

의료법(2009. 12. 31. 법률 제9906호로 개정된 것) 제20조 제2항은 헌법에 위반된다.

Ⅰ. 판시사항

임신 32주 이전에 태아의 성별 고지를 금지하는 의료법 제20조 제2항(이하 '심판대상조항'이라 한다)이 헌법 제 10조 일반적 인격권에서 나오는 부모가 태아의 성별 정보에 대한 접근을 방해받지 않을 권리를 침해하는지 여부(적극)

Ⅱ. 판단

1. 제한되는 기본권

헌법 제10조로부터 도출되는 일반적 인격권에는 각 개인이 그 삶을 사적으로 형성할 수 있는 자율영역에 대한 보장이 포함되어 있음을 감안할 때, 장래 가족의 구성원이 될 태아의 성별 정보에 대한 접근을 국가로부터 방해 받지 않을 부모의 권리는 이와 같은 일반적 인격권에 의하여 보호된다고 보아야 할 것이다.

따라서 심판대상조항은 일반적 인격권으로부터 나오는 부모가 태아의 성별 정보에 대한 접근을 방해받지 않을 권리를 제한하고 있다(헌재 2008. 7. 31. 2004헌마1010등 참조).

2. 과잉금지원칙 위반 여부

심판대상조항은 성별을 이유로 한 낙태를 방지함으로써 성비의 불균형을 해소하고 태아의 생명을 보호하기 위해 입법된 것으로 목적의 정당성이 인정된다.

그러나 남아선호사상이 확연히 쇠퇴하고 있고, 심판대상조항이 사문화되었음에도 불구하고 출생성비가 자연성 비의 정상범위 내이므로, 심판대상조항은 더 이상 태아의 성별을 이유로 한 낙태를 방지하기 위한 목적을 달성 하는 데에 적합하고 실효성 있는 수단이라고 보기 어렵고, 입법수단으로서도 현저하게 불합리하고 불공정하다.

태아의 생명 보호를 위해 국가가 개입하여 규제해야 할 단계는 성별고지가 아니라 낙태행위인데, 심판대상조항 은 낙태로 나아갈 의도가 없는 부모까지 규제하여 기본권을 제한하는 과도한 입법으로 침해의 최소성에 반하 고, 법익의 균형성도 상실하였다.

따라서 심판대상조항은 과잉금지원칙을 위반하여 부모가 태아의 성별 정보에 대한 접근을 방해받지 않을 권리를 침해한다.

결정의 의의

과거 우리 사회에서 존재하던 남아선호사상에 따라 태아의 성을 선별하여 출산하는 경향이 발생하였고, 그 결과 남녀 간의 성비에 심한 불균형이 초래되어, 1987년 의료법에서 의료인에게 태아의 성별고지 행위를 금 지하는 규정을 도입하였다. 이후 구 의료법 조항에 대하여 헌재 2008. 7. 31. 2004헌마1010등 결정에서 헌 법불합치결정을 하고, 2009년 의료법이 개정되면서 임신 32주 이전에는 태아의 성별고지 행위를 금지하는 심판대상조항을 규정하게 되었다.

이처럼 우리나라에서는 37년간 태아의 성별 고지를 제한하였지만, 그 사이 국민의 가치관과 의식의 변화로 남아선호사상은 확연히 쇠퇴하고 있고, 성비불균형은 해결되어 출생성비는 출산 순위와 관계없이 모두 자연 성비에 도달하였으므로, 성별을 이유로 한 낙태는 더 이상 사회적으로 문제되지 않는다. 현실에서 태아의 부 모는 의료인으로부터 성별을 고지받는 등 심판대상조항은 거의 사문화되었다.

헌법재판소는 성별을 원인으로 한 낙태를 방지하기 위해 낙태를 유발시킨다는 인과관계조차 명확치 않은 태 아의 성별고지 행위를 규제하는 것은 태아의 생명 보호라는 입법목적을 달성하기 위한 수단으로 적합하지 않고, 낙태로 나아갈 의도가 없이 부모로서 가지는 권리에 따라 태아의 성별을 알고 싶은 부모에게도 임신 32주 이전에 태아의 성별을 알게 하지 못하게 금지하는 것은 과잉금지원칙에 위반하여, 부모가 태아의 성별 정보에 대한 접근을 방해받지 않을 권리를 침해한다고 보아 위헌 결정을 하였다.

02 금융회사등 종사자에게 거래정보등의 제공요구금지 조항 사건

2022.2.24. 2020헌가5 [금융실명거래 및 비밀보장에 관한 법률 제6조 제1항 등 위헌제청]　　　　**[위헌]**

1. 사건의 개요

(1) 제청신청인은 2019. 6. 5. '누구든지 금융회사등에 종사하는 자에게 거래정보등의 제공을 요구하여서는 아니 됨에도 2018. 8. 27. 은행원 서○○에게 권○○ 명의의 신한은행 계좌번호 제공을 요구하였다'는 내용의 공소사실로 약식기소되어 2019. 7. 10. 약식명령을 발령받고(서울중앙지방법원 2019고약9569), 이에 대하여 정식재판을 청구하여 현재 재판 계속 중이다(서울중앙지방법원 2019고정1487).

(2) 제청신청인은 위 정식재판 계속 중에 '금융실명거래 및 비밀보장에 관한 법률' 제4조 제1항 및 제6조 제1항 중 '제4조 제1항의 규정을 위반한 자는 5년 이하의 징역 또는 5천만 원 이하의 벌금에 처한다' 부분에 대하여 위헌법률심판제청을 신청하였고, 제청법원은 2020. 2. 20. 위 신청을 '금융실명거래 및 비밀보장에 관한 법률' 제6조 제1항의 처벌규정 중 같은 법률 제4조 제1항 본문의 '누구든지 금융회사등에 종사하는 자에게 거래정보등의 제공을 요구하여서는 아니 된다'와 관련된 부분에 대한 것으로 보고 이를 받아들여 이 사건 위헌법률심판제청을 하였다(서울중앙지방법원 2019초기4027).

2. 심판의 대상

구 금융실명거래 및 비밀보장에 관한 법률(2013. 5. 28. 법률 제11845호로 개정되고, 2019. 11. 26. 법률 제16651호로 개정되기 전의 것)

제4조(금융거래의 비밀보장) ① 금융회사등에 종사하는 자는 명의인(신탁의 경우에는 위탁자 또는 수익자를 말한다)의 서면상의 요구나 동의를 받지 아니하고는 그 금융거래의 내용에 대한 정보 또는 자료(이하 "거래정보등"이라 한다)를 타인에게 제공하거나 누설하여서는 아니 되며, 누구든지 금융회사등에 종사하는 자에게 거래정보등의 제공을 요구하여서는 아니 된다. (단서 생략)

제6조(벌칙) ① 제3조 제3항 또는 제4항, 제4조 제1항 또는 제3항부터 제5항까지의 규정을 위반한 자는 5년 이하의 징역 또는 5천만 원 이하의 벌금에 처한다.

금융실명거래 및 비밀보장에 관한 법률(2020. 12. 29. 법률 제17758호로 개정된 것)

제4조(금융거래의 비밀보장) ① 금융회사등에 종사하는 자는 명의인(신탁의 경우에는 위탁자 또는 수익자를 말한다)의 서면상의 요구나 동의를 받지 아니하고는 그 금융거래의 내용에 대한 정보 또는 자료(이하 "거래정보등"이라 한다)를 타인에게 제공하거나 누설하여서는 아니 되며, 누구든지 금융회사등에 종사하는 자에게 거래정보등의 제공을 요구하여서는 아니 된다. (단서 생략)

제6조(벌칙) ① 제3조 제3항 또는 제4항, 제4조 제1항 또는 제3항부터 제5항까지의 규정을 위반한 자는 5년 이하의 징역 또는 5천만 원 이하의 벌금에 처한다.

[관련조항]

금융실명거래 및 비밀보장에 관한 법률 시행령(2014. 11. 28. 대통령령 제25790호로 개정된 것)

제5조(금융회사등에 종사하는 자의 범위) 법 제4조에 따른 금융회사등에 종사하는 자는 금융회사등의 임·직원 및 그 대리인·사용인 기타 종업원으로서 금융거래의 내용에 대한 정보 또는 자료를 취급·처리하는 업무에 사실상 종사하는 자로 한다.

3. 주 문

1. 구 금융실명거래 및 비밀보장에 관한 법률(2013. 5. 28. 법률 제11845호로 개정되고, 2019. 11. 26. 법률 제16651호로 개정되기 전의 것) 제4조 제1항 본문 중 '누구든지 금융회사등에 종사하는 자에게 거래정보등의 제공을 요구하여서는 아니 된다' 부분 및 같은 법 제6조 제1항 중 위 해당 부분은 헌법에 위반된다.

2. 구 금융실명거래 및 비밀보장에 관한 법률(2019. 11. 26. 법률 제16651호로 개정되고, 2020. 12. 29. 법률 제17758호로 개정되기 전의 것) 제4조 제1항 본문 중 '누구든지 금융회사등에 종사하는 자에게 거래정보등의 제공을 요구하여서는 아니 된다' 부분 및 같은 법 제6조 제1항 중 위 해당 부분, 금융실명거래 및 비밀보장에 관한 법률(2020. 12. 29. 법률 제17758호로 개정된 것) 제4조 제1항 본문 중 '누구든지 금융회사등에 종사하는 자에게 거래정보등의 제공을 요구하여서는 아니 된다' 부분 및 같은 법 제6조 제1항 중 위 해당 부분은 헌법에 위반된다.

Ⅰ. 판시사항

누구든지 금융회사등에 종사하는 자에게 타인의 금융거래의 내용에 관한 정보 또는 자료를 요구하는 것을 금지하고, 이를 위반 시 형사처벌하는 구 '금융실명거래 및 비밀보장에 관한 법률' 제4조 제1항 본문 중 '누구든지 금융회사등에 종사하는 자에게 거래정보 등의 제공을 요구하여서는 아니 된다' 부분 및 같은 법 제6조 제1항 중 위 해당 부분, '금융실명거래 및 비밀보장에 관한 법률' 제4조 제1항 본문 중 '누구든지 금융회사등에 종사하는 자에게 거래정보등의 제공을 요구하여서는 아니 된다' 부분 및 같은 법 제6조 제1항 중 위 해당 부분(이하 '심판대상조항'이라 한다)이 과잉금지원칙을 위반하여 일반적 행동자유권을 침해하는지 여부(적극)

Ⅱ. 결정요지

1. 일반적 행동자유권의 제한

심판대상조항은 누구든지 금융회사등에 종사하는 자에게 타인의 금융거래 관련 정보를 요구하는 것을 금지하고, 이를 처벌조항으로 강제하고 있으므로, 헌법 제10조의 행복추구권에서 파생되는 일반적 행동자유권을 제한한다.

2. 과잉금지원칙 위반 여부

심판대상조항은 금융거래정보 유출을 막음으로써 금융거래의 비밀을 보장하기 위하여 명의인의 동의 없이 금융기관에게 금융거래정보를 요구하는 것을 금지하고 그 위반행위에 대하여 형사처벌을 가하는 것으로, 입법목적의 정당성과 수단의 적합성이 인정된다.

금융거래의 역할이나 중요성에 비추어 볼 때 그 비밀을 보장할 필요성은 인정되나, 금융거래는 금융기관을 매개로 하여서만 가능하므로 금융기관 및 그 종사자에 대하여 정보의 제공 또는 누설에 대하여 형사적 제재를 가하는 것만으로도 금융거래의 비밀은 보장될 수 있다.

심판대상조항은 금융거래정보의 제공요구행위 자체만으로 형사처벌의 대상으로 삼고 있으나, 제공요구행위에 사회적으로 비난받을 행위가 수반되지 않거나, 금융거래의 비밀 보장에 실질적인 위협이 되지 않는 행위도 충분히 있을 수 있다. 또한 명의인의 동의를 받을 수 없는 상황에서 타인의 금융거래정보가 필요하여 금융기관 종사자에게 그 제공을 요구하는 경우가 있을 수 있는 등 금융거래정보 제공요구행위는 구체적인 사안에 따라 죄질과 책임을 달리한다. 그럼에도 심판대상조항은 정보제공요구의 사유나 경위, 행위 태양, 요구한 거래정보의 내용 등을 전혀 고려하지 아니하고 일률적으로 금지하고, 그 위반 시 형사처벌을 하도록 하고 있다. 이는 입법목적을 달성하기 위하여 필요한 범위를 넘어선 것으로 최소침해성의 원칙에 위반된다.

금융거래의 비밀보장이 중요한 공익이라는 점은 인정할 수 있으나, 심판대상조항이 정보제공요구를 하게 된 사유나 행위의 태양, 요구한 거래정보의 내용을 고려하지 아니하고 일률적으로 일반 국민들이 거래정보의 제공을 요구하는 것을 금지하고 그 위반 시 형사처벌을 하는 것은 그 공익에 비하여 지나치게 일반 국민의 일반적 행동자유권을 제한하는 것으로 법익의 균형성을 갖추지 못하였다.

따라서 심판대상조항은 과잉금지원칙에 반하여 일반적 행동자유권을 침해하므로 헌법에 위반된다.

03 지방의회의원의 후원회지정 금지 사건

2022.11.24. 2019헌마528 [정치자금법 제6조 등 위헌확인]　　　　　　　　　　　[헌법불합치]

1. 사건의 개요

청구인들은 2018. 6. 13. 실시된 제7회 전국동시지방선거에서 지방자치법 제2조 제1항 제1호의 '도'의회의원 또는 같은 항 제2호의 '시'의회의원으로 당선되어 2018. 7. 1.부터 임기를 개시한 사람들이다.

청구인들은 지방의회의원을 후원회지정권자의 범위에서 제외하고 있는 정치자금법 제6조 등이 청구인들의 기본권을 침해한다며 이 사건 헌법소원심판을 청구하였다.

2. 심판의 대상

정치자금법(2005. 8. 4. 법률 제7682호로 전부개정된 것)
제6조(후원회지정권자) 다음 각 호에 해당하는 자(이하 "후원회지정권자"라 한다)는 각각 하나의 후원회를 지정하여 둘 수 있다.
　　2. 국회의원(국회의원선거의 당선인을 포함한다)

[관련조항]

지방자치법(2021. 1. 12. 법률 제17893호로 전부개정된 것)
제2조(지방자치단체의 종류) ① 지방자치단체는 다음의 두 가지 종류로 구분한다.
　　1. 특별시, 광역시, 특별자치시, 도, 특별자치도
　　2. 시, 군, 구

3. 주 문

정치자금법(2005. 8. 4. 법률 제7682호로 전부개정된 것) 제6조 제2호는 헌법에 합치되지 아니한다. 위 법률조항은 2024. 5. 31.을 시한으로 입법자가 개정할 때까지 계속 적용된다.

Ⅰ. 판시사항

1. 국회의원을 후원회지정권자로 정하면서 지방자치법 제2조 제1항 제1호의 '도'의회의원과 같은 항 제2호의 '시'의회의원(이하 '지방의회의원'이라 한다)을 후원회지정권자에서 제외하고 있는 정치자금법 제6조 제2호(이하 '심판대상조항'이라 한다)가 청구인들의 평등권을 침해하는지 여부(적극)
2. 헌법불합치결정을 선고하면서 계속 적용을 명한 사례

Ⅱ. 결정요지

1. 평등권을 침해 여부

후원회 제도는 유권자 스스로 정치인을 후원하도록 함으로써 정치에 대한 신뢰감을 높이고 후원회 활동을 통해 후원회 또는 후원회원이 지향하는 정책적 의지가 보다 효율적으로 구현되도록 하며 정치자금의 투명성을 확보

하기 위한 제도이다.

1980년 '정치자금에 관한 법률'이 전부개정되면서 후원회 제도가 도입된 이래 후원회지정권자의 범위는 계속 확대되어왔고, 그에 따라 정치자금의 투명성도 크게 제고되었다.

또한, 지방의회제도가 발전함에 따라 지방의회의원의 역할도 증대되었는데, 지방의회의원의 전문성을 확보하고 원활한 의정활동을 지원하기 위해서는 지방의회의원들에게도 후원회를 허용하여 정치자금을 합법적으로 확보할 수 있는 방안을 마련해 줄 필요가 있다.

지방의회의원은 주민의 대표자이자 지방의회의 구성원으로서 주민들의 다양한 의사와 이해관계를 통합하여 지방자치단체의 의사를 형성하는 역할을 하므로, 이들에게 후원회를 허용하는 것은 후원회 제도의 입법목적과 철학적 기초에 부합한다.

정치자금법은 후원회의 투명한 운영을 위한 상세한 규정을 두고 있으므로, 지방의회의원의 염결성은 이러한 규정을 통하여 충분히 달성할 수 있다. 국회의원과 소요되는 정치자금의 차이도 후원 한도를 제한하는 등의 방법으로 규제할 수 있다. 그럼에도 후원회 지정 자체를 금지하는 것은 오히려 지방의회의원의 정치자금 모금을 음성화시킬 우려가 있다.

현재 지방자치법에 따라 지방의회의원에게 지급되는 의정활동비 등은 의정활동에 전념하기에 충분하지 않다. 또한, 지방의회는 유능한 신인정치인의 유입 통로가 되므로, 지방의회의원에게 후원회를 지정할 수 없도록 하는 것은 경제력을 갖추지 못한 사람의 정치입문을 저해할 수도 있다.

따라서 이러한 사정들을 종합하여 보면, 심판대상조항이 국회의원과 달리 지방의회의원을 후원회지정권자에서 제외하고 있는 것은 불합리한 차별로서 청구인들의 평등권을 침해한다.

2. 헌법불합치 결정과 선례 변경

심판대상조항에 대하여 단순위헌결정을 하여 그 효력을 상실시키게 되면 국회의원 역시 후원회를 지정할 수 있는 근거규정이 사라지게 되므로, 심판대상조항에 대하여 단순위헌결정을 선고하는 대신 헌법불합치결정을 선고한다. 입법자는 2024. 5. 31.까지 개선입법을 하여야 하고, 이 조항은 입법자의 개선입법이 이루어질 때까지 계속 적용된다.

종전에 헌법재판소가 이 조항과 실질적으로 동일한 내용을 규정하고 있는 개정 전 조항에 대하여 헌법에 위반되지 않는다고 판시한 헌재 2000. 6. 1. 99헌마576 결정은 이 결정 취지와 저촉되는 범위 안에서 변경한다.

결정의 의의

헌법재판소는 헌재 2000. 6. 1. 99헌마576 결정에서 국회의원·국회의원입후보등록자는 후원회를 둘 수 있도록 하면서 서울특별시·광역시·도의회의원은 후원회를 둘 수 없도록 한 구 '정치자금에 관한 법률' 조항에 관하여 평등원칙에 위반되지 않는다는 결정을 내린 바 있다.

이 사건은 광역자치단체의 '도'의회의원인 청구인들과 기초자치단체의 '시'의회의원인 청구인들이 후원회지정권자를 국회의원으로 한정하고 있는 심판대상조항에 대하여 헌법소원을 제기한 사건으로, 헌법재판소는 기존 선례의 입장을 변경하여 심판대상조항이 청구인들의 평등권을 침해한다고 판단하고 2024. 5. 31. 입법자의 개선 입법이 있을 때까지 계속 적용을 명하는 헌법불합치결정을 내렸다.

04 국가를 상대로 한 당사자소송에서의 가집행선고 제한 사건

1. 사건의 개요

당해 사건의 원고 김○○은 2000. 9. 1. ○○대학교 교원으로 임용되었고, 2011. 12. 28. 국립대학법인 ○○대학교가 설립되면서 교육부 소속 공무원으로 지위가 변경되었다. 교육부장관은 2016. 12. 26. 김○○에게 직권면직 처분을 하였고, 김○○은 교육부장관을 상대로 직권면직 처분의 취소를 구하는 소를 제기하였다. 항소심에서 직권면직 처분을 취소하는 판결이 선고되어(서울고등법원 2018누44779) 교육부장관이 상고하였으나, 2019. 5. 10. 상고가 기각되어 항소심 판결이 확정되었다(대법원 2019두33064).

김○○은 2019. 9. 23. 직권면직 처분 취소 판결에 따라 복직되었으나 교육부장관으로부터 급여를 지급받지 못하였다고 주장하며 2017. 1. 이후의 급여 및 이에 대한 이자 등의 지급을 구하는 소를 제기하고, 가집행선고를 구하고 있다.

제청법원은 직권면직 처분 취소 판결에 따라 당해 사건 원고인 김○○이 구하는 급여 청구의 허용 여부를 결정하기에 앞서, 2020. 8. 24. 국가를 상대로 한 당사자소송에는 가집행선고를 할 수 없도록 규정하고 있는 행정소송법 제43조에 대하여 직권으로 위헌법률심판을 제청하였다.

2. 심판의 대상

행정소송법(1984. 12. 15. 법률 제3754호로 전부개정된 것)
제43조(가집행선고의 제한) 국가를 상대로 하는 당사자소송의 경우에는 가집행선고를 할 수 없다.

[관련조항]

행정소송법(2002. 1. 26. 법률 제6627호로 개정된 것)
제8조(법적용예) ① 행정소송에 대하여는 다른 법률에 특별한 규정이 있는 경우를 제외하고는 이 법이 정하는 바에 의한다.
② 행정소송에 관하여 이 법에 특별한 규정이 없는 사항에 대하여는 법원조직법과 민사소송법 및 민사집행법의 규정을 준용한다.
제39조(피고적격) 당사자소송은 국가 · 공공단체 그 밖의 권리주체를 피고로 한다.
제3조(행정소송의 종류) 행정소송은 다음의 네 가지로 구분한다.
　　2. 당사자소송: 행정청의 처분등을 원인으로 하는 법률관계에 관한 소송 그밖에 공법상의 법률관계에 관한 소송으로서 그 법률관계의 한쪽 당사자를 피고로 하는 소송

민사소송법(2002. 1. 26. 법률 제6626호로 개정된 것)
제213조(가집행의 선고) ① 재산권의 청구에 관한 판결은 가집행(假執行)의 선고를 붙이지 아니할 상당한 이유가 없는 한 직권으로 담보를 제공하거나, 제공하지 아니하고 가집행을 할 수 있다는 것을 선고하여야 한다. 다만, 어음금 · 수표금 청구에 관한 판결에는 담보를 제공하게 하지 아니하고 가집행의 선고를 하여야 한다.

3. 주 문

행정소송법(1984. 12. 15. 법률 제3754호로 전부개정된 것) 제43조는 헌법에 위반된다.

Ⅰ. 판시사항

국가를 상대로 하는 당사자소송의 경우에는 가집행선고를 할 수 없다고 규정한 행정소송법 제43조(이하 '심판대상조항'이라 한다)가 평등원칙에 위배되는지 여부(적극)

Ⅱ. 결정요지

1. 차별취급의 존재

당사자소송은 국가·공공단체 그 밖의 권리주체를 피고로 하는데 심판대상조항에 의하여 피고가 국가인 경우에만 가집행선고를 할 수 없으므로, 당사자소송의 경우 피고가 누구인지에 따라 승소판결과 동시에 가집행 선고를 할 수 있는지 여부가 달라지고, 이는 곧 심판대상조항에 따른 차별취급이라고 할 수 있다. 즉 심판대상조항은 재산권의 청구에 관한 당사자소송 중에서도 피고가 공공단체 그 밖의 권리주체인 경우와 국가인 경우를 다르게 취급하고 있다.

2. 평등원칙 위배 여부

가집행의 선고는 불필요한 상소권의 남용을 억제하고 신속한 권리실행을 하게 함으로써 국민의 재산권과 신속한 재판을 받을 권리를 보장하기 위한 제도이다(헌재 1989. 1. 25. 88헌가7 참조). 통상 당사자소송은 행정청의 처분 등을 원인으로 하는 법률관계에 관한 소송 그 밖의 공법상의 법률관계에 관한 소송으로서 그 법률관계의 한쪽 당사자를 피고로 하는 소송이고(행정소송법 제3조 제2호), 보상금증감에 관한 소송(공익사업을 위한 토지 등의 취득 및 보상에 관한 법률 제85조 제2항)과 같이 현행법상 인정되는 당사자소송과 대립하는 대등 당사자 간의 공법상의 권리 또는 법률관계 그 자체를 소송물로 하는 소송인 공법상 계약에 관한 소송, 공법상 금전청구에 관한 소송 등이 여기에 해당한다. 당사자소송 중에는 사실상 같은 법률조항에 의하여 형성된 공법상 법률관계라도 당사자를 달리 하는 경우가 있을 수 있다. 예컨대, 토지 수용 관련 보상금의 증액을 구하는 소송(공익사업을 위한 토지 등의 취득 및 보상에 관한 법률 제85조 제2항 참조)에서 피고가 되는 사업시행자는 사업내용이나 성질에 따라 재개발사업조합, 공법인, 지방자치단체 또는 국가가 될 수 있는데, 보상금증액 청구라는 동일한 성격인 공법상 금전지급 청구소송임에도 피고가 누구인지에 따라 가집행선고를 할 수 있는지 여부가 달라진다면 상대방 소송 당사자인 원고로 하여금 불합리한 차별을 받도록 하는 결과가 된다.

재산권의 청구가 공법상 법률관계를 전제로 한다는 점만으로 국가를 상대로 하는 당사자소송에서 국가를 우대할 합리적인 이유가 있다고 할 수 없고, 집행가능성 여부에 있어서도 국가와 지방자치단체 등이 실질적인 차이가 있다고 보기 어렵다. 한편 가집행 후 상소심에서 판결이 번복되었으나 원상회복이 어려운 경우 국고손실이 발생할 수 있으나, 이는 국가가 피고일 경우에만 생기는 문제가 아니라 가집행제도의 일반적인 문제라 할 것이며, 이러한 문제는 법원이 판결을 할 때 가집행을 붙이지 아니할 상당성의 유무를 신중히 판단하고 담보제공명령이나 가집행 면제제도(민사소송법 제213조 참조)를 이용하여 사전에 예방할 수 있는 것이므로 위와 같은 문제가 국가에 대하여 예외적으로 가집행선고를 금지할 이유가 될 수 없다(헌재 1989. 1. 25. 88헌가7 참조). 또한 가지급금 반환신청 제도를 통해 일방 당사자는 반드시 판결확정시까지 기다리지 않고도 가집행선고에 기하여 집행된 금전 등을 반환받을 수 있고 가집행으로 말미암은 손해 또는 그 면제를 받기 위하여 입은 손해가 있다면 손해배상청구도 가능하므로(민사소송법 제215조 제2항 참조), 판결 번복으로 인한 원상회복의 어려움도 어느 정도 경감된다고 할 수 있다. 나아가 가집행선고가 붙은 판결의 피고도 가집행판결에 따른 집행을 면하기 위하여 변제를 할 수 있으므로, 피고인 국가는 가집행으로 인한 회계질서 문란을 피하기 위하여 변제 여부를 고려하면 되고, 만일 변제를 한다면 더 이상 이자가 발생하지 않으므로 오히려 국고손실의 위험도 일부 줄일 수 있다.

이를 종합하면, 심판대상조항은 국가가 당사자소송의 피고인 경우 가집행의 선고를 제한하여, 국가가 아닌 공공단체 그 밖의 권리주체가 피고인 경우에 비하여 합리적인 이유 없이 차별하고 있으므로 평등원칙에 반한다.

과거 구 소송촉진등에관한특례법(1981. 1. 29. 법률 제3361호로 제정되고, 1990. 1. 13. 법률 제4203호로 개정되기 전의 것)에서는 심판대상조항과 유사한 조항, 즉 국가를 상대로 하는 재산권의 청구에 관하여는 가집행의 선고를 할 수 없다는 규정을 두고 있었으나 헌법재판소는 이것이 재산권과 신속한 재판을 받을 권리의 보장에 있어 소송당사자를 차별하여 국가를 우대하여 헌법 제11조 제1항에 위배된다고 결정하였다(헌재 1989. 1. 25. 88헌가7). 그러나 심판대상조항은 1984. 12. 15. 법률 제3754호로 전부개정된 행정소송법에 신설된 후 현재까지 내용의 변화가 없었다. 재산권의 청구에 관한 판결은 가집행의 선고를 붙이지 아니할 상당한 이유가 없는 한 가집행선고도 함께 하여야 함에도 심판대상조항에 따라 국가가 당사자인 당사자소송의 경우에는 가집행선고가 불가하도록 한 제한에 합리적 이유가 없어 평등원칙에 위반됨을 선언한 것이다.

05 초과 구금에 대한 형사보상을 규정하지 않은 형사보상법 사건

2022.2.24. 2018헌마998등 【입법부작위 위헌확인】   [헌법불합치]

1. 사건의 개요

청구인 한○○은 2007. 8. 21. 폭력행위등처벌에관한법률위반(집단 · 흉기등상해)죄, 폭력행위등처벌에관한법률위반(집단 · 흉기등폭행)죄 등으로 징역 2년 6월을 선고(춘천지방법원 강릉지원 2007고단421)받아 2008. 2. 28. 위 판결이 확정되었다.

헌법재판소는 2015. 9. 24. 2014헌바154등 사건에서 청구인에 대한 위 유죄판결의 일부 근거가 된 구 '폭력행위 등 처벌에 관한 법률'(2006. 3. 24. 법률 제7891호로 개정되고, 2014. 12. 30. 법률 제12896호로 개정되기 전의 것) 제3조 제1항 중 '흉기 기타 위험한 물건을 휴대하여 형법 제260조 제1항(폭행), 제283조 제1항(협박), 제366조(재물손괴등)의 죄를 범한 자'에 관한 부분에 대하여 위헌결정을 선고하였다. 이에 따라 2016. 1. 6. 법률 제13718호로 개정된 '폭력행위 등 처벌에 관한 법률'에서는 위 제3조 제1항뿐만 아니라 이와 유사한 가중처벌 규정도 삭제하였고, 같은 날 법률 제13719호로 개정된 형법에는 위험한 물건을 휴대하여 상해죄를 범한 경우를 가중처벌하는 제258조의2(특수상해)가 신설되었다.

청구인은 위 판결에 대한 재심을 청구(춘천지방법원 강릉지원 2017재고단16)하여 2017. 12. 6. 재심개시결정을 받았다. 개시된 재심절차에서 검사는 재심대상판결 중, ① 각 폭력행위등처벌에관한법률위반(집단 · 흉기등상해)죄로 유죄판결이 선고된 부분에 대하여서는 공소사실은 그대로 유지한 채 죄명을 각 '특수상해죄'로, 적용법조를 각 '형법 제258조의2 제1항, 제257조 제1항'으로 교환적으로 변경하고, ② 폭력행위등처벌에관한법률위반(집단 · 흉기등폭행)죄로 유죄판결이 선고된 부분에 대하여서는 공소사실은 그대로 유지한 채 죄명을 '특수폭행죄'로, 적용법조를 '형법 제261조, 제260조 제1항'으로 교환적으로 변경하는 내용의 공소장변경허가신청을 하였고, 법원은 이를 허가하였으며, 청구인은 2018. 4. 5. 특수상해죄, 특수폭행죄 등으로 징역 2년을 선고받았다. 청구인은 위 판결에 항소(춘천지방법원 강릉지원 2018노139) 및 상고(대법원 2018도13149)하였으나 모두 기각되어 2018. 9. 28. 위 판결이 확정되었다.

청구인은 위 항소심과 상고심에서 재심절차에서 감형된 경우에 무죄판결을 받은 경우와 달리 '형사보상 및 명예회복에 관한 법률'(이하 '형사보상법'이라 한다)에 따른 보상을 받을 수 없는 것은 부당하다는 주장을 하였으나, 이는 적법한 항소이유 내지 상고이유에 해당하지 않는다는 이유로 배척되었다. 이에 청구인은 형사보상법 제2조가 무죄 이외에 '재심절차에서 감형된 경우'를 형사보상 대상으로 규정하지 아니한 것이 자신의 기본권을 침해한다고 주장하면서 2018. 10. 2. 이 사건 헌법소원심판을 청구하였다.

2. 심판의 대상

형사보상 및 명예회복에 관한 법률(2011. 5. 23. 법률 제10698호로 전부개정된 것)

제26조(면소 등의 경우) ① 다음 각 호의 어느 하나에 해당하는 경우에도 <u>국가에 대하여 구금에 대한 보상을 청구할 수 있다.</u>

1. 형사소송법에 따라 면소(免訴) 또는 공소기각(公訴棄却)의 재판을 받아 확정된 피고인이 면소 또는 공소기각의 재판을 할 만한 사유가 없었더라면 무죄재판을 받을 만한 현저한 사유가 있었을 경우
2. 치료감호법 제7조에 따라 치료감호의 독립 청구를 받은 피치료감호청구인의 치료감호사건이 범죄로 되지 아니하거나 범죄사실의 증명이 없는 때에 해당되어 청구기각의 판결을 받아 확정된 경우

[관련조항]

형사보상 및 명예회복에 관한 법률(2011. 5. 23. 법률 제10698호로 전부개정된 것)

제2조(보상 요건) ① 형사소송법에 따른 일반 절차 또는 재심(再審)이나 비상상고(非常上告) 절차에서 <u>무죄재판을 받아 확정된 사건의 피고인이 미결구금(未決拘禁)을 당하였을 때에는 이 법에 따라 국가에 대하여 그 구금에 대한 보상을 청구할 수 있다.</u>

② 상소권회복에 의한 상소, 재심 또는 비상상고의 절차에서 무죄재판을 받아 확정된 사건의 피고인이 원판결(原判決)에 의하여 구금되거나 형 집행을 받았을 때에는 구금 또는 형의 집행에 대한 보상을 청구할 수 있다.

제4조(보상하지 아니할 수 있는 경우) 다음 각 호의 어느 하나에 해당하는 경우에는 법원은 재량(裁量)으로 보상청구의 전부 또는 일부를 기각(棄却)할 수 있다.

1. 형법 제9조 및 제10조 제1항의 사유로 무죄재판을 받은 경우
2. 본인이 수사 또는 심판을 그르칠 목적으로 거짓 자백을 하거나 다른 유죄의 증거를 만듦으로써 기소(起訴), 미결구금 또는 유죄재판을 받게 된 것으로 인정된 경우
3. 1개의 재판으로 경합범(競合犯)의 일부에 대하여 무죄재판을 받고 다른 부분에 대하여 유죄재판을 받았을 경우

제26조(면소 등의 경우) ② 제1항에 따른 보상에 대하여는 무죄재판을 받아 확정된 사건의 피고인에 대한 보상에 관한 규정을 준용한다. 보상결정의 공시에 대하여도 또한 같다.

3. 주 문

형사보상 및 명예회복에 관한 법률(2011. 5. 23. 법률 제10698호로 전부개정된 것) 제26조 제1항은 헌법에 합치되지 아니한다. 위 조항은 2023. 12. 31.을 시한으로 입법자가 개정할 때까지 계속 적용된다.

Ⅰ. 판시사항

1. 원판결의 근거가 된 가중처벌규정에 대하여 헌법재판소의 위헌결정이 있었음을 이유로 개시된 재심절차에서, 공소장의 교환적 변경을 통해 위헌결정된 가중처벌규정보다 법정형이 가벼운 처벌규정으로 적용법조가 변경되어 피고인이 무죄판결을 받지는 않았으나 원판결보다 가벼운 형으로 유죄판결이 확정됨에 따라 원판결에 따른 구금형 집행이 재심판결에서 선고된 형을 초과하게 된 경우, 재심판결에서 선고된 형을 초과하여 집행된 구금에 대하여 보상요건을 규정하지 아니한 '형사보상 및 명예회복에 관한 법률' 제26조 제1항(이하 '심판대상조항'이라 한다)이 평등원칙을 위반하여 청구인들의 평등권을 침해하는지 여부(적극)

2. 헌법불합치결정을 선고하면서 계속 적용을 명한 사례

Ⅱ. 결정요지

1. 평등권 침해 여부

이 사건에서 문제되는 경우는 모두 원판결의 근거가 된 가중처벌규정에 대하여 <u>헌법재판소의 위헌결정이 있었음을 이유로 개시된 재심절차에서, 공소장의 교환적 변경을 통해 위헌결정된 가중처벌규정보다 법정형이 가벼</u>

운 처벌규정으로 적용법조가 변경되어 피고인이 무죄판결을 받지는 않았으나 원판결보다 가벼운 형으로 유죄판결이 확정됨에 따라 원판결에 따른 구금형 집행이 재심판결에서 선고된 형을 초과하게 된 경우이다.

청구인들은 재심절차에서 무죄판결을 선고받을 수 있었으나, 공소장의 교환적 변경이라는 소송법상 절차로 인하여 무죄재판을 받을 수 없게 되었다. 그러한 공소장 변경이 가능하였던 것은 기존 적용법조가 일반법인 형법규정의 구성요건 이외에 가중적 구성요건 표지의 추가 없이 법정형만 가중하는 위헌적인 특별법규정이었기 때문이다. 이때 재심절차에서 감형된 부분이 단순히 법관의 양형재량의 결과라고 단정할 수 없는 것은 죄형법정주의의 핵심이자 법관이 선고형을 결정하는 근간이 되는 형벌규정의 법정형 자체가 상이하기 때문이다. 그렇다면 적어도 원판결의 형 중에서 재심판결의 선고형을 초과하는 부분의 전부 또는 일부에 대해서는 위헌적인 법률의 적용과의 상관관계를 부인하기 어렵고, 그 상관관계가 인정될 경우 그 초과 부분은 무죄사유가 있던 부분에 대응하는 것으로 보아야 할 것이다. 이때 재심판결 확정 당시 아직 재심판결에서 선고된 형을 초과하는 구금이 이루어지지 아니한 상태라면 재심판결에서 선고된 형의 범위 내에서만 형 집행이 이루어짐으로써 구제받을 수 있을 것이나, 재심판결에서 선고된 형을 초과하는 구금이 이미 이루어진 상태라면 그 초과 구금은 위헌적인 법률의 집행으로 인한 과다 구금으로서 형사사법절차에 내재하는 위험으로 인하여 피고인의 신체의 자유에 중대한 피해 결과가 발생한 것으로 볼 수밖에 없다. 그럼에도 위와 같은 경우에 대하여 형사보상의 대상이 되지 않는다고 보는 것은 형벌규정에 관한 위헌결정의 소급효와 재심청구권을 규정한 헌법재판소법 제47조 제3항, 제4항의 취지에도 부합하지 않는다.

이 사건에서 문제되는 경우는 심판대상조항이 형사보상 대상으로 규정하고 있는 경우들과 본질적으로 다르다고 보기 어렵고, 다만 무죄재판을 받을 수 없었던 사유가 '적용법조에 대한 공소장의 교환적 변경'이라는 점에 차이가 있다. 형사사법기관이 피고인을 위한 비상구제절차인 재심절차에 이르러 공소장의 교환적 변경 등을 통해 무죄재판을 피하였다고 하더라도, 피고인이 그러한 형사사법절차 속에서 이미 신체의 자유에 관한 중대한 피해를 입었다면, 피고인 개인으로 하여금 그 피해를 부담하도록 하는 것은 헌법상 형사보상청구권의 취지에 어긋난다. 따라서 결과적으로 부당한 구금으로 이미 피고인의 신체의 자유에 관한 중대한 피해가 발생한 이상, 공소장의 교환적 변경을 통하여 무죄재판을 피하였다는 사정은 피고인에 대한 형사보상청구권 인정 여부를 달리할 합리적인 근거가 될 수 없다. 그럼에도 불구하고 심판대상조항이 이 사건에서 문제되는 경우를 형사보상 대상으로 규정하지 아니한 것은 불합리한 차별에 해당한다.

그렇다면 심판대상조항이 원판결의 근거가 된 가중처벌규정에 대하여 헌법재판소의 위헌결정이 있었음을 이유로 개시된 재심절차에서, 공소장 변경을 통해 위헌결정된 가중처벌규정보다 법정형이 가벼운 처벌규정으로 적용법조가 변경되어 피고인이 무죄재판을 받지는 않았으나 원판결보다 가벼운 형으로 유죄판결이 확정된 경우, 재심판결에서 선고된 형을 초과하여 집행된 구금에 대하여 보상요건을 전혀 규정하지 아니한 것은 현저히 자의적인 차별로서 평등원칙을 위반하여 청구인들의 평등권을 침해하므로 헌법에 위반된다.

2. 헌법불합치결정의 필요성

심판대상조항에 대해서는 위헌결정을 하여야 할 것이나, 이에 대하여 위헌결정을 하여 당장 그 효력을 상실시킬 경우에는 심판대상조항이 형사보상 대상으로 규정하고 있는 다른 경우 역시 형사보상청구를 할 수 없게 되는 법적 공백상태가 발생할 수 있고, 위헌적인 규정을 합헌적으로 조정하는 임무는 원칙적으로 입법자의 형성재량에 속하는 사항이다. 따라서 입법자가 2023. 12. 31.을 시한으로 하여 심판대상조항을 개정할 때까지 심판대상조항의 계속 적용을 명하는 헌법불합치결정을 하기로 한다.

이 사건은 원판결의 근거가 된 가중처벌규정에 대하여 헌법재판소의 위헌결정이 있었음을 이유로 개시된 재심절차에서, 공소장 변경을 통해 위헌결정된 가중처벌규정보다 법정형이 가벼운 처벌규정으로 적용법조가 변경되어 피고인이 무죄재판을 받지는 않았으나 원판결보다 가벼운 형으로 유죄판결이 확정된 경우, 재심판결에서 선고된 형을 초과하여 집행된 구금에 대하여 보상요건을 전혀 규정하지 아니한 형사보상법 제26조 제1항에 대하여 위헌으로 판단한 최초의 결정이다.

헌법재판소의 결정에 따라 향후 원판결의 근거가 된 가중처벌규정에 대하여 헌법재판소의 위헌결정이 있었음을 이유로 개시된 재심절차에서, 공소장 변경을 통해 위헌결정된 가중처벌규정보다 법정형이 가벼운 처벌규정으로 적용법조가 변경되어 피고인이 무죄재판을 받지는 않았으나 원판결보다 가벼운 형으로 유죄판결이 확정된 경우, 재심판결에서 선고된 형을 초과하여 집행된 구금에 대하여 피고인들이 형사보상을 청구할 수 있는 길이 열릴 것으로 예상된다.

06 외국거주 외국인유족의 퇴직공제금 수급 자격 불인정 사건

2023.3.23. 2020헌바471 [구 건설근로자의 고용개선 등에 관한 법률 제14조 제2항 위헌소원] **[위헌]**

1. 사건의 개요

청구인은 베트남에 거주하는 베트남 국적의 여성으로 대한민국에서 건설근로자로 일하다 사망한 청구외 망 응○○(이하 '망인'이라 한다)의 아내이다. 청구인과 자녀들은 망인이 대한민국에서 건설근로자로 일하며 정기적으로 보내주는 돈으로 생계를 유지하여 오던 중, 망인은 2019. 9. 25. 터널 건설공사 현장에서 근로 중 무개화차 사이에 머리가 끼는 사고로 사망하였다.

청구인은 건설근로자공제회(이하 '공제회'라 한다)를 상대로 퇴직공제금 지급을 구하였는데, 공제회는 청구인이 구 '건설근로자의 고용개선 등에 관한 법률' 제14조 제2항에 따른 '외국국적의 외국거주 유족'에 해당한다는 이유로 지급을 거절하였다. 이에 청구인은 공제회를 상대로 퇴직공제금을 청구하는 소를 제기하고 소송계속 중 위 법률조항에 대한 위헌법률심판제청 신청을 하였으나 법원은 퇴직공제금 청구의 소를 기각하고, 같은 날 위헌법률심판제청신청도 기각하였다.

청구인은 2020. 9. 8. 구 '건설근로자의 고용개선 등에 관한 법률' 제14조 제2항에 대한 이 사건 헌법소원심판을 청구하였다.

2. 심판의 대상

구 건설근로자의 고용개선 등에 관한 법률(2011. 7. 25. 법률 제10965호로 개정되고, 2019. 11. 26. 법률 제16620호로 개정되기 전의 것)
제14조(퇴직공제금의 지급) ② 제1항에 따라 퇴직공제금을 지급받을 유족의 범위와 그 순위에 대하여는 '산업재해보상보험법' 제63조 및 제65조를 준용한다.

[관련조항]

구 산업재해보상보험법(2018. 6. 12. 법률 제15665호로 개정되고, 2020. 5. 26. 법률 제17326호로 개정되기 전의 것)
제63조(유족보상연금 수급자격자의 범위) ① 유족보상연금을 받을 수 있는 자격이 있는 자(이하 "유족보상연금 수급자격자"라 한다)는 근로자가 사망할 당시 그 근로자와 생계를 같이 하고 있던 유족(그 근로자가 사망할 당시 대한민국 국민이 아닌 자로서 외국에서 거주하고 있던 유족은 제외한다) 중 배우자와 다음 각 호의 어느 하나에 해당하는 자로 한다.

이 경우 근로자와 생계를 같이 하고 있던 유족의 판단 기준은 대통령령으로 정한다.

(이하 각 호 생략)

3. 주 문

구 건설근로자의 고용개선 등에 관한 법률(2011. 7. 25. 법률 제10965호로 개정되고, 2019. 11. 26. 법률 제16620호로 개정되기 전의 것) 제14조 제2항 중 구 산업재해보상보험법(2018. 6. 12. 법률 제15665호로 개정되고, 2020. 5. 26. 법률 제17326호로 개정되기 전의 것) 제63조 제1항 가운데 '그 근로자가 사망할 당시 대한민국 국민이 아닌 자로서 외국에서 거주하고 있던 유족은 제외한다'를 준용하는 부분은 헌법에 위반된다.

I. 판시사항

구 건설근로자의 고용개선 등에 관한 법률 제14조 제2항 중 구 산업재해보상보험법 제63조 제1항 가운데 '그 근로자가 사망할 당시 대한민국 국민이 아닌 자로서 외국에서 거주하고 있던 유족(이하 '외국거주 외국인유족'이라 한다)은 제외한다'를 준용하는 부분(이하 '심판대상조항'이라 한다)이 평등원칙에 위반되는지 여부(적극)

II. 결정요지

1. 차별의 존재

근로자가 사망할 당시 그 근로자와 생계를 같이 하고 있던 유족 중 '대한민국 국민인 유족' 및 '국내거주 외국인유족'은 퇴직공제금을 지급받을 유족의 범위에 포함하면서 청구인과 같은 '외국거주 외국인유족'을 그 범위에서 제외하는 심판대상조항이 '외국거주 외국인유족'에 대하여 불합리한 차별을 하여 헌법상의 평등원칙을 위반하는지 여부를 살펴보기로 한다.

2. 평등원칙 위반 여부

외국거주 외국인유족에게 퇴직공제금을 지급하더라도 국가 및 사업주의 재정에 영향을 미치거나 건설근로자공제회의 재원 확보 및 퇴직공제금 지급 업무에 특별한 어려움이 초래될 일도 없으므로 외국거주 외국인유족을 퇴직공제금을 지급받을 유족의 범위에서 제외할 이유가 없다는 점, '일시금' 지급 방식인 퇴직공제금의 지급에서는 산업재해보상보험법상의 유족보상연금의 지급에서와 같이 수급자격 유지 확인의 어려움과 보험급여 부당지급의 우려가 없으므로 '연금' 지급 방식인 산업재해보상보험법상의 유족보상연금 수급자격자 규정을 '일시금' 지급 방식인 퇴직공제금에 준용하는 것은 불합리하다는 점, 외국거주 외국인유족은 자신이 거주하는 국가에서 발행하는 공신력 있는 문서로서 퇴직공제금을 지급받을 유족의 자격을 충분히 입증할 수 있으므로 그가 '외국인'이라는 사정 또는 '외국에 거주'한다는 사정이 대한민국 국민인 유족 혹은 국내거주 외국인유족과 달리 취급받을 합리적인 이유가 될 수 없다는 점 등을 종합하면, 심판대상조항은 합리적 이유 없이 외국거주 외국인유족을 대한민국 국민인 유족 및 국내거주 외국인유족과 차별하는 것이므로 평등원칙에 위반된다.

결정의 의의

이 사건은, 퇴직공제금을 지급받을 유족의 범위를 정함에 있어 산업재해보상보험법 상의 유족보상연금 규정을 준용하여 '외국거주 외국인유족'을 제외하는 구 '건설근로자의 고용개선 등에 관한 법률' 조항(2019. 11. 26. 법률 제16620호로 개정되기 전의 것)이 평등원칙에 위반됨을 선언한 것이다.

2019. 11. 26. 법률 제16620호로 개정된 '건설근로자의 고용개선 등에 관한 법률' 제14조 제2항은 퇴직공제금을 지급받을 유족의 범위를 정함에 있어 더 이상 산업재해보상보험법 규정을 준용하지 않고 자체적으로 규정하면서 '외국거주 외국인유족 제외 규정'을 따로 두지 않아, 위 개정법의 시행 이후에 퇴직공제금 청구권이 발생한 경우에는 '외국거주 외국인유족'도 퇴직공제금을 지급받을 수 있게 되었다.

2023.9.26. 2019헌마1165 [국민건강보험법 제109조 제10항 등 위헌확인] **[헌법불합치, 기각, 각하]**

1. 사건의 개요

(1) 청구인 강○○는 우즈베키스탄 국적(고려인) 외국인으로서 그의 어머니[재외동포(F-4)], 성년인 자녀[방문취업(H-2)] 1명과 함께 방문취업(H-2) 체류자격으로 대한민국에서 체류 중인 사람이다. 청구인 강○○는 2018. 11. 6. 국민건강보험에 지역가입자로 임의가입하여 현재까지 그 자격을 유지하고 있다. 청구인 강○○의 어머니 및 성년인 자녀는 2019. 1. 15. 법률 제16238호로 개정된 국민건강보험법 제109조 제3항이 시행된 날인 2019. 7. 16. 국민건강보험 지역가입자로 당연가입되었다.

(2) 청구인 샤ㅁ□는 시리아 국적 외국인으로서 그의 어머니(76세), 배우자, 성년인 자녀 1명, 미성년 자녀 3명과 함께 대한민국에서 체류 중인 사람이다. 청구인 샤ㅁ□와 그의 가족은 모두 '기타: 인도적 체류'(G-1-6) 자격을 가지고 있고, 2019. 7. 16. 국민건강보험에 지역가입자로 당연가입되었다.

(3) 청구인들은 장기체류 외국인의 국민건강보험 지역가입자 보험료 산정방식, 보험료 체납 시 불이익에 관한 국민건강보험법, 출입국관리법 및 보건복지부 고시 조항들이 청구인들의 기본권을 침해한다고 주장하며, 2019. 10. 11. 이 사건 헌법소원심판을 청구하였다.

2. 심판의 대상

국민건강보험법(2019. 1. 15. 법률 제16238호로 개정된 것)
제109조(외국인 등에 대한 특례) ⑩ 공단은 지역가입자인 국내체류 외국인등(제9항 단서의 적용을 받는 사람에 한정한다)이 보험료를 체납한 경우에는 제53조 제3항에도 불구하고 체납일부터 체납한 보험료를 완납할 때까지 보험급여를 하지 아니한다. 이 경우 제53조 제3항 각 호 외의 부분 단서 및 같은 조 제5항·제6항은 적용하지 아니한다.

출입국관리법(2019. 4. 23. 법률 제16344호로 개정된 것)
제78조(관계 기관의 협조) ② 법무부장관은 다음 각 호의 직무를 수행하기 위하여 관계 기관에 해당 각 호의 정보 제공을 요청할 수 있다.
  3. 외국인체류 관련 각종 허가 심사: 범죄경력정보·수사경력정보, 범칙금 납부정보·과태료 납부정보, 여권발급정보·주민등록정보, 외국인의 자동차등록정보, 사업자의 휴업·폐업 여부에 대한 정보, 납세증명서, 외국인의 조세체납정보, 외국인의 국민건강보험 및 노인장기요양보험 관련 체납정보, 외국인의 과태료 체납정보, 가족관계등록 전산정보 또는 국제결혼 중개업체의 현황 및 행정처분 정보

구 장기체류 재외국민 및 외국인에 대한 건강보험 적용기준(2019. 7. 11. 보건복지부고시 제2019-151호로 개정되고, 2021. 2. 26. 보건복지부고시 제2021-63호로 개정되기 전의 것)
제6조(지역가입자 보험료의 부과·징수 등) ① 지역가입자로서 영 제76조의4에 해당하는 국내체류 외국인등의 보험료 부과 기준은 별표 2와 같다.

[별표 2] 지역보험료 산정 기준(제6조 제1항 관련)
  1. 재외국민 및 외국인인 지역가입자의 보험료는 제3호의 기준에 따른 세대 단위로 내국인인 지역가입자와 동일한 기준에 따라 산정한다. 다만, 그 산정된 보험료[세대주의 체류자격이 영주(F-5) 또는 결혼이민(F-6)인 지역가입자 세대의 보험료는 제외한다. 이하 제4호에서 같다]가 평균보험료에 미치지 못하는 경우에는 그 평균보험료를 보험료로 한다.
  4. 재외국민 및 외국인인 지역가입자의 보험료는 그 개인을 각각 하나의 세대로 보고 산정한다. 다만, 공단은 본인의 신청이 있는 경우에는 공단이 정하는 바에 따라 그 본인을 세대주로 하고 재외국민 또는 외국인인 배우자(사실혼 관계에 있는 사람은 제외한다) 또는 19세 미만의 자녀(배우자의 자녀를 포함한다)를 세대원으로 세대를 구성할 수 있다.

3. 주 문

1. 국민건강보험법(2019. 1. 15. 법률 제16238호로 개정된 것) 제109조 제10항은 헌법에 합치되지 아니한다. 위 조항은 2025. 6. 30.을 시한으로 입법자가 개정할 때까지 계속 적용된다.
2. 구 장기체류 재외국민 및 외국인에 대한 건강보험 적용기준(2019. 7. 11. 보건복지부고시 제2019-151호로 개정되고, 2021. 2. 26. 보건복지부고시 제2021-63호로 개정되기 전의 것) 제6조 제1항에 의한 별표 2 제1호 단서 및 제4호에 대한 심판청구를 모두 기각한다.
3. 출입국관리법(2019. 4. 23. 법률 제16344호로 개정된 것) 제78조 제2항 제3호 중 '외국인의 국민건강보험 관련 체납정보'에 관한 부분에 대한 심판청구를 각하한다.

Ⅰ. 판시사항

1. 내국인 및 영주(F-5)·결혼이민(F-6)의 체류자격을 가진 외국인(이하 '내국인등')과 달리 외국인 지역가입자에 대하여 납부할 월별 보험료의 하한을 전년도 전체 가입자의 평균을 고려하여 정하는 구 '장기체류 재외국민 및 외국인에 대한 건강보험 적용기준' 제6조 제1항에 의한 별표 2 제1호 단서(이하 '보험료하한 조항')가 외국인 지역가입자인 청구인들의 평등권을 침해하는지 여부(소극)
2. 내국인등과 달리 보험료 납부단위인 '세대'의 인정범위를 가입자와 그의 배우자 및 미성년 자녀로 한정한 위 보건복지부고시 제6조 제1항에 의한 별표 2 제4호(이하 '세대구성 조항')가 청구인들의 평등권을 침해하는지 여부(소극)
3. (1) 내국인등과 달리 보험료를 체납한 경우에는 다음 달부터 곧바로 보험급여를 제한하는 국민건강보험법 제109조 제10항(이하 '보험급여제한 조항')이 청구인들의 평등권을 침해하는지 여부(적극)
   (2) 보험급여제한조항에 대하여 계속적용 헌법불합치 결정을 선고한 사례
4. 법무부장관이 외국인에 대한 체류 허가 심사를 함에 있어 보험료 체납정보를 요청할 수 있다고 규정한 출입국관리법 제78조 제2항 제3호 중 '외국인의 국민건강보험 관련 체납정보'에 관한 부분(이하 '정보요청조항')에 대하여 기본권 침해의 직접성 요건이 부인된 사례

Ⅱ. 결정요지

1. 보험료하한 조항(기각)

보험료하한 조항이 보험급여와 보험료 납부의 상관관계를 고려하고, 외국인의 보험료 납부의무 회피를 위한 출국 등의 제도적 남용 행태를 막기 위하여 외국인 지역가입자가 납부해야 할 월별 보험료의 하한을 내국인등 지역가입자가 부담하는 보험료 하한(보험료가 부과되는 연도의 전전년도 평균 보수월액보험료의 1천분의 60 이상 1천분의 65 미만의 범위에서 보건복지부장관이 정하여 고시하는 금액)보다 높게 정한 것은 합리적인 이유가 있는 차별이다.

2. 세대구성 조항(기각)

세대구성 조항은 동일 세대로 인정되는 가족의 범위를 내국인등에 비해 더욱 좁게 규정하고 있는데, 이는 외국인에 대하여 정확한 가족관계 파악이 어려운 상황에서 현재 사회적으로 형성되어 있는 가족구성의 일반적인 형태인 부모와 미혼자녀로 구성되는 소가족의 형태를 반영한 것으로서, 합리적인 이유가 있는 차별이다.

3. 보험급여제한 조항(헌법불합치)

(1) 평등권 침해 여부

외국인은 그의 재산이 국내에만 있는 것이 아닐 수 있어, 체납보험료에 대한 징수절차로는 실효성을 거두기가 어렵고, 외국인은 진료를 마치고 본국으로 출국함으로써 보험료 납부의무를 쉽게 회피할 수 있다.

따라서 외국인 지역가입자에 대한 보험급여 제한을 내국인등과 달리 실시하는 것 자체는 합리적인 이유가 있는 차별이나, 보험급여제한 조항은 다음과 같은 점에서 합리적인 수준을 현저히 벗어난다.

보험급여제한 조항은 외국인의 경우 보험료의 1회 체납만으로도 별도의 공단 처분 없이 곧바로 그 다음 달부터 보험급여를 제한하도록 규정하고 있으므로, 보험료가 체납되었다는 통지도 실시되지 않는다. 그러나 절차적으로 보험료 체납을 통지하는 것은 당사자로 하여금 착오를 시정할 수 있도록 하거나 잘못된 보험료 부과 또는 보험급여제한처분에 불복할 기회를 부여하는 것이기 때문에, 이를 통지하지 않는 것은 정당화될 수 없는 차별이다.

보험급여제한 조항은 내국인과는 달리 과거 보험료를 납부해 온 횟수나 개별적인 경제적 사정의 고려 없이 단 1회의 보험료 체납만으로도 일률적으로 보험급여를 제한하고, 체납한 보험료를 사후에 완납하더라도 예외 없이 소급하여 보험급여를 인정하지 않는데, 이는 평균보험료를 납부할 능력이 없는 외국인에게는 불측의 질병 또는 사고·상해가 발생할 경우 건강에 대한 치명적 위험성에 더하여 가족 전체의 생계가 흔들리게 되는 결과를 낳게 할 수 있다.

외국인도 국민건강보험에 당연가입하도록 하고, 국내에 체류하는 한 탈퇴를 불허하는 것은, 단지 내국인과의 형평성 제고 뿐 아니라, 이들에게 사회연대원리가 적용되는 공보험의 혜택을 제공한다는 정책적 효과도 가지게 되는 것임을 고려하면, 보험료 체납에도 불구하고 보험급여를 실시할 수 있는 예외를 전혀 인정하지 않는 것은 합리적인 이유 없이 외국인을 내국인등과 달리 취급한 것이다. 따라서 보험급여제한 조항은 청구인들의 평등권을 침해한다.

(2) 헌법불합치결정의 필요성

보험급여제한 조항의 위헌성은 보험급여 제한을 실시하는 것 그 자체에 있는 것이 아니라, 보험급여제한을 하지 않을 수 있는 예외를 전혀 인정하지 않고, 보험료 체납에 따른 보험급여 제한이 실시된다는 통지절차도 전혀 마련하지 않은 것에 있다. 그러한 위헌성을 제거하고 합헌적으로 조정하는 데에는 여러 가지 선택가능성이 있고, 입법자는 충분한 사회적 합의를 거쳐 그 방안을 강구할 필요가 있다. 이러한 점들을 감안하면, 보험급여제한 조항에 대하여는 단순위헌결정을 하는 대신 입법자의 개선입법이 있을 때까지 계속 적용을 명하는 헌법불합치결정을 선고한다.

4. 정보요청조항(각하)

정보요청 조항은 법무부장관의 보험료 체납정보라는 집행행위를 예정하고 있으므로, 정보요청 조항에 대한 헌법소원심판 청구는 기본권침해의 직접성 요건을 결여하여 부적법하다.

결정의 의의

종전에는 선택에 따라 건강보험에 가입할 수 있었던 장기체류 외국인에 관하여 보험의 당연가입을 실시하는 등 국민건강보험법과 같은 법 시행령, 보건복지부 고시가 대폭 개정되어 2019년에 시행되었다. 이 사건에서는 그 중에서도 지역가입자에 속하게 된 외국인들에 대한 보험료 금액의 산정근거인 보험료하한 산정기준과 세대 인정범위, 보험료 체납에 따른 보험급여 제한과 체류 기간 연장허가 심사 시의 보험료 체납정보 요청이 문제되었다. 그 중 보험급여제한 조항에 대해 재판관 전원일치 의견으로 헌법불합치 결정을 선고하였는바, 이에 따라 입법자는 보험급여제한 조항을 2025. 6. 30.까지 개정하여야 하고, 위 시한까지 개선입법이 이루어지지 않으면 보험급여제한 조항은 2025. 7. 1.부터 효력을 상실하게 된다.

08 휠체어 이용 불가 장애인의 특별교통수단 사건

> **2023.5.25. 2019헌마1234 [입법부작위 위헌확인]**　　　　　　　　　　　　　　　　**[헌법불합치]**
>
> ### 1. 사건의 개요
>
> 청구인은 '장애의 정도가 심한 뇌병변장애'를 가진 어머니와 동거하는 가족이다. 청구인의 어머니는 '교통약자의 이동편의 증진법'(이하 '교통약자법'이라 한다)상 장애의 정도가 심한 장애인으로 특별교통수단을 이용할 수 있는 교통약자이고, 청구인은 그러한 교통약자를 동반하는 가족으로 교통약자에 해당한다.
>
> 청구인은, 어머니가 휠체어를 탈 수 없는 장애인인데 <u>교통약자법 시행규칙 제6조 제3항이 휠체어를 이용하지 못하는 장애인을 위한 탑승설비에 관한 규정을 두지 않은 것이 평등권을 침해한다</u>며 2019. 10. 28. 이 사건 헌법소원심판을 청구하였다.
>
> ### 2. 심판의 대상
>
> **교통약자의 이동편의 증진법 시행규칙**(2021. 8. 27. 국토교통부령 제882호로 개정된 것)
>
> 제6조(특별교통수단의 이용대상자 등) ③ 특별교통수단에는 교통약자가 휠체어를 탄 채 승차할 수 있는 휠체어 리프트 또는 휠체어 기중기 등의 승강설비, 휠체어 고정설비 및 손잡이를 설치하여야 한다. 이 경우 휠체어 고정설비의 안전기준은 별표 1의2와 같다.
> 별표 1의2([별지]와 같다)[생략함]
>
> ### 3. 주 문
>
> 교통약자의 이동편의 증진법 시행규칙(2021. 8. 27. 국토교통부령 제882호로 개정된 것) 제6조 제3항 별표 1의2는 헌법에 합치되지 아니한다. 위 조항은 2024. 12. 31.을 시한으로 개정될 때까지 계속 적용된다.

Ⅰ. 판시사항

> 1. 특별교통수단에 있어 표준휠체어만을 기준으로 휠체어 고정설비의 안전기준을 정하고 있는 '교통약자의 이동편의 증진법 시행규칙' 제6조 제3항 별표 1의2(이하 '심판대상조항'이라 한다)가 합리적 이유 없이 표준휠체어를 이용할 수 있는 장애인과 표준휠체어를 이용할 수 없는 장애인을 달리 취급하여 청구인의 평등권을 침해하는지 여부(적극)
> 2. 헌법불합치결정을 선고하면서 계속 적용을 명한 사례

Ⅱ. 결정요지

1. 평등권 침해 여부

심판대상조항은 교통약자의 이동편의를 위한 특별교통수단에 표준휠체어만을 기준으로 휠체어 고정설비의 안전기준을 정하고 있어 표준휠체어를 사용할 수 없는 장애인은 안전기준에 따른 특별교통수단을 이용할 수 없게 된다. 그런데 <u>표준휠체어를 이용할 수 없는 장애인은 장애의 정도가 심하여 특수한 설비가 갖춰진 차량이 아니고서는 사실상 이동이 불가능하다.</u> 그럼에도 불구하고 표준휠체어를 이용할 수 없는 장애인에 대한 고려 없이 <u>표준휠체어만을 기준으로 고정설비의 안전기준을 정하는 것은 불합리하고</u>, 특별교통수단에 장착되는 휠체어 탑승설비 연구·개발사업 등을 추진할 국가의 의무를 제대로 이행한 것이라 보기도 어렵다. 누워서 이동할 수밖에 없는 장애인을 위한 휠체어 고정설비 안전기준 등을 별도로 규정한다고 하여 국가의 재정적 부담이 심해

진다고 볼 수도 없다. 제4차 교통약자 이동편의 증진계획이 표준휠체어를 사용할 수 없는 장애인을 위한 특별 교통수단의 도입 등을 계획하고 있기는 하나, 일부 지방자치단체에서 침대형 휠체어가 탑승할 수 있는 특수형 구조차량을 운행하였다가 침대형 휠체어 고정장치에 대한 안전기준이 없어 운행을 중단한 점에서 볼 수 있듯이 그 안전기준의 제정이 시급하므로 위와 같은 계획이 있다는 사정만으로 안전기준 제정 지연을 정당화하기 어렵 다. 따라서 <u>심판대상조항은 합리적 이유 없이 표준휠체어를 이용할 수 있는 장애인과 표준휠체어를 이용할 수 없는 장애인을 달리 취급하여 청구인의 평등권을 침해한다.</u>

2. 헌법불합치결정의 필요성

심판대상조항에 대하여 당장 그 효력을 상실시킬 경우 표준휠체어를 기준으로 하는 휠체어 고정설비 안전기준 에 대해서도 법적 공백상태가 발생하게 되므로, 행정입법 권한을 가진 국토교통부장관이 2024. 12. 31.을 시 한으로 개선입법을 할 때까지 계속 적용을 명하는 헌법불합치결정을 한다.

결정의 의의

장애인은 국가 · 사회의 구성원으로서 모든 분야의 활동에 참여할 권리를 가지고, 장애인이 아닌 사람들이 이용하는 시설과 설비를 동등하게 이용하고 정보에 자유롭게 접근할 수 있는 권리를 가진다.

심판대상조항은 교통약자의 이동편의를 위한 특별교통수단에 표준휠체어만을 기준으로 휠체어 고정설비의 안전기준을 정하고 있어 표준휠체어를 사용할 수 없는 장애인(예: 침대형 휠체어 사용 장애인)은 특별교통수단을 이용할 수 없게 만들고 있는바, 이는 평등권을 침해한 것이다.

국가가 표준휠체어를 사용할 수 없는 장애인을 위한 특별교통수단을 마련해야 하는지의 문제에 있어서는 국가의 재정부담능력이 고려되어야 하겠으나, 제반 상황을 살펴보면 국가에 감당할 수 없을 정도의 부담을 지우는 것으로 보기는 어렵다. 이에 헌법재판소는 헌법불합치결정을 선고하였다.

09 난민인정자 긴급재난지원금 지급대상 제외 사건

2024.3.28. 2020헌마1079 [긴급재난지원금 세부시행계획 등 위헌확인]　　　　　　　[위헌확인]

1. 사건의 개요

청구인은 ○○ 국적자로서, 2018. 3. 21. 난민법 제18조 제1항에 따라 난민 인정 결정을 받았다. 청구인은 2016. 6. 16. 외국인등록을 하였고, 체류자격은 '거주(F-2)'이며, 청구인의 배우자와 딸도 모두 외국인등록을 한 외국인이다.

청구인은 2020. 5. 13. 거주지 인근 주민센터에서 긴급재난지원금을 신청하였으나, 직원으로부터 내부 지침에 따라 청구인은 지급대상에 포함될 수 없다는 답변을 들었고, 2020. 6. 18. 서울 관악구 서원동 주민센터에서 긴급재난지원금 신청서를 작성하여 제출하였으나, 위 주민센터 직원은 <u>외국인의 경우 영주권자 및 결혼이민자의 경우에만 긴급재난지원금의 지급대상으로 포함되어 있어, 난민인정자의 경우 지급대상이 될 수 없다고 하면서 그 신청을 반려하였다.</u>

이에 청구인은 '외국인만으로 구성된 가구'는 영주권자 및 결혼이민자만 긴급재난지원금의 지급대상에 포함시키고, 그 이외의 외국인은 지급대상에서 제외한 것은 난민인정자인 청구인의 평등권 및 인간다운 생활을 할 권리를 침해한다고 주장하면서, 2020. 8. 11. 주위적으로 행정안전부의 '긴급재난지원금 세부시행계획(안)', 예비적으로 관계부처합동 '긴급재난지원금 가구구성 및 이의신청 처리기준(2차)'에 대한 이 사건 헌법소원심판을 청구하였다.

2. 심판의 대상

[이 사건 처리기준]

관계부처합동 '긴급재난지원금 가구구성 및 이의신청 처리기준(2차)'

I. 가구구성 관련 기준

② 가구구성 세부기준

○ (재외국민·외국인) 세대별 주민등록표에 등재된 재외국민과 국민이 1인 이상 포함된 세대에 등재된 외국인이 내국인과 동일한 (후납)건강보험 가입자, 피부양자, 의료급여 수급자인 경우 ⇒ 지급대상 포함

– 단, 외국인만으로 구성된 가구에 해당하더라도 영주권자(F5), 결혼이민자(F6)가 내국인과 동일한 (후납)건강보험 가입자, 피부양자, 의료급여 수급자인 경우* ⇒ 지급대상 포함

* (예) 영주권자 혹은 결혼이민자인 외국인 특례 적용 기초생활보장 수급자가 가정폭력 등으로 인해 시설 거주 중인 경우

[관련조항]

난민법(2012. 2. 10. 법률 제11298호로 제정된 것)

제30조(난민인정자의 처우) ① 대한민국에 체류하는 난민인정자는 다른 법률에도 불구하고 난민협약에 따른 처우를 받는다.

② 국가와 지방자치단체는 난민의 처우에 관한 정책의 수립·시행, 관계 법령의 정비, 관계 부처 등에 대한 지원, 그 밖에 필요한 조치를 하여야 한다.

제31조(사회보장) 난민으로 인정되어 국내에 체류하는 외국인은 「사회보장기본법」 제8조 등에도 불구하고 대한민국 국민과 같은 수준의 사회보장을 받는다.

재한외국인 처우 기본법

제12조(결혼이민자 및 그 자녀의 처우) ① 국가 및 지방자치단체는 결혼이민자에 대한 국어교육, 대한민국의 제도·문화에 대한 교육, 결혼이민자의 자녀에 대한 보육 및 교육 지원, 의료 지원 등을 통하여 결혼이민자 및 그 자녀가 대한민국 사회에 빨리 적응하도록 지원할 수 있다.

제13조(영주권자의 처우) ① 국가 및 지방자치단체는 대한민국에 영구적으로 거주할 수 있는 법적 지위를 가진 외국인(이하 "영주권자"라 한다)에 대하여 대한민국의 안전보장·질서유지·공공복리, 그 밖에 대한민국의 이익을 해치지 아니하는 범위 안에서 대한민국으로의 입국·체류 또는 대한민국 안에서의 경제활동 등을 보장할 수 있다.

② 제12조 제1항은 영주권자에 대하여 준용한다.

제14조(난민의 처우) ① 「난민법」에 따른 난민인정자가 대한민국에서 거주하기를 원하는 경우에는 제12조 제1항을 준용하여 지원할 수 있다.

3. 주 문

2020. 5. 13.자 관계부처합동 '긴급재난지원금 가구구성 및 이의신청 처리기준(2차)' 중 'I. 가구구성 관련 기준, ② 가구구성 세부기준' 가운데 '외국인만으로 구성된 가구'에 관한 부분은 헌법에 위반된다.

I. 판시사항

외국인만으로 구성된 가구 중 영주권자 및 결혼이민자만을 긴급재난지원금 지급대상에 포함시키고 난민인정자를 제외한 관계부처합동 '긴급재난지원금 가구구성 및 이의신청 처리기준(2차)' 중 'I. 가구구성 관련 기준, ② 가구구성 세부기준' 가운데 '외국인만으로 구성된 가구'에 관한 부분(이하, '이 사건 처리기준'이라 한다)이 난민인정자인 청구인의 평등권을 침해하는지 여부(적극)

Ⅱ. 판단

1. 쟁점의 정리

(1) 영주권자 및 결혼이민자만을 재난지원금 지급대상에 포함시키고 난민인정자를 제외하고 있는 이 사건 처리기준이 영주권자 및 결혼이민자와의 관계에서 청구인의 평등권을 침해하는지 여부를 살펴본다.

(2) 청구인은 심판대상조항이 난민인정자인 청구인의 인간다운 생활을 할 권리도 침해한다는 주장을 하고 있으나 이는 결국 영주권자 및 결혼이민자에 대해서는 재난지원금을 지급하면서 난민인정자에 대해서는 이를 지급하지 않는 것이 현저히 불합리하다는 주장과 다르지 아니하므로, 평등권 침해 여부를 판단하는 이상 이에 관하여는 따로 판단하지 아니한다.

2. 평등권 침해 여부

(1) 긴급재난지원금은 일회적이고 시혜적인 성격의 지원금인바, 이와 같은 종류의 국가의 지원금 정책은 그 지원 정책의 취지, 재정 부담, 행정적 이유 등 여러 가지 사유를 종합하여 국내에 거주하는 사람 중 일부를 대상으로 하여 행해질 수 있으며, 이와 같이 지원금 정책의 적용대상 범위를 정하는 문제는 국가에게 광범위한 재량이 허용되는 영역이라 할 수 있다.

그런데 이 사건 처리기준이 외국인 중에서도 '영주권자 및 결혼이민자'만을 긴급재난지원금 지급 대상에 포함시키고 '난민인정자'를 제외한 것은 다음과 같은 이유에서 합리적인 이유가 있다고 보기 어렵다.

(2) 우선 코로나19로 인하여 경제적 타격을 입었다는 점에 있어서는 영주권자, 결혼이민자, 난민인정자간에 차이가 있을 수 없으므로 그 회복을 위한 지원금 수급 대상이 될 자격에 있어서 역시 차이가 발생한다고 볼 수 없다.

'영주권자 및 결혼이민자'는 한국에서 영주하거나 장기 거주할 목적으로 합법적으로 체류하고 있고, '난민인정자' 역시 강제송환금지의무에 따라 우리나라의 보호를 받고 우리나라에 합법적으로 체류하면서 취업활동에 제한을 받지 않는다는 점에서 영주권자 및 결혼이민자와 차이가 있다고 보기 어렵다. 우리나라에 거주하는 외국인은 원칙적으로 납세의무자가 되는바, '난민인정자' 역시 우리나라에서 거주하면서 근로활동 및 경제활동을 하고 근로소득세, 종합소득세 등 국세와, 주민세, 재산세, 자동차세 등 지방세를 부담하며 우리 재정의 일부를 담당한다는 점에서 보더라도 '난민인정자'를 영주권자 및 결혼이민자와 달리 긴급재난지원금 지급 대상에서 제외할 이유가 없다.

'재한외국인 처우 기본법'(이하 '외국인처우법'이라 한다)은 대한민국의 국적을 가지지 아니한 자로서 대한민국에 거주할 목적을 가지고 합법적으로 체류하고 있는 '재한외국인'에 대한 처우 등에 관한 기본적인 사항을 정하고 있고(제1조, 제2조 제1호), 국가 및 지방자치단체가 재한외국인을 그 법적 지위에 따라 적정하게 대우하는 것을 '재한외국인에 대한 처우'라고 정의하고 있다(제2조 제2호).

외국인처우법은 대한민국 국민과 혼인한 적이 있거나 혼인관계에 있는 재한외국인인 '결혼이민자'에 대하여 국어교육, 대한민국의 제도·문화에 대한 교육, 결혼이민자의 자녀에 대한 보육 및 교육 지원, 의료 지원 등을 통하여 결혼이민자 및 그 자녀가 대한민국 사회에 빨리 적응하도록 지원할 수 있게 하면서(제12조 제1항, 제2조 제3호), 대한민국에 영구적으로 거주할 수 있는 법적 지위를 가진 외국인인 '영주권자'에 대하여도 제12조 제1항을 준용하고(제13조 제1항, 제2항), 아울러 난민법에 따른 '난민인정자'가 대한민국에서 거주하기를 원하는 경우에는 제12조 제1항을 준용하여 지원할 수 있다고 규정하고 있다(제14조 제1항)는 점은 앞서 본 바와 같다. 이로부터 재한외국인의 처우에 대한 기본법인 외국인처우법이 재한외국인 중에서도 '결혼이민자', '영주권자', '난민인정자'를 그 각각의 법적 지위가 상이함에도 불구하고 동일한 처우를 받는 대상으로서 인식하고 있다는 것을 알 수 있다.

(3) 한편 1994년 이후 2023년 6월 말까지 난민신청자는 93,270명으로, 이 중 1,381명이 난민인정을 받았는바, '난민인정자'에게 긴급재난지원금을 지급한다 하여 재정에 큰 어려움이 있다고 할 수 없다.

또한 긴급재난지원금은 가구당 지급되는 것인데 '난민인정자'의 경우 가족관계 증명이 어렵다는 현실적인 문제 때문에 지급대상에 포함시키기 어렵다는 주장도 있을 수 있으나, '난민인정자'의 경우 가구별 지급이 아니라 '난민인정자' 본인을 대상으로 하여 긴급재난지원금을 지급하는 방법도 고려해 볼 수 있으므로, 가족관계 증명이 어렵다는 행정적 이유 역시 '난민인정자'를 긴급재난지원금의 지급대상에서 제외하여야 할 합리적인 이유가 될 수 없다.

(4) 그렇다면 이 사건 처리기준이 긴급재난지원금 지급 대상에 외국인 중에서도 '영주권자 및 결혼이민자'를 포함시키면서 '난민인정자'를 제외한 것은 합리적 이유 없는 차별이라 할 것이므로, 이 사건 처리기준은 청구인의 평등권을 침해한다.

결정의 의의

이 사건은, 코로나19로 인한 경제적 타격의 회복을 위한 긴급재난지원금 지급대상에, 외국인 중 '영주권자 및 결혼이민자'를 포함하고 '난민인정자'를 제외한 '긴급재난지원금 가구구성 및 이의신청 처리기준(2차)' 조항이 합리적 이유 없는 차별로서 난민인정자인 청구인의 평등권을 침해함을 선언한 것이다.

10 헌법불합치결정에 따른 개선입법을 소급적용하지 않은 국민연금법 부칙 조항 사건

| 2024.5.30. 2019헌가29 [국민연금법 부칙 제2조 위헌제청] | [헌법불합치] |

1. 사건의 개요

(1) 헌법재판소는 2016. 12. 29. 2015헌바182 결정에서, 별거나 가출 등으로 실질적인 혼인관계가 존재하지 아니하여 연금 형성에 기여가 없는 이혼배우자에 대해서까지 법률혼 기간을 기준으로 분할연금 수급권을 인정하는 구 국민연금법 제64조 제1항(이하 '구법 조항')에 대하여 헌법불합치결정을 하였다(이하 '종전 헌법불합치결정').

(2) 국회는 2017. 12. 19. 법률 제15267호로 국민연금법 제64조 제1항과 제4항을 개정하였고(제64조 제1항을 이하 '신법 조항'), 개정 국민연금법은 공포 후 6개월이 경과한 날(2018. 6. 20.)부터 시행하되(부칙 제1조), 제64조 제1항 및 제4항의 개정규정은 법 시행 후 최초로 분할연금 지급 사유가 발생한 경우부터 적용하는 것으로 규정하였다(부칙 제2조).

(3) 제청신청인은 종전 헌법불합치결정 이후, 신법 조항 시행 전에 이혼한 자로서, 실질적인 혼인관계가 없었음에도 불구하고 구법 조항에 따라 전 배우자에게 분할연금 지급사유가 발생하여 본인의 노령연금을 감액 당하게 되었다.

(4) 제청신청인은 국민연금공단을 상대로 연금액 변경처분 등의 취소를 구하는 소를 제기하고 소송 계속 중 위헌법률심판제청신청을 하였으며, 제청법원은 이를 받아들여 이 사건 위헌법률심판을 제청하였다.

2. 심판의 대상

국민연금법 부칙(2017. 12. 19. 법률 제15267호)
제2조(분할연금 수급권자 등에 관한 적용례) 제64조 제1항 및 제4항의 개정규정은 이 법 시행 후 최초로 분할연금 지급 사유가 발생한 경우부터 적용한다.

[관련조항]
구 국민연금법(2011. 12. 31. 법률 제11143호로 개정되고, 2017. 12. 19. 법률 제15267호로 개정되기 전의 것)

제64조(분할연금 수급권자 등) ① 혼인 기간(배우자의 가입기간 중의 <u>혼인 기간만 해당한다</u>. 이하 같다)이 5년 이상인 자가 다음 각 호의 요건을 모두 갖추면 그때부터 그가 생존하는 동안 배우자였던 자의 노령연금을 분할한 일정한 금액의 연금(이하 "분할연금"이라 한다)을 받을 수 있다.

    1. 배우자와 이혼하였을 것

    2. 배우자였던 사람이 노령연금 수급권자일 것

    3. 60세가 되었을 것

② 제1항에 따른 분할연금액은 배우자였던 자의 노령연금액(부양가족연금액은 제외한다) 중 혼인 기간에 해당하는 연금액을 균등하게 나눈 금액으로 한다.

③ 제1항에 따른 분할연금은 제1항 각 호의 요건을 모두 갖추게 된 때부터 5년 이내에 청구하여야 한다.

국민연금법(2017. 12. 19. 법률 제15267호로 개정된 것)

제64조(분할연금 수급권자 등) ① 혼인 기간(배우자의 가입기간 중의 혼인 기간으로서 <u>별거, 가출 등의 사유로 인하여 실질적인 혼인관계가 존재하지 아니하였던 기간을 제외한 기간을 말한다</u>. 이하 같다)이 5년 이상인 자가 다음 각 호의 요건을 모두 갖추면 그때부터 그가 생존하는 동안 배우자였던 자의 노령연금을 분할한 일정한 금액의 연금(이하 "분할연금"이라 한다)을 받을 수 있다.

    1. 배우자와 이혼하였을 것

    2. 배우자였던 사람이 노령연금 수급권자일 것

    3. 60세가 되었을 것

② 제1항에 따른 분할연금액은 배우자였던 자의 노령연금액(부양가족연금액은 제외한다) 중 혼인 기간에 해당하는 연금액을 균등하게 나눈 금액으로 한다.

③ 제1항에 따른 분할연금은 제1항 각 호의 요건을 모두 갖추게 된 때부터 5년 이내에 청구하여야 한다.

④ 제1항에 따른 혼인 기간의 인정 기준 및 방법 등에 필요한 사항은 대통령령으로 정한다.

국민연금법 부칙(2017. 12. 19. 법률 제15267호)

제1조(시행일) 이 법은 공포 후 6개월이 경과한 날부터 시행한다.

3. 주 문

1. 국민연금법 부칙(2017. 12. 19. 법률 제15267호) 제2조는 헌법에 합치되지 아니한다.

2. 법원 기타 국가기관 및 지방자치단체는 입법자가 개정할 때까지 위 법률조항의 적용을 중지하여야 한다.

3. 입법자는 2025. 12. 31.까지 위 법률조항을 개정하여야 한다.

I. 판시사항

1. 헌법불합치결정에 따라 실질적인 혼인관계가 존재하지 아니한 기간을 제외하고 분할연금을 산정하도록 개정된 국민연금법 조항을 개정법 시행 후 최초로 분할연금 지급사유가 발생한 경우부터 적용하도록 하는 국민연금법 부칙 제2조(이하 '심판대상조항'이라 한다)가 평등원칙에 위반되는지 여부(적극)

2. 헌법불합치결정을 선고하면서 적용중지를 명한 사례

II. 판단

1. 평등원칙 위반 여부

헌법재판소는 2016. 12. 29. 별거나 가출 등으로 실질적인 혼인관계가 존재하지 아니하여 <u>연금 형성에 기여가 없는 이혼배우자에 대해서까지 법률혼 기간을 기준으로 분할연금 수급권을 인정하는</u> 구 국민연금법 제64조 제1항이 노령연금 수급권자의 재산권을 침해하므로 헌법에 합치되지 아니한다고 결정하였다(헌재 2015헌바182, 이하 '종전 헌법불합치결정'이라 한다).

심판대상조항은 국민연금법 제64조 제1항 및 제4항의 개정규정을 신법 조항 시행 후 최초로 분할연금 지급

사유가 발생한 경우부터 적용하도록 규정하고 있는바, 실질적인 혼인관계가 해소되어 분할연금의 기초가 되는 노령연금 수급권 형성에 아무런 기여가 없는 경우에는 노령연금 분할을 청구할 전제를 갖추지 못한 것으로 볼 수 있다는 점에서 분할연금 지급 사유 발생 시점이 신법 조항 시행일 전인 경우와 후인 경우 사이에 아무런 차이가 없으므로, 분할연금 지급 사유 발생시점이 신법 조항 시행일 전·후인지와 같은 우연한 사정을 기준으로 달리 취급하는 것은 합리적인 이유를 찾기 어렵다.

신법 조항의 소급 적용은 분할연금 수급권자에 대한 소급입법에 따른 재산권 침해로 이어질 여지도 있으나 소급입법금지원칙이나 신뢰보호원칙의 측면에서 보더라도 종전 헌법불합치결정 이후 신법 조항 시행일 전에 분할연금 지급사유가 발생한 경우 신법 조항 시행일 이후에 이행기가 도래하는 분할연금 수급권까지 신법 조항을 적용하지 않도록 한 것은 차별을 정당화 할 합리적인 이유가 있는 것으로 보기 어렵고, 종전 헌법불합치결정의 취지에도 어긋난다.

따라서 <u>심판대상조항은 평등원칙에 위반된다.</u>

2. 헌법불합치결정과 적용중지

심판대상조항의 위헌성은 신법 조항 시행 후 분할연금 지급사유가 발생한 경우에 신법 조항을 적용하는 것에 있는 것이 아니라, 종전 헌법불합치결정일 이후에 분할연금 지급 사유가 발생한 경우 신법 조항 시행일 이후에 <u>이행기가 도래하는 분할연금 수급권에 대하여도 신법 조항을 적용하지 않은 것이 평등원칙에 위반된다는 데</u> 있다. 입법자는 종전 헌법불합치결정일부터 신법 조항 시행 전날까지 분할연금 지급사유가 발생하였고 연금액 변경처분 등이 확정되지 않은 사람들에 대하여 <u>적어도 이 결정일 현재 아직 이행기가 도래하지 아니한 분할연금 수급권에 대해서는 신법 조항의 적용범위에 포함시켜 위헌적인 상태를 제거할 의무가 있고,</u> 구체적으로 신법 조항 시행일 이후 이행기가 도래하는 분할연금 중 어느 범위까지 신법 조항을 적용할 것인지는 입법자가 분할연금 수급권자의 신뢰 보호나 법적 안정성을 고려하여 정할 필요가 있다. 그러므로 <u>심판대상조항에 대하여 2025. 12. 31.을 시한으로 입법자가 개정할 때까지 적용 중지를 명하는 헌법불합치결정을 한다.</u>

결정의 의의

이 사건은 헌법재판소의 종전 헌법불합치결정(헌재 2016. 12. 29. 2015헌바182 결정)에 따른 개선입법을 하면서 이를 소급적용하지 않도록 규정한 부칙조항의 위헌 여부에 관한 것이므로, 이를 판단함에 있어 종전 헌법불합치결정의 취지를 고려할 필요가 있다. 또한 이 사건은 국민연금법상 분할연금 제도에 관한 것으로, 헌법재판소는 노령연금 수급권자와 분할연금 수급권자 양자 사이에 이해관계의 조정, 계속적·반복적으로 지급되는 연금수급권의 특성 등을 종합적으로 고려하여 판단하였다.

헌법재판소는 종전 헌법불합치결정 이후, 신법 조항 시행 전에 분할연금 지급 사유가 발생한 자에 대하여, 실질적인 혼인관계가 해소되어 분할연금의 기초가 되는 노령연금 수급권 형성에 아무런 기여가 없었던 배우자에게 일률적으로 분할연금이 지급되지 않도록 규정한 신법 조항을 적용하지 않은 것이 평등원칙에 위반된다고 판단하였다.

입법자는 종전 헌법불합치결정일부터 신법 조항 시행 전날까지 분할연금 지급사유가 발생하였고 연금액 변경처분 등이 확정되지 않은 사람들에 대하여 적어도 이 결정일 현재 아직 이행기가 도래하지 아니한 분할연금 수급권에 대해서는 신법 조항의 적용범위에 포함시킴으로써 이 결정의 취지에 따라 최대한 빠른 시일 내에 개선입법을 하여 위헌적 상태를 제거하여야 한다.

11 강제퇴거대상자에 대한 보호기간의 상한 없는 보호 사건

2023.3.23. 2020헌가1등 [출입국관리법 제63조 제1항 위헌제청]	[헌법불합치]

1. 사건의 개요

(1) 2020헌가1

제청신청인 파○○(외국인)은 이집트아랍공화국 국적의 외국인으로 2018. 7. 21. 관광·통과(B-2) 체류자격으로 대한민국에 입국한 후 부여받은 체류기간을 도과하여 대한민국에 체류하던 중이었다. 수원출입국·외국인청장은 2018. 10. 17. 출입국관리법 제51조 제3항에 따라 위 제청신청인을 긴급보호하고, 2018. 10. 18. 같은 법 제46조 제1항 제3호, 제8호, 제11조 제1항 제8호, 제17조 제1항에 따라 위 제청신청인에게 강제퇴거명령을 함과 동시에 같은 법 제63조 제1항에 따라 보호명령을 하였다. 이에 위 제청신청인은 위 강제퇴거명령 및 보호명령의 취소를 구하는 소를 제기하고(수원지방법원 2019구단6240), 위 재판 계속 중 출입국관리법 제63조 제1항 등에 대하여 위헌법률심판제청을 신청하였으며(수원지방법원 2019아4057), 제청법원은 출입국관리법 제63조 제1항에 대한 신청 부분을 받아들여 2020. 1. 23. 이 사건 위헌법률심판을 제청하였다.

(2) 2021헌가10

제청신청인 자○○(외국인)은 방글라데시인민공화국 국적의 외국인으로 2017. 5. 13. 단기상용(C-3-4) 체류자격으로 대한민국에 입국한 후 2017. 8. 7. 난민인정신청을 하여 추가로 기타(G-1-5) 체류자격을 부여받았다. 서울출입국·외국인청장은 2017. 11. 22. 위 제청신청인이 허위초청 행위로 입국하였다는 이유로 출입국관리법 제46조 제1항 제2호, 제3호, 제7조의2 제2호, 제11조 제1항 제3호, 제4호에 따라 위 제청신청인에게 강제퇴거명령을 함과 동시에 같은 법 제63조 제1항에 따라 보호명령을 하였다. 이에 위 제청신청인은 위 강제퇴거명령 및 보호명령의 취소를 구하는 소를 제기하고(서울행정법원 2018구단54708), 위 재판 계속 중 출입국관리법 제63조 제1항 등에 대하여 위헌법률심판제청을 신청하였으며(서울행정법원 2018아12518), 제청법원은 출입국관리법 제63조 제1항에 대한 신청 부분을 받아들여 2021. 2. 9. 이 사건 위헌법률심판을 제청하였다.

2. 심판의 대상

출입국관리법(2014. 3. 18. 법률 제12421호로 개정된 것)
제63조(강제퇴거명령을 받은 사람의 보호 및 보호해제) ① 지방출입국·외국인관서의 장은 강제퇴거명령을 받은 사람을 여권 미소지 또는 교통편 미확보 등의 사유로 즉시 대한민국 밖으로 송환할 수 없으면 송환할 수 있을 때까지 그를 보호시설에 보호할 수 있다.

3. 주 문

출입국관리법(2014. 3. 18. 법률 제12421호로 개정된 것) 제63조 제1항은 헌법에 합치되지 아니한다. 위 법률조항은 2025. 5. 31.을 시한으로 입법자가 개정할 때까지 계속 적용된다.

Ⅰ. 판시사항

1. 강제퇴거명령을 받은 사람을 보호할 수 있도록 하면서 보호기간의 상한을 마련하지 아니한 출입국관리법 제63조 제1항(이하 '심판대상조항'이라 한다)이 과잉금지원칙 및 적법절차원칙에 위배되어 피보호자의 신체의 자유를 침해하는지 여부(적극)

Ⅱ. 결정요지

1. 신체의 자유 침해 여부

(1) 과잉금지원칙 위반

심판대상조항은 강제퇴거대상자를 대한민국 밖으로 송환할 수 있을 때까지 보호시설에 인치·수용하여 강제퇴거명령을 효율적으로 집행할 수 있도록 함으로써 외국인의 출입국과 체류를 적절하게 통제하고 조정하여 국가의 안전과 질서를 도모하고자 하는 것으로, 입법목적의 정당성과 수단의 적합성은 인정된다. 그러나 보호기간의 상한을 두지 아니함으로써 강제퇴거대상자를 무기한 보호하는 것을 가능하게 하는 것은 보호의 일시적·잠정적 강제조치로서의 한계를 벗어나는 것이라는 점, 보호기간의 상한을 법에 명시함으로써 보호기간의 비합리적인 장기화 내지 불확실성에서 야기되는 피해를 방지할 수 있어야 하는데, 단지 강제퇴거명령의 효율적 집행이라는 행정목적 때문에 기간의 제한이 없는 보호를 가능하게 하는 것은 행정의 편의성과 획일성만을 강조한 것으로 피보호자의 신체의 자유를 과도하게 제한하는 것인 점, 강제퇴거명령을 받은 사람을 보호함에 있어 그 기간의 상한을 두고 있는 국제적 기준이나 외국의 입법례에 비추어 볼 때 보호기간의 상한을 정하는 것이 불가능하다고 볼 수 없는 점, 강제퇴거명령의 집행 확보는 심판대상조항에 의한 보호 외에 주거지 제한이나 보고, 신원보증인의 지정, 적정한 보증금의 납부, 감독관 등을 통한 지속적인 관찰 등 다양한 수단으로도 가능한 점, 현행 보호일시해제제도나 보호명령에 대한 이의신청, 보호기간 연장에 대한 법무부장관의 승인제도만으로는 보호기간의 상한을 두지 않은 문제가 보완된다고 보기 어려운 점 등을 고려하면, 심판대상조항은 침해의 최소성과 법익균형성을 충족하지 못한다. 따라서 심판대상조항은 과잉금지원칙을 위반하여 피보호자의 신체의 자유를 침해한다.

(2) 적법절차원칙 위반

행정절차상 강제처분에 의해 신체의 자유가 제한되는 경우 강제처분의 집행기관으로부터 독립된 중립적인 기관이 이를 통제하도록 하는 것은 적법절차원칙의 중요한 내용에 해당한다. 심판대상조항에 의한 보호는 신체의 자유를 제한하는 정도가 박탈에 이르러 형사절차상 '체포 또는 구속'에 준하는 것으로 볼 수 있는 점을 고려하면, 보호의 개시 또는 연장 단계에서 그 집행기관인 출입국관리공무원으로부터 독립되고 중립적인 지위에 있는 기관이 보호의 타당성을 심사하여 이를 통제할 수 있어야 한다. 그러나 현재 출입국관리법상 보호의 개시 또는 연장 단계에서 집행기관으로부터 독립된 중립적 기관에 의한 통제절차가 마련되어 있지 아니하다. 또한 당사자에게 의견 및 자료 제출의 기회를 부여하는 것은 적법절차원칙에서 도출되는 중요한 절차적 요청이므로, 심판대상조항에 따라 보호를 하는 경우에도 피보호자에게 위와 같은 기회가 보장되어야 하나, 심판대상조항에 따른 보호명령을 발령하기 전에 당사자에게 의견을 제출할 수 있는 절차적 기회가 마련되어 있지 아니하다. 따라서 심판대상조항은 적법절차원칙에 위배되어 피보호자의 신체의 자유를 침해한다.

2. 헌법불합치결정의 필요성

심판대상조항의 위헌성은 보호기간의 상한을 설정하지 아니하여 장기간 또는 무기한 보호가 가능하도록 한 점과 보호의 개시 또는 연장 단계에서 공정하고 중립적인 기관에 의한 통제가 이루어지지 않고, 당사자에게 의견제출의 기회가 부여되어 있지 않은 점에 있다. 이러한 상황에서 심판대상조항에 대하여 단순위헌결정을 선고하게 되면 강제퇴거명령의 집행을 위한 보호의 근거규정이 사라지게 되어 강제퇴거명령을 받은 사람의 신병을 확보할 수 없게 되는 용인하기 어려운 법적 공백이 발생할 우려가 있다. 또한 입법자는 보호기간의 상한을 어떻게 설정할 것인지, 보호의 개시나 연장 단계에서 인신구속의 타당성을 심사할 기관을 어떻게 구성할 것인지와 의견제출의 기회를 어떠한 형태로 보장할 것인지 등 절차 형성에 관하여 입법재량을 가진다. 따라서 심판대상조항에 대하여 헌법불합치결정을 선고하되, 2025. 5. 31.을 시한으로 개선입법이 있을 때까지 계속 적용을 명한다.

심판대상조항에서 정하고 있는 '강제퇴거명령의 집행을 위한 보호'에 대해서는 보호기간의 상한이 마련되지 아니하여 사실상 강제퇴거대상자에 대한 무기한 보호가 가능하다는 점, 보호의 개시나 연장 단계에서 중립적 기관에 의하여 보호의 적법성을 판단받을 기회가 존재하지 아니한다는 점 등에서 지속적인 비판이 있어 왔다. 이 결정에서 헌법재판소는 심판대상조항에 의한 보호가 강제퇴거대상자의 신체의 자유를 침해하지 아니한다고 결정하였던 헌재 2018. 2. 22. 2017헌가29 결정을 변경하고, 보호기간의 상한이 존재하지 아니한 것이 과잉금지원칙에 위배되며 보호의 개시나 연장 단계에서 공정하고 중립적인 기관에 의한 통제절차가 없고, 행정상 인신구속을 함에 있어 의견제출의 기회도 전혀 보장하고 있지 아니한 것이 적법절차원칙에 위배되어 피보호자의 신체의 자유를 침해한다고 판단하였다.

헌법재판소가 헌법불합치결정을 통해 출입국관리법상 보호 제도의 위헌성을 확인한 만큼, 입법자로서는 합리적인 보호기간의 상한을 어떻게 설정할 것인지, 보호의 개시나 연장 단계에서 보호의 타당성을 심사할 역할을 어느 기관에게 부여할 것인지, 새로운 기관을 설립한다면 이를 어떻게 구성할 것인지, 피보호자에 대한 의견제출의 기회를 어떠한 형태로 보장할 것인지 등에 대한 논의를 거쳐 사회적 합의를 바탕으로 제도를 개선하여야 할 책임이 있다.

죄형법정주의 · 형벌에 관한 책임원칙

12 집단급식소 영양사 직무미수행 처벌사건

2023.3.23. 2019헌바141 [식품위생법 제96조 등 위헌소원]	[위헌]

1. 사건의 개요

청구인은 서울 영등포구에 있는 '○○유치원'의 원장으로, 집단급식소의 운영자이다.

청구외 □□□은 2015. 3.경 위 '○○유치원' 등에 각 영양사로 채용되어 2016. 10.경까지 위 각 유치원에서 매년 50만 원을 지급받고 영양사로 근무하였다. 그는 위 각 유치원에 영양사 면허증을 교부하고 매월 식단표를 작성하여 이메일로 송부하여 주었으며, 매월 1회 정도만 방문하여 급식 관련 장부 등을 점검하였을 뿐, 검식 및 배식관리, 구매식품의 검수 및 관리 등 식품위생법 제52조 제2항에 규정된 영양사의 직무를 수행하지 않았다.

청구인은, 양벌규정이 적용됨에 따라, 청구인의 사용인인 청구외 □□□이 청구인의 업무에 관하여 위와 같이 집단급식소에 근무하는 영양사로서의 직무를 이행하지 아니하여 식품위생법을 위반하였다는 이유로 기소되었다. 청구인은 2017. 7. 6. 벌금 100만 원을 선고받았고(서울남부지방법원 2016고정3029), 항소하였으나 2018. 10. 11. 기각되었다(서울남부지방법원 2017노1506). 이에 청구인은 상고하여 상고심 계속 중 식품위생법 제52조 제2항 및 제96조에 대하여 위헌법률심판제청신청을 하였으나 2019. 3. 29. 기각되고(대법원 2018초기1168), 같은 날 상고 또한 기각되었다(대법원 2018도17266). 청구인은 2019. 5. 1. 식품위생법 제52조 제2항 및 제96조에 대하여 이 사건 헌법소원심판을 청구하였다.

2. 심판의 대상

식품위생법(2011. 6. 7. 법률 제10787호로 개정된 것)

제96조(벌칙) 제51조 또는 <u>제52조를 위반한 자</u>는 3년 이하의 징역 또는 3천만 원 이하의 벌금에 처하거나 이를 병과할 수 있다.

[관련조항]

식품위생법(2011. 6. 7. 법률 제10787호로 개정된 것)

제52조(영양사) ② 집단급식소에 근무하는 영양사는 다음 각 호의 직무를 수행한다.

   1. 집단급식소에서의 식단 작성, 검식(檢食) 및 배식관리
   2. 구매식품의 검수(檢受) 및 관리
   3. 급식시설의 위생적 관리
   4. 집단급식소의 운영일지 작성
   5. 종업원에 대한 영양 지도 및 식품위생교육

3. 주 문

식품위생법(2011. 6. 7. 법률 제10787호로 개정된 것) 제96조 중 '제52조 제2항을 위반한 자'에 관한 부분은 헌법에 위반된다.

I. 판시사항

집단급식소에 근무하는 영양사의 직무를 규정한 조항인 식품위생법 제52조 제2항(이하 '직무수행조항'이라 한다)을 위반한 자를 처벌하는, 식품위생법 제96조 중 '제52조 제2항을 위반한 자'에 관한 부분(이하 '처벌조항'이라 한다)이 헌법에 위반되는지 여부(적극)

II. 결정요지

1. 재판관 5인의 위헌의견

처벌조항은 직무수행조항을 위반한 자를 처벌하고 있는데, <u>직무수행조항은 집단급식소에 근무하는 영양사의 직무를 포괄적으로 규정하고 있다. 이로 인해 처벌조항에 규정된 처벌범위가 지나치게 광범위해질 수 있다는 문제가 발생한다.</u> 처벌조항과 관련된 입법연혁 및 관련 입법자료, 그 밖에 식품위생법의 여러 규정을 살펴보아도 처벌대상에 관한 구체적이고 유용한 기준은 도출해낼 수 없고, 이에 관한 법원의 확립된 판례도 존재한다고 보기 어렵다. 집단급식소에 근무하는 영양사가 집단급식소에 전혀 출근을 하지 않고 아무런 업무를 수행하지 <u>아니하는 경우에는 직무수행조항에 정한 직무를 수행하지 않았음이 분명하다고 볼 수 있지만, 사안에 따라서는 직무수행조항에 정한 각 호의 업무를 어떤 경우에 수행하지 않았다고 볼 것인지 불분명할 수 있다.</u> 처벌조항에 관해 위와 같은 광범성 및 불명확성 문제가 발생한 근본적인 이유는, 입법자가 질적 차이가 현저한 두 가지 입법기능을 하나의 조항으로 규율하고자 하였기 때문이다. 직무수행조항은 집단급식소에 근무하는 영양사와 조리사의 직무범위를 구분하는 기능을 함과 동시에, 처벌조항을 통해 구성요건이 된다. 전자는 포괄적 규정의 필요성이 인정될 수 있지만, 후자는 죄형법정주의 등을 고려하여 제한된 범위 내에서 구체적으로 범죄행위를 규정할 것이 요청된다. 그러나 <u>처벌조항에 규정된 '위반'이라는 문언은 집단급식소에 근무하는 영양사가 직무를 수행하지 아니한 경우 처벌한다는 의미만을 전달할 뿐, 그 판단기준에 관해서는 구체적이고 유용한 지침을 제공하지 않는다.</u> 이는 식품위생법의 다른 금지규정 및 형벌규정과 대조된다. 이상과 같은 점을 고려할 때 <u>처벌조항은 죄형법정주의의 명확성원칙에 위반된다.</u>

2. 재판관 2인의 위헌의견

(1) 직무수행조항 및 처벌조항의 문언 및 법규범의 체계적 구조를 고려할 때, 처벌조항은 집단급식소에 근무하는 영양사가 직무수행조항에 정한 직무를 수행하지 아니한 행위 일체를 처벌대상으로 삼고 있음이 분명하다. 따라서 처벌조항은 죄형법정주의 명확성원칙에 위반되지는 않는다.

(2) 직무수행조항은 집단급식소의 영양사와 조리사의 권한과 책임을 명확히 하기 위해 신설된 규정 중 하나인데, 그로 인해 직무수행조항은 집단급식소에 근무하는 영양사의 직무를 극히 포괄적으로 규정하여, 영양사가 '특별히' 이행하여야 할 직무가 아니라 집단급식소에 근무하는 영양사가 이행할 수 있는 사실상 '모든' 직무를 규정하고 있다. 그럼에도 불구하고 처벌조항은 아무런 제한 없이 직무수행조항을 위반하면 형사처벌을 하도록 함으로써 형사제재의 필요성이 인정된다고 보기 어려운 행위에 대해서까지 처벌의 대상으로 삼을 수 있도록 하고 있다. 처벌조항으로 인해 집단급식소에 근무하는 영양사는 그 경중 또는 실질적인 사회적 해악의 유무에 상관없이 직무수행조항에서 규정하고 있는 직무를 단 하나라도 불이행한 경우 상시적인 형사처벌의 위험에 노출된다. 이는 범죄의 설정에 관한 입법재량의 한계를 현저히 일탈하여 과도하다고 하지 않을 수 없다. 그러므로 처벌조항은 과잉금지원칙에 위반된다.

결정의 의의

헌법재판소는 집단급식소에 근무하는 영양사의 직무에 관한 규정인 직무수행조항을 위반한 자를 처벌하는 식품위생법 조항이 헌법에 위반된다고 판단하였다. 다만, 위헌에 대한 이유에 있어서는 재판관들의 의견이 상이하였다.
재판관 5인의 위헌의견은, 처벌조항은 그 구성요건이 불명확하거나 그 적용범위가 지나치게 광범위한 관계로 어떠한 것이 범죄인가를 법제정기관인 입법자가 법률로 확정하는 것이 아니라 사실상 법 운영 당국이 재량으로 정하는 결과가 되어 죄형법정주의 명확성원칙에 위반된다고 판단하였다. 재판관 2인의 위헌의견은, 처벌조항이 집단급식소에 근무하는 영양사가 직무수행조항에 정한 직무를 수행하지 아니한 행위 일체를 처벌대상으로 삼고 있음이 분명하므로 죄형법정주의 명확성원칙에 위반되지는 않지만, 처벌대상의 광범성이 과잉금지원칙 위반 문제를 야기한다고 보았다.

13 음주운항 재범 가중처벌(소위 '윤창호법' 유사 조항) 사건

| 2022.8.31. 2022헌가10 [해사안전법 제104조의2 제2항 위헌제청] | [위헌] |

1. 사건의 개요

제청법원은 음주운항 금지규정을 2회 이상 위반하였다는 공소사실로 기소된 피고인의 위헌법률심판 제청신청을 받아들여 해사안전법 제104조의2 제2항 중 피고인에게 적용되는 부분에 대하여 2022. 4. 5. 위헌법률심판제청을 하였다.

2. 심판의 대상

해사안전법(2020. 2. 18. 법률 제17056호로 개정된 것)
제104조의2(벌칙) ② 제41조 제1항을 위반하여 2회 이상 술에 취한 상태에서 「선박직원법」 제2조 제1호에 따른 선박(같은 호 각 목의 어느 하나에 해당하는 외국선박을 포함한다)의 조타기를 조작하거나 그 조작을 지시한 운항자 또는 도선을 한 사람은 2년 이상 5년 이하의 징역이나 2천만 원 이상 3천만 원 이하의 벌금에 처한다.

3. 주 문

해사안전법(2020. 2. 18. 법률 제17056호로 개정된 것) 제104조의2 제2항 중 '제41조 제1항을 위반하여 2회 이상 술에 취한 상태에서 선박의 조타기를 조작한 운항자'에 관한 부분은 헌법에 위반된다.

Ⅰ. 판시사항

음주운항 전력이 있는 사람이 다시 음주운항을 한 경우 2년 이상 5년 이하의 징역이나 2천만 원 이상 3천만 원 이하의 벌금에 처하도록 규정한 해사안전법 제104조의2 제2항 중 '제41조 제1항을 위반하여 2회 이상 술에 취한 상태에서 선박의 조타기를 조작한 운항자'에 관한 부분(이하 '심판대상조항'이라 한다)이 책임과 형벌 간의 비례원칙에 위반되는지 여부(적극)

Ⅱ. 결정요지

1. 관련 선례

심판대상조항 개정에 참고가 된 도로교통법상 2회 이상 음주운전 가중처벌 조항은 2018. 9. 25. 대학생이던 피해자가 횡단보도를 건너기 위해 보도에 서 있다가 만취 상태의 운전자가 운전하던 차량에 치여 사망하는 사고(이른바 '윤창호 사건')를 계기로 마련된 것이다. 헌법재판소는 헌재 2021. 11. 25. 2019헌바446등 결정, 헌재 2022. 5. 26. 2021헌가30등 결정, 헌재 2022. 5. 26. 2021헌가32등 결정에서 책임과 형벌 사이의 비례원칙에 위반된다는 이유로 위 도로교통법 조항에 대하여 위헌 결정을 하였다.

2. 책임과 형벌 간의 비례원칙 위반 여부

심판대상조항은 음주운항 금지규정 위반 전력이 1회 이상 있는 사람이 다시 음주운항 금지규정 위반행위를 한 경우에 대한 처벌을 강화하기 위한 규정이다. 심판대상조항은 가중요건이 되는 과거의 위반행위와 처벌대상이 되는 음주운항 재범 사이에 아무런 시간적 제한을 두지 않고 있다.

그런데 과거의 위반행위가 상당히 오래 전에 이루어져 그 이후 행해진 음주운항 금지규정 위반행위를 '해상교통법규에 대한 준법정신이나 안전의식이 현저히 부족한 상태에서 이루어진 반규범적 행위' 또는 '반복적으로 사회구성원에 대한 생명·신체 등을 위협하는 행위'라고 평가하기 어렵다면, 이를 가중처벌할 필요성이 인정된다고 보기 어렵다. 그리고 재범에 대하여 가중된 행위책임을 인정할 수 있다고 하더라도, 전범을 이유로 아무런 시간적 제한 없이 후범을 가중처벌하는 예는 발견하기 어렵고, 이는 공소시효나 형의 실효를 인정하는 취지에도 부합하지 않는다. 또한 심판대상조항은 과거 위반 전력의 시기 및 내용이나 음주운항 당시의 혈중알코올농도 수준과 발생한 위험 등을 고려할 때 비난가능성이 상대적으로 낮은 음주운항 행위까지도 법정형의 하한인 2년 이상의 징역 또는 2천만 원 이상의 벌금을 기준으로 처벌하도록 하고 있으므로, 책임과 형벌 사이의 비례성을 인정하기 어렵다.

반복적인 음주운항 금지규정 위반행위에 대한 강한 처벌이 국민일반의 법감정에 부합할 수는 있으나, 결국에는 중한 형벌에 대한 면역성과 무감각이 생기게 되어 범죄예방과 법질서 수호에 실질적인 기여를 하지 못하는 상황이 발생할 수 있으므로, 반복적인 위반행위를 예방하기 위한 조치로서 형벌의 강화는 최후의 수단이 되어야 한다. 심판대상조항은 음주치료나 음주운항 방지장치 도입과 같은 비형벌적 수단에 대한 충분한 고려 없이 과거 위반 전력 등과 관련하여 아무런 제한도 두지 않고 죄질이 비교적 가벼운 유형의 음주운항 행위에 대해서까지 일률적으로 가중처벌하도록 하고 있으므로 형벌 본래의 기능에 필요한 정도를 현저히 일탈하는 과도한 법정형을 정한 것이다.

그러므로 심판대상조항은 책임과 형벌 간의 비례원칙에 위반된다.

헌법재판소는 2021. 11. 25. 음주운전 재범을 가중처벌하는 구 도로교통법(2018. 12. 24. 법률 제16037호로 개정되고, 2020. 6. 9. 법률 제17371호로 개정되기 전의 것) 조항에 대하여 책임과 형벌 사이의 비례성을 인정할 수 없다는 이유로 위헌결정을 하였고(2019헌바446등), 그 후 유사한 취지의 도로교통법 조항들에 대해서도 위헌결정을 하였다(헌재 2022. 5. 26. 2021헌가30등; 헌재 2022. 5. 26. 2021헌가32등).

이 사건은 도로교통법상 음주운전 재범 가중처벌 규정과 유사한 구조로, 음주운항 금지규정 위반 전력이 있는 사람이 다시 음주운항 금지규정 위반행위를 한 경우를 가중처벌하는 해사안전법 조항에 대하여 헌법재판소가 처음으로 위헌 여부를 판단한 사건이다.

14 가족의 예비군훈련 소집통지서를 전달할 의무 조항 사건

| 2022.5.26. 2019헌가12 [예비군법 제15조 제10항 전문 위헌제청] | [위헌] |

1. 사건의 개요

당해 사건 피고인은 ○○시 ○○동대에 소속된 예비군대원과 혼인한 부인이다. 피고인은 두 차례에 걸쳐 남편의 부재 중 그에 대한 훈련소집 통지서(이하 '소집통지서'라 한다)를 전달받고도 정당한 사유 없이 이를 예비군대원인 남편에게 전달하지 아니하였다는 공소사실로 약식명령이 청구되어(당해 사건), 현재 재판 계속 중이다.

당해 사건 법원은 2019. 4. 8. 직권으로 피고인에게 적용된 예비군법 제15조 제10항 전문이 책임과 형벌의 비례성원칙 등에 위반된다는 이유로 위헌법률심판을 제청하였다.

2. 심판의 대상

예비군법(2014. 10. 15. 법률 제12791호로 개정된 것)
제15조(벌칙) ⑩ 제6조의2 제2항에 따라 소집통지서를 전달할 의무가 있는 사람이 정당한 사유 없이 전달하지 아니하거나 지연 또는 파기하였을 때에는 6개월 이하의 징역 또는 500만 원 이하의 벌금에 처한다. 소집통지서를 수령할 의무가 있는 사람이 그 수령을 거부하였을 때에도 또한 같다.

[관련조항]

예비군법(2016. 1. 19. 법률 제13780호로 개정된 것)
제6조의2(소집통지서의 전달 등) ① 예비군대원을 훈련할 때에는 대통령령으로 정하는 바에 따라 사전에 소집통지서를 본인에게 전달하여야 한다. 다만, 동원에 대비한 불시(不時) 훈련이나 점검을 할 때에는 소집통지서를 전달하지 아니하고 대통령령으로 정하는 방법으로 통지하여 소집할 수 있다.
② 예비군대원 본인이 없을 때에는 같은 세대 내의 세대주나 가족 중 성년자, 본인의 고용주 또는 본인이 선정한 통지서 수령인(이하 이 조에서 "세대주등"이라 한다)에게 제1항의 소집통지서를 전달(본인이 선정한 소집통지서 수령인에 대한 전달에 있어서는 그 통지서 전달 전에 그 수령에 관한 동의를 받아야 한다)하여야 하고, 세대주등은 이를 지체 없이 본인에게 전달하여야 한다. 이 경우 소집통지서는 세대주등에게 전달된 때에 예비군대원 본인에게 전달된 것으로 본다.
③ 제1항이나 제2항에 따라 소집통지서를 전달함에 있어서 특히 필요하다고 인정되어 국방부장관이 정하는 경우에는 「민사소송법」 중 송달에 관한 규정(같은 법 제189조는 제외한다)을 준용하여 우편법령에 따른 특별한 송달의 방법으로 이를 전달할 수 있다.
④ 제1항에 따른 소집통지서는 본인으로부터 동의를 받았을 때에는 대통령령으로 정하는 바에 따라 「정보통신망 이용촉진 및 정보보호 등에 관한 법률」 제2조 제1항 제5호에 따른 전자문서로 전달할 수 있다.

3. 주 문

예비군법(2014. 10. 15. 법률 제12791호로 개정된 것) 제15조 제10항 전문 중 '제6조의2 제2항에 따라 소집통지서를 전달할 의무가 있는 사람 가운데 예비군대원 본인과 같은 세대 내의 가족 중 성년자가 정당한 사유 없이 전달하지 아니하였을 때'에 관한 부분은 헌법에 위반된다.

Ⅰ. 판시사항

예비군대원 본인의 부재시 예비군훈련 소집통지서를 수령한 같은 세대 내의 가족 중 성년자가 정당한 사유없이 소집통지서를 본인에게 전달하지 아니한 경우 형사처벌을 하는 예비군법 제15조 제10항 전문 중 '제6조의2 제2항에 따라 소집통지서를 전달할 의무가 있는 사람 가운데 예비군대원 본인과 같은 세대 내의 가족 중 성년자가 정당한 사유없이 전달하지 아니하였을 때'에 관한 부분(이하 '심판대상조항'이라 한다)이 책임과 형벌 간의 비례원칙에 위반되는지 여부(적극)

Ⅱ. 결정요지

1. 책임과 형벌 간의 비례원칙 위배 여부

국가의 존립과 국민의 안전을 위하여 예비군 조직을 편성하고 예비군훈련을 실시하고 동원하는 것은 기본적으로 국가 공동체를 이끌어가는 대한민국 정부(이하 '정부'라 한다)가 수행하여야 하는 공적 업무이다.

다만 예비군법 제6조의2 제2항은 예비군대원 본인 부재 시 대신하여 소집통지서를 수령한 세대주등이 지체없이 이를 본인에게 전달하도록 규정하고 있는데, 이는 앞서 살펴본 공적 사무인 예비군 업무의 특수성에 비추어 볼 때 예비군훈련을 원활하게 실시할 목적으로 정부의 업무 수행 절차에 대하여 단순히 국민으로서 협력하는 행정절차적 협력 의무를 의미한다.

예비군훈련을 위한 소집통지서 전달 업무는 정부가 수행하여야 하는 공적 사무로서, 정부는 직접 전달방식 외에도 우편법령에 따른 송달이나 전자문서의 방식을 사용하여 예비군대원 본인에게 소집통지서를 충분히 전달할 수 있음에도 불구하고, 심판대상조항은 예비군대원 본인이 부재중이기만 하면 예비군대원 본인과 세대를 같이한다는 이유만으로 위와 같은 협력의 범위를 넘어서 가족 중 성년자에게 소집통지서를 전달할 의무를 위반하면 6개월 이하의 징역 또는 500만 원 이하의 벌금이라는 형사처벌까지 하고 있는데, 이러한 심판대상조항의 태도는 예비군훈련을 위한 소집통지서의 전달이라는 정부의 공적 의무와 책임을 단지 행정사무의 편의를 위하여 개인에게 전가하는 것으로 이것이 실효적인 예비군훈련 실시를 위한 전제로 그 소집을 담보하고자 하는 것이라도 지나치다고 아니할 수 없다.

심판대상조항은 국가안보의 변화, 사회문화의 변화, 국방의무에 관한 인식의 변화 등과 같은 현실의 변화를 외면한 채 여전히 예비군대원 본인과 세대를 같이 하는 가족 중 성년자에 대하여 단지 소집통지서를 본인에게 전달하지 아니하였다는 이유로 형사처벌을 하고 있는데, 그 필요성과 타당성에 깊은 의문이 들지 않을 수 없다. 예비군대원 본인과 세대를 같이 하는 가족 중 성년자라면 특별한 사정이 없는 한 소집통지서를 본인에게 전달함으로써 훈련불참으로 인한 불이익을 받지 않도록 각별히 신경을 쓸 것임이 충분히 예상되고, 설령 그들이 소집통지서를 전달하지 아니하여 행정절차적 협력의무를 위반한다고 하여도 과태료 등의 행정적 제재를 부과하는 것만으로도 그 목적의 달성이 충분히 가능하다고 할 것임에도 불구하고, 심판대상조항은 훨씬 더 중한 형사처벌을 하고 있어 그 자체만으로도 형벌의 보충성에 반하고, 책임에 비하여 처벌이 지나치게 과도하여 비례원칙에도 위반된다고 할 것이다.

2. 결론

위와 같은 사정들에 비추어 보면, 심판대상조항은 책임과 형벌 간의 비례원칙에 위배되어 헌법에 위반된다. 심판대상조항이 헌법에 위반된다고 판단한 이상, 제청법원의 평등원칙 위반 주장에 대하여는 더 나아가 살피지 아니한다.

결정의 의의

이 사건에서 헌법재판소는 예비군에 관한 전반적인 사무는 대한민국 정부가 수행하여야 하는 공적 사무이고, 예비군대원 본인의 부재 시 대신 예비군훈련 소집통지서를 수령한 같은 세대 내의 가족 중 성년자가 이를 본인에게 전달하여야 하는 의무를 단순히 국가에 대한 행정절차적 협조의무로 보면서, 이러한 행정절차적 협조의무를 위반한 가족 중 성년자를 과태료가 아닌 형사처벌을 하는 심판대상조항이 책임과 형벌 간의 비례원칙에 위반된다고 판시하였다.

15 성폭법상 주거침입강제추행·준강제추행죄 사건

2023.2.23. 2021헌가9 【성폭력범죄의 처벌 등에 관한 특례법 제3조 제1항 위헌제청】   **[위헌]**

1. 사건의 개요

이 사건은 2021헌가9 등 총 25개의 위헌법률심판사건과 2021헌바171 등 총 7개의 헌법소원심판사건이 병합된 사건이다.

제청신청인들과 청구인들 및 그 밖의 당해 사건 피고인들은 각각 성폭력범죄의처벌등에관한특례법위반(주거침입강제추행)죄(이하 '주거침입강제추행죄'라 한다) 또는 성폭력범죄의처벌등에관한특례법위반(주거침입준강제추행)죄(이하 '주거침입준강제추행죄'라 한다)로 기소되었다.

주거침입강제추행죄 또는 주거침입준강제추행죄에 대하여 무기징역 또는 7년 이상의 징역에 처하도록 한 '성폭력범죄의 처벌 등에 관한 특례법' 제3조 제1항의 일부에 대하여, 제청법원들은 각 당해 사건의 소송계속 중 제청신청인의 위헌법률심판제청신청을 받아들이거나 또는 직권으로 위헌법률심판을 제청하였고, 청구인들은 각 당해 사건의 소송계속 중 위헌법률심판제청을 신청하였으나 그 신청이 기각되자 헌법소원심판을 청구하였다.

2. 심판의 대상

성폭력범죄의 처벌 등에 관한 특례법(2020. 5. 19. 법률 제17264호로 개정된 것)
제3조(특수강도강간 등) ①「형법」제319조 제1항(주거침입), 제330조(야간주거침입절도), 제331조(특수절도) 또는 제342조(미수범. 다만, 제330조 및 제331조의 미수범으로 한정한다)의 죄를 범한 사람이 같은 법 제297조(강간), 제297조의2(유사강간), 제298조(강제추행) 및 제299조(준강간, 준강제추행)의 죄를 범한 경우에는 무기징역 또는 7년 이상의 징역에 처한다.

3. 주 문

성폭력범죄의 처벌 등에 관한 특례법(2020. 5. 19. 법률 제17264호로 개정된 것) 제3조 제1항 중 '형법 제319조 제1항(주거침입)의 죄를 범한 사람이 같은 법 제298조(강제추행), 제299조(준강제추행) 가운데 제298조의 예에 의하는 부분의 죄를 범한 경우에는 무기징역 또는 7년 이상의 징역에 처한다.'는 부분은 헌법에 위반된다.

Ⅰ. 판시사항

주거침입강제추행죄 및 주거침입준강제추행죄에 대하여 무기징역 또는 7년 이상의 징역에 처하도록 한 '성폭력범죄의 처벌 등에 관한 특례법'(이하 '성폭력처벌법'이라 한다) 제3조 제1항 중 '형법 제319조 제1항(주거침입)의 죄를 범한 사람이 같은 법 제298조(강제추행), 제299조(준강제추행) 가운데 제298조의 예에 의하는 부분의 죄를 범한 경우에는 무기징역 또는 7년 이상의 징역에 처한다.'는 부분(이하 '심판대상조항'이라 한다)이 책임과 형벌 간의 비례원칙에 위배되는지 여부(적극)

Ⅱ. 결정요지

1. 책임과 형벌간의 비례원칙 위배 여부

주거침입죄와 강제추행·준강제추행죄는 모두 행위 유형이 매우 다양한바, 이들이 결합된다고 하여 행위 태양의 다양성이 사라지는 것은 아니므로, 그 법정형의 폭은 개별적으로 각 행위의 불법성에 맞는 처벌을 할 수 있는 범위로 정할 필요가 있다.

심판대상조항은 법정형의 하한을 '징역 5년'으로 정하였던 2020. 5. 19. 개정 이전의 구 성폭력처벌법 제3조 제1항과 달리 그 하한을 '징역 7년'으로 정함으로써, 주거침입의 기회에 행해진 강제추행 및 준강제추행의 경우에는 다른 법률상 감경사유가 없는 한 법관이 정상참작감경을 하더라도 집행유예를 선고할 수 없도록 하였다. 이에 따라 주거침입의 기회에 행해진 강제추행 또는 준강제추행의 불법과 책임의 정도가 아무리 경미한 경우라고 하더라도, 다른 법률상 감경사유가 없으면 일률적으로 징역 3년 6월 이상의 중형에 처할 수밖에 없게 되어, 형벌개별화의 가능성이 극도로 제한된다.

심판대상조항은 법정형의 '상한'을 무기징역으로 높게 규정함으로써 불법과 책임이 중대한 경우에는 그에 상응하는 형을 선고할 수 있도록 하고 있다. 그럼에도 불구하고 법정형의 '하한'을 일률적으로 높게 책정하여 경미한 강제추행 또는 준강제추행의 경우까지 모두 엄하게 처벌하는 것은 책임주의에 반한다.

심판대상조항은 그 법정형이 형벌 본래의 목적과 기능을 달성함에 있어 필요한 정도를 일탈하였고, 각 행위의 개별성에 맞추어 그 책임에 알맞은 형을 선고할 수 없을 정도로 과중하므로, 책임과 형벌 간의 비례원칙에 위배된다.

2. 결론

제청법원들과 청구인들은 평등원칙 위반도 주장하나, 심판대상조항이 책임과 형벌 간의 비례원칙에 위배되어 헌법에 위반되므로 그에 대해서는 더 나아가 살피지 아니한다.

결정의 의의

헌법재판소는 주거침입강제추행죄의 법정형을 '무기징역 또는 5년 이상의 징역'으로 정한 규정에 대하여 2006. 12. 28. 2005헌바85 결정부터 2018. 4. 26. 2017헌바498 결정에 이르기까지 여러 차례 합헌으로 판단하였고, 동일한 법정형을 규정한 주거침입준강제추행죄에 관한 조항에 대해서도 2020. 9. 24. 2018헌바171 결정에서 합헌으로 판단하였다.

심판대상조항은 '주거침입강제추행죄·준강제추행죄'의 법정형의 하한을 '징역 5년'으로 정하였던 2020. 5. 19. 개정 이전의 구 성폭력처벌법 제3조 제1항과 달리 그 하한을 '징역 7년'으로 정함으로써, 주거침입의 기회에 행해진 강제추행 및 준강제추행의 경우에는 다른 법률상 감경사유가 없는 한 법관이 정상참작감경을 하더라도 집행유예를 선고할 수 없도록 하였다. 이 결정은 법정형의 하한이 5년 이상의 징역이어서 작량감경의 사유가 있는 경우에는 얼마든지 집행유예를 선고할 수 있다는 점을 주요 논거로 하는 종전의 합헌결정들을 이제는 추종할 수 없게 되었다고 보고, 책임과 형벌간의 비례원칙에 위반하여 헌법에 위반된다고 선언한 것이다. 이에 대하여 재판관 이선애의 별개의견은 위 조항이 법정형의 종류와 범위를 정하는 입법재량의 한계와 관련하여 입법과정상 중대한 오류가 있어 비례원칙과 평등원칙에 반한다는 별개의 이유를 제시하였다.

성폭법상 야간주거침입절도미수범의 준강제추행죄 사건

(2023.2.23. 2022헌가2 [성폭력범죄의 처벌 등에 관한 특례법 제3조 제1항 위헌제청])　　　**[합헌]**

한편, 이 결정과 같은 날 선고된 2022헌가2 성폭력범죄의 처벌 등에 관한 특례법 제3조 제1항 위헌제청 사건은 '야간주거침입절도미수범의 준강제추행죄'의 법정형을 '무기징역 또는 7년 이상의 징역'으로 정한 조항에 관한 것으로, 헌법재판소는 해당 사건에서는 이 결정과 달리 재판관 7:2의 의견으로 합헌결정을 선고하였다. 2022헌가2 사건의 결정에서 법정의견은 '야간주거침입절도미수준강제추행죄'의 기본범죄인 준강제추행죄에 있어 추행으로 인정되는 행위 유형의 범위가 넓다고 하더라도 가중적 구성요건인 야간주거침입절도행위의 죄질과 불법성이 중대하고, 단순 주거침입에 비하여 범행의 동기와 정황이 제한적이며, 야간주거침입절도의 기회에 성범죄에 이르게 된 동기의 비난가능성이 현저히 큰 점 등을 고려할 때, 주거침입준강제추행죄의 경우와 달리 위와 같은 법정형을 규정한 것은 책임과 형벌의 비례원칙을 준수하였으며, 형벌체계상 정당성이나 균형성에도 부합한다고 판단하였다.

16 벌금 상한액을 규정하지 아니한 주식회사 등의 외부감사에 관한 법률 조항 사건

2024.7.18. 2022헌가6 [주식회사 등의 외부감사에 관한 법률 제39조 제1항 위헌제청]　　　**[헌법불합치]**

1. 사건의 개요

당해사건 피고인은 인천 계양구에 소재한 ○○에 소속된 공인회계사로서 2012 회계연도부터 2019 회계연도까지 주식회사 ○○(이하 '○○'라 한다)에 대한 외부감사에 주무 회계사로서 참여하였다.

당해사건 피고인은 감사인 또는 그에 소속된 공인회계사로서 감사보고서에 기재할 사항을 거짓으로 기재하는 동시에 공인회계사로서 직무를 행할 때 고의로 진실을 감추거나 허위보고를 하였다는 이유로 기소되었다(인천지방법원 2021고단986).

제청법원은 당해사건 계속 중 '주식회사 등의 외부감사에 관한 법률'(2017. 10. 31. 법률 제15022호로 전부개정된 것, 이하 '외부감사법'이라 한다) 제39조 제1항 중 '그 위반행위로 얻은 이익 또는 회피한 손실액의 2배 이상 5배 이하의 벌금에 처한다' 부분이 죄형법정주의의 명확성원칙에 위배된다는 이유로 2022. 2. 23. 직권으로 이 사건 위헌법률심판을 제청하였다.

2. 심판의 대상

주식회사 등의 외부감사에 관한 법률(2017. 10. 31. 법률 제15022호로 전부개정된 것)

제39조(벌칙) ① 「상법」 제401조의2 제1항 및 제635조 제1항에 규정된 자나 그 밖에 회사의 회계업무를 담당하는 자가 제5조에 따른 회계처리기준을 위반하여 거짓으로 재무제표를 작성·공시하거나 감사인 또는 그에 소속된 공인회계사가 감사보고서에 기재하여야 할 사항을 기재하지 아니하거나 거짓으로 기재한 경우에는 10년 이하의 징역 또는 그 위반행위로 얻은 이익 또는 회피한 손실액의 2배 이상 5배 이하의 벌금에 처한다.

3. 주 문

1. 주식회사 등의 외부감사에 관한 법률(2017. 10. 31. 법률 제15022호로 전부개정된 것) 제39조 제1항 중 '그 위반행위로 얻은 이익 또는 회피한 손실액의 2배 이상 5배 이하의 벌금' 가운데 '그 위반행위로 얻은 이익 또는 회피한

손실액이 없거나 산정하기 곤란한 경우'에 관한 부분은 헌법에 합치되지 아니한다.

2. 입법자는 위 법률조항 부분을 2025. 12. 31.까지 개정하여야 한다.

I. 판시사항

1. 허위재무제표작성죄와 허위감사보고서작성죄에 대하여 배수벌금을 규정하면서도, '그 위반행위로 얻은 이익 또는 회피한 손실액이 없거나 산정하기 곤란한 경우'에 관한 벌금 상한액을 규정하지 아니한 '주식회사 등의 외부감사에 관한 법률' 제39조 제1항 중 '그 위반행위로 얻은 이익 또는 회피한 손실액의 2배 이상 5배 이하의 벌금'에 관한 부분(이하 '심판대상조항'이라 한다)이 죄형법정주의의 명확성원칙에 위배되는지 여부 (소극)

2. 심판대상조항이 책임과 형벌 간의 비례원칙에 위배되는지 여부(적극)

3. 헌법불합치결정을 선고한 사례

II. 판단

1. 죄형법정주의의 명확성원칙 위배 여부

심판대상조항에서 사용된 '위반행위', '얻은', '이익', '회피', '손실액' 등의 개념 자체는 건전한 상식과 통상적인 법감정을 가진 수범자라면 손쉽게 그 의미를 파악할 수 있다. '위반 행위로 얻은 이익 또는 회피한 손실액'의 주체는 구성요건이나 규정취지상 해석이 명확하며, 그 범위는 총수입 또는 회피 손실 총액에서 각 비용을 공제한 것을 말하므로 심판대상조항은 죄형법정주의의 명확성원칙에 위배되지 않는다.

2. 책임과 형벌 간의 비례원칙 위배 여부

심판대상조항은 허위재무제표작성죄 및 허위감사보고서작성죄에 대하여 배수벌금형을 규정하면서도, '그 위반행위로 얻은 이익 또는 회피한 손실액이 없거나 산정하기 곤란한 경우'에 관한 벌금 상한액을 규정하고 있지 않기 때문에, 그와 같은 경우 법원이 죄질과 책임에 상응하는 벌금형을 선고할 수 없도록 하여 책임과 형벌 간의 비례원칙에 위배된다.

3. 헌법불합치결정의 필요성

심판대상조항 중 '그 위반 행위로 얻은 이익 또는 회피한 손실액이 없거나 산정하기 곤란한 경우'에 관한 부분을 단순위헌으로 선언하고 그 효력을 소급하여 상실시키면 처벌의 법적 공백이 발생하고, 심판대상조항의 개선임무는 1차적으로 입법형성권을 가진 입법자에게 있으므로, 심판대상조항에 대하여 2025. 12. 31.을 입법개정 시한으로 하는 적용중지 헌법불합치결정을 하는 것이 타당하다.

결정의 의의

심판대상조항이 허위재무제표작성죄 및 허위감사보고서작성죄에 대하여 배수벌금형을 규정하면서도, '그 위반행위로 얻은 이익 또는 회피한 손실액이 없거나 산정하기 곤란한 경우'에 관한 벌금상한을 별도로 규정하지 않음으로써, 그와 같은 경우 법원으로 하여금 죄질과 책임에 상응하는 벌금형을 선고할 수 없도록 한 것이 법원의 양형재량권을 침해하고, 피고인의 이익에도 반하기 때문에 책임과 형벌 간의 비례원칙에 위배된다고 판단한 사례이다.

심판대상조항 가운데 '그 위반행위로 얻은 이익 또는 회피한 손실액이 없거나 산정하기 곤란한 경우'에 관한 부분을 단순위헌으로 결정하여 효력을 소급하여 상실시키게 되면 법적 공백이 발생한다는 등의 이유로 적용중지 헌법불합치결정을 한 사례이다.

변호인의 조력을 받을 권리

17 법원의 열람·등사 허용결정에도 검사의 열람·등사 거부행위 사건

2022.6.30. 2019헌마356 [열람·등사신청 거부 위헌확인]   [위헌]

1. 사건의 개요

청구인은 고△△과 공모하여 의왕시 백운호수 생태조성 공사의 데크 납품업체 선정과 관련하여 한◆◆가 추천하는 업체가 선정되도록 하고 한◆◆로부터 뇌물을 수수하였다는 특정범죄가중처벌등에관한법률위반(뇌물) 혐의로 2018. 4. 17. 기소되어, 2018. 8. 24. 제1심에서 유죄 판결을 선고받고 항소하였다.

청구인에 대한 항소심 제2회 기일인 2019. 1. 10. 16:00에 청구인의 변호인은 증인 이ㅁㅁ에 대한 신문을 하게 되었다. 이ㅁㅁ은 "증인은 이 사건과 관련하여, 검찰에서 조사받은 적이 있나요."라는 청구인 변호인의 질문에 "예. 한◆◆씨한테 내가 받은 건으로 해서 조사받은 적이 있지요."라고 답변하였다. 이어 '진술서나 조서를 작성한 적이 있나'는 질문에 "예"라고 답변하였다.

이에 청구인의 변호인은 '이ㅁㅁ에 대한 진술조서'를 열람·등사하려고 하였으나, 열람·등사를 할 수 없게 되자, 2019. 1. 24. 항소심 법원에 '이ㅁㅁ에 대한 진술조서'를 포함한 서류의 열람·등사 허용 신청을 하였다. 항소심 재판장은 2019. 1. 28. 검사에게 열람·등사에 관한 의견을 요청하였는바, 검사는 불허 의견을 제시하면서 그 이유로 "이ㅁㅁ의 진술 관련 조서의 경우 이ㅁㅁ은 피고인이 기소한 이후 조사 진행된 사람으로 피고인에 대한 수사 당시 조사가 이루어진 사실이 없고, 피고인 기소 이후 본건이 아닌 별건으로 조사된 사람에 해당하므로 별건 사건관계인의 조서에 대하여 열람·등사를 허용할 경우 사건관계인의 명예나 사생활의 비밀, 생명·신체의 안전, 생활의 평온을 현저히 해할 우려가 있는 경우에 해당합니다."라고 의견을 제시하였다. 그러나 항소심 법원은 2019. 1. 30. 피청구인에게, '이ㅁㅁ에 대한 진술조서'를 포함한 서류에 대한 열람·등사를 허용하도록 명하였다.

청구인의 변호인은 2019. 1. 31. 위 법원의 결정에 따라 피청구인에게 '이ㅁㅁ에 대한 진술조서'를 포함한 각 서류의 열람·등사를 요청하였으나, 피청구인은 '이ㅁㅁ에 대한 진술조서'의 열람·등사를 허용하지 아니하였다.

이에 청구인은 피청구인의 '이ㅁㅁ에 대한 진술조서'의 열람·등사 거부행위가 청구인의 기본권을 침해한다고 주장하며 2019. 4. 2. 이 사건 헌법소원심판을 청구하였다.

한편, 청구인은 2019. 2. 12. 항소심에서 특정범죄가중처벌등에관한법률위반(뇌물)방조죄로 유죄 판결을 선고받고 상고하였으나, 2019. 5. 10. 상고가 기각되어, 항소심 판결이 확정되었다.

2. 심판의 대상

이 사건 심판대상은 서울고등법원 2018노2548 특정범죄가중처벌등에관한법률위반(뇌물) 등 사건에 관하여 2019. 1. 30. 서울고등법원 제3형사부가 한 열람·등사 허용 결정에 따라 청구인의 변호인이 '이ㅁㅁ에 대한 진술조서'에 대하여 한 열람·등사 신청을 2019. 1. 31. 피청구인이 거부한 행위(이하 '이 사건 거부행위'라 한다)가 청구인의 기본권을 침해하는지 여부이다.

3. 주 문

서울고등법원 2018노2548 특정범죄가중처벌등에관한법률위반(뇌물) 등 사건에 관하여 2019. 1. 30. 서울고등법원 제3형사부가 한 열람·등사 허용 결정에 따라 청구인의 변호인이 '이ㅁㅁ에 대한 진술조서'에 대하여 한 열람·등사 신청을 2019. 1. 31. 피청구인이 거부한 행위는, 청구인의 신속하고 공정한 재판을 받을 권리와 변호인의 조력을 받을 권리를 침해한 것이므로 헌법에 위반됨을 확인한다.

Ⅰ. 판시사항

별건으로 공소제기 후 확정되어 검사가 보관하고 있는 서류에 대하여 법원의 열람·등사 허용 결정이 있었음에도 검사가 청구인에 대한 형사사건과의 관련성을 부정하면서 해당 서류의 열람·등사를 허용하지 아니한 행위가 청구인의 신속하고 공정한 재판을 받을 권리와 변호인의 조력을 받을 권리를 침해하는지 여부(적극)

Ⅱ. 결정요지

1. 적법요건 판단

헌법재판소는 형사소송법 제266조의4에 기한 변호인의 수사기록에 대한 열람·등사신청을 거부한 검사의 처분이 변호인의 기본권을 침해하여 위헌임을 확인하여 이미 헌법적 해명을 한 바 있다(헌재 2010. 6. 24. 2009헌마 257; 헌재 2017. 12. 28. 2015헌마632). 그러나 이는 당해 형사사건의 수사기록에 대한 열람·등사가 문제된 사건인 반면에, 이 사건은 별건으로 공소제기 후 확정되어 검사가 보관하고 있는 서류의 열람·등사가 문제되는 사건이어서 차이가 있으며, 피청구인은 청구인에 대한 재판기록 및 수사기록에 '이ㅁㅁ에 대한 진술조서'라는 표제의 서류가 없고, 이ㅁㅁ에 대한 형사사건이 청구인에 대한 형사사건과 별건이라는 이유로 이 사건 거부행위를 하였다.

따라서 이 사건과 같은 유형의 침해행위가 앞으로도 반복될 가능성이 크고, 이 사건 쟁점에 대한 헌법적 해명은 헌법질서의 수호를 위하여 매우 긴요하다고 할 수 있으므로, 청구인에 대한 주관적 권리보호의 이익이 소멸하였다고 하더라도 이 사건 심판청구에 있어서는 심판청구의 이익이 여전히 존재한다.

2. 신속·공정한 재판을 받을 권리 및 변호인의 조력을 받을 권리 침해 여부

형사소송법이 공소가 제기된 후의 피고인 또는 변호인의 수사서류 열람·등사권에 대하여 규정하면서 검사의 열람·등사 거부처분에 대하여 별도의 불복절차를 마련한 것은 피고인 측의 수사서류 열람·등사권이 헌법상의 신속·공정한 재판을 받을 권리 및 변호인의 조력을 받을 권리의 중요한 내용인 점을 감안하여 종전 헌법소원심판이나 정보공개법 상의 행정쟁송 절차 등과 같은 우회적인 권리구제수단 대신에 보다 신속하고 실효적인 권리구제 절차가 필요하다는 입법자의 정책적 판단에 따른 것이다.

법원이 검사의 열람·등사 거부처분에 정당한 사유가 없다고 판단하고 그러한 거부처분이 피고인의 헌법상 기본권을 침해한다는 취지에서 수사서류의 열람·등사를 허용하도록 명한 이상, 법치국가와 권력분립의 원칙상 검사로서는 당연히 법원의 그러한 결정에 지체 없이 따라야 하며, 이는 별건으로 공소제기되어 확정된 관련 형사사건 기록에 관한 경우에도 마찬가지이다.

그렇다면 법원이 열람·등사 허용 결정을 하였음에도 검사가 이를 신속하게 이행하지 아니하는 경우에는 해당 증인 및 서류 등을 증거로 신청할 수 없는 불이익을 받는 것에 그치는 것이 아니라, 그러한 검사의 거부행위는 피고인의 열람·등사권을 침해하고, 나아가 피고인의 신속·공정한 재판을 받을 권리 및 변호인의 조력을 받을 권리까지 침해하게 되는 것이므로, 피청구인의 이 사건 거부행위는 청구인의 신속·공정한 재판을 받을 권리 및 변호인의 조력을 받을 권리를 침해한다.

헌법재판소는 헌재 2010. 6. 24. 2009헌마257 사건과 헌재 2017. 12. 28. 2015헌마632 사건에서 형사소송법 제266조의4에 기한 변호인의 당해 형사사건의 수사기록에 대한 열람 · 등사신청을 거부한 검사의 처분이 변호인의 기본권을 침해하여 위헌임을 확인하여 이미 헌법적 해명을 한 바 있다.

이 사건 결정은 위와 같은 선례의 연장선에서 별건으로 공소제기 후 확정되어 검사가 보관하고 있는 서류에 대하여 법원이 이미 열람 · 등사 허용 결정을 하였음에도 검사가 청구인에 대한 형사사건과의 관련성을 부정하면서 해당 서류의 열람 · 등사를 허용하지 아니한 행위가 피고인의 청구인의 신속 · 공정한 재판을 받을 권리 및 변호인의 조력을 받을 권리를 침해하여 위헌임을 확인하였다.

이 사건 결정은 형사소송법 제266조의3에 따른 증거개시절차에서 피고인의 변호인 또는 피고인이 당해 형사사건과 관련된 별건의 서류에 대해서도 열람 · 등사신청권을 행사할 수 있고, 법원이 형사소송법 제266조의4에 따라 그 서류에 대한 열람 · 등사를 허용할 경우 검사는 법원의 결정을 따라야 한다는 점을 명확히 하였다.

종교의 자유

18 육군훈련소 내 종교행사 참석 강제 사건

2022.11.24. 2019헌마941 [육군훈련소 내 종교행사 참석 강제 위헌확인]　　　　　**[인용(위헌확인)]**

1. 사건의 개요

(1) 청구인들은 모두 종교를 가지고 있지 않은 자들로, 2019. 5. 30. 육군훈련소에 입소하여 2019. 6. 27.까지 기초군사훈련을 받았다.

(2) 기초군사훈련 1주차였던 2019. 6. 2. 일요일 오전 8시 30분경, 육군훈련소 분대장은 훈련병들에게 '육군훈련소 내에서 개최되는 개신교, 불교, 천주교, 원불교 종교행사 중 하나를 선택하여 참석해보라'고 말하였다. 이에 청구인들은 종교가 없으니 어느 종교행사에도 참석하고 싶지 않다는 의사를 밝혔으나 위 분대장은 '다시 한 번 생각해보되 생각이 바뀌지 않으면 다시 와서 불참의사를 확정적으로 밝히라'는 취지로 말하였다. 이후 청구인들은 재차 불참의사를 밝히지 않고 육군훈련소 내 각 종교시설에서 진행되는 종교행사에 참석하였다.

(3) 청구인들은 피청구인이 2019. 6. 2. 청구인들에 대하여 육군훈련소 내 종교 시설에서 개최되는 종교행사에 참석하도록 한 조치가 자신들의 종교의 자유를 침해하고 정교분리원칙에 위반된다고 주장하면서, 2019. 8. 23. 이 사건 헌법소원심판을 청구하였다.

2. 심판의 대상

이 사건 심판대상은 피청구인이 2019. 6. 2. 청구인들에 대하여 육군훈련소 내 종교 시설에서 개최되는 개신교, 불교, 천주교, 원불교 종교행사 중 하나에 참석하도록 한 행위(이하 '이 사건 종교행사 참석조치'라 한다)가 청구인들의 기본권을 침해하는지 여부이다.

3. 주 문

피청구인이 2019. 6. 2. 청구인들에 대하여 육군훈련소 내 종교 시설에서 개최되는 개신교, 불교, 천주교, 원불교 종교행사 중 하나에 참석하도록 한 행위는 청구인들의 종교의 자유를 침해하여 위헌임을 확인한다.

Ⅰ. 판시사항

1. 피청구인이 청구인들로 하여금 육군훈련소 내 종교행사에 참석하도록 한 행위가 권력적 사실행위에 해당하여 헌법소원 대상이 되는지 여부(적극)
2. 피청구인이 청구인들로 하여금 육군훈련소 내 종교행사에 참석하도록 한 행위에 대하여 예외적인 소의 이익을 인정할 필요가 있는지 여부(적극)
3. 피청구인이 청구인들로 하여금 육군훈련소 내 종교행사에 참석하도록 한 행위가 정교분리원칙에 위배되어 청구인들의 종교의 자유를 침해하는지 여부(적극)
4. 피청구인이 청구인들로 하여금 육군훈련소 내 종교행사에 참석하도록 한 행위가 과잉금지원칙에 위배되어 청구인들의 종교의 자유를 침해하는지 여부(적극)

Ⅱ. 결정요지

1. 적법요건에 대한 판단

이 사건 종교행사 참석조치는 피청구인 육군훈련소장이 우월적 지위에서 청구인들에게 일방적으로 강제한 행위로, 헌법소원심판의 대상이 되는 권력적 사실행위에 해당한다.

이 사건 종교행사 참석조치는 이미 종료된 행위이나, 반복 가능성과 헌법적 해명의 중요성을 고려할 때 심판의 이익을 인정할 수 있다.

2. 종교의 자유의 침해 여부

(1) 제한되는 기본권

이 사건 종교행사 참석조치는 청구인들로 하여금 개신교, 불교, 천주교, 원불교 4개 종교의 종교시설에서 개최된 종교행사 중 하나를 택하여 참석하도록 강제한 것이다.…타인에 대한 종교나 신앙의 강제는 결국 종교적 행위, 즉 신앙고백, 기도, 예배 참석 등 외적 행위를 통하여만 가능하다. 따라서 이 사건 종교행사 참석조치로 인하여 청구인들의 내심이나 신앙에 실제 변화가 있었는지 여부와는 무관하게, 종교시설에서 개최되는 종교행사에의 참석을 강제한 것만으로 청구인들이 신앙을 가지지 않을 자유와 종교적 집회에 참석하지 않을 자유를 제한하는 것이라고 평가할 수 있다. 따라서 이 사건 종교행사 참석조치는 청구인들의 종교의 자유를 제한한다.

(2) 정교분리원칙 위배 여부

타인에 대한 종교나 신앙의 강제는 결국 종교적 행위, 즉 신앙고백, 기도, 예배 참석 등 외적 행위를 통하여만 가능하다. 따라서 이 사건 종교행사 참석조치로 인하여 청구인들의 내심이나 신앙에 실제 변화가 있었는지 여부와는 무관하게, 종교시설에서 개최되는 종교행사에의 참석을 강제한 것만으로 청구인들이 신앙을 가지지 않을 자유와 종교적 집회에 참석하지 않을 자유를 제한하는 것이다.

이 사건 종교행사 참석조치는 피청구인 육군훈련소장이 위 4개 종교를 승인하고 장려한 것이자, 여타 종교 또는 무종교보다 이러한 4개 종교 중 하나를 가지는 것을 선호한다는 점을 표현한 것이라고 보여질 수 있으므로 국가의 종교에 대한 중립성을 위반하여 특정 종교를 우대하는 것이다.

또한, 이 사건 종교행사 참석조치는 국가가 종교를, 군사력 강화라는 목적을 달성하기 위한 수단으로 전락시키거나, 반대로 종교단체가 군대라는 국가권력에 개입하여 선교행위를 하는 등 영향력을 행사할 수 있는 기회를 제공하므로, 국가와 종교의 밀접한 결합을 초래한다는 점에서 정교분리원칙에 위배된다.

(3) 과잉금지원칙 위배 여부

(가) 피청구인이 이 사건 종교행사 참석조치를 통하여 궁극적으로는 군인의 정신적 전력을 강화하고자 하였다고 볼 수 있는바, 일응 그 목적의 정당성을 인정할 여지가 있다. 그러나 …청구인들의 의사에 반하여 개신교, 불교, 천주교, 원불교 종교행사에 참석하도록 하는 방법으로 군인의 정신전력을 제고하려는 이 사건 종교행사

참석조치는 그 수단의 적합성을 인정할 수 없다.

(나) 나아가 피청구인이 종교를 가지지 아니한 훈련병들의 정신전력을 강화할 수 있는 방법으로 종교적 수단 이외에 일반적인 윤리교육 등 다른 대안도 택할 수 있다고 할 것이므로 이 사건 종교행사 참석조치는 불가피한 수단이 아니며 침해의 최소성을 충족한다고 보기 어렵다.

(다) 종교는 개인의 인격을 형성하는 가장 핵심적인 신념일 수 있는 만큼 종교에 대한 국가의 강제는 심각한 기본권 침해에 해당하고 군인의 정신전력 제고를 위하여 양보될 수 없는 것이므로, 이 사건 종교행사 참석조치는 법익의 균형성도 충족하지 못한다.

(라) 이 사건 종교행사 참석조치는 과잉금지원칙을 위반하여 청구인들의 종교의 자유를 침해한다.

결정의 의의

헌법재판소는 육군훈련소가 이 사건 종교행사 참석조치를 통하여 청구인들의 종교행사 참석을 사실상 강제하였다고 판단하고, 이러한 종교행사 강제 참석조치가 헌법상 정교분리원칙에 위배되는 점과 종교의 자유를 침해하는 점을 확인하였다.

(정치적) 표현의 자유

19 대면하여 말로 하는 선거운동 제한 사건

2022.2.24. 2018헌바146 [공직선거법 제59조 본문 등 위헌소원]   [위헌]

1. 사건의 개요

(1) 청구인은 2016. 4. 13. 실시된 제20대 국회의원 선거에서 국회의원으로 당선된 사람으로, '누구든지 선거운동기간 전에 공직선거법에 규정된 방법을 제외하고 그 밖의 집회 또는 그 밖의 방법으로 선거운동을 할 수 없음에도 불구하고, 2015. 9. 21. 이ㅇㅇ의 자택에서 선거구민들을 모이게 한 다음 지지를 호소하고, 2015. 10. 3. 당원협의회 운영위원들을 통해 다수의 선거구민을 동원하는 방법으로 기존 당원단합대회의 규모를 훨씬 초과하는 대규모 행사를 개최하여 참가자들을 상대로 지지를 호소함으로써 제20대 국회의원 선거에서 당선될 목적으로 선거운동기간 전에 선거운동을 하였다'는 범죄사실로 2017. 2. 15. 벌금 300만 원을 선고받았다(대전지방법원 천안지원 2016고합171). 이에 대하여 청구인이 항소하였으나 2017. 9. 18. 기각되었고(대전고등법원 2017노95), 그 상고도 2018. 2. 13. 기각되었다(대법원 2017도15742).

(2) 청구인은 위 상고심 계속 중 공직선거법 제59조 본문과 제254조 제2항 중 '그 밖의 집회, 그 밖의 방법으로 선거운동을 한 자'에 관한 부분에 대해 위헌법률심판제청신청을 하였으나 2018. 2. 13. 기각되자(대법원 2017초기1184), 2018. 3. 5. 이 사건 헌법소원심판을 청구하였다.

2. 심판의 대상

구 공직선거법(2012. 2. 29. 법률 제11374호로 개정되고, 2017. 2. 8. 법률 제14556호로 개정되기 전의 것)
제59조(선거운동기간) 선거운동은 선거기간개시일부터 선거일 전일까지에 한하여 할 수 있다. 다만, 다음 각 호의 어느 하나에 해당하는 경우에는 그러하지 아니하다.

1. 제60조의3(예비후보자 등의 선거운동) 제1항 및 제2항의 규정에 따라 예비후보자 등이 선거운동을 하는 경우

2. 선거일이 아닌 때에 문자(문자 외의 음성·화상·동영상 등은 제외한다)메시지를 전송하는 방법으로 선거운동을 하는 경우. 이 경우 컴퓨터 및 컴퓨터 이용기술을 활용한 자동 동보통신의 방법으로 전송할 수 있는 자는 후보자와 예비후보자에 한하되, 그 횟수는 5회(후보자의 경우 예비후보자로서 전송한 횟수를 포함한다)를 넘을 수 없으며, 매회 전송하는 때마다 중앙선거관리위원회규칙에 따라 신고한 1개의 전화번호만을 사용하여야 한다.

3. 선거일이 아닌 때에 인터넷 홈페이지 또는 그 게시판·대화방 등에 글이나 동영상 등을 게시하거나 전자우편(컴퓨터 이용자끼리 네트워크를 통하여 문자·음성·화상 또는 동영상 등의 정보를 주고받는 통신시스템을 말한다. 이하 같다)을 전송하는 방법으로 선거운동을 하는 경우. 이 경우 전자우편 전송대행업체에 위탁하여 전자우편을 전송할 수 있는 사람은 후보자와 예비후보자에 한한다.

구 공직선거법(2017. 2. 8. 법률 제14556호로 개정되고, 2020. 12. 29. 법률 제17813호로 개정되기 전의 것)

제59조(선거운동기간) 선거운동은 선거기간개시일부터 선거일 전일까지에 한하여 할 수 있다. 다만, 다음 각 호의 어느 하나에 해당하는 경우에는 그러하지 아니하다.

1. 제60조의3(예비후보자 등의 선거운동) 제1항 및 제2항의 규정에 따라 예비후보자 등이 선거운동을 하는 경우

2. 문자메시지를 전송하는 방법으로 선거운동을 하는 경우. 이 경우 자동 동보통신의 방법(동시 수신대상자가 20명을 초과하거나 그 대상자가 20명 이하인 경우에도 프로그램을 이용하여 수신자를 자동으로 선택하여 전송하는 방식을 말한다. 이하 같다)으로 전송할 수 있는 자는 후보자와 예비후보자에 한하되, 그 횟수는 8회(후보자의 경우 예비후보자로서 전송한 횟수를 포함한다)를 넘을 수 없으며, 중앙선거관리위원회규칙에 따라 신고한 1개의 전화번호만을 사용하여야 한다.

3. 인터넷 홈페이지 또는 그 게시판·대화방 등에 글이나 동영상 등을 게시하거나 전자우편(컴퓨터 이용자끼리 네트워크를 통하여 문자·음성·화상 또는 동영상 등의 정보를 주고받는 통신시스템을 말한다. 이하 같다)을 전송하는 방법으로 선거운동을 하는 경우. 이 경우 전자우편 전송대행업체에 위탁하여 전자우편을 전송할 수 있는 사람은 후보자와 예비후보자에 한한다.

공직선거법(2010. 1. 25. 법률 제9974호로 개정된 것)

제254조(선거운동기간위반죄) ② 선거운동기간 전에 이 법에 규정된 방법을 제외하고 선전시설물·용구 또는 각종 인쇄물, 방송·신문·뉴스통신·잡지, 그 밖의 간행물, 정견발표회·좌담회·토론회·향우회·동창회·반상회, <u>그 밖의 집회</u>, 정보통신, 선거운동기구나 사조직의 설치, 호별방문, <u>그 밖의 방법으로 선거운동을 한 자는</u> 2년 이하의 징역 또는 400만 원 이하의 벌금에 처한다.

[관련조항]

공직선거법(2020. 12. 29. 법률 제17813호로 개정된 것)

제59조(선거운동기간) 선거운동은 선거기간개시일부터 선거일 전일까지에 한하여 할 수 있다. 다만, 다음 각 호의 어느 하나에 해당하는 경우에는 그러하지 아니하다.

4. 선거일이 아닌 때에 전화(송·수화자 간 직접 통화하는 방식에 한정하며, 컴퓨터를 이용한 자동 송신장치를 설치한 전화는 제외한다)를 이용하거나 말(확성장치를 사용하거나 옥외집회에서 다중을 대상으로 하는 경우를 제외한다)로 <u>선거운동을 하는 경우</u>

5. 후보자가 되려는 사람이 선거일 전 180일(대통령선거의 경우 선거일 전 240일을 말한다)부터 해당 선거의 예비후보자등록신청 전까지 제60조의3 제1항 제2호의 방법(같은 호 단서를 포함한다)으로 자신의 명함을 직접 주는 경우

3. 주 문

구 공직선거법(2012. 2. 29. 법률 제11374호로 개정되고, 2017. 2. 8. 법률 제14556호로 개정되기 전의 것) 제59조 및 구 공직선거법(2017. 2. 8. 법률 제14556호로 개정되고, 2020. 12. 29. 법률 제17813호로 개정되기 전의 것) 제59조 중 각 선거운동기간 전에 개별적으로 대면하여 말로 하는 선거운동에 관한 부분, 공직선거법(2010. 1. 25. 법률 제9974호로 개정된 것) 제254조 제2항 중 '그 밖의 방법'에 관한 부분 가운데 개별적으로 대면하여 말로 하는 선거운동을 한 자에 관한 부분은 헌법에 위반된다.

Ⅰ. 판시사항

1. 공직선거법 제254조 제2항 중 '그 밖의 집회, 그 밖의 방법'에 관한 부분(이하 '이 사건 처벌조항'이라 한다)이 죄형법정주의 명확성원칙에 위반되는지 여부(소극)

2. 구 공직선거법 제59조(이하 '이 사건 선거운동기간조항'이라 한다) 중 선거운동기간 전에 개별적으로 대면하여 말로 하는 선거운동에 관한 부분 및 이 사건 처벌조항(이하 이 사건 선거운동조항과 이 사건 처벌조항을 합하여 '심판대상조항'이라 한다) 중 '그 밖의 방법'에 관한 부분 가운데 개별적으로 대면하여 말로 하는 선거운동을 한 자에 관한 부분이 과잉금지원칙에 반하여 선거운동 등 정치적 표현의 자유를 침해하는지 여부(적극)

Ⅱ. 결정요지

1. 이 사건 처벌조항의 죄형법정주의 명확성원칙 위반 여부

이 사건 처벌조항 중 '그 밖의 집회' 및 '그 밖의 방법' 부분이 불명확하여 죄형법정주의 명확성원칙에 위반되는지 문제된다.

이 사건 처벌조항은 선거운동 과정에서 통상 문제되는 전형적인 집회의 유형을 예정하되 그 외 발생할 수 있는 처벌의 공백을 방지하기 위하여 다소 포괄적인 용어로 '그 밖의 집회'를 규정하고 있으므로, 문제된 집회를 선거운동으로 볼 수 있는지 여부가 그 판단지침이 된다. 그러므로 이 사건 처벌조항의 '그 밖의 집회'란 목적성, 객관적 인식가능성, 능동성, 계획성 등 선거운동의 개념표지를 갖춘 모든 유형의 집회를 의미한다.

'그 밖의 방법' 또한 불확정적인 개념이기는 하나, 이 사건 처벌조항이 예로 들고 있는 방법은 모두 특정 후보자의 당선 또는 낙선을 위하여 활용되는 선거운동의 유형에 해당하므로, '그 밖의 방법'이 선거운동의 개념표지를 갖춘 모든 방법을 뜻하는 것임을 충분히 알 수 있다.

따라서 이 사건 처벌조항은 죄형법정주의 명확성원칙에 위반되지 아니한다.

2. 심판대상조항의 선거운동 등 정치적 표현의 자유 침해 여부

(1) 이 사건 선거운동기간조항

이 사건 선거운동기간조항은 선거의 과열경쟁으로 인한 사회·경제적 손실을 방지하고 후보자 간의 실질적인 기회균등을 보장하기 위하여 선거운동기간을 제한하고 있는바, 이러한 입법목적은 정당하고 수단의 적정성 또한 인정된다.

기간 제한 없이 선거운동을 무한정 허용할 경우 후보자 간의 지나친 경쟁이 선거관리의 곤란으로 이어져 부정행위의 발생을 막기 어렵고, 후보자 간의 경제력 차이에 따른 불공평이 생길 우려가 있다. 또한 선거운동기간의 제한을 받지 않는 선거운동방법도 존재하므로, 후보자가 선거권자에게 정보를 자유롭게 전달하거나 선거권자가 후보자의 인물·정견·신념을 파악하는데 현재의 선거운동기간이 부족하다고 보기 어렵다. 그러므로 이 사건 선거운동기간조항이 선거운동기간을 제한하는 것 자체가 정치적 표현의 자유를 과도하게 제한한다고 보기 어렵다. 그러나 선거운동을 어느 정도 규제하는 것에 불가피한 측면이 있더라도, 그 제한의 정도는 정치·사회적 발전단계와 국민의식의 성숙도 등을 종합하여 합리적으로 결정해야 한다. 오늘날, 일부 미흡한 측면이 있더라도 공정한 선거제도가 확립되고 국민의 정치의식이 높아지고 있으며, 입법자도 선거운동의 자유를 최대한 보장할 필요가 있다는 반성적 고려 하에 2020. 12. 29. 공직선거법 개정을 통해 선거과열 등 부작용을 초래할 위험성이 적은 선거운동 방법에 대한 선거운동기간 규제를 완화한 상황이다. 그럼에도 이 사건 선거운동기간조항은 그 입법목적을 달성하는데 지장이 없는 선거운동방법, 즉 돈이 들지 않는 방법으로서 후보자 간 경제력 차이에 따른 불균형 문제나 사회·경제적 손실을 초래할 위험성이 낮은 개별적으로 대면하여 말로 지지를 호소하는 선거운동까지 포괄적으로 금지함으로써 선거운동 등 정치적 표현의 자유를 과도하게 제한하고 있고, 기본권 제한과 공익목적 달성 사이에 법익의 균형성도 갖추지 못하였다.

결국 이 사건 선거운동기간조항 중 각 선거운동기간 전에 개별적으로 대면하여 말로 하는 선거운동에 관한 부분은 과잉금지원칙에 반하여 선거운동 등 정치적 표현의 자유를 침해한다.

(2) 이 사건 처벌조항

개별적으로 대면하여 말로 하는 선거운동을 한 자는 이 사건 선거운동기간조항에서 규정하지 않은 '그 밖의 방법'으로 선거운동을 한 경우에 해당하여 처벌될 것인데, 앞서 살펴본 바와 같이 <u>개별적으로 대면하여 말로 하는 선거운동을 예외적으로 허용하지 않은 것이 선거운동 등 정치적 표현의 자유를 침해하므로, 이 사건 처벌조항 중 '그 밖의 방법'에 관한 부분 가운데 개별적으로 대면하여 말로 하는 선거운동을 한 자에 관한 부분 또한 선거운동 등 정치적 표현의 자유를 침해한다.</u>

3. 결론

이 사건 선거운동기간조항 중 각 선거운동기간 전에 개별적으로 대면하여 말로 하는 선거운동에 관한 부분, 이 사건 처벌조항 중 '그 밖의 방법'에 관한 부분 가운데 개별적으로 대면하여 말로 하는 선거운동을 한 자에 관한 부분은 선거운동 등 정치적 표현의 자유를 침해하여 헌법에 위반된다.

결정의 의의

선거운동기간을 제한하고 이를 위반한 경우 형사처벌하도록 규정한 공직선거법 조항은, 선거의 과열경쟁으로 인해 사회·경제적 손실이 발생하는 것을 방지하고 후보자 간의 실질적인 기회균등을 보장하기 위해서 도입된 것이다. 그러나 심판대상조항은 위와 같은 입법목적을 달성하는데 지장이 없는 선거운동방법까지 포괄적으로 금지함으로써, 돈이 들지 않는 방법으로서 후보자 간 경제력 차이에 따른 선거운동기회의 불균형 문제나 선거의 과열경쟁으로 인한 사회·경제적 손실이 초래될 위험성이 낮은 '개별적으로 대면하여 말로 지지를 호소하는 방법의 선거운동'까지 금지하고 처벌한다는 문제점이 발생하였다.

입법부도 이러한 문제점에 대한 반성적 고려의 차원에서 2020. 12. 29. 공직선거법 개정을 통해, '선거일이 아닌 때에 전화(송·수화자 간 직접 통화하는 방식에 한정하며, 컴퓨터를 이용한 자동 송신장치를 설치한 전화는 제외한다)를 이용하거나 말(확성장치를 사용하거나 옥외집회에서 다중을 대상으로 하는 경우를 제외한다)로 선거운동을 하는 경우' 선거운동기간의 제한을 받지 않는 규정을 신설하였다(공직선거법 제59조 단서 제4호).

위와 같은 문제의식을 바탕으로 헌법재판소가 심판대상조항 중 일부를 주문과 같이 위헌으로 결정함에 따라, <u>심판대상조항 중 그 일부(개별적으로 대면하여 말로 지지를 호소하는 방법의 선거운동에 대한 선거운동기간 제한과 처벌)에 대한 효력은 종전의 합헌결정(헌재 2016. 6. 30. 2014헌바253)이 있었던 날의 다음 날인 2016. 7. 1.로 소급하여 효력을 상실하게 되었다.</u>

20 현수막, 벽보 게시, 인쇄물 배부·게시, 그 밖의 광고물 설치·게시, 표시물 착용, 확성장치사용 금지 공직선거법 조항 사건

2022.7.21. 2017헌바100등; 2017헌가1등 [공직선거법 제255조 제2항 제4호 등 위헌소원] [헌법불합치, 합헌]

1. 사건의 개요

(1) 2017헌바100

청구인 이○○는 제20대 국회의원 선거 ○○시 선거구 ○○당 김○○ 예비후보가 공천을 받지 못하게 하고, 나아가 국회의원 선거에서 당선되지 않게 할 목적으로 2016. 1. 17.과 같은 달 18. 선거에 영향을 미치게 하기 위하여 김○○가 ○○참사의 책임자라는 취지가 기재된 현수막과 광고물인 피켓을 설치 · 게시하고, 인쇄물을 배부하며, 선거운동을 위하여 확성장치를 사용하고, 선거운동기간 전에 선거운동을 하였다는 혐의로 기소되었다.

청구인 김□□, 정○○은 2016. 3. 9. 선거에 영향을 미치게 하기 위하여 같은 취지가 기재된 현수막과 광고물인 피켓을 설치 · 게시하고, 표시물인 조끼를 착용하며, 선거운동을 위하여 확성장치를 사용하고, 선거운동기간 전에 선거운동을 하였다는 혐의로 기소되었다.

청구인 김△△, 이□□, 박○○, 최○○은 2016. 1. 17.과 같은 달 18. 또는 같은 해 3. 9. 선거에 영향을 미치게 하기 위하여 같은 취지가 기재된 현수막과 광고물인 피켓을 설치 · 게시하고, 표시물인 조끼를 착용하며, 인쇄물을 배부하고, 선거운동을 위하여 확성장치를 사용하며, 선거운동기간 전에 선거운동을 하였다는 혐의로 기소되었다.

위 청구인들은 재판 계속 중(대구지방법원 경주지원 2016고합50) 공직선거법 제90조 제1항 제1호, 제2호, 제91조 제1항, 제93조 제1항, 제255조 제2항 제4호, 제5호 및 제256조 제3항 제1호 아목에 대하여 위헌법률심판제청신청을 하였다가 기각 결정을 받게 되자(2016초기133), 2017. 2. 2. 위 조항들을 대상으로 이 사건 헌법소원심판을 청구하였다.

(2) 2021헌바19

청구인 이△△, 김▽▽, 김✕✕은 성명을 알 수 없는 사람과 공모하여 2020. 3. 19. □□당과 황○○의 성명이나 명칭 및 이에 반대하는 내용이 포함된 벽보를 게시하였고, 청구인 김▽▽, 김✕✕은 성명을 알 수 없는 6명과 공모하여 2020. 3. 28. "도로 박□□ 적폐세력 퇴출" 등이 기재된 내용의 피켓을 들고 시위를 함으로써, 선거에 영향을 미치게 하기 위하여 특정 정당을 유추할 수 있는 내용을 명시한 광고물을 게시하였다는 혐의로 기소되었다(서울남부지방법원 2020고합480).

위 청구인들은 재판 계속 중 공직선거법 제90조 제1항 제1호, 제256조 제3항 제1호 아목, 제93조 제1항, 제255조 제2항 제5호가 선거운동의 자유 등을 침해하여 헌법에 위반된다고 주장하며 위헌법률심판제청신청을 하였다가 기각 결정을 받게 되자(2020초기1734), 2021. 1. 22. 위 조항들을 대상으로 이 사건 헌법소원심판을 청구하였다.

(3) 2017헌가1 사건

당해 사건 피고인은 '제20대 국회의원선거 예비후보자의 선거사무장으로서 예비후보자의 이름과 소속 정당이 표시된 판넬을 가슴과 등에 착용하고 행인들에게 인사를 하였다'는 공소사실로 기소되었다. 제청법원은 2017. 1. 2. 공직선거법 제90조 제1항 제2호, 제256조 제3항 제1호 아목에 대하여 직권으로 위헌법률심판제청을 하였다.

(4) 2018헌바394 사건

청구인은 '제20대 국회의원선거에서 후보자로 출마할 예정이었던 자의 성명 등이 기재된 피켓을 들고 1인 시위를 하여, 선거일 전 180일부터 선거일까지 선거에 영향을 미치게 하기 위하여 광고물을 게시하였다'는 범죄사실로 유죄판결을 선고받고, 상고심 계속 중 공직선거법 제90조 제1항 제1호, 제256조 제3항 제1호 아목에 대하여 위헌법률심판제청신청을 하였으나 2018. 8. 30. 신청이 기각되자, 2018. 10. 1. 이 사건 헌법소원심판을 청구하였다.

2. 심판의 대상

공직선거법(2010. 1. 25. 법률 제9974호로 개정된 것)

제90조(시설물설치 등의 금지) ① 누구든지 선거일 전 180일(보궐선거등에서는 그 선거의 실시사유가 확정된 때)부터 선거일까지 선거에 영향을 미치게 하기 위하여 이 법의 규정에 의한 것을 제외하고는 다음 각 호의 어느 하나에 해당하는 행위를 할 수 없다. 이 경우 정당(창당준비위원회를 포함한다)의 명칭이나 후보자(후보자가 되려는 사람을 포함한다. 이하 이 조에서 같다)의 성명 · 사진 또는 그 명칭 · 성명을 유추할 수 있는 내용을 명시한 것은 선거에 영향을 미치게 하기 위한 것으로 본다.

1. 화환·풍선·간판·현수막·애드벌룬·기구류 또는 선전탑, 그 밖의 광고물이나 광고시설을 설치·진열·게시· 배부하는 행위

2. 표찰이나 그 밖의 표시물을 착용 또는 배부하는 행위

공직선거법(2014. 2. 13. 법률 제12393호로 개정된 것)

제256조(각종제한규정위반죄) ③ 다음 각 호의 어느 하나에 해당하는 자는 2년 이하의 징역 또는 400만 원 이하의 벌금에 처한다.

1. 선거운동과 관련하여 다음 각 목의 어느 하나에 해당하는 자

아. 제90조(시설물설치 등의 금지)의 규정에 위반하여 선전물을 설치·진열·게시·배부하거나 하게 한 자 또는 상징물을 제작·판매하거나 하게 한 자

공직선거법(2010. 1. 25. 법률 제9974호로 개정된 것)

제93조(탈법방법에 의한 문서·도화의 배부·게시 등 금지) ① 누구든지 선거일 전 180일(보궐선거 등에 있어서는 그 선거의 실시사유가 확정된 때)부터 선거일까지 선거에 영향을 미치게 하기 위하여 이 법의 규정에 의하지 아니하고는 정당(창당준비위원회와 정당의 정강·정책을 포함한다. 이하 이 조에서 같다) 또는 후보자(후보자가 되고자 하는 자를 포함한다. 이하 이 조에서 같다)를 지지·추천하거나 반대하는 내용이 포함되어 있거나 정당의 명칭 또는 후보자의 성명을 나타내는 광고, 인사장, 벽보, 사진, 문서·도화, 인쇄물이나 녹음·녹화테이프 그 밖에 이와 유사한 것을 배부·첩부·살포·상영 또는 게시할 수 없다.

제255조(부정선거운동죄) ② 다음 각 호의 어느 하나에 해당하는 자는 2년 이하의 징역 또는 400만 원 이하의 벌금에 처한다.

5. 제93조(탈법방법에 의한 문서·도화의 배부·게시 등 금지) 제1항의 규정에 위반하여 문서·도화 등을 배부·첩부·살포·게시·상영하거나 하게 한 자, 같은 조 제2항의 규정에 위반하여 광고 또는 출연을 하거나 하게 한 자 또는 제3항의 규정에 위반하여 신분증명서·문서 기타 인쇄물을 발급·배부 또는 징구하거나 하게 한 자

공직선거법(2004. 3. 12. 법률 제7189호로 개정된 것)

제91조(확성장치와 자동차 등의 사용제한) ① 누구든지 이 법의 규정에 의한 공개장소에서의 연설·대담장소 또는 대담·토론회장에서 연설·대담·토론용으로 사용하는 경우를 제외하고는 선거운동을 위하여 확성장치를 사용할 수 없다.

구 공직선거법(2004. 3. 12. 법률 제7189호로 개정되고, 2022. 1. 18. 법률 제18790호로 개정되기 전의 것)

제255조(부정선거운동죄) ② 다음 각 호의 어느 하나에 해당하는 자는 2년 이하의 징역 또는 400만 원 이하의 벌금에 처한다.

4. 제91조(확성장치와 자동차 등의 사용제한) 제1항·제3항 또는 제216조(4개 이상 선거의 동시실시에 관한 특례) 제1항의 규정에 위반하여 확성장치나 자동차를 사용하여 선거운동을 하거나 하게 한 자

3. 주 문

1. 공직선거법(2010. 1. 25. 법률 제9974호로 개정된 것) 제90조 제1항 제1호 중 '현수막, 그 밖의 광고물 설치·게시'에 관한 부분, 같은 항 제2호 중 '그 밖의 표시물 착용'에 관한 부분, 공직선거법(2014. 2. 13. 법률 제12393호로 개정된 것) 제256조 제3항 제1호 아목 중 '제90조 제1항 제1호의 현수막, 그 밖의 광고물 설치·게시, 같은 항 제2호의 그 밖의 표시물 착용'에 관한 부분, 공직선거법(2010. 1. 25. 법률 제9974호로 개정된 것) 제93조 제1항 본문 중 '벽보 게시, 인쇄물 배부·게시'에 관한 부분 및 제255조 제2항 제5호 중 '제93조 제1항 본문의 벽보 게시, 인쇄물 배부·게시'에 관한 부분은 모두 헌법에 합치되지 아니한다. 위 법률조항들은 2023. 7. 31.을 시한으로 입법자가 개정할 때까지 계속 적용된다.

2. 공직선거법(2004. 3. 12. 법률 제7189호로 개정된 것) 제91조 제1항 및 구 공직선거법(2004. 3. 12. 법률 제7189호로 개정되고, 2022. 1. 18. 법률 제18790호로 개정되기 전의 것) 제255조 제2항 제4호 중 '제91조 제1항의 규정에 위반하여 확성장치를 사용하여 선거운동을 한 자' 부분은 모두 헌법에 위반되지 아니한다.

Ⅰ. 판시사항

1. 일정기간 동안 선거에 영향을 미치게 하기 위한 현수막, 광고물의 설치·게시나 표시물의 착용을 금지하는 공직선거법 제90조 제1항 제1호 중 '현수막, 그 밖의 광고물 설치·게시'에 관한 부분, 같은 항 제2호 중 '그 밖의 표시물 착용'에 관한 부분 및 이에 위반한 경우 처벌하는 공직선거법 제256조 제3항 제1호 아목 중 '제90조 제1항 제1호의 현수막, 그 밖의 광고물 설치·게시, 같은 항 제2호의 그 밖의 표시물 착용'에 관한 부분(이하 '시설물설치 등 금지조항'이라 한다)이 정치적 표현의 자유를 침해하는지 여부(적극)

2. 일정기간 동안 선거에 영향을 미치게 하기 위한 벽보 게시, 인쇄물 배부·게시를 금지하는 공직선거법 제93조 제1항 본문 중 '벽보 게시, 인쇄물 배부·게시'에 관한 부분 및 이에 위반한 경우 처벌하는 공직선거법 제255조 제2항 제5호 중 '제93조 제1항 본문의 벽보 게시, 인쇄물 배부·게시'에 관한 부분(이하 '인쇄물 배부 등 금지조항'이라 한다)이 정치적 표현의 자유를 침해하는지 여부(적극)

3. 공개장소에서의 연설·대담장소 또는 대담·토론회장에서 연설·대담·토론용으로 사용하는 경우를 제외하고는 선거운동을 위하여 확성장치를 사용할 수 없도록 한 공직선거법 제91조 제1항 및 이에 위반한 경우 처벌하는 구 공직선거법 제255조 제2항 제4호 중 '제91조 제1항의 규정에 위반하여 확성장치를 사용하여 선거운동을 한 자' 부분(이하 '확성장치사용 금지조항'이라 한다)이 정치적 표현의 자유를 침해하는지 여부(소극)

4. 헌법불합치결정을 선고하면서 계속 적용을 명한 사례

Ⅱ. 결정요지

1. 정치적 표현의 자유에 대한 제한과 심사기준

정치적 표현의 자유의 헌법상 지위와 성격, 선거의 공정성과의 관계 등에 비추어 볼 때, 입법자는 선거의 공정성을 보장하기 위해서 부득이하게 선거 국면에서의 정치적 표현의 자유를 제한하더라도, 입법목적 달성과의 관련성이 구체적이고 명백한 범위 내에서 가장 최소한의 제한에 그치는 수단을 선택하지 않으면 안 된다. 선거운동 등에 대한 제한이 정치적 표현의 자유를 침해하는지 여부를 판단함에 있어서는 표현의 자유의 규제에 관한 판단기준으로서 엄격한 심사기준을 적용하여야 한다.

2. 시설물설치 등 금지조항에 대한 판단

(1) 시설물설치 등 금지조항은 선거일 전 180일부터 선거일까지 선거에 영향을 미치게 하기 위하여 현수막이나 그 밖의 광고물을 설치·게시하거나, 그 밖의 표시물을 착용하는 행위를 금지·처벌하고 있다. 시설물설치 등 금지조항은 선거에서의 균등한 기회를 보장하고(헌법 제116조 제1항), 선거의 공정성을 확보하기 위한 것으로서 정당한 입법목적 달성을 위한 적합한 수단에 해당한다.

(2) 시설물설치 등 금지조항은 후보자의 정치적 표현의 자유를 광범위하게 제한할 뿐 아니라, 후보자에 비하여 선거운동의 허용영역이 상대적으로 좁은 일반 유권자에 대하여는 더욱 광범위하게 정치적 표현의 자유를 제한한다. 또한 선거가 순차적으로 맞물려 돌아가는 현실에 비추어 보면, 선거일 전 180일부터 선거일까지 장기간 동안 선거에 영향을 미치게 하기 위한 광고물의 설치·게시 및 표시물의 착용을 금지·처벌하는 시설물설치 등 금지조항은 당초의 입법취지에서 벗어나 선거와 관련한 국민의 자유로운 목소리를 상시적으로 억압하는 결과를 초래할 수 있다. 현수막과 광고물, 표시물 등에 투입되는 비용에 따라 홍보 효과에 상당한 차이가 발생할 수 있고, 이에 따라 결과적으로 선거에서의 기회 불균형이 야기될 수도 있으나, 이러한 문제는 선거비용 규제 등을 통하거나, 매체의 종류, 규격, 이용 방법, 비용 등을 제한하는 수단을 통해 방지할 수 있다. 또한 공직선거법상 후보자 비방 금지나 허위사실공표 금지 규정 등이 이미 존재함에 비추어 보면, 시설물설치 등 금지조항이 선거의 과열로 인한 무분별한 흑색선전, 허위사실유포나 비방 등을 방지하기 위한 불가피한 수단에 해당한다고 보기도 어렵다. 이를 종합하면, 시설물설치 등 금지조항은 목적 달성에 필요한 범위를 넘어 현수막, 그 밖의

광고물의 설치·진열·게시 및 표시물의 착용을 통한 정치적 표현을 장기간 동안 포괄적으로 금지·처벌하는 것으로서 침해의 최소성을 충족하지 못한다.

(3) 시설물설치 등 금지조항은 선거의 공정성을 해치는 것이 명백하다고 볼 수 없는 정치적 표현까지 금지·처벌하고 있어, 그로 유권자나 후보자가 받게 되는 정치적 표현의 자유에 대한 제약은 매우 크다. 한편, 이러한 범위 내에서 시설물설치 등 금지조항으로 인하여 달성되는 공익이 그보다 중대하다고 볼 수 없다. 따라서 시설물설치 등 금지조항은 법익의 균형성에도 위배된다.

(4) 그렇다면 시설물설치 등 금지조항은 과잉금지원칙에 반하여 정치적 표현의 자유를 침해한다.

3. 인쇄물배부 등 금지조항에 대한 판단

(1) 인쇄물배부 등 금지조항은 선거일 전 180일부터 선거일까지 선거에 영향을 미치게 하기 위한 벽보의 게시, 인쇄물의 배부·게시행위를 금지·처벌하고 있다. 인쇄물배부 등 금지조항은 선거에서의 균등한 기회를 보장하고(헌법 제116조 제1항), 선거의 공정성을 확보하기 위한 것으로서 정당한 입법목적 달성을 위한 적합한 수단에 해당한다.

(2) 인쇄물배부 등 금지조항은 후보자의 정치적 표현의 자유를 광범위하게 제한할 뿐 아니라, 후보자에 비하여 선거운동의 허용영역이 상대적으로 좁은 일반 유권자에 대하여는 더욱 광범위하게 정치적 표현의 자유를 제한한다. 또한 선거가 순차적으로 맞물려 돌아가는 현실에 비추어 보면, 선거일 전 180일부터 선거일까지 장기간 동안 선거에 영향을 미치게 하기 위한 벽보 게시, 인쇄물의 배부·게시행위를 금지·처벌하는 인쇄물배부 등 금지조항은 당초의 입법취지에서 벗어나 선거와 관련한 국민의 자유로운 목소리를 상시적으로 억압하는 결과를 초래할 수 있다. 벽보·인쇄물은 시설물 등과 비교하여 보더라도 투입되는 비용이 상대적으로 적어 경제력 차이로 인한 선거 기회 불균형의 문제가 크지 않고, 그러한 우려도 공직선거법상 선거비용 규제나 벽보·인쇄물의 종류나 금액 등을 제한하는 수단을 통해 방지할 수 있다. 또한 공직선거법상 후보자 비방 금지나 허위사실공표 금지 규정 등이 이미 존재함에 비추어 보면, 인쇄물배부 등 금지조항이 선거의 과열로 인한 무분별한 흑색선전, 허위사실유포나 비방 등을 방지하기 위한 불가피한 수단에 해당한다고 보기도 어렵다. 벽보나 인쇄물에 담긴 정보가 반드시 일방적·수동적으로 전달되거나 수용되는 것은 아니므로, 그 매체의 특성만을 이유로 광범위한 규제를 정당화할 수도 없다. 이상과 같은 점들을 종합하면, 인쇄물배부 등 금지조항은 목적 달성에 필요한 범위를 넘어 벽보 게시, 인쇄물 배부·게시를 통한 정치적 표현을 장기간 동안 포괄적으로 금지·처벌하는 것으로서 침해의 최소성을 충족하지 못한다.

(3) 인쇄물배부 등 금지조항은 선거의 공정성을 해치는 것이 명백하다고 볼 수 없는 정치적 표현까지 금지·처벌하고 있어, 그로 유권자나 후보자가 받게 되는 정치적 표현의 자유에 대한 제약은 매우 크다. 한편, 이러한 범위 내에서 인쇄물배부 등 금지조항으로 인하여 달성되는 공익이 그보다 중대하다고 볼 수 없다. 따라서 인쇄물배부 등 금지조항은 법익의 균형성에도 위배된다.

(4) 그렇다면 인쇄물배부 등 금지조항은 과잉금지원칙에 반하여 정치적 표현의 자유를 침해한다.

4. 확성장치사용 금지조항에 대한 판단 – 합헌

(1) 확성장치를 이용한 선거운동은 필연적으로 소음이 유발되고, 이는 다수의 사람들이 건강하고 쾌적한 환경에서 생활할 권리에 직접적인 영향을 미치며, 확성장치의 사용을 제한 없이 허용할 경우 경쟁적인 사용에 따라 소음이 증폭되어 피해를 확산시킬 수 있다. 확성장치사용 금지조항은 이러한 점을 고려하여 공직선거법의 규정에 의한 공개장소에서의 연설·대담장소 또는 대담·토론회장에서 연설·대담·토론용으로 사용하는 경우를 제외하고는 선거운동을 위한 확성장치사용을 금지하고, 이를 위반할 경우 처벌하고 있다. 확성장치사용 금지조항은 입법목적의 정당성과 수단의 적합성이 인정된다.

(2) 확성장치에 의해 기계적으로 유발되는 소음은 자연적으로 발생하는 생활소음에 비하여 상대적으로 큰 피해를 유발할 가능성이 높고, 일반 국민의 생업에 지장을 초래할 수도 있고, 모든 종류의 공직선거 때마다 확성장치로 인한 소음을 감내할 것을 요구한다면 선거 전반에의 혐오감을 야기시킬 우려가 있다. 반면, 선거운동에서

다소 전통적인 수단이라 할 수 있는 확성장치의 사용을 규제한다고 하더라도 후보자로서는 보다 접근이 용이한 다른 선거운동방법을 활용할 수 있으므로, 확성장치의 사용 규제가 과도한 제한이라고 보기 어렵다. 나아가 확성장치의 출력수나 사용시간을 규제하는 입법은 확성장치사용 자체를 제한하는 방안과 동등하거나 유사한 효과가 있다고 볼 수도 없다. 확성장치사용 금지조항은 침해의 최소성에 어긋나지 않는다.

(3) 선거운동 과정에서 확성장치 사용으로 인한 소음을 규제하여 국민의 건강하고 쾌적한 환경에서 생활할 권리를 보호한다는 공익은 확성장치의 사용을 제한함으로써 제한받는 정치적 표현의 자유보다 작다고 할 수 없다. 확성장치사용 금지조항은 법익의 균형성에도 반하지 않는다.

(4) 확성장치사용 금지조항은 과잉금지원칙에 반하여 정치적 표현의 자유를 침해하지 않는다.

5. 헌법불합치 결정

시설물설치 등 금지조항과 인쇄물배부 등 금지조항의 위헌성은 선거에 영향을 미치게 하기 위하여 광고물을 설치·진열·게시하거나 표시물을 작용하는 행위를 제한하는 것 자체에 있는 것이 아니라, 이를 장기간 동안 포괄적으로 규제함으로써 선거에서의 기회 균등 및 선거의 공정성을 해치는 것이 명백하다고 볼 수 없는 정치적 표현까지 모두 금지·처벌하는 것에 있다. 이와 관련하여 정치적 표현 행위의 방법을 구체적으로 어느 정도로 허용할 것인지는 입법자가 충분한 논의를 거쳐 결정하여야 할 사항이다. 따라서 위 조항들에 대하여 2023. 7. 31.을 시한으로 입법자가 개정할 때까지 계속 적용을 명하는 헌법불합치 결정을 한다.

> ### 결정의 의의
>
> 헌법재판소는 과거 시설물설치 등 금지조항과 실질적으로 동일한 내용을 규정하고 있던 개정 전 조항들(헌재 2001. 12. 20. 2000헌바96등; 헌재 2015. 4. 30. 2011헌바163), 인쇄물배부 등 금지조항 및 이와 실질적으로 동일한 내용의 개정 전 조항들(헌재 2001. 8. 30. 99헌바92등; 헌재 2001. 10. 25. 2000헌마193; 헌재 2001. 12. 20. 2000헌바96등; 헌재 2006. 5. 25. 2005헌바15; 헌재 2006. 7. 27. 2004헌마217; 헌재 2007. 1. 17. 2004헌바82; 헌재 2009. 2. 26. 2006헌마626; 헌재 2014. 4. 24. 2011헌바17등; 헌재 2015. 4. 30. 2011헌바163; 헌재 2016. 6. 30. 2014헌바253; 헌재 2018. 4. 26. 2017헌가2 등)이 정치적 표현의 자유를 침해하지 않는다고 판단한 바 있으나, 이 사건에서는 그러한 기존의 선례를 변경하여 시설물설치 등 금지조항과 인쇄물배부 등 금지조항이 정치적 표현의 자유를 침해한다고 판단하였다. 이 사건 결정에 따라 입법자는 시설물설치 등 금지조항과 인쇄물배부 등 금지조항을 2023. 7. 31.까지 개정하여야 한다.

21 집회나 모임 개최, 현수막 그 밖의 광고물 게시, 광고, 문서·도화 첩부·게시, 확성장치사용을 금지 사건

2022.7.21. 2018헌바357등; 2018헌바164 【공직선거법 제90조 제1항 제1호 등 위헌소원】
【위헌,헌법불합치, 합헌】

1. 사건의 개요

(1) 2018헌바357등

청구인들은 공직선거법위반 혐의로 기소되어 2017. 12. 1., ① 청구인 안○○, 이○○, 이ㅁㅁ, 이△△는 선거기간 중 제20대 국회의원선거에 출마한 후보자들을 낙선시키는 등 영향을 미치게 하기 위하여 집회를 개최하였다는 사실, ② 청구인 안○○, 이△△, 이○○, 최○○, 김○○, 이▽▽, 강○○, 김ㅁㅁ, 박○○,

김△△, 정○○, 김▽▽, 이ХХ, 장○○, 유○○, 오○○, 김ХХ, 정○○는 집회 과정에서 <u>선거운동을 위하여 확성장치를 사용하였다는 사실</u>, ③ 청구인 이ㅁㅁ을 제외한 나머지 청구인들은 집회 과정에서 <u>선거에 영향을 미치게 하기 위하여 현수막을 게시하고, 피켓 등의 광고물을 게시함과 동시에 후보자를 반대하는 내용이 포함되어 있는 광고, 문서·도화를 첨부 또는 게시하였다는 사실</u>로 각 벌금형을 선고받았다(서울중앙지방법원 2016고합1016).

이에 대하여 청구인들 및 검사가 항소하였고(서울고등법원 2017노3849), 청구인들은 항소심 계속 중 공직선거법 제90조 제1항 제1호, 제91조 제1항, 제93조 제1항 본문, 제103조 제3항에 대하여 위헌법률심판제청신청을 하였다(서울고등법원 2018초기321, 2018초기323). 위 법원은 2018. 7. 18. 제1심 판결을 파기하고 청구인들에 대하여 다시 형을 정하여 판결을 선고하였고, 위헌법률심판제청신청에 대하여는 공직선거법 제90조 제1항 후문에 대한 신청은 각하하고, 나머지 신청은 기각하는 결정을 하였다. 이에 청구인들은 2018. 8. 17. 위 조항들을 대상으로 이 사건 헌법소원심판을 청구하였다.

한편, 청구인들 및 검사는 위 항소심 판결에 대하여 상고하였는데(대법원 2018도12324), 청구인 정○○, 이ХХ은 각 상고를 취하하고, 나머지 청구인들에 대하여는 상고가 기각됨으로써 항소심 판결이 확정되었다.

(2) 2018헌바164

청구인들은 2012. 4. 9. 및 같은 달 10. 부산 금정구 장전동 부산대학교 정문 앞, 서울 동대문구 회기동 경희대학교 정문 앞 등에서 '<u>나꼼수 토크 콘서트</u>' 등을 개최하여, 국회의원 선거운동기간 중 선거에 영향을 미치게 하기 위하여 집회를 개최하였다는 공소사실로 기소되었다. 2018. 2. 2. 청구인들은 당해 사건 법원에서 각 벌금 90만 원의 형을 선고받고, 현재 항소심 계속 중이다.

청구인들은 선거기간 중 선거에 영향을 미치게 하기 위한 집회나 모임을 개최하는 것을 금지하는 공직선거법 제103조 제3항에 대하여 위헌법률심판의 제청을 신청하였으나 그 신청이 기각되자, 2018. 4. 4. 이 사건 헌법소원심판을 청구하였다.

2. 심판의 대상

공직선거법(2010. 1. 25. 법률 제9974호로 개정된 것)
제103조(각종집회 등의 제한) ③ 누구든지 선거기간 중 선거에 영향을 미치게 하기 위하여 향우회·종친회·동창회·단합대회 또는 야유회, <u>그 밖의 집회나 모임을 개최할 수 없다.</u>

공직선거법(2014. 2. 13. 법률 제12393호로 개정된 것)
제256조(각종제한규정위반죄) ③ 다음 각 호의 어느 하나에 해당하는 자는 2년 이하의 징역 또는 400만 원 이하의 벌금에 처한다.
  1. 선거운동과 관련하여 다음 각 목의 어느 하나에 해당하는 자
    카. <u>제103조(각종집회 등의 제한) 제3항</u> 내지 제5항의 규정에 위반하여 각종집회 등을 개최하거나 하게 한 자

공직선거법(2010. 1. 25. 법률 제9974호로 개정된 것)
제90조(시설물설치 등의 금지) ① <u>누구든지 선거일 전 180일</u>(보궐선거 등에서는 그 선거의 실시사유가 확정된 때)부터 선거일까지 선거에 영향을 미치게 하기 위하여 이 법의 규정에 의한 것을 제외하고는 다음 각 호의 어느 하나에 해당하는 행위를 할 수 없다. 이 경우 정당(창당준비위원회를 포함한다)의 명칭이나 후보(후보자가 되려는 사람을 포함한다. 이하 이 조에서 같다)의 성명·사진 또는 그 명칭·성명을 유추할 수 있는 내용을 명시한 것은 선거에 영향을 미치게 하기 위한 것으로 본다.
  1. 화환·풍선·간판·<u>현수막</u>·애드벌룬·기구류 또는 선전탑, <u>그 밖의 광고물</u>이나 광고시설을 설치·진열·<u>게시</u>·배부하는 행위

공직선거법(2014. 2. 13. 법률 제12393호로 개정된 것)
제256조(각종제한규정위반죄) ③ 다음 각 호의 어느 하나에 해당하는 자는 2년 이하의 징역 또는 400만 원 이하의 벌금에 처한다.
  1. 선거운동과 관련하여 다음 각 목의 어느 하나에 해당하는 자
    아. <u>제90조(시설물설치 등의 금지)의 규정</u>에 위반하여 선전물을 설치·진열·게시·배부하거나 하게 한 자 또

는 상징물을 제작·판매하거나 하게 한 자

공직선거법(2010. 1. 25. 법률 제9974호로 개정된 것)

제93조(탈법방법에 의한 문서·도화의 배부·게시 등 금지) ① 누구든지 선거일 전 180일(보궐선거 등에 있어서는 그 선거의 실시사유가 확정된 때)부터 선거일까지 선거에 영향을 미치게 하기 위하여 이 법의 규정에 의하지 아니하고는 정당(창당준비위원회와 정당의 정강·정책을 포함한다. 이하 이 조에서 같다) 또는 후보자(후보자가 되고자 하는 자를 포함한다. 이하 이 조에서 같다)를 지지·추천하거나 반대하는 내용이 포함되어 있거나 정당의 명칭 또는 후보자의 성명을 나타내는 광고, 인사장, 벽보, 사진, <u>문서·도화</u>, 인쇄물이나 녹음·녹화테이프 그 밖에 이와 유사한 것을 배부·<u>첩부</u>·살포·상영 또는 <u>게시</u>할 수 없다.

제255조(부정선거운동죄) ② 다음 각 호의 어느 하나에 해당하는 자는 2년 이하의 징역 또는 400만 원 이하의 벌금에 처한다.

   5. <u>제93조(탈법방법에 의한 문서·도화의 배부·게시 등 금지) 제1항의 규정</u>에 위반하여 문서·도화 등을 배부·첩부·살포·게시·상영하거나 하게 한 자, 같은 조 제2항의 규정에 위반하여 광고 또는 출연을 하거나 하게 한 자 또는 제3항의 규정에 위반하여 신분증명서·문서 기타 인쇄물을 발급·배부 또는 징구하거나 하게 한 자

공직선거법(2004. 3. 12. 법률 제7189호로 개정된 것)

제91조(확성장치와 자동차 등의 사용제한) ① 누구든지 이 법의 규정에 의한 공개장소에서의 연설·대담장소 또는 대담·토론회장에서 연설·대담·토론용으로 사용하는 경우를 제외하고는 <u>선거운동을 위하여 확성장치를 사용할 수 없다.</u>

구 공직선거법(2004. 3. 12. 법률 제7189호로 개정되고, 2022. 1. 18. 법률 제18790호로 개정되기 전의 것)

제255조(부정선거운동죄) ② 다음 각 호의 어느 하나에 해당하는 자는 2년 이하의 징역 또는 400만 원 이하의 벌금에 처한다.

   4. <u>제91조(확성장치와 자동차 등의 사용제한) 제1항</u>·제3항 또는 제216조(4개 이상 선거의 동시실시에 관한 특례) 제1항의 규정에 위반하여 확성장치나 자동차를 사용하여 선거운동을 하거나 하게 한 자

3. 주 문

1. 공직선거법(2010. 1. 25. 법률 제9974호로 개정된 것) 제103조 제3항 중 '누구든지 선거기간 중 선거에 영향을 미치게 하기 위하여 그 밖의 집회나 모임을 개최할 수 없다' 부분, 공직선거법(2014. 2. 13. 법률 제12393호로 개정된 것) 제256조 제3항 제1호 카목 가운데 제103조 제3항 중 '누구든지 선거기간 중 선거에 영향을 미치게 하기 위하여 그 밖의 집회나 모임을 개최할 수 없다' 부분은 모두 헌법에 위반된다.

2. 공직선거법(2010. 1. 25. 법률 제9974호로 개정된 것) 제90조 제1항 제1호 중 '현수막, 그 밖의 광고물 게시'에 관한 부분, 공직선거법(2014. 2. 13. 법률 제12393호로 개정된 것) 제256조 제3항 제1호 아목 중 '제90조 제1항 제1호의 현수막, 그 밖의 광고물 게시'에 관한 부분, 공직선거법(2010. 1. 25. 법률 제9974호로 개정된 것) 제93조 제1항 본문 중 '광고, 문서·도화 첩부·게시'에 관한 부분 및 제255조 제2항 제5호 중 '제93조 제1항 본문의 광고, 문서·도화 첩부·게시'에 관한 부분은 모두 헌법에 합치되지 아니한다. 위 법률조항들은 2023. 7. 31.을 시한으로 입법자가 개정할 때까지 계속 적용된다.

3. 공직선거법(2004. 3. 12. 법률 제7189호로 개정된 것) 제91조 제1항 및 구 공직선거법(2004. 3. 12. 법률 제7189호로 개정되고, 2022. 1. 18. 법률 제18790호로 개정되기 전의 것) 제255조 제2항 제4호 중 '제91조 제1항의 규정에 위반하여 확성장치를 사용하여 선거운동을 한 자' 부분은 모두 헌법에 위반되지 아니한다.

Ⅰ. 판시사항

1. 선거기간 중 선거에 영향을 미치게 하기 위한 그 밖의 집회나 모임의 개최를 금지하는 공직선거법 제103조 제3항 중 '누구든지 선거기간 중 선거에 영향을 미치게 하기 위하여 그 밖의 집회나 모임을 개최할 수 없다' 부분 및 이에 위반한 경우 처벌하는 공직선거법 제256조 제3항 제1호 카목 가운데 제103조 제3항 중 '누구든지 선거기간 중 선거에 영향을 미치게 하기 위하여 그 밖의 집회나 모임을 개최할 수 없다' 부분(이하 '집회개최 금지조항'이라 한다)이 집회의 자유, 정치적 표현의 자유를 침해하는지 여부(적극)

2. 일정기간 선거에 영향을 미치게 하기 위한 현수막, 그 밖의 광고물의 게시를 금지하는 공직선거법 제90조 제1항 제1호 중 '현수막, 그 밖의 광고물 게시'에 관한 부분 및 이에 위반한 경우 처벌하는 공직선거법 제256조 제3항 제1호 아목 중 '제90조 제1항 제1호의 현수막, 그 밖의 광고물 게시'에 관한 부분(이하 '시설물 설치 등 금지조항'이라 한다)이 정치적 표현의 자유를 침해하는지 여부(적극)
3. 일정기간 선거에 영향을 미치게 하기 위한 광고, 문서·도화의 첨부·게시를 금지하는 공직선거법 제93조 제1항 본문 중 '광고, 문서·도화 첨부·게시'에 관한 부분 및 이에 위반한 경우 처벌하는 공직선거법 제255조 제2항 제5호 중 '제93조 제1항 본문의 광고, 문서·도화 첨부·게시'에 관한 부분(이하 '문서·도화게 시 등 금지조항'이라 한다)이 정치적 표현의 자유를 침해하는지 여부(적극)
4. 공개장소에서의 연설·대담장소 또는 대담·토론회장에서 연설·대담·토론용으로 사용하는 경우를 제외 하고는 선거운동을 위하여 확성장치를 사용할 수 없도록 한 공직선거법 제91조 제1항 및 구 공직선거법 제 255조 제2항 제4호 중 '제91조 제1항의 규정에 위반하여 확성장치를 사용하여 선거운동을 한 자' 부분(이하 '확성장치사용 금지조항'이라 한다)이 정치적 표현의 자유를 침해하는지 여부(소극)
5. 헌법불합치 결정을 선고하면서 계속 적용을 명한 사례

Ⅱ. 결정요지

1. 집회의 자유, 정치적 표현의 자유에 대한 제한과 심사기준

정치적 표현의 자유의 헌법상 지위와 성격, 선거의 공정성과의 관계 등에 비추어 볼 때, 입법자는 선거의 공정 성을 위하여 부득이하게 집회의 자유와 정치적 표현의 자유를 제한하더라도, 입법목적 달성과의 관련성이 구체 적이고 명백한 범위 내에서 가장 최소한의 제한에 그치는 수단을 선택하지 않으면 안 된다. 선거운동을 포함하 여 선거에 영향을 미치는 표현행위에 대한 제한이 집회의 자유, 정치적 표현의 자유를 침해하는지 여부를 판단 함에 있어서는 엄격한 심사기준을 적용하여야 한다.

2. 집회개최 금지조항에 대한 판단

(1) 집회개최 금지조항은 선거에서의 균등한 기회를 보장하고(헌법 제116조 제1항), 선거의 공정성을 확보하기 위한 것으로서 정당한 입법목적 달성을 위한 적합한 수단에 해당한다.

(2) 집회개최 금지조항은 공직선거법이 허용하는 경우를 제외하고는, 선거기간 중 특정한 정책이나 현안에 대 한 표현행위와 그에 대한 지지나 반대를 하는 후보자나 정당에 대한 표현행위가 함께 나타나는 집회나 모임의 개최를 전면적·포괄적으로 금지·처벌하는 조항으로 기능하고 있다. 그러나 집회의 금지는 원칙적으로 공공 의 안녕질서에 대한 직접적인 위협이 명백하게 존재하는 경우에 한하여 허용될 수 있다. 그럼에도 불구하고 집회개최 금지조항은 선거의 공정과 평온에 대한 위험 상황이 구체적으로 존재하지 않는 경우까지도 예외 없이 선거에 영향을 미치게 하기 위한 선거기간 중의 집회나 모임을 금지하고 있는바, 이는 입법목적의 달성에 필요 한 범위를 넘는 과도한 제한이다.

선거의 평온이라는 입법목적은 '집회 및 시위에 관한 법률'의 다양한 규제수단들이나 형사법상의 처벌조항 등으 로 달성할 수 있다. 후보자나 일반 유권자 사이의 경제력 차이로 인한 선거에서의 기회 불균형이나 금력을 이용 한 세력의 과시 등의 우려는 선거비용 제한·보전 제도, 기부행위 금지 등 기존의 공직선거법상의 규제들이나 과도한 비용이 발생하거나 금전적 이익이 집회 참여의 대가로 수수되는 집회나 모임의 개최만을 한정적으로 금지하는 방법 등 집회의 자유와 정치적 표현의 자유를 덜 침해하는 수단을 통해서도 방지할 수 있다. 무분별한 흑색선전, 허위사실유포 등으로 인한 선거의 평온과 공정에 대한 위협은 그러한 위험성이 있는 구체적인 행위 를 직접적으로 금지하고 처벌함으로써 대처하여야 하고, 이러한 규정은 공직선거법에 이미 도입되어 있다.

따라서 집회개최 금지조항은 선거의 공정과 평온의 확보라는 입법목적 달성을 위하여 반드시 필요한 최소한의 범위를 넘어서 선거기간 중의 선거에 영향을 미치게 하기 위한 일반 유권자의 집회나 모임을 일률적·전면적으 로 금지하고 있으므로 침해의 최소성에 반한다.

(3) 집회개최 금지조항은 선거에서의 기회 균등 및 선거의 공정성을 해치는 것이 명백하다고 볼 수 없는 집회나 모임의 개최, 정치적 표현까지 금지·처벌하고 있고, 이러한 범위 내에서 집회개최 금지조항으로 인하여 달성할 수 있는 공익의 정도가 중대하다고 볼 수 없다. 반면 집회개최 금지조항이 일반 유권자가 선거에 영향을 미치게 하기 위한 집회나 모임을 개최하는 것을 전면적으로 금지함에 따라 일반 유권자가 받게 되는 집회의 자유, 정치적 표현의 자유에 대한 제한 정도는 매우 중대하므로, 집회개최 금지조항은 법익의 균형성에도 위배된다.

(4) 집회개최 금지조항은 과잉금지원칙에 반하여 집회의 자유, 정치적 표현의 자유를 침해한다.

3. 시설물설치 등 금지조항에 대한 판단

(1) 시설물설치 등 금지조항은 선거에서의 균등한 기회를 보장하고(헌법 제116조 제1항), 선거의 공정성을 확보하기 위한 것으로서 정당한 입법목적 달성을 위한 적합한 수단에 해당한다.

(2) 시설물설치 등 금지조항은 후보자의 정치적 표현의 자유를 광범위하게 제한할 뿐 아니라, 후보자에 비하여 선거운동의 허용영역이 상대적으로 좁은 일반 유권자에 대하여는 더욱 광범위하게 정치적 표현의 자유를 제한한다. 또한 선거가 순차적으로 맞물려 돌아가는 현실에 비추어 보면, 선거일 전 180일부터 선거일까지 장기간 동안 선거에 영향을 미치게 하기 위한 현수막, 그 밖의 광고물의 게시를 금지·처벌하는 시설물설치 등 금지조항은 국민들의 정치적 표현의 자유를 상시적으로 제한하는 결과를 초래할 수 있다. 현수막, 그 밖의 광고물에 투입되는 비용에 따라 홍보 효과에 상당한 차이가 발생하여 선거에서의 기회 불균형이 야기될 수 있고, 후보자나 일반 유권자의 금력을 이용한 세력의 과시 우려가 있을 수 있으나, 이와 같은 문제는 공직선거법상 선거비용 제한·보전 제도 등 기존의 규제를 통하여 방지할 수 있음은 집회개최 금지조항에 관한 판단에서 본 바와 같고, 나아가 매체의 종류, 규격, 이용 방법, 비용 등을 제한하는 수단을 통해서도 방지할 수 있다. 또한 무분별한 흑색선전, 허위사실유포 등의 문제도 공직선거법에 이미 도입되어 있는 규제들을 통하여 대처할 수 있음은 집회개최 금지조항에 관한 판단에서 본 바와 같다.

따라서 시설물설치 등 금지조항은 목적 달성에 필요한 범위를 넘어 현수막, 그 밖의 광고물의 게시를 통한 정치적 표현을 장기간 동안 포괄적으로 금지·처벌하고 있으므로 침해의 최소성에 반한다.

(3) 시설물설치 등 금지조항은 선거의 공정성을 해치는 것이 명백하다고 볼 수 없는 정치적 표현까지 금지·처벌하고 있고, 그로 인하여 유권자나 후보자가 받게 되는 정치적 표현의 자유에 대한 제약은 매우 크다. 한편, 이러한 범위 내에서 시설물설치 등 금지조항으로 인하여 달성되는 공익이 그보다 중대하다고 볼 수 없으므로, 시설물설치 등 금지조항은 법익의 균형성에도 위배된다.

(4) 시설물설치 등 금지조항은 과잉금지원칙에 반하여 정치적 표현의 자유를 침해한다.

4. 문서·도화게시 등 금지조항에 대한 판단

(1) 문서·도화게시 등 금지조항은 선거에서의 균등한 기회를 보장하고(헌법 제116조 제1항), 선거의 공정성을 확보하기 위한 것으로서 정당한 입법목적 달성을 위한 적합한 수단에 해당한다.

문서·도화게시 등 금지조항은 후보자의 정치적 표현의 자유를 광범위하게 제한할 뿐 아니라, 후보자에 비하여 선거운동의 허용영역이 상대적으로 좁은 일반 유권자에 대하여는 더욱 광범위하게 정치적 의사표현의 자유를 제한한다. 또한 선거가 순차적으로 맞물려 돌아가는 현실에 비추어 보면, 선거일 전 180일부터 선거일까지 장기간 동안 선거에 영향을 미치게 하기 위한 광고, 문서·도화의 첩부·게시행위를 금지·처벌하는 문서·도화게시 등 금지조항은 국민들의 정치적 표현의 자유를 상시적으로 제한하는 결과를 초래할 수 있다.

(2) 광고, 문서·도화는 시설물 등과 비교하여 보더라도 투입되는 비용이 상대적으로 적어 경제력 차이로 인한 선거 기회 불균형의 문제가 크지 않고, 선거 기회의 불균형에 대한 우려가 있더라도 이는 공직선거법상 선거비용 제한·보전 제도나 광고, 문서·도화의 종류나 금액 등을 제한하는 수단을 마련하여 방지할 수 있음은 앞서 집회개최 금지조항 및 시설물설치 등 금지조항에 대한 판단에서 본 바와 같다. 또한 무분별한 흑색선전, 허위사실유포 등의 문제도 공직선거법에 이미 도입되어 있는 규제들을 통하여 대처할 수 있음은 앞서 집회개최 금지

조항에 관한 판단에서 본 바와 같다. 광고, 문서·도화에 담긴 정보가 반드시 일방적·수동적으로 전달되거나 수용되는 것은 아니므로, 그 매체의 특성만을 이유로 광범위한 규제를 정당화할 수도 없다.

따라서 문서·도화게시 등 금지조항은 목적 달성에 필요한 범위를 넘어 광고, 문서·도화의 첨부·게시를 통한 정치적 표현을 장기간 동안 포괄적으로 금지·처벌하고 있으므로 침해의 최소성에 반한다.

(3) 문서·도화게시 등 금지조항은 선거의 공정성을 해치는 것이 명백하다고 볼 수 없는 정치적 표현까지 금지·처벌하고 있고, 그로 인하여 유권자나 후보자가 받게 되는 정치적 표현의 자유에 대한 제약은 매우 크다. 한편, 이러한 범위 내에서 문서·도화게시 등 금지조항으로 인하여 달성되는 공익이 그보다 중대하다고 볼 수 없으므로, 문서·도화게시 등 금지조항은 법익의 균형성에도 위배된다.

(4) 그렇다면 문서·도화게시 등 금지조항은 과잉금지원칙에 반하여 정치적 표현의 자유를 침해한다.

5. 확성장치사용 금지조항에 대한 판단

확성장치를 이용한 선거운동은 필연적으로 소음이 유발되고, 이는 다수의 사람들이 건강하고 쾌적한 환경에서 생활할 권리에 직접적인 영향을 미치며, 확성장치의 사용을 제한 없이 허용할 경우 경쟁적인 사용에 따라 소음이 증폭되어 피해를 확산시킬 수 있다. 확성장치사용 금지조항은 이러한 점을 고려하여 공직선거법의 규정에 의한 공개장소에서의 연설·대담장소 또는 대담·토론회장에서 연설·대담·토론용으로 사용하는 경우를 제외하고는 선거운동을 위한 확성장치사용을 금지하고, 이를 위반할 경우 처벌하고 있다. 확성장치사용 금지조항은 입법목적의 정당성과 수단의 적합성이 인정된다.

확성장치에 의해 기계적으로 유발되는 소음은 자연적으로 발생하는 생활소음에 비하여 상대적으로 큰 피해를 유발할 가능성이 높고, 일반 국민의 생업에 지장을 초래할 수도 있고, 모든 종류의 공직선거 때마다 확성장치로 인한 소음을 감내할 것을 요구한다면 선거 전반에의 혐오감을 야기시킬 우려가 있다. 반면, 선거운동에서 다소 전통적인 수단이라 할 수 있는 확성장치의 사용을 규제한다고 하더라도 후보자로서는 보다 접근이 용이한 다른 선거운동방법을 활용할 수 있으므로, 확성장치의 사용 규제가 과도한 제한이라고 보기 어렵다. 나아가 확성장치의 출력수나 사용시간을 규제하는 입법은 확성장치사용 자체를 제한하는 방안과 동등하거나 유사한 효과가 있다고 볼 수도 없다. 확성장치사용 금지조항은 침해의 최소성에 어긋나지 않는다.

선거운동 과정에서 확성장치 사용으로 인한 소음을 규제하여 국민의 건강하고 쾌적한 환경에서 생활할 권리를 보호한다는 공익은 확성장치의 사용을 제한함으로써 제한받는 정치적 표현의 자유보다 작다고 할 수 없다. 확성장치사용 금지조항은 법익의 균형성에도 반하지 않는다.

그렇다면 확성장치사용 금지조항은 과잉금지원칙에 반하여 정치적 표현의 자유를 침해하지 않는다.

6. 헌법불합치 결정

시설물설치 등 금지조항과 문서·도화게시 등 금지조항의 위헌성은 선거에 영향을 미치게 하기 위하여 현수막, 그 밖의 광고물을 게시하는 행위, 광고, 문서·도화를 첨부·게시하는 행위를 제한하는 것 자체에 있는 것이 아니라, 이를 장기간 동안 포괄적으로 규제함으로써 선거에서의 기회 균등 및 선거의 공정성을 해치는 것이 명백하다고 볼 수 없는 정치적 표현까지 모두 금지·처벌하는 것에 있다. 이와 관련하여 정치적 표현 행위의 방법을 구체적으로 어느 정도로 허용할 것인지는 입법자가 충분한 논의를 거쳐 결정하여야 할 사항이다. 따라서 위 조항들에 대하여 2023. 7. 31.을 시한으로 입법자가 개정할 때까지 계속 적용을 명하는 헌법불합치 결정을 한다.

이 결정은 집회개최 금지조항과 실질적으로 동일한 내용의 개정 전 조항에 관한 결정(헌재 2001. 12. 20. 2000헌바96등), 시설물설치 등 금지조항과 실질적으로 동일한 내용을 규정하고 있던 개정 전 조항들에 관한 결정들(헌재 2001. 12. 20. 2000헌바96등; 헌재 2015. 4. 30. 2011헌바163) 및 문서·도화게시 등 금지조항 및 이와 실질적으로 동일한 내용의 개정 전 조항들에 관한 결정들(헌재 2001. 8. 30. 99헌바92등; 헌재 2001. 10. 25. 2000헌마193; 헌재 2001. 12. 20. 2000헌바96등; 헌재 2006. 5. 25. 2005헌바15; 헌재 2006. 7. 27. 2004헌마217; 헌재 2007. 1. 17. 2004헌바82; 헌재 2009. 2. 26. 2006헌바626; 헌재 2014. 4. 24. 2011헌바17등; 헌재 2015. 4. 30. 2011헌바163; 헌재 2016. 6. 30. 2014헌바253; 헌재 2018. 4. 26. 2017헌가2 등)을 변경한 것이다.

이 결정은, 일반 유권자가 선거기간 중 후보자 등의 선거운동을 받아들이는 수동적인 지위에만 있는 것이 아니며, 일반 유권자 국민이 선거와 관련하여 정당 또는 후보자에 대한 지지·반대의 의사를 포함하여 선거의 쟁점이 된 정책이나 후보자의 행적 등에 대한 다양한 견해를 표시하는 것은, 정치적 표현의 자유 행사의 한 형태로서 국민주권 행사의 일환이자 민주사회를 구성하고 움직이게 하는 중요한 요소임을 확인하였다.

한편, 이 결정에서 위헌으로 선고한 집회개최 금지조항은, 공직선거법 제103조 제3항에 열거되어 있는 '향우회·종친회·동창회·단합대회 또는 야유회'가 아닌 '그 밖의 집회나 모임'의 개최 금지에 관한 부분에 한정된다. 따라서 이 결정에서, 선거기간 중 선거에 영향을 미치게 하기 위한 '향우회·종친회·동창회·단합대회 또는 야유회'의 개최까지 허용되어야 한다고 판단한 것은 아니다.

22 어깨띠 등 표시물 사용 선거운동 금지 사건

2022.7.21. 2017헌가4 [공직선거법 제255조 제1항 제5호 위헌제청] **[헌법불합치]**

1. 사건의 개요

당해 사건 피고인은 제20대 국회의원선거 후보자의 아버지로서 2016. 4. 7. 및 2016. 4. 9. 후보자의 성명과 소속 정당이 기재된 옷을 입고 선거운동을 하였다는 공소사실로 기소되었다(수원지방법원 안산지원 2016고합290). 제청법원은 2017. 1. 2. 공직선거법 제255조 제1항 제5호 중 '제68조 제2항을 위반하여 어깨띠, 모자나 옷, 표찰·수기·마스코트·소품, 그 밖의 표시물을 사용하여 선거운동을 한 사람' 부분에 대하여 직권으로 위헌법률심판제청을 하였다.

2. 심판의 대상

공직선거법(2010. 1. 25. 법률 제9974호로 개정된 것)

제68조(어깨띠 등 소품) ② 누구든지 제1항의 경우를 제외하고는 선거운동기간 중 어깨띠, 모양과 색상이 동일한 모자나 옷, 표찰·수기·마스코트·소품, 그 밖의 표시물을 사용하여 선거운동을 할 수 없다.

제255조(부정선거운동죄) ① 다음 각 호의 어느 하나에 해당하는 자는 3년 이하의 징역 또는 600만 원 이하의 벌금에 처한다.

　　5. 제68조 제2항 또는 제3항(어깨띠의 규격을 말한다)을 위반하여 어깨띠, 모자나 옷, 표찰·수기·마스코트·소품, 그 밖의 표시물을 사용하여 선거운동을 한 사람

[관련조항]

공직선거법(2010. 1. 25. 법률 제9974호로 개정된 것)

제68조(어깨띠 등 소품) ① 후보자와 그 배우자(배우자 대신 후보자가 그의 직계존비속 중에서 신고한 1인을 포함한다), 선거사무장, 선거연락소장, 선거사무원, 후보자와 함께 다니는 활동보조인 및 회계책임자는 선거운동기간 중 후보자의 사진·성명·기호 및 소속 정당명, 그 밖의 홍보에 필요한 사항을 게재한 어깨띠나 중앙선거관리위원회규칙으로 정하

는 규격 또는 금액 범위의 윗옷(上衣)·표찰(標札)·수기(手旗)·마스코트, 그 밖의 소품을 붙이거나 입거나 지니고 선 거운동을 할 수 있다.

③ 제1항에 따른 어깨띠의 규격 또는 그 밖에 필요한 사항은 중앙선거관리위원회규칙으로 정한다.

3. 주 문

공직선거법(2010. 1. 25. 법률 제9974호로 개정된 것) 제68조 제2항 및 제255조 제1항 제5호 중 '제68조 제2항'에 관한 부분은 모두 헌법에 합치되지 아니한다. 위 법률조항들은 2023. 7. 31.을 시한으로 입법자가 개정할 때까지 계속 적용된다.

Ⅰ. 판시사항

1. 선거운동기간 중 어깨띠 등 표시물을 사용한 선거운동을 금지한 공직선거법 제68조 제2항 및 이에 위반한 경우 처벌하는 같은 법 제255조 제1항 제5호 중 '제68조 제2항'에 관한 부분(이하 '심판대상조항'이라 한다)이 정치적 표현의 자유를 침해하는지 여부(적극)
2. 헌법불합치결정을 선고하면서 계속 적용을 명한 사례

Ⅱ. 결정요지

1. 정치적 표현의 자유 침해 여부

(1) 심판대상조항은 선거에서의 균등한 기회를 보장하고(헌법 제116조 제1항), 선거의 공정성을 확보하기 위한 것으로서 정당한 입법목적 달성을 위한 적합한 수단에 해당한다.

(2) 일상생활에서 사용하는 물건이나 사회통념상 적은 비용으로 제작한 물건에 후보자나 정당의 명칭을 기재하여 통상적인 방법으로 붙이거나 입거나 지니고 선거운동을 하는 경우 등에는 경제력의 차이로 인한 기회불균형이 발생한다고 보기 어렵고, 표시물의 가액, 종류, 크기, 규격, 수량, 사용 방법 등을 제한하는 수단을 사용하면, 일반 유권자의 표시물을 사용한 정치적 표현의 자유를 인정하면서도 경제력 차이로 인한 기회 불균형을 충분히 방지할 수 있으며, 후보자나 유권자의 경제력을 이용한 세력의 과시는 공직선거법상 선거비용 제한·보전 및 기부행위 금지 등 규정에 의하여 방지될 수 있다. 또한 공직선거법상 후보자 비방 금지나 허위사실공표 금지 규정 등이 이미 존재함에 비추어 보면, 심판대상조항이 선거의 과열로 인한 무분별한 흑색선전, 허위사실 유포나 비방 등을 방지하기 위한 불가피한 수단에 해당한다고 보기도 어렵다. 이를 종합하면, 심판대상조항은 목적 달성에 필요한 범위를 넘어 표시물을 사용한 선거운동을 포괄적으로 금지·처벌하는 것으로서 침해의 최소성을 충족하지 못한다.

(3) 심판대상조항으로 인하여 일반 유권자나 후보자가 받게 되는 정치적 표현의 자유에 대한 제약은 매우 중대하다. 한편, 심판대상조항은 선거에서의 기회 균등 및 선거의 공정성을 해치는 것이 명백하다고 볼 수 없는 정치적 표현까지 금지·처벌하고 있고, 이러한 범위 내에서 심판대상조항으로 인하여 달성되는 공익이 그보다 중대하다고 볼 수 없다. 따라서 심판대상조항은 법익의 균형성에도 위배된다.

(4) 심판대상조항은 과잉금지원칙에 반하여 정치적 표현의 자유를 침해하므로 헌법에 위반된다.

2. 헌법불합치결정

심판대상조항의 위헌성은 표시물을 사용한 선거운동을 제한하는 것 자체에 있는 것이 아니라, 후보자나 일반 유권자가 사회통념상 적은 비용으로 손쉽게 제작할 수 있거나, 일상생활에서 사용하는 표시물을 통상적인 방법으로 붙이거나 입거나 지니는 등의 방법을 사용하여 선거운동을 하는 것과 같이, 선거에서의 기회 균등 및 선거의 공정성을 해치는 것이 명백하다고 볼 수 없는 정치적 표현까지 모두 금지·처벌하는 것에 있다. 이와 관련하여 정치적 표현 행위의 방법을 구체적으로 어느 정도로 허용할 것인지는 입법자가 충분한 논의를 거쳐 결정하

여야 할 사항이다. 따라서 심판대상조항에 대하여 2023. 7. 31.을 시한으로 입법자가 개정할 때까지 계속 적용을 명하는 헌법불합치 결정을 한다.

결정의 의의

이 결정은 공직선거법 제68조가 규정하는 어깨띠 등 표시물을 사용한 선거운동의 금지와 관련한 최초의 결정이다. 이 결정에서 헌법재판소는, 공직선거법 제68조 제1항이 정하는 바에 따라 후보자와 그 관계자가 일정한 소품을 붙이거나 입거나 지니고 선거운동을 할 수 있는 외에는 누구든지 선거운동기간 중 어깨띠 등 표시물을 사용한 선거운동을 할 수 없도록 하는 것은 선거에서의 기회 균등 및 선거의 공정성에 구체적인 해악을 발생시키는 것이 명백하다고 볼 수 없는 정치적 표현까지 금지하는 것으로서 과도하게 정치적 표현의 자유를 침해한다고 판단하였다. 이 결정은, 후보자와 그 관계자는 물론 일반 유권자의 선거와 관련한 정치적 표현의 자유가 국민주권 행사의 일환이자 민주사회를 구성하고 움직이게 하는 중요한 요소임을 확인한 것이다.

23 선거에 영향을 미치게 하기 위한 광고물게시, 선전시설물·용구 등 금지 사건

2022.11.24. 2021헌바301 [공직선거법 제58조 제1항 본문 등 위헌소원]   **[헌법불합치, 합헌]**

1. 사건의 개요

청구인들은 낙태죄 폐지에 반대하는 사람들로, 이○○ 등 국회의원 10명이 기존의 낙태죄를 폐지하는 내용 등의 형법, 모자보건법 일부개정법률안을 발의하자, 위 국회의원들 중 2020. 4. 15. 실시되는 제21대 국회의원선거에 출마하기로 예정된 후보자들에 대하여 낙선운동을 펼치기로 하고, 청구인 한○○, 김○○는 2020. 3. 26., 청구인 박○○, 박□□은 2020. 3. 27. "낙태 찬성한 ○○당 이○○ 외 5명, □□당 김□□, △△당 손○○. 이들을 찍으면 나라가 망합니다."라고 손글씨로 적은 피켓을 들고 게시하였다(이하 '이 사건 피켓게시'라 한다). 이와 관련하여 청구인들은, 선거운동과 관련하여 선거에 영향을 미치게 하기 위하여 공직선거법에 의하지 않은 광고물을 게시함으로써 공직선거법 제256조 제3항 제1호 아목, 제90조 제1항 제1호를 위반하고, 선거운동기간 전에 공직선거법에 의하지 않은 선전시설물·용구를 이용하여 선거운동을 함으로써 같은 법 제254조 제2항을 위반하였다는 범죄사실로 인천지방법원에서 각 벌금 50만 원의 선고유예판결을 받고(2020고합508) 항소하였으나 기각되었다(서울고등법원 2021노343). 청구인들은 이에 불복하여 상고하는 한편(대법원 2021도8167), 그 소송 계속 중 공직선거법 제58조 제1항 본문 및 단서 제1호, 제254조 제2항, 제90조 제1항 제1호, 제256조 제3항 제1호 아목에 대하여 위헌법률심판제청신청을 하였으나(대법원 2021초기527), 2021. 9. 16. 상고가 모두 기각됨과 동시에 위 신청도 기각되었다. 이에 청구인들은 2021. 10. 13. 위 조항들에 대하여 이 사건 헌법소원심판을 청구하였다.

2. 심판의 대상

공직선거법(2013. 8. 13. 법률 제12111호로 개정된 것)
제58조(정의 등) ① 이 법에서 "선거운동"이라 함은 당선되거나 되게 하거나 되지 못하게 하기 위한 행위를 말한다. 다만, 다음 각 호의 어느 하나에 해당하는 행위는 선거운동으로 보지 아니한다.
　　1. 선거에 관한 단순한 의견개진 및 의사표시

공직선거법(2010. 1. 25. 법률 제9974호로 개정된 것)
제254조(선거운동기간위반죄) ② 선거운동기간 전에 이 법에 규정된 방법을 제외하고 선전시설물·용구 또는 각종 인쇄

물, 방송·신문·뉴스통신·잡지, 그 밖의 간행물, 정견발표회·좌담회·토론회·향우회·동창회·반상회, 그 밖의 집회, 정보통신, 선거운동기구나 사조직의 설치, 호별방문, 그 밖의 방법으로 선거운동을 한 자는 2년 이하의 징역 또는 400만 원 이하의 벌금에 처한다.

제90조(시설물설치 등의 금지) ① 누구든지 선거일 전 180일(보궐선거등에서는 그 선거의 실시사유가 확정된 때)부터 선거일까지 선거에 영향을 미치게 하기 위하여 이 법의 규정에 의한 것을 제외하고는 다음 각 호의 어느 하나에 해당하는 행위를 할 수 없다. 이 경우 정당(창당준비위원회를 포함한다)의 명칭이나 후보자(후보자가 되려는 사람을 포함한다. 이하 이 조에서 같다)의 성명·사진 또는 그 명칭·성명을 유추할 수 있는 내용을 명시한 것은 선거에 영향을 미치게 하기 위한 것으로 본다.

    1. 화환·풍선·간판·현수막·애드벌룬·기구류 또는 선전탑, 그 밖의 광고물이나 광고시설을 설치·진열·게시·배부하는 행위

공직선거법(2014. 2. 13. 법률 제12393호로 개정된 것)

제256조(각종제한규정위반죄) ③ 다음 각 호의 어느 하나에 해당하는 자는 2년 이하의 징역 또는 400만 원 이하의 벌금에 처한다.

    1. 선거운동과 관련하여 다음 각 목의 어느 하나에 해당하는 자

        아. 제90조(시설물설치 등의 금지)의 규정에 위반하여 선전물을 설치·진열·게시·배부하거나 하게 한 자 또는 상징물을 제작·판매하거나 하게 한 자

3. 주 문

1. 공직선거법(2010. 1. 25. 법률 제9974호로 개정된 것) 제90조 제1항 제1호 중 '그 밖의 광고물 게시'에 관한 부분, 공직선거법(2014. 2. 13. 법률 제12393호로 개정된 것) 제256조 제3항 제1호 아목 중 '제90조 제1항 제1호의 그 밖의 광고물 게시'에 관한 부분은 모두 헌법에 합치되지 아니함을 확인한다.

2. 공직선거법(2013. 8. 13. 법률 제12111호로 개정된 것) 제58조 제1항 본문 및 단서 제1호, 공직선거법(2010. 1. 25. 법률 제9974호로 개정된 것) 제254조 제2항 중 '선전시설물·용구'에 관한 부분은 모두 헌법에 위반되지 아니한다.

Ⅰ. 판시사항

1. 선거운동을 정의한 공직선거법 제58조 제1항 본문 및 단서 제1호(이하 '선거운동 정의조항'이라 한다)가 죄형법정주의의 명확성원칙에 위배되는지 여부(소극)

2. 선거운동기간 전에 공직선거법에 의하지 않은 선전시설물·용구를 이용한 선거운동을 금지하고, 이에 위반한 경우 처벌하도록 한 공직선거법 제254조 제2항 중 '선전시설물·용구'에 관한 부분(이하 '사전선거운동 금지조항'이라 한다)이 선거운동 등 정치적 표현의 자유를 침해하는지 여부(소극)

3. 헌법재판소법 제68조 제2항에 의한 헌법소원사건 심판 계속 중 심판대상인 공직선거법 제90조 제1항 제1호 중 '그 밖의 광고물 게시'에 관한 부분, 공직선거법 제256조 제3항 제1호 아목 중 '제90조 제1항 제1호의 그 밖의 광고물 게시'에 관한 부분(이하 '광고물게시 금지조항'이라 한다)을 포함한 법률조항에 대하여 다른 사건에서 이미 헌법불합치결정을 선고한 경우, 광고물게시 금지조항에 대하여 헌법불합치 확인결정을 선고한 사례

Ⅱ. 결정요지

1. 선거운동 정의조항

선거운동 정의조항에 따른 선거운동은 특정 후보자의 당선 내지 이를 위한 득표에 필요한 모든 행위 또는 특정 후보자의 낙선에 필요한 모든 행위 중 당선 또는 낙선을 위한 것이라는 목적의사가 객관적으로 인정될 수 있는 능동적, 계획적 행위를 말하는 것으로 풀이할 수 있다. 위와 같이 풀이한다면 법집행자의 자의를 허용할 소지를 제거할 수 있고, 건전한 상식과 통상적인 법감정을 가진 사람이면 누구나 그러한 표지를 갖춘 선

거운동과 단순한 의견개진을 구분할 수 있으므로, 선거운동 정의조항은 죄형법정주의의 명확성원칙에 위배되지 아니한다.

2. 선거운동기간 전 선전시설물 · 용구를 이용한 선거운동을 금지 - 합헌

사전선거운동 금지조항은 선거에 관한 정치적 표현행위 가운데 특정후보자의 당선 또는 낙선을 도모한다는 목적의사가 뚜렷하게 인정되는 선거운동, 그중에서도 선전시설물 · 용구를 이용한 선거운동을 선거운동기간 전에 한정하여 금지하고 있다. 이는 선거의 과열경쟁으로 인한 사회 · 경제적 손실의 발생을 방지하고 후보자 간의 실질적인 기회균등을 보장하기 위한 것으로서, 정치적 표현의 자유를 침해하지 아니한다.

3. 시설물설치 등 금지 - 헌법불합치

헌법재판소는 2022. 7. 21. 선고한 2017헌가1등 결정, 2017헌바100등 결정, 2018헌바357등 결정에서 "공직선거법(2010. 1. 25. 법률 제9974호로 개정된 것) 제90조 제1항 제1호 중 '그 밖의 광고물 설치 · 진열 · 게시'에 관한 부분, '현수막의 설치 · 게시'에 관한 부분, 같은 항 제2호 중 '그 밖의 표시물 착용'에 관한 부분 및 공직선거법(2014. 2. 13. 법률 제12393호로 개정된 것) 제256조 제3항 제1호 아목 중 '제90조 제1항 제1호의 그 밖의 광고물 설치 · 진열 · 게시, 현수막의 설치 · 게시, 같은 항 제2호의 그 밖의 표시물 착용'에 관한 부분(이하 모두 합하여 '시설물설치 등 금지조항'이라 한다)은 헌법에 합치되지 아니한다. 위 법률조항들은 2023. 7. 31.을 시한으로 입법자가 개정할 때까지 계속 적용된다."라는 결정을 선고하였다.

광고물게시 금지조항을 포함하고 있는 위 시설물설치 등 금지조항에 대하여 헌법재판소가 이미 헌법불합치 결정을 선고하였으므로, 같은 취지로 광고물게시 금지조항은 헌법에 합치하지 아니함을 확인한다.

결정의 의의

이 결정은 헌법재판소가 2022. 7. 21. 선고한 2017헌가1등 결정, 2017헌바100등 결정, 2018헌바357등 결정에서 광고물게시 금지조항을 포함한 조항에 대하여 이미 헌법불합치결정을 선고하였으므로, 위 선례에 따라 광고물게시 금지조항에 대하여 헌법불합치 확인결정을 선고한 것이다.

한편, 헌법재판소는 선거운동기간 전에 공직선거법에 의하지 않은 선전시설물 · 용구를 이용한 선거운동을 금지하고, 이에 위반한 경우 처벌하도록 한 공직선거법 제254조 제2항 중 '선전시설물 · 용구'에 관한 부분이 선거운동 등 정치적 표현의 자유를 침해하지 않는다고 판시하였다.

24 지방공사 상근직원 선거운동 금지 사건

2024.1.25. 2021헌가14 [구 공직선거법 제60조 제1항 제5호 등 위헌제청]   [위헌]

1. 사건의 개요

제청신청인들은 안산도시공사의 상근직원으로 근무하였던 사람이고, 안산도시공사는 '안산시 안산도시공사설립 및 운영에 관한 조례'에 따라 설립 · 운영되는 지방공기업법상 지방공사이다.

제청신청인들은 지방공기업법상 지방공사의 상근직원임에도 불구하고 선거운동을 하여 공직선거법을 위반하였다는 사실로 공소가 제기되었다(당해 사건).

제청신청인들은 당해 사건 계속 중 지방공사 상근직원의 선거운동을 금지하고 이를 위반한 경우 처벌하는 공직선거법 조항들에 대하여 위헌법률심판제청을 신청하였고, 제청법원은 위 신청을 받아들여 구 공직선거법(2020.

3. 25. 법률 제17127호로 개정되기 전의 것) 제60조 제1항 제5호 중 제53조 제1항 제6호 가운데 지방공사의 상근직원 부분, 같은 법 제255조 제1항 제2호 중 위 해당부분 및 구 공직선거법(2020. 12. 29. 법률 제17813호로 개정되기 전의 것) 제60조 제1항 제5호 중 제53조 제1항 제6호 가운데 지방공사의 상근직원 부분, 같은 법 제255조 제1항 제2호 중 위 해당부분에 대하여 위헌법률심판제청 결정을 하였다.

2. 심판의 대상

구 공직선거법(2010. 1. 25. 법률 제9974호로 개정되고, 2020. 3. 25. 법률 제17127호로 개정되기 전의 것)

제60조(선거운동을 할 수 없는 자) ① 다음 각 호의 어느 하나에 해당하는 사람은 선거운동을 할 수 없다. 다만, 제1호에 해당하는 사람이 예비후보자·후보자의 배우자인 경우와 제4호부터 제8호까지의 규정에 해당하는 사람이 예비후보자·후보자의 배우자이거나 후보자의 직계존비속인 경우에는 그러하지 아니하다.

  5. 제53조(공무원 등의 입후보) 제1항 제2호 내지 제8호에 해당하는 자(제4호 내지 <u>제6호의 경우에는 그 상근직원</u>을 포함한다)

제255조(부정선거운동죄) ① 다음 각 호의 어느 하나에 해당하는 자는 3년 이하의 징역 또는 600만 원 이하의 벌금에 처한다.

  2. 제60조(선거운동을 할 수 없는 자) 제1항의 규정에 위반하여 선거운동을 하거나 하게 한 자 또는 같은 조 제2항이나 제205조(선거운동기구의 설치 및 선거사무관계자의 선임에 관한 특례) 제4항의 규정에 위반하여 선거사무장 등으로 되거나 되게 한 자

[관련조항]

공직선거법(2015. 8. 13. 법률 제13497호로 개정된 것)

제53조(공무원 등의 입후보) ① 다음 각 호의 어느 하나에 해당하는 사람으로서 후보자가 되려는 사람은 선거일 전 90일까지 그 직을 그만두어야 한다. 다만, 대통령선거와 국회의원선거에 있어서 국회의원이 그 직을 가지고 입후보하는 경우와 지방의회의원선거와 지방자치단체의 장의 선거에 있어서 당해 지방자치단체의 의회의원이나 장이 그 직을 가지고 입후보하는 경우에는 그러하지 아니하다.

  6. 「지방공기업법」 제2조(적용범위)에 규정된 지방공사와 지방공단의 <u>상근 임원</u>

3. 주 문

구 공직선거법(2010. 1. 25. 법률 제9974호로 개정되고, 2020. 3. 25. 법률 제17127호로 개정되기 전의 것) 제60조 제1항 제5호 중 '제53조 제1항 제6호 가운데 지방공사의 상근직원'에 관한 부분, 구 공직선거법(2020. 3. 25. 법률 제17127호로 개정되고, 2020. 12. 29. 법률 제17813호로 개정되기 전의 것) 제60조 제1항 제5호 중 '제53조 제1항 제6호 가운데 지방공사의 상근직원'에 관한 부분, 공직선거법(2020. 12. 29. 법률 제17813호로 개정된 것) 제60조 제1항 제5호 중 '제53조 제1항 제6호 가운데 지방공사의 상근직원'에 관한 부분, 공직선거법(2010. 1. 25. 법률 제9974호로 개정된 것) 제255조 제1항 제2호 중 구 공직선거법(2010. 1. 25. 법률 제9974호로 개정되고, 2020. 3. 25. 법률 제17127호로 개정되기 전의 것) 제60조 제1항 제5호의 '제53조 제1항 제6호 가운데 지방공사의 상근직원'에 관한 부분, 공직선거법(2010. 1. 25. 법률 제9974호로 개정된 것) 제255조 제1항 제2호 중 구 공직선거법(2020. 3. 25. 법률 제17127호로 개정되고, 2020. 12. 29. 법률 제17813호로 개정되기 전의 것) 제60조 제1항 제5호의 '제53조 제1항 제6호 가운데 지방공사의 상근직원'에 관한 부분, 공직선거법(2010. 1. 25. 법률 제9974호로 개정된 것) 제255조 제1항 제2호 중 공직선거법(2020. 12. 29. 법률 제17813호로 개정된 것) 제60조 제1항 제5호의 '제53조 제1항 제6호 가운데 지방공사의 상근직원'에 관한 부분은 모두 헌법에 위반된다.

Ⅰ. 판시사항

1. 헌법재판소법 제41조 제1항에 의한 위헌법률심판절차에서 보조참가신청의 적법 여부(소극)
2. 지방공사 상근직원의 선거운동을 금지하고, 이를 위반한 자를 처벌하는 구 공직선거법(2010. 1. 25. 법률 제

9974호로 개정되고, 2020. 3. 25. 법률 제17127호로 개정되기 전의 것) 제60조 제1항 제5호 중 '제53조 제1항 제6호 가운데 지방공사의 상근직원'에 관한 부분, 구 공직선거법(2020. 3. 25. 법률 제17127호로 개정되고, 2020. 12. 29. 법률 제17813호로 개정되기 전의 것) 제60조 제1항 제5호 중 '제53조 제1항 제6호 가운데 지방공사의 상근직원'에 관한 부분, 공직선거법(2020. 12. 29. 법률 제17813호로 개정된 것) 제60조 제1항 제5호 중 '제53조 제1항 제6호 가운데 지방공사의 상근직원'에 관한 부분, 공직선거법(2010. 1. 25. 법률 제9974호로 개정된 것) 제255조 제1항 제2호 중 구 공직선거법(2010. 1. 25. 법률 제9974호로 개정되고, 2020. 3. 25. 법률 제17127호로 개정되기 전의 것) 제60조 제1항 제5호의 '제53조 제1항 제6호 가운데 지방공사의 상근직원'에 관한 부분, 공직선거법(2010. 1. 25. 법률 제9974호로 개정된 것) 제255조 제1항 제2호 중 구 공직선거법(2020. 3. 25. 법률 제17127호로 개정되고, 2020. 12. 29. 법률 제17813호로 개정되기 전의 것) 제60조 제1항 제5호의 '제53조 제1항 제6호 가운데 지방공사의 상근직원'에 관한 부분, 공직선거법(2010. 1. 25. 법률 제9974호로 개정된 것) 제255조 제1항 제2호 중 공직선거법(2020. 12. 29. 법률 제17813호로 개정된 것) 제60조 제1항 제5호의 '제53조 제1항 제6호 가운데 지방공사의 상근직원'에 관한 부분(이하 위 조항들을 모두 합하여 '심판대상조항'이라 한다)이 지방공사 상근직원의 선거운동의 자유를 침해하는지 여부(적극)

Ⅱ. 판단

1. 보조참가신청

규범통제절차인 헌법재판소법 제41조 제1항에 의한 위헌법률심판절차에서의 보조참가신청은 위헌법률심판의 성질에 반하여 준용되지 아니하는 민사소송법 제71조에 근거한 것으로서 허용되지 아니하여 부적법하다.

2. 제한되는 기본권과 심사기준

심판대상조항은 지방공사 상근직원에 대하여 공직선거와 관련한 선거운동을 원칙적으로 금지하고 이에 위반한 행위를 처벌함으로써 지방공사 상근직원의 선거운동의 자유를 제한한다.

선거운동이란 특정 선거에서 특정 후보자를 '당선되거나 되게 하거나 되지 못하게 하기 위한 행위'를 말한다(공직선거법 제58조 제1항 본문). 선거운동의 자유는 널리 선거과정에서 자유로이 의사를 표현할 자유의 일환이므로, 정치적 표현의 자유의 한 태양으로서 헌법이 정한 언론·출판·집회·결사의 자유 보장규정에 의해 보호된다.

선거운동의 자유도 무제한일 수는 없는 것이고, 선거의 공정성이라는 또 다른 가치를 위하여 어느 정도 선거운동의 주체, 기간, 방법 등에 대한 규제가 행하여지지 않을 수 없다. 다만 선거운동은 국민주권 행사의 일환일 뿐 아니라 정치적 표현의 자유의 한 형태로서 민주사회를 구성하고 움직이게 하는 요소이므로, 그 제한입법의 위헌 여부에 대하여는 엄격한 심사기준이 적용되어야 할 것이다.

2. 선거운동의 자유 침해 여부

(1) 판대상조항은 지방공사 상근직원이 그 지위와 권한을 선거운동에 남용하는 것을 방지함으로써 선거의 형평성과 공정성을 확보하려는 것이므로, 그 입법목적의 정당성을 인정할 수 있다. 그리고 지방공사 상근직원에 대하여 원칙적으로 모든 선거운동을 할 수 없도록 하고 이를 위반한 행위를 처벌하는 것은 위와 같은 목적을 달성하기 위한 적합한 수단이다.

(2) 지방공사 상근직원의 지위와 권한을 종합하면, 지방공사의 상근직원이 공직선거에서 선거운동을 한다고 하여 그로 인한 부작용과 폐해가 일반 사기업 직원의 경우보다 크다고 보기 어렵다. 공직선거법 제53조 제1항 제6호가 지방공사의 상근임원과 달리 상근직원은 그 직을 유지한 채 공직선거에 입후보할 수 있도록 규정한 것도 상근직원의 영향력이 상근임원보다 적다는 점을 고려한 것이다. 그럼에도 불구하고 심판대상조항이 지방공사 상근임원의 선거운동을 금지하는 데 더하여 상근직원에게까지 선거운동을 금지하는 것은 과도한 제한이라고 볼 수 있다.

또한 공직선거법은 지방공사의 상근직원이 직무상 행위를 이용하여 선거의 공정성 및 형평성을 해할 수 있는 행위를 금지하고 이에 위반한 경우 처벌하는 규정을 별도로 마련하고 있다. 따라서 지방공사의 상근직원은 심판대상조항에 의하지 않더라도 직무상 행위를 이용하여 선거운동을 하거나 하도록 하는 행위를 할 수 없고, 선거에 영향을 미치는 전형적인 행위도 할 수 없다. 그럼에도 불구하고 심판대상조항에 의하여 선거운동 일체를 금지하고 이에 위반한 경우 처벌하는 것은 지방공사 상근직원의 선거운동의 자유를 과도하게 제한하는 것이다.

또한, 직급에 따른 업무 내용과 수행하는 개별·구체적인 직무의 성격을 고려하여 지방공사 상근직원 중 선거운동이 제한되는 주체의 범위를 최소화하거나, 지방공사 상근직원에 대하여 '그 지위를 이용하여' 또는 '그 직무범위 내에서' 하는 선거운동을 금지하는 방법으로도 선거의 공정성이 충분히 담보될 수 있다. 이상과 같은 점을 고려하면 심판대상조항은 침해의 최소성을 충족하지 못하였다.

(3) 지방공사 상근직원의 직무에 공익적 성격이 있다고 하더라도, 그러한 공익적 업무를 수행하는 자의 영향력 행사를 배제하여 선거의 공정성을 확보한다는 공익은 그 지위를 이용한 선거운동 내지 영향력 행사만을 금지하는 것으로 충분히 확보될 수 있다. 그러므로 심판대상조항과 같이 지방공사 상근직원에 대하여 일체의 선거운동을 금지하는 것은, 선거운동의 자유를 중대하게 제한하는 정도에 비하여 선거의 공정성 및 형평성의 확보라는 공익에 기여하는 바가 크지 않으므로, 법익의 균형성을 충족하지 못하는 것이다.

(4) 심판대상조항은 과잉금지원칙을 위반하여 지방공사 상근직원의 선거운동의 자유를 침해한다.

1. 서울교통공사 상근직원의 당내 경선운동 금지 사건

(2022.6.30. 2021헌가24 [공직선거법 제57조의6 제1항 본문 등 위헌제청])   [위헌]

서울교통공사의 상근직원이 당원이 아닌 자에게도 투표권을 부여하는 당내경선에서 경선운동을 할 수 없도록 금지·처벌하는 공직선거법 심판대상조항은 당내경선의 형평성과 공정성을 확보하기 위한 것으로 목적의 정당성과 수단의 적합성이 인정된다. 그러나 서울교통공사의 상근직원은 서울교통공사의 경영에 관여하거나 실질적인 영향력을 미칠 수 있는 권한을 가지고 있지 아니하므로, 경선운동을 한다고 하여 그로 인한 부작용과 폐해가 크다고 보기 어렵다. 또한 공직선거법은 이미 서울교통공사의 상근직원이 당내경선에 직·간접적으로 영향력을 행사하는 행위들을 금지·처벌하는 규정들을 마련하고 있다. 서울교통공사의 상근직원이 그 지위를 이용하여 경선운동을 하는 행위를 금지·처벌하는 규정을 두는 것은 별론으로 하고, 경선운동을 일률적으로 금지·처벌하는 것은 정치적 표현의 자유를 과도하게 제한하는 것이다. 정치적 표현의 자유의 중대한 제한에 비하여, 서울교통공사의 상근직원이 당내경선에서 공무원에 준하는 영향력이 있다고 볼 수 없는 점 등을 고려하면 심판대상조항이 당내경선의 형평성과 공정성의 확보라는 공익에 기여하는 바가 크다고 보기 어렵다. 따라서 심판대상조항은 과잉금지원칙에 반하여 정치적 표현의 자유를 침해한다.

2. 안성시설관리공단 상근직원의 당내 경선운동 금지 사건

(2022. 12. 22. 2021헌가36 [공직선거법 제57조의6 제1항 본문 등 위헌제청])   [위헌]

안성시시설관리공단의 상근직원이 당원이 아닌 자에게도 투표권을 부여하는 당내경선에서 경선운동을 할 수 없도록 금지·처벌하는 심판대상조항은 당내경선의 형평성과 공정성을 확보하기 위한 것으로 목적의 정당성과 수단의 적합성이 인정된다. 그러나 안성시시설관리공단의 상근직원은 안성시시설관리공단의 경영에 관여하거나 실질적인 영향력을 미칠 수 있는 권한을 가지고 있지 아니하므로, 경선운동을 한다고 하여 그로 인한 부작용과 폐해가 크다고 보기 어렵다. 또한 공직선거법은 이미 안성시시설관리공단의 상근직원이 당내

경선에 직·간접적으로 영향력을 행사하는 행위들을 금지·처벌하는 규정들을 마련하고 있다. 안성시시설관리공단의 상근직원이 그 지위를 이용하여 경선운동을 하는 행위를 금지·처벌하는 규정을 두는 것은 별론으로 하고, 경선운동을 일률적으로 금지·처벌하는 것은 정치적 표현의 자유를 과도하게 제한하는 것이다. 정치적 표현의 자유의 중대한 제한에 비하여, 안성시시설관리공단의 상근직원이 당내경선에서 공무원에 준하는 영향력이 있다고 볼 수 없는 점 등을 고려하면 심판대상조항이 당내경선의 형평성과 공정성의 확보라는 공익에 기여하는 바가 크다고 보기 어렵다. 따라서 심판대상조항은 과잉금지원칙에 반하여 정치적 표현의 자유를 침해한다.

이 사건은 지방공사 상근직원의 선거운동을 금지·처벌하는 공직선거법 조항들이 헌법에 위반되는지 여부가 쟁점이 된 사건이다.

법정의견은, 선거운동을 전면적으로 금지하여야 할 정도로 지방공사 상근직원의 권한이 크다고 보기 어려운 점, 공직선거법은 이미 지방공사의 상근직원이 직무상 행위를 이용하여 선거의 공정성 및 형평성을 해할 수 있는 행위를 금지하고 그 위반행위를 처벌하는 규정을 별도로 마련하고 있는 점, 선거운동의 전면금지 외에 선거운동의 자유가 제한되는 영역을 적절한 범위로 조정할 방법이 있는 점 등을 고려하여 위 조항들이 지방공사 상근직원의 선거운동의 자유를 침해하여 헌법에 위반된다고 판단하였다.

과거 헌법재판소는 국민건강보험공단 상근직원의 선거운동을 금지·처벌하는 구 '공직선거 및 선거부정방지법'(2003. 2. 4. 법률 제6854호로 개정되기 전의 것) 제60조 제1항 제9호가 과잉금지원칙에 반하여 선거운동의 자유를 침해하지 않는다는 이유로 헌법소원심판청구를 기각하였다(헌재 2004. 4. 29. 2002헌마467).

이후 헌법재판소는 한국철도공사 상근직원의 선거운동을 금지·처벌하는 구 공직선거법(2010. 1. 25. 법률 제9974호로 개정되고, 2020. 3. 25. 법률 제17127호로 개정되기 전의 것) 제60조 제1항 제5호 중 제53조 제1항 제4호 가운데 한국철도공사의 상근직원 부분 및 같은 법 제255조 제1항 제2호 중 위 해당부분이 헌법에 위반된다는 결정을 선고하였다(헌재 2018. 2. 22. 2015헌바124).

그리고 헌법재판소는 광주광역시 광산구 시설관리공단 상근직원의 경선운동을 금지·처벌하는 공직선거법(2010. 1. 25. 법률 제9974호로 개정된 것) 제57조의6 제1항 본문의 '제60조 제1항 제5호 중 제53조 제1항 제6호 가운데 지방공기업법 제2조에 규정된 지방공단인 광주광역시 광산구 시설관리공단의 상근직원'에 관한 부분과 같은 법 제255조 제1항 제1호 중 위 해당부분이 헌법에 위반된다고 결정하였다(헌재 2021. 4. 29. 2019헌가11).

또한 헌법재판소는 서울교통공사 상근직원의 경선운동을 금지·처벌하는 공직선거법(2010. 1. 25. 법률 제9974호로 개정된 것) 제57조의6 제1항 본문의 '제60조 제1항 제5호 중 제53조 제1항 제6호 가운데 지방공기업법 제2조에 규정된 지방공사인 서울교통공사의 상근직원'에 관한 부분 및 같은 법 제255조 제1항 제1호 중 제57조의6 제1항 본문의 '제60조 제1항 제5호 중 제53조 제1항 제6호 가운데 지방공기업법 제2조에 규정된 지방공사인 서울교통공사의 상근직원'에 관한 부분이 헌법에 위반된다고 결정하였고(헌재 2022. 6. 30. 2021헌가24). 마찬가지로 안성시시설관리공단 상근직원의 '경선운동' 금지·처벌에 관한 공직선거법 규정들에 대하여도 유사한 취지로 헌법에 위반된다고 판단하였다(헌재 2022. 12. 22. 2021헌가36).

2023.9.26. 2020헌마1724 [남북관계 발전에 관한 법률 일부 개정법률 위헌확인]　　　　　　　**[위헌]**

1. 사건의 개요

청구인들은 북한 접경지역에서 대형풍선 등을 이용하여 북한 지역으로 북한의 통치체제를 비판하는 내용을 담은 전단을 살포하는 등의 활동을 해 온 자연인 또는 북한 인권 개선 등을 목적으로 조직된 법인 · 단체이다.

국회는 2020. 12. 14. '전단등 살포', 즉 '선전, 증여 등을 목적으로 전단, 물품, 금전 또는 그 밖의 재산상 이익을 승인받지 아니하고 북한의 불특정 다수인에게 배부하거나 북한으로 이동시키는 행위'를 통하여 국민의 생명 · 신체에 위해를 끼치거나 심각한 위험을 발생시키는 것을 금지하고, 이를 위반한 경우 3년 이하의 징역 또는 3천만원 이하의 벌금에 처하며, 그 미수범도 처벌하는 등의 내용을 담은 '남북관계 발전에 관한 법률 개정법률안'을 의결하였고, 이는 2020. 12. 29. 공포되어, 2021. 3. 30.부터 시행되었다.

청구인들은 위와 같은 내용으로 개정된 '남북관계 발전에 관한 법률' 제24조 제1항, 제25조 등이 청구인들의 표현의 자유 등 기본권을 침해한다고 주장하며 2020. 12. 29. 이 사건 헌법소원심판을 청구하였다.

위 개정된 '남북관계 발전에 관한 법률'은 2021. 3. 30.부터 시행되었다.

2. 심판의 대상

남북관계 발전에 관한 법률(2020. 12. 29. 법률 제17763호로 개정된 것)
제24조(남북합의서 위반행위의 금지) ① 누구든지 다음 각 호에 해당하는 행위를 하여 <u>국민의 생명 · 신체에 위해를 끼치거나 심각한 위험을 발생시켜서는 아니 된다.</u>

　3. 전단등 살포

제25조(벌칙) ① 제24조 제1항을 위반한 자는 3년 이하의 징역 또는 3천만원 이하의 벌금에 처한다. 다만, 제23조 제2항 및 제3항에 따라 남북합의서(제24조 제1항 각 호의 금지행위가 규정된 것에 한정한다)의 효력이 정지된 때에는 그러하지 아니하다.
② 제1항의 미수범은 처벌한다.

3. 주 문

남북관계 발전에 관한 법률(2020. 12. 29. 법률 제17763호로 개정된 것) 제24조 제1항 제3호, 제25조 중 제24조 제1항 제3호에 관한 부분은 모두 헌법에 위반된다.

Ⅰ. 판시사항

남북합의서 위반행위로서 전단등 살포를 하여 국민의 생명 · 신체에 위해를 끼치거나 심각한 위험을 발생시키는 것을 금지하는 남북관계 발전에 관한 법률 제24조 제1항 제3호 및 이에 위반한 경우 처벌하는 같은 법 제25조 중 제24조 제1항 제3호에 관한 부분(이하 이들 조항을 합하여 '심판대상조항'이라 한다)이 청구인들의 표현의 자유를 침해하는지 여부(적극)

Ⅱ. 결정요지

1. 표현의 자유의 제한

청구인들이 전단등 살포를 통하여 북한 주민들을 상대로 자신의 의견을 표명하는 것을 금지·처벌하는 심판대
상조항은 청구인들의 표현의 자유를 제한하는 것이므로, 심판대상조항이 과잉금지원칙을 위반하여 청구인들의
표현의 자유를 침해하는지 여부를 살펴본다. 또한 심판대상조항은 '전단등 살포를 통하여 국민의 생명·신체에
위해를 끼치거나 심각한 위험을 발생시켜서는 안 된다'고 하는바, 위와 같은 위해나 심각한 위험은 북한에 의하
여 발생, 초래되는 것이므로 심판대상조항이 책임주의원칙을 위반하여 청구인들의 표현의 자유를 침해하는지
여부도 살펴본다.

2. 표현의 자유의 침해 여부

(1) 심사기준

심판대상조항은 표현의 내용을 제한하는 결과를 가져오는바, 국가가 표현 내용을 규제하는 것은 원칙적으로
중대한 공익의 실현을 위하여 불가피한 경우에 한하여 허용되고, 특히 정치적 표현의 내용 중에서도 특정한
견해, 이념, 관점에 기초한 제한은 과잉금지원칙 준수 여부를 심사할 때 더 엄격한 기준이 적용되어야 한다.

(2) 과잉금지원칙 위배 여부

국가형벌권의 행사는 중대한 법익에 대한 위험이 명백한 경우에 한하여 최후수단으로 선택되어 필요 최소한의
범위에 그쳐야 하는바, 심판대상조항은 전단등 살포를 금지하는 데서 더 나아가 이를 범죄로 규정하면서 징역
형 등을 두고 있으며, 그 미수범도 처벌하도록 하고 있어 과도하다고 하지 않을 수 없다. 심판대상조항으로
북한의 적대적 조치가 유의미하게 감소하고 이로써 접경지역 주민의 안전이 확보될 것인지, 나아가 남북 간
평화통일의 분위기가 조성되어 이를 지향하는 국가의 책무 달성에 도움이 될 것인지 단언하기 어려운 반면,
심판대상조항이 초래하는 정치적 표현의 자유에 대한 제한은 매우 중대하다. 그렇다면 심판대상조항은 과잉금
지원칙에 위배되어 청구인들의 표현의 자유를 침해한다.

(3) 책임주의원칙 위배 여부

심판대상조항은 북한의 적대적 조치로 초래되는 국민의 생명·신체에 대한 위해나 심각한 위험 발생의 책임을
전단등 살포 행위자에게 전가하는 것이다. 법원이 구체적 사건에서 인과관계와 고의의 존부를 판단하여 범죄성
립 여부를 결정할 수 있다고 하더라도, 위와 같은 위해나 심각한 위험의 발생이 전적으로 제3자인 북한에 의하
여 초래되고 이에 대한 행위자의 지배가능성이 인정되지 않는 이상, 전단등 살포에 대하여 형벌을 부과하는
것은 비난가능성이 없는 자에게 형벌을 가하는 것과 다름이 없다. 따라서 심판대상조항은 책임주의원칙에도
위배되어 청구인들의 표현의 자유를 침해한다.

결정의 의의

헌법재판소는 심판대상조항이 국민의 생명·신체의 안전을 보장하고 남북간 긴장을 완화하며 평화통일을
지향하여야 하는 국가의 책무를 달성하기 위한 것으로서 그 입법목적이 정당하다고 보면서도, 심판대상조항
에 따라 제한되는 표현의 내용이 매우 광범위하고, 최후의 수단이 되어야 할 국가형벌권까지 동원한 것이어
서, 표현의 자유를 지나치게 제한한다고 판단하였다.
헌법재판소의 이번 결정은 표현의 내용을 제한하는 법률에 대하여 위헌 여부를 심사할 때는 더 엄격한 기준
에 따라야 한다는 선례의 입장에 기초한 것으로서, 표현의 자유가 민주주의의 근간이 되는 헌법적 가치라는
점과 그 보장의 중요성을 다시 한번 강조한 것으로 볼 수 있다.

헌법재판소의 이번 결정에 따라 접경지역에서 대북 전단 등을 살포하는 행위에 대한 일반적 제한은 철폐되었다. 다만 위헌의견에서 제시된 대안에서 보는 바와 같이, 전단 등 살포 현장에서는 현행 '경찰관 직무집행법' 등에 따라 접경지역 주민의 위해를 방지하기 위한 조치가 이루어질 수 있다. 입법자는 향후 전단 등 살포가 이루어지는 양상을 고찰하여 접경지역 주민의 안전보장을 위한 경찰 등의 대응 조치가 용이하게 이루어질 수 있도록 하기 위하여 전단 등 살포 이전에 관계 기관에 대한 신고 의무를 부과하는 등의 입법적 조치를 고려할 필요가 있다.

26 인쇄물 살포를 금지하는 공직선거법 조항 사건

2023.3.23. 2023헌가4 [공직선거법 제93조 제1항 본문 등 위헌제청]　　　　　　　　[헌법불합치]

1. 사건의 개요

제청신청인은 공직선거법 제93조 제1항을 위반하여 인쇄물을 살포하였다는 등의 혐의로 기소되었다(수원지방법원 성남지원 2022고합214).

제청신청인은 재판 계속 중, 공직선거법 제93조 제1항 본문 중 '누구든지 선거일 전 180일부터 선거일까지 선거에 영향을 미치게 하기 위하여 이 법의 규정에 의하지 아니하고는 정당 또는 후보자를 반대하는 내용이 포함되어 있는 인쇄물을 살포할 수 없다' 부분 및 제255조 제2항 제5호 중 '제93조 제1항의 규정에 위반하여 문서·도화 등을 살포한 자'에 관한 부분이 정치적 표현의 자유를 침해한다고 주장하며 위헌법률심판제청을 신청하였다(2023초기22).

제청법원은 2023. 1. 26. 제청신청인의 신청을 받아들여 위 법률조항들에 대하여 이 사건 위헌법률심판을 제청하였다.

2. 심판의 대상

공직선거법(2010. 1. 25. 법률 제9974호로 개정된 것)

제93조(탈법방법에 의한 문서·도화의 배부·게시 등 금지) ① 누구든지 선거일 전 180일(보궐선거 등에 있어서는 그 선거의 실시사유가 확정된 때)부터 선거일까지 선거에 영향을 미치게 하기 위하여 이 법의 규정에 의하지 아니하고는 정당(창당준비위원회와 정당의 정강·정책을 포함한다. 이하 이 조에서 같다) 또는 후보자(후보자가 되고자 하는 자를 포함한다. 이하 이 조에서 같다)를 지지·추천하거나 반대하는 내용이 포함되어 있거나 정당의 명칭 또는 후보자의 성명을 나타내는 광고, 인사장, 벽보, 사진, 문서·도화, 인쇄물이나 녹음·녹화테이프 그 밖에 이와 유사한 것을 배부·첩부·살포·상영 또는 게시할 수 없다.

제255조(부정선거운동죄) ② 다음 각 호의 어느 하나에 해당하는 자는 2년 이하의 징역 또는 400만 원 이하의 벌금에 처한다.

　5. 제93조(탈법방법에 의한 문서·도화의 배부·게시 등 금지) 제1항의 규정에 위반하여 문서·도화 등을 배부·첩부·살포·게시·상영하거나 하게 한 자, 같은 조 제2항의 규정에 위반하여 광고 또는 출연을 하거나 하게 한 자 또는 제3항의 규정에 위반하여 신분증명서·문서 기타 인쇄물을 발급·배부 또는 징구하거나 하게 한 자

3. 주 문

1. 공직선거법(2010. 1. 25. 법률 제9974호로 개정된 것) 제93조 제1항 본문 중 '인쇄물 살포'에 관한 부분 및 제255조 제2항 제5호 중 '제93조 제1항 본문의 인쇄물 살포'에 관한 부분은 모두 헌법에 합치되지 아니한다.

2. 위 법률조항들은 2024. 5. 31.을 시한으로 입법자가 개정할 때까지 계속 적용된다.

Ⅰ. 판시사항

1. 일정기간 동안 선거에 영향을 미치게 하기 위한 벽보 게시, 인쇄물 배부·게시를 금지하는 공직선거법 제 93조 제1항 본문 중 '인쇄물 살포'에 관한 부분 및 이에 위반한 경우 처벌하는 공직선거법 제255조 제2항 제5호 중 '제93조 제1항 본문의 인쇄물 살포'에 관한 부분(이하 '심판대상조항'이라 한다)이 정치적 표현의 자유를 침해하는지 여부(적극)
2. 헌법불합치결정을 선고하면서 계속 적용을 명한 사례

Ⅱ. 결정요지

1. 정치적 표현의 자유 침해 여부

심판대상조항은 선거에서의 균등한 기회를 보장하고 선거의 공정성을 확보하기 위한 것으로서 입법목적의 정당성 및 수단의 적합성이 인정된다. 그러나 인쇄물은 시설물 등과 비교하여 보더라도 투입되는 비용이 상대적으로 적어 경제력 차이로 인한 선거 기회 불균형의 문제가 크지 않고, 그러한 우려도 공직선거법상 선거비용 규제나 인쇄물의 종류 또는 금액을 제한하는 수단을 통해서 방지할 수 있다. 또한 공직선거법상 후보자 비방 금지 규정이나 허위사실공표 금지 규정 등을 통해 무분별한 흑색선전 등의 방지도 가능한 점을 종합하면, 심판대상조항은 목적 달성에 필요한 범위를 넘어 장기간 동안 인쇄물 살포를 금지·처벌하는 것으로서 침해의 최소성에 반한다. 또한 심판대상조항으로 인하여 일반 유권자나 후보자가 받는 정치적 표현의 자유에 대한 제약이 위 조항을 통하여 달성되는 공익보다 중대하므로 심판대상조항은 법익의 균형성에도 위배된다. 따라서 심판대상조항은 과잉금지원칙에 반하여 정치적 표현의 자유를 침해한다.

2. 헌법불합치결정의 필요성

심판대상조항의 위헌성은 선거에서의 기회균등이나 공정성을 해치는 것이 명백하다고 볼 수 없는 정치적 표현행위의 방법까지 모두 금지·처벌하는 것에 있고, 이와 관련하여 정치적 표현행위의 방법을 어느 정도로 허용할 것인지는 입법자가 논의를 거쳐 결정할 사항이라고 할 것이므로, 위 조항들에 대하여 헌법불합치 결정을 선고하되, 2024. 5. 31.을 시한으로 입법자가 개정할 때까지 계속 적용을 명한다.

> ### 결정의 의의
>
> 헌법재판소는 2022. 7. 21. 2017헌바100등 결정에서 공직선거법 제93조 제1항 본문 중 '벽보 게시, 인쇄물 배부·게시'에 관한 부분 등에 대하여 2023. 7. 31.을 입법시한으로 하는 계속적용 헌법불합치결정을, 2022. 7. 21. 2018헌바357등 결정에서 같은 법 제93조 제1항 본문 중 '광고, 문서·도화 첩부·게시'에 관한 부분 등에 대하여 2023. 7. 31.을 입법시한으로 하는 계속적용 헌법불합치결정을 한 바 있다. 이 사건 결정은 위 헌재 2022. 7. 21. 2017헌바100등 결정 및 헌재 2022. 7. 21. 2018헌바357등 결정과 같은 취지로, 정치적 표현의 자유를 광범위하게 제한하는 심판대상조항에 대하여 헌법불합치결정을 한 것이다.
>
> 이 사건 결정에 따라 입법자는 심판대상조항을 2024. 5. 31.까지 개정하여야 하고, 위 시한까지 개선입법이 이루어지지 않으면 심판대상조항은 2024. 6. 1.부터 효력을 상실하게 된다.

2023.6.29. 2023헌가12 [공직선거법 제90조 제1항 제1호 등 위헌제청]   **[헌법불합치]**

1. 사건의 개요

당해 사건 피고인(시민단체 '충북ㅇㅇ연합' 대표)은 2022. 6. 1. 실시될 충북도지사 선거에 영향을 미치게 하기 위하여 2022. 4. 7. "김영환, 이혜훈 사람이냐, 충북이 호구로 보이냐", "이혜훈 양심이 없네, 뭣 하는 것이야", "김영환, 이혜훈 철새 정치 그만해라."라는 등의 문구가 기재된 리본을 부착한 근조화환 50개를 설치함으로써 선거일 전 180일부터 선거일까지 선거에 영향을 미치게 하기 위하여 화환을 설치함과 동시에 선거운동기간 전에 선거운동을 하였다는 혐의로 기소되었다.

제청법원(청주지방법원)은 재판 계속 중인 2023. 3. 3. 공직선거법 제90조 제1항 제1호 중 '화환의 설치'에 관한 부분 및 제256조 제3항 제1호 아목 중 '제90조 제1항 제1호의 화환의 설치'에 관한 부분에 대하여 직권으로 위헌 법률심판을 제청하였다.

2. 심판의 대상

공직선거법(2010. 1. 25. 법률 제9974호로 개정된 것)
제90조(시설물설치 등의 금지) ① 누구든지 선거일 전 180일(보궐선거등에서는 그 선거의 실시사유가 확정된 때)부터 선거일까지 선거에 영향을 미치게 하기 위하여 이 법의 규정에 의한 것을 제외하고는 다음 각 호의 어느 하나에 해당하는 행위를 할 수 없다. 이 경우 정당(창당준비위원회를 포함한다)의 명칭이나 후보자(후보자가 되려는 사람을 포함한다. 이하 이 조에서 같다)의 성명·사진 또는 그 명칭·성명을 유추할 수 있는 내용을 명시한 것은 선거에 영향을 미치게 하기 위한 것으로 본다.
    1. 화환·풍선·간판·현수막·애드벌룬·기구류 또는 선전탑, 그 밖의 광고물이나 광고시설을 설치·진열·게시·배부하는 행위

공직선거법(2014. 2. 13. 법률 제12393호로 개정된 것)
제256조(각종제한규정위반죄) ③ 다음 각 호의 어느 하나에 해당하는 자는 2년 이하의 징역 또는 400만 원 이하의 벌금에 처한다.
    1. 선거운동과 관련하여 다음 각 목의 어느 하나에 해당하는 자
        아. 제90조(시설물설치 등의 금지)의 규정에 위반하여 선전물을 설치·진열·게시·배부하거나 하게 한 자 또는 상징물을 제작·판매하거나 하게 한 자

3. 주 문

공직선거법(2010. 1. 25. 법률 제9974호로 개정된 것) 제90조 제1항 제1호 중 '화환 설치'에 관한 부분 및 공직선거법(2014. 2. 13. 법률 제12393호로 개정된 것) 제256조 제3항 제1호 아목 중 '제90조 제1항 제1호의 화환 설치'에 관한 부분은 모두 헌법에 합치되지 아니한다. 위 법률조항들은 2024. 5. 31.을 시한으로 입법자가 개정할 때까지 계속 적용된다.

Ⅰ. 판시사항

1. 공직선거법 제90조 제1항 제1호 중 '화환 설치'에 관한 부분 및 공직선거법 제256조 제3항 제1호 아목 중 '제90조 제1항 제1호의 화환 설치'에 관한 부분(이하 합하여 '심판대상조항'이라 한다)이 정치적 표현의 자유를 침해하는지 여부(적극)
2. 헌법불합치 결정을 선고하면서 계속 적용을 명한 사례

Ⅱ. 결정요지

1. 정치적 표현의 자유 침해 여부

심판대상조항은 선거일 전 180일부터 선거일까지라는 장기간 동안 선거와 관련한 정치적 표현의 자유를 광범위하게 제한하고 있다. 화환의 설치는 경제적 차이로 인한 선거 기회 불균형을 야기할 수 있으나, 그러한 우려가 있다고 하더라도 공직선거법상 선거비용 규제 등을 통해서 해결할 수 있다. 또한 공직선거법상 후보자 비방금지 규정 등을 통해 무분별한 흑색선전 등의 방지도 가능하다. 이러한 점들을 종합하면, 심판대상조항은 목적달성에 필요한 범위를 넘어 장기간 동안 선거에 영향을 미치게 하기 위한 화환의 설치를 금지하는 것으로, 과잉금지원칙에 위반되어 정치적 표현의 자유를 침해한다.

2. 헌법불합치결정의 필요성

심판대상조항의 위헌성은 선거에 영향을 미치게 하기 위하여 화환을 설치하는 행위를 장기간 동안 포괄적으로 규제하는 데 있고, 이와 관련하여 정치적 표현행위의 방법을 구체적으로 어느 정도로 허용할 것인가는 입법자가 논의를 거쳐 결정해야 할 사항이다. 따라서 심판대상조항에 대하여 2024. 5. 31.을 시한으로 입법자가 개정할 때까지 계속 적용을 명하는 헌법불합치결정을 한다.

> **결정의 의의**
>
> 이 사건 결정은 헌재 2022. 7. 21. 2017헌바100등 결정, 헌재 2022. 7. 21. 2018헌바357등 결정, 헌재 2023. 3. 23. 2023헌가4 결정과 같은 취지의 것으로서, 정치적 표현의 자유를 침해하는 심판대상조항에 대하여 헌법불합치결정을 한 것이다.
> 이 사건 결정에 따라 입법자는 심판대상조항을 2024. 5. 31.까지 개정하여야 하고, 위 시한까지 개선입법이 이루어지지 않으면 심판대상조항은 2024. 6. 1.부터 효력을 상실하게 된다.

28 공직선거법상 허위사실공표죄 및 후보자비방죄에 관한 사건

2024.6.27. 2023헌바78 [공직선거법 제250조 제2항 등 위헌소원]	[위헌, 합헌]

1. 사건의 개요

청구인은 2018. 6. 13. 실시된 제7회 전국동시지방선거에서 구청장 후보자로 출마하였다가 낙선한 사람이다.

청구인은 '2018. 6. 13. 실시된 제7회 전국동시지방선거에 구청장 후보자로 출마하고자 하는 자 및 같은 날 실시된 지역구 국회의원 보궐선거에 출마하고자 하는 자가 당선되지 못하게 할 목적으로, 2018. 4. 22. 및 2018. 5. 6. 각각 허위사실을 공표함과 동시에 비방하였다'는 공직선거법위반 등의 혐의로 기소되어 2019. 9. 27. 1심에서 벌금 600만 원을 선고받았고, 항소심 및 상고심을 거쳐 최종적으로 벌금 600만 원을 선고받고 그 판결이 확정되었다.

청구인은 상고심 계속 중 공직선거법 제250조 제2항 및 제251조에 대하여 위헌법률심판제청신청을 하였으나 위 신청은 기각되었다.

이에 청구인은 2023. 3. 15. 이 사건 헌법소원심판을 청구하였다.

2. 심판의 대상

공직선거법(1997. 1. 13. 법률 제5262호로 개정된 것)

제250조(허위사실공표죄) ② 당선되지 못하게 할 목적으로 연설·방송·신문·통신·잡지·벽보·선전문서 기타의 방법으로 후보자 (참고로, 제250조 제1항에서, '후보자'는 '후보자가 되고자 하는 자를 포함한다'고 정하고 이하 제250조에서 같다고 규정하고 있다. 이 사건은 '후보자가 되고자 하는 자'에 관한 것이다.)에게 불리하도록 후보자, 그의 배우자 또는 직계존·비속이나 형제자매에 관하여 <u>허위의 사실</u>을 공표하거나 공표하게 한 자와 허위의 사실을 게재한 선전문서를 배포할 목적으로 소지한 자는 7년 이하의 징역 또는 500만 원 이상 3천만 원 이하의 벌금에 처한다.

공직선거법(1994. 3. 16. 법률 제4739호로 제정된 것)

제251조(후보자비방죄) 당선되거나 되게 하거나 되지 못하게 할 목적으로 연설·방송·신문·통신·잡지·벽보·선전문서 기타의 방법으로 <u>공연히 사실을 적시</u>하여 후보자(<u>후보자가 되고자 하는 자를 포함한다</u>), 그의 배우자 또는 직계존·비속이나 형제자매를 비방한 자는 3년 이하의 징역 또는 500만 원 이하의 벌금에 처한다. 다만, 진실한 사실로서 공공의 이익에 관한 때에는 처벌하지 아니한다.

3. 주 문

1. 공직선거법(1994. 3. 16. 법률 제4739호로 제정된 것) 제251조 중 '후보자가 되고자 하는 자'에 관한 부분은 헌법에 위반된다.

2. 공직선거법(1997. 1. 13. 법률 제5262호로 개정된 것) 제250조 제2항 중 '후보자가 되고자 하는 자에 관하여 허위의 사실을 공표한 자'에 관한 부분은 헌법에 위반되지 아니한다.

Ⅰ. 판시사항

1. 당선되지 못하게 할 목적으로 후보자가 되고자 하는 자에 관하여 허위의 사실을 공표한 자를 처벌하는 공직선거법 제250조 제2항 중 '후보자가 되고자 하는 자에 관하여 허위의 사실을 공표한 자'에 관한 부분(이하 '허위사실공표금지 조항'이라 한다)이 죄형법정주의의 명확성원칙에 위배되거나 과잉금지원칙에 위배되어 정치적 표현의 자유를 침해하는지 여부(소극)

2. 당선되거나 되게 하거나 되지 못하게 할 목적으로 공연히 사실을 적시하여 후보자가 되고자 하는 자를 비방한 자를 처벌하는 공직선거법 제251조 중 '후보자가 되고자 하는 자'에 관한 부분(이하 '비방금지 조항'이라 한다)이 죄형법정주의의 명확성원칙에 위배되는지 여부(소극)

3. 비방금지조항이 과잉금지원칙에 위배되어 정치적 표현의 자유를 침해하는지 여부(적극)

Ⅱ. 판단

1. 쟁점의 정리

이 사건 허위사실공표금지 조항 중 '허위의 사실' 부분과 이 사건 비방금지 조항 중 '비방' 부분이 죄형법정주의의 명확성원칙에 위배되는지, 그리고 심판대상조항이 과잉금지원칙에 위배되어 정치적 표현의 자유를 침해하는지 여부가 문제된다.

2. 이 사건 허위사실공표금지 조항

(1) 죄형법정주의의 명확성원칙 위배 여부

헌법재판소는 헌재 2021. 2. 25. 2018헌바223 결정에서 공직선거법 제250조 제1항 중 '당선될 목적으로 기타의 방법으로 후보자에게 유리하도록 후보자의 행위에 관하여 허위의 사실을 공표한 자'에 관한 부분이 죄형법정주의의 명확성원칙에 위배되지 않는다고 결정하였다. 공직선거법 제250조 제1항 중 '허위의 사실' 부분은 이 사건 허위사실공표금지 조항에도 동일하게 원용되므로, 이 사건 허위사실공표금지 조항은 죄형법정주의의 명확성원칙에 위배되지 아니한다.

(2) 정치적 표현의 자유 침해 여부

헌법재판소는 헌재 2023. 7. 20. 2022헌바299 결정에서 이 사건 허위사실공표금지 조항이 과잉금지원칙에 위배되어 정치적 표현의 자유를 침해하지 않는다고 결정하였다. 이 사건에서 선례와 달리 판단해야 할 사정의 변경이나 필요성이 인정된다고 볼 수 없다. 따라서 이 사건 허위사실공표금지 조항은 과잉금지원칙에 위배되어 정치적 표현의 자유를 침해하지 않는다.

3. 이 사건 비방금지 조항

(1) 죄형법정주의의 명확성원칙 위배 여부

헌법재판소는 헌재 2010. 11. 25. 2010헌바53 결정에서, 공직선거법(1994. 3. 16. 법률 제4739호로 제정된 것) 제251조 중 '후보자'에 관한 부분에서 '비방' 부분은 그 의미가 애매모호하거나 불분명하다고 할 수 없으므로 죄형법정주의의 명확성원칙에 위배되지 않는다고 결정하였다. 따라서 이 사건 비방금지 조항은 죄형법정주의의 명확성원칙에 위배되지 아니한다.

(2) 정치적 표현의 자유 침해 여부

선거운동 등에 대한 제한이 정치적 표현의 자유를 침해하는지 여부를 판단함에 있어서는 표현의 자유의 규제에 관한 판단기준으로서 엄격한 심사기준을 적용하여야 한다(헌재 2022. 7. 21. 2017헌바100등).

이 사건 비방금지 조항은 후보자가 되고자 하는 자의 인격과 명예를 보호하고 선거의 공정성을 보장하기 위한 것으로 목적의 정당성과 수단의 적합성은 인정된다.

정치적 표현의 자유는 우리 헌법상 민주주의의 근간이 되는 핵심적 기본권이므로 최대한 보장되어야 하고, 이에 대한 제한은 입법목적을 달성하는 데에 필요최소한으로 이루어져야 한다.

공직선거법 제110조 제1항이 사생활 비방만을 금지하고 있으나 이 사건 비방금지 조항이 정한 비방의 대상에는 아무런 제한이 없으므로, 남을 헐뜯어 말함으로써 그의 사회적 가치평가를 저하시킬 수 있는 사실이면 허위의 사실인지 진실한 사실인지를 불문하고 모두 해당하게 된다. 그러나 후보자가 되고자 하는 자의 공직 적합성에 관한 부정적 사실을 지적하거나 의혹을 제기하는 것은 그를 헐뜯는 행위일 수밖에 없다.

비방행위가 허위사실에 해당할 경우에는 처벌이 사건 허위사실공표금지 조항으로 처벌하면 족하다. 그러나 후보자가 되고자 하는 자에 대하여 허위가 아닌 사실에 근거하여 문제가 제기되는 경우, 이에 대한 반박을 하도록 하여야 하고, 그 과정을 통해 유권자들이 후보자가 되고자 하는 자의 능력, 자질 및 도덕성을 올바르게 판단할 수 있는 자료를 얻도록 하여야 한다. 그럼에도 이를 이 사건 비방금지 조항으로 처벌하게 되면, 후보자가 되고자 하는 자들 사이에 고소와 고발이 남발하여 선거를 혼탁하게 보이게 하는 결과가 초래될 수 있고, 유권자들의 공직 적합성에 대한 자료를 얻을 수 있는 기회를 제한하게 된다.

이 사건 비방금지 조항이 없더라도 사실을 적시하여 후보자가 되고자 하는 자의 명예를 훼손한 경우에는 형법 제307조 제1항의 사실 적시 명예훼손죄로 처벌하여 그 가벌성을 확보할 수 있다. 일본, 독일, 미국의 입법례를 보더라도 진실한 사실 적시에 의한 후보자 비방을 독자적으로 처벌하는 규정을 발견할 수 없다.

이 사건 비방금지 조항 단서에 "다만, 진실한 사실로서 공공의 이익에 관한 때에는 처벌하지 아니한다."라는 위법성 조각사유가 규정되어 있기는 하다. 그러나 공직후보자는 공적 인물이므로, 진실한 사실에 해당할 경우 공공의 이익에 관한 것인지 여부를 또다시 가릴 필요성이 낮다. 게다가 일단 이 사건 비방금지 조항의 구성요건에 해당되는 경우 그러한 사실을 표현한 사람은 수사나 형사재판에 소추될 위험성에 놓이게 되고, 수사기관 및 재판기관에서 어떠한 기준에 의하여 공익성이 입증되고 판단될 것인지 불확실하므로, 표현의 자유에 대한 위축효과가 발생할 수 있다.

'사실 적시 비방행위'를 형법상 사실 적시 명예훼손죄만으로 처벌하는 것이 충분하지 않고 공직선거법상의 특칙이 필요하다는 의견도 있을 수 있다. 그러나 이 사건 비방금지 조항의 법정형이 형법상 사실 적시 명예훼손죄보다 더 중하고, 공직선거법상 특칙이 적용되는 경우 위반자에게 더 큰 불이익이 부여되는 것인데, 이는 스스로 공론의 장에 뛰어든 사람의 명예를 일반인의 명예보다 더 두텁게 보호하는 것이다. 또한 공직선거법상 특별 규정들이 적용되지 않더라도 수사기관 및 재판기관이 선거결과와 관련이 있다는 점을 고려하여 수사와 재판을 신속하게 진행할 수도 있다. 따라서 이 사건 비방금지 조항은 침해의 최소성에 반한다.

선거의 공정이란 선거의 혼탁을 방지하는 것만을 의미하는 것이 아니라 공직 적합성에 관한 정보가 공개되고 이에 근거하여 최선의 사람을 선출할 수 있도록 하는 것을 포함하는 것이다. 따라서 후보자가 되고자 하는 자에 대한 사실을 그것이 허위인지 진실인지를 불문하고 비방이라는 이유로 지나치게 제한하게 되면, 이 사건 비방 금지 조항이 추구하는 공익인 선거의 공정을 해하는 결과가 초래될 수 있다.

또한 후보자가 되고자 하는 자는 자발적으로 공론의 장에 뛰어든 사람이므로, 자신에 대한 부정적인 표현을 어느 정도 감수하여야 한다. 그러므로 이 사건 비방금지 조항은 법익의 균형성도 인정되지 않는다.

이 사건 비방금지 조항은 과잉금지원칙에 위배되어 정치적 표현의 자유를 침해하므로 헌법에 위반된다.

4. 결론

이 사건 허위사실공표금지 조항은 헌법에 위반되지 아니하고, 이 사건 비방금지 조항은 헌법에 위반되므로, 주문과 같이 결정한다. 아울러 종전에 헌법재판소가 이와 견해를 달리하여 이 사건 비방금지 조항이 헌법에 위반되지 아니한다고 판시한 헌재 2013. 6. 27. 2011헌바75 결정은 이 결정과 저촉되는 범위 내에서 변경하기로 한다.

결정의 의의

이 사건 허위사실공표금지 조항은 헌재 2023. 7. 20. 2022헌바299 결정 및 헌재 2021. 2. 25. 2018헌바223 결정 선례를 원용하여 재판관 전원일치로 합헌 결정을 유지하였다.

이 사건 비방금지 조항에 관하여, 기존 합헌 결정 선례인 헌재 2013. 6. 27. 2011헌바75 결정을 변경하여 해당 조항 중 '후보자가 되고자 하는 자'에 관한 부분이 청구인의 정치적 표현의 자유를 침해하여 위헌이라고 판단하였다.

- 과거 선례인 2011헌바75 결정에서 헌법재판소는 이 사건 비방금지조항이 과잉금지원칙에 위배되지 아니하여 선거운동의 자유나 정치적 표현의 자유를 침해하지 않는다고 판단하였다. 위 결정에서 합헌의견은 4인, 반대의견은 5인으로, 위헌의견이 다수이나 법률의 위헌선언에 필요한 정족수에 미달하여 합헌결정이 이루어졌다.

- 그러나 이 사건 결정에서 헌법재판소는 이 사건 비방금지 조항이 '허위가 아닌 사실'에 근거한 비방행위를 처벌하는 규정이라는 것에서 위헌성을 발견하였다. 즉 후보자가 되고자 하는 자에 대한 비방행위가 진실한 사실이거나 허위사실로 증명되지 아니한 사실에 대한 것이라면, 후보자가 되고자 하는 자는 이러한 문제제기에 대해 스스로 반박을 하고, 이를 통해 유권자들이 후보자가 되고자 하는 자의 능력, 자질 및 도덕성 등 공직 적합성에 관한 정보를 얻어 선거의 공정성을 달성할 수 있어야 한다고 보았다.

- 선례인 2011헌바75 결정은 이 사건 비방금지 조항이 그 단서에서 "다만, 진실한 사실로서 공공의 이익에 관한 때에는 처벌하지 아니한다."라고 규정하고 있는 점 등을 들어 합헌 결정을 한 반면, 이 사건 결정은 이 사건 비방금지 조항에 근거한 고소·고발, 수사, 형사재판 소추 위험성 등으로 인해 그 자체로 표현의 자유에 대한 위축효과가 발생할 수 있고, 특히 수사기관 및 재판기관에서 어떠한 기준에 의하여 공익성이 입증되고 판단될 것인지 불확실하다는 점을 고려하였다.

- 또한 이 사건 비방금지 조항이 없더라도 진실한 사실을 적시하여 후보자가 되고자 하는 자의 명예를 훼손한 경우에는 형법 제307조 제1항의 사실적시 명예훼손죄로 처벌이 가능하며, 스스로 공론의 장에 뛰어든 사람의 명예를 일반인의 명예보다 더 두텁게 보호할 필요가 없다고 판단하였다.

알 권리

29 정보위원회 회의를 비공개하도록 규정한 국회법 조항 사건

> 2022.1.27. 2018헌마1162 【국회법 제54조의2 제1항 본문 위헌확인 등】 　　　　　　　 **[위헌, 각하]**

1. 사건의 개요

(1) 2018헌마1162

청구인 오○○, 청구인 강○○, 청구인 김○○, 청구인 이○○, 청구인 이□□(이하 '청구인 오○○ 등'이라 한다)는 2018. 11. 22. 피청구인에게 국회 정보위원회 제1차 법안심사소위원회 회의(이하 '이 사건 회의'라 한다)에 대한 방청을 신청하였다. 그러나 국회 정보위원회 사무처 담당직원이 청구인 오○○ 등에게 '국회법 규정에 의하여 이 사건 회의는 방청 허가 여부 자체가 논의될 수 있는 사안이 아니므로 문서로 답변을 보내줄 수 없다'는 내용을 유선으로 전달하였을 뿐, 피청구인은 달리 청구인 오○○ 등의 방청신청에 대하여 어떠한 조치를 취하지 않았다.

이에 청구인 오○○ 등은 이 사건 회의를 공개하지 않은 피청구인의 조치 및 국회 정보위원회 회의는 공개하지 않는다고 규정한 국회법 제54조의2 제1항 본문이 헌법 제50조 제1항에 규정된 의사공개원칙에 위배되고 청구인 오○○ 등의 알 권리 등을 침해한다며, 2018. 12. 4. 그 위헌확인을 구하는 취지의 이 사건 헌법소원심판을 청구하였다.

(2) 2020헌바428

청구인 김□□은 2019. 4. 8. 국회사무총장에게 제367회 국회(임시회) 제3차 정보위원회 전체회의 회의록 중 특정 부분의 공개를 청구하였으나, 국회사무총장은 2019. 5. 3. 국회법 제54조의2 제1항 본문 및 '공공기관의 정보공개에 관한 법률' 제9조 제1항 제1호에 따른 비공개 대상 정보에 해당한다는 이유로 청구인 김□□의 정보공개청구를 거부하였다.

이에 청구인 김□□은 위 정보공개거부처분의 취소를 구하는 소를 제기하고(서울행정법원 2019구합74799), 재판 계속 중 국회법 제54조의2 제1항에 대하여 위헌법률심판제청신청을 하였으나(서울행정법원 2020아11343), 2020. 7. 24. 위 청구 및 제청신청이 모두 기각되자, 2020. 8. 24. 이 사건 헌법소원심판을 청구하였다.

2. 심판의 대상

국회법(2018. 4. 17. 법률 제15620호로 개정된 것)

제54조의2(정보위원회에 대한 특례) ① 정보위원회의 회의는 공개하지 아니한다. 다만, 공청회 또는 제65조의2에 따른 인사청문회를 실시하는 경우에는 위원회의 의결로 이를 공개할 수 있다.

[관련조항]

대한민국 헌법(1987. 10. 29. 헌법 제10호로 전부개정된 것)

제50조 ① 국회의 회의는 공개한다. 다만, 출석의원 과반수의 찬성이 있거나 의장이 국가의 안전보장을 위하여 필요하다고 인정할 때에는 공개하지 아니할 수 있다.

② 공개하지 아니한 회의내용의 공표에 관하여는 법률이 정하는 바에 의한다.

국회법(2020. 12. 15. 법률 제17646호로 개정된 것)

제37조(상임위원회와 그 소관) ① 상임위원회의 종류와 소관 사항은 다음과 같다.

　　16. 정보위원회

　　　　가. 국가정보원 소관에 속하는 사항

나. 국가정보원법 제4조 제1항 제5호에 따른 정보 및 보안 업무의 기획·조정 대상 부처 소관의 정보 예산안과 결산 심사에 관한 사항

국회법(2018. 4. 17. 법률 제15620호로 개정된 것)

제54조의2(정보위원회에 대한 특례) ② 정보위원회의 위원 및 소속 공무원(의원 보좌직원을 포함한다. 이하 이 조에서 같다)은 직무수행상 알게 된 국가기밀에 속하는 사항을 공개하거나 타인에게 누설해서는 아니 된다.

③ 정보위원회의 활동을 보좌하는 소속 공무원에 대해서는 국가정보원장에게 신원조사를 의뢰하여야 한다.

④ 이 법에서 정한 사항 외에 정보위원회의 구성과 운영 등에 필요한 사항은 국회규칙으로 정한다.

제55조(위원회에서의 방청 등) ① 의원이 아닌 사람이 위원회를 방청하려면 위원장의 허가를 받아야 한다.

제57조(소위원회) ⑤ 소위원회의 회의는 공개한다. 다만, 소위원회의 의결로 공개하지 아니할 수 있다.

제75조(회의의 공개) ① 본회의는 공개한다. 다만, 의장의 제의 또는 의원 10명 이상의 연서에 의한 동의(動議)로 본회의 의결이 있거나 의장이 각 교섭단체대표의원과 협의하여 국가의 안전보장을 위하여 필요하다고 인정할 때에는 공개하지 아니할 수 있다.

제118조(회의록의 배부·배포) ① 회의록은 의원에게 배부하고 일반인에게 배포한다. 다만, 의장이 비밀 유지나 국가안전보장을 위하여 필요하다고 인정한 부분에 관하여는 발언자 또는 그 소속 교섭단체 대표의원과 협의하여 게재하지 아니할 수 있다.

④ 공개하지 아니한 회의의 내용은 공표되어서는 아니 된다. 다만, 본회의 의결 또는 의장의 결정으로 제1항 단서의 사유가 소멸되었다고 판단되는 경우에는 공표할 수 있다.

⑤ 공표할 수 있는 회의록은 일반인에게 유상으로 배포할 수 있다.

공공기관의 정보공개에 관한 법률(2013. 8. 6. 법률 제11991호로 개정된 것)

제9조(비공개 대상 정보) ① 공공기관이 보유·관리하는 정보는 공개 대상이 된다. 다만, 다음 각 호의 어느 하나에 해당하는 정보는 공개하지 아니할 수 있다.

1. 다른 법률 또는 법률에서 위임한 명령(국회규칙·대법원규칙·헌법재판소규칙·중앙선거관리위원회규칙·대통령령 및 조례로 한정한다)에 따라 비밀이나 비공개 사항으로 규정된 정보

3. 주 문

1. 국회법(2018. 4. 17. 법률 제15620호로 개정된 것) 제54조의2 제1항 본문은 헌법에 위반된다.

2. 청구인 오○○, 청구인 강○○, 청구인 김○○, 청구인 이○○, 청구인 이ㅁㅁ의 나머지 심판청구를 각하한다.

Ⅰ. 판시사항

1. 피청구인이 정보위원회 법안심사소위원회 회의의 방청신청을 불허한 행위(이하 '이 사건 방청불허행위'라 한다)에 대한 헌법소원 심판청구의 적법 여부(소극)
2. 헌법 제50조 제1항의 의사공개원칙의 의미
3. 정보위원회 회의는 공개하지 아니한다고 정하고 있는 국회법 제54조의2 제1항 본문(이하 '심판대상조항'이라 한다)이 의사공개원칙에 위배되어 청구인들의 알 권리를 침해하는지 여부(적극)

Ⅱ. 결정요지

1. 이 사건 방청불허행위 부분

청구인 오○○ 등이 방청을 신청하였던 이 사건 회의는 이미 종료되었으므로 방청불허행위에 관한 주관적 권리보호이익은 소멸하였고, 방청불허행위의 근거가 된 심판대상조항에 대한 심판청구의 적법성을 인정하여 본안 판단에 나아가는 이상, 방청불허행위에 대해서는 별도의 심판의 이익도 인정되지 아니한다. 따라서 청구인 오○○ 등의 방청불허행위에 대한 심판청구는 부적법하다.

2. 심판대상조항 부분

(1) 헌법 제50조 제1항의 해석

헌법 제50조 제1항은 본문에서 국회의 회의를 공개한다는 원칙을 규정하면서, 단서에서 '출석의원 과반수의 찬성이 있거나 의장이 국가의 안전보장을 위하여 필요하다고 인정할 때'에는 이를 공개하지 아니할 수 있다는 예외를 두고 있다. 이러한 헌법 제50조 제1항의 구조에 비추어 볼 때, <u>헌법상 의사공개원칙은 모든 국회의 회의를 항상 공개하여야 하는 것은 아니나 이를 공개하지 아니할 경우에는 헌법에서 정하고 있는 일정한 요건을 갖추어야 한다. 또한 헌법 제50조 제1항 단서가 정하고 있는 회의의 비공개를 위한 절차나 사유는 그 문언이 매우 구체적이어서, 이에 대한 예외도 엄격하게 인정되어야 한다. 따라서 헌법 제50조 제1항으로부터 일체의 공개를 불허하는 절대적인 비공개가 허용된다고 볼 수는 없는바, 특정한 내용의 국회의 회의나 특정 위원회의 회의를 일률적으로 비공개한다고 정하면서 공개의 여지를 차단하는 것은 헌법 제50조 제1항에 부합하지 아니한다.</u>

(2) 심판대상조항이 의사공개원칙에 위배되는지 여부

심판대상조항은 <u>정보위원회의 회의 일체를 비공개 하도록 정함으로써 정보위원회 활동에 대한 국민의 감시와 견제를 사실상 불가능하게 하고 있다.</u> 또한 헌법 제50조 제1항 단서에서 정하고 있는 비공개사유는 각 회의마다 충족되어야 하는 요건으로 입법과정에서 재적의원 과반수의 출석과 출석의원 과반수의 찬성으로 의결되었다는 사실만으로 헌법 제50조 제1항 단서의 '출석위원 과반수의 찬성'이라는 요건이 충족되었다고 볼 수도 없다. 따라서 <u>심판대상조항은 헌법 제50조 제1항에 위배되는 것으로 청구인들의 알 권리를 침해한다.</u>

> **결정의 의의**
>
> 이 사건에서 헌법재판소는 정보위원회 회의를 공개하지 아니한다고 정하고 있는 심판대상조항이 헌법에 위반된다고 결정하였다.
> 이 사건을 통해 헌법재판소는 국회의 회의의 공개를 원천적으로 차단하는 것은 의사공개원칙을 선언하고 있는 헌법 제50조 제1항에 정면으로 반하는 것으로 허용되지 아니한다는 점을 명시적으로 확인하였다.

집회의 자유

30 집회·시위를 위한 인천애(愛)뜰 잔디마당의 사용제한 인천시 조례 사건

2023.9.26. 2019헌마1417 [인천애(愛)뜰의 사용 및 관리에 관한 조례 제6조 등 위헌확인]　　　　[위헌]

1. 사건의 개요

청구인들은 인천광역시에서 거주·활동하는 자연인 또는 법인·단체이다. 인천광역시는 인천 남동구 구월동 시청사 부지 가장자리에 설치되어 있던 외벽과 화단 등을 철거하여 잔디마당과 그 경계 내 부지에 광장을 조성하고(이하 이들을 합하여 '잔디마당'이라 한다), 시청 앞 도로 건너편 미래광장에 있었던 다목적광장과 수경공간에 '바다분수 광장'과 '음악분수 광장'을 조성하였으며(이하 이들을 합하여 '분수광장'이라 한다), 잔디마당과 분수광장을 서로 연결하였다. 인천광역시는 잔디마당과 분수광장 일대의 명칭을 '인천애(愛)뜰'(이하 '인천애뜰'이라 한다)이라 정하고, 2019. 11. 1.부터 일반인에게 널리 개방하였다.

청구인들은 잔디마당에서 '인천애뜰, 모두를 위한 뜰'이라는 이름으로 집회를 개최하기 위하여, 2019. 12. 13. 잔디마당에 대한 사용허가 신청을 하였으나, 인천광역시장은 잔디마당에서 집회 또는 시위를 하려고 하는 경우 그 사용허가를 할 수 없도록 규정한 '인천애(愛)뜰의 사용 및 관리에 관한 조례' 제7조 제1항 제5호 가목을 들어 이를 허가하지 않았다.

이에 청구인들은, '인천애(愛)뜰의 사용 및 관리에 관한 조례' 제6조, 제7조가 청구인들의 집회의 자유 등 기본권을 침해한다고 주장하며, 2019. 12. 20. 이 사건 헌법소원심판을 청구하였다.

2. 심판의 대상

인천애(愛)뜰의 사용 및 관리에 관한 조례(2019. 9. 23. 인천광역시조례 제6255호로 제정된 것)

제7조(사용허가 또는 제한) ① 시장은 제6조에 따른 신청이 있는 경우 다음 각 호의 어느 하나에 해당되지 않은 경우에 한하여 허가할 수 있다.

    5. 인천애뜰의 잔디마당과 그 경계 내 부지를 사용하고자 하는 사항 중 다음 각 목에 해당하는 경우

        가. <u>집회 또는 시위</u>

3. 주 문

인천애(愛)뜰의 사용 및 관리에 관한 조례(2019. 9. 23. 인천광역시조례 제6255호로 제정된 것) 제7조 제1항 제5호 가목은 헌법에 위반된다.

Ⅰ. 판시사항

1. 집회 또는 시위를 하기 위하여 인천애(愛)뜰 중 잔디마당과 그 경계 내 부지에 대한 사용허가 신청을 한 경우 인천광역시장이 이를 허가할 수 없도록 제한하는 인천애(愛)뜰의 사용 및 관리에 관한 조례(이하 '이 사건 조례'라 한다) 제7조 제1항 제5호 가목(이하 '심판대상조항'이라 한다)이 법률유보원칙에 위배되어 청구인들의 집회의 자유를 침해하는지 여부(소극)
2. 심판대상조항이 과잉금지원칙에 위배되어 청구인들의 집회의 자유를 침해하는지 여부(적극)

Ⅱ. 결정요지

1. 법률유보원칙 위배 여부

<u>조례에 대한 법률의 위임은 법규명령에 대한 법률의 위임과 같이 반드시 구체적으로 범위를 정할 필요가 없으며, 포괄적으로도 할 수 있다.</u> 이 사건 조례는 지방자치법 제13조 제2항 제1호 자목 및 제5호 나목 등에 근거하여 인천광역시가 소유한 공유재산이자 공공시설인 인천애뜰의 사용 및 관리에 필요한 사항을 규율하기 위하여 제정되었고, 심판대상조항은 잔디마당과 그 경계 내 부지의 사용 기준을 정하고 있다. 그렇다면 <u>심판대상조항은 법률의 위임 내지는 법률에 근거하여 규정된 것이라고 할 수 있으므로 법률유보원칙에 위배되지 않는다.</u>

2. 과잉금지원칙 위배 여부

잔디마당은 도심에 위치하고 일반인에게 자유롭게 개방된 공간이며, 도보나 대중교통으로 접근하기 편리하고 다중의 이목을 집중시키기에 유리하여, 다수인이 모여 공통의 의견을 표명하기에 적합하다. 잔디마당을 둘러싸고 인천광역시와 시의회 청사 등이 있으며 이들은 모두 인천광역시 행정 사무의 중심적 역할을 수행하고 있으므로, 이와 같은 지방자치단체의 행정사무에 대한 의견을 표명하려는 목적이나 내용의 집회의 경우에는 장소와의 관계가 매우 밀접하여 상징성이 크다. 이러한 특성을 고려하면 집회의 장소로 잔디마당을 선택할 자유는 원칙적으로 보장되어야 한다. 인천광역시로서는 시청사 보호를 위한 방호인력을 확충하고 청사 입구에 보안시설물을 설치하는 등의 대책을 마련함으로써, 잔디마당에서의 집회·시위를 전면적으로 제한하지 않고도 입법

목적을 충분히 달성할 수 있다. 일반인에게 개방되어 자유로운 통행과 휴식 등을 위한 공간으로 활용되고 있는 잔디마당의 현황과 실제 운영방식을 고려하면, 잔디마당이 국토계획법상 공공청사 부지에 속한다는 사정을 집회의 자유를 전면적·일률적으로 제한할 수 있는 근거로 삼을 수 없다. 심판대상조항에 의하여 잔디마당을 집회 장소로 선택할 자유가 완전히 제한되는바, 공공에 위험을 야기하지 않고 시청사의 안전과 기능에도 위협이 되지 않는 집회나 시위까지도 예외 없이 금지되는 불이익이 발생한다. 그렇다면 심판대상조항은 과잉금지원칙에 위배되어 청구인들의 집회의 자유를 침해한다.

> ### 결정의 의의
>
> 헌법재판소 선례는, '집회 장소가 집회의 목적과 효과에 대하여 중요한 의미를 가지기 때문에, 누구나 '어떤 장소에서' 자신이 계획한 집회를 할 것인가를 원칙적으로 자유롭게 결정할 수 있어야만 집회의 자유가 비로소 효과적으로 보장된다'는 점을 강조한 바 있다(헌재 2003. 10. 30. 2000헌바67등 참조).
>
> 잔디마당은 인천광역시 스스로 결단하여 종래의 시청사 외벽 등을 철거하고 새롭게 조성한 공간으로, 평소 일반인에게 자유롭게 개방되어 있으며, 도심에 위치하여 도보나 대중교통으로 접근하기 편리하고 다중의 이목을 집중시키기에 유리하며, 주변에 지방자치단체 주요 행정기관들의 청사가 있다.
>
> 헌법재판소는 위와 같은 잔디마당의 장소적 특성과 현황을 고려할 때, 집회 장소로 잔디마당을 선택할 자유는 원칙적으로 보장되어야 하고, 공유재산의 관리나 공공시설의 설치·관리 등의 명목으로 일방적으로 제한되어서는 안 되는바, 집회·시위를 목적으로 하는 경우에는 잔디마당의 사용을 전면적·일률적으로 제한하는 심판대상조항이 과잉금지원칙에 위배된다고 판단하였다.
>
> 한편, 잔디마당에서의 집회·시위는 '집회 및 시위에 관한 법률'에 따른 절차 및 제한을 준수하여야 하므로, 심판대상조항을 위헌으로 선언하더라도 시청사의 안전과 기능 보장, 시민의 자유로운 이용이라는 목적은 달성될 수 있을 것이다.

31 대통령 관저 인근 집회금지 사건

2022.12.22. 2018헌바48등 [집회 및 시위에 관한 법률 제11조 제2호 위헌소원]　　　　　[헌법불합치]

---

1. 사건의 개요

(1) 청구인(2018헌바48)은 청와대 인근에서 집회를 개최하기 위하여 2016. 10. 20. 옥외집회 및 시위를 신고하였으나, 서울종로경찰서장은 위 집회 장소가 대통령 관저의 경계 지점으로부터 100미터 이내에 있어 구 '집회 및 시위에 관한 법률'(이하 '집시법'이라 한다) 제11조 제2호에 위반된다는 이유로 집회를 금지하는 내용을 통고를 하였다. 청구인은 위 통고의 취소를 구하는 소를 제기하고 항소심 계속 중 구 집시법 제11조 제2호 중 '대통령 관저' 부분에 대하여 이 사건 헌법소원심판을 청구하였다.

(2) 제청신청인(2019헌가1)은 2017. 8. 7. 대통령 관저의 경계 지점 100미터 이내인 청와대 앞 분수대 근처 노상에서 옥외집회를 주최하였다는 범죄사실로 기소되었다. 제청신청인은 재판 계속 중 구 집시법 제11조 제2호 중 '대통령 관저' 부분에 대하여 위헌법률심판제청 신청을 하였고, 제청법원은 이를 받아들여 이 사건 위헌법률심판을 제청하였다.

2. 심판의 대상

구 집회 및 시위에 관한 법률(2007. 5. 11. 법률 제8424호로 전부개정되고, 2020. 6. 9. 법률 제17393호로 개정되기 전의 것)

제11조(옥외집회와 시위의 금지 장소) 누구든지 다음 각 호의 어느 하나에 해당하는 청사 또는 저택의 경계 지점으로부터 100 미터 이내의 장소에서는 옥외집회 또는 시위를 하여서는 아니 된다.

　　2. 대통령 관저(官邸), 국회의장 공관, 대법원장 공관, 헌법재판소장 공관

제23조(벌칙) 제10조 본문 또는 제11조를 위반한 자, 제12조에 따른 금지를 위반한 자는 다음 각 호의 구분에 따라 처벌한다.

　　1. 주최자는 1년 이하의 징역 또는 100만 원 이하의 벌금

집회 및 시위에 관한 법률(2020. 6. 9. 법률 제17393호로 개정된 것)

제11조(옥외집회와 시위의 금지 장소) 누구든지 다음 각 호의 어느 하나에 해당하는 청사 또는 저택의 경계 지점으로부터 100 미터 이내의 장소에서는 옥외집회 또는 시위를 하여서는 아니 된다.

　　3. 대통령 관저(官邸), 국회의장 공관, 대법원장 공관, 헌법재판소장 공관

제23조(벌칙) 제10조 본문 또는 제11조를 위반한 자, 제12조에 따른 금지를 위반한 자는 다음 각 호의 구분에 따라 처벌한다.

　　1. 주최자는 1년 이하의 징역 또는 100만 원 이하의 벌금

3. 주 문

1. 구 집회 및 시위에 관한 법률(2007. 5. 11. 법률 제8424호로 전부개정되고, 2020. 6. 9. 법률 제17393호로 개정되기 전의 것) 제11조 제2호 중 '대통령 관저(官邸)' 부분 및 제23조 제1호 중 제11조 제2호 가운데 '대통령 관저(官邸)'에 관한 부분은 헌법에 합치되지 아니한다. 법원 기타 국가기관 및 지방자치단체는 위 법률조항의 적용을 중지하여야 한다.

2. 집회 및 시위에 관한 법률(2020. 6. 9. 법률 제17393호로 개정된 것) 제11조 제3호 중 '대통령 관저(官邸)' 부분 및 제23조 제1호 중 제11조 제3호 가운데 '대통령 관저(官邸)'에 관한 부분은 헌법에 합치되지 아니한다. 위 법률조항은 2024. 5. 31.을 시한으로 개정될 때까지 계속 적용된다.

Ⅰ. 판시사항

심판대상조항이 과잉금지원칙에 위배되어 집회의 자유를 침해하는지 여부(적극)

Ⅱ. 결정요지

1. 집회의 자유 침해 여부

⑴ 심판대상조항은 대통령과 그 가족의 신변 안전 및 주거 평온을 확보하고, 대통령과 그 가족, 대통령 관저 직원과 관계자 등(이하 '대통령 등'이라 한다)이 자유롭게 대통령 관저에 출입할 수 있도록 하며, 경우에 따라서는 대통령의 원활한 직무수행을 보장함으로써, 궁극적으로는 대통령의 헌법적 기능 보호를 목적으로 한다. 이러한 심판대상조항의 입법목적은 정당하고, 대통령 관저 인근에 옥외집회 및 시위(이하 '옥외집회 및 시위'를 통틀어 '집회'라 한다) 금지장소를 설정하는 것은 입법목적 달성을 위한 적합한 수단이다.

⑵ 심판대상조항은 대통령 관저 인근 일대를 광범위하게 집회금지장소로 설정함으로써, 집회가 금지될 필요가 없는 장소까지도 집회금지장소에 포함되게 한다. 대규모 집회 또는 시위로 확산될 우려가 없는 소규모 집회(이하 '소규모 집회'라고만 한다)의 경우, 심판대상조항에 의하여 보호되는 법익에 대해 직접적인 위협이 발생할 가능성은 상대적으로 낮다. 결국 심판대상조항은 법익에 대한 위험 상황이 구체적으로 존재하지 않는 집회까지도 예외 없이 금지하고 있다. 집시법은 폭력적이고 불법적인 집회에 대처할 수 있도록, 공공의 안녕질서에 직접적

인 위협을 끼칠 것이 명백한 집회의 주최 금지(제5조 제1항) 등 다양한 규제수단을 두고 있고, 집회 과정에서의 폭력행위 등은 형사법상의 범죄행위로서 처벌된다. 그렇다면 대통령 관저 인근에서의 일부 집회를 예외적으로 허용한다고 하더라도, 위와 같은 수단들을 통하여 대통령의 헌법적 기능은 충분히 보호될 수 있다. 따라서 막연히 폭력·불법적이거나 돌발적인 상황이 발생할 위험이 있다는 가정만을 근거로 하여 대통령 관저 인근에서 열리는 모든 집회를 금지하는 것은 정당화되기 어렵다. 심판대상조항은 침해의 최소성에 위배된다.

(3) 국민이 집회를 통해 대통령에게 의견을 표명하고자 하는 경우, 대통령 관저 인근은 그 의견이 가장 효과적으로 전달될 수 있는 장소이다. 따라서 대통령 관저 인근에서의 집회를 전면적·일률적으로 금지하는 것은 집회의 자유의 핵심적인 부분을 제한한다. 심판대상조항을 통한 대통령의 헌법적 기능 보호라는 목적과 집회의 자유에 대한 제약 정도를 비교할 때, 심판대상조항은 법익의 균형성에도 어긋난다.

(4) 따라서 심판대상조항은 과잉금지원칙에 위배되어 집회의 자유를 침해한다.

2. 헌법불합치결정

대통령 관저 인근의 집회 중 어떠한 형태의 집회를 예외적으로 허용함으로써 집회의 자유를 필요최소한의 범위에서 제한할 것인지에 관하여서는 이를 입법자의 판단에 맡기는 것이 바람직하다. 따라서 이 사건 구법조항에 대하여 단순위헌결정을 하는 대신 헌법불합치결정을 한다. 이 사건 구법조항은 이미 개정되어 향후 적용될 여지가 없지만 계속 적용을 명하는 경우에는 구체적 규범 통제의 실효성이 보장되지 못할 가능성이 있으므로, 이 사건 구법조항에 대하여 헌법불합치결정을 선고하되 그 적용을 중지한다.

이 사건 현행법조항은 이 사건 구법조항과 내용이 같으므로, 이 사건 현행법조항에 대해서도 위헌을 선언할 필요가 있다. 그러나 이 사건 현행법조항에 대하여 단순위헌결정을 하여 그 효력을 상실시킬 경우, 대통령의 헌법적 기능 보호에 관한 법적 공백이 초래될 우려가 있다. 따라서 이 사건 현행법조항에 대해서 헌법불합치결정을 선고하되, 2024. 5. 31.을 시한으로 입법자의 개선입법이 이루어질 때까지 잠정적으로 이를 적용하도록 한다.

결정의 의의

종래 헌법재판소는 국내주재 외국의 외교기관 인근(현재 2003. 10. 30. 2000헌바67등)에서의 집회를 금지하는 집시법 조항에 대해 위헌 결정을, 국회의사당 인근(현재 2018. 5. 31. 2013헌바322등), 국무총리 공관 인근(현재 2018. 6. 28. 2015헌가28등), 각급 법원 인근(현재 2018. 7. 26. 2018헌바137)에서의 집회를 금지하는 집시법 조항에 대해 각 헌법불합치결정을 내린 바 있다.

이 결정은 대통령 관저 인근에서 집회를 금지하는 집시법 조항에 관한 최초의 결정이다. 이 결정에서 헌법재판소는 심판대상조항이 대통령의 헌법적 기능을 저해할 우려가 있는 집회를 금지하는 데 머무르지 않고, 대통령 관저 인근의 모든 집회를 예외 없이 금지함으로써 구체적인 상황을 고려하여 상충하는 법익 간의 조화를 이루려는 노력을 전혀 기울이지 않고 있으므로 집회의 자유를 침해한다고 보았다.

32 지방의회의원 퇴직연금지급을 정지하는 공무원연금법조항 사건

2022.1.27. 2019헌바161 [구 공무원연금법 제47조 제1항 제2호 등 위헌소원]　　　　**[헌법불합치]**

1. 사건의 개요

청구인들은 공무원연금법상 퇴직연금수급자이면서 2014. 6. 전국동시지방선거에서 당선된 지방의회의원들이다. 공무원연금공단은 2016. 2.경부터 그 무렵 개정·시행된 구 공무원연금법 제47조 제1항 제2호, 같은 법 부칙 제12조 제1항 단서에 따라 청구인들에게 퇴직연금을 지급하지 아니하였다. 위 각 조항은 퇴직연금수급자가 선출직 공무원에 취임한 경우 그 재직기간 중 퇴직연금 전부의 지급을 정지하는 규정을 신설하면서, 위 법 시행 전에 급여사유가 발생한 사람에 대해서도 이를 적용하는 것으로 정하고 있었다.

청구인들은 2018. 5. 25. 공무원연금공단을 상대로 연금청구의 소를 제기하였고(서울행정법원 2018구합65576호) 위 소송계속 중 위 법률조항이 청구인들의 재산권, 평등권 등을 침해한다고 주장하면서 위헌법률심판제청신청을 하였으나, 2019. 4. 18. 기각되었다. 청구인들은 2019. 5. 14. 이 사건 헌법소원심판을 청구하였다.

2. 심판의 대상

구 공무원연금법(2015. 6. 22. 법률 제13387호로 개정되고, 2018. 3. 20. 법률 제15523호로 전부개정되기 전의 것)
제47조(퇴직연금 또는 조기퇴직연금의 지급정지) ① 퇴직연금 또는 조기퇴직연금의 수급자가 다음 각 호의 어느 하나에 해당하는 경우에는 그 재직기간 중 해당 연금 전부의 지급을 정지한다. 다만, 제3호부터 제5호까지에 해당하는 경우로서 근로소득금액이 전년도 공무원 전체의 기준소득월액 평균액의 100분의 160 미만인 경우에는 그러하지 아니하다.
　　2. 선거에 의한 선출직 공무원에 취임한 경우

공무원연금법 부칙(2015. 6. 22. 법률 제13387호)
제12조(급여지급에 관한 경과조치) ① 이 법 시행 전에 지급사유가 발생한 급여의 지급은 종전의 규정에 따른다. 다만, 제47조의 개정규정 및 부칙 제5조는 이 법 시행 전에 급여의 사유가 발생한 사람에 대하여도 적용한다.

공무원연금법(2018. 3. 20. 법률 제15523호로 전부개정된 것)
제50조(퇴직연금 또는 조기퇴직연금의 지급정지) ① 퇴직연금 또는 조기퇴직연금의 수급자가 다음 각 호의 어느 하나에 해당하는 경우에는 그 재직기간 중 해당 연금 전부의 지급을 정지한다. 다만, 제3호부터 제5호까지의 어느 하나에 해당하는 경우로서 근로소득금액이 전년도 공무원 전체의 기준소득월액 평균액의 160퍼센트 미만인 경우에는 그러하지 아니하다.
　　2. 선거에 의한 선출직 공무원에 취임한 경우

3. 주 문

1. 구 공무원연금법(2015. 6. 22. 법률 제13387호로 개정되고, 2018. 3. 20. 법률 제15523호로 전부개정되기 전의 것) 제47조 제1항 제2호 중 '지방의회의원'에 관한 부분 및 공무원연금법 부칙(2015. 6. 22. 법률 제13387호) 제12조 제1항 단서 중 '제47조 제1항 제2호의 지방의회의원'에 관한 부분은 헌법에 합치되지 아니한다. 법원 기타 국가기관 및 지방자치단체는 위 법률조항의 적용을 중지하여야 한다.

2. 공무원연금법(2018. 3. 20. 법률 제15523호로 전부개정된 것) 제50조 제1항 제2호 중 '지방의회의원'에 관한 부분은 헌법에 합치되지 아니한다. 위 법률조항은 2023. 6. 30.을 시한으로 개정될 때까지 계속 적용된다.

I. 판시사항

1. 선출직 공무원으로서 받게 되는 보수가 기존의 연금에 미치지 못하는 경우에도 연금 전액의 지급을 정지하도록 정한 구 공무원연금법 제47조 제1항 제2호 중 '지방의회의원'에 관한 부분 및 공무원연금법 부칙 제12조 제1항 단서 중 '제47조 제1항 제2호의 지방의회의원'에 관한 부분(이하 '구법 조항'이라 한다)과 공무원연금법 제50조 제1항 제2호 중 '지방의회의원'에 관한 부분(이하 '현행법 조항'이라 하고, 구법 조항과 통칭하여 '심판대상조항'이라 한다)이 과잉금지원칙에 위배되어 재산권을 침해하는지 여부(적극)
2. 헌법불합치결정을 하면서 구법 조항 적용 중지, 현행법 조항 계속 적용을 명한 사례

II. 결정요지

1. 제한받게 되는 기본권

공무원연금법상의 각종 급여는 기본적으로 모두 사회보장적 급여로서의 성격을 가짐과 동시에 공로보상 내지 후불임금으로서의 성격도 함께 가진다(헌재 1998. 12. 24. 96헌바73; 헌재 2002. 7. 18. 2000헌바57 참조). 특히 공무원연금법상 퇴직연금수급권은 경제적 가치 있는 권리로서 헌법 제23조에 의하여 보장되는 재산권으로서의 성격을 가진다. 이 사건 구법 조항으로 지방의회의원 임기 동안 퇴직연금을 받지 못하게 되었으므로, 이 조항으로 인하여 청구인들이 제한받게 되는 기본권은 재산권이다.

2. 과잉금지원칙 위반 여부

(1) 이 사건 구법 조항은 악화된 연금재정을 개선하여 공무원연금제도의 건실한 유지·존속을 도모하고 연금과 보수의 이중수혜를 방지하기 위한 것으로 입법목적의 정당성과 수단의 적합성이 인정된다.

(2) 퇴직공무원의 적정한 생계 보장이라는 공무원연금제도의 취지에 비추어, 연금 지급을 정지하기 위해서는 '연금을 대체할 만한 소득'이 전제되어야 한다. 지방의회의원이 받는 의정비 중 의정활동비는 의정활동 경비 보전을 위한 것이므로, 연금을 대체할 만한 소득이 있는지 여부는 월정수당을 기준으로 판단하여야 한다. 퇴직연금수급자인 지방의회의원 중 약 4분의 3에 해당하는 의원이 퇴직연금보다 적은 액수의 월정수당을 받고, 2020년 기준 월정수당이 정지된 연금월액보다 100만 원 이상 적은 지방의회의원도 상당 수 있다. 월정수당은 지방자치단체에 따라 편차가 크고 안정성이 낮다.

이 사건 구법 조항과 같이 소득 수준을 고려하지 않으면 재취업 유인을 제공하지 못하여 정책목적 달성에 실패할 가능성도 크다. 다른 나라의 경우 연금과 보수 중 일부를 감액하는 방식으로 선출직에 취임하여 보수를 받는 것이 생활보장에 더 유리하도록 제도를 설계하고 있다.

따라서 기본권을 덜 제한하면서 입법목적을 달성할 수 있는 다양한 방법이 있으므로 이 사건 구법 조항은 침해의 최소성 요건을 충족하지 못한다.

(3) 공직에서 퇴직한 후 퇴직연금을 받는 공무원이 선출직 공무원으로 취임하여 새로 얻게 되는 보수가 기존의 연금에 미치지 못하는 액수임에도 연금 전액의 지급을 정지하여, 공직을 수행하지 않는 경우보다 공직을 수행하는 경우에 오히려 생활보장에 불이익이 발생하도록 하는 것은, 이를 통해 달성하려는 공익이 이 사건 구법 조항으로 발생하는 재산권 침해를 정당화할 정도에 이른다고 보이지 않는다. 법익의 균형성도 충족하지 못한다.

(4) 이 사건 구법 조항은 과잉금지원칙에 위배되어 청구인들의 재산권을 침해하므로 헌법에 위반된다.

3. 헌법불합치결정

다만, 이 사건 구법 조항의 위헌성은 연금지급정지제도 자체에 있다기보다는 선출직 공무원으로서 받게 되는 보수가 연금에 미치지 못하는 경우에도 연금 전액의 지급을 정지하는 것에 있고, 위헌성 제거 방식에 대하여는 입법자에게 재량이 있다. 따라서 이 사건 구법 조항에 대해서는 적용을 중지하는 헌법불합치결정을 한다.

이 사건 현행법 조항은 구법조항과 같은 문제가 있어 법질서의 정합성과 소송경제를 고려하여 함께 위헌을 선언할 필요가 있다. 그러나 이 사건 현행법 조항에 대하여 단순위헌결정을 하여 효력을 상실시킬 경우 법적 공백으로 선출직 공무원에 대한 연금정지의 근거규정이 사라지게 되는 불합리한 결과가 발생하므로 헌법불합치결정을 선고하되 개선입법이 이루어질 때까지 계속적용을 명한다. 입법자는 가능한 빠른 시일 내에 늦어도 2023. 6. 30.까지 개선입법을 이행하여야 한다.

관련 결정

지방의회의원 퇴역연금지급을 정지하는 군인연금법조항 사건

(2024.4.25. 2022헌가33 【군인연금법 제27조 제1항 제2호 위헌제청】)   **[헌법불합치]**

헌법재판소는 2022. 1. 27. 2019헌바161 결정에서, 공무원연금법상 퇴직연금 수급자가 지방의회의원에 취임한 경우 연금 전부를 지급 정지하도록 한 구 공무원연금법상 지급정지 조항에 대해, 과잉금지원칙에 반하여 퇴직연금 수급자의 재산권을 침해한다고 보았다. 위 선례의 취지는 이 사건에도 그대로 타당하고, 군인연금법상 퇴역연금 수급자가 지방의회의원에 취임한 경우 퇴역연금 전부의 지급을 정지하도록 한 조항은 과잉금지원칙에 반하여 지방의회의원에 취임한 퇴역연금 수급자의 재산권을 침해한다.

결정의 의의

헌법재판소는 2022. 1. 27. 2019헌바161 결정에서 종래 견해(헌재 2017. 7. 27. 2015헌마1052)를 변경하여 공무원연금법상 퇴직연금 수급자가 지방의회의원에 취임한 경우 퇴직연금 전부의 지급을 정지하도록 한 구 공무원연금법(2015. 6. 22. 법률 제13387호로 개정되고, 2018. 3. 20. 법률 제15523호로 전부개정되기 전의 것) 제47조 제1항 제2호 중 '지방의회의원'에 관한 부분 및 구 공무원연금법(2018. 3. 20. 법률 제15523호로 전부개정되고, 2023. 6. 30. 법률 제19513호로 개정되기 전의 것) 제50조 제1항 제2호 중 '지방의회의원'에 관한 부분(이하 '공무원연금법상 지급정지 조항'이라 한다)이 과잉금지원칙에 위반하여 퇴직연금 수급자인 지방의회의원의 재산권을 침해한다고 판단하고, 헌법불합치결정을 선고하였다.

2022헌가33 결정은 이후 군인연금법상 퇴역연금 수급자가 지방의회의원에 취임한 경우, 퇴역연금 전부의 지급을 정지하도록 한 조항에 대한 사건으로, 위 2019헌바161 결정과 심판대상조항의 차이가 있을 뿐, 그 심판대상조항의 취지와 내용이 동일한 조항에 대한 사건이다. 따라서 헌법재판소는 이 사건에서도 2019헌바161 사건과 동일한 취지로 심판대상조항이 과잉금지원칙에 위반하여 퇴직연금 수급자인 지방의회의원의 재산권을 침해한다고 판단하였다.

한편, 2022헌가33 사건의 계속 중 심판대상조항이 개정되었으나, 개정조항이 당해사건에 적용되지 아니한다. 따라서 헌법재판소는 심판대상조항에 대하여 헌법불합치결정을 하되, 적용중지를 명하면서, 당해사건에서는 개정된 신법을 적용하여야 함을 명시하였다.

2023.3.23. 2018헌바433등 [국민건강보험법 제47조의2 제1항 등 위헌소원]　　　　　**[헌법불합치, 각하]**

1. 사건의 개요

청구인(2018헌바433)은 요양병원에 관한 개설허가를 받아 이를 운영하는 의료법인이다. 청구인의 임원 등은 의료인의 면허나 의료법인 등의 명의를 대여받아 의료기관을 운영(이하 이러한 의료기관을 편의상 '사무장병원'이라 한다)하였다는 범죄사실로 기소되었다. 이에 공단은 국민건강보험법 제47조의2 제1항에 따라 청구인에 대하여 요양급여비용의 지급을 보류하는 처분을 하였다. 이후 청구인은 위 지급보류처분의 취소 등을 구하는 행정소송을 제기하고, 그 소송 계속 중 의료법 제33조 제2항 제3호, 국민건강보험법 제47조의2 제1항에 대한 위헌법률심판제청신청을 하였으나, 위 제청신청이 기각되자 2018. 11. 2. 이 사건 헌법소원심판을 청구하였다. 한편, 위 행정소송과 관련하여 제1심 법원은 위 청구인의 청구를 모두 인용하는 판결을 선고하였고, 국민건강보험공단(이하 '공단'이라 한다)이 이에 불복하여 항소하였는데, 항소심 법원은 국민건강보험법 제47조의2 제1항에 대하여 직권으로 위헌법률심판제청을 하였다(2019헌가22).

청구인(2020헌바503)은 요양병원에 관한 개설허가를 받아 이를 운영하는 의료법인이다. 경찰 수사로 청구인의 대표이사가 위 요양병원을 사무장병원의 형태로 운영한 혐의사실이 확인되었고, 이에 공단은 국민건강보험법 제47조의2 제1항에 따라 청구인에 대하여 요양급여비용의 지급을 보류하는 처분을 하였다. 이후 청구인은 위 지급보류처분의 취소를 구하는 행정소송을 제기하고, 그 소송 계속 중 국민건강보험법 제47조의2에 대하여 위헌법률심판제청신청을 하였다. 그러나 위 제청신청이 기각되자, 청구인은 2020. 10. 8. 이 사건 헌법소원심판을 청구하였다.

2. 심판의 대상

구 의료법(2009. 1. 30. 법률 제9386호로 개정되고, 2020. 3. 4. 법률 제17069호로 개정되기 전의 것)
제33조(개설 등) ② 다음 각 호의 어느 하나에 해당하는 자가 아니면 의료기관을 개설할 수 없다. 이 경우 의사는 종합병원 · 병원 · 요양병원 또는 의원을, 치과의사는 치과병원 또는 치과의원을, 한의사는 한방병원 · 요양병원 또는 한의원을, 조산사는 조산원만을 개설할 수 있다.
　　3. 의료업을 목적으로 설립된 법인(이하 "의료법인"이라 한다)

구 국민건강보험법(2014. 5. 20. 법률 제12615호로 개정되고, 2020. 12. 29. 법률 제17772호로 개정되기 전의 것)
제47조의2(요양급여비용의 지급 보류) ① 제47조 제3항에도 불구하고 공단은 요양급여비용의 지급을 청구한 요양기관이 「의료법」 제33조 제2항 또는 「약사법」 제20조 제1항을 위반하였다는 사실을 수사기관의 수사 결과로 확인한 경우에는 해당 요양기관이 청구한 요양급여비용의 지급을 보류할 수 있다.

국민건강보험법(2020. 12. 29. 법률 제17772호로 개정된 것)
제47조의2(요양급여비용의 지급 보류) ① 제47조 제3항에도 불구하고 공단은 요양급여비용의 지급을 청구한 요양기관이 「의료법」 제4조 제2항, 제33조 제2항 · 제8항 또는 「약사법」 제20조 제1항, 제21조 제1항을 위반하였다는 사실을 수사기관의 수사 결과로 확인한 경우에는 해당 요양기관이 청구한 요양급여비용의 지급을 보류할 수 있다. 이 경우 요양급여비용 지급 보류 처분의 효력은 해당 요양기관이 그 처분 이후 청구하는 요양급여비용에 대해서도 미친다.

3. 주 문

1. 구 국민건강보험법(2014. 5. 20. 법률 제12615호로 개정되고, 2020. 12. 29. 법률 제17772호로 개정되기 전의 것) 제47조의2 제1항 중 '의료법 제33조 제2항'에 관한 부분은 헌법에 합치되지 아니한다. 법원 기타 국가기관 및 지방자치단체는 위 법률조항의 적용을 중지하여야 한다.

2. 국민건강보험법(2020. 12. 29. 법률 제17772호로 개정된 것) 제47조의2 제1항 전문 중 '의료법 제33조 제2항'에 관한 부분은 헌법에 합치되지 아니한다. 위 법률조항은 2024. 12. 31.을 시한으로 개정될 때까지 계속 적용된다.

3. 청구인 의료법인 근우의료재단의 구 의료법(2009. 1. 30. 법률 제9386호로 개정되고, 2020. 3. 4. 법률 제17069호로 개정되기 전의 것) 제33조 제2항 제3호에 대한 심판청구를 각하한다.

Ⅰ. 판시사항

1. 의료기관의 개설 주체를 의료법인 등으로 제한하고 있는 구 의료법 제33조 제2항 제3호(이하 '이 사건 개설금지조항'이라 한다)에 대한 심판청구가 적법한지 여부(소극)

2. 요양기관이 의료법 제33조 제2항을 위반하였다는 사실을 수사기관의 수사 결과로 확인한 경우 공단으로 하여금 해당 요양기관이 청구한 요양급여비용의 지급을 보류할 수 있도록 규정한 구 국민건강보험법 제47조의2 제1항 중 '의료법 제33조 제2항'에 관한 부분(이하 '이 사건 구법조항'이라 한다), 국민건강보험법 제47조의2 제1항 전문 중 '의료법 제33조 제2항'에 관한 부분(이하 '이 사건 현행법조항'이라 하고, 이 사건 구법조항과 통틀어 '이 사건 지급보류조항'이라 한다)이 무죄추정의 원칙에 위반되는지 여부(소극)

3. 이 사건 지급보류조항이 의료기관 개설자의 재산권을 침해하는지 여부(적극)

4. 헌법불합치결정을 선고하면서 구법조항 적용 중지, 현행법조항 계속 적용을 명한 사례

Ⅱ. 결정요지

1. 개설금지조항의 적법 여부

이 사건 개설금지조항에 대한 심판청구는 '의료인'에 청구인과 같은 비의료인이 재산을 출연하거나 발기인 · 이사진으로 구성한 법인이 포함되지 않는다고 해석할 경우 위헌이라는 주장이므로, 법률조항 자체의 위헌성을 다투는 것이 아니라 당해 사건 재판의 기초가 되는 사실관계의 인정이나 평가 또는 개별적 · 구체적 사건에서의 법률조항의 단순한 포섭 · 적용에 관한 문제를 다투는 경우에 불과하여 부적법하다.

2. 지급보류조항의 위헌 여부

(1) 무죄추정의 원칙 위반 여부(소극)

이 사건 지급보류조항은 사후적인 부당이득 환수절차의 한계를 보완하고, 건강보험의 재정 건전성이 악화될 위험을 방지하고자 마련된 조항으로서, 사무장병원일 가능성이 있는 요양기관이 일정 기간 동안 요양급여비용을 지급받지 못하는 불이익을 받더라도 이를 두고 유죄의 판결이 확정되기 전에 죄 있는 자에 준하여 취급하는 것이라고 보기 어렵다. 따라서 이 사건 지급보류조항은 무죄추정의 원칙에 위반된다고 볼 수 없다.

(2) 재산권의 침해 여부(적극)

지급보류처분은 잠정적 처분이고, 그 처분 이후 사무장병원에 해당하지 않는다는 사실이 밝혀져서 무죄판결의 확정 등 사정변경이 발생할 수 있다는 점 등을 고려하면, 지급보류처분의 '처분요건'뿐만 아니라 '지급보류처분의 취소'에 관하여도 명시적인 규율이 필요하고, 그 '취소사유'는 '처분요건'과 균형이 맞도록 규정되어야 한다. 또한 무죄판결이 확정되기 전이라도 하급심 법원에서 무죄판결이 선고되는 경우에는 그때부터 일정 부분에 대하여 요양급여비용을 지급하도록 할 필요가 있다. 나아가, 사정변경사유가 발생할 경우 지급보류처분이 취소될 수 있도록 한다면, 이와 함께 지급보류기간 동안 의료기관의 개설자가 수인해야 했던 재산권 제한상황에 대한 적절하고 상당한 보상으로서의 이자 내지 지연손해금의 비율에 대해서도 규율이 필요하다. 이러한 사항들은 이 사건 지급보류조항으로 인한 기본권 제한이 입법목적 달성에 필요한 최소한도에 그치기 위해 필요한 조치들이지만, 현재 이에 대한 어떠한 입법적 규율도 없다. 따라서 이 사건 지급보류조항은 과잉금지원칙에 반하여 요양기관 개설자의 재산권을 침해한다.

(3) 헌법불합치결정

이 사건 구법조항이 가지는 위헌적 요소들을 제거하고, 지급보류처분의 취소 사유나 지급보류처분에 의하여 발생한 요양기관 개설자의 재산권 제한 정도를 완화하기 위한 적절하고 상당한 보상으로서의 이자 내지 지연손해금 등 제도적 대안 등을 어떠한 내용으로 형성할 것인지에 관하여는 입법자에게 폭넓은 재량이 부여되어 있다. 이 사건 구법조항에 대해 계속 적용을 명하는 경우에는 위헌선언의 효력이 당해 사건에 미치지 못할 우려가 있으므로, 이 사건 구법조항에 대하여 헌법불합치결정을 선고하되 그 적용을 중지한다. 이 사건 현행법조항에 대하여 단순위헌결정을 할 경우 요양급여비용의 지급을 보류함이 정당한 경우에도 그 처분의 근거가 사라져 건강보험 재정의 건전성 확보라는 입법목적을 달성하기 어려운 법적 공백이 발생할 수 있으므로, 이 사건 현행법조항에 대하여는 헌법불합치결정을 선고하되, 2024. 12. 31.을 시한으로 입법자의 개선입법이 이루어질 때까지 잠정 적용한다.

결정의 의의

이 결정은 요양기관이 의료법 제33조 제2항을 위반하였다는 사실을 수사기관의 수사 결과로 확인한 경우 공단으로 하여금 해당 요양기관이 청구한 요양급여비용의 지급을 보류할 수 있도록 규정하고 있는 국민건강보험법 규정의 위헌 여부에 대하여 헌법재판소에서 처음 판단한 사건이다.

헌법재판소는, ① 지급보류처분의 '처분요건'뿐만 아니라 '처분의 취소'에 관하여도 명시적 규율이 필요하고, 그 '취소사유'는 '처분요건'과 균형이 맞도록 규정되어야 하며, ② 무죄판결이 확정되기 전이라도 하급심 법원에서 무죄판결이 선고되는 경우에는 그때부터 일정 부분에 대해서 요양급여비용을 지급하도록 할 필요가 있고, ③ 사정변경사유가 발생할 경우 지급보류처분이 취소될 수 있도록 한다면, 지급보류기간 동안 의료기관 개설자가 수인해야 했던 재산권 제한상황에 대한 적절하고 상당한 보상으로서의 이자 내지 지연손해금의 비율에 대해서도 규율이 필요한데, 이 사건 지급보류조항은 이러한 사항들에 대하여 어떠한 입법적 규율도 하지 않고 있다는 점 등에 비추어, 위 조항이 요양기관 개설자의 재산권을 침해한다고 보았다.

34 유류분제도 사건

2024.4.25. 2020헌가4등 [민법 제1112조 등 위헌제청]　　　　　　　[위헌, 헌법불합치, 합헌, 각하]

1. 사건의 개요

(1) 위헌제청 사건

피상속인이 배우자와 딸에게 재산을 증여하자, 그 아들이 유류분의 반환을 청구한 사건에서, 법원이 직권으로 위헌제청(2020헌가4)

피상속인이 자녀들 중 1명에게 재산을 증여하자, 다른 자녀가 유류분의 반환을 청구한 사건에서, 법원이 당사자의 위헌법률심판제청신청을 받아들여 위헌제청(2021헌가29)

그 외 12건의 위헌제청 사건들 포함 총 14건의 위헌제청 사건이 헌법재판소에 계류 중임

(2) 헌법소원 사건

피상속인이 사망한 아들 대신 며느리와 손자들에게 재산을 증여하자, 피상속인의 딸들이 유류분의 반환을 청구한 사건에서, 헌법재판소법 제68조 제2항에 따른 헌법소원심판을 청구(2020헌바295)

피상속인이 자신이 설립한 장학재단(공익법인)에게 재산을 유증하자, 그 자녀가 유류분의 반환을 청구한 사건에서, 헌법재판소법 제68조 제2항에 따른 헌법소원심판을 청구(2021헌바72)

미혼인 피상속인이 자신의 재산을 공익법인들에게 유증하자, 피상속인의 형제자매 등이 공익법인을 상대로 유류분의 반환을 청구한 사건에서, 헌법재판소법 제68조 제2항에 따른 헌법소원심판을 청구(2021헌바91)

그 외 30건의 헌법소원 사건들 포함 총 33건의 헌법소원 사건이 헌법재판소에 계류 중임

2. 심판의 대상

민법(1977. 12. 31. 법률 제3051호로 개정된 것)

제1112조(유류분의 권리자와 유류분) 상속인의 유류분은 다음 각 호에 의한다.

1. 피상속인의 직계비속은 그 법정상속분의 2분의 1
2. 피상속인의 배우자는 그 법정상속분의 2분의 1
3. 피상속인의 직계존속은 그 법정상속분의 3분의 1
4. <u>피상속인의 형제자매는 그 법정상속분의 3분의 1</u>

제1113조(유류분의 산정) ① 유류분은 피상속인의 상속개시시에 있어서 가진 재산의 가액에 증여재산의 가액을 가산하고 채무의 전액을 공제하여 이를 산정한다.

② 조건부의 권리 또는 존속기간이 불확정한 권리는 가정법원이 선임한 감정인의 평가에 의하여 그 가격을 정한다.

제1114조(산입될 증여) 증여는 상속개시전의 1년간에 행한 것에 한하여 제1113조의 규정에 의하여 그 가액을 산정한다. 당사자 쌍방이 유류분권리자에 손해를 가할 것을 알고 증여를 한 때에는 1년 전에 한 것도 같다.

제1115조(유류분의 보전) ① 유류분권리자가 피상속인의 제1114조에 규정된 증여 및 유증으로 인하여 그 유류분에 부족이 생긴 때에는 부족한 한도에서 그 재산의 반환을 청구할 수 있다.

② 제1항의 경우에 증여 및 유증을 받은 자가 수인인 때에는 각자가 얻은 유증가액의 비례로 반환하여야 한다.

제1116조(반환의 순서) 증여에 대하여는 유증을 반환받은 후가 아니면 이것을 청구할 수 없다.

제1118조(준용규정) 제1001조, 제1008조, 제1010조의 규정은 유류분에 이를 준용한다.

[관련조항]

민법(2014. 12. 30. 법률 제12881호로 개정된 것)

제1001조(대습상속) 전조 제1항 제1호와 제3호의 규정에 의하여 상속인이 될 직계비속 또는 형제자매가 상속개시 전에 사망하거나 결격자가 된 경우에 그 직계비속이 있는 때에는 그 직계비속이 사망하거나 결격된 자의 순위에 갈음하여 상속인이 된다.

제1008조(특별수익자의 상속분) 공동상속인 중에 피상속인으로부터 재산의 증여 또는 유증을 받은 자가 있는 경우에 그 수증재산이 자기의 상속분에 달하지 못한 때에는 그 부족한 부분의 한도에서 상속분이 있다.

제1010조(대습상속분) ① 제1001조의 규정에 의하여 사망 또는 결격된 자에 갈음하여 상속인이 된 자의 상속분은 사망 또는 결격된 자의 상속분에 의한다.

② 전항의 경우에 사망 또는 결격된 자의 직계비속이 수인인 때에는 그 상속분은 사망 또는 결격된 자의 상속분의 한도에서 제1009조의 규정에 의하여 이를 정한다. 제1003조 제2항의 경우에도 또한 같다.

민법(2005. 3. 31. 법률 제7427호로 개정된 것)

제1008조의2(기여분) ① 공동상속인 중에 상당한 기간 동거·간호 그 밖의 방법으로 피상속인을 특별히 부양하거나 피상속인의 재산의 유지 또는 증가에 특별히 기여한 자가 있을 때에는 상속개시 당시의 피상속인의 재산가액에서 공동상속인의 협의로 정한 그 자의 기여분을 공제한 것을 상속재산으로 보고 제1009조 및 제1010조에 의하여 산정한 상속분에 기여분을 가산한 액으로써 그 자의 상속분으로 한다.

② 제1항의 협의가 되지 아니하거나 협의할 수 없는 때에는 가정법원은 제1항에 규정된 기여자의 청구에 의하여 기여의 시기·방법 및 정도와 상속재산의 액 기타의 사정을 참작하여 기여분을 정한다.

③ 기여분은 상속이 개시된 때의 피상속인의 재산가액에서 유증의 가액을 공제한 액을 넘지 못한다.

④ 제2항의 규정에 의한 청구는 제1013조 제2항의 규정에 의한 청구가 있을 경우 또는 제1014조에 규정하는 경우에 할 수 있다.

민법(1977. 12. 31. 법률 제3051호로 개정된 것)

제1117조(소멸시효) 반환의 청구권은 유류분권리자가 상속의 개시와 반환하여야 할 증여 또는 유증을 한 사실을 안 때로부터 1년 내에 하지 아니하면 시효에 의하여 소멸한다. 상속이 개시한 때로부터 10년을 경과한 때도 같다.

3. 주 문

1. 2020헌가4 사건의 위헌법률심판제청을 각하한다.

2. 민법(1977. 12. 31. 법률 제3051호로 개정된 것) 제1112조 제4호는 헌법에 위반된다.

3. 민법(1977. 12. 31. 법률 제3051호로 개정된 것) 제1112조 제1호부터 제3호 및 제1118조는 모두 헌법에 합치되지 아니한다. 위 조항들은 2025. 12. 31.을 시한으로 입법자가 개정할 때까지 계속 적용된다.

4. 민법(1977. 12. 31. 법률 제3051호로 개정된 것) 제1113조, 제1114조, 제1115조, 제1116조는 모두 헌법에 위반되지 아니한다.

Ⅰ. 판시사항

1. 민법 제1112조, 제1113조, 제1114조, 제1115조, 제1116조, 제1118조에 따른 유류분제도의 입법목적의 정당성이 인정되는지 여부(적극)

2. 유류분상실사유를 별도로 규정하지 아니한 민법 제1112조 제1호부터 제3호 및 형제자매의 유류분을 규정한 민법 제1112조 제4호가 재산권을 침해하여 헌법에 위반되는지 여부(적극)

3. 유류분 산정에 관한 민법 제1113조, 유류분 산정 기초재산에 산입되는 증여의 범위에 관한 민법 제1114조 전문이 재산권을 침해하여 헌법에 위반되는지 여부(소극)

4. 해의에 의한 증여의 산입에 관한 민법 제1114조 후문 및 공동상속인 중 특별수익자의 상속분에 관한 민법 제1008조를 준용하는 민법 제1118조 부분이 재산권을 침해하여 헌법에 위반되는지 여부(소극)

5. 유류분 반환에 관한 민법 제1115조, 증여와 유증의 반환 순서에 관한 민법 제1116조, 그리고 대습상속에 관한 민법 제1001조, 제1010조를 유류분에 준용하는 민법 제1118조 부분이 재산권을 침해하여 헌법에 위반되는지 여부(소극)

6. 기여분에 관한 민법 제1008조의2를 유류분에 준용하는 규정을 두지 아니한 민법 제1118조가 재산권을 침해하여 헌법에 위반되는지 여부(적극)

7. 형제자매의 유류분을 규정한 민법 제1112조 제4호에 대하여 단순위헌을, 유류분상실사유를 별도로 규정하지 아니한 민법 제1112조 제1호부터 제3호와 기여분에 관한 제1008조의2를 유류분에 준용하는 규정을 두지 아니한 민법 제1118조에 대하여 계속적용 헌법불합치결정을 각 선고한 사례

Ⅱ. 판단

1. 적법요건에 관한 판단(2020헌가4) ☞ 각하

○ 재판의 전제성이라 함은 원칙적으로 구체적인 사건이 법원에 계속 중이어야 하고, 위헌 여부가 문제되는 법률이 당해 소송사건의 재판에 적용되는 것이어야 하며, 그 법률이 헌법에 위반되는지의 여부에 따라 당해사건을 담당하는 법원이 다른 내용의 재판을 하게 되는 경우를 말한다. 그리고 재판의 전제성은 법률의 위헌여부심판제청 시만 아니라 심판 시에도 갖추어져야 함이 원칙이다(헌재 1993. 12. 23. 93헌가2; 헌재 2021. 2. 25. 2013헌가13등 참조)

○ 2020헌가4 사건에서의 당해사건 원고가 2024. 1. 23. <u>당해사건인 서울중앙지방법원 2019가합559939 사건의 소를 취하하여 소송이 종료되었으므로</u>, 심판대상조항은 구체적 사건이 법원에 계속 중이 아니어서 당해사건에 적용될 여지가 없게 되었다. 따라서 2020헌가4 사건의 위헌법률심판제청은 재판의 전제성 요건을 갖추지 못하여 부적법하다.

2. 본안에 관한 판단

가. 민법상 유류분제도의 개관

○ 유류분제도란, 피상속인이 증여 또는 유증으로 자유로이 재산을 처분하는 것을 제한하여 법정상속인 중 일정한 범위의 근친자에게 법정상속분의 일부가 귀속되도록 법률상 보장하는 민법상 제도를 말한다(민법 제1112조 ～ 제1118조).

○ 현행 유류분제도는 민법이 1977. 12. 31. 법률 제3051호로 개정되면서 신설되었고, 현재까지 그대로 유지되고 있다. 유류분제도를 처음으로 도입한 입법자의 의도는 공동상속인 사이의 공평한 이익이 피상속인의 증여나 유증으로 인하여 침해되는 것을 방지하고, 나아가 피상속인의 재산처분의 자유, 거래의 안전과 가족생활의 안정, 상속재산의 공정한 분배라는 대립되는 이익을 합리적으로 조정하기 위한 것이었다.

○ 그러나 오늘날 사회구조가 변하고 가족제도의 모습 등이 크게 달라지면서 유류분제도의 본래 목적과 기능이 퇴색되고 있다는 비판이 꾸준히 제기되고 있다.

나. 제한되는 기본권 – 재산권

○ 심판대상조항에 따른 유류분제도는 그 구체적 내용에 비추어 볼 때, 피상속인의 증여나 유증에 의한 자유로운 재산처분을 제한하고, 피상속인으로부터 증여나 유증을 받았다는 이유로 유류분반환청구의 상대방이 되는 자의 재산권을 역시 제한한다(헌재 2010. 4. 29. 2007헌바144; 헌재 2013. 12. 26. 2012헌바467 참조)

다. 심판대상조항에 따른 유류분제도의 위헌 여부

(1) 목적의 정당성 및 수단의 적합성 – 긍정

○ 심판대상조항에 따른 유류분제도는 피상속인의 재산처분행위로부터 유족들의 생존권을 보호하고, 법정상속분의 일정비율에 상당하는 부분을 유류분으로 산정하여 상속재산형성에 대한 기여, 상속재산에 대한 기대를 보장하려는 데에 그 취지가 있고(헌재 2010. 4. 29. 2007헌바144), 가족의 연대가 종국적으로 단절되는 것을 저지하는 기능을 갖는다(헌재 2013. 12. 26. 2012헌바467).

○ 오늘날 사회구조가 산업화·정보화 사회로 변화하고, 가족의 모습과 기능이 핵가족으로 바뀌었으며, 남녀평등이 점차로 실현되고 있지만, 가족의 역할은 오늘날에도 중요한 의미를 가지고, 상속인들은 유류분을 통해 긴밀한 연대를 유지하고 있으며, 유류분이 공동상속인들 사이의 균등상속에 대한 기대를 실현하는 기능을 여전히 수행하고 있다.

(2) 개별 조항의 합리성 여부

(가) 민법 제1112조

○ 유류분에 관한 다양한 사례에 맞추어서 유류분권리자와 각 유류분을 적정하게 정하는 입법을 하는 것이 현실적으로 매우 어려운 점, 법원이 재판에서 구체적 사정을 고려하여 유류분권리자와 각 유류분을 개별적으로 정할 수 있도록 하는 것은 심리의 지연 및 재판비용의 막대한 증가 등을 초래할 수 있는 점 등을 고려하면, 민법 제1112조가 유류분권리자와 각 유류분을 획일적으로 규정한 것이 매우 불합리하다고 단정하기 어렵다. ☞ 합리

○ 피상속인을 장기간 유기하거나 정신적·신체적으로 학대하는 등의 패륜적인 행위를 일삼은 상속인의 유류분을 인정하는 것은 일반 국민의 법감정과 상식에 반한다고 할 것이므로, 민법 제1112조에서 유류분상실사유를 별도로 규정하지 아니한 것은 불합리하다고 아니할 수 없다. ☞ 불합리

○ 피상속인의 형제자매는 상속재산형성에 대한 기여나 상속재산에 대한 기대 등이 거의 인정되지 않음에도 불구하고 유류분권을 부여하는 것은 그 타당한 이유를 찾기 어렵다(독일·오스트리아·일본 등은 형제자매 제외). ☞ 불합리

(나) 민법 제1113조 및 제1114조 전문 ☞ 합리

○ 유류분제도는 피상속인의 증여나 유증으로 인해 법정상속분이 침해된 경우 유류분권리자로 하여금 상속재산의 일정 부분에 대해서만큼은 법적으로 취득할 수 있도록 함으로써 유류분권리자를 보호하고자 하는 데에 그 의의가 있다. 따라서 <u>유류분권리자의 보호를 위해 증여재산의 가액을 산입하여 유류분을 산정하도록 하는 것은 어느 정도 불가피한 측면이 있다</u>(헌재 2013. 12. 26. 2012헌바467 참조).

○ 피상속인이 상속재산을 공익적 목적으로 증여(기부)하거나 가업승계를 위하여 자신의 지분을 특정상속인에게 증여하는 것을 제한할 수 있으나, '피상속인의 재산처분으로부터 유족들의 생존권 보호'와 '가족제도의 종국적 단절의 저지'라는 유류분제도의 입법목적을 고려하면 크게 부당하거나 불합리하다고 보기 어렵다.

○ 민법 제1114조 전문은 유류분 산정 기초재산에 산입되는 증여의 범위를 한정하여 선의의 수증자를 보호하고 거래의 안전을 유지하고 있다.

⒟ 민법 제1114조 후문 및 민법 제1118조 중 제1008조를 준용하는 부분 ☞ 합리

○ 민법 제1114조 후문에서 당사자 사이에 유류분권리자에 대하여 손해를 가할 의사(이하 '해의'라 한다)로 증여가 이루어진 경우에는 <u>그 시기를 불문하고 유류분 산정 기초재산에 산입하도록 한 것</u>은, 그러한 증여는 더 이상 보호할 필요가 없으므로 거래의 안전보다는 유류분권리자를 두텁게 보호하려는 입법자의 의사에 따른 것으로 합리적이다. ☞ 대법원은 해의의 요건을 엄격하게 해석(대법원 2022. 8. 11. 선고 2020다247428 판결)

○ 민법 제1118조 중 공동상속인 중 특별수익자의 상속분에 관한 제1008조를 준용하는 부분으로 인하여 <u>피상속인의 공동상속인에 대한 특별수익으로서의 증여는 그 시기를 불문하고 모두 유류분 산정 기초재산에 산입된다.</u> 이는 공동상속인들 사이의 공평을 기하기 위하여 그 수증재산을 상속분의 선급으로 다루어 구체적인 상속분이나 유류분을 산정함에 있어 이를 참작하도록 하려는 데 그 취지가 있다(대법원 1996. 2. 9. 선고 95다17885 판결 등 참조). ☞ 대법원은 특별수익에 해당하는 증여의 범위를 종합적인 사정을 고려하여 해석(대법원 1998. 12. 8. 선고 97므513, 520, 97스12 판결)

○ 유류분권 또는 유류분권리자로서의 지위는 피상속인이 사망하여 상속이 개시되는 시점에서 비로소 발생하는 점, 유류분을 산정 기초재산의 평가시기를 일률적으로 정해 놓는 것이 유류분권리자나 수증자의 입장에서도 합리적인 면이 있는 점, 유류분 산정의 기초재산에 산입되는 증여재산의 평가시기는 특별수익자의 상속분이나 구체적 상속분 산정을 위한 기여분의 평가시기와 동일하여야 하는 점, 대법원은 수증자가 증여재산을 처분한 경우 물가변동률을 고려한 공정한 평가를 추구하고 있는 점(대법원 2023. 5. 18. 선고 2019다222867 참조) 등을 고려하면, <u>증여재산의 평가시기를 상속개시시로 하는 것은 합리적이다.</u>

⒠ 민법 제1115조 및 제1116조 ☞ 합리

○ 민법 제1115조 제1항은, 유류분의 부족분에 한하여 유류분반환을 청구할 수 있도록 함으로써 유류분권리자의 보호와 함께 상대방인 수증자(또는 수유자)와의 이해관계 및 거래의 안전을 모두 합리적으로 고려한 것이다. ☞ 원물반환이 원칙, 예외적 가액반환(대법원 2005. 6. 23. 선고 2004다51887 참조)

○ 민법 제1116조는 수증자의 신뢰보호의 필요성이 수유자보다 더 크다는 점을 고려하고, 거래의 안전을 최대한 보호하기 위한 것으로 합리적이다.

⒡ 민법 제1118조 중 제1001조와 제1010조를 준용하는 부분 ☞ 합리

○ 대습상속인의 상속에 대한 기대를 보호하고 상속에서의 공평을 실현하고자 하는 이념을 유류분에도 적용하기 위한 것으로 합리성이 인정된다.

⒢ 제1008조의2를 준용하는 규정을 두지 아니한 민법 제1118조 ☞ 불합리

○ 민법 제1118조는 기여분에 관한 민법 제1008조의2를 유류분에 준용하는 규정을 두고 있지 않아서, <u>피상속인을 오랜 기간 부양하거나 상속재산형성에 기여한 기여상속인이 그 보답으로 피상속인으로부터 재산의 일부를 증여받더라도, 해당 증여 재산은 유류분 산정 기초재산에 산입되므로, 기여상속인은 비기여상속인의 유류분반환청구에 응하여 위 증여재산을 반환하여야 하는 부당하고 불합리한 상황이 발생하게 된다</u>(대법원 1994. 10. 14. 선고 94다8334 판결 참조).

○ 최근 대법원은 기여상속인이 피상속인으로부터 기여에 대한 대가로 받은 생전 증여를 특별수익에서 제외할 수 있다고 판시하여(대법원 2022. 3. 17. 선고 2021다230083, 230090 판결), 기여상속인이 기여에 대한 대가로 피상속인으로부터 받은 증여가 유류분 산정 기초재산에 산입되지 않을 수 있는 가능성을 열어 놓기는 하였으나, 위 판결만으로는 기여분에 관한 민법 제1008조의2를 유류분에 준용하는 효과를 거두고 있다고 평가하기는 어렵다.

(3) 법익의 균형성

○ 심판대상조항에 따른 유류분제도가 추구하는 유족의 생존권 보호, 상속재산형성에 대한 기여, 상속재산에 대한 기대보장 및 가족 간의 연대라는 공익은 매우 중요하다.

○ 유류분상실사유를 별도로 두지 않고, 형제자매까지 유류분권리자로 규정하고 있는 민법 제1112조 및 기여분에 관한 제1008조의2를 유류분에 준용하는 규정을 두지 아니한 민법 제1118조는 불합리하고 부당하여 이로 인하여 피상속인과 수증자(수유자)가 받는 재산권의 침해가 위 공익보다 더 중대하고 심각하다고 할 것이다. ☞ 법익균형성 불충족

○ 유류분권리자와 각 유류분을 획일적으로 정하고 있는 민법 제1112조, 유류분 산정 기초재산을 규정한 민법 제1113조, 유류분 산정 기초재산에 산입되는 증여의 범위를 규정한 민법 제1114조, 유류분의 반환을 규정한 민법 제1115조, 유증을 증여보다 먼저 반환하도록 규정한 민법 제1116조, 그리고 대습상속에 관한 제1001조 및 제1010조와 공동상속인 중 특별수익자의 상속분에 관한 제1008조를 각 준용한 민법 제1118조는 모두 합리적이어서 이들로 인하여 침해되는 사익이 공익보다 더 크다고 보기 어렵다. ☞ 법익균형성 충족

라. 소결

○ 심판대상조항에 따른 유류분제도 자체의 입법목적의 정당성은 인정된다.

○ 민법 제1112조: ① 유류분권리자와 각 유류분을 획일적으로 정한 부분 ☞ 합헌 ② 유류분상실사유를 별도로 정하고 있지 않는 부분(제1호부터 제3호)과 피상속인의 형제자매를 유류분권리자에 포함시키는 부분(제4호) ☞ 헌법 제37조 제2항의 기본권제한의 입법한계를 일탈하여 재산권을 침해하므로 위헌

○ 민법 제1118조: ① 민법 제1118조가 대습상속에 관한 제1001조 및 제1010조와 공동상속인 중 특별수익자의 상속분에 관한 제1008조를 유류분에 준용하는 부분 ☞ 합헌

② 기여분에 관한 민법 제1008조의2를 유류분에 준용하는 규정을 두지 아니한 민법 제1118조 ☞ 헌법 제37조 제2항의 기본권제한의 입법한계를 일탈하여 재산권을 침해하므로 위헌

○ 그 외 조항들: ① 유류분 산정 기초재산을 규정하고 조건부권리 또는 불확정한 권리에 대한 가격을 감정인이 정하도록 한 민법 제1113조, ② 유류분 산정 기초재산에 산입되는 증여의 범위를 피상속인이 상속개시 전 1년간에 행한 증여로 한정하면서 예외적으로 당사자 쌍방이 해의를 가지고 증여한 경우에는 상속개시 1년 전에 행한 증여도 유류분 산정 기초재산에 산입하도록 하는 민법 제1114조, ③ 유류분 부족분을 원물로 반환하도록 하고 증여 및 유증을 받은 자가 수인인 경우 각자가 얻은 각각의 가액에 비례하여 유류분을 반환하도록 한 민법 제1115조 및 ④ 유류분반환시 유증을 증여보다 먼저 반환하도록 한 민법 제1116조 ☞ 모두 헌법 제37조 제2항에 따른 기본권제한의 입법한계를 일탈하지 아니하므로 합헌

마. 민법 제1112조 제1호부터 제3호 및 제1118조에 대한 헌법불합치결정

○ 피상속인의 형제자매의 유류분을 규정한 민법 제1112조 제4호는 피상속인 및 유류분반환청구의 상대방인 수증자 및 수유자의 재산권을 침해하므로 헌법에 위반된다. 따라서 민법 제1112조 제4호는 위헌선언을 통하여 재산권에 대한 침해를 제거함으로써 합헌성이 회복될 수 있다. ☞ 단순위헌 결정

○ 민법 제1112조 제1호부터 제3호는 유류분의 핵심적 사항을 규정하고 있고, 민법 제1118조는 기본적인 사항을 규정하고 있다. 따라서 위 조항들에 대하여 위헌결정을 선고하여 효력을 상실시키면, 법적 혼란이나 공백이 발생할 우려가 있을 뿐 아니라, 심판대상조항에 따른 유류분제도 자체가 헌법에 위반된다는 것이 아니라 이를 구성하는 유류분 조항들 중 일부의 내용이 헌법에 위반된다는 이 사건 결정의 취지에도 반하게 된다. ☞ (계속적용) 헌법불합치결정

결정의 의의

우리나라 유류분제도는 민법이 1977. 12. 31. 법률 제3051호로 개정되면서 처음 도입(민법 제1112조부터 제1118조)되었고, 그 이후로 한 차례의 개정도 없이 그대로 현재까지 유지되고 있다. ☞ 헌법재판소는 과거에 ① 피상속인의 상속개시시에 있어서 가진 재산의 가액에 증여재산의 가액을 가산하여 유류분을 산정하도록 규정한 민법 제1113조 제1항 중 증여재산의 가액을 가산하는 부분과 ② 민법 제1118조 중 공동상속인 중 특별수익자의 상속분 산정에 관한 제1008조를 유류분에 준용하는 부분에 대하여 두 차례에 걸쳐 합헌으로 판단한 적이 있음(헌재 2010. 4. 29. 2007헌바144 및 헌재 2013. 12. 26. 2012헌바467)

헌법재판소는 2023. 5. 17. 유류분제도의 위헌성 여부에 관한 변론을 실시하였고, 이후 재판관들이 여러 차례 평의를 통하여 유류분에 관한 치열하고 심도 있는 논의를 진행하였으며, 그 결과 재판관 전원의 일치된 의견으로 심판대상조항(민법 제1112조, 제1113조, 제1114조, 제1115조, 제1116조, 제1118조) 중 ① 형제자매의 유류분을 규정한 민법 제1112조 제4호에 대하여 단순위헌결정을, ② 유류분상실사유를 규정하지 아니한 민법 제1112조 제1호부터 제3호에 대하여 헌법불합치결정을, 그리고 ③ 기여분에 관한 제1008조의2를 준용하는 규정을 두지 아니한 민법 제1118조에 대하여 헌법불합치결정을 선언하게 되었다.

☞ 앞서 본 바와 같이, 헌법재판소는 과거에 유류분 조항들 중 민법 제1113조 제1항 중 증여재산의 가액을 가산하는 부분과 민법 제1118조 중 민법 제1008조를 유류분에 준용하는 부분에 대하여 두 차례에 걸쳐 합헌으로 판단한 적이 있지만, 이번 결정과 같이 유류분 조항들을 종합적으로 판단한 것은 이번 결정이 처음임(이번 결정에서도 법정의견은 위 민법 제1113조 제1항 중 증여재산의 가액을 가산하는 부분과 민법 제1118조 중 제1008조를 준용하는 부분에 대하여는 선례와 마찬가지로 합헌으로 판단하였음)

[별지]

○ 심판대상조항 중 유류분 조항별 구분

민법 제1112조	- 형제자매의 유류분을 규정한 제4호 - **위헌** - 유류분상실사유를 규정하지 아니한 입법부작위(제1호부터 제3호) - **헌법불합치**	재판관 전원 일치
	- 피상속인의 직계비속과 배우자의 유류분이 동일한것을 포함(제1호 및 제2호)하여 유류분권리자와 유류분이 획일적인 부분 - **합헌**	합헌(7인) /위헌(2인)
민법 제1113조	- 피상속인이 행한 증여를 유류분 산정 기초재산에 산입(제1항) - **합헌** - 조건부권리 또는 불확정한 권리에 대한 감정인 평가(제2항) - **합헌**	재판관 전원 일치
민법 제1114조	- 상속개시전의 1년간에 행한 증여만 유류분 산정 기초재산에 산입(전문) - **합헌**	재판관 전원 일치
	- 당사자 쌍방의 해외에 의한 증여는 1년 전에 한 것도 유류분 산정 기초재산에 산입(후문) - **합헌**	합헌(5인): 위헌(4인)]
민법 제1115조	- 유류분반환의 범위 및 원물반환원칙(제1항) - 합헌 - 수증자 또는 수유자가 수인인 경우 각자의 유증가액 비례로 반환(제2항) - **합헌**	재판관 전원 일치
민법 제1116조	- 유증반환 후 증여반환 청구 - **합헌**	재판관 전원 일치
민법 제1118조	- 대습상속에 관한 민법 제1001조와 제1010조를 유류분에 준용 - **합헌**	재판관 전원 일치
	- 공동상속인 중 특별수익자의 상속분을 규정한 민법 제 1008조를 유류분에 준용 - **합헌**	합헌(5인): 위헌(4인)
	- 기여분에 관한 제1008조의2를 유류분에 준용하는 규정을 두지 아니한 입법부작위 - 헌법불합치	**재판관 전원 일치**

2024.5.30. 2021헌가3 [가축전염병 예방법 제48조 제1항 제3호 단서 위헌제청]　　　　**[헌법불합치]**

1. 사건의 개요

(1) 당해 사건의 <u>원고인 주식회사 ○○</u>는 계약사육농가에 가축, 사료 등 사육자재 등을 공급하여 가축을 사육하게 하고, 사육된 가축 또는 그 가축으로부터 생산된 축산물을 계약사육농가로부터 다시 출하받는 사업인 '<u>축산계열화사업</u>'(축산계열화사업에 관한 법률 제2조 제4호 참조)을 영위하는 법인이다.

<u>신○○는 주식회사 ○○와 돼지 위탁사육계약을 체결한 축산업자</u>이고, 당해 사건의 피고들은 신○○의 채권자인 주식회사 □□ 및 농업협동조합중앙회이다.

(2) 주식회사 ○○는 신○○와 계약기간은 2018. 11. 1.부터 2023. 10. 31.까지, 사육 두수는 1회 2,500두, 사육비는 입식되는 가축의 두(頭)당 40,000원(다만, 입식 두당 10,000원씩 매월 선지급)으로 정하는 돼지 위탁사육계약을 체결하였고, 신○○는 위 계약에 따라 주식회사 ○○로부터 자돈(새끼돼지)을 받아 이를 사육하였다.

위 계약에는 "<u>을</u>(신○○)은 갑(주식회사 ○○)과 계약 생산한 돼지 전량을 갑에게 출하하여야 하며, 갑은 을에게 비육돈 위탁사육비 지급기준에 의거 사육경비를 지급하여야 한다(제2조 제4호). <u>을이 사육하고 있는 위탁돈은 갑의 소유이며 을은 어떠한 이유로든 타인에게 양도하거나 처분 혹은 질권을 설정할 수 없다</u>(제10조)."라는 약정이 있었다.

위 계약이 체결된 후인 2018. 12. 31. '가축전염병 예방법'이 개정되어, <u>가축의 소유자가 축산계열화사업자인 경우에는 계약사육농가의 수급권 보호를 위하여 살처분 보상금을 계약사육농가에 지급하도록 하는 제48조 제1항 제3호 단서가 신설</u>되었다.

(3) 파주시는 2019. 10.경 아프리카돼지열병 발생을 이유로 신○○가 사육하던 돼지 1,065두에 대하여 살처분 명령을 하여 그 무렵 살처분이 이루어졌다. 파주시는 위 살처분 돼지에 대한 보상금을 합계 400,688,354원으로 평가하였고, <u>개정된 위 조항에 따라 계약사육농가인 신○○에게 이러한 보상금의 수급권이 인정</u>되었다.

한편, 신○○는 주식회사 ○○로부터 살처분된 가축 및 출하된 가축에 대한 사육수수료를 전부 지급받았다. 신○○는 2019. 10. 28. 파주시로부터 1차로 받은 살처분 보상금 159,750,000원을 주식회사 ○○에 송금하였고, 2020. 2. 4. 2차로 지급될 나머지 보상금 수령권한 일체를 주식회사 ○○에 위임하였다.

(4) 그런데 <u>위 2차 보상금 수급권에 대하여 신○○를 채무자로, 파주시를 제3채무자로 하여 주식회사 □□ 및 농업협동조합중앙회가 각 채권압류 및 추심명령을 받아</u>, 위 각 추심명령이 2020. 3. 2. 파주시에 송달되었다. 그 후 <u>주식회사 ○○는 파주시에 위 2차 보상금의 지급을 요청하였으나 파주시는 위 채권자들에 의한 위 각 추심명령이 있었다는 등의 이유로 그 지급을 거절</u>하였다.

(5) 주식회사 ○○는 2020. 6. 12. 파주시에 대한 위 2차 보상금 수급권이 자신에게 귀속됨을 주장하며 위 채권자들을 상대로 위 2차 보상금 수급권에 대한 강제집행의 불허를 구하는 제3자이의의 소를 제기하였다(의정부지방법원 고양지원 2020가합73504).

제청법원은 위 재판 계속 중 2021. 1. 22. '가축전염병 예방법' 제48조 제1항 제3호 단서에 대하여 직권으로 위헌법률심판을 제청하였다.

2. 심판의 대상

가축전염병 예방법(2018. 12. 31. 법률 제16115호로 개정된 것)

제48조(보상금 등) ① 국가나 지방자치단체는 다음 각 호의 어느 하나에 해당하는 자에게는 대통령령으로 정하는 바에 따라 보상금을 지급하여야 한다.

3. 제20조 제1항 및 제2항 본문(제28조에서 준용하는 경우를 포함한다)에 따라 살처분한 가축의 소유자. 다만, 가축의 소유자가 축산계열화사업자인 경우에는 계약사육농가의 수급권 보호를 위하여 계약사육농가에 지급하여야 한다.

3. 주 문

가축전염병 예방법(2018. 12. 31. 법률 제16115호로 개정된 것) 제48조 제1항 제3호 단서는 헌법에 합치되지 아니한다. 위 법률조항은 2025. 12. 31.을 시한으로 입법자가 개정할 때까지 계속 적용된다.

Ⅰ. 판시사항

1. 살처분된 가축의 소유자가 축산계열화사업자인 경우에는 계약사육농가의 수급권 보호를 위하여 보상금을 계약사육농가에 지급한다고 규정한 '가축전염병 예방법' 제48조 제1항 제3호 단서(이하 '심판대상조항'이라 한다)가 축산계열화사업자의 재산권을 침해하는지 여부(적극)
2. 헌법불합치 결정을 선고하면서 계속적용을 명한 사례

Ⅱ. 판단

1. 재산권의 침해 여부

가축의 살처분으로 인한 재산권의 제약은 가축의 소유자가 수인해야 하는 사회적 제약의 범위에 속하나, 권리자에게 수인의 한계를 넘어 가혹한 부담이 발생하는 예외적인 경우에는 이를 완화하는 보상규정을 두어야 하고, 그 방법에 관하여는 입법자에게 광범위한 형성의 자유가 부여된다.

그런데 심판대상조항에 따르면, 축산계열화사업자는 그가 입은 경제적 가치의 손실을 회복하는 데에 한계가 있으며, 이는 열세에 놓인 계약사육농가가 갖는 교섭력의 불균형을 시정하기 위하여 필요한 정도를 넘어서는 개입이다. 다만, 그렇다고 하여 살처분 보상금을 이전과 같이 가축의 소유자인 축산계열화사업자에게 일괄하여 지급하는 방식으로 회귀할 경우, 교섭력이 약한 일부 계약사육농가의 수급권 보호에 다시 상당한 지장이 생길 수 있다. 살처분 보상금을 가축의 소유자인 축산계열화사업자와 계약사육농가에게 개인별로 지급함으로써 대상 가축의 살처분으로 인한 각자의 경제적 가치의 손실에 비례한 보상을 실시하는 것은 입법기술상으로 불가능하지 않은 점을 고려하면, 축산계열화사업자가 가축의 소유자라 하여 살처분 보상금을 오직 계약사육농가에만 지급하는 방식은 축산계열화사업자에 대한 재산권의 과도한 부담을 완화하기에 적절한 조정적 보상조치라고 할 수 없다. 따라서 심판대상조항은 조정적 보상조치에 관하여 인정되는 입법형성재량의 한계를 벗어나 가축의 소유자인 축산계열화사업자의 재산권을 침해한다.

2. 헌법불합치결정의 필요성

심판대상조항의 위헌성은 살처분 보상금 중에서 가축의 소유자인 축산계열화사업자에게 지급되어야 하는 몫까지도 계약사육농가에게 지급한다는 점에 있다. 그런데 심판대상조항에 대하여 단순위헌결정을 하게 되면, 이를 넘어서 가축의 소유자인 축산계열화사업자에게 살처분 보상금이 전액 지급되는 불합리한 결과가 발생한다. 나아가 보상금을 축산계열화사업자와 계약사육농가에게 개인별로 나누어 지급하기 위해서는 세부적인 사항과 절차를 마련하여야 하며, 입법자는 이를 입법으로 구체화할 필요가 있다. 따라서 심판대상조항에 대하여는 단순위헌결정을 하는 대신 2025. 12. 31.까지 계속 적용을 명하는 헌법불합치결정을 선고함이 타당하다.

헌법재판소는 이 사건에서 최초로 가축의 살처분 보상금 수급권을 가축의 소유자인 축산계열화사업자가 아니라 가축을 사육한 계약사육농가에 인정한 가축전염병 예방법 조항이 헌법에 위반되는지 여부를 판단하였다. 축산계열화사업자가 계약사육농가에게 위탁사육한 가축이 가축전염병의 확산 방지를 위해 살처분된 경우 지급되는 보상금 중에는 가축의 소유인인 축산계열화사업자와 위탁사육한 계약사육농가가 각각 투입한 자본 내지 노동력 등에 따라 각자 지급받아야 할 몫이 혼재되어 있다. 그런데 살처분 보상금 전액을 어느 일방에게만 지급하도록 하는 형태를 취하게 되면 당해 사건에서처럼, 살처분 보상금 수급권에 대한 제3자의 채권압류·전부명령 등 예기치 못한 사정으로 상대방으로서는 보상금을 정산받지 못하는 문제가 발생할 수 있다. 이 사건 계속적용 헌법불합치 결정에 따라, 입법자는 2025. 12. 31.까지 살처분 보상금은 가축의 소유자인 축산화계열화사업자와 계약사육농가에게 가축의 살처분으로 인한 각자의 경제적 가치의 손실에 비례하여 개인별로 지급하는 방식으로 입법을 개선하여야 하며, 그 전까지는 심판대상조항이 적용된다.

36 사무장병원으로 확인된 의료기관에 대한 의료급여비용 지급보류 사건

2024.6.27. 2021헌가19 [의료급여법 제11조의5 위헌제청]　　　　　　　**[헌법불합치]**

1. 사건의 개요

제청신청인은 요양병원에 관한 개설허가를 받아 이를 운영하는 의료법인이다. 사법경찰관은 청구인의 대표이사가 의료인의 면허나 의료법인 등의 명의를 대여받아 의료기관을 운영(이하 이러한 의료기관을 편의상 '사무장병원'이라 한다)하였다고 보고, 이러한 수사결과를 경산시장에 통보하였다. 이에 경산시장은 의료급여법 제11조의5, 의료급여법 시행령 제13조의2에 따라 청구인에 대하여 의료급여비용의 지급을 보류하는 처분을 하였다.

청구인은 위 지급보류처분의 취소를 구하는 행정소송을 제기하였고, 위 소송 계속 중 의료급여법 제11조의5에 대한 위헌법률심판제청신청을 하였다. 제청법원은 이를 받아들여 위헌법률심판제청을 하였다.

2. 심판의 대상

의료급여법(2015. 12. 29. 법률 제13657호로 개정된 것)
제11조의5(급여비용의 지급 보류) ① 제11조 제3항에도 불구하고 시장·군수·구청장은 급여비용의 지급을 청구한 의료급여기관이 「의료법」 제33조 제2항 또는 「약사법」 제20조 제1항을 위반하였다는 사실을 수사기관의 수사결과로 확인한 경우에는 해당 의료급여기관이 청구한 급여비용의 지급을 보류할 수 있다.

3. 주 문

의료급여법(2015. 12. 29. 법률 제13657호로 개정된 것) 제11조의5 제1항 중 '의료법 제33조 제2항'에 관한 부분은 헌법에 합치되지 아니한다. 위 법률조항은 2025. 6. 30.을 시한으로 개정될 때까지 계속 적용된다.

Ⅰ. 판시사항

1. 의료급여기관이 의료법 제33조 제2항을 위반하였다는 사실을 수사기관의 수사 결과로 확인한 경우 시장·군수·구청장으로 하여금 해당 의료급여기관이 청구한 의료급여비용의 지급을 보류할 수 있도록 규정한 의료급여법 제11조의5 제1항 중 '의료법 제33조 제2항'에 관한 부분(이하 '심판대상조항'이라 한다)이 의료급여기관 개설자의 재산권을 침해하는지 여부(적극)

Ⅱ. 판단

1. 무죄추정원칙 위반 여부

심판대상조항은 사후적인 부당이득 환수절차의 한계를 보완하고, 의료급여기금의 재정 건전성이 악화될 위험을 방지하고자 마련된 조항이다. 그렇다면 사무장병원일 가능성이 있는 의료급여기관이 일정 기간 동안 의료급여비용을 지급받지 못하는 불이익을 받더라도 이를 두고 유죄의 판결이 확정되기 전에 죄 있는 자에 준하여 취급하는 것이라고 보기 어렵다. 따라서 심판대상조항은 무죄추정의 원칙에 위반된다고 볼 수 없다.

2. 과잉금지원칙 위반 여부

(1) 심판대상조항은 사무장병원의 개설·운영을 보다 효과적으로 규제하여 의료급여기금 재정의 건전성을 확보하기 위한 것이다. 이러한 점을 고려하면, 지급보류처분의 요건이 상당히 완화되어 있는 것 자체는 일응 수긍이 가는 측면이 있다.

(2) 그런데 지급보류처분은 잠정적 처분이고, 그 처분 이후 사무장병원에 해당하지 않는다는 사실이 밝혀져서 무죄판결의 확정 등 사정변경이 발생할 수 있으며, 이러한 사정변경사유는 그것이 발생하기까지 상당히 긴 시간이 소요될 수 있다. 이러한 점을 고려하면, 지급보류처분의 '처분요건'뿐만 아니라 위와 같은 사정변경이 발생할 경우 잠정적인 지급보류상태에서 벗어날 수 있는 '지급보류처분의 취소'에 관하여도 명시적인 규율이 필요하고, 그 '취소사유'는 '처분요건'과 균형이 맞도록 규정되어야 한다. 또한 무죄판결이 확정되기 전이라도 하급심 법원에서 무죄판결이 선고되는 경우에는 그때부터 일정 부분에 대하여 의료급여비용을 지급하도록 할 필요가 있다. 나아가, 앞서 본 사정변경사유가 발생할 경우 지급보류처분이 취소될 수 있도록 한다면, 이와 함께 지급보류기간동안 의료기관의 개설자가 수인해야 했던 재산권 제한상황에 대한 적절하고 상당한 보상으로서의 이자 내지 지연손해금의 비율에 대해서도 규율이 필요하다.

(3) 이러한 사항들은, 심판대상조항으로 인한 기본권 제한이 입법목적 달성에 필요한 최소한도에 그치기 위해 필요한 조치들이지만, 현재 이에 대한 어떠한 입법적 규율도 없다. 이러한 점을 종합하면, 심판대상조항은 과잉금지원칙에 반하여 의료급여기관 개설자의 재산권을 침해한다.

3. 헌법불합치결정의 필요성

다만, 위와 같은 위헌적 요소들을 제거하고, 지급보류처분의 취소 사유나, 지급보류처분에 의하여 발생한 의료급여기관 개설자의 재산권 제한 정도를 완화하기 위한 적절하고 상당한 보상으로서의 이자 내지 지연손해금 등 제도적 대안 등을 어떠한 내용으로 형성할 것인지에 관하여는, 입법자에게 폭넓은 재량이 부여되어 있다. 또한 심판대상조항에 대하여 단순위헌결정을 하여 당장 그 효력을 상실시키는 경우 의료급여기금 재정의 건전성 확보라는 입법목적을 달성하기 어려운 법적 공백이 발생할 수 있다. 따라서 심판대상조항에 대하여 2025. 6. 30.을 시한으로 입법자가 개정할 때까지 계속 적용을 명하는 헌법불합치 결정을 한다.

> **결정의 의의**
>
> 헌법재판소는 2023. 3. 23. 2018헌바433등 결정에서 심판대상조항과 유사한 내용으로 요양기관에 대한 요양급여비용의 지급을 보류할 수 있도록 규정한 국민건강보험법(2020. 12. 29. 법률 제17772호로 개정된 것) 제47조의2 제1항 전문 중 '의료법 제33조 제2항'에 관한 부분 등에 대하여 2024. 12. 31.을 입법시한으로 하는 헌법불합치결정을 한 바 있고, 위 결정 취지에 따른 개선입법이 2024. 2. 20. 법률 제20324호로 이루어져 2024. 8. 21. 시행될 예정이다. 이 사건은, 의료급여법에 대하여도 위 사안의 취지가 유효하다고 보아, 의료급여기관 개설자의 재산권을 침해하는 심판대상조항에 대하여 헌법불합치결정을 한 것이다.
>
> 이 사건 결정에 따라 입법자는 심판대상조항을 2025. 6. 30.까지 개정하여야 하고, 위 시한까지 개선입법이 이루어지지 않으면 심판대상조항은 2025. 7. 1.부터 효력을 상실하게 된다.

직업의 자유

37 대한변호사협회의 변호사 광고에 관한 규정(소위 '로톡') 사건

2022.5.26. 2021헌마619 [변호사 광고에 관한 규정 제3조 제2항 등 위헌확인]　　　**[위헌, 기각]**

---

1. 사건의 개요

(1) 청구인 이○○ 등 60명은 변호사들이고(이하 '청구인 변호사들'이라 한다), 청구인 주식회사 ○○는 2014년 법률서비스 온라인 플랫폼인 'ㅁㅁ' 서비스를 출시하여 운영하는 사업자로서(이하 '청구인 회사'라고 한다) 변호사법 제23조 제1항에서 정한 변호사·법무법인·법무법인(유한) 또는 법무조합(이하 '변호사등'이라 한다)에 해당하지 아니하는 법인이다.

(2) 대한변호사협회(이하 '변협'이라 한다)는 2021. 5. 3. 열린 2021년도 제2차 이사회에서 '변호사 광고에 관한 규정'의 개정을 의결하였는데, 그 주요 내용 중에는 변호사 또는 소비자로부터 경제적 대가를 받고 사건을 소개·알선·유인하기 위하여 변호사등을 광고·홍보·소개하는 행위를 하는 자에게 광고 의뢰를 금지하는 내용, 건전한 수임질서를 해할 우려가 있는 무료 또는 부당한 염가를 표방한 광고를 금지하는 내용, 무료 또는 부당한 염가의 법률상담 방식에 의한 광고를 금지하는 내용 등이 포함되어 있다.

(3) 청구인들은 변호사등의 광고·소개·홍보, 그 밖에 변호사등과 소비자를 연결하는 일체의 광고·소개·홍보 등에 관하여 그 방법이나 내용 등을 제한하거나 규제하는 위 '변호사 광고에 관한 규정'(변협 규정 제44호, 2021. 5. 3. 전부개정된 것) 제3조 제2항, 제4조 제12호, 제13호, 제14호 중 '협회의 유권해석에 반하는 내용의 광고' 부분, 제5조 제2항 제1호, 제2호, 제3호, 제5호, 제8조 제1항, 제2항 제2호, 제3호, 제4호 중 '유권해석에 위반되는 행위를 목적 또는 수단으로 하여 행하는 경우' 부분이 청구인들의 표현의 자유, 직업의 자유 등을 침해한다고 주장하면서, 2021. 5. 31. 이 사건 헌법소원심판을 청구하였다.

(4) 위 규정은 2021. 5. 4. 공포되어 부칙에 따라 공포일로부터 3월이 경과한 2021. 8. 5. 효력이 발생하였다.

2. 심판의 대상

변호사 광고에 관한 규정(2021. 5. 3. 전부개정된 것)

제3조(광고의 주체) ② 변호사등은 자기가 아닌 변호사·비(非)변호사, 개인·단체, 사업자 등(이하 "타인"이라 한다)의 영업이나 홍보 등을 위하여 광고에 타인의 성명, 사업자명, 기타 상호 등을 표시하여서는 아니 된다.

제4조(광고내용 등의 제한) 변호사등은 스스로 또는 타인을 통하여 다음과 같은 광고를 할 수 없다.

　12. 사건 또는 법률사무의 수임료에 관하여 공정한 수임질서를 저해할 우려가 있는 무료 또는 부당한 염가를 표방하는 광고

　13. 수사기관과 행정기관의 처분·법원 판결 등의 결과 예측을 표방하는 광고

　14. 기타 법령, 변호사윤리장전, 대한변호사협회(이하 "협회") 및 지방회의 회칙이나 규정(이하 "회규")에 위반되거나, 협회의 유권해석에 반하는 내용의 광고

제5조(광고방법 등에 관한 제한) ② 변호사등은 다음 각 호의 행위를 하는 자(개인·법인·기타단체를 불문한다)에게 광고·홍보·소개를 의뢰하거나 참여 또는 협조하여서는 아니 된다.

　1. 변호사 또는 소비자로부터 금전·기타 경제적 대가(알선료, 중개료, 수수료, 회비, 가입비, 광고비 등 명칭과 정기·비정기 형식을 불문한다)를 받고 법률상담 또는 사건등을 소개·알선·유인하기 위하여 변호사등과 소비자를 연결하거나 변호사등을 광고·홍보·소개하는 행위

　2. 광고 주체인 변호사등 이외의 자가 자신의 성명, 기업명, 상호 등을 표시하거나 기타 자신을 드러내는 방법으로, 법률상담 또는 사건 등을 소개·알선·유인하기 위하여 변호사등과 소비자를 연결하거나 변호사등을 광고·홍보·소개 하는 행위

3. 변호사등이 아님에도 수사기관과 행정기관의 처분·법원 판결 등의 결과 예측을 표방하는 서비스를 취급·제공하는 행위

5. 변호사등이 아님에도 변호사등의 직무와 관련한 서비스의 취급·제공 등을 표시하거나, 기타 소비자로 하여금 변호사등으로 오인하게 만들 수 있는 일체의 행위

제8조(법률상담 광고) ① 변호사등은 무료 또는 부당한 염가의 법률상담 방식에 의한 광고를 하여서는 아니 된다. 다만, 공익을 위한 경우 등 공정한 수임질서를 저해할 우려가 없는 경우에는 그러하지 아니 하다.

② 변호사등은 다음에 해당하는 법률상담과 관련한 광고를 하거나 그러한 사업구조를 갖는 타인에게 하도록 허용해서는 아니 된다.

2. 변호사등 또는 소비자가 법률상담 연결 또는 알선과 관련하여 금전·기타 경제적 이익(알선료, 중개료, 수수료, 회비, 가입비, 광고비 등 명칭과 정기·비정기 형식을 불문한다)을 타인에게 지급하는 경우

3. 타인의 영업 또는 홍보의 일환으로 운영되는 법률상담에 참여하는 경우

4. 기타 법령 및 협회의 회규, <u>유권해석에 위반되는 행위를 목적 또는 수단으로 하여 행하는 경우</u>

[관련조항]

변호사법(2008. 3. 28. 법률 제8991호로 개정된 것)

제23조(광고) ① 변호사·법무법인·법무법인(유한) 또는 법무조합(이하 이 조에서 "변호사등"이라 한다)은 자기 또는 그 구성원의 학력, 경력, 주요 취급 업무, 업무 실적, 그 밖에 그 업무의 홍보에 필요한 사항을 신문·잡지·방송·컴퓨터통신 등의 매체를 이용하여 광고할 수 있다.

② 변호사등은 다음 각 호의 어느 하나에 해당하는 광고를 하여서는 아니 된다.

1. 변호사의 업무에 관하여 거짓된 내용을 표시하는 광고

2. 국제변호사를 표방하거나 그 밖에 법적 근거가 없는 자격이나 명칭을 표방하는 내용의 광고

3. 객관적 사실을 과장하거나 사실의 일부를 누락하는 등 소비자를 오도(誤導)하거나 소비자에게 오해를 불러일으킬 우려가 있는 내용의 광고

4. 소비자에게 업무수행 결과에 대하여 부당한 기대를 가지도록 하는 내용의 광고

5. 다른 변호사등을 비방하거나 자신의 입장에서 비교하는 내용의 광고

6. 부정한 방법을 제시하는 등 변호사의 품위를 훼손할 우려가 있는 광고

7. 그 밖에 광고의 방법 또는 내용이 변호사의 공공성이나 공정한 수임(受任) 질서를 해치거나 소비자에게 피해를 줄 우려가 있는 것으로서 <u>대한변호사협회가 정하는 광고</u>

③ 변호사등의 광고에 관한 심사를 위하여 대한변호사협회와 각 지방변호사회에 광고심사위원회를 둔다.

④ <u>광고심사위원회의 운영과 그 밖에 광고에 관하여 필요한 사항은 대한변호사협회가 정한다.</u>

대한변호사협회 회칙(2010. 2. 8. 개정된 것)

제44조[변호사·법무법인·법무법인(유한)·법무조합 등의 보수 및 광고] ⑤ 모든 회원 및 외국법자문사는 광고·선전을 하거나 사무소표지를 설치할 때에는 <u>이 회 또는 소속 지방변호사회가 규칙이나 규정으로 정하는 바에 따라야 한다.</u>

변호사 광고에 관한 규정(2021. 5. 3. 전부개정된 것)

제1조(목적) 이 규정은 변호사법 제23조, 제24조 및 대한변호사협회 회칙 제44조 제5항, 제57조에 의하여 변호사·법률사무소·법무법인·법무법인(유한)·법무조합·합동법률사무소·공동법률사무소(이하 "변호사등"이라 한다)의 광고·소개·홍보, 그 밖에 변호사등과 소비자를 연결하는 광고·소개·홍보 등에 관하여 필요한 사항을 정함을 목적으로 한다.

제2조(정의) ① "변호사등 광고"(이하 "광고")라 함은 변호사등에 관한 소개·홍보, 변호사등이 수행하는 일체의 직무에 관한 소개·홍보, 그 밖의 소비자와 변호사등을 연결하는 일체의 수단과 방법을 말한다.

부칙(2021. 5. 3. 전부개정)

이 규정은 공포한 날부터 3월이 경과함으로써 그 효력이 발생한다.

3. 주 문

1. 대한변호사협회의 변호사 광고에 관한 규정(2021. 5. 3. 전부개정된 것) 제4조 제14호 중 '협회의 유권해석에 반하는 내용의 광고' 부분, 제5조 제2항 제1호 중 '변호사등을 광고·홍보·소개하는 행위' 부분, 제8조 제2항 제

4호 중 '협회의 유권해석에 위반되는 행위를 목적 또는 수단으로 하여 행하는 경우' 부분은 헌법에 위반된다.

2. 청구인들의 나머지 심판청구를 모두 기각한다.

Ⅰ. 판시사항

1. 변호사법 제23조 제2항 제7호의 위임을 받아 변호사 광고에 관한 구체적인 규제 사항 등을 정한 대한변호사협회(이하 '변협'이라 한다)의 '변호사 광고에 관한 규정'(이하 '이 사건 규정'이라 한다)이 헌법소원심판의 대상이 되는 공권력의 행사에 해당하는지 여부(적극)

2. 이 사건 규정의 직접적인 수범자의 상대방으로서 법률서비스 온라인 플랫폼을 운영하며 변호사의 광고 등에 관한 영업행위를 하고 있는 업체(이하 '청구인 회사'라고 한다)가 제기한 심판청구가 자기관련성 요건을 갖추었는지 여부(적극)

3. 이 사건 규정 제4조 제14호 중 '협회의 유권해석에 반하는 내용의 광고' 부분, 제8조 제2항 제4호 중 '협회의 유권해석에 위반되는 행위를 목적 또는 수단으로 하여 행하는 경우' 부분(이하 '유권해석위반 광고금지규정'이라 한다)이 법률유보원칙에 위반되어 청구인들의 표현의 자유, 직업의 자유를 침해하는지 여부(적극)

4. 이 사건 규정 제5조 제2항 제1호 중 '변호사등과 소비자를 연결' 부분과 제8조 제2항 제2호(이하 '대가수수 직접 연결 금지규정'이라 한다)의 규율대상

5. 이 사건 규정 제5조 제2항 제1호 중 '변호사등을 광고·홍보·소개하는 행위' 부분(이하 '대가수수 광고금지규정'이라 한다)이 과잉금지원칙에 위반되어 청구인들의 표현의 자유, 직업의 자유를 침해하는지 여부(적극)

Ⅱ. 결정요지

1. 적법요건

(1) 공권력 행사성

변협은 위와 같이 변호사법에서 위임받은 변호사 광고에 관한 규제를 설정함에 있어 공법인으로서 공권력 행사의 주체가 된다. 나아가, 변협의 구성원인 변호사등은 위 규정을 준수하여야 할 의무가 있고, 이를 위반하게 되면 변호사법 제91조 등 관련 규정에 따라 변협 및 법무부에 설치된 변호사징계위원회에 의하여 변호사법 제90조에서 정한 징계를 받게 되는바, 이 사건 규정이 단순히 변협 내부 기준이라거나 사법적인 성질을 지니는 것이라 보기 어렵고, 수권법률인 변호사법과 결합하여 대외적 구속력을 가진다고 할 것이다. 따라서 변협이 변호사 광고에 관한 규제와 관련하여 정립한 규범인 심판대상조항은 헌법소원의 대상이 되는 공권력의 행사에 해당한다.

(2) 청구인 회사의 자기관련성

청구인 회사는 심판대상조항의 직접적인 수범자는 아니지만, 수범자인 변호사의 상대방으로서 법률서비스 온라인 플랫폼을 운영하며 변호사등의 광고·홍보·소개 등에 관한 영업행위를 하고 있는바, 이 사건 규정의 수범자인 변호사가 준수해야 하는 광고방법, 내용 등의 제약을 그대로 이어받게 된다. 이는 실질적으로는 변호사등과 거래하는 위와 같은 사업자의 광고 수주 활동을 제한하거나 해당 부문 영업을 금지하는 것과 다르지 않다(헌재 2008. 2. 28. 2006헌마1028 참조). 따라서 심판대상조항은 청구인 회사의 영업의 자유 내지 법적 이익에 불리한 영향을 주는 것이므로, 기본권침해의 자기관련성을 인정할 수 있다.

2. 본안판단

(1) 제한되는 기본권

이 사건 규정은 변협이 변호사법 제23조 제2항 제7호의 위임을 받아 변호사등이 광고를 함에 있어 금지되는

광고의 방법 또는 내용 등을 정한 것이고, 청구인 변호사들은 변호사법 제25조, 변협 회칙 제9조 제1항에 따라 위 규정을 준수할 의무가 있으며, 이를 위반할 경우 변호사법 제91조 제2항 제2호, 제90조에 따라 제명, 3년 이하 정직, 3천만 원 이하의 과태료, 견책의 징계를 받을 수 있다. 따라서 <u>심판대상조항은 청구인 변호사들의 표현의 자유, 직업의 자유를 제한한다.</u>

<u>청구인 회사는 법률서비스 온라인 플랫폼 사업자로서 변호사등의 광고·홍보·소개 등에 관한 영업행위에 직접적인 영향을 받게 되므로 직업의 자유를 제한받게 된다.</u>

(2) 유권해석위반 광고금지규정 법률유보원칙 위반 여부

이 사건 규정 제4조 제14호 중 '협회의 유권해석에 반하는 내용의 광고' 부분, 제8조 제2항 제4호 중 '협회의 유권해석에 위반되는 행위를 목적 또는 수단으로 하여 행하는 경우' 부분은(이하 '유권해석위반 광고금지규정'이라 한다), 변호사가 변협의 유권해석에 위반되는 광고를 할 수 없도록 금지하고 있다.

<u>위 규정은 '협회의 유권해석에 위반되는'이라는 표지만을 두고 그에 따라 금지되는 광고의 내용 또는 방법 등을 한정하지 않고 있고, 이에 해당하는 내용이 무엇인지 변호사법이나 관련 회규를 살펴보더라도 알기 어렵다.</u> 유권해석위반 광고금지규정 위반이 징계사유가 될 수 있음을 고려하면 적어도 수범자인 변호사는 유권해석을 통해 금지될 수 있는 내용들의 대강을 알 수 있어야 함에도, 규율의 예측가능성이 현저히 떨어지고 법집행기관의 자의적인 해석을 배제할 수 없는 문제가 있다.

따라서 <u>유권해석위반 광고금지규정은 수권법률로부터 위임된 범위 내에서 명확하게 규율 범위를 정하고 있다고 보기 어려우므로, 법률유보원칙에 위반되어 청구인들의 표현의 자유, 직업의 자유를 침해한다.</u>

(3) 대가수수 광고금지규정 과잉금지원칙 위반 여부

이 사건 규정 제5조 제2항 제1호 중 '변호사등을 광고·홍보·소개하는 행위' 부분(이하 '대가수수 광고금지규정'이라 한다)의 규율 대상은 이 사건 규정의 수범자인 변호사이고, 규제 대상이 되는 상대방의 행위는 '변호사 또는 소비자로부터 대가를 받고 법률상담 또는 사건 등을 소개·알선·유인하기 위하여 변호사등을 광고·홍보·소개하는 행위'이다.

위 규정이 규제하는 광고·홍보·소개행위의 목적으로 소개·알선·유인을 정하면서도 그 대상을 특정 변호사로 제한하고 있지 아니한 점과 광고·홍보·소개행위의 목적이 소비자를 설득하여 구매를 유도하는 데 있는 점을 고려하면, 대가수수 광고금지규정이 단순히 변호사법이 금지하는 소개·알선·유인행위를 다시 한 번 규제하는 것에 불과하다고 보기 어렵다. 즉, 법률상담 또는 사건 등을 소개하거나 유인할 목적으로 <u>불특정 다수의 변호사를 동시에 광고·홍보·소개하는 행위도 위 규정에 따라 금지되는 범위에 포함된다고 해석된다.</u>

변호사광고에 대한 합리적 규제는 필요하지만, 광고표현이 지닌 기본권적 성질을 고려할 때 광고의 내용이나 방법적 측면에서 꼭 필요한 한계 외에는 폭넓게 광고를 허용하는 것이 바람직하다. 각종 매체를 통한 변호사 광고를 원칙적으로 허용하는 변호사법 제23조 제1항의 취지에 비추어 볼 때, <u>변호사등이 다양한 매체의 광고 업자에게 광고비를 지급하고 광고하는 것은 허용된다고 할 것인데, 이러한 행위를 일률적으로 금지하는 위 규정은 수단의 적합성을 인정하기 어렵다.</u>

대가수수 광고금지규정이 아니더라도 변호사법이나 다른 규정들에 의하여 입법목적을 달성할 수 있고, 공정한 수임질서를 해치거나 소비자에게 피해를 줄 수 있는 내용의 광고를 특정하여 제한하는 등 완화된 수단에 의해서도 입법목적을 같은 정도로 달성할 수 있다. 나아가, <u>위 규정으로 입법목적이 달성될 수 있을지 불분명한 반면, 변호사들이 광고업자에게 유상으로 광고를 의뢰하는 것이 사실상 금지되어 청구인들의 표현의 자유, 직업의 자유에 중대한 제한을 받게 되므로, 위 규정은 침해의 최소성 및 법익의 균형성도 갖추지 못하였다.</u>

따라서 <u>대가수수 광고금지규정은 과잉금지원칙에 위반되어 청구인들의 표현의 자유와 직업의 자유를 침해한다.</u>

이 사건은 변호사법의 위임을 받아 변호사 광고에 관한 규제를 설정한 대한변호사협회의 '변호사 광고에 관한 규정'에 대하여 헌법재판소에서 그 위헌성을 판단한 사건이다.

헌법재판소는, 변협의 유권해석에 위반되는 광고를 금지한 규정이 법률유보원칙에 위반되어, 대가를 지급하고 광고를 금지한 규정이 과잉금지원칙에 위반되어 청구인들의 표현의 자유, 직업의 자유를 침해한다고 판단하였고, 나머지 조항들은 청구인들의 기본권을 침해하지 않는다고 판단하였다.

이 결정은 '변호사 광고에 관한 규정'의 위헌성에 대하여 최초로 판단한 사건으로, 변호사 광고에 대한 규제에 있어 변협이 변호사법으로부터 위임된 범위 안에서 명확하게 규율 범위를 정하여야 한다는 점, 기술의 발전에 따라 등장하는 새로운 매체 대하여도 광고표현의 기본권적 성질을 고려하여 규율 범위를 정하여야 한다는 점 등을 판단하였다는 데 그 의의가 있다.

38 아동학대관련범죄전력자 어린이집 취업제한 사건

> 2022.9.29. 2019헌마813 [영유아보육법 제16조 제8호 등 위헌확인]　　　　　　　[위헌]

1. 사건의 개요

청구인 임○○는 보육교사로 근무하였던 사람으로, 2016. 6. 21.에서 6. 29. 사이에 범한 아동학대범죄의처벌등에관한특례법위반(아동복지시설종사자등의아동학대가중처벌)죄로 2017. 8. 11. 벌금 500만 원을 선고받았고(의정부지방법원 고양지원 2017고단708), 항소하였으나 2018. 8. 30. 항소기각판결을 선고받았으며(의정부지방법원 2017노2333), 상고하였으나 2019. 7. 4. 상고기각판결을 선고받아(대법원 2018도14933), 위 판결이 확정되었다. 이에 따라 2019. 9. 20. 청구인 임○○의 보육교사자격이 취소되었다.

청구인은 아동학대관련범죄로 벌금형이 확정된 날부터 10년이 지나지 아니한 사람은 어린이집을 설치·운영하거나 어린이집에 근무할 수 없고, 같은 이유로 자격이 취소되면 그 취소된 날부터 10년 간 자격을 재교부받지 못하도록 규정한 영유아보육법 제16조 제8호 후단, 제20조 제1호, 제48조 제2항 제2호가 청구인들의 직업의 자유를 침해한다고 주장하면서, 2019. 7. 25. 이 사건 헌법소원심판을 청구하였다.

2. 심판의 대상

영유아보육법(2015. 5. 18. 법률 제13321호로 개정된 것)
제16조(결격사유) 다음 각 호의 어느 하나에 해당하는 자는 어린이집을 설치·운영할 수 없다.
   8. 제54조 제2항부터 제4항까지의 규정에 따라 300만 원 이상의 벌금형이 확정된 날부터 2년이 지나지 아니한 사람 또는 「아동복지법」 제3조 제7호의2에 따른 아동학대관련범죄로 벌금형이 확정된 날부터 10년이 지나지 아니한 사람
제20조(결격사유) 다음 각 호의 어느 하나에 해당하는 자는 어린이집에 근무할 수 없다.
   1. 제16조 각 호의 어느 하나에 해당하는 자
제48조(어린이집의 원장 또는 보육교사의 자격취소) ② 보건복지부장관은 제1항에 따라 자격이 취소된 사람에게는 그 취소된 날부터 다음 각 호의 구분에 따라 자격을 재교부하지 못한다.
   2. 제1항 제3호에 해당하는 경우: 10년(다만, 「아동복지법」 제3조 제7호의2에 따른 아동학대관련범죄로 금고 이상의 실형을 선고받고 그 집행이 종료되거나 집행이 면제된 날부터 20년이 지나지 아니한 사람 또는 「아동복지법」 제3조 제7호의2에 따른 아동학대관련범죄로 금고 이상의 형의 집행유예가 확정된 날부터 20년이 지나지 아니한 사람에게는 자격을 재교부할 수 없다)

구 영유아보육법(2013. 8. 13. 법률 제12068호로 개정되고 2015. 5. 18. 법률 제13321호로 개정되기 전의 것)

제48조(어린이집의 원장 또는 보육교사의 자격취소) ② 보건복지부장관은 제1항에 따라 자격이 취소된 사람에게는 그 취소된 날부터 2년 이내에는 자격을 재교부하지 못한다. 다만, 제1항 제3호에 따라 자격이 취소된 경우에는 그 취소된 날부터 10년 이내에는 자격을 재교부하지 못한다.

[관련 조항]

아동복지법(2014. 1. 28. 법률 제12361호로 개정된 것)

제3조(정의) 이 법에서 사용하는 용어의 뜻은 다음과 같다.

　　7의2. "아동학대관련범죄"란 다음 각 목의 어느 하나에 해당하는 죄를 말한다.

　　　　가. 「아동학대범죄의 처벌 등에 관한 특례법」 제2조 제4호에 따른 아동학대범죄

아동학대범죄의 처벌 등에 관한 특례법(2014. 1. 28. 법률 제12341호로 제정된 것)

제2조(정의) 이 법에서 사용하는 용어의 뜻은 다음과 같다.

　　4. "아동학대범죄"란 보호자에 의한 아동학대로서 다음 각 목의 어느 하나에 해당하는 죄를 말한다.

　　　　타. 「아동복지법」 제71조 제1항 각 호의 죄(제3호의 죄는 제외한다)

　　　　파. 가목부터 타목까지의 죄로서 다른 법률에 따라 가중처벌되는 죄

영유아보육법(2015. 5. 18. 법률 제13321호로 개정된 것)

제48조(어린이집의 원장 또는 보육교사의 자격취소) ① 보건복지부장관은 어린이집의 원장 또는 보육교사가 다음 각 호의 어느 하나에 해당하면 그 자격을 취소할 수 있다.

　　3. 「아동복지법」 제3조 제7호의2에 따른 아동학대관련범죄로 처벌을 받은 경우

3. 주 문

영유아보육법(2015. 5. 18. 법률 제13321호로 개정된 것) 제16조 제8호 후단 중 아동복지법 제17조 제5호를 위반하여 아동복지법 제71조 제1항 제2호로 처벌받은 경우에 관한 부분, 같은 법 제20조 제1호 중 제16조 제8호 후단 가운데 아동복지법 제17조 제5호를 위반하여 아동복지법 제71조 제1항 제2호로 처벌받은 경우에 관한 부분, 같은 법 제48조 제2항 제2호 본문 중 아동복지법 제17조 제5호를 위반하여 아동복지법 제71조 제1항 제2호에 따라 처벌받은 경우에 관한 부분은 헌법에 위반된다.

Ⅰ. 판시사항

아동학대관련범죄로 벌금형이 확정된 날부터 10년이 지나지 아니한 사람은 어린이집을 설치·운영하거나 어린이집에 근무할 수 없고, 같은 이유로 보육교사 자격이 취소되면 그 취소된 날부터 10년간 자격을 재교부받지 못하도록 한, 영유아보육법 제16조 제8호 후단 중 아동복지법 제17조 제5호를 위반하여 아동복지법 제71조 제1항 제2호로 처벌받은 경우에 관한 부분, 같은 법 제20조 제1호 중 제16조 제8호 후단 가운데 아동복지법 제17조 제5호를 위반하여 아동복지법 제71조 제1항 제2호로 처벌받은 경우에 관한 부분, 같은 법 제48조 제2항 제2호 본문 중 아동복지법 제17조 제5호를 위반하여 아동복지법 제71조 제1항 제2호에 따라 처벌받은 경우에 관한 부분(위 조항들을 모두 합하여 '심판대상조항'이라 한다)이 직업선택의 자유를 침해하는지 여부(적극)

Ⅱ. 결정요지

1. 제한되는 기본권 및 심사기준

청구인 임○○는 심판대상조항(이하 '구 자격재교부 금지조항'을 제외한 나머지 심판대상조항을 말한다)에 의하여 벌금형이 확정된 날부터 10년 동안 영유아보육법 제2조 제3호의 어린이집을 설치·운영하거나 어린이집에 근무할 수 없고, 보육교사 자격을 재교부 받을 수 없게 되었다. 이는 일정한 직업을 선택함에 있어 기본권 주체의 능력

과 자질에 따른 제한에 해당하므로 이른바 '주관적 요건에 의한 좁은 의미의 직업선택의 자유'에 대한 제한에 해당한다.

2. 직업선택의 자유 침해 여부

(1) 심판대상조항(이하 '구 자격재교부 금지조항'을 제외한 나머지 심판대상조항을 말한다)은 아동학대관련범죄로 벌금형이 확정된 후 10년이 지나지 아니한 자는 어린이집의 설치·운영 및 어린이집에서의 근무를 하지 못하도록 하여 6세 미만의 취학 전 아동인 영유아에 대한 학대를 예방함으로써 영유아를 건강하고 안전하게 보육하기 위한 것으로 입법목적은 정당하고, 이를 통해 영유아에 대한 보육이 안전하게 이루어질 수 있으므로 수단의 적합성도 인정된다.

(2) 그러나, 아동학대관련범죄전력자에 대해 범죄전력만으로 장래에 동일한 유형의 범죄를 다시 저지를 것이라고 단정하기는 어려움에도 불구하고, 심판대상조항은 오직 아동학대관련범죄전력에 기초해 10년이라는 기간 동안 일률적으로 취업제한의 제재를 부과하는 점, 이 기간 내에는 취업제한 대상자가 그러한 제재로부터 벗어날 수 있는 어떠한 기회도 존재하지 않는 점, 재범의 위험성에 대한 사회적 차원의 대처가 필요하다 해도 개별 범죄행위의 태양을 고려한 위험의 경중에 대한 판단이 있어야 하는 점 등에 비추어 볼 때, 심판대상조항은 침해의 최소성 요건을 충족했다고 보기 어렵다.

이러한 문제점을 해결하기 위해서는 아동학대관련범죄전력자에게 재범의 위험성이 있는지 여부, 있다면 어느 정도로 취업제한을 해야 하는지를 구체적이고 개별적으로 심사하는 절차가 필요하다. 이 심사의 세부적 절차와 심사권자 등에 관해서는 추후 심도 있는 사회적 논의가 필요하겠지만, 10년이라는 현행 취업제한기간을 상한으로 두고 법관이 대상자의 취업제한기간을 개별적으로 심사하는 방식도 하나의 대안이 될 수 있다.

(3) 영유아를 아동학대관련범죄로부터 보호하여 영유아를 건강하고 안전하게 보육하고, 어린이집에 대한 윤리성과 신뢰성을 높여 영유아 및 그 관계자들이 어린이집을 믿고 이용하도록 하는 것은 우리 사회의 중요한 공익에 해당한다. 그러나 심판대상조항은 일률적으로 10년의 취업제한을 부과한다는 점에서 죄질이 가볍고 재범의 위험성이 낮은 범죄전력자들에게 지나치게 가혹한 제한이 될 수 있어, 그것이 달성하려는 공익의 무게에도 불구하고 법익의 균형성 요건을 충족하지 못한다.

(4) 따라서 심판대상조항은 과잉금지원칙에 위배되어 직업선택의 자유를 침해한다.

결정의 의의

헌법재판소는 2018.6.28. 2017헌마130등 결정에서 아동학대관련범죄로 형이 확정된 자는 10년간 아동관련기관(체육시설, 학교)에 취업을 제한한 아동복지법 조항을 위헌으로 결정하였고, 이에 따라 아동복지법 제29조의3은 법률에 의한 10년간의 일률적 취업제한에서 법원이 판결 선고 시 10년을 상한으로 하여 취업제한명령을 선고하는 것으로 개정되었다.

이 사건은 위 결정과 같은 취지에서 아동학대관련범죄의 경중, 재범의 위험성에 대한 개별·구체적 심사를 통해 취업제한의 제재를 부과하는 것이 직업선택의 자유 보장과 조화될 수 있음을 재확인한 것이다.

39 변호사시험에서 코로나19 확진환자 응시 금지 등 사건

2023.2.23. 2020헌마1736 [법무부공고 제2020-360호 등 위헌확인]   [위헌확인]

1. 사건의 개요

피청구인 법무부장관은 2020. 9. 18. '2021년도 제10회 변호사시험 실시계획 공고'(법무부공고 제2020-269호)를 하면서 제10회 변호사시험(이하 '이 사건 변호사시험'이라 한다)의 시험기간을 2021. 1. 5.부터 2021. 1. 9.까지(2021. 1. 7.은 휴식일)로 정하였고, 청구인들은 이 사건 변호사시험에 응시할 예정이었다.

피청구인은 2020. 11. 20. '제10회 변호사시험 일시·장소 및 응시자준수사항 공고'(법무부공고 제2020-360호, 이하 '이 사건 공고'라 한다)와 2020. 11. 23. '코로나19 관련 제10회 변호사시험 응시자 유의사항 등 알림'(이하 '이 사건 알림'이라 한다)을 하면서, 코로나19 확진환자의 응시를 금지하고, 자가격리자 및 고위험자의 응시를 제한하였다.

청구인들은 2020. 12. 29. 이 사건 공고 및 이 사건 알림이 청구인들의 직업선택의 자유, 건강권 및 생명권, 평등권을 침해한다고 주장하면서 이 사건 헌법소원심판을 청구함과 동시에 위 사건의 종국결정 선고시까지 이 사건 공고 및 이 사건 알림의 효력정지를 구하는 효력정지가처분신청(2020헌사1304)을 하였다. 가처분 신청에 대해 헌법재판소는 2021. 1. 4. 이 사건 공고 및 이 사건 알림 중 코로나19 확진환자의 응시를 금지하고, 자가격리자 및 고위험자의 응시를 제한한 부분의 효력을 정지하는 결정을 하였다.

2. 심판의 대상

이 사건 심판대상은, ① 피청구인이 2020. 11. 23.에 한 '코로나19 관련 제10회 변호사시험 응시자 유의사항 등 알림' 가운데 '(붙임 1) 코로나19 응시자 유의사항' 중 "코로나19 확진환자는 시험에 응시할 수 없습니다." 부분(이하 '이 사건 확진환자 응시금지'라 한다), ② 피청구인이 2020. 11. 20.에 한 '제10회 변호사시험 일시·장소 및 응시자준수사항 공고'(법무부공고 제2020-360호) 제4의 나.항 '자가격리자 시험 응시 사전 신청' 가운데 신청기간 중 "2021. 1. 3.(일) 18:00" 부분 및 "사전 신청 마감을 2021. 1. 3.(일) 18:00까지로 제한" 부분, 피청구인이 2020. 11. 23.에 한 '코로나19 관련 제10회 변호사시험 응시자 유의사항 등 알림' 가운데 '(붙임 1) 코로나19 응시자 유의사항'의 '자가격리자 시험 응시 사전 신청'의 신청기간 중 "2021. 1. 3.(일) 18:00" 부분 및 "사전 신청 마감을 2021. 1. 3.(일) 18:00까지로 제한" 부분(이하 '이 사건 자가격리자 신청기한 제한'이라 한다), ③ 피청구인이 2020. 11. 23.에 한 '코로나19 관련 제10회 변호사시험응시자 유의사항 등 알림' 가운데 '(붙임 3) 응시자 시험장 출입 및 발열 검사 절차' 중 '고위험자의 의료기관 이송'에 관한 부분(이하 '이 사건 고위험자 이송'이라 한다)이 각 청구인들의 기본권을 침해하는지 여부이다(이하 위 심판대상을 통틀어 '이 사건 응시제한'이라 한다).

3. 주 문

피청구인이 2020. 11. 20.에 한 '제10회 변호사시험 일시·장소 및 응시자준수사항 공고'(법무부공고 제2020-360호) 제4의 나.항 '자가격리자 시험 응시 사전 신청' 가운데 신청기간 중 "2021. 1. 3.(일) 18:00" 부분 및 "사전 신청 마감을 2021. 1. 3.(일) 18:00까지로 제한" 부분과, 피청구인이 2020. 11. 23.에 한 '코로나19 관련 제10회 변호사시험 응시자 유의사항 등 알림' 가운데 '(붙임 1) 코로나19 응시자 유의사항' 중 "코로나19 확진환자는 시험에 응시할 수 없습니다." 부분, '자가격리자 시험 응시 사전 신청'의 신청기간 중 "2021. 1. 3.(일) 18:00" 부분 및 "사전 신청 마감을 2021. 1. 3.(일) 18:00까지로 제한" 부분, '(붙임 3) 응시자 시험장 출입 및 발열 검사 절차' 중 '고위험자의 의료기관 이송'에 관한 부분은 각 청구인들의 직업선택의 자유를 침해하여 위헌임을 확인한다.

Ⅰ. 판시사항

1. 피청구인이 2020. 11. 23.에 한 '코로나19 관련 제10회 변호사시험 응시자 유의사항 등 알림'(이하 '이 사건 알림'이라 한다) 중 코로나바이러스감염증-19(이하 '코로나19'라 한다) 확진환자의 시험 응시를 금지한 부분이 청구인들의 직업선택의 자유를 침해하는지 여부(적극)

2. 피청구인이 2020. 11. 20.에 한 '제10회 변호사시험 일시·장소 및 응시자준수사항 공고'(법무부공고 제2020-360호)(이하 '이 사건 공고'라 한다) 및 이 사건 알림 중 각 자가격리자의 사전 신청 마감 기한을 '2021. 1. 3.(일) 18:00'까지로 제한한 부분이 청구인들의 직업선택의 자유를 침해하는지 여부(적극)

3. 이 사건 알림 중 고위험자를 의료기관에 이송하도록 한 부분이 청구인들의 직업선택의 자유를 침해하는지 여부(적극)

Ⅱ. 결정요지

1. 확진자의 응시금지 부분의 위헌성

시험장 개수가 확대됨으로써 응시자들이 분산되고, 시험장 내에서 마스크를 착용하게 함으로써 비말이 전파될 가능성을 최소화할 수 있으며, 자가격리자나 유증상자는 별도의 장소에서 시험에 응시하도록 하는 등 시험장에서의 감염위험을 예방하기 위한 각종 장치가 마련된 사정을 고려할 때, 피청구인으로서는 응시자들의 응시 제한을 최소화하는 방법을 택하여야 할 것이다. 감염병의 유행은 일률적이고 광범위한 기본권 제한을 허용하는 면죄부가 될 수 없고, 감염병의 확산으로 인하여 의료자원이 부족할 수도 있다는 막연한 우려를 이유로 확진환자 등의 응시를 일률적으로 금지하는 것은 청구인들의 기본권을 과도하게 제한한 것이라고 볼 수밖에 없다. 확진환자가 시험장 이외에 의료기관이나 생활치료센터 등 입원치료를 받거나 격리 중인 곳에서 시험을 치를 수 있도록 한다면 감염병 확산 방지라는 목적을 동일하게 달성하면서도 확진환자의 시험 응시 기회를 보장할 수 있다. 따라서 이 사건 알림 중 코로나19 확진환자의 시험 응시를 금지한 부분은 청구인들의 직업선택의 자유를 침해한다.

2. 자가격리자의 사전신청마감기한 부분의 위헌성

자가격리자를 위한 별도의 시험장과 감독관 등의 인원이 미리 준비된 이상, 신청기한 이후에 발생한 자가격리자에 대하여 위 별도의 시험장에서 응시할 수 있도록 하는 것이 불가능하거나 어렵다고 보이지 않고, 그렇게 하더라도 시험의 운영이나 관리에 심각한 문제가 발생할 것이라고 단정할 수 없다. 그럼에도 불구하고 시험 운영 및 관리의 편의만을 이유로 신청기한 이후에 자가격리 통보를 받은 사람의 응시 기회를 박탈하는 것은 정당화되기 어렵다. 따라서 이 사건 공고 및 이 사건 알림 중 자가격리자의 사전 신청 마감 기한을 '2021. 1. 3.(일) 18:00'까지로 제한한 부분은 청구인들의 직업선택의 자유를 침해한다.

3. 고위험자의 의료기관이송 부분의 위헌성

피청구인은 시험장 출입 시나 시험 중에 발열이나 호흡기 증상이 발현된 사람을 일반 시험실과 분리된 예비 시험실에서 시험에 응시할 수 있도록 하고 있으므로 이를 통해 감염병 확산 방지의 목적을 충분히 달성할 수 있다. 또한 감염병 증상이 악화된 응시자는 본인의 의사에 따라 응시 여부를 판단할 수 있게 하더라도 시험의 운영이나 관리에 심각한 지장이 초래될 것이라고 보기 어렵다. 따라서 이 사건 알림 중, 37.5도 이상 발열이나 기침 호흡기 증상이 있는 응시자 중 고위험자를 의료기관에 이송하도록 한 부분은 청구인들의 직업선택의 자유를 침해한다.

결정의 의의

이 사건은 코로나19가 유행하던 2021. 1.초 시행 예정이던 제10회 변호사시험에서 확진환자의 응시를 금지하고, 자가격리자 및 고위험자의 응시를 제한한 법무부 공고에 관하여 판단한 사건이다.

헌법재판소는, 시험장에서의 대규모 감염위험을 예방하기 위하여 시험장의 분산, 마스크 착용 등 각종 조치가 마련된 점, 그리고 확진환자가 입원치료를 받는 곳에서 이 사건 변호사시험을 치를 수 있도록 하거나, 자가격리자가 별도의 시험장에서 응시할 수 있도록 하는 방법, 고위험자가 본인의 의사에 따라 시험을 중단하거나 의료기관 이송을 요청하도록 하는 방법 등 청구인들의 기본권을 덜 제한하면서도 감염병의 확산을 예방하고 시험을 원활하게 운영 및 관리할 수 있는 방법들이 있었던 점에 비추어, 피청구인이 막연한 염려를 이유로 확진환자 등의 시험 응시를 일률적으로 금지한 것은 청구인들의 기본권을 과도하게 제한한 것이라고 판단하였다.

[관련사건 - 2021헌마48] 한편, 헌법재판소는 같은 날 선고된 2021헌마48 결정에서 중등교사 임용시험에서 코로나19 확진자의 응시를 금지하고 자가격리자 및 접촉자의 응시를 제한한 강원도교육청 공고에 대한 청구인들의 심판청구가 모두 부적법하다고 판단하였다. 위 사건은 시험 시행 전에 확진자의 응시를 허용하는 것으로 교육부 등의 지침이 변경되었고, 피청구인인 강원도교육감도 변경 안내를 통해 위 금지조치를 철회하였으며, 위 공고의 해석에 의할 때 자가격리자 및 접촉자에 대하여는 응시가 허용되었다는 점에서 이 사건과 결론을 달리하게 된 것이다.

재판청구권

40 가습기살균제 제품의 표시 · 광고에 관한 공정거래위원회의 사건처리 위헌확인 사건

2022.9.29. 2016헌마773 [심의절차종료결정 위헌확인]　　　　　　　　　　　　　　　**[위헌확인, 각하]**

1. 사건의 개요

(1) 'ㅇㅇ'(이하 '이 사건 제품'이라 한다)는, 2017. 12. 1. 상호변경 및 분할되기 전의 구 ㅁㅁ 주식회사(이하 '구 ㅁㅁ'이라 한다)가 제조하고 △△ 주식회사(이하 '△△'이라 하고, 구 ㅁㅁ과 합하여 '피심인들'이라 한다)가 판매하였던 가습기살균제 제품이다. 가습기살균제란 미생물 번식과 물때 발생을 예방할 목적으로 가습기 내의 물에 첨가하여 사용하는 제제(製劑) 또는 물질을 말하는 것으로서(가습기살균제 피해구제를 위한 특별법 제2조 제1호 참조), 이 사건 제품은 클로로메틸이소티아졸리논(CMIT)과 메틸이소티아졸리논(MIT)의 혼합물인 CMIT/MIT 성분을 함유하고 있었다.

(2) 청구인은 환경부장관으로부터 가습기살균제 건강피해를 인정받은 사람이다. 청구인은 2016. 4. 20. 피청구인에게, 피심인들이 이 사건 제품의 라벨에 흡입을 유도하는 표시를 하고 인체에 무해하다는 내용의 신문광고를 하는 등 '표시 · 광고의 공정화에 관한 법률'(이하 '표시광고법'이라 한다) 제3조 제1항에 위반된 표시 · 광고를 하였다고 신고하면서 [별지 1] 기재 표시 · 광고2, 3을 제출하였고, 2016. 5. 13. [별지 1] 기재 표시 · 광고4, 2016. 6. 29. [별지 1] 기재 표시 · 광고5 내지 7, 2016. 8. 10. [별지 1] 기재 표시 · 광고1 등의 자료를 추가로 제출하였다(이하 [별지 1] 기재 표시 · 광고들을 각각 순번으로 지칭할 때 '[별지 1] 기재' 표기는 생략한다).

(3) 피청구인 소속 담당심사관(이하 '담당심사관'이라 한다)은 위와 같은 청구인의 신고에 의해 개시된 사건(이하 '청

구인 신고사건'이라 한다)에 관하여 표시·광고1, 2, 4가 기만적인 표시·광고에 해당한다는 내용의 심사보고서를 작성한 뒤, 2016. 7. 27. 피청구인 제3소회의(이하 '제3소회의'라 한다)에 제출하였다(사건번호 2016서소2191호). 제3소회의는 위 사건에 관하여 2016. 8. 19. 심의를 종결하고, 2016. 10. 5. 다음과 같은 사유로 표시·광고1, 2, 4에 대하여 심의절차종료결정을 하였다(의결 제2016-285호).

1) 표시·광고1, 2의 경우, 보건복지부 질병관리본부와 환경부의 조사결과가 상치되고 있고 환경부의 추가적 연구조사가 진행되고 있는 점 등을 고려할 때, 이 사건 제품의 인체 위해성 여부가 최종 확인된 이후 위법 여부를 판단할 필요가 있으므로, '사건의 사실관계에 대한 확인이 곤란하여 법위반 여부의 판단이 불가능한 경우'에 해당한다(구 공정거래위원회 회의 운영 및 사건절차 등에 관한 규칙 제46조 제4호).

2) 표시·광고4의 경우, 해당 사보는 월 정기간행물로서 2005년 1월호의 발간에 따라 배포가 종료된 점, 이후에는 ▽▽ 그룹의 홈페이지 내에서 피디에프(PDF) 형태의 데이터베이스(DB)로서만 접근이 가능했던 점 등을 고려할 때 표시광고법 적용이 곤란하다.

(4) 한편, 담당심사관은 다음과 같은 사유로 표시·광고3 및 5 내지 7을 심사대상에서 제외하였다. 그 결과 2016. 7. 27. 청구인 신고사건에 관한 심의를 위하여 제3소회의에 제출된 심사보고서에는, 표시·광고3 및 5 내지 7에 관한 내용이 포함되어 있지 않다.

1) 표시·광고3의 경우, 구 ㅁㅁ의 전신인 주식회사 ◇◇이 1994년에 제조하여 판매한 가습기살균제 제품인 '◎◎'에 관한 광고로서, 표시광고법 제정 전에 이루어진 것이므로 표시광고법의 적용대상에 해당하지 않는다.

2) 표시·광고5 내지 7의 경우, ① 기자 이름이 명시된 신문기사의 형식으로서 표시광고법상 광고라고 보기 어렵거나, ② 이 사건 제품의 공식적인 표시·광고 수단인 라벨, 홈페이지 등에 '인체무해'라는 내용이 없고 이 사건 제품에 관한 인터넷 신문기사검색 결과 '인체무해'를 언급하지 않은 것도 많아 피심인들이 '인체무해'라는 문구를 직접 사용하도록 한 것인지 불분명하며, ③ 설령 피심인들이 행한 광고에 해당한다고 하더라도 '인체무해'를 언급한 인터넷 신문기사는 2005. 10.경에 집중되어 있고 이후에는 지속되지 않아 2005년경부터 5년의 처분시효가 도과하였다.

(5) 청구인은 2016. 9. 8. 청구인 신고사건에 관하여 행해진 위 (3)항 및 (4)항 기재와 같은 피청구인의 사건처리에 대하여 이 사건 헌법소원심판을 청구하였다.

(6) 한편 환경부장관은 2012. 9. 5. CMIT/MIT 성분을 유독물질로 지정하였으며, 2015. 4. 21., 2016. 8. 18. 등 여러 차례에 걸쳐 이 사건 제품을 단독으로 사용한 소비자들에 대하여 이 사건 제품으로 인한 폐질환 피해 등을 인정하고 의료비 등 정부지원금을 지급하였다. 또한 2017. 9.경에는 피청구인에게 CMIT/MIT 성분을 함유한 가습기살균제 제품의 인체 위해성을 인정하는 공식 의견과 관련 자료 등을 송부하였다. 이후 피청구인은 표시·광고1, 2에 대한 재조사를 한 뒤(사건번호 2017안정2404호 및 2018안정0665호), '△△', 구 ㅁㅁ에서 상호가 변경된 '▷▷ 주식회사', 위 회사로부터 생활화학용품 제조·가공업 등의 사업부문이 분할되어 신설된 'ㅁㅁ 주식회사' 등에 대하여 2018. 2. 12. 및 2018. 2. 28. 표시광고법위반 혐의로 고발하고(결정 제2018-018호 및 제2018-020호), 2018. 3. 19. 시정명령, 과징금부과명령 등의 행정처분을 하였다(의결 제2018-093호).

2. 심판의 대상

이 사건 심판대상은, 피청구인이 (1) 2016. 10. 5. 의결 제2016-285호로 표시·광고1, 2, 4에 대하여 한 심의절차종료결정(이하 '이 사건 종료결정'이라 한다) 및 (2) 2016. 7.경 표시·광고3 및 5 내지 7을 심사대상에서 제외한 행위(이하 '이 사건 제외행위'라 한다)가 청구인의 기본권을 침해하는지 여부이다.

3. 주 문

1. 피청구인이 2016. 7.경 [별지 1] 기재 표시·광고5 내지 7을 심사대상에서 제외한 행위는 청구인의 평등권과 재판절차진술권을 침해한 것이므로 위헌임을 확인한다.

2. 청구인의 나머지 심판청구를 모두 각하한다.

Ⅰ. 판시사항

1. 구 □□ 주식회사가 제조하고 △△ 주식회사(이하 '△△'이라 한다)가 판매하였던 가습기살균제 제품인 '○○' (이하 '이 사건 제품'이라 한다)의 표시·광고에 관한 사건처리에 있어서, 피청구인이 이 사건 제품 관련 인터넷 신문기사 3건을 심사대상에서 제외한 행위가 청구인의 평등권과 재판절차진술권을 침해하였는지 여부 (적극)

2. 피청구인이 이 사건 제품의 라벨 표시, 이 사건 제품 관련 △△의 홈페이지 광고, 이 사건 제품 관련 ▽▽ 그룹의 사보 기사에 대하여 한 심의절차종료결정 및 주식회사 ◇◇의 가습기살균제 제품에 관한 지면 신문광고를 심사대상에서 제외한 행위를 다투는 각 심판청구가 적법한지 여부(소극)

Ⅱ. 결정요지

1. 이 사건 종료결정에 대한 심판청구

라벨 표시 및 △△의 홈페이지 광고의 경우 피청구인이 재조사를 진행하여 고발 및 행정처분을 한 바 있으므로, 이 부분 심판청구는 이미 효력을 잃은 공권력 행사를 다투는 것에 해당한다. ▽▽ 그룹 사보 기사의 경우 해당 기사가 더 이상 노출되지 않은 2009년경부터, 주식회사 ◇◇ 제품 광고의 경우 ◇◇이 상호를 변경하고 해당 제품을 더 이상 판매하지 않은 1999년경부터 각각 기산하면 공소시효와 처분시효가 만료되었다고 할 것이므로, 이 부분 심판청구들은 모두 권리보호이익이 없다. 따라서 이 부분 심판청구들은 모두 부적법하다.

2. 이 사건 제외행위에 대한 심판청구

(1) 표시·광고3을 심사대상에서 제외한 행위

이 부분 심판청구 역시 표시·광고3에 대한 공소시효와 처분시효가 모두 만료된 후에 제기된 것으로서, 권리보호이익이 없어 부적법하다.

(2) 표시·광고5 내지 7을 심사대상에서 제외한 행위

피청구인이 표시·광고5 내지 7을 심사대상에서 제외한 사유들은, 다음과 같은 이유에서 모두 수긍하기 어렵다.

(가) 피청구인은 기자 이름이 명시된 신문기사의 형식이어서 표시광고법상 광고라고 보기 어렵다고 하였으나, 표시광고법상 광고란 '사업자가 상품에 관한 일정한 사항을 정기간행물 등의 매체를 통하여 소비자에게 널리 알리거나 제시하는 일체의 행위'를 의미하고, 법원은 사업자가 언론사에 보도자료를 배포하여 신문기사의 형식을 취한 경우에도 이에 해당한다고 판단한 바 있다.

(나) 피청구인은 피심인들이 '인체무해'라는 문구를 직접 사용하도록 한 것인지 불분명하다고 하였으나, 이 사건 제품의 라벨 중에는 인체에 안전하다는 내용의 문구가 명시된 것도 존재하였을 뿐만 아니라, 애경산업은 이 사건 제품에 관하여 '인체안전'을 강조하는 보도자료를 배포한 바도 있었다. 무엇보다 표시·광고5 내지 7에는 모두 '애경산업 홈크리닝 마케팅 매니저'의 설명이 동일한 내용으로 직접 인용된 부분이 존재하는바, 이는 애경산업이 광고의 목적으로 신문사에 해당 자료를 보내 게재를 요청하였음을 뒷받침한다고 할 수 있다.

(다) 피청구인은 '인체무해'를 언급한 인터넷 신문기사가 2005. 10.경에 집중되어 있고 이후에는 지속되지 않아 2005년경부터 5년의 처분시효가 도과하였다고 하였으나, 이 사건 제품은 2017. 10.경에도 판매 목적으로 진열되어 있었던 점, 표시·광고5 내지 7은 최근까지도 인터넷에서 검색하면 열람이 가능한 상태로 존재하고 있는 점, 법원은 인터넷에 게시된 광고물의 경우 삭제될 때까지 위법상태가 계속된다는 취지의 설시를 한 바도 있는 점 등을 고려할 때, 공소시효와 처분시효가 아직 만료되지 않았다고 판단될 여지가 남아 있다.

나아가, 표시·광고5 내지 7 중에는 이 사건 제품이 인체에 안전하다는 내용이 기재된 것도 있는바 '거짓·과장의 광고'에 해당하는지 여부가 문제되므로, 이에 대한 심사절차를 진행하는 것은 다음과 같이 특히 중요한 의미가 있었다.

표시광고법 제5조 제1항에 의하면 거짓·과장의 광고와 관련하여 그 내용이 진실임을 입증할 책임은 사업자측에 있으므로, 이 사건 제품이 인체에 안전하다는 사실에 대한 입증책임은 피심인들에게 있는 것이었다. 피청구인은 이 사건 종료결정 당시까지 이 사건 제품의 인체 위해성 여부가 확인되지 않았다고 판단한바, 만약 표시·광고5 내지 7에 대하여도 심사절차를 진행하여 심의절차까지 나아갔더라면 이 사건 제품의 인체 안전성이 입증되지 못하였다는 이유로 거짓·과장의 광고에 해당한다고 보아 시정명령·과징금 등의 행정처분을 부과할 가능성이 있었다.

마찬가지의 이유에서 피청구인이 표시·광고5 내지 7에 대한 심사절차를 진행하여 심의절차까지 나아갔더라면, 거짓·과장의 광고행위로 인한 표시광고법위반죄의 미필적 고의가 인정되어 피청구인의 고발 및 이에 따른 형사처벌이 이루어질 가능성도 있었다. 위 죄는 피청구인에게 전속고발권이 있어 피청구인의 고발이 없으면 공소제기가 불가능한바, 피청구인이 표시·광고5 내지 7을 심사대상에서 제외함으로써 공소제기의 기회를 차단한 것은 청구인의 재판절차진술권 행사를 원천적으로 봉쇄하는 결과를 낳는 것이었다.

위와 같은 사정들을 모두 종합하여 보면, 피청구인이 표시·광고5 내지 7을 심사대상에서 제외한 행위는, 현저히 정의와 형평에 반하는 조사 또는 잘못된 법률의 적용 또는 증거판단에 따른 자의적인 것으로서, 그로 인하여 청구인의 평등권과 재판절차진술권이 침해되었다.

결정의 의의

피청구인의 사건처리는, 심사관의 '심사' 및 심사보고서를 제출받은 전원회의 또는 소회의의 '심의·의결' 과정으로 행해진다. 담당심사관은 '심사' 단계에서 표시·광고3 및 5 내지 7을 심사대상에서 제외함으로써 이후의 단계로 진행시키지 않았고, 표시·광고1, 2, 4의 경우 '심사' 단계를 거쳐 제3소회의의 '심의·의결' 단계까지 진행되었으나 심의절차종료결정이 내려졌다. 이 사건 결정은, 위와 같은 피청구인의 사건처리 중 표시·광고5 내지 7을 심사대상에서 제외한 행위가 청구인의 기본권을 침해하였다고 판단한 것이다.

위 심의절차종료결정 이후 피청구인은 표시·광고1, 2에 대하여 재조사를 한 뒤 고발 및 행정처분을 행한 바 있다. 그러나 표시·광고1, 2의 경우 '기만적인 표시·광고' 여부만이 문제되었다면, 표시·광고5 내지 7에는 '인체에 안전'하다는 내용이 존재하여 '거짓·과장의 광고' 여부도 문제된다. 거짓·과장의 광고와 관련하여 그 내용이 진실임을 입증할 책임은 사업자 측에 있으므로, 이 사건 제품의 인체 위해성 여부를 확인할 수 없는 경우라면 거짓·과장의 광고에 해당한다는 판단이 행해질 수 있다.

참고로, 다른 회사가 PHMG/PGH 성분을 사용한 가습기살균제 제품 라벨에 '인체에 안전한 성분'이라고 표기한 행위에 대하여는, 이미 '거짓의 표시행위'라는 이유로 형사처벌 및 행정처분이 행해진 바 있다.

이 사건 결정에 따라, 표시·광고5 내지 7에 관하여도 피청구인의 재조사가 이루어질 것으로 예상된다.

41 군사법원법상 비용보상청구권의 6개월 제척기간 사건

| 2023.8.31. 2020헌바252 【군사법원법 제227조의12 제2항 위헌소원】 | [위헌] |

1. 사건의 개요

청구인은 2017. 3. 17. 강간, 공문서위조, 위조공문서행사 혐의로 구속 기소된 후 2017. 6. 27. 육군교육사령부 보통군사법원에서 위 공소사실에 대하여 모두 유죄로 인정되어 징역 2년을 선고받고(2017고2), 2017. 12. 6. 항소심인 고등군사법원에서 공문서위조, 위조공문서행사는 유죄로, 강간의 점에 대하여 무죄를 선고받아, 2017. 12. 14. 확정되었다(2017노291).

청구인은 2020. 3. 3. 고등군사법원에 군사법원법 제227조의11에 따른 비용보상청구를 함과 동시에(2020코2) 비용보상청구권의 제척기간을 정한 군사법원법 제227조의12 제2항에 대하여 위헌법률심판제청신청을 하였으나 (2020초기1), 고등군사법원은 무죄판결이 확정된 날부터 6개월의 청구기간이 도과되었다는 이유로 2020. 3. 11. 청구인의 비용보상청구를 각하함과 동시에 위 신청을 기각하였다. 청구인은 2020. 4. 11. 위 조항에 대하여 이 사건 헌법소원심판을 청구하였다.

2. 심판의 대상

구 군사법원법(2009. 12. 29. 법률 제9841호로 개정되고, 2020. 6. 9. 법률 제17367호로 개정되기 전의 것)
제227조의12(비용보상의 절차 등) ② 제1항에 따른 청구는 <u>무죄판결이 확정된 날부터 6개월 이내에 하여야 한다.</u>

[관련조항]

군사법원법(2009. 12. 29. 법률 제9841호로 개정된 것)
제227조의11(무죄판결과 비용보상) ① 국가는 무죄판결이 확정된 경우에는 해당 사건의 피고인이었던 사람에게 그 재판에 사용된 비용을 보상하여야 한다.
제227조의12(비용보상의 절차 등) ① 제227조의11 제1항에 따른 비용의 보상은 피고인이었던 사람의 청구에 따라 무죄판결을 선고한 군사법원에서 결정으로 한다.
제227조의13(비용보상의 범위) ① 제227조의11에 따른 비용보상의 범위는 피고인이었던 사람 또는 그 변호인이었던 사람이 공판준비 및 공판기일에 출석하기 위하여 <u>사용한 여비, 일당, 숙박료와 변호인이었던 사람에 대한 보수로 한정한다.</u> 이 경우 보상금액에 관하여는「형사소송비용 등에 관한 법률」을 준용하되, 피고인이었던 사람에게는 증인에 관한 규정을 준용하고, 변호인이었던 사람에게는 국선변호인에 관한 규정을 준용한다.

군사법원법(2020. 6. 9. 법률 제17367호로 개정된 것)
제227조의12(비용보상의 절차 등) ② 제1항에 따른 청구는 무죄판결이 확정된 사실을 안 날부터 3년, 무죄판결이 확정된 날부터 5년 이내에 하여야 한다.

형사소송법(2014. 12. 30. 법률 제12899호로 개정된 것)
제194조의3(비용보상의 절차 등) ② 제1항에 따른 청구는 무죄판결이 확정된 사실을 안 날부터 3년, 무죄판결이 확정된 때부터 5년 이내에 하여야 한다.

형사보상 및 명예회복에 관한 법률(2011. 5. 23. 법률 제10698호로 전부개정된 것)
제8조(보상청구의 기간) 보상청구는 무죄재판이 확정된 사실을 안 날부터 3년, 무죄재판이 확정된 때부터 5년 이내에 하여야 한다.

3. 주 문

구 군사법원법(2009. 12. 29. 법률 제9841호로 개정되고, 2020. 6. 9. 법률 제17367호로 개정되기 전의 것) 제227조의12 제2항은 헌법에 위반된다.

Ⅰ. 판시사항

비용보상청구권의 제척기간을 무죄판결이 확정된 날부터 6개월 이내로 규정한 구 군사법원법 제227조의12 제2항(이하 '심판대상조항'이라 한다)이 헌법에 위반되는지 여부(적극)

Ⅱ. 결정요지

1. 쟁점의 정리

심판대상조항은 군사법원에서 무죄판결이 확정된 경우 <u>피고인이 비용보상청구권을 재판상 행사할 수 있는 기간을 제한하는 규정</u>이므로, 과잉금지원칙을 위반하여 비용보상청구권자의 <u>재판청구권과 재산권을 침해하는지</u>

여부가 문제된다.

2. 과잉금지원칙 위반 여부

제척기간을 단기로 규정하는 것은 권리의 행사가 용이하고 빈번히 발생하는 것이거나, 법률관계를 신속히 확정하여 분쟁을 방지할 필요가 있는 경우이다. 그런데 군사법원법상 비용보상청구권은 이러한 사유에 해당하지 <u>않을 뿐만 아니라, 피고인의 방어권 및 재산권을 보호하기 위해서 일반적인 사법상의 권리보다 더 확실하게 보호되어야 하므로, 심판대상조항은 제척기간을 6개월이라는 단기로 규정할 합리적인 이유가 있다고 볼 수 없다.</u> 군사법원법상 피고인이 재판의 진행이나 무죄판결의 선고 사실을 모르는 경우가 발생할 수 있는데, 심판대상조항은 기산점에 관한 예외를 인정하지 않는다. <u>심판대상조항의 제척기간을 보다 장기로 규정하더라도 국가재정의 합리적인 운영을 저해한다고 보기 어려운 점 등을 고려하면, 심판대상조항은 과잉금지원칙을 위반하여 비용보상청구권자의 재판청구권 및 재산권을 침해한다.</u>

결정의 의의

무죄판결이 확정된 피고인은 국가에 대하여 소송비용 등의 보상을 청구할 수 있는 비용보상청구권을 갖게 되는데, 헌법재판소는 비용보상청구권의 제척기간을 '무죄판결이 확정된 날부터 6개월'로 정한 구 군사법원법 조항이 헌법에 위반된다고 판단하였다. 다만, 위헌에 대한 이유에 있어서는 재판관들의 의견이 상이하였다. 재판관 4인의 위헌의견은, 심판대상조항이 제척기간을 단기로 정할 합리적인 이유가 없고, 기산점에 대한 예외를 인정하지 아니하였으므로, 과잉금지원칙에 위반하여 비용보상청구권자의 재판청구권 및 재산권을 침해한다고 판단하였다. 재판관 4인의 위헌의견은 심판대상조항과 같은 내용의 구 형사소송법 조항에 대한 선례 결정(2014헌바408등)의 이유와 같이 과잉금지원칙에 위반되지는 않지만, 이후 형사소송법만 개정됨에 따라 형사소송법보다 군사법원법상 비용보상청구권의 제척기간이 단기로 규정되어 평등원칙에 위반된다고 판단하였다.

재판관 1인의 주문에 관한 반대의견은, 평등원칙 위반으로 헌법에 반한다는 의견에 동의하지만, 단순위헌결정을 하게 되면 권리구제 범위가 상당히 제한되므로, 헌법불합치결정을 하여 입법개선권고를 통해 권리구제 범위를 확대하여야 한다고 판단하였다.

헌법에 위반되는 근거 및 주문에 관한 의견은 다르지만, 비용보상청구권의 제척기간을 정한 구 군사법원법 조항이 헌법에 위반된다는 점에 대하여는 재판관 전원의 일치된 의견이라는 점에서 의의가 있다.

42 상속분가액지급청구권에 대한 10년 제척기간 사건

> 2024.6.27. 2021헌마1588 [민법 제1014조 등 위헌확인]   [위헌]

1. 사건의 개요

(1) 이○○(母)는 1969. 11. 7. 청구인을 출산한 다음 1984. 9. 1. 김□□와 혼인하였다. 김□□(表見父, 법률상 父)는 1984. 9. 17. 청구인을 인지 ('인지'란, 혼인외 출생자의 생부 또는 생모가 그 출생자를 자신의 子로 인정하여 법률상의 친자관계를 발생시키는 의사표시이다(민법 제855조). 이 사건에서 <u>김□□는 청구인의 생부가 아니었으나 청구인을 子로 인지하여 청구인의 법률상 父가 되었다.</u>)하였다.

(2) 청구인은 2019. 2.경 이○○로부터 망 김△△(1998. 1. 20. 사망)가 생부(生父)라는 이야기를 듣고, 수원가정법원 여주지원에서 <u>김□□(表見父)의 인지가 무효임을 확인받은</u> 다음, 서울가정법원에서 청구인이 망 김△△

(生父)의 친생자임을 인지받아 그 판결이 2021. 12. 21. 확정되었다.

(3) 청구인은 '상속권의 침해행위가 있은 날부터 10년'의 제척기간으로 인하여 다른 공동상속인에게 상속분가액지급청구권을 행사할 수 없게 되어 기본권이 침해된다고 주장하며, 2021. 12. 27. 이 사건 헌법소원심판을 청구하였다.

2. 심판의 대상

민법(2002. 1. 14. 법률 제6591호로 개정된 것)

제999조(상속회복청구권) ② 제1항의 상속회복청구권은 그 침해를 안 날부터 3년, 상속권의 침해행위가 있은 날부터 10년을 경과하면 소멸된다.

[관련조항]

민법(1958. 2. 22. 법률 제471호로 제정된 것)

제1014조(분할후의 피인지자 등의 청구권) 상속개시후의 인지 또는 재판의 확정에 의하여 공동상속인이 된 자가 상속재산의 분할을 청구할 경우에 다른 공동상속인이 이미 분할 기타 처분을 한 때에는 그 상속분에 상당한 가액의 지급을 청구할 권리가 있다

3. 주 문

민법(2002. 1. 14. 법률 제6591호로 개정된 것) 제999조 제2항의 '상속권의 침해행위가 있은 날부터 10년' 중 민법 제1014조에 관한 부분은 헌법에 위반된다.

Ⅰ. 판시사항

상속개시 후 인지 또는 재판확정에 의하여 공동상속인이 된 자가 다른 공동상속인에 대해 그 상속분에 상당한 가액의 지급에 관한 청구권(상속분가액지급청구권)을 행사하는 경우에도 상속회복청구권에 관한 10년의 제척기간을 적용하도록 한 민법 제999조 제2항의 '상속권의 침해행위가 있은 날부터 10년' 중 제1014조에 관한 부분(이하 '심판대상조항'이라 한다)이 청구인의 재산권과 재판청구권을 침해하는지 여부(적극)

Ⅱ. 판단

1. 제한되는 기본권

심판대상조항은 상속개시 후 인지 또는 재판확정에 의하여 공동상속인이 된 자가 상속분가액지급청구권을 행사할 경우 그 기간을 '상속권의 침해행위가 있은 날부터 10년'으로 한정하고 그 후에는 상속분가액지급청구의 소를 제기할 수 없도록 하고 있으므로, 청구인의 재산권과 재판청구권을 제한한다.

2. 재산권 및 재판청구권 침해 여부

(1) 재산권의 내용과 한계 및 재판청구권의 실현은 형식적 의미의 법률에 의한 구체적 형성이 불가피하므로 원칙적으로 입법형성의 자유에 속한다. 다만, 헌법이 재산권 및 재판청구권을 법률로 구체화하도록 정하고 있더라도(헌법 제23조 제1항, 제27조 제1항), 입법자가 이를 행사할 수 있는 형식적 권리나 이론적 가능성만을 제공할 뿐 권리구제의 실효성을 보장하지 않는다면 재산권 및 재판청구권의 보장은 사실상 무의미할 수 있으므로, 재산권 및 재판청구권에 관한 입법은 단지 형식적인 권리나 이론적인 가능성만을 허용해서는 아니되고, 권리구제의 실효성을 상당한 정도로 보장해야 한다.

민법 제1014조의 상속분가액지급청구권은 인지 또는 재판확정으로 공동상속인이 추가되기 전에 기존 공동상속인이 상속재산을 분할·처분한 경우, 추가된 공동상속인에게 민법 제999조의 상속회복청구의 방식 중 '원물반환의 방식'을 차단하여 그 분할·처분의 효력을 유지함으로써 제3취득자의 거래 안전을 존중하는 한편, 추가된 공동상속인에게는 '가액반환의 방식'만을 보장함으로써 기존 공동상속인, 제3취득자, 추가된 공동상속인 사이

의 이해관계를 조정한다.

(2) 그런데 민법 제999조 제2항의 제척기간은 상속분가액지급청구권에서 제3취득자의 거래 안전과는 무관한 것이므로, 결국 '기존의 공동상속인과 추가된 공동상속인' 사이의 권리의무관계를 조속히 안정시킨다는 기능만 수행한다. 이때 '침해를 안 날'은 인지 또는 재판이 확정된 날을 의미하므로, 그로부터 3년의 제척기간은 공동상속인의 권리구제를 실효성 있게 보장하는 것으로 합리적 이유가 있다. 그러나 <u>'침해행위가 있은 날'(상속재산의 분할 또는 처분일)부터 10년 후에 인지 또는 재판이 확정된 경우에도 추가된 공동상속인이 상속분가액지급청구권을 원천적으로 행사할 수 없도록 하는 것은 '가액반환의 방식'이라는 우회적·절충적 형태를 통해서라도 인지된 자의 상속권을 뒤늦게나마 보상해 주겠다는 입법취지에 반하며, 추가된 공동상속인의 권리구제 실효성을 완전히 박탈하는 결과를 초래한다.</u>

(3) 물론, 기존 공동상속인으로서는 인지 또는 재판확정으로 가액을 반환하게 되는 것이 당혹스러울 수 있다. 그러나 ㉠ 기존 공동상속인이 받았던 상속재산은 자신의 노력이나 대가 없이 법률규정에 의해 취득한 재산이므로 <u>'추가된 공동상속인의 상속권'을 회복 기회 없이 희생시키면서까지 '기존 공동상속인의 상속권'만을 더 보호해야 할 특별한 이유가 없는 점</u>, ㉡ 기존 공동상속인이 상속재산의 유지·증가에 특별히 기여하였다면 그 기여분은 상속재산에서 공제되므로 이를 통해 기존 공동상속인과 추가된 공동상속인의 이해관계가 조정될 수 있는 점(민법 제1008조의2), ㉢ 민법 제1014조는 제3취득자 보호를 위해 원물반환을 인정하지 않는 대신 가액반환이라는 절충적 형태로 피인지자의 상속권을 보장하겠다는 취지이므로 그 가액반환청구권 행사가능성 자체를 박탈하는 것은 정당화되기 어려운 점, ㉣ 제척기간은 일단 권리가 발생하여 일정기간 존속함을 전제로 하는데 '공동상속인이 아니었던 시점'에 이미 10년 제척기간이 도과된다면 상속분가액지급청구권의 보장은 시원적으로 형해화되는 점, ㉤ 민법은 인지청구의 소를 '사망을 안 날로부터 2년'으로 제한하고(제864조) 상속분가액지급청구권의 행사도 '침해를 안 날부터 3년'으로 제한하므로(제999조 제2항) 인지재판의 확정을 바탕으로 한 상속분가액지급청구권의 행사가 무한정 늦춰지지 않도록 이중으로 제한하는 점을 함께 고려해야 한다.

(4) 결국 상속개시 후 인지 또는 재판의 확정에 의하여 공동상속인이 된 자의 상속분가액지급청구권의 경우에도 <u>'침해행위가 있는 날부터 10년'의 제척기간을 정하고 있는 것은, 법적 안정성만을 지나치게 중시한 나머지 사후에 공동상속인이 된 자의 권리구제 실효성을 외면하는 것이므로, 심판대상조항은 입법형성의 한계를 일탈</u>하여 청구인의 재산권 및 재판청구권을 침해한다.

결정의 의의

민법 제999조 제2항은 상속회복청구권의 제척기간을 '침해를 안 날부터 3년, 침해행위가 있은 날부터 10년'으로 정하고, 민법 제1014조는 상속개시 후 인지 또는 재판확정에 의해 공동상속인이 된 자의 '상속분가액지급청구권'을 정하고 있다. 이때 상속분가액지급청구권의 행사에는 상속회복청구권의 제척기간이 적용되며, 상속재산의 분할 또는 처분이 있은 후 인지 또는 재판확정된 경우 그 10년의 제척기간은 '인지 또는 재판확정일'이 아닌 '상속재산의 분할 또는 처분일'부터 기산된다.

이와 같은 민법 조항에 따라, 망인(피상속인)의 사망으로 상속재산의 분할 또는 처분이 있은 날부터 10년이 지난 후에야 자신이 망인의 상속인인 사실을 알게 된 경우, 인지 또는 재판이 확정되어도 이미 10년의 제척기간이 도과됨으로써 진정한 상속인으로서의 권리(상속분가액지급청구권)를 전혀 행사할 수 없는 상황이 발생하여 왔다.

이 사건 결정은, <u>상속개시 후 인지 또는 재판확정으로 공동상속인이 된 자에게 상속권 회복의 기회를 제공하지 아니한 심판대상조항이 입법형성의 한계를 일탈하여 재산권과 재판청구권을 침해함을 선언한 최초의 결정</u>이다. 이 사건 결정에 따라, 심판대상조항과 관련된 기존 합헌 결정(헌재 2010. 7. 29. 2005헌바89)은 이 사건 결정과 저촉되는 범위에서 변경되었다.

2024.6.27. 2020헌마468등 [형법 제328조 제1항 등 위헌확인]　　　　　　　[헌법불합치]

1. 사건의 개요

(1) [2020헌마468] 청구인 김○○은 지적장애 3급의 장애인으로, 삼촌 등을 준사기, 횡령 혐의로 고소하였으나, 청구인의 동거친족으로서 형면제 사유가 있다는 이유로 공소권없음의 불기소처분이 이루어지자, 2020. 3. 26. 형법 제328조 제1항, 제354조, 제361조에 대하여 헌법소원심판을 청구하였다.

(2) [2020헌바341] 청구인 김ㅁㅁ은 계부를 횡령 혐의로 고소하였으나, 청구인의 동거친족으로서 형면제 사유가 있다는 이유로 공소권없음의 불기소처분이 이루어지자, 재정신청을 하고 그 소송 계속 중 형법 제328조 제1항에 대하여 위헌법률심판제청신청을 하였으나 각 신청이 모두 기각되자, 2020. 6. 26. 형법 제328조 제1항에 대하여 헌법소원심판을 청구하였다.

(3) [2021헌바420] 청구인 장△△은 파킨슨병을 앓고 있는 부친을 대리하여 부친의 자녀들을 업무상횡령 혐의로 고소하였으나, 직계혈족으로서 형면제 사유가 있다는 이유로 공소권없음의 불기소처분이 이루어지자, 재정신청을 하고 그 소송 계속 중 형법 제328조, 제344조, 제361조에 대하여 위헌법률심판제청신청을 하였으나 각 신청이 모두 기각되자, 2021. 12. 30. 형법 제328조 제1항, 제344조, 제361조에 대하여 헌법소원심판을 청구하였다.

(4) [2024헌마146] 청구인 최◆◆는 동생과 그 배우자를 청구인의 어머니(망인) 명의 예금 횡령 혐의로 고소하였으나, 직계혈족과 그 배우자로서 형면제 사유가 있다는 이유로 불송치 결정이 되자, 2024. 2. 7. 형법 제328조 제1항에 대하여 이 사건 헌법소원심판을 청구하였다.

2. 심판의 대상

형법(2005. 3. 31. 법률 제7427호로 개정된 것)
제328조(친족간의 범행과 고소) ① 직계혈족, 배우자, 동거친족, 동거가족 또는 그 배우자간의 제323조의 죄는 그 형을 면제한다.

3. 주 문

형법(2005. 3. 31. 법률 제7427호로 개정된 것) 제328조 제1항은 헌법에 합치되지 아니한다. 법원 기타 국가기관 및 지방자치단체는 2025. 12. 31.을 시한으로 입법자가 개정할 때까지 위 법률조항의 적용을 중지하여야 한다.

I. 판시사항

1. 직계혈족, 배우자, 동거친족, 동거가족 또는 그 배우자간의 권리행사방해죄는 그 형을 면제하도록 한 형법 제328조 제1항(이하 '심판대상조항'이라 한다)이 형사피해자의 재판절차진술권을 침해하는지 여부(적극)
2. 헌법불합치결정을 선고한 사례

II. 판단

1. 친족상도례의 규정 취지

　　친족상도례의 규정 취지는, 가정 내부의 문제는 국가형벌권이 간섭하지 않는 것이 바람직하다는 정책적 고려와 함께 가정의 평온이 형사처벌로 인해 깨지는 것을 막으려는 데에 있다. 가족·친족 관계에 관한 우리나라의 역사적 · 문화적 특징이나 재산범죄의 특성, 형벌의 보충성을 종합적으로 고려할 때, 경제적 이해를 같이하거나 정서적으로 친밀한 가족 구성원 사이에서 발생하는 수인 가능한 수준의 재산범죄에 대한 형사소추 내지 처벌에 관한 특례의 필요성은 수긍할 수 있다.

심판대상조항은 재산범죄의 가해자와 피해자 사이의 일정한 친족관계를 요건으로 하여 일률적으로 형을 면제하도록 규정하고 있다.

2. 재판절차진술권 침해 여부

(1) 심판대상조항은 직계혈족이나 배우자에 대하여 실질적 유대나 동거 여부와 관계없이 적용되고, 또한 8촌 이내의 혈족, 4촌 이내의 인척에 대하여 동거를 요건으로 적용되며, 그 각각의 배우자에 대하여도 적용되는데, 이처럼 넓은 범위의 친족간 관계의 특성은 일반화하기 어려움에도 일률적으로 형을 면제할 경우, 경우에 따라서는 형사피해자인 가족 구성원의 권리를 일방적으로 희생시키는 것이 되어 본래의 제도적 취지와는 어긋난 결과를 초래할 우려가 있다.

(2) 심판대상조항은 강도죄와 손괴죄를 제외한 다른 모든 재산범죄에 준용되는데, 이러한 재산범죄의 불법성이 일반적으로 경미하여 피해자가 수인 가능한 범주에 속한다거나 피해의 회복 및 친족간 관계의 복원이 용이하다고 단정하기 어렵다. 예컨대, '특정경제범죄 가중처벌 등에 관한 법률' 상 횡령이나 업무상 횡령으로서 이득액이 50억 원 이상인 경우 '무기 또는 5년 이상의 징역'으로 가중처벌될 수 있는 중한 범죄이고, 피해자의 임의의 의사를 제한하는 정도의 폭행이나 협박(공갈), 흉기휴대 내지 2인 이상 합동 행위(특수절도) 등을 수반하는 재산범죄의 경우 일률적으로 피해의 회복이나 관계의 복원이 용이한 범죄라고 보기 어렵다.

피해자가 독립하여 자유로운 의사결정을 할 수 있는 사무처리능력이 결여된 경우에 심판대상조항을 적용 내지 준용하는 것은 가족과 친족 사회 내에서 취약한 지위에 있는 구성원에 대한 경제적 착취를 용인하는 결과를 초래할 염려가 있다.

(3) 그런데 심판대상조항은 위와 같은 사정들을 전혀 고려하지 아니한 채 법관으로 하여금 형면제 판결을 선고하도록 획일적으로 규정하여, 거의 대부분의 사안에서는 기소가 이루어지지 않고 있고, 이에 따라 형사피해자는 재판절차에 참여할 기회를 상실하고 있다. 예외적으로 기소가 되더라도, '형의 면제'라는 결론이 정해져 있는 재판에서는 형사피해자의 법원에 대한 적절한 형벌권 행사 요구는 실질적 의미를 갖기 어렵다.

로마법 전통에 따라 친족상도례의 규정을 두고 있는 대륙법계 국가들의 입법례를 살펴보더라도, 일률적으로 광범위한 친족의 재산범죄에 대해 필요적으로 형을 면제하거나 고소 유무에 관계없이 형사소추할 수 없도록 한 경우는 많지 않으며, 그 경우에도 대상 친족 및 재산범죄의 범위 등이 우리 형법이 규정한 것보다 훨씬 좁다.

(4) 위와 같은 점을 종합하면, 심판대상조항은 형사피해자가 법관에게 적절한 형벌권을 행사하여 줄 것을 청구할 수 없도록 하는바, 이는 입법재량을 명백히 일탈하여 현저히 불합리하거나 불공정한 것으로서 형사피해자의 재판절차진술권을 침해한다.

3. 헌법불합치결정의 필요성

심판대상조항의 위헌성은, 일정한 친족 사이의 재산범죄와 관련하여 형사처벌의 특례를 인정하는 데 있지 않고, '일률적으로 형면제'를 함에 따라 구체적 사안에서 형사피해자의 재판절차진술권을 형해화할 수 있다는 데 있다. 심판대상조항의 위헌성을 제거하는 데에는, 여러 가지 선택가능성이 있을 수 있으며, 입법자는 충분한 사회적 합의를 거쳐 그 방안을 강구할 필요가 있다.

따라서 심판대상조항에 대하여 단순위헌결정을 하는 대신 헌법불합치결정을 선고하되 그 적용을 중지한다. 입법자는 가능한 한 빠른 시일 내에, 늦어도 2025. 12. 31.까지 개선입법을 하여야 할 의무가 있고, 2025. 12. 31.까지 개선입법이 이루어지지 않으면 심판대상조항은 2026. 1. 1.부터 효력을 상실한다.

이 사건은 재산범죄의 가해자와 피해자 사이에 일정한 친족관계가 있는 경우 일률적으로 형을 면제하도록 규정한 형법 제328조 제1항("친족상도례")에 관한 것이다.

〈친족상도례 적용대상 재산범죄: 강도죄와 손괴죄를 제외한 다른 모든 재산범죄〉

■ 형법 제344조 – 절도죄(제329조), 야간주거침입절도죄(제330조), 특수절도죄(제331조), 자동차등불법사용죄(제331조의2) 및 각 죄의 상습범(제332조)과 미수범

■ 형법 제354조 – 사기죄(형법 제347조), 컴퓨터등사용사기죄(제347조의2), 준사기죄(제348조), 편의시설부정이용죄(제348조의2), 부당이득죄(제349조), 공갈죄(제350조), 특수공갈죄(제350조의2) 및 각 죄의 상습범과 미수범(제351조, 제352조)

■ 형법 제361조 – 횡령죄와 배임죄(제355조), 업무상 횡령죄와 업무상 배임죄(제356조), 배임수증재죄(제357조) 및 각 죄의 미수범(제359조), 점유이탈물횡령죄(제360조)

■ 장물범죄에 대해서는, 장물범과 피해자 사이에 형법 제328조 제1항, 제2항의 신분관계가 있는 경우에는 형법 제328조를 준용함(형법 제365조 제1항)

■ 위와 같은 재산범죄를 가중처벌하는 특별법이 적용되는 경우에도 친족상도례를 배제한다는 명시적 규정이 없는 한 적용됨

〈친족상도례 적용대상 친족관계: "직계혈족, 배우자, 동거친족, 동거가족 또는 그 배우자"〉

■ 직계혈족 – 직계혈족은 직계존속과 직계비속을 말함

■ 배우자 – 법률상 배우자임을 요하고 사실혼 관계나 내연 관계는 포함되지 않으며, 동거 여부를 불문함

■ 동거친족 – 동거친족은 같은 주거에서 일상생활을 공동으로 하는 친족을 말함. '친족'은 배우자, 혈족, 인척을 말하고(민법 제767조), 혈족은 직계혈족(직계존속과 직계비속), 방계혈족(자기의 형제자매와 형제자매의 직계비속, 직계존속의 형제자매와 그 형제자매의 직계비속)을 말하며(민법 제768조), 인척은 혈족의 배우자, 배우자의 혈족, 배우자의 혈족의 배우자를 말함(민법 제769조). 친족관계의 법적 효력은 8촌 이내의 혈족과 4촌 이내의 인척 및 배우자에게 미침(민법 제777조)

■ 동거가족 – 동거가족은 '동거친족' 중 민법 제779조에 열거된 친족(배우자, 직계혈족, 형제자매 및 생계를 같이하는 직계혈족의 배우자, 배우자의 직계혈족 및 배우자의 형제자매)을 말함

■ 심판대상조항이 규정하는 '그 배우자'는 동거가족의 배우자만이 아니라 직계혈족, 동거친족, 동거가족 모두의 배우자를 의미함(대법원 2011. 5. 13. 선고 2011도1765 판결).

〈형의 면제〉

■ 형면제 판결은 법리적으로는 유죄의 실체판결에 해당함

■ 그러나 검찰 실무상, 법률에 따라 형이 면제되는 경우에는 공소권없음의 불기소처분을 하도록 한 검찰사건사무규칙 제115조 제3항 제4호 사목에 따라, 친족상도례가 적용 내지 준용되어 형이 면제되는 사람에 대해서는 공소권없음의 불기소처분을 하고 있어 대부분의 사안에서는 기소가 이루어지지 않음

■ 수사 단계에서 심판대상조항의 적용 여부가 불분명하여 예외적으로 기소되는 경우에도 법원은 '형면제' 선고를 하여야 함

헌법재판소는 이 사건 결정을 통하여, 경제적 이해를 같이하거나 정서적으로 친밀한 가족 구성원 사이에서 발생하는 수인 가능한 수준의 재산범죄에 대한 형사소추 내지 처벌에 관한 특례의 필요성을 긍정하였다. 다만, 심판대상조항이 규정하는 일률적 형면제로 인하여 구체적 사안에서 형사피해자의 재판절차진술권을 형해화하는 경우가 발생할 수 있는 점을 인정하여 입법자에게 입법개선을 명하는 적용중지 헌법불합치결정을 한 것이다.

- 헌법재판소는 심판대상조항의 위헌성을 제거하는 데에는, 현실적 가족·친족 관계와 피해의 정도 및 가족·친족 사이 신뢰와 유대의 회복가능성 등을 고려한피해자의 가해자에 대한 처벌의 의사표시를 소추조건으로 하는 등 여러 가지 선택가능성이 있을 수 있으며, 입법자는 충분한 사회적 합의를 거쳐 그 방안을 강구할 필요가 있다고 보았다.

헌법재판소는 이 사건 결정과 같은 날(2024. 6. 27.), '직계혈족, 배우자, 동거친족, 동거가족 또는 그 배우자 이외의 친족 간에 권리행사방해죄를 범한 때에는 고소가 있어야 공소를 제기할 수 있다'고 규정한 형법 제328조 제2항에 대해 합헌결정을 하였는데(2023헌바449), 해당 결정은 고소를 소추조건으로 규정하여 피해자의 의사에 따라 국가형벌권 행사가 가능하도록 한 조항에 대한 것으로서 형사피해자의 재판절차진술권 침해 여부가 문제되지 않으므로, 형벌조각사유를 정한 심판대상조항에 관한 이 사건 결정과는 구분된다.

환경권

44 기후위기 대응을 위한 국가 온실가스 감축목표 사건

2024.8.29. 2020헌마389등 [저탄소 녹색성장 기본법 제42조 제1항 제1호 위헌확인] [헌법불합치, 기각, 각하]

1. 사건의 개요

1. 2020헌마389 사건

(1) 청구인들은 2001. 2. 15.생부터 2006. 11. 6.생까지의 사람들로서 청소년 환경단체인 '청소년 기후행동'의 회원들이다.

(2) 청구인들은 2020. 3. 13. ① 구 '저탄소 녹색성장 기본법'(이하 연혁을 기재하지 않는 경우 '구 녹색성장법'이라 한다) 제42조 제1항 제1호에서 정부가 온실가스 감축 목표를 설정하도록 한 것, ② 대통령이 구 녹색성장법 시행령 제25조 제1항을 2016. 5. 24. 개정함으로써 국가 온실가스 총배출량 감축에 관하여 2020년 기준 목표에서 2030년 기준 목표로 변경한 행위, ③ 2019. 12. 31. 개정된 구 녹색성장법 시행령 제25조 제1항에서 구 녹색성장법 제42조 제1항 제1호에 따른 '온실가스 감축 목표'를 '2030년의 국가 온실가스 총배출량을 2017년의 온실가스 총배출량의 1000분의 244만큼 감축하는 것'으로 규정한 것이, 기후위기에 대응하기 위한 온실가스 감축목표를 설정함에 있어 청구인들의 생명권, 환경권 및 평등권 등을 침해한다고 주장하면서 이 사건 헌법소원심판을 청구하였다.

(3) 청구인들은 이후 ④ 2022. 2. 16. 정부가 '국가 온실가스 배출량을 2030년까지 2018년의 국가 온실가스 배출량 대비 35퍼센트 이상의 범위에서 대통령령으로 정하는 비율만큼 감축하는 것'을 '중장기 국가 온실가스 감축 목표'로 하도록 규정한 '기후위기 대응을 위한 탄소중립·녹색성장 기본법'(이하 연혁을 기재하지 않는 경우 '탄소중립기본법'이라 한다) 제8조 제1항에 대하여, ⑤ 2022. 6. 8. 위 조항의 '대통령령으로 정하는 비율'을 40퍼센트로 규정한 탄소중립기본법 시행령 제3조 제1항에 대하여, 위 규정들은 각각 국가의 기본권 보호의무를 위반하고 미래세대 청구인들의 기본권을 과잉 침해하며 차별적으로 취급한다고 주장하면서 각 조항을 심판대상에 추가하는 청구취지 및 청구이유 추가신청서를 제출하였다.

2. 2022헌마854 사건

(1) 청구인들은 이 사건 심판청구 당시 출생하지 않은 태아 및 2012. 1. 4.생부터 2022. 3. 25.생까지의 사람들이다.

(2) 청구인들은 2022. 6. 13. 탄소중립기본법 시행령 제3조 제1항에 대하여, 파리협정 등 국제사회에서 합의된 기준에 따라 기후재난으로부터 청구인들의 생명과 안전을 보호하기에 불충분한 목표를 정한 것으로, 청구인들의 생명권, 행복추구권 및 일반적 행동자유권, 건강하고 쾌적한 환경에서 생활할 권리, 평등권 및 재산권을 보호하기에 적절하고 효율적인 최소한의 조치에 해당하지 않으므로, 청구인들의 기본권을 침해한다고 주장하면서 이 사건 헌법소원심판을 청구하였다.

(3) 태아였던 청구인은 2022. 10. 6. 출생하였고, 청구인 최○○로 당사자표시를 정정하였다.

3. 공동심판참가 및 보조참가 신청

헌법재판소는 2024. 2. 15. 위 가.의 2020헌마389 사건에 나.부터 라.까지의 사건들을 병합하였고, 이후 공동심판참가신청인(이하 '신청인'이라 한다)은 2024. 5. 29. 병합된 이 사건 헌법소원심판에 주위적으로 공동심판참가를, 예비적으로 보조참가를 신청하였다.

2. 심판의 대상

구 저탄소 녹색성장 기본법(2010. 1. 13. 법률 제9931호로 제정되고, 2021. 9. 24. 법률 제18469호로 폐지되기 전의 것)
제42조(기후변화대응 및 에너지의 목표관리) ① 정부는 범지구적인 온실가스 감축에 적극 대응하고 저탄소 녹색성장을 효율적·체계적으로 추진하기 위하여 다음 각 호의 사항에 대한 중장기 및 단계별 목표를 설정하고 그 달성을 위하여 필요한 조치를 강구하여야 한다.
   1. 온실가스 감축 목표

구 저탄소 녹색성장 기본법 시행령(2016. 5. 24. 대통령령 제27180호로 개정되고, 2019. 12. 31. 대통령령 제30303호로 개정되기 전의 것)
제25조(온실가스 감축 국가목표 설정·관리) ① 법 제42조 제1항 제1호에 따른 온실가스 감축 목표는 2030년의 국가 온실가스 총배출량을 2030년의 온실가스 배출 전망치 대비 100분의 37까지 감축하는 것으로 한다.

구 저탄소 녹색성장 기본법 시행령(2019. 12. 31. 대통령령 제30303호로 개정되고, 2022. 3. 25. 대통령령 제32557호로 폐지되기 전의 것)
제25조(온실가스 감축 국가목표 설정·관리) ① 법 제42조 제1항 제1호에 따른 온실가스 감축 목표는 2030년의 국가 온실가스 총배출량을 2017년의 온실가스 총배출량의 1000분의 244만큼 감축하는 것으로 한다.

기후위기 대응을 위한 탄소중립·녹색성장 기본법(2021. 9. 24. 법률 제18469호로 제정된 것)
제8조(중장기 국가 온실가스 감축 목표 등) ① 정부는 국가 온실가스 배출량을 2030년까지 2018년의 국가 온실가스 배출량 대비 35퍼센트 이상의 범위에서 대통령령으로 정하는 비율만큼 감축하는 것을 중장기 국가 온실가스 감축 목표(이하 "중장기감축목표"라 한다)로 한다.

기후위기 대응을 위한 탄소중립·녹색성장 기본법 시행령(2022. 3. 25. 대통령령 제32557호로 제정된 것)
제3조(중장기 국가 온실가스 감축 목표 등) ① 법 제8조 제1항에서 "대통령령으로 정하는 비율"이란 40퍼센트를 말한다.

[관련조항]
구 저탄소 녹색성장 기본법(2010. 1. 13. 법률 제9931호로 제정되고, 2021. 9. 24. 법률 제18469호로 폐지되기 전의 것)
제42조(기후변화대응 및 에너지의 목표관리) ① 정부는 범지구적인 온실가스 감축에 적극 대응하고 저탄소 녹색성장을 효율적·체계적으로 추진하기 위하여 다음 각 호의 사항에 대한 중장기 및 단계별 목표를 설정하고 그 달성을 위하여 필요한 조치를 강구하여야 한다.
   2. 에너지 절약 목표 및 에너지 이용효율 목표
   3. 에너지 자립 목표
   4. 신·재생에너지 보급 목표

구 저탄소 녹색성장 기본법 시행령(2010. 4. 13. 대통령령 제22124호로 제정되고, 2016. 5. 24. 대통령령 제27180호로 개정되기 전의 것)
제25조(온실가스 감축 국가목표 설정·관리) ① 법 제42조 제1항 제1호에 따른 온실가스 감축 목표는 2020년의 국가 온

실가스 총배출량을 2020년의 온실가스 배출 전망치 대비 100분의 30까지 감축하는 것으로 한다.

기후위기 대응을 위한 탄소중립·녹색성장 기본법(2021. 9. 24. 법률 제18469호로 제정된 것)

제7조(국가비전 및 국가전략) ① 정부는 2050년까지 탄소중립을 목표로 하여 탄소중립 사회로 이행하고 환경과 경제의 조화로운 발전을 도모하는 것을 국가비전으로 한다.

제8조(중장기 국가 온실가스 감축 목표 등) ② 정부는 중장기감축목표를 달성하기 위하여 산업, 건물, 수송, 발전, 폐기물 등 부문별 온실가스 감축 목표(이하 "부문별감축목표"라 한다)를 설정하여야 한다.

③ 정부는 중장기감축목표와 부문별감축목표의 달성을 위하여 국가 전체와 각 부문에 대한 연도별 온실가스 감축 목표(이하 "연도별감축목표"라 한다)를 설정하여야 한다.

④ 정부는 「파리협정」(이하 "협정"이라 한다) 등 국내외 여건을 고려하여 중장기감축목표, 부문별감축목표 및 연도별감축목표(이하 "중장기감축목표등"이라 한다)를 5년마다 재검토하고 필요할 경우 협정 제4조의 진전의 원칙에 따라 이를 변경하거나 새로 설정하여야 한다. 다만, 사회적·기술적 여건의 변화 등에 따라 필요한 경우에는 5년이 경과하기 이전에 변경하거나 새로 설정할 수 있다.

제10조(국가 탄소중립 녹색성장 기본계획의 수립·시행) ① 정부는 제3조의 기본원칙에 따라 국가비전 및 중장기감축목표등의 달성을 위하여 20년을 계획기간으로 하는 국가 탄소중립 녹색성장 기본계획(이하 "국가기본계획"이라 한다)을 5년마다 수립·시행하여야 한다.

② 국가기본계획에는 다음 각 호의 사항이 포함되어야 한다.

1. 국가비전과 온실가스 감축 목표에 관한 사항

4. 중장기감축목표등의 달성을 위한 부문별·연도별 대책

10. 탄소중립 사회로의 이행과 녹색성장의 추진을 위한 재원의 규모와 조달 방안

기후위기 대응을 위한 탄소중립·녹색성장 기본법 시행령(2022. 3. 25. 대통령령 제32557호로 제정된 것)

제3조(중장기 국가 온실가스 감축 목표 등) ② 환경부장관은 법 제8조 제1항부터 제3항까지의 규정에 따른 중장기 국가 온실가스 감축 목표, 부문별 온실가스 감축 목표 및 연도별 온실가스 감축 목표(이하 "온실가스중장기감축목표등"이라 한다)의 설정·변경에 관한 업무를 총괄·조정한다.

④ 정부는 법 제8조 제1항부터 제4항까지의 규정에 따라 온실가스중장기감축목표등을 설정·변경하거나 새로 설정하는 경우에는 법 제33조 제1항에 따른 탄소흡수원등을 활용한 감축실적과 법 제35조 제3항 본문에 따른 국제감축실적 등을 고려할 수 있다.

3. 주 문

1. 기후위기 대응을 위한 탄소중립·녹색성장 기본법(2021. 9. 24. 법률 제18469호로 제정된 것) 제8조 제1항은 헌법에 합치되지 아니한다. 위 법률조항은 2026. 2. 28.을 시한으로 개정될 때까지 계속 적용된다.

2. 기후위기 대응을 위한 탄소중립·녹색성장 기본법 시행령(2022. 3. 25. 대통령령 제32557호로 제정된 것) 제3조 제1항, 정부가 2023. 4. 11. 수립한 제1차 국가 탄소중립 녹색성장 기본계획 중 'Ⅴ. 중장기 감축 목표' 가운데 '나. 부문별 감축목표' 부분 및 '다. 연도별 감축목표' 부분에 대한 심판청구를 모두 기각한다.

3. 청구인들의 나머지 심판청구와 공동심판참가인의 공동심판참가 및 보조참가 신청을 모두 각하한다.

Ⅰ. 판시사항

1. 폐지된 구 '저탄소 녹색성장 기본법'(이하 '구 녹색성장법'이라 한다) 제42조 제1항 제1호와 같은 법 시행령 제25조 제1항에 대한 심판청구의 주관적 권리보호이익 소멸 여부 및 헌법적 해명의 필요성 인정 여부(소극)

2. 정부가 2023. 4. 11. 수립한 '제1차 국가 탄소중립 녹색성장 기본계획'(이하 '이 사건 기본계획'이라 한다) 중 'Ⅶ. 재정계획 및 기대효과' 가운데 '1. 재정투자 계획' 부분(이하 '이 사건 재정계획'이라 한다)이 공권력행사로서 헌법소원심판의 대상이 되는지 여부(소극)

3. 국가의 온실가스 감축목표 설정 행위가 국민의 환경권에 관한 보호의무를 위반하였는지 여부에 관한 심사기준

4. 정부가 '국가 온실가스 배출량을 2030년까지 2018년의 국가 온실가스 배출량 대비 35퍼센트 이상의 범위에서 대통령령으로 정하는 비율만큼 감축하는 것'을 '중장기 국가 온실가스 감축 목표'로 하도록 규정한 '기후위기 대응을 위한 탄소중립·녹색성장 기본법'(이하 '탄소중립기본법'이라 한다) 제8조 제1항이 국민인 청구인들의 환경권을 침해하는지 여부(적극)
5. 탄소중립기본법 제8조 제1항에 대한 헌법불합치 결정의 필요성
6. 탄소중립기본법 제8조 제1항의 '대통령령으로 정하는 비율'을 40퍼센트로 규정한 같은 법 시행령 제3조 제1항이 청구인들의 환경권 등 기본권을 침해하는지 여부(소극)
7. 이 사건 기본계획 중 'V. 중장기 감축 목표' 가운데 '나. 부문별 감축목표' 부분 및 '다. 연도별 감축목표' 부분(이하 '이 사건 부문별 및 연도별 감축목표'라 한다)이 과소보호금지원칙 또는 법률우위원칙을 위반하였는지 여부(소극)
8. 이 사건 부문별 및 연도별 감축목표에 관하여 4인의 재판관이 기각의견, 5인의 재판관이 위헌의견으로, 헌법소원에 관한 인용결정을 위한 심판정족수에 이르지 못하여 기각결정을 선고한 사례

Ⅱ. 구 녹색성장법 제42조 제1항 제1호, 2016년 및 2019년 구 녹색성장법 시행령 제25조 제1항에 대한 판단

구 녹색성장법 제42조 제1항 제1호, 2016년 및 2019년 구 녹색성장법 시행령 제25조 제1항이 규정한 '온실가스 감축 목표'는 탄소중립기본법 제8조 제1항 및 같은 법 시행령 제3조 제1항이 2022. 3. 25. 각각 시행됨으로써 폐지되었고, 국가의 중장기 온실가스 감축목표가 변경되어 다시 설정되었으므로, 위 구법조항들은 더 이상 청구인들을 비롯한 국민에게 적용될 여지가 없게 되었으며, 이로써 감축 기준이 상향되고, 그 형식 및 관련된 조항들의 체계도 변경되었다.

따라서 이 사건 심판청구 중 구 녹색성장법 제42조 제1항 제1호, 2016년 및 2019년 구 녹색성장법 시행령 제25조 제1항에 대한 부분은 주관적 권리보호이익이 소멸하였고, 헌법적 해명이 필요하다고 볼 수도 없으므로, 부적법하다.

Ⅲ. 이 사건 재정계획에 대한 판단

이 사건 재정계획은 정부가 편성하고 국회가 의결하는 규범인 예산에 관한 중장기적인 계획을 정한 것일 뿐, 국민의 기본권에 직접적 영향을 미치는 공권력행사라고 보기 어려워 헌법소원심판의 대상이 되지 않으므로, 이에 대한 청구 부분은 부적법하다.

Ⅳ. 탄소중립기본법 제8조 제1항, 같은 법 시행령 제3조 제1항, 이 사건 부문별 및 연도별 감축목표에 대한 판단

1. 이 사건의 쟁점

'건강하고 쾌적한 환경에서 생활할 권리'를 보장하는 환경권의 보호대상이 되는 환경에는 자연환경뿐만 아니라 인공적 환경과 같은 생활환경도 포함된다. 기후변화로 인하여 생활의 기반이 되는 제반 환경이 훼손되고 생명·신체의 안전 등을 위협할 수 있는 위험에 대하여, 기후변화의 원인을 줄여 이를 완화하거나 그 결과에 적응하는 조치를 하는 국가의 기후위기에 대한 대응의 의무도 국가와 국민이 '환경보전'을 위하여 노력할 의무에 포함된다.

국가가 국민의 건강하고 쾌적한 환경에서 생활할 권리에 관한 보호의무를 다하지 않았는지를 헌법재판소가 심사할 때에는 국가가 이를 보호하기 위하여 적어도 적절하고 효율적인 최소한의 보호조치를 취하였는가 하는

'과소보호금지원칙'의 위반 여부를 기준으로 삼아야 한다.

개별 사례에서 과소보호금지원칙 위반 여부는 기본권침해가 예상되어 보호가 필요한 '위험상황'에 대응하는 '보호조치'의 내용이, 문제 되는 위험상황의 성격에 상응하는 보호조치로서 필요한 최소한의 성격을 갖고 있는지에 따라 판단한다. 이에 대한 판단이 전문적이고 기술적인 영역에 있거나 국제적 성격을 갖는 경우, 그러한 위험상황의 성격 등은 '과학적 사실'과 '국제기준'에 근거하여 객관적으로 검토되어야 한다.

환경권에 관한 보호조치의 구체적인 내용과 수준을 법률에 어느 정도 규정해야 하는지는 법률유보 또는 의회유보의 문제가 될 수 있다. 청구인들의 환경권 침해 여부의 심사기준으로는 기본권 보호의무의 이행과 관련된 범위에서 의회유보의 문제를 포함하는 법률유보원칙 위반 여부도 문제 된다.

탄소중립기본법 제8조 제1항 및 같은 법 시행령 제3조 제1항이 설정한 중장기 감축목표와 이 사건 부문별 및 연도별 감축목표가 과소보호금지원칙을 위반하였는지 여부는 기후위기라는 위험상황의 성격에 상응하는 보호조치로서 필요한 최소한의 성격을 갖추었는지를 기준으로 판단된다.

이에 관해서는 온실가스 감축의 구체적인 목표치가 전 지구적인 감축 노력의 관점에서 우리나라가 기여해야 할 몫에 부합하는지, 감축목표 설정의 체계가 기후변화의 영향과 온실가스 배출 제한의 측면에서 미래에 과중한 부담을 이전하지 않는 방식으로, 또한 온실가스 감축이 실효적으로 담보될 수 있는 방식으로 제도화되어 있는지 등을 과학적 사실과 국제기준을 고려하여 판단하여야 한다.

탄소중립기본법 제8조 제1항이 의회유보원칙을 포함하는 법률유보원칙을 위반하였는지 여부도 그 규율 대상인 온실가스 감축목표의 설정 방식이 기후위기에 대한 보호조치로서 갖추어야 하는 성격을 고려하여 판단하여야 한다.

2. 과소보호금지원칙 위반 여부

(1) 2030년까지의 감축목표

입법자 또는 그로부터 위임받은 집행자가 여러 요소를 종합적으로 고려하여 정한 '특정 연도'의 감축목표 비율에 관한 '구체적 수치'에 대하여, 헌법재판소가 원칙적으로 입법자 또는 그로부터 위임받은 집행자의 권한과 책임을 전제로 하는 과소보호금지원칙을 적용하면서, 어떤 특정한 추정 방식과 평가 요소들을 채택하여 그 결과에 부합하지 않는다는 이유로 전 지구적 온실가스 감축 노력에 기여해야 할 우리나라의 몫에 부합하지 않는다고 단정하여 판단하기는 어렵다.

탄소중립기본법 제8조 제1항과 같은 법 시행령 제3조 제1항이 설정한 2030년까지의 중장기 감축목표로서 국가 온실가스 배출량을 2018년 대비 40%만큼 감축한다는 감축비율의 수치는, 배출량이 정점에 이른 2018년부터 2050년 탄소중립의 목표 시점에 이를 때까지 점진적이고 지속적인 감축을 전제로 한 중간 목표에 해당하고, 그 비율의 구체적 수치 설정에는 개별적인 감축수단들의 특성과 이들 사이의 조합 등 다양한 고려 요소와 변수가 영향을 미치는 이상, 그 수치만을 이유로 미래에 과중한 부담을 이전하는 것이라고 단정하기 어렵다.

따라서 탄소중립기본법 제8조 제1항 및 같은 법 시행령 제3조 제1항이 설정한 2030년까지의 온실가스 감축목표 비율의 수치만으로는, 기후위기라는 위험상황에 상응하는 보호조치로서 필요한 최소한의 성격을 갖추지 못한 것으로 볼 수 없다.

(2) 2031년부터 2049년까지의 감축목표

탄소중립기본법 제8조 제1항에서는 2030년까지의 감축목표 비율만 정하고 2031년부터 2049년까지 19년간의 감축목표에 관해서는 어떤 형태의 정량적인 기준도 제시하지 않았는바, 같은 조 제4항의 온실가스 감축목표 재설정 주기나 범위 등 관련 법령의 체계를 살펴보더라도 2050년 탄소중립의 목표 시점에 이르기까지 점진적이고 지속적인 감축을 실효적으로 담보할 수 있는 장치가 없으므로, 이는 미래에 과중한 부담을 이전하는 방식으로 감축목표를 규율한 것으로, 기후위기라는 위험상황에 상응하는 보호조치로서 필요한 최소한의 성격을 갖추지 못하였다고 할 것이다. 구체적인 감축목표를 정할 때 단기적일 수도 있는 정부의 상황 인식에만 의존하는 구조로는 온실가스 감축정책의 적극성 및 일관성을 담보하기 어렵다.

(3) 감축목표 미달성 시의 규율

탄소중립기본법 제8조의 체계에 따라 설정된 온실가스 감축목표의 설정과 이행은, 파리협정 체제상 전 지구적 이행점검, 그리고 격년 투명성 보고서 제출·점검 등의 투명성 체계를 통하여 지속적으로 점검되고, 연도별 감축목표에 관해서는 매년 탄소중립녹색성장위원회 중심의 이행현황 점검 등을 통하여 목표가 달성되지 못한 부분에 대한 감축계획이 해당 부문의 업무를 관장하는 행정기관에 의하여 작성되고 정책에 반영된다. 특히, 배출권거래제가 적용되는 영역에서는 탄소중립기본법 제8조의 중장기 감축목표를 고려하여 설정되는 국가 배출권 할당계획의 계획기간별로 온실가스 배출허용총량이 적극적으로 관리되는 등의 방식으로 구체적인 배출량 목표의 달성이 실효적으로 보장된다. 배출량 목표 달성을 보장하기 위한 이러한 수단들을 탄소중립기본법 제8조 제4항의 온실가스 감축목표 재설정 주기 및 범위 등에 관한 체계에 보태어 보면, 매년 정량적 감축목표가 달성되지 않은 경우 추후의 감축목표에 미달성 부분을 추가하는 규율이 법률에 명시되어 있지 않다는 이유만으로, 탄소중립기본법 제8조 제1항의 온실가스 감축목표 설정 방식이 온실가스 감축을 실효적으로 담보할 수 있도록 설계되지 않은 것으로 보기는 어렵다.

그러나 탄소중립기본법 제8조 제1항은 2031년부터 2049년까지의 감축목표에 관하여 그 정량적 수준을 어떤 형태로도 제시하지 않았다는 점에서 과소보호금지원칙을 위반하였다.

3. 법률유보원칙 위반 여부

(1) 2030년까지의 감축목표

탄소중립기본법 제8조 제1항에서 2030년까지의 감축목표에 대하여 2030년을 목표연도로 한 2018년 대비 감축비율의 하한만 법률에서 정하면서 구체적인 감축비율의 수치는 대통령령에 위임하고 감축의 경로는 정부가 설정하는 부문별 및 연도별 감축목표에 따르도록 한 것은, 온실가스 감축목표와 감축경로의 설정이 과학적·전문적인 영역임과 동시에 여러 가지 사회경제정책, 외교적 상황 등도 고려해야 하는 영역이라는 점을 고려한 것으로, 법률유보원칙을 위반한 것으로 볼 수 없다.

(2) 2031년부터 2049년까지의 감축목표

온실가스 감축목표를 설정하고 그에 따른 감축경로를 계획하는 것은 현재의 국민의 기본권을 광범위하고 지속적으로 제한하게 되는 것임에도, 위험상황으로서의 기후위기의 성격상 미래의 부담을 가중시키지 않기 위해서는 가장 의욕적으로 감축목표를 정하고 계속 진전시켜야 한다. 구체적인 감축수단에 관해서는 감축목표를 둘러싼 이해관계가 매우 다양하게 대립할 수도 있다. 이러한 사정들을 고려하면 중장기적인 온실가스 감축목표와 감축경로를 계획하는 것은 매우 높은 수준의 사회적 합의가 필요하므로, 2031년 이후의 기간에 대해서도 그 대강의 내용은 '법률'에 직접 규정되어야 한다.

정기적인 선거를 통하여 구성되는 입법자의 경우 상대적으로 장기적인 대응책을 추구해야 할 기후위기와 같은 문제에 적절하게 대응하지 못하게 될 구조적 위험이 있고, 특히 이른바 미래세대는 기후위기의 영향에 더 크게 노출될 것임에도 현재의 민주적 정치과정에 참여하는 것이 제약되어 있다. 이러한 점에서 중장기적인 온실가스 감축계획에 대하여 입법자에게는 더욱 구체적인 입법의 의무와 책임이 있다.

탄소중립기본법 제8조 제1항에서 2031년부터 2049년까지의 감축목표에 관하여 대강의 정량적 수준도 규정하지 않은 것은 의회유보원칙을 포함하는 법률유보원칙을 위반한 것이다.

4. 환경권 침해 여부 및 헌법불합치결정의 필요성

(1) 탄소중립기본법 제8조 제1항은 2031년부터 2049년까지의 감축목표에 관하여 그 정량적 수준을 어떤 형태로도 제시하지 않았다는 점에서 과소보호금지원칙 및 법률유보원칙에 반하여 기본권 보호의무를 위반하였으므로 청구인들의 환경권을 침해한다.

(2) 다만, 탄소중립기본법 제8조 제1항이 정한 2030년까지의 중장기 감축목표의 구체적인 비율에 대해서는 과소보호금지원칙 또는 법률유보원칙 위반으로 판단하기 어렵고, 위 조항의 규범영역 전부에 대한 효력을 상실시

킬 경우 2050년 탄소중립의 목표 시점 이전에 그나마 존재하는 정량적인 중간 목표마저 사라지므로, 오히려 온실가스 감축에 관한 제도적 장치가 후퇴하는 더욱 위헌적인 상황이 발생하게 되며, 2031년부터 2049년까지의 정량적인 온실가스 감축목표에 대하여 그 수준을 어떻게 정할지 등에 대해서는 입법자에게 광범위한 입법형성의 권한이 있다.

따라서 탄소중립기본법 제8조 제1항에 대해서는, 우리나라의 차기 국가결정기여 제출 일정, 구 녹색성장법을 폐지하고 체계를 변경하여 탄소중립기본법을 제정하는 국회 입법절차에 소요된 기간(약 1년 2개월), 전문적·기술적인 자료를 활용할 수 있는 제도적 기반, 기후위기의 긴급성에 비추어 온실가스의 급속한 감축을 위해 노력하고 관련 정책의 방향을 늦지 않게 제시할 필요성, 입법자가 2031년부터 2049년까지의 정량적인 온실가스 감축목표의 대강에 관한 사회적 합의를 도출하는 데에 필요한 시간 등을 종합적으로 고려하여 2026. 2. 28.을 시한으로 개선입법이 있을 때까지 계속 적용을 명하는 헌법불합치결정을 선고할 필요가 있다.

(3) 탄소중립기본법 시행령 제3조 제1항은 같은 법 제8조 제1항의 위임을 받아 2030년 중장기 감축목표의 구체적인 비율의 수치를 정한 것일 뿐이므로, 과소보호금지원칙에 반하여 기본권 보호의무를 위반하였다고 볼 수 없어 청구인들의 환경권 등 기본권을 침해하지 않는다.

결정의 의의

이 사건은 기후위기 대응을 위한 완화조치로서 국가가 법령 및 행정계획으로 설정한 온실가스 감축목표가 불충분한지를 다툰 헌법소원으로, 헌법재판소는 관련 사건 4건을 병합하여 2024. 4. 23. 및 5. 21. 두 차례 공개변론을 진행하는 등의 심리 끝에 2024. 8. 29. 결정을 선고하였다.

국가가 온실가스 감축목표를 설정하는 행위인 법령 및 행정계획에 대하여, 헌법재판소는 침해 여부가 문제되는 주요 기본권이 '환경권'임을 확인하고, 그 침해 여부를 '국가의 기본권 보호의무'에 관한 과소보호금지원칙과 법률유보원칙 등을 기준으로 판단하였다.

헌법재판소는 과소보호금지원칙의 적용과 관련하여 심판대상이 된 법령과 행정계획이 '기후위기'라는 '위험상황'의 성격에 상응하는 '보호조치'로서 필요한 최소한의 성격을 갖추었는지를 과학적 사실과 국제기준을 고려하여 판단하였다. 법률유보원칙의 적용에 관해서는, 중장기적인 온실가스 감축목표와 감축경로를 계획할 때에는 매우 높은 수준의 사회적 합의가 필요하다는 점, 미래세대는 민주적 정치과정에 참여하는 것이 제약되어 있다는 점과 관련하여 입법자에게 더욱 구체적인 입법의무와 책임이 있음을 고려하였다.

이러한 심사는 헌법 전문에서 '우리들과 우리들의 자손의 안전과 자유와 행복을 영원히 확보할 것을 다짐'하고, 헌법 제35조 제1항에서 '환경권'을 독자적 기본권으로 규정함과 아울러 국가와 국민이 '환경보전'을 위하여 노력할 의무를 규정하였다는 점을 주요 근거로 한다.

이 사건에서 헌법재판소는 온실가스 감축목표의 제도적 실효성에 중점을 두고 심리하였고, 이에 따라 탄소중립기본법 제8조 제1항은 2031년부터 2049년까지의 감축목표에 관하여 그 정량적 수준을 어떤 형태로도 제시하지 않았다는 점에서 헌법에 합치되지 않는다고 판단하였다.

45 8촌 이내 혈족 사이의 혼인 금지 및 무효 사건

2022.10.27. 2018헌바115 [민법 제809조 제1항 등 위헌소원]　　　　　　　　**[헌법불합치, 합헌]**

1. 사건의 개요

(1) 청구인과 함○○은 2016. 5. 4. ○○시장에게 혼인신고를 하였다.

(2) 함○○은 2016. 8. 1. 청구인과 6촌 사이임을 이유로 혼인무효의 소를 제기하였고, 대구가정법원 상주지원은 위 혼인신고가 8촌 이내 혈족 사이의 혼인신고이므로 민법 제809조 제1항, 제815조 제2호에 따라 무효임을 확인하였다(2016드단646).

(3) 이에 청구인은 대구가정법원에 항소하였고(2017르5150), 위 항소심 계속 중 8촌 이내 혈족 사이의 혼인을 금지하고 이를 혼인의 무효사유로 규정한 민법 제809조 제1항 및 제815조 제2호에 대하여 위헌법률심판 제청신청을 하였으나(대구가정법원 2017즈기1432), 2018. 1. 25. 청구인의 위 항소 및 신청이 모두 기각되자, 2018. 2. 19. 이 사건 헌법소원심판을 청구하였다.

2. 심판의 대상

민법(2005. 3. 31. 법률 제7427호로 개정된 것)

제809조(근친혼 등의 금지) ① 8촌 이내의 혈족(친양자의 입양 전의 혈족을 포함한다) 사이에서는 혼인하지 못한다.

제815조(혼인의 무효) 혼인은 다음 각 호의 어느 하나의 경우에는 무효로 한다.

　2. 혼인이 제809조 제1항의 규정을 위반한 때

[관련조항]

구 민법(1958. 2. 22. 법률 제471호로 제정되고, 1990. 1. 13. 법률 제4199호로 개정되기 전의 것)

제777조(친족의 범위) 친족관계로 인한 법률상 효력은 본법 또는 다른 법률에 특별한 규정이 없는 한 다음 각 호에 해당하는 자에 미친다.

　1. 8촌 이내의 부계혈족

　2. 4촌 이내의 모계혈족

민법(1990. 1. 13. 법률 제4199호로 개정된 것)

제777조(친족의 범위) 친족관계로 인한 법률상 효력은 이 법 또는 다른 법률에 특별한 규정이 없는 한 다음 각 호에 해당하는 자에 미친다.

　1. 8촌 이내의 혈족

구 민법(1958. 2. 22. 법률 제471호로 제정되고, 2005. 3. 31. 법률 제7427호로 개정되기 전의 것)

제809조(동성혼 등의 금지) ① 동성동본인 혈족 사이에서는 혼인하지 못한다.

② 남계혈족의 배우자, 부의 혈족 및 기타 8촌 이내의 인척이거나 이러한 인척이었던 자 사이에서는 혼인하지 못한다.

제815조(혼인의 무효) 혼인은 다음 각 호의 경우에는 무효로 한다.

　2. 당사자 간에 직계혈족, 8촌 이내의 방계혈족 및 그 배우자인 친족관계가 있거나 또는 있었던 때

　3. 당사자 간에 직계인척, 부의 8촌 이내의 혈족인 인척관계가 있거나 또는 있었던 때

민법(2005. 3. 31. 법률 제7427호로 개정된 것)

제809조(근친혼 등의 금지) ② 6촌 이내의 혈족의 배우자, 배우자의 6촌 이내의 혈족, 배우자의 4촌 이내의 혈족의 배우자인 인척이거나 이러한 인척이었던 자 사이에서는 혼인하지 못한다.

제815조(혼인의 무효) 혼인은 다음 각 호의 어느 하나의 경우에는 무효로 한다.

    3. 당사자 간에 직계인척관계(直系姻戚關係)가 있거나 있었던 때

    4. 당사자 간에 양부모계의 직계혈족관계가 있었던 때

제816조(혼인취소의 사유) 혼인은 다음 각 호의 어느 하나의 경우에는 법원에 그 취소를 청구할 수 있다.

    1. 혼인이 제807조 내지 제809조(제815조의 규정에 의하여 혼인의 무효사유에 해당하는 경우를 제외한다. 이하 제817조 및 제820조에서 같다) 또는 제810조의 규정에 위반한 때

제820조(근친혼 등의 취소청구권의 소멸) 제809조의 규정에 위반한 혼인은 그 당사자 간에 혼인 중 포태(胞胎)한 때에는 그 취소를 청구하지 못한다.

제824조(혼인취소의 효력) 혼인의 취소의 효력은 기왕에 소급하지 아니한다.

제824조의2(혼인의 취소와 자의 양육 등) 제837조 및 제837조의2의 규정은 혼인의 취소의 경우에 자의 양육책임과 면접교섭권에 관하여 이를 준용한다.

가족관계의 등록 등에 관한 법률(2007. 5. 17. 법률 제8435호로 제정된 것)

제71조(혼인신고의 기재사항 등) 혼인의 신고서에는 다음 사항을 기재하여야 한다. 다만, 제3호의 경우에는 혼인당사자의 협의서를 첨부하여야 한다.

    4. 「민법」 제809조 제1항에 따른 근친혼에 해당되지 아니한다는 사실

3. 주 문

1. 민법(2005. 3. 31. 법률 제7427호로 개정된 것) 제809조 제1항은 헌법에 위반되지 아니한다.

2. 민법(2005. 3. 31. 법률 제7427호로 개정된 것) 제815조 제2호는 헌법에 합치되지 아니한다. 위 법률조항은 2024. 12. 31.을 시한으로 개정될 때까지 계속 적용된다.

I. 판시사항

1. 8촌 이내의 혈족 사이에서는 혼인할 수 없도록 하는 <u>민법 제809조 제1항</u>(이하 '이 사건 금혼조항'이라 한다)이 혼인의 자유를 침해하는지 여부(소극)

2. 이 사건 금혼조항을 위반한 혼인을 무효로 하는 <u>민법 제815조 제2호</u>(이하 '이 사건 무효조항'이라 한다)가 혼인의 자유를 침해하는지 여부(적극)

3. 이 사건 무효조항에 대하여 헌법불합치결정을 선고하면서 계속 적용을 명한 사례

II. 결정요지

1. 제한되는 기본권

심판대상조항은 8촌 이내의 혈족 사이의 혼인을 금지하고, 이에 위반한 혼인은 무효로 하여 '혼인과 가족생활을 스스로 결정하고 형성할 수 있는 자유'(이하 '혼인의 자유'라 한다)를 제한하고 있다. 이러한 제한이 헌법 제37조 제2항이 정한 기본권 제한의 한계 원리 내의 것인지 살펴본다.

2. 이 사건 금혼조항의 혼인의 자유 침해 여부

(1) 이 사건 금혼조항은 위와 같이 근친혼으로 인하여 가까운 혈족 사이의 상호 관계 및 역할, 지위와 관련하여 발생할 수 있는 혼란을 방지하고 가족제도의 기능을 유지하기 위한 것이므로 그 입법목적이 정당하다. 또한 8촌 이내의 혈족 사이의 법률상의 혼인을 금지한 것은 근친혼의 발생을 억제하는 데 기여하므로 <u>입법목적 달성에 적합한 수단에 해당한다.</u>

(2) 이 사건 금혼조항은, <u>촌수를 불문하고 부계혈족 간의 혼인을 금지한 구 민법상 동성동본금혼 조항에 대한 헌법재판소의 헌법불합치 결정의 취지를 존중하는 한편, 우리 사회에서 통용되는 친족의 범위 및 양성평등에</u>

기초한 가족관계 형성에 관한 인식과 합의에 기초하여 근친의 범위를 한정한 것이므로 그 합리성이 인정된다. 급속한 경제성장에 따른 산업화·도시화와 교통·통신의 발달, 전국적인 인구이동 및 도시집중 현상 등과 같이 친족 관념이나 가족의 기능에 변화를 가져올 수 있는 사회·문화적 변동이 계속되고 있는 오늘날의 상황에서도 친족 관념이나 가족의 기능에 관해 세대 간 견해의 변화가 있었다고 단정하기는 어려운 만큼, 민법이 정하고 있는 친족의 범위를 고려하여 정한 이 사건 금혼조항이 입법목적 달성에 불필요하거나 과도한 제한을 가하는 것이라고는 볼 수 없다. 한편, 이 사건 금혼조항이 정한, 법률혼이 금지되는 혈족의 범위는 외국의 입법례에 비하여 상대적으로 넓은 것은 사실이다. 그러나 근친혼이 가족 내에서 혼란을 초래하거나 가족의 기능을 저해하는 범위는 가족의 범주에 관한 인식과 합의에 주로 달려 있으므로 역사·종교·문화적 배경이나 생활양식의 차이로 인하여 상이한 가족 관념을 가지고 있는 국가 사이의 단순 비교가 의미를 가지기 어렵다. 이를 종합하면, 이 사건 금혼조항이 침해의 최소성에 반한다고 할 수 없다.

(3) 이 사건 금혼조항으로 인하여 법률상의 배우자 선택이 제한되는 범위는 친족관계 내에서도 8촌 이내의 혈족으로, 넓다고 보기 어렵다. 그에 비하여 8촌 이내 혈족 사이의 혼인을 금지함으로써 가족질서를 보호하고 유지한다는 공익은 매우 중요하다. 따라서 이 사건 금혼조항은 법익균형성에 위반되지 아니한다.

(4) 그렇다면 이 사건 금혼조항은 과잉금지원칙에 위배하여 혼인의 자유를 침해하지 않는다.

2. 이 사건 무효조항의 혼인의 자유 침해 여부

(1) 재판관 이선애, 재판관 이은애, 재판관 이종석, 재판관 이영진, 재판관 이미선의 헌법불합치 의견

(가) 이 사건 무효조항은 이 사건 금혼조항의 실효성을 보장하기 위한 것으로서 정당한 입법목적 달성을 위한 적합한 수단에 해당한다.

(나) 근친혼을 금지하는 이유는 근친혼으로 인하여 발생할 수 있는 가까운 혈족 사이 관계의 혼란을 방지하고 가족제도의 기능을 유지하기 위함이다. 그런데 이미 근친혼이 이루어져 당사자 사이에 부부간의 권리와 의무의 이행이 이루어지고 있고, 자녀를 출산하거나 가족 내 신뢰와 협력에 대한 기대가 발생하였다고 볼 사정이 있는 때에 일률적으로 그 효력을 소급하여 상실시킨다면, 이는 가족제도의 기능 유지라는 본래의 입법목적에 반하는 결과를 초래할 가능성이 있다. 또한 현재 우리나라에는 서로 8촌 이내의 혈족에 해당하는지 여부를 명확하게 확인할 수 있는 신분공시제도가 없다. 이에 혼인 당사자가 서로 8촌 이내의 혈족임을 우연한 사정에 의하여 사후적으로 확인하게 되는 경우도 있을 수 있다. 그럼에도 현행 가사소송법에 의하면 아무런 예외 없이 일방당사자나 법정대리인 또는 4촌 이내의 친족이 언제든지 혼인무효의 소를 제기할 수 있는데, 이는 당사자나 그 자녀들에게 지나치게 가혹한 결과를 초래할 수 있다.

이 사건 무효조항의 입법목적은 근친혼이 가까운 혈족 사이 신분관계 등에 현저한 혼란을 초래하고 가족제도의 기능을 심각하게 훼손하는 경우에 한정하여 무효로 하더라도 충분히 달성 가능하고, 위와 같은 경우에 해당하는지 여부가 명백하지 않다면 혼인의 취소를 통해 장래를 향하여 혼인을 해소할 수 있도록 규정함으로써 가족의 기능을 보호하는 것이 가능하다.

결국 이 사건 무효조항은 근친혼의 구체적 양상을 살피지 아니한 채 8촌 이내 혈족 사이의 혼인을 일률적·획일적으로 혼인무효사유로 규정하고, 혼인관계의 형성과 유지를 신뢰한 당사자나 그 자녀의 법적 지위를 보호하기 위한 예외조항을 두고 있지 않으므로, 입법목적 달성에 필요한 범위를 넘는 과도한 제한으로서 침해의 최소성을 충족하지 못한다.

(다) 이 사건 무효조항은 경우에 따라 개인의 생존권이나 자의 복리에 중대한 영향을 미치고, 한 당사자가 다른 당사자로부터 일방적으로 유기를 당하는 등의 이른바 축출이혼에 악용될 소지도 배제할 수 없다. 이 사건 무효조항을 통하여 달성되는 공익은 결코 적지 아니하나, 이 사건 무효조항으로 인하여 제한되는 사익의 중대함을 고려하면, 이 사건 무효조항은 법익균형성을 충족하지 못한다.

(라) 그렇다면, 이 사건 무효조항은 과잉금지원칙에 위배하여 혼인의 자유를 침해한다.

(마) 이 사건 무효조항의 위헌성은 이 사건 금혼조항에 의하여 금지되는 근친혼을 어떠한 예외도 없이 처음부터

무효로 하는 데에 있다. 근친혼이 가까운 혈족 사이의 신분관계 등에 현저한 혼란을 초래하고 가족제도의 기능을 심각하게 훼손하는 경우에도 무효로 하여서는 안 된다는 것은 아니다. 당사자와 그 자녀의 법적 지위에 대한 예외적 보호가 필요한 범위에 관하여는, 혼인과 가정을 보호하고 개인의 존엄과 양성의 평등에 기초한 혼인·가족 제도를 실현하여야 할 일차적 책임이 있는 입법자에게 맡기는 것이 바람직하다. 따라서 단순 위헌결정이 아니라 헌법불합치 결정을 선고한다.

(2) 재판관 유남석, 재판관 이석태, 재판관 김기영, 재판관 문형배의 헌법불합치의견

이 사건 무효조항은 이 사건 금혼조항의 실효성을 확보하기 위한 것으로 8촌 이내 혈족 사이의 혼인을 전부 무효로 하고 있다. 그런데 이 사건 금혼조항은 그 금지의 범위가 지나치게 광범위하여 헌법에 합치되지 아니한다. 따라서 이 사건 금혼조항의 실효성 확보를 위하여 이에 위반한 이 사건 무효조항도 헌법에 합치되지 아니한다.

이 사건 금혼조항의 개선입법으로 금지되는 근친혼의 범위가 합헌적으로 축소되는 경우에 그와 같이 축소된 금혼 범위 내에서 이 사건 무효조항은 그 입법목적의 정당성과 수단의 적합성이 인정된다.

이 사건 무효조항의 입법목적은 가령 직계혈족 및 형제자매 사이의 혼인과 같이 근친혼이 가족제도의 기능을 심각하게 훼손하는 경우에 한정하여 그 혼인을 무효로 하고 그 밖의 근친혼에 대하여는 혼인이 소급하여 무효가 되지 않고 혼인의 취소를 통해 장래를 향하여 혼인이 해소될 수 있도록 규정함으로써 기왕에 형성된 당사자나 그 자녀의 법적 지위를 보장하더라도 충분히 달성될 수 있다. 그럼에도 이 사건 무효조항은 이 사건 금혼조항을 위반한 경우를 전부 무효로 하고 있어서 침해최소성과 법익균형성에 반한다.

그렇다면 이 사건 무효조항은 과잉금지원칙에 위배하여 혼인의 자유를 침해한다.

이 사건 무효조항의 위헌성은 무효로 되는 근친혼의 범위가 지나치게 광범위하다는 데에 있다. 혼인이 금지되는 혈족의 범위, 금지된 근친혼 중에서 무효로 할 부분과 취소로 할 부분을 정하는 것은 개인의 존엄과 양성의 평등에 기초한 혼인 및 가족제도를 형성하여야 할 일차적 책임이 있는 입법자에게 맡기는 것이 바람직하다.

(3) 소결

이 사건 무효조항에 대하여 2024. 12. 31.을 시한으로 입법자가 개정할 때까지 계속 적용을 명하는 헌법불합치 결정을 선고한다. 다만 당해 사건에서는 이 사건 무효조항이 개정될 때를 기다려 개정된 신법을 적용하여야 할 것이다.

결정의 의의

이 사건 금혼조항은, 구 민법 상의 동성동본금혼조항에 대한 헌법불합치 결정(헌재 1997. 7. 16. 95헌가6등)에 따라 동성동본금혼조항이 효력을 상실한 후, 근친혼 제한의 범위를 합리적으로 조정하기 위해 규정된 것이다. 헌법재판소는 이 사건 금혼조항이, 우리 사회에서 통용되는 친족의 범위 및 양성평등에 기초한 가족관계 형성에 관한 인식과 합의에 기초하여 근친의 범위를 한정한 것으로서 과잉금지원칙에 위배하여 혼인의 자유를 침해하지 아니하므로 헌법에 위반되지 않는다고 결정하였다.

헌법재판소는 이 사건 무효조항이 이 사건 금혼조항에 위반한 혼인을 일률적으로 무효로 하여 헌법에 합치되지 아니한다고 결정하였다. 이는 근친혼이 가족제도의 기능을 심각하게 훼손하는 경우에도 무효로 하여서는 안 된다는 의미는 아니다. 입법자는 이 결정의 취지에 따라 개선입법을 하여 위헌적 상태를 제거하여야 한다.

46 혼인 중 여자와 '남편 아닌 남자 사이에서 출생한 자녀'에 대한 출생신고 사건

2023.3.23. 2021헌마975 [가족관계의 등록 등에 관한 법률 제46조 제2항 등 위헌확인] [헌법불합치, 기각]

1. 사건의 개요

청구인들은 생래적 혈연관계가 인정되는 생부들(①)과 혼인 외 출생자들(②)인바, 모가 남편과 혼인관계가 해소되지 아니한 상태에서 남편 아닌 '생부인 청구인들'과 사이에서 '혼인 외 출생자인 청구인들'을 낳았다.

'가족관계의 등록 등에 관한 법률' 제46조 제2항은 혼인 외 출생자의 출생신고는 모가 하여야 한다고 규정하여 생부에 의한 출생신고를 허용하지 아니하고, 제57조 제1항은 본문에서 부가 혼인 외의 자녀에 대하여 인지의 효력이 있는 친생자출생의 신고를 할 수 있도록 하면서도, 같은 항 단서와 제57조 제2항에 따라 가정법원의 확인을 받아 친생자출생의 신고를 할 수 있는 범위를 좁게 규정하여, 모가 혼인 관계에 있을 경우에 모의 혼인 외 자녀는 남편의 친생자로 추정되므로 그 혼인 외 자녀를 양육하고 있는 생부는 자신의 혼인 외 자녀에 대한 출생신고를 하기 어렵게 규정되어 있다. 생부인 청구인들(①)은 각자 자신의 혼인 외 출생자인 청구인들(②)에 대한 출생신고를 하려고 하였으나, 위 조항들로 인하여 곧바로 출생신고를 할 수 없었다.

이에 청구인들은 '가족관계의 등록 등에 관한 법률' 제46조 제2항과 제57조 제1항 단서, 제2항이 혼인 외 출생자인 청구인들의 즉시 출생등록될 권리, 생부인 청구인들의 양육권, 가족생활의 자유, 평등권 등을 침해한다고 주장하며 2021. 8. 17. 이 사건 헌법소원심판을 청구하였다.

2. 심판의 대상

가족관계의 등록 등에 관한 법률(2007. 5. 17. 법률 제8435호로 제정된 것)
제46조(신고의무자) ② 혼인 외 출생자의 신고는 모가 하여야 한다.

가족관계의 등록 등에 관한 법률(2021. 3. 16. 법률 제17928호로 개정된 것)
제57조(친생자출생의 신고에 의한 인지) ① 부가 혼인 외의 자녀에 대하여 친생자출생의 신고를 한 때에는 그 신고는 인지의 효력이 있다. 다만, 모가 특정됨에도 불구하고 부가 본문에 따른 신고를 함에 있어 모의 소재불명 또는 모가 정당한 사유 없이 출생신고에 필요한 서류 제출에 협조하지 아니하는 등의 장애가 있는 경우에는 부의 등록기준지 또는 주소지를 관할하는 가정법원의 확인을 받아 신고를 할 수 있다.
② 모의 성명·등록기준지 및 주민등록번호의 전부 또는 일부를 알 수 없어 모를 특정할 수 없는 경우 또는 모가 공적 서류·증명서·장부 등에 의하여 특정될 수 없는 경우에는 부의 등록기준지 또는 주소지를 관할하는 가정법원의 확인을 받아 제1항에 따른 신고를 할 수 있다.

3. 주 문

1. 가족관계의 등록 등에 관한 법률(2007. 5. 17. 법률 제8435호로 제정된 것) 제46조 제2항, 가족관계의 등록 등에 관한 법률(2021. 3. 16. 법률 제17928호로 개정된 것) 제57조 제1항, 제2항은 모두 헌법에 합치되지 아니한다. 위 법률조항들은 2025. 5. 31.을 시한으로 입법자가 개정할 때까지 계속 적용된다.
2. 생부인 청구인들의 심판청구를 모두 기각한다.

Ⅰ. 판시사항

1. 태어난 즉시 '출생등록될 권리'가 기본권인지 여부(적극)
2. '혼인 중 여자와 남편 아닌 남자 사이에서 출생한 자녀에 대한 생부의 출생신고'를 허용하도록 규정하지 아니한 '가족관계의 등록 등에 관한 법률' 제46조 제2항(이하, '이 사건 출생신고의무자조항'이라 한다), '가족관계의

등록 등에 관한 법률'(이하 연혁에 관계없이 '가족관계등록법'으로 약칭한다) 제57조 제1항 및 제2항(이하, '이 사건 친생자출생신고조항'이라 하고, 이 사건 출생신고의무자조항과 합하여 '심판대상조항들'이라 한다)이 혼인 외 출생자인 청구인들의 태어난 즉시 '출생등록될 권리'를 침해하는지 여부(적극)

3. 심판대상조항들이 생부인 청구인들의 평등권을 침해하는지 여부(소극)
4. 헌법불합치결정을 선고하면서 계속 적용을 명한 사례

Ⅱ. 결정요지

1. 태어난 즉시 '출생등록 될 권리'가 기본권인지 여부

출생등록의 의미와 출생등록을 위한 최소한의 자료를 갖추어야 할 필요성이 요구된다는 점을 고려할 때, 태어난 즉시 '출생등록 될 권리'는 '출생 후 곧바로' 등록될 권리를 뜻하는 것이 아니라 '출생 후 아동이 보호를 받을 수 있을 최대한 빠른 시점'에 아동의 출생과 관련된 기본적인 정보를 국가가 관리할 수 있도록 등록할 권리로서, 아동이 사람으로서 인격을 자유로이 발현하고, 부모와 가족 등의 보호하에 건강한 성장과 발달을 할 수 있도록 최소한의 보호장치를 마련하도록 요구할 수 있는 권리이다. 이는 헌법 제10조의 인간의 존엄과 가치 및 행복추구권으로부터 도출되는 일반적 인격권을 실현하기 위한 기본적인 전제로서 헌법 제10조뿐만 아니라, 헌법 제34조 제1항의 인간다운 생활을 할 권리, 헌법 제36조 제1항의 가족생활의 보장, 헌법 제34조 제4항의 국가의 청소년 복지향상을 위한 정책실시의무 등에도 근거가 있다. 이와 같은 태어난 즉시 '출생등록 될 권리'는 앞서 언급한 기본권 등의 어느 하나에 완전히 포섭되지 않으며, 이들을 이념적 기초로 하는 헌법에 명시되지 아니한 독자적 기본권으로서, 자유로운 인격실현을 보장하는 자유권적 성격과 아동의 건강한 성장과 발달을 보장하는 사회적 기본권의 성격을 함께 지닌다.

2. 태어난 즉시 '출생등록 될 권리'를 침해하는지 여부

혼인 중인 여자와 남편이 아닌 남자 사이에서 출생한 자녀의 경우, 혼인 중인 여자와 그 남편이 출생신고의 의무자에 해당하나, 해당 자녀의 모가 남편과의 관계에서 발생하는 여러 사정을 고려하여 출생신고를 하지 아니하는 경우가 발생하고 있고, 그 남편이 해당 자녀의 출생의 경위를 알고도 출생신고를 하는 것은 사실상 기대하기 어렵다. 한편, 신고적격자인 검사 또는 지방자치단체의 장의 출생신고는 의무적인 것이 아니며, 이들이 혼인 외 출생자의 구체적 사정을 출생 즉시 파악할 수 있다고 보기도 어렵다. 이처럼 현행 출생신고제도는 혼인 중 여자와 남편 아닌 남자 사이에서 출생한 자녀인 청구인들과 같은 경우 출생신고가 실효적으로 이루어질 수 있도록 보장하지 못하고 있다. 신고기간 내에 모나 그 남편이 출생신고를 하지 않는 경우 생부가 생래적 혈연관계를 소명하여 인지의 효력이 없는 출생신고를 할 수 있도록 하거나, 출산을 담당한 의료기관 등이 의무적으로 모와 자녀에 관한 정보 등을 포함한 출생신고의 기재사항을 미리 수집하고, 그 정보를 출생신고를 담당하는 기관에 송부하여 출생신고가 이루어지도록 한다면, 민법상 신분관계와 모순되는 내용이 가족관계등록부에 기재되는 것을 방지하면서도 출생신고가 이루어질 수 있다. 따라서 심판대상조항들은 입법형성권의 한계를 넘어서서 실효적으로 출생등록 될 권리를 보장하고 있다고 볼 수 없으므로, 혼인 중 여자와 남편 아닌 남자 사이에서 출생한 자녀에 해당하는 혼인 외 출생자인 청구인들의 태어난 즉시 '출생등록 될 권리'를 침해한다.

3. 평등권을 침해하는지 여부–

심판대상조항들이 혼인 중인 여자와 남편 아닌 남자 사이에서 출생한 자녀의 경우에 혼인 외 출생자의 신고의무를 모에게만 부과하고, 남편 아닌 남자인 생부에게 자신의 혼인 외 자녀에 대해서 출생신고를 할 수 있도록 규정하지 아니한 것은 모는 출산으로 인하여 그 출생자와 혈연관계가 형성되는 반면에, 생부는 그 출생자와의 혈연관계에 대한 확인이 필요할 수도 있고, 그 출생자의 출생사실을 모를 수도 있다는 점에 있으며, 이에 따라 가족관계등록법은 모를 중심으로 출생신고를 규정하고, 모가 혼인 중일 경우에 그 출생자는 모의 남편의 자녀

로 추정하도록 한 민법의 체계에 따르도록 규정하고 있는 점에 비추어 합리적인 이유가 있다. 그렇다면, 심판 대상조항들은 생부인 청구인들의 평등권을 침해하지 않는다.

4. 헌법불합치결정

심판대상조항들에 대하여 단순위헌결정을 하게 되면, 입법 공백이 발생하고, 나아가 입법자는 출생등록을 실효적으로 보장하면서도 법적 부자관계의 형성에 혼란이 생기지 않도록 방안을 마련할 일차적 책임과 재량이 있다. 따라서 심판대상조항들에 대하여 입법자의 개선입법이 이루어질 때까지 계속 적용을 명하는 헌법불합치결정을 선고한다. 입법자는 늦어도 2025. 5. 31.까지는 개선입법을 이행하여야 한다.

결정의 의의

현행 가족관계등록법하에서는 혼인 중인 여자와 남편이 아닌 남자 사이에서 출생한 자녀에 대한 출생신고는 모와 그 남편만이 할 수 있고, 생부는 출생신고를 할 수 없다. 모가 그 혼인 외 출생자에 대한 출생신고를 하지 아니하면 사실상 출생신고가 이루어지지 않는 상황이다.

헌법재판소는 태어난 즉시 '출생등록 될 권리'가 헌법상 보장되는 기본권으로서, 자유권과 사회권의 성격을 동시에 갖는 독자적 기본권으로 판단하고, 이 사건에서 혼인 외 출생자에 대한 출생신고의무자를 모로 한정하고, 인지의 효력이 있는 생부의 친생자출생신고만을 인정하는 심판대상조항들이 혼인 중인 여자와 남편이 아닌 남자 사이에서 출생한 혼인 외 출생자인 청구인들의 태어난 즉시 '출생등록될 권리'를 침해한다는 이유로 헌법불합치 결정을 하였다.

입법자는 출생신고 의무자와 적격자의 범위, 출생신고의 방법과 절차, 출생신고의 효력 및 민법상 친생추정과 번복, 인지의 효과에 관한 사항 등을 두루 고려하여, 출생등록을 실효적으로 보장하면서 법적 부자관계의 형성에 혼란이 생기지 않도록 입법하여야 할 의무가 있다.

혼인 중인 여자와 남편이 아닌 남자 사이에서 출생한 혼인 외 출생자인 청구인들은 개선입법에 따라 출생등록을 할 수 있게 된다.

선거권

47 재외투표개시일 후 귀국한 재외선거인등의 투표불가 조항 사건

2022.1.27. 2020헌마895 【공직선거법 제218조의16 제3항 등 위헌확인】   [헌법불합치]

1. 사건의 개요

(1) 청구인은 2019. 8.경 교육부의 ○○ 연수프로그램에 선발되어 미국 로스앤젤레스에서 인턴십 등을 받던 중에 제21대 국회의원선거에 참여하기 위해 2020. 1. 28. 주로스앤젤레스총영사관 재외투표관리관이 공고한 전자우편 주소로 국외부재자신고서를 전송하는 방법으로 국외부재자 신고를 하였고, 재외투표기간(2020. 4. 1.부터 4. 6.까지)에 로스앤젤레스 지역에서 투표를 할 예정이었다.

(2) 그런데 코로나19의 여파로 중앙선거관리위원회는 2020. 3. 30. 공직선거법 제218조의29 제1항에 따라 제21대 국회의원선거에 관해 주로스앤젤레스대한민국총영사관 재외선거관리위원회 등 미국 주재 재외공관에 설치된 재외선거관리위원회의 재외선거사무를 중지하는 결정(공고 제2020-182호, 이하 '이 사건 중지결정'이라 한

다)을 하였고, 이에 주로스앤젤레스대한민국총영사관은 2020. 3. 31. 재외투표가 예정되어 있던 공관투표소 및 추가투표소를 모두 설치·운영하지 않는다는 사실을 인터넷 홈페이지에 게시하였다.

(3) 청구인은 계획된 귀국일정을 앞당겨 2020. 4. 8. 귀국하였고, 선거일인 2020. 4. 15. 청구인의 주소지 부근인 ○○동에 설치된 투표소에서 투표를 하려고 하였으나, 공직선거법 제218조의16 제3항에 따라 재외투표기간 개시일인 2020. 4. 1. 전에 귀국하여 이를 신고한 경우가 아니라면 선거일에 국내에서 위 조항에 따른 투표(이하 '귀국투표'라 한다)를 할 수 없다는 이유로 투표를 하지 못하였다.

(4) 청구인은 공직선거법 제218조의16 제3항, 제218조의29 제1항이 청구인의 선거권, 평등권, 행복추구권을 침해한다고 주장하면서, 2020. 4. 14. 위 조항들의 위헌확인을 구하는 헌법소원심판의 청구를 위한 국선대리인 선임신청을 하였고(2020헌사472), 2020. 6. 26. 이 사건 헌법소원심판을 청구하였다.

2. 심판의 대상

구 공직선거법(2015. 8. 13. 법률 제13497호로 개정된 것)

제218조의16(재외선거의 투표방법) ③ 제218조의17 제1항에 따른 재외투표기간 개시일 전에 귀국한 재외선거인등은 재외투표기간 개시일 전에 귀국한 사실을 증명할 수 있는 서류를 첨부하여 주소지 또는 최종 주소지(최종 주소지가 없는 사람은 등록기준지를 말한다)를 관할하는 구·시·군선거관리위원회에 신고한 후 선거일에 해당 선거관리위원회가 지정하는 투표소에서 투표할 수 있다.

3. 주 문

공직선거법(2015. 8. 13. 법률 제13497호로 개정된 것) 제218조의16 제3항 중 '재외투표기간 개시일 전에 귀국한 재외선거인등'에 관한 부분은 헌법에 합치되지 아니한다. 위 법률조항은 2023. 12. 31.을 시한으로 입법자가 개정할 때까지 계속 적용된다.

Ⅰ. 판시사항

1. 공직선거법 제218조의16 제3항 중 '재외투표기간 개시일 전에 귀국한 재외선거인등'에 관한 부분(이하 '심판대상조항'이라 한다)이 불완전·불충분하게 규정되어 있어 재외투표기간 개시일에 임박하여 또는 재외투표기간 중에 재외선거사무 중지결정이 있었고 그에 대한 재개결정이 없었던 예외적인 상황에서 재외투표기간 개시일 이후에 귀국한 재외선거인 및 국외부재자신고인(이하 '재외선거인등'이라 한다)이 국내에서 선거일에 투표할 수 있도록 하는 절차를 마련하지 아니한 것이 청구인의 선거권을 침해하는지 여부(적극)
2. 위헌결정이 초래하는 법적 공백을 이유로 헌법불합치결정을 선고한 사례

Ⅱ. 결정요지

1. 제한되는 기본권 및 심사기준

심판대상조항으로 인해 청구인은 제21대 국회의원선거에 관해 재외투표기간 개시일 이후에 귀국하였다는 이유로 선거일에 국내에서 투표를 할 수 없게 된바, 이는 청구인의 선거권을 제한한다.

심판대상조항은 형식적으로 재외선거인등의 선거권 자체를 부정하고 있지는 않지만, 사실상 재외선거인등의 선거권을 부정하는 것과 다름없는 결과를 초래할 수 있다. 따라서 심판대상조항이 재외선거인등의 선거권을 침해하는지 여부는 과잉금지원칙에 따라 심사한다.

2. 선거권 침해 여부

(1) 입법목적의 정당성 및 수단의 적합성

심판대상조항은 재외투표소에서 선거권을 행사한 자가 국내에서 다시 선거권을 행사하는 중복투표를 방지하여

선거의 공정성을 확보하기 위한 것으로 입법목적의 정당성이 인정된다.

또한, 재외선거인등이 재외투표기간 동안 외국에 거주 또는 체류하는 경우에는 재외선거에 참여할 수 있으므로, 심판대상조항이 재외투표기간 개시일에 임박하여 또는 재외투표기간 중에 재외선거사무 중지결정이 있었고 그에 대한 재개결정이 없었던 경우라 하더라도 재외투표기간 개시일 전에 귀국한 사람에 한하여 국내에서 투표할 수 있도록 한 것은 입법목적을 위한 적합한 수단이다.

(2) 침해의 최소성

현재 선거실무를 살펴보면, 관할 구·시·군선거관리위원회는 원칙적으로 재외투표가 끝난 후 재외선거인등의 재외선거인명부등 등재번호 정보가 부착된 재외투표 회송용 봉투를 받아서 이를 확인하고 재외선거인명부등과 대조함으로써 비로소 재외선거인등의 재외투표 여부 및 중복투표 여부를 확인할 수 있다.

그런데 재외투표기간은 선거일 전 14일부터 선거일 전 9일까지의 기간 중 6일 이내의 기간이므로(공직선거법 제218조의17 제1항 전문), 재외투표기간이 종료된 후 선거일이 도래하기 전까지 적어도 8일의 기간이 있는바, 이 기간 내에 재외투표관리관이 재외선거인등 중 실제로 재외투표를 한 사람들의 명단을 중앙선거관리위원회에 보내거나 중앙선거관리위원회를 경유하여 관할 구·시·군선거관리위원회에 보내어 선거일 전까지 투표 여부에 관한 정보를 확인하는 방법을 상정할 수 있으며, 현재의 기술 수준으로도 이와 같은 방법이 충분히 실현가능한 것으로 보인다.

제21대 국회의원선거에서 공직선거법 제218조의24 제3항에 따라 주동티모르대한민국대사관 등 18개 재외공관에 설치된 재외선거관리위원회에서 재외투표를 보관하였다가 개표하는 과정에서 각 재외공관의 재외투표관리관이 재외선거인등 중 실제로 재외투표를 한 사람들의 명단을 중앙선거관리위원회에 전송하여 중앙선거관리위원회가 중복투표 여부를 확인하였던 사례가 있다.

재외투표기간 개시일에 임박하여 또는 재외투표기간 중에 재외선거사무 중지결정이 있었고 그에 대한 재개결정이 없었던 예외적인 경우 재외투표기간 개시일 이후에 귀국한 재외선거인등의 귀국투표를 허용하여 재외선거인등의 선거권을 보장하면서도 중복투표를 차단하여 선거의 공정성을 훼손하지 않을 수 있는 대안이 존재하므로, 심판대상조항은 침해의 최소성 원칙에 위배된다.

(3) 법익의 균형성

심판대상조항을 통해 달성하고자 하는 선거의 공정성은 매우 중요한 가치이다. 그러나 선거의 공정성도 결국에는 선거인의 선거권이 실질적으로 보장될 때 비로소 의미를 가진다. 심판대상조항의 불충분·불완전한 입법으로 인한 청구인의 선거권 제한을 결코 가볍다고 볼 수 없으며, 이는 심판대상조항으로 인해 달성되는 공익에 비해 작지 않다. 따라서 심판대상조항은 법익의 균형성 원칙에 위배된다.

(4) 결론

따라서 심판대상조항이 재외투표기간 개시일에 임박하여 또는 재외투표기간 중에 재외선거사무 중지결정이 있었고 그에 대한 재개결정이 없었던 예외적인 상황에서 재외투표기간 개시일 이후에 귀국한 재외선거인등이 국내에서 선거일에 투표할 수 있도록 하는 절차를 마련하지 아니한 것은 과잉금지원칙을 위반하여 청구인의 선거권을 침해한다.

3. 헌법불합치결정의 필요성

심판대상조항에 대하여 단순위헌결정을 하여 당장 그 효력을 상실시킬 경우 재외선거인등이 재외투표기간 개시일 전에 귀국하여 투표할 수 있는 근거규정이 없어지게 되어 법적 공백이 발생한다. 나아가, 심판대상조항의 위헌적 상태를 제거함에 있어서 재외투표기간 개시일 이후에 귀국한 재외선거인등에 대하여 어떠한 요건 및 절차에 의해 귀국투표를 허용할 것인지 등에 관하여 헌법재판소의 결정취지의 한도 내에서 입법자에게 재량이 부여된다 할 것이다.

따라서 심판대상조항에 대하여 단순위헌결정을 하는 대신 헌법불합치결정을 선고하되, 입법자의 개선입법이 있을 때까지 잠정적용을 명하기로 한다. 입법자는 가능한 한 빠른 시일 내에, 늦어도 2023. 12. 31.까지는 개선입법을 하여야 한다.

헌법재판소는, 중복투표를 방지할 수 있는 다른 대안이 있음에도 불구하고, 재외투표기간 개시일에 임박하여 또는 재외투표기간 중에 재외선거사무 중지결정이 있었고 그에 대한 재개결정이 없었던 예외적인 상황에서도 재외투표기간 개시일 이후에 귀국한 재외선거인등이 국내에서 선거일에 투표할 수 있도록 하는 절차를 마련하지 아니한 심판대상조항의 위헌성을 지적하고 심판대상조항에 대하여 헌법불합치를 선언함으로써, 입법자에게 개선입법을 요구하였다는 점에서 의의가 있다.

공무담임권

48 아동 성적 학대행위자에 대한 공무원 결격사유 사건

2022.11.24. 2020헌마1181 [국가공무원법 제33조 제6의4호 등 위헌확인]   [헌법불합치]

1. 사건의 개요

청구인은 '2019. 11. 9.경 아동인 피해자에게 문자메시지를 전송하여 성적수치심을 주는 성희롱 등 성적 학대행위를 하였다'는 공소사실로 기소되어, 벌금 400만 원 및 40시간의 성폭력 치료프로그램 이수를 선고받았는데, 신상정보의 공개 및 고지명령과 취업제한명령은 면제받았다.

청구인은 2020. 9. 2. 아동에 대한 성희롱 등 성적 학대행위를 저질러 형을 선고받아 그 형이 확정된 경우를 일반직공무원 및 부사관 임용의 결격사유로 규정하고 있는 심판대상조항이 청구인의 공무담임권 등을 침해한다고 주장하면서 이 사건 헌법소원심판을 청구하였다.

2. 심판의 대상

국가공무원법(2018. 10. 16. 법률 제15857호로 개정된 것)

제33조(결격사유) 다음 각 호의 어느 하나에 해당하는 자는 공무원으로 임용될 수 없다.

    6의4. 미성년자에 대한 다음 각 목의 어느 하나에 해당하는 죄를 저질러 파면·해임되거나 형 또는 치료감호를 선고받아 그 형 또는 치료감호가 확정된 사람(집행유예를 선고받은 후 그 집행유예기간이 경과한 사람을 포함한다)

        나. 「아동·청소년의 성보호에 관한 법률」 제2조 제2호에 따른 아동·청소년대상 성범죄

군인사법(2019. 1. 15. 법률 제16224호로 개정된 것)

제10조(결격사유 등) ② 다음 각 호의 어느 하나에 해당하는 사람은 장교, 준사관 및 부사관으로 임용될 수 없다.

    6의4. 미성년자에 대한 다음 각 목의 어느 하나에 해당하는 죄를 저질러 파면·해임되거나 형 또는 치료감호를 선고받아 그 형 또는 치료감호가 확정된 사람(집행유예를 선고받은 후 그 집행유예기간이 경과한 사람을 포함한다)

        나. 「아동·청소년의 성보호에 관한 법률」 제2조 제2호에 따른 아동·청소년대상 성범죄

3. 주 문

국가공무원법 제33조 제6호의4 나목 중 아동복지법 제17조 제2호 가운데 '아동에게 성적 수치심을 주는 성희롱 등의 성적 학대행위로 형을 선고받아 그 형이 확정된 사람은 국가공무원법 제2조 제2항 제1호의 일반직공무원으로 임용될 수 없도록 한 것'에 관한 부분 및 군인사법 제10조 제2항 제6호의4 나목 중 아동복지법 제17조 제2호 가운데 '아동에게 성적 수치심을 주는 성희롱 등의 성적 학대행위로 형을 선고받아 그 형이 확정된 사람은 부사관으로 임용될 수 없도록 한 것'에 관한 부분은 헌법에 합치되지 아니한다. 위 법률조항들은 2024. 5. 31.을 시한으로 입법자가 개정할 때까지 계속 적용된다.

Ⅰ. 판시사항

1. 국가공무원법 제33조 제6호의4 나목 중 아동복지법 제17조 제2호 가운데 '아동에게 성적 수치심을 주는 성희롱 등의 성적 학대행위로 형을 선고받아 그 형이 확정된 사람은 국가공무원법 제2조 제2항 제1호의 일반직공무원으로 임용될 수 없도록 한 것'에 관한 부분 및 군인사법 제10조 제2항 제6호의4 나목 중 아동복지법 제17조 제2호 가운데 '아동에게 성적 수치심을 주는 성희롱 등의 성적 학대행위로 형을 선고받아 그 형이 확정된 사람은 부사관으로 임용될 수 없도록 한 것'에 관한 부분(이하 위 두 조항을 합하여 '심판대상조항'이라 한다)이 청구인의 공무담임권을 침해하는지 여부(적극)
2. 헌법불합치결정을 하면서 계속 적용을 명한 사례

Ⅱ. 결정요지

1. 공무담임권 침해 여부

(1) 심판대상조항은 공직에 대한 국민의 신뢰를 확보하고 아동의 건강과 안전을 보호하기 위한 것으로서, 그 입법목적이 정당하다. 아동에 대한 성희롱 등의 성적 학대행위로 인하여 형을 선고받아 확정된 사람을 공직에 진입할 수 없도록 하는 것은 위와 같은 입법목적 달성에 기여할 수 있으므로, 수단의 적합성도 인정된다.

(2) 그러나 심판대상조항은 아동과 관련이 없는 직무를 포함하여 모든 일반직공무원 및 부사관에 임용될 수 없도록 한다. 또한, 심판대상조항은 영구적으로 임용을 제한하고, 아무리 오랜 시간이 경과하더라도 결격사유가 해소될 수 있는 어떠한 가능성도 인정하지 않는다. 아동에 대한 성희롱 등의 성적 학대행위로 형을 선고받은 경우라고 하여도 범죄의 종류, 죄질 등은 다양하므로, 개별 범죄의 비난가능성 및 재범 위험성 등을 고려하여 상당한 기간 동안 임용을 제한하는 덜 침해적인 방법으로도 입법목적을 충분히 달성할 수 있다.

(3) 심판대상조항은 범죄의 경중이나 재범의 위험성 등과 무관하게 일반직공무원 및 부사관 직무 전체에 대하여 일률적으로 영구히 임용을 제한하고, 결격사유를 해소할 수 있는 어떠한 예외도 인정하지 않음으로써 이로 인하여 청구인이 받게 되는 불이익은 공익의 중대성을 고려하더라도 지나치게 크다. 따라서 심판대상조항은 법익의 균형성을 갖추지 못하였다.

(4) 따라서 심판대상조항은 과잉금지원칙에 위반되어 청구인의 공무담임권을 침해한다.

2. 헌법불합치결정과 계속 적용

심판대상조항을 구체적으로 어떻게 합헌적으로 조정할 것인지는 원칙적으로 입법자의 형성재량에 속하므로, 입법자가 여러 정책적 대안을 숙고하고 충분한 사회적 합의를 거쳐 위헌성을 해소할 수 있도록 하기 위하여, 심판대상조항에 대하여 헌법불합치 결정을 선고하되 2024. 5. 31.을 시한으로 입법자가 개정할 때까지 계속 적용하도록 한다.

이 사건은 아동에 대한 성희롱 등 성적 학대행위로 형을 선고받아 확정된 사람에 대하여 범죄의 경중, 재범의 위험성 등을 고려하지 않고 일률적·영구적으로, 아동과 관련된 직무인지 여부를 불문하고 모든 일반직 공무원 및 부사관에 임용될 수 없도록 하는 것은 공무담임권을 침해한다고 판단한 결정이다.

헌법재판소는 입법자가 여러 정책적 대안을 숙고하고 충분한 사회적 합의를 거쳐 위헌성을 해소할 수 있도록 하기 위하여 2024. 5. 31.을 시한으로 입법자가 개정할 때까지 심판대상조항을 계속 적용하도록 하였다. 입법자는 이 결정의 취지에 따라 최대한 빠른 시일 내에 개선입법을 하여 위헌적 상태를 제거하여야 한다.

49 피성년후견인 국가공무원 당연퇴직 사건

2022.12.22. 2020헌가8 【국가공무원법 제69조 제1호 위헌제청】   【위헌】

1. 사건의 개요

(1) 제청신청인들은 1990년부터 검찰공무원으로 계속 근무하던 김○○의 배우자와 자녀들이다. 김○○은 근무 중 저산소성 뇌손상을 입어 2년 동안 질병휴직을 하였다. 김○○의 배우자인 제청신청인 김□□는 휴직 기간 중 김○○을 대신하여 그의 이름으로 금융거래업무 등을 하기 위하여 법원에 김○○에 대한 성년후견개시심판을 청구하였다. 법원은 김○○에 대한 성년후견을 개시하고 김□□를 성년후견인으로 선임하였다.

(2) 한편, 김○○이 저산소성 뇌손상을 입기 전 여러 차례 명예퇴직을 거론하였던 데에 따라, 김□□는 김○○의 명예퇴직을 신청하였다. 검찰총장은 명예퇴직 적격 여부 검토 과정에서 김○○에 대한 성년후견개시 사실을 알게 되자 명예퇴직 부적격 판정을 통지하고, 김○○에 대한 성년후견이 개시된 날로부터 국가공무원법 제69 조에 따라 당연퇴직하였음을 통지하였다.

(3) 이후 김○○은 국민건강보험공단으로부터 당연퇴직일의 다음날부터 지역가입자로서의 건강보험료 미납액의 납부를 청구받았고, 그 무렵 주식회사 △△손해보험으로부터 당연퇴직일 이후 지급된 공무원·교직원 단체보험 보험금의 반환을 요구받았으며, 부산고등검찰청 검사장으로부터 당연퇴직일 이후 지급된 15개월분의 급여 환수를 청구받았다. 이에 따라 제청신청인들은 위 각 채무를 모두 변제하였다.

(4) 이에 김○○은 피고 대한민국을 상대로 공무원 지위의 확인의 소를 제기하였으나 소제기 후 사망하자, 제청 신청인들은 제청법원에 위와 같이 변제한 각 금원의 반환을 청구하는 소를 제기하고 당해 사건 계속 중 국가 공무원법 제69조 제1호 중 제33조 제1호 전체에 대한 위헌법률심판제청신청을 하였다. 제청법원은 위 신청 중 일부를 인용하여 국가공무원법 제69조 제1호 중 제33조 제1호의 '피성년후견인'과 관련 있는 부분에 대하 여 위헌법률심판제청을 하였다

2. 심판의 대상

구 국가공무원법(2015. 12. 24. 법률 제13618호로 개정되고, 2018. 10. 16. 법률 제15857호로 개정되기 전의 것)

제69조(당연퇴직) 공무원이 다음 각 호의 어느 하나에 해당할 때에는 <u>당연히 퇴직한다</u>.

　　1. <u>제33조 각 호의 어느 하나에 해당하는 경우</u>. 다만, 제33조 제2호는 파산선고를 받은 사람으로서 「채무자 회생 및 파산에 관한 법률」에 따라 신청기한 내에 면책신청을 하지 아니하였거나 면책불허가 결정 또는 면책 취소가 확정된 경우만 해당하고, 제33조 제5호는 「형법」 제129조부터 제132조까지, 제303조 또는 「성폭력범죄의 처벌 등에 관한 특례법」 제10조 및 직무와 관련하여 「형법」 제355조 또는 제356조에 규정된 죄를 범한 사람으로서 금고 이상의 형의 선고유예를 받은 경우만 해당한다.

제33조(결격사유) 다음 각 호의 어느 하나에 해당하는 자는 공무원으로 임용될 수 없다.

    1. 피성년후견인 또는 피한정후견인

국가공무원법(2021. 1. 12. 법률 제17894호로 개정된 것)

제69조(당연퇴직) 공무원이 다음 각 호의 어느 하나에 해당할 때에는 당연히 퇴직한다.

    1. 제33조 각 호의 어느 하나에 해당하는 경우. 다만, 제33조 제2호는 파산선고를 받은 사람으로서 「채무자 회생
    및 파산에 관한 법률」에 따라 신청기한 내에 면책신청을 하지 아니하였거나 면책불허가 결정 또는 면책 취소가
    확정된 경우만 해당하고, 제33조 제5호는 「형법」 제129조부터 제132조까지, 「성폭력범죄의 처벌 등에 관한 특
    례법」 제2조, 「아동·청소년의 성보호에 관한 법률」 제2조 제2호 및 직무와 관련하여 「형법」 제355조 또는 제
    356조에 규정된 죄를 범한 사람으로서 금고 이상의 형의 선고유예를 받은 경우만 해당한다.

제33조(결격사유) 다음 각 호의 어느 하나에 해당하는 자는 공무원으로 임용될 수 없다.

    1. 피성년후견인

3. 주 문

구 국가공무원법(2015. 12. 24. 법률 제13618호로 개정되고, 2018. 10. 16. 법률 제15857호로 개정되기 전의 것) 제69조
제1호 중 제33조 제1호 가운데 '피성년후견인'에 관한 부분, 구 국가공무원법(2018. 10. 16. 법률 제15857호로 개정되
고, 2021. 1. 12. 법률 제17894호로 개정되기 전의 것) 제69조 제1항 중 제33조 제1호 가운데 '피성년후견인'에 관한 부
분 및 국가공무원법(2021. 1. 12. 법률 제17894호로 개정된 것) 제69조 제1항 중 제33조 제1호에 관한 부분은 모두 헌
법에 위반된다.

Ⅰ. 판시사항

피성년후견인을 당연퇴직사유로 규정하여 공무원의 신분을 박탈하도록 하는 심판대상조항이 과잉금지원칙에
반하여 공무담임권을 침해하는지 여부(적극)

Ⅱ. 결정요지

1. 제한되는 기본권

심판대상조항은 피성년후견인을 당연퇴직사유로 규정하여 공무원의 신분을 박탈하고 있으므로, 공무담임권을
제한한다.

2. 과잉금지원칙 위반 여부

(1) 심판대상조항은 직무수행의 하자를 방지하고 국가공무원제도에 대한 국민의 신뢰를 보호하기 위한 것으로
서, 그 입법목적이 정당하다. 이러한 목적을 달성하기 위해 정신적 제약으로 사무를 처리할 능력이 지속적으로
결여되어 성년후견이 개시된 국가공무원을 개시일자로 퇴직시키는 것은, 수단의 적합성도 인정된다.

(2) 현행 국가공무원법은 정신상의 장애로 직무를 감당할 수 없는 국가공무원에 대하여 임용권자가 최대 2년
(공무상 질병 또는 부상은 최대 3년)의 범위 내에서 휴직을 명하도록 하고(제71조 제1항 제1호, 제72조 제1호),
휴직 기간이 끝났음에도 직무에 복귀하지 못하거나 직무를 감당할 수 없게 된 때에 비로소 직권면직 절차를
통하여 직을 박탈하도록 하고 있다(제70조 제1항 제4호). 위 조항들을 성년후견이 개시된 국가공무원에게 적용
하더라도 심판대상조항의 입법목적을 달성할 수 있다. 이러한 대안에 의할 경우 국가공무원이 피성년후견인이
되었다 하더라도 곧바로 당연퇴직되는 대신 휴직을 통한 회복의 기회를 부여받을 수 있고, 이러한 절차적 보장
에 별도의 조직이나 시간 등 공적 자원이 필요한 것도 아니다. 결국 심판대상조항과 같은 정도로 입법목적을
달성하면서도 공무담임권의 침해를 최소화할 수 있는 대안이 있으므로, 심판대상조항은 침해의 최소성에 반한다.

(3) 당연퇴직은 공무원의 법적 지위가 가장 예민하게 침해받는 경우이므로 공익과 사익 간의 비례성 형량에
있어 더욱 엄격한 기준이 요구되고, 심판대상조항이 달성하고자 하는 공익은 우리 헌법상 사회국가원리에 입각

한 공무담임권 보장과 조화를 이루는 정도에 한하여 중요성이 인정될 수 있다. 그런데 심판대상조항은 성년후견이 개시되지는 않았으나 동일한 정도의 정신적 장애가 발생한 국가공무원의 경우와 비교할 때 사익의 제한 정도가 과도하고, 성년후견이 개시되었어도 정신적 제약을 회복하면 후견이 종료될 수 있고, 이 경우 법원에서 성년후견 종료심판을 하고 있다는 사실에 비추어 보아도 사익의 제한 정도가 지나치게 가혹하다. 또한 심판대상조항처럼 국가공무원의 당연퇴직사유를 임용결격사유와 동일하게 규정하려면 국가공무원이 재직 중 쌓은 지위를 박탈할 정도의 충분한 공익이 인정되어야 하나, 이 조항이 달성하려는 공익은 이에 미치지 못한다. 따라서 심판대상조항은 침해되는 사익에 비하여 지나치게 공익을 우선한 입법으로서, 법익의 균형성에 위배된다.

(4) 결국 심판대상조항은 과잉금지원칙에 반하여 공무담임권을 침해한다.

결정의 의의

국가공무원법은 1949. 8. 12. 법률 제44호로 제정될 때부터 금치산자와 준금치산자를 당연퇴직사유로 규정하고 있었고, 2013년 금치산 제도가 폐지되고 성년후견제도가 도입된 이후에도 금치산자·한정치산자를 각각 피성년후견인·피한정후견인으로 대체하여 당연퇴직사유로 규정하고 있었다. 2021. 1. 12. 법률 제17894호로 임용결격사유를 정하고 있는 국가공무원법 제33조 제1호에서 피한정후견인이 삭제됨에 따라 당연퇴직사유에서도 제외되었으나, 피성년후견인은 여전히 당연퇴직사유로 규정되어 있었다.

헌법재판소는 지방공무원(헌재 2002. 8. 29. 2001헌마788등), 직업군인(헌재 2003. 9. 25. 2003헌마293등), 국가공무원(헌재 2003. 10. 30. 2002헌마684등), 경찰공무원(헌재 2004. 9. 23. 2004헌가12), 향토예비군 지휘관(헌재 2005. 12. 22. 2004헌마947), 군무원(헌재 2007. 6. 28. 2007헌가3), 청원경찰(헌재 2018. 1. 25. 2017헌가26) 등이 선고유예를 받은 경우 당연히 그 직을 상실하도록 규정한 조항들에 대하여는 과잉금지원칙에 반하여 공무담임권을 침해한다는 이유로 위헌으로 결정한 바 있다. 이 결정은 성년후견이 개시된 국가공무원을 당연퇴직되도록 하는 것이 헌법에 위반되는지 여부에 관하여 헌법재판소에서 처음 판단한 사건이다.

헌법재판소는 그동안 능력주의는 직업공무원의 공무담임권 보장에 있어 중요한 가치이지만 사회국가원리 등 다른 헌법적 요청에 따라 제한될 수 있다고 판시하여 왔다. 이 결정은 그러한 선례의 법리를 재확인하고, 정신상의 장애로 성년후견이 개시된 국가공무원을 당연퇴직시키는 것은 공익을 지나치게 우선하여 과잉금지원칙에 위반되므로 공무담임권을 침해한다고 결정하였다.

50 아동·청소년이용음란물소지죄 형 확정자 공무원 결격사유 사건

2023.6.29. 2020헌마1605 [기본권 침해 위헌확인]	[헌법불합치]

1. 사건의 개요

2020헌마1605 청구인은 '2019. 11. 29.경 아동·청소년이용음란물이 저장된 ○○클라우드 접속 링크를 청구인 소유 휴대전화로 전송받아 이를 소지하였다.'라는 공소사실로 기소되어 법원에서 벌금 500만 원 및 40시간의 성폭력치료프로그램 이수를 선고받았고, 위 형은 확정되었다. 위 청구인은 아동·청소년이용음란물을 소지한 죄로 형을 선고받아 그 형이 확정된 경우 일반직공무원의 결격사유로 규정한 국가공무원법 조항이 청구인의 공무담임권 등을 침해한다고 주장하면서 2020. 12. 2. 이 사건 헌법소원심판을 청구하였다.

2022헌마1276 청구인은 '2019. 8.경 아동·청소년이용음란물을 청구인 소유 휴대전화로 전송받아 이를 소지하였다.'라는 등의 공소사실로 기소되어 법원에서 벌금 700만 원 및 40시간의 성폭력치료프로그램 이수를 선고받았고, 위 형은 확정되었다. 위 청구인은 아동·청소년이용음란물을 소지한 죄로 형을 선고받아 그 형이 확정된 경우 일반직공무원의 결격사유로 규정한 국가공무원법 및 지방공무원법 조항이 청구인의 공무담임권 등을 침해한다고 주장하며 2022. 9. 5. 이 사건 헌법소원심판을 청구하였다.

2. 심판의 대상

국가공무원법(2018. 10. 16. 법률 제15857호로 개정된 것)

제33조(결격사유) 다음 각 호의 어느 하나에 해당하는 자는 <u>공무원으로 임용될 수 없다.</u>

6의4. 미성년자에 대한 다음 각 목의 어느 하나에 해당하는 죄를 저질러 파면·해임되거나 형 또는 치료감호를 선고받아 그 형 또는 치료감호가 확정된 사람(집행유예를 선고받은 후 그 집행유예기간이 경과한 사람을 포함한다)

나. 「아동·청소년의 성보호에 관한 법률」제2조 제2호에 따른 <u>아동·청소년대상 성범죄</u>

지방공무원법(2018. 10. 16. 법률 제15801호로 개정된 것)

제31조(결격사유) 다음 각 호의 어느 하나에 해당하는 사람은 <u>공무원이 될 수 없다.</u>

6의4. 미성년자에 대한 다음 각 목의 어느 하나에 해당하는 죄를 저질러 파면·해임되거나 형 또는 치료감호를 선고받아 그 형 또는 치료감호가 확정된 사람(집행유예를 선고받은 후 그 집행유예기간이 경과한 사람을 포함한다)

나. 「아동·청소년의 성보호에 관한 법률」제2조 제2호에 따른 <u>아동·청소년대상 성범죄</u>

3. 주 문

국가공무원법(2018. 10. 16. 법률 제15857호로 개정된 것) 제33조 제6호의4 나목 중 구 아동·청소년의 성보호에 관한 법률(2014. 1. 21. 법률 제12329호로 개정되고, 2020. 6. 2. 법률 제17338호로 개정되기 전의 것) 제11조 제5항 가운데 '아동·청소년이용음란물임을 알면서 이를 소지한 죄로 형을 선고받아 그 형이 확정된 사람은 국가공무원법 제2조 제2항 제1호의 일반직공무원으로 임용될 수 없도록 한 것'에 관한 부분 및 지방공무원법(2018. 10. 16. 법률 제15801호로 개정된 것) 제31조 제6호의4 나목 중 구 아동·청소년의 성보호에 관한 법률(2014. 1. 21. 법률 제12329호로 개정되고, 2020. 6. 2. 법률 제17338호로 개정되기 전의 것) 제11조 제5항 가운데 '아동·청소년이용음란물임을 알면서 이를 소지한 죄로 형을 선고받아 그 형이 확정된 사람은 지방공무원법 제2조 제2항 제1호의 일반직공무원으로 임용될 수 없도록 한 것'에 관한 부분은 모두 헌법에 합치되지 아니한다. 위 법률조항들은 2024. 5. 31.을 시한으로 입법자가 개정할 때까지 계속 적용된다.

Ⅰ. 판시사항

1. 국가공무원법 제33조 제6호의4 나목 중 구 '아동·청소년의 성보호에 관한 법률' 제11조 제5항 가운데 '아동·청소년이용음란물임을 알면서 이를 소지한 죄로 형을 선고받아 그 형이 확정된 사람은 국가공무원법 제2조 제2항 제1호의 일반직공무원으로 임용될 수 없도록 한 것'에 관한 부분 및 지방공무원법 제31조 제6호의4 나목 중 구 '아동·청소년의 성보호에 관한 법률' 제11조 제5항 가운데 '아동·청소년이용음란물임을 알면서 이를 소지한 죄로 형을 선고받아 그 형이 확정된 사람은 지방공무원법 제2조 제2항 제1호의 일반직공무원으로 임용될 수 없도록 한 것'에 관한 부분(이하 합하여 '심판대상조항'이라 한다)이 청구인들의 공무담임권을 침해하는지 여부(적극)
2. 헌법불합치 결정을 선고하면서 계속 적용을 명한 사례

Ⅱ. 결정요지

1. 공무담임권 침해 여부

심판대상조항은 아동·청소년과 관련이 없는 직무를 포함하여 모든 일반직공무원에 임용될 수 없도록 하므로, 제한의 범위가 지나치게 넓고 포괄적이다. 또한, 심판대상조항은 영구적으로 임용을 제한하고, 결격사유가 해

소될 수 있는 어떠한 가능성도 인정하지 않는다. 그런데 아동·청소년이용음란물소지죄로 형을 선고받은 경우라고 하여도 범죄의 종류, 죄질 등은 다양하므로, 개별 범죄의 비난가능성 및 재범 위험성 등을 고려하여 상당한 기간 동안 임용을 제한하는 덜 침해적인 방법으로도 입법목적을 충분히 달성할 수 있다. 따라서 심판대상조항은 과잉금지원칙에 위배되어 청구인들의 공무담임권을 침해한다.

2. 헌법불합치결정

이 조항들의 위헌성을 해소하는 구체적인 방법은 입법자가 논의를 거쳐 결정해야 할 사항이므로 이 조항들에 대하여 헌법불합치 결정을 선고하되 2024. 5. 31.을 시한으로 입법자가 개정할 때까지 계속 적용을 명하기로 한다.

결정의 의의

이 사건 결정은 아동 성적 학대행위자에 대한 일반직 공무원 및 부사관으로 임용될 수 없도록 한 조항에 대한 헌법불합치결정(헌재 2022. 11. 24. 2020헌마1181)과 같은 취지의 것으로서, 공무담임권을 침해하는 심판대상조항에 대하여도 헌법불합치결정을 한 것이다.

이 사건 결정에 따라 입법자는 심판대상조항을 2024. 5. 31.까지 개정하여야 하고, 위 시한까지 개선입법이 이루어지지 않으면 심판대상조항은 2024. 6. 1.부터 효력을 상실하게 된다.

51 당원경력 3년 이내인 자 법관 임용 결격사유 사건

2024.7.18. 2021헌마460 [법원조직법 제43조 제1항 제5호 위헌확인]	[위헌]

1. 사건의 개요

(1) 청구인은 2012. 3. 23. 제1회 변호사시험에 합격하여 2012. 4. 17. 대한변호사협회에 등록한 변호사이다. 청구인은 2017. 12. 18. 정당에 가입하였으나 2021. 3. 15. 탈당하였다.

(2) 법원행정처장이 2021. 1. 28. '2021년도 일반 법조경력자 법관 임용 계획'을 공고하자, 청구인은 2021. 3. 21. 형사분야 법률서면작성평가에 응시하여 2021. 4. 15. 그 평가를 통과하였다. 청구인은 법률서면작성평가 통과자로서 그 후속절차 진행을 위해 법원행정처에 제출할 '결격사유 확인 및 서약서'를 2021. 4. 18. 작성하게 되었는데, 해당 서식에는 '정당법 제22조에 따른 당원 또는 당원의 신분을 상실한 날부터 3년이 경과되지 아니한 사람'이 법관 결격사유로 기재되어 있었다.

(3) 이에 청구인은, 법원조직법 제43조 제1항 제5호 중 '당원의 신분을 상실한 날부터 3년이 경과되지 아니한 사람'에 관한 부분으로 인하여 법관에 임용될 수 없게 되어 기본권이 침해된다고 주장하면서, 2021. 4. 21. 이 사건 헌법소원심판을 청구하였다.

2. 심판의 대상

법원조직법(2020. 3. 24. 법률 제17125호로 개정된 것)
제43조(결격사유) ① 다음 각 호의 어느 하나에 해당하는 사람은 법관으로 임용할 수 없다.
　5. 「정당법」 제22조에 따른 정당의 당원 또는 당원의 신분을 상실한 날부터 3년이 경과되지 아니한 사람

[관련조항]

법원조직법

제49조(금지사항) 법관은 재직 중 다음 각 호의 행위를 할 수 없다.

　　3. 정치운동에 관여하는 일

제43조(결격사유) ① 다음 각 호의 어느 하나에 해당하는 사람은 법관으로 임용할 수 없다.

　　1. 다른 법령에 따라 공무원으로 임용하지 못하는 사람

　　2. 금고 이상의 형을 선고받은 사람

　　3. 탄핵으로 파면된 후 5년이 지나지 아니한 사람

　　4. 대통령비서실 소속의 공무원으로서 퇴직 후 3년이 지나지 아니한 사람

　　6. 「공직선거법」 제2조에 따른 선거에 후보자(예비후보자를 포함한다)로 등록한 날부터 5년이 경과되지 아니한 사람

　　7. 「공직선거법」 제2조에 따른 대통령선거에서 후보자의 당선을 위하여 자문이나 고문의 역할을 한 날부터 3년이 경과되지 아니한 사람

법원조직법 부칙(2020. 3. 24. 법률 제17125호)

제1조(시행일) 이 법은 2021년 2월 9일부터 시행한다. 다만, 제43조의 개정규정은 공포 후 6개월이 경과한 날부터 시행한다.

제2조(결격사유에 관한 적용례) 제43조의 개정규정은 같은 개정규정 시행 후 최초로 법관으로 임용하는 자부터 적용한다.

법관징계법(2011. 4. 12. 법률 제10578호로 개정된 것)

제2조(징계 사유) 법관에 대한 징계 사유는 다음 각 호와 같다.

　　1. 법관이 직무상 의무를 위반하거나 직무를 게을리한 경우

　　2. 법관이 그 품위를 손상하거나 법원의 위신을 떨어뜨린 경우

국가공무원법

제65조(정치 운동의 금지) ① 공무원은 정당이나 그 밖의 정치단체의 결성에 관여하거나 이에 가입할 수 없다.

제78조(징계 사유) ① 공무원이 다음 각 호의 어느 하나에 해당하면 징계 의결을 요구하여야 하고 그 징계 의결의 결과에 따라 징계처분을 하여야 한다.

　　1. 이 법 및 이 법에 따른 명령을 위반한 경우

제84조(정치 운동죄) ① 제65조를 위반한 자는 3년 이하의 징역과 3년 이하의 자격정지에 처한다.

3. 주 문

법원조직법 제43조 제1항 제5호 중 '당원의 신분을 상실한 날부터 3년이 경과되지 아니한 사람'에 관한 부분은 헌법에 위반된다.

Ⅰ. 판시사항

과거 3년 이내의 당원 경력을 법관 임용 결격사유로 정한 법원조직법 제43조 제1항 제5호 중 '당원의 신분을 상실한 날부터 3년이 경과되지 아니한 사람'에 관한 부분(이하 '심판대상조항'이라 한다)이 공무담임권을 침해하는지 여부(적극)

Ⅱ. 판단

1. 이 사건의 쟁점

심판대상조항은 과거 3년 이내에 당원 경력이 있었던 사람을 법관에 임용할 수 없도록 정하고 있으므로, 과잉금지원칙에 반하여 청구인의 공무담임권을 침해하는지 문제된다.

2. 과잉금지원칙에 반하여 공무담임권을 침해하는지 여부

(1) 목적의 정당성 및 수단의 적합성

심판대상조항은 당파적 이해관계로 재판의 독립이 훼손되는 것을 방지함과 동시에 법관의 정치적 중립성을 보장함으로써 궁극적으로는 국민의 공정한 재판을 받을 권리(헌법 제27조 제1항)를 보장하기 위하여 도입된 것이므로 목적의 정당성이 인정된다. 그리고 당원의 신분을 상실한 날부터 3년이 경과하지 아니한 사람을 법관 임용 결격사유에 추가하는 것은 당원 경력이 재판의 독립과 법관의 정치적 중립에 영향을 미치는 것에 상당한 억지효과를 가질 것으로 예상되므로 수단의 적합성이 인정된다.

(2) 침해의 최소성

현행법상 공무담임권을 지나치게 제한하지 않으면서 법관(대법원장·대법관·판사)이 정치적 중립성을 준수하고 재판의 독립을 지킬 수 있도록 하는 제도적 장치는 이미 존재한다. ① 먼저 정치적 중립성 보장을 위하여, 현직 법관은 정당 가입과 정치운동이 금지되고, 이를 위반한 경우 징계와 형사처벌의 대상이 되며, 탄핵심판에 따라 파면될 수 있다. ② 또한 재판의 독립을 위하여, 대법원장·대법관·판사의 임기를 보장하고, 탄핵 또는 금고 이상의 형의 선고에 의하지 아니하고는 파면되지 아니하며, 헌법과 법률에 의하여 양심에 따라 독립하여 심판하도록 정하고 있다. ③ 나아가 법관의 과거 경력이 개별사건에 불공정한 영향을 미치는 경우 제척·기피·회피를 통해 해소할 수 있고, 심급제와 합의제를 통해 법관 개인의 성향과 무관하게 재판의 객관성과 공정성이 유지되도록 하고 있다. ④ 특히 대법원장과 대법관은 국회에서 인사청문 절차를 거친 후 본회의 의결 절차를 거쳐야 임명될 수 있으므로, 판사보다 더 엄격한 수준에서 정치적 중립성에 대한 검증이 이루어지고 있다. 가사 과거에 당원 신분을 취득한 경력을 규제할 필요성이 있더라도, 소속 정당에서 일정한 보직을 부여받거나 공직선거에서 정당후보자로 등록되어 출마하는 등 적극적으로 정치적 활동을 하였던 경우에 한하여 법관 임용을 제한할 수 있고, 이에 법원조직법은 관련 규정을 별도로 두고 있다. (법원조직법은 공직선거법 제2조에 따른 선거에 후보자(예비후보자를 포함한다)로 등록한 날부터 5년이 경과되지 아니한 사람과 공직선거법 제2조에 따른 대통령선거에서 후보자의 당선을 위하여 자문이나 고문의 역할을 한 날부터 3년이 경과되지 아니한 사람을 법관 임용 결격사유로 정하고 있다(제43조 제1항 제6호, 제7호).)

사정이 이와 같다면, 모든 법관의 정치적 중립성과 재판의 독립 보장이란 입법목적을 달성하기 위한 제도적 장치는 이미 마련되어 있고, 가사 과거 당원 경력을 법관 임용 결격사유에 포함시켜야 할 필요성이 있다 하더라도 실제 정치활동에 대한 경중을 가려 그 입법목적 달성을 위해 합리적인 범위로 한정할 수 있음에도 불구하고, 심판대상조항은 그 입법목적을 달성함에 기여하는 정도를 넘어 관련성을 인정하기 어려운 경우까지 광범위하게 제한하고 있으므로, 침해의 최소성이 인정되지 아니한다.

(4) 법익의 균형성

정치적 이해관계로 재판의 독립이 훼손되는 것을 방지함과 동시에 법관의 정치적 중립성을 보장하기 위한 것이라는 입법취지에 공감하지만, 이 점만을 지나치게 강조한 나머지 과거 3년 이내의 단순 당원 경력까지 법관 임용 결격사유에 포함시키게 되면 공무담임권이 광범위하게 제한되는 것은 물론, 장래 법관 임용에 불이익 받을 것을 우려하게 됨으로써 국민으로서 당연히 보장되어야 할 정당가입의 자유마저 지나치게 위축될 수 있다는 점에서, 심판대상조항으로 인한 사익 침해는 결코 가볍지 않다.

과거 법원조직법은 '다른 법령에 따라 공무원으로 임용하지 못하는 사람, 금고 이상의 형을 선고받은 사람, 탄핵으로 파면된 후 5년이 지나지 아니한 사람'을 법관 임용 결격사유로 정하고 있었으나(제43조 제1호 내지 제3호), 2020년 개정에 이르러 '당원의 신분을 상실한 날부터 3년이 경과되지 아니한 사람'이 그 결격사유에 추가되었다(심판대상조항).

헌법은 제7조에서 공무원의 '정치적 중립성'을 보장하고 제103조에서 '재판의 독립'을 강조하므로, 이러한 헌법적 요청을 달성하기 위하여 법관에 대한 공무담임권도 제한될 수 있으나, 그 목적 달성을 위한 범위를 넘어 임용 후 정치적 중립성과 재판의 독립과 긴밀한 연관성이 없는 경우까지 제한한다면 이는 과잉한 규제로서 공무담임권의 침해가 될 수 있다.

이 사건 결정에서 법정의견(재판관 7인)은, 현행법상 현직 법관의 정치적 중립성과 재판의 독립을 보장하기 위한 제도가 마련되어 있고, 제척·기피·회피 제도와 심급제·합의제를 통해 법관 개인의 성향과 무관하게 재판의 객관성과 공정성이 유지될 수 있으므로, 과거 3년 이내의 모든 당원 경력을 법관 임용 결격사유로 정하는 심판대상조항은 헌법에 위반된다고 판단하였다. 반면 일부위헌의견(2인)은, 대법원장·대법관의 경우에는 임명과정에 정치적 관여가 있고 더 이상의 상급심 재판이 없음에 반하여 판사의 경우에는 임명과정에 정치적 관여가 없고 상급심 재판이 있다는 점을 고려하여, 대법원장·대법관이 아닌 판사의 경우까지 그 결격사유의 적용대상에 포함시키는 것은 헌법에 위반된다고 판단하였다. (이에 법정의견은, 대법원장·대법관은 국회의 인사청문 절차를 통해 판사 보다 더 엄격한 수준에서 정치적 중립성에 대한 검증이 이루어지고 있으므로, 판사와 달리 대법원장·대법관의 경우에만 과거 당원 경력을 결격사유로 정해야 할 불가피한 필요성이 없다고 판단하였다.)

이 사건 결정은, 과거 3년 이내의 모든 당원 경력을 법관 임용 결격사유로 정하는 것이 국민의 공무담임권을 침해함을 선언한 최초의 결정이다. 그 위헌결정에 따라 법관 임용 이전의 당원 경력을 결격사유로 정하는 법원조직법은 그 효력을 상실하게 되었다. (참고로 이 사건 결정은 법관 임용 이전의 당원 경력을 임용 결격사유로 정한 심판대상조항이 헌법에 위반된다는 내용이므로, 법관 재직 중 정당가입금지와 정치운동금지는 별도의 법원조직법·국가공무원법 조항에 따라 그 효력이 그대로 유지된다.)

포괄위임입법금지의 원칙

52 보건의료기관개설자에 대한 대불비용 부담금 부과 사건

2022.7.21. 2018헌바504 [의료사고 피해구제 및 의료분쟁 조정 등에 관한 법률 제47조 제2항 등 위헌소원]
[헌법불합치, 합헌]

1. 사건의 개요

(1) 청구인들은 의원급 의료기관 개설자로서 '의료사고 피해구제 및 의료분쟁 조정 등에 관한 법률'(이하 '의료분쟁 조정법'이라 한다) 제2조 제5호의 보건의료기관개설자에 해당한다.

(2) 한국의료분쟁조정중재원장은 2018. 1. 23. 청구인들을 포함한 의원급 보건의료기관개설자 29,675명에 대하여 각 79,300원을 부과하는 '2018년도 손해배상금 대불비용 부담액 부과·징수 공고'를 하였다.

(3) 청구인들은 2018. 4. 18. <u>위 처분의 취소를 구하는 행정소송을 제기하고 소송 계속 중에 의료분쟁조정법 제</u>
<u>47조 제2항 및 제4항에 대하여 위헌법률심판제청신청을 하였으나 기각되자</u>, 2018. 12. 13. 이 사건 헌법소
원심판을 청구하였다.

2. 심판의 대상

의료사고 피해구제 및 의료분쟁 조정 등에 관한 법률(2011. 4. 7. 법률 제10566호로 제정된 것)

제47조(손해배상금 대불) ② 보건의료기관개설자는 제1항에 따른 손해배상금의 <u>대불에 필요한 비용을 부담</u>하여야 하고,
<u>그 금액과 납부방법 및 관리 등에 관하여 필요한 사항은 대통령령</u>으로 정한다.

의료사고 피해구제 및 의료분쟁 조정 등에 관한 법률(2011. 12. 31. 법률 제11141호로 개정된 것)

제47조(손해배상금 대불) ④ 제2항에 따라 보건의료기관개설자가 부담하는 비용은「국민건강보험법」제47조 제3항에도
불구하고 국민건강보험공단이 요양기관에 지급하여야 할 요양급여비용의 일부를 조정중재원에 지급하는 방법으로 할
<u>수 있다.</u> 이 경우 국민건강보험공단은 요양기관에 지급하여야 할 요양급여비용의 일부를 지급하지 아니하고 이를 조정
중재원에 지급하여야 한다.

3. 주 문

1. 의료사고 피해구제 및 의료분쟁 조정 등에 관한 법률(2011. 4. 7. 법률 제10566호로 제정된 것) 제47조 제2항 후단
   중 '그 금액' 부분은 헌법에 합치되지 아니한다.
2. 위 법률조항은 2023. 12. 31.을 시한으로 개정될 때까지 계속 적용한다.
3. 의료사고 피해구제 및 의료분쟁 조정 등에 관한 법률(2011. 4. 7. 법률 제10566호로 제정된 것) 제47조 제2항 전단,
   같은 항 후단 중 '납부방법 및 관리 등' 부분, 의료사고 피해구제 및 의료분쟁 조정 등에 관한 법률(2011. 12.
   31. 법률 제11141호로 개정된 것) 제47조 제4항은 각 헌법에 위반되지 아니한다.

Ⅰ. 판시사항

1. 대불비용 부담금을 보건의료기관개설자에게 부과하는 '의료사고 피해구제 및 의료분쟁 조정 등에 관한 법
   률'(이하 '의료분쟁조정법'이라 한다) 제47조 제2항 전단(이하 '이 사건 부과조항'이라 한다)이 과잉금지원칙에 위배
   되는지 여부(소극)
2. 대불비용 부담금에 관하여 필요한 사항을 대통령령에 위임하는 의료분쟁조정법 제47조 제2항 후단(이하 '이
   사건 위임조항'이라 한다) 중 '납부방법 및 관리 등' 부분이 법률유보원칙 또는 포괄위임금지원칙에 위배되는지
   여부(소극)
3. 이 사건 위임조항 중 '그 금액' 부분이 포괄위임금지원칙에 위배되는지 여부(적극) 및 헌법불합치결정을 하
   면서 계속 적용을 명한 사례
4. 국민건강보험공단이 요양기관에 지급하여야 할 요양급여비용의 일부를 조정중재원에 지급하는 방식으로 대
   불비용 부담금을 징수할 수 있도록 하는 의료분쟁조정법 제47조 제4항(이하 '이 사건 징수조항'이라 한다)이 과
   잉금지원칙에 위배되는지 여부(소극)

Ⅱ. 결정요지

1. 대불비용 부담금의 법적 성격 – 재정조달목적 부담금

<u>보건의료기관개설자의 손해배상금 대불비용 부담은, 손해배상금 대불제도를 운영하기 위한 재원 마련을 위한</u>
<u>것이다.</u> 의료사고에 대한 손해배상책임이 있는 보건의료기관개설자나 보건의료인 등은 사후적으로 구상의무를
짐으로써 대불 재원이 유지되는 관계에 있고, 개별 보건의료기관개설자의 대불비용 부담은 구체적인 손해배상
책임의 유무와 관계가 없다. 또한, 이러한 금전납부의무 부과를 통하여 달성하려는 손해배상금 대불제도의 목
적은 징수된 부담액으로 마련된 재원을 지출하여 실제로 대불이 이루어짐으로써 실현된다. 따라서 <u>심판대상조</u>

항에 따라 손해배상금 대불비용을 보건의료기관개설자가 부담하는 것은, 손해배상금 대불제도의 시행이라는 특정한 공적 과제의 수행을 위한 재원 마련을 목적으로 보건의료기관개설자라는 특정한 집단이 반대급부 없이 납부하는 공과금의 성격을 가지므로, 재정조달목적 부담금에 해당한다(헌재 2014.4.24. 2013헌가4).

2. 쟁점의 정리

(1) 이 사건 부과조항은 대불비용 부담금을 보건의료기관개설자에게 부과하는 근거가 된다. 부담금은 국민의 재산권을 제한하는 성격을 가지고 있으므로 부담금을 부과함에 있어서도 과잉금지원칙 같은 기본권제한입법의 한계는 준수되어야 하고, 부담금의 헌법적 정당화 요건은 기본권 제한의 한계를 심사함으로써 자연히 고려 될 수 있다(헌재 2019.12.27. 2017헌가21; 헌재 2020.8.28. 2018헌바425 참조). 청구인들은 이 사건 부과조항이 평등원칙에도 위배된다고 주장하나 그 주된 내용은 부담금의 정당화요건을 갖추지 못하였다는 것인바, 이는 대불비용 부담금 부과 대상 선정의 불합리성을 다투는 것으로서 그 기준의 정당성에 대해 판단하는 과잉금지원칙 판단 내용과 중복되므로 별도로 판단하지 않는다.

(2) 이 사건 위임조항은 대불비용 부담금의 금액과 납부방법 및 관리 등에 관하여 필요한 사항을 대통령령에 위임하고 있는바, 위 조항이 법률유보원칙 또는 포괄위임금지원칙에 위배되는지 여부를 살펴본다.

(3) 이 사건 징수조항은 국민건강보험공단이 요양기관에 지급하여야 할 요양급여비용의 일부를 조정중재원에 지급하는 방식으로 대불비용 부담금을 징수할 수 있도록 하는바, 이로써 보건의료기관개설자의 재산권인 요양급여비용 지급청구권 행사를 제한한다. 그렇다면 이 사건 징수조항이 과잉금지원칙에 위배되어 재산권을 침해하는지 여부를 살펴본다.

3. 이 사건 부과조항

(1) 손해배상금 대불제도는 의료사고 피해자에 대하여 우선 조정중재원이 미지급된 손해배상액을 대불하고, 사후적으로 배상책임이 있는 보건의료기관개설자 또는 보건의료인에게 그 대불금을 구상할 수 있도록 함으로써, 의료사고로 인한 피해의 신속한 구제를 도모하고 보건의료인의 일시적인 경제적 곤란을 방지하여 궁극적으로 안정적 진료환경을 조성하는 것을 목적으로 한다.

이 사건 부과조항은 손해배상금 대불제도를 운영하기 위한 재원을 마련하기 위해 대불비용 부담금을 보건의료기관개설자에게 부과하는 근거 조항이다. 손해배상금 대불제도는 의료사고로 손해배상책임을 지게 되는 보건의료기관개설자들의 경제적 부담을 덜어 주고 안정적 진료환경 조성에 기여하는바, 이러한 측면에서 보건의료기관개설자는 손해배상금 대불제도를 통해 추구하는 공적과제와 객관적으로 근접한 집단이고 그 재원 마련을 위한 집단적인 책임이 있다. 의료기관개설자는 대불금의 지급으로 인해 분쟁의 신속한 종결이라는 효용을 얻게 되므로, 공적 과제와 특별히 밀접한 관련성도 인정된다.

(2) 한편, 보건의료기관개설자에게 부과하는 대불비용 부담금이 조세 이외의 특별한 경제적 부담인 것은 사실이다. 그런데 대불비용 부담금은 의료사고 피해자를 신속히 구제하고 안정적 진료환경을 조성하기 위한 것으로 대불비용을 전체 보건의료기관개설자가 분담하는 것이어서, 그 부담이 보건의료기관개설자가 수인하기 어려울 정도로 과도한 금액이라고 볼 수 없다. … 이상과 같이 보건의료기관개설자에 대한 대불비용 부담금 부과가 과도하다고 보기는 어렵다.

(3) 나아가 대불비용 부담금의 부과는 의료사고 피해자의 신속한 구제와 안정적 진료환경 조성이라는 중대한 공익 달성에 필요한 수단이고, 대불비용 부담금으로 인한 부담금 납부대상자의 재산권 제한이 손해배상금 대불제도를 통해 달성하려는 공익에 비하여 크다고 할 수 없으므로, 이 사건 부과조항은 법익의 균형성 요건을 충족한다.

(4) 따라서 이 사건 부과조항은 과잉금지원칙에 위배되어 보건의료기관개설자의 재산권을 침해하지 않는다.

4. 이 사건 위임조항 중 '납부방법 및 관리 등' 부분

헌법재판소는 2014. 4. 24. 2013헌가4 결정에서 이 사건 위임조항이 법률유보원칙과 포괄위임금지원칙에 위배되지 않는다고 판단한 바 있다. 그 이유는 다음과 같다.

의료분쟁조정법 제47조 제1항은 손해배상금 대불제도의 기본적인 사항에 관해 규율하고 있고, 같은 조 제4항은 사실상 대부분의 보건의료기관개설자에 적용될 수 있는 징수방법을, 같은 조 제3항, 제7항은 대불비용 부담금의 관리에 관한 기본 사항도 규율하는 등 대불비용 부담금에 관련된 기본권 제한의 본질적인 사항에 관해서는 법률에서 이를 규율하고 있으므로, 심판대상조항이 법률유보원칙에 위배된다고 보기 어렵다. 개별 보건의료기관개설자들의 부담액이나 납부절차 등에 관련된 기술적이고 세부적인 사항은, 전문적인 판단이 필요하고 수시로 변화하는 상황에 대응해야 하므로 하위법령에 위임할 필요가 있다. 그리고 손해배상금 대불제도의 입법목적 및 관련조항을 종합하면, 대불비용 부담금을 부과하는 산정기준으로 의료행위에 따른 위험성의 정도 차이와 의료기관에서 행해지는 의료행위의 양 등이 주로 고려될 것임을 예측할 수 있고, 시행 초기에 대불비용 부담금이 적립된 후의 추가적인 부담은 대불이 필요한 손해배상금의 총액이 증가하는 정도와 결손이 발생하는 정도를 고려하여 정해질 것임도 충분히 예측할 수 있으므로 심판대상조항은 포괄위임입법금지원칙에 위배되지 아니한다. 이 사건 위임조항이 법률유보원칙에 위배되지 않고 이 사건 위임조항 중 '납부방법 및 관리 등' 부분이 포괄위임금지원칙에 위배되지 않는다는 선례의 결정이유는 이 사건에서 그대로 타당하다.

5. 이 사건 위임조항 중 '그 금액' 부분

(1) 선례변경의 필요성

그러나 다음과 같은 이유에서 이 사건 위임조항 중 '그 금액' 부분은 포괄위임금지원칙에 위배된다.

선례는 보건의료기관개설자들에 추가로 징수할 대불비용 부담금은 결손을 보충하는 정도에 불과하여 대불비용 부담금을 정기적·장기적으로 징수할 가능성이 없다고 보았다. 일단 대불비용으로 적립된 금액은 결손이 발생하지 않는 한 어느 정도 수준으로 유지될 것이며, 그 후의 추가적인 부담은 대불이 필요한 손해배상금의 총액이 증가하는 정도와 결손이 발생하는 정도를 고려하여 정해질 것임을 예측할 수 있다고 보았다. 그런데 의료사고 피해자의 손해배상금 대불청구가 점차 증가하였고, 대불금 구상 실적은 극히 저조하여 적립된 재원은 빠르게 고갈되었다. 이에 따라 선례의 예측과는 달리 대불비용 부담금의 추가 징수가 여러 차례 반복되었다. 그럼에도 이 사건 위임조항은 부담금의 액수를 어떻게 산정하고 이를 어떤 요건 하에 추가로 징수하는지에 관하여 그 대강조차도 정하지 않고 있고, 관련조항 등을 살펴보더라도 이를 예측할 만한 단서를 찾을 수 없다. 반복적인 부담금 추가 징수가 예상되는 상황임에도 대불비용 부담금이 '부담금관리 기본법'의 규율대상에서 제외되는 등 입법자의 관여가 배제되어 있다는 점도 문제가 있다. 입법자로서는 대불비용 부담금액 산정의 중요한 고려요소가 무엇인지를 이 사건 위임조항에 명시하는 방식으로 구체화하는 것이 가능하다. 또한, 어떤 요건 하에 추가로 대불비용 부담금을 부과할 수 있는지에 관하여는 법률로 정하기 어려운 것이 아니다.

(2) 헌법불합치결정과 잠정적용

이 사건 위임조항 중 '그 금액' 부분을 단순위헌으로 선언하는 경우 대불비용 부담금의 부과·징수의 근거가 없어지게 됨에 따라 혼란이 초래될 우려가 있다. 또한 이 사건 위임조항 중 '그 금액' 부분의 위임 내용을 어떻게 구체화하여 대통령령에 위임할 지에 관하여는 입법자가 충분한 논의를 거쳐 결정해야 할 사항에 속한다. 따라서 이 사건 위임조항 중 '그 금액' 부분에 대하여 헌법불합치결정을 선고하되, 입법자의 개선입법이 있을 때까지 잠정적용을 명하기로 한다. 입법자는 늦어도 2023. 12. 31.까지 개선입법을 하여야 하며, 그때까지 개선입법이 이루어지지 않으면 이 사건 위임조항 중 '그 금액' 부분은 2024. 1. 1.부터 그 효력을 상실한다.

6. 이 사건 징수조항

이 사건 징수조항은 국민건강보험공단이 요양기관에 지급하여야 할 요양급여비용의 일부를 조정중재원에 지급하는 방식으로 대불비용 부담금을 징수할 수 있도록 한다. 이 사건 징수조항은 일종의 공제 방식을 통해 대불비용 부담금의 납입을 확실하게 담보하려는 것으로서 그 목적이 정당하고, 요양급여비용의 일부를 조정중재원이 바로 지급받는 방식으로 대불비용 부담금을 징수하는 것은 목적 달성에 적합하다.

대불비용 부담금의 납입이 지체되거나 거부된다면 대불제도의 재원 고갈을 피할 수 없다는 점, 대불비용 부담금 납입을 담보하기 위한 다른 수단이 규정되어 있지 않다는 점, 이 사건 징수조항은 단지 그 징수의 방법을 규정한 것으로서 부담금의 내용적인 측면에서 새로운 부담이나 의무를 부과하는 것은 아니라는 점을 종합하면, 이 사건 징수조항은 침해의 최소성과 법익의 균형성도 갖추었다.

따라서 이 사건 징수조항은 과잉금지원칙에 위배되지 않는다.

결정의 의의

헌법재판소는 이 사건 위임조항 중 '그 금액' 부분이 부담금의 산정방식이나 요건에 대해 아무것도 정하지 않고 대통령령에 이를 포괄적으로 위임하였으므로 헌법에 합치되지 않는다고 결정하였다. 입법자는 이 결정의 취지에 따라 개선입법을 하여 위헌적 상태를 제거하여야 한다. 종래 이와 견해를 달리하여 이 사건 위임조항 중 '그 금액' 부분이 헌법에 위반되지 아니한다고 판시한 헌법재판소 결정(현재 2014. 4. 24. 2013헌가4)은 이 결정 취지와 저촉되는 범위 안에서 변경되었다.

헌법소원심판

53 수사기관 등에 의한 통신자료 제공요청 사건

2022.7.21. 2016헌마388등 [통신자료 취득행위 위헌확인 등] **[헌법불합치, 각하]**

1. 사건의 개요

청구인들은 전기통신사업자인 에스케이텔레콤 주식회사, 주식회사 케이티, 주식회사 엘지유플러스가 제공하는 전기통신역무를 이용하는 사람들이다. 피청구인들은 전기통신사업법 제83조 제3항에 따라 에스케이텔레콤 주식회사와 주식회사 케이티에게 수사를 위하여 청구인 좌○○ 등의 '성명, 주민등록번호, 주소, 전화번호, 가입일' 등의 통신자료 제공을 요청하였고, 위 전기통신사업자들은 피청구인들에게 위 청구인들의 통신자료를 제공하였다. 피청구인들은 이를 통해 2015. 5. 21.부터 2016. 3. 4.까지 위 청구인들의 통신자료를 취득하였다. 또한 피청구인들 및 각급 검찰청에 소속된 검사 및 수사관서의 장들은 에스케이텔레콤 주식회사, 주식회사 케이티, 주식회사 엘지유플러스에 위 청구인들을 제외한 나머지 청구인들의 통신자료 제공을 요청하여 그 통신자료를 취득하였다. 이에 청구인들은 2016. 5. 18. 검사 또는 군 수사기관의 장을 포함한 수사관서의 장, 정보수사기관의 장(이하 '수사기관 등'이라 한다)이 전기통신사업자에게 통신자료의 제공을 요청하면 전기통신사업자가 그 요청에 따를 수 있다고 정하고 있는 전기통신사업법 제83조 제3항에 대해, 청구인 좌○○ 등은 각 통신자료 취득행위에 대해 이 사건 헌법소원심판을 청구하였다.

2. 심판의 대상

전기통신사업법(2010. 3. 22. 법률 제10166호로 전부개정된 것)

제83조(통신비밀의 보호) ③ 전기통신사업자는 법원, 검사 또는 수사관서의 장(군 수사기관의 장, 국세청장 및 지방국세청장을 포함한다. 이하 같다), 정보수사기관의 장이 재판, 수사(「조세범 처벌법」제10조 제1항·제3항·제4항의 범죄 중 전화, 인터넷 등을 이용한 범칙사건의 조사를 포함한다), 형의 집행 또는 국가안전보장에 대한 위해를 방지하기 위한 정보수집을 위하여 다음 각 호의 자료의 열람이나 제출(이하 "통신자료 제공"이라 한다)을 요청하면 그 요청에 따를 수 있다.

　1. 이용자의 성명

2. 이용자의 주민등록번호

3. 이용자의 주소

4. 이용자의 전화번호

5. 이용자의 아이디(컴퓨터시스템이나 통신망의 정당한 이용자임을 알아보기 위한 이용자 식별부호를 말한다)

6. 이용자의 가입일 또는 해지일

3. 주 문

1. 전기통신사업법(2010. 3. 22. 법률 제10166호로 전부개정된 것) 제83조 제3항 중 '검사 또는 수사관서의 장(군 수사기관의 장을 포함한다), 정보수사기관의 장의 수사, 형의 집행 또는 국가안전보장에 대한 위해 방지를 위한 정보수집을 위한 통신자료 제공요청'에 관한 부분은 헌법에 합치되지 아니한다. 위 법률조항은 2023. 12. 31.을 시한으로 입법자가 개정할 때까지 계속 적용된다.

2. 이 사건 통신자료 취득행위에 대한 심판청구를 각하한다.

Ⅰ. 판시사항

1. 수사기관 등이 전기통신사업자에게 이용자의 성명 등 통신자료의 제공을 요청하여 취득한 행위(이하 '이 사건 통신자료 취득행위'라 한다)가 헌법소원의 대상이 되는 공권력 행사에 해당하는지 여부(소극)

2. 수사기관 등이 전기통신사업자에게 이용자의 성명 등 통신자료의 열람이나 제출을 요청할 수 있도록 한 전기 통신사업법 제83조 제3항 중 '검사 또는 수사관서의 장(군 수사기관의 장을 포함한다), 정보수사기관의 장의 수사, 형의 집행 또는 국가안전보장에 대한 위해 방지를 위한 정보수집을 위한 통신자료 제공요청'에 관한 부분(이하 '이 사건 법률조항'이라 한다)이 직접성 요건을 갖추었는지 여부(적극)

3. 이 사건 법률조항이 개인정보자기결정권을 제한하는지 여부(적극)

4. 이 사건 법률조항이 영장주의의 적용을 받는지 여부(소극)

5. 이 사건 법률조항이 명확성원칙에 위배되는지 여부(소극)

6. 이 사건 법률조항이 과잉금지원칙에 위배되는지 여부(소극)

7. 이 사건 법률조항이 적법절차원칙에 위배되는지 여부(적극)

8. 헌법불합치결정의 필요성

Ⅱ. 결정요지

1. 적법요건에 관한 판단

(1) 이 사건 통신자료 취득행위에 대한 심판청구

수사기관 등에 의한 통신자료 제공요청은 임의수사에 해당하는 것으로, 전기통신사업자가 이에 응하지 아니한 경우에도 어떠한 법적 불이익을 받는다고 볼 수 없다. 따라서 이 사건 통신자료 취득행위는 헌법소원의 대상이 되는 공권력의 행사에 해당하지 않는다.

(2) 이 사건 법률조항에 대한 심판청구

이 사건 법률조항은 수사기관 등의 전기통신사업자에 대한 통신자료 제공요청이라는 행위를 예정하고 있으나, 이 사건 통신자료 취득행위에 대한 직접적인 불복수단이 존재하는지 여부가 불분명하고, 청구인들이 영장주의 및 적법절차원칙 위반을 다투고 있는 부분과 관련하여서는 법률 그 자체에 의하여 청구인들의 법적 지위에 영향을 미친다고 볼 수 있다. 따라서 이 사건 법률조항은 직접성이 인정된다. 직접성을 부정한 헌재 2012. 8. 23. 2010헌마439 결정은 이 결정과 저촉되는 범위 안에서 이를 변경한다.

2. 이 사건 법률조항에 관한 판단

(1) 헌법상 영장주의 위배 여부

헌법상 영장주의는 체포·구속·압수·수색 등 기본권을 제한하는 강제처분에 적용되므로, 강제력이 개입되지 않은 임의수사에 해당하는 수사기관 등의 통신자료 취득에는 영장주의가 적용되지 않는다.

(2) 명확성원칙 위배 여부

청구인들은 이 사건 법률조항 중 '국가안전보장에 대한 위해'의 의미가 불분명하다고 주장한다. 그런데 '국가안전보장에 대한 위해를 방지하기 위한 정보수집'은 국가의 존립이나 헌법의 기본질서에 대한 위험을 방지하기 위한 목적을 달성함에 있어 요구되는 최소한의 범위 내에서의 정보수집을 의미하는 것으로 해석되므로, 명확성원칙에 위배되지 않는다.

(3) 과잉금지원칙 위배 여부

이 사건 법률조항은 범죄수사나 정보수집의 초기단계에서 수사기관 등이 통신자료를 취득할 수 있도록 함으로써 수사나 형의 집행, 국가안전보장 활동의 신속성과 효율성을 도모하고, 이를 통하여 실체적 진실발견, 국가형벌권의 적정한 행사 및 국가안전보장에 기여하므로, 입법목적의 정당성 및 수단의 적합성이 인정된다.

이 사건 법률조항은 수사기관 등이 통신자료 제공요청을 할 수 있는 정보의 범위를 성명, 주민등록번호, 주소 등 피의자나 피해자를 특정하기 위한 불가피한 최소한의 기초정보로 한정하고, 민감정보를 포함하고 있지 않으며, 그 사유 또한 '수사, 형의 집행 또는 국가안전보장에 대한 위해를 방지하기 위한 정보수집'으로 한정하고 있다. 더불어 전기통신사업법은 통신자료 제공요청 방법이나 통신자료 제공현황 보고에 관한 규정 등을 두어 통신자료가 수사 등 정보수집의 목적달성에 필요한 최소한의 범위 내에서 이루어지도록 하고 있다. 따라서 침해의 최소성 및 법익균형성에 위배되지 않는다.

(4) 적법절차원칙 위배 여부

이 사건 법률조항에 의한 통신자료 제공요청이 있는 경우 통신자료의 정보주체인 이용자에게는 통신자료 제공요청이 있었다는 점이 사전에 고지되지 아니하며, 전기통신사업자가 수사기관 등에게 통신자료를 제공한 경우에도 이러한 사실을 이용자에게 별도로 통지하지 아니하여 이용자로서는 별도로 '개인정보 보호법' 제35조 제1항에 따라 전기통신사업자에게 통신자료 제공내역에 대한 열람을 요구하지 아니하고는 자신의 통신자료가 수사기관 등에 제공되었는지 여부를 알 수 없다. 그런데 당사자에 대한 통지는 당사자가 기본권 제한 사실을 확인하고 그 정당성 여부를 다툴 수 있는 전제조건이 된다는 점에서 매우 중요하다. 따라서 수사나 정보수집 등의 활동에 신속성, 밀행성 확보가 필요하다고 하여 그러한 이유만으로 헌법상의 절차적 요청을 외면하는 것은 허용되지 않는다. 이 사건 법률조항에 따른 통신자료 제공요청은 효율적인 수사와 정보수집의 신속성, 밀행성 등의 필요성을 고려하면, 사전에 정보주체인 이용자에게 그 내역을 통지하도록 하는 것이 적절하지 않다고 볼 수 있다. 그러나 수사기관 등이 통신자료를 취득한 이후에는 수사 등 정보수집의 목적에 방해가 되지 않는 범위 내에서 통신자료의 취득사실을 이용자에게 통지하는 것이 얼마든지 가능하다.

그럼에도 이 사건 법률조항은 정보주체인 이용자에 대해 아무런 통지절차를 두지 않아 자신의 개인정보가 수사기관 등에 제공되었음에도 이용자는 이를 알지 못한 채 자신의 개인정보에 대한 통제기회를 전혀 가질 수 없도록 하고 있다.

따라서 이 사건 법률조항이 통신자료 취득에 대한 사후통지절차를 규정하고 있지 않은 것은 적법절차원칙에 위배된다.

(5) 헌법불합치결정의 필요성

이 사건 법률조항은 통신자료 취득 자체가 헌법에 위반된다는 것이 아니라 통신자료 취득에 대한 사후통지절차를 마련하지 않은 것이 헌법에 위반된다는 것이므로, 이 사건 법률조항에 대하여 단순위헌 결정을 하게 되면 법적 공백이 발생하게 된다. 따라서 이 사건 법률조항에 대하여 잠정적용을 명하는 헌법불합치결정을 선고하되, 입법자는 늦어도 2023. 12. 31.까지 개선입법을 하여야 한다.

헌법재판소는 수사기관 등에 의한 통신자료 제공요청의 근거조항인 구 전기통신사업법(2010. 1. 1. 법률 제9919호로 개정되고, 2010. 3. 22. 법률 제10166호로 개정되기 전의 것) 제54조 제3항 중 '수사관서의 장으로부터 수사를 위하여 통신자료제공을 요청받은 때'에 관한 부분에 관하여 직접성을 부정하여 각하한 바 있다(헌재 2012. 8. 23. 2010헌마439). 이 사건에서 헌법재판소는 위 선례를 변경하여 직접성을 인정하여 본안 판단에 나아갔고, 수사기관 등이 통신자료 제공요청을 함에 있어 사후통지절차를 두지 않은 것이 적법절차원칙에 위배되어 개인정보자기결정권을 침해한다는 이유로 헌법불합치결정을 내렸다.

헌법재판소는 이 사건에서 범죄수사나 정보수집의 초기단계에서 수사나 형의 집행, 국가안전보장 활동의 신속성과 효율성 및 이를 통한 실체적 진실발견, 국가 형벌권의 적정한 행사, 국가안전보장 등을 위하여 수사기관 등에 의한 통신자료 제공요청 자체에 관하여는 그 필요성을 인정하여 이 사건 법률조항이 과잉금지원칙에는 위배되지 않는다고 보았다. 그러나 이 사건 법률조항이 당사자가 기본권 제한 사실을 확인하고 그 정당성 여부를 다툴 수 있는 전제조건이 되는 당사자에 대한 통지 절차를 두지 않은 것은 적법절차원칙에 위배된다고 보았다. 수사 등의 밀행성이나 신속성에 비추어 사전통지가 어렵다면 적어도 사후통지절차를 마련함으로써 정보주체인 이용자에게 자신의 개인정보에 대한 통제기회를 제공하였어야 한다는 취지이다. 이 결정은 수사기관 등에 의한 통신자료 제공요청에 대하여 적법절차원칙에 따른 절차적 요청인 사후통지절차를 마련하지 않은 부분이 위헌(헌법불합치)임을 선언함으로써 이용자들의 개인정보자기결정권을 보장하였다는 점에 의의가 있다.

54 한정위헌결정의 기속력에 반하는 재판취소 사건(과세처분 관련)

2022.7.21. 2013헌마242; 2013헌마496 [재판취소 등]	[인용(취소), 각하]

1. 사건의 개요

(1) 청구인 지에스칼텍스 주식회사는 1990. 10. 1. 구 조세감면규제법(1990. 12. 31. 법률 제4285호로 개정되기 전의 것) 제56조의2에 따라 한국증권거래소에 주식을 상장하는 것을 전제로 자산재평가를 실시하고 그에 따라 법인세 등을 신고·납부하였으나, 같은 법 시행령에서 정한 기간인 2003. 12. 31.까지 한국증권거래소에 주식을 상장하지 않게 되었다. 이에 피청구인 역삼세무서장은 2004. 4. 16. 구 조세감면규제법(1990. 12. 31. 법률 제4285호) 부칙 제23조에 따라 재계산한 1990 사업연도 이후 각 사업연도소득에 대한 법인세 및 자산재평가세 등 약 700억 원을 부과하였다.

(2) 청구인은 위 부과처분의 취소를 구하는 행정소송을 제기하였고, 1심에서 패소하고 항소심에서 승소하였으나, 대법원에서 다시 파기되어 사건이 서울고등법원에 환송되었다(대법원 2008. 12. 11. 선고 2006두17550 판결). 청구인은 파기환송심(서울고등법원 2008누37574 판결) 계속 중 위 부과처분의 근거가 된다고 본 구 조세감면규제법(1990. 12. 31. 법률 제4285호) 부칙 제23조에 대하여 위헌법률심판제청신청을 하였으나 기각되자 헌법재판소법 제68조 제2항에 의한 헌법소원심판을 청구하였다.

(3) 헌법재판소는 2012. 5. 31. "구 조세감면규제법(1993. 12. 31. 법률 제4666호로 전부개정된 것)의 시행에도 불구하고 구 조세감면규제법(1990. 12. 31. 법률 제4285호) 부칙 제23조가 실효되지 않은 것으로 해석하는 것은 헌법에 위반된다."라는 한정위헌결정을 하였다(헌재 2012. 5. 31. 2009헌바123등, 이하 '이 사건 한정위헌결정'이라 한다).

(4) 청구인은 이 사건 한정위헌결정 이후 헌법재판소법 제75조 제7항에 따라 그 전에 이미 2009. 6. 4. 확정된 파기환송심 판결인 서울고등법원 2008누37574 판결에 대하여 재심을 청구하였으나, 법원은 이 사건 한정위헌결정의 기속력을 부인하여 재심 청구를 기각하였고(서울고등법원 2013. 6. 26. 선고 2012재누110 판결), 이에 대한 상고도 심리불속행으로 기각하였다(대법원 2013. 11. 15.자 2013두14665 판결).

(5) 이에 청구인은 재심기각판결 및 그에 대한 재심상고기각판결, 이 사건 한정위헌결정 이전에 이루어진 대법원의 파기환송판결 및 재심대상판결인 파기환송심판결, 피청구인의 과세부과처분의 취소를 구하는 헌법소원심판을 청구하였다.

2. 심판의 대상

이 사건 심판대상은 ① 서울고등법원 2013. 6. 26. 선고 2012재누110 판결 (이하 '이 사건 재심기각판결'이라 한다) 및 대법원 2013. 11. 15.자 2013두14665 판결(이하 '이 사건 재심상고기각판결'이라 한다), ② 파기환송심 판결인 서울고등법원 2009. 5. 13. 선고 2008누37574 판결(이하 '이 사건 재심대상판결'이라 한다)과 대법원 2008. 12. 11. 선고 2006두17550 판결(이하 '이 사건 파기환송판결'이라 한다), ③ 피청구인이 2004. 4. 16. 청구인에 대하여 한 부과처분 내역 중 각 사업연도별 법인세 및 자산재평가세 등 70,767,836,129원 부분(이하 이를 '이 사건 과세처분'이라 한다)이 각각 청구인의 기본권을 침해하는지 여부이다.

3. 주 문

1. 서울고등법원 2013. 6. 26. 선고 2012재누110 판결 및 대법원 2013. 11. 15.자 2013두14665 판결은 청구인의 재판청구권을 침해한 것이므로 이를 모두 취소한다.

2. 청구인의 나머지 심판청구를 모두 각하한다.

Ⅰ. 판시사항

1. "구 조세감면규제법(1993. 12. 31. 법률 제4666호로 전부개정된 것)의 시행에도 불구하고 구 조세감면규제법(1990. 12. 31. 법률 제4285호) 부칙 제23조가 실효되지 않은 것으로 해석하는 것은 헌법에 위반됨을 확인한다."는 헌재 2012. 7. 26. 2009헌바35등 결정(이하 '이 사건 한정위헌결정'이라 한다)의 기속력을 부인하고 청구인의 재심청구를 기각한 법원의 재판이 '법률에 대한 위헌결정의 기속력에 반하는 재판'으로 예외적으로 헌법소원심판의 대상이 되고 청구인의 기본권을 침해하는지 여부(적극)
2. 이 사건 한정위헌결정이 이루어지기 전에 확정된 법원의 재판이 헌법소원심판의 대상이 되는지 여부(소극)
3. 법원의 재판을 거쳐 확정된 행정처분인, 피청구인이 2004. 1. 16. 청구인에 대하여 한 과세처분(이하 '이 사건 과세처분'이라 한다)이 헌법소원심판의 대상이 되는지 여부(소극)

Ⅱ. 판단

1. 쟁점

이 사건은 특정한 과세처분의 근거가 된 법률조항에 대하여 헌법재판소법(이하 경우에 따라 연혁과 관계없이 '법'이라 한다) 제68조 제2항에 따른 헌법소원심판에서 한정위헌결정이 선고되자, 이전에 해당 법률조항을 근거로 이루어진 확정판결에 대하여 법 제75조 제7항에 따른 재심이 청구된 사안에서, 헌법재판소의 한정위헌결정은 위헌결정이 아니라는 이유로 해당 법률조항을 적용한 확정판결에 대해 재심을 받아들이지 아니한 이 사건 재심기각판결과 처분의 근거가 되는 법률조항에 대한 헌법재판소의 한정위헌결정 이후 법이 정한 절차에 따라 재심절차까지 거쳤으나 결국 취소되지 않은 이 사건 과세처분이 청구인의 기본권을 침해하는지 여부에 대한 것이다.

2. 법률에 대한 규범통제로서 한정위헌결정의 기속력

헌법재판소는 법률의 위헌 여부를 심사하는 경우 법률에 대해 다의적인 해석가능성이 있을 때 일반적인 해석작용이 용인되는 범위 내에서 종국적으로 어느 쪽이 가장 헌법에 합치되는가를 가려, 합헌적인 한정축소해석의 영역 밖에 있는 경우에까지 법률의 적용범위를 넓히는 것은 위헌이라는 취지로 위헌의 범위를 정하여 한정 위헌의 결정을 선고할 수 있다. 이는 단순히 법률을 헌법에 비추어 해석하는 것에 지나지 않는 것이 아니라 헌법규범을 기준으로 하여 법률의 위헌성 여부를 심사하는 작업이며, 헌법재판소가 법률의 위헌성 심사를 하면서 합헌적 법률해석을 하고 그 결과로서 이루어지는 한정위헌결정은 비록 법문의 변화를 가져오는 것은 아니나 법률조항 중 특정의 영역에 적용되는 부분이 위헌이라는 것을 뜻하는 일부위헌결정으로, 법률에 대한 위헌심사권을 가진 헌법재판소의 권한에 속한다(헌재 1992. 2. 25. 89헌가104; 헌재 1997. 12. 24. 96헌마172등 참조).

따라서 한정위헌결정도 법 제47조 제1항에서 정한 기속력이 인정되는 '법률의 위헌결정'에 해당하고, 법 제68조 제2항에 따른 헌법소원심판에서 법률의 위헌성이 확인되어 한정위헌결정의 형태로 인용되는 경우 그 결정은 법률에 대한 위헌결정으로 법원을 비롯한 모든 국가기관과 지방자치단체에 대하여 기속력이 인정된다(법 제75조 제6항, 제47조 제1항).

3. 이 사건 재심기각판결에 대한 판단

(1) 이 사건 한정위헌결정의 기속력

(가) 헌법재판소는 2012. 5. 31. 2009헌바123등 결정에서 "구 조세감면규제법(1993. 12. 31. 법률 제4666호로 전부개정된 것)의 시행에도 불구하고 구 조세감면규제법(1990. 12. 31. 법률 제4285호) 부칙 제23조가 실효되지 않은 것으로 해석하는 것은 헌법에 위반된다."라고 선고하고, 이 사건 한정위헌결정인 헌재 2012. 7. 26. 2009헌바35등 결정에서도 헌재 2009헌바123등 결정과 같은 취지로 구 조세감면규제법(1990. 12. 31. 법률 제4285호) 부칙 제23조(이하 '이 사건 부칙조항'이라 한다)가 구 조세감면규제법(1993. 12. 31. 법률 제4666호로 전부개정된 것)의 시행 이후에도 실효되지 않은 것으로 해석하는 것은 위헌임을 확인하는 결정을 선고함으로써, 법률조항의 문언 자체는 그대로 둔 채, 그 법률조항이 규율하는 일부 영역, 즉 이 사건 부칙조항의 규범 영역 중 구 조세감면규제법(1993. 12. 31. 법률 제4666호로 전부개정된 것)의 시행일인 1994. 1. 1. 이후에도 적용되는 부분을 한정하여 그 효력을 상실시키는 한정위헌결정을 하였다.

(나) 이 사건 한정위헌결정은 구체적 사건에서 법률조항에 대한 법원의 특정한 해석·적용의 당부를 심사한 것이 아니라, 법률조항의 규범 영역 중 일부가 헌법에 위반되어 무효라는 내용의 일부위헌결정이다. 구체적 사건에서 법원의 법률의 해석·적용 권한이 사법권의 본질적 내용을 이루는 것은 부정할 수 없다. 그러나 법률조항의 문언 자체에 변화가 없고 헌법재판소가 법률조항의 규범 영역 중 헌법에 위반되어 효력을 상실하는 부분을 '해석'이라는 표현을 사용하여 지칭하였다는 이유로 법률에 대한 위헌성 심사의 결과인 한정위헌결정을 규범통제가 아닌 구체적 사건에서의 법원의 법률의 해석·적용 권한에 대한 통제라고 볼 수는 없다. 따라서 이 사건 한정위헌결정은 일부위헌결정으로서 법률에 대한 위헌결정에 해당하고, 법 제75조 제6항, 법 제47조 제2항에 따라 이 사건 부칙조항 중 구 조세감면규제법(1993. 12. 31. 법률 제4666호로 전부개정된 것)의 시행일인 1994. 1. 1. 이후에 적용되는 부분은 그 효력을 상실하였다. 또한 이 사건 한정위헌결정은 법 제75조 제6항, 제47조 제1항에 따라 법원과 그 밖의 국가기관 및 지방자치단체에 대하여 기속력이 있다.

(2) 예외적으로 헌법소원심판의 대상이 되는 법원의 재판에 해당하는지 여부

(가) 헌법재판소는 헌재 2022. 6. 30. 2014헌마760등 결정에서 "헌법재판소법(2011. 4. 5. 법률 제10546호로 개정된 것) 제68조 제1항 본문 중 '법원의 재판' 가운데 '법률에 대한 위헌결정의 기속력에 반하는 재판' 부분은 헌법에 위반된다."라는 위헌결정을 선고하였다.

(나) 이 사건 재심기각판결은 '법률조항 자체는 그대로 둔 채 그 법률조항에 관한 특정한 내용의 해석·적용만을 위헌으로 선언하는 이른바 한정위헌결정에 관하여는 헌법재판소법 제47조가 규정하는 위헌결정의 효력을 부여할 수 없으며, 그 결과 한정위헌결정은 법원을 기속할 수 없고 재심사유가 될 수 없다'라는 이유를 들어

이 사건 한정위헌결정의 기속력을 부인하고 청구인의 재심청구를 기각하였다. 이는 일부위헌결정으로서 법 제75조 제6항, 제47조 제1항에 따라 기속력이 인정되는 이 사건 한정위헌결정의 기속력을 부인한 것이므로, 이 사건 재심기각판결은 '법률에 대한 위헌결정의 기속력에 반하는 재판'에 해당한다. 따라서 이 사건 재심기각판결에 대해서는 예외적으로 그 취소를 구하는 헌법소원심판청구가 허용된다.

(3) 재판청구권 침해 여부

법 제75조 제7항은 "제68조 제2항에 따른 헌법소원이 인용된 경우에 해당 헌법소원과 관련된 소송사건이 이미 확정된 때에는 당사자는 재심을 청구할 수 있다."라고 규정함으로써 소송당사자가 재심을 청구할 권리를 부여하고 있고, 여기서 '헌법소원이 인용된 경우'에는 헌법재판소가 한정위헌결정을 한 경우도 포함된다.

따라서 이 사건 한정위헌결정의 기속력을 부인하여 재심사유로 받아들이지 아니한 이 사건 재심기각판결은 청구인의 재판청구권을 침해하는 것이다.

(4) 소결

이 사건 재심기각판결은 '법률에 대한 위헌결정의 기속력에 반하는 재판'으로 이에 대한 헌법소원은 허용되고 헌법상 보장된 청구인의 재판청구권을 침해하였으므로, 법 제75조 제3항에 따라 취소되어야 한다.

4. 이 사건 과세처분에 대한 판단

(1) 법원의 재판을 거쳐 확정된 행정처분에 대한 헌법소원 심판청구

법원의 재판을 거쳐 확정된 행정처분(이하 '원행정처분')에 대한 헌법소원 심판청구는, 법원의 재판을 원칙적으로 헌법소원의 대상에서 제외하고 있는 헌법재판소법 제68조 제1항의 법원의 재판을 거쳐 확정된 행정처분에 대한 헌법소원 심판청구입법취지와 확정판결의 기판력과 저촉될 우려 등을 고려하여, 원칙적으로 허용하지 않고 있다. 다만, 원행정처분을 심판의 대상으로 삼았던 법원의 재판이 예외적으로 헌법소원심판의 대상이 되어 그 재판 자체가 취소되는 경우에는 예외적으로 원행정처분에 대하여도 헌법소원 심판청구가 허용된다.

(2) 이 사건의 경우

앞서 본 바와 같이 이 사건 재심기각판결은 '법률에 대한 위헌결정의 기속력에 반하는 재판'으로 헌법상 보장된 청구인의 재판청구권을 침해하였으므로 취소되어야 한다. 그러나 이 사건 재심기각판결은 원행정처분인 이 사건 과세처분을 심판의 대상으로 삼았던 법원의 재판이 아니다.

이 사건 과세처분을 심판의 대상으로 삼았던 법원의 재판은 이 사건 재심기각판결 및 이 사건 재심상고기각판결이 아니라, 이 사건 재심대상판결이다. 만약 이 사건 재심대상판결이 예외적으로 헌법소원의 대상이 되어 취소된다면 이 사건 과세처분도 함께 취소될 여지가 있다.

그러나 헌법과 법률에 의하여 법률의 위헌 여부를 심사하는 헌법재판절차를 통상의 사법절차와 분리하여 제도화하고 있는 우리나라에서 헌법재판소가 위헌을 선언하기 전까지 모든 법률은 합헌으로 추정되므로, 법원으로서도 위헌의 의심이 있는 경우 헌법재판소에 해당 법률에 대한 위헌제청을 하여 그 적용을 일시 유보할 수는 있더라도, 그 법률의 적용을 거부할 수는 없다. 이에 위헌결정이 있기 전에 그 법률을 법원이 적용하는 것은 제도적으로 정당성이 보장된다. 따라서 아직 헌법재판소에 의하여 위헌으로 선언된 바가 없는 법률이 적용된 재판을 그 후에 위헌결정이 선고되었다는 이유로 위법한 공권력의 행사라고 하여 헌법소원심판의 대상으로 삼을 수는 없고(헌재 2001. 2. 22. 99헌마461등 참조), 그에 대한 구제 및 기판력의 제거는 재심절차에 의해 가능하도록 제도화되어 있다.

이 사건 재심대상판결은 '법률에 대한 위헌결정의 기속력에 반하는 재판'에 해당하지 아니하고, 헌법재판소가 이 사건 재심대상판결을 취소하지 않으면서 이 사건 과세처분을 취소하는 것은 이 사건 재심대상판결의 기판력과 충돌하게 되므로 허용되지 아니한다.

(3) 소결

따라서 이 사건 과세처분을 심판의 대상으로 삼았던 법원의 재판이 예외적으로 헌법소원의 대상이 되어 취소되는 경우에 해당하지 아니하므로, 원행정처분인 이 사건 과세처분에 대한 심판청구는 부적법하다.

결정의 의의

헌법재판소는 청구인 지에스칼텍스 주식회사가 심판청구한 이 사건(2013헌마496) 이외에, 주식회사 케이에스에스해운 및 롯데디에프리테일 주식회사가 심판청구한 유사한 구조의 사건(2013헌마242, 2013헌마497)에 대하여도 이 사건과 같은 취지의 결정을 각각 선고하였다. 헌법재판소가 2012년 '구 조세감면규제법(1993. 12. 31. 법률 제4666호로 전부개정된 것)의 시행에도 불구하고 구 조세감면규제법(1990. 12. 31. 법률 제4285호) 부칙 제23조가 실효되지 않은 것으로 해석하는 것은 헌법에 위반'된다는 한정위헌결정을 선고한 바 있다(헌재 2012. 5. 31. 2009헌바123등 결정 및 헌재 2012. 7. 26. 2009헌바35등 결정). 이번 사건들(2013헌마242, 2013헌마496, 2013헌마497)은 모두 헌법재판소의 위 한정위헌결정의 계기를 마련한 당해 사건의 당사자들인 청구인들이 위헌결정의 선고 전에 이미 확정된 패소판결에 대하여 헌법재판소법 제75조 제7항에 따라 재심을 청구하였으나, 법원이 헌법재판소의 한정위헌결정은 위헌결정이 아니라는 이유로 그 기속력을 부인하여 재심을 기각한 것이 발단이 되었다.

헌법재판소는 이번 결정에서 헌재 2009헌바123등 결정 및 헌재 2009헌바35등 결정으로 구 조세감면규제법(1990. 12. 31. 법률 제4285호) 부칙 제23조의 규범 영역 중 1993. 12. 31. 법률 제4666호로 전부개정된 구 조세감면규제법의 시행일인 1994. 1. 1. 이후에 적용되는 부분은 그 효력을 상실하였고, 이는 일부위헌결정으로 법원을 비롯한 모든 국가기관과 지방자치단체에 대하여 기속력이 인정된다는 점을 분명히 하였다.

헌법재판소는 2022. 6. 30. 2014헌마760등 결정에서, 헌법재판소법(2011. 4. 5. 법률 제10546호로 개정된 것) 제68조 제1항 본문 중 '법원의 재판' 가운데 '법률에 대한 위헌결정의 기속력에 반하는 재판' 부분에 대하여 위헌결정을 선고하였는데, 구 조세감면규제법(1990. 12. 31. 법률 제4285호) 부칙 제23조에 대한 한정위헌결정의 기속력을 부인하여 청구인들의 재심 청구를 기각한 법원의 재심기각판결들은 '법률에 대한 위헌결정의 기속력에 반하는 재판'에 해당하여 청구인들의 재판청구권을 침해한 것이므로 이를 모두 취소한 것이다. 다만 위헌결정 이전에 이루어진 법원의 재판인 재심대상판결 및 법원의 재판을 거쳐 확정된 행정처분으로 원행정처분에 해당하는 과세처분에 대한 심판청구는 부적법하다고 보았다.

그러나 재판관 이석태, 재판관 이영진은 이 사건 과세처분에 대하여, 법정의견과 달리, 원행정처분에 대한 헌법소원은 법원이 헌법재판소의 위헌결정의 효력을 인정하지 않음으로써 국민의 기본권을 침해하는 경우와 같이 헌법재판소법 제68조 제1항에서 원칙적으로 재판소원을 금지하고 있는 취지를 더 이상 존중할 필요가 없는 경우에는 달리 판단될 수 있다고 보았다. 법원이 이 사건 한정위헌결정의 기속력을 부인하여 이를 재심사유로 받아들이지 않았고 이로써 이 사건 재심대상판결이 취소될 수 있는 유일한 절차가 차단되었으므로, 이러한 경우에는 법원의 확정판결이 가지는 효력인 기판력에 의한 법적 안정성을 더 이상 유지시켜야 할 이유가 없고 국민의 신속하고 효율적인 권리구제를 위해서 법원의 재판을 거친 원행정처분이라 하더라도 예외적으로 그에 대한 헌법소원심판을 허용할 필요가 있다고 본 것이다.

2022.6.30. 2014헌마760 [헌법재판소법 제68조 제1항 등 위헌확인]　　　　**[위헌, 인용(취소), 각하]**

1. 사건의 개요

(1) 청구인 남○○(2014헌마760)

청구인 남○○은 '제주특별자치도 통합(재해)영향평가심의위원회의 심의위원으로 위촉되어 활동하면서 공무원인 위 심의위원의 직무와 관련하여 뇌물을 수수하였다'는 범죄사실로 항소심에서 징역 2년을 선고받고[광주고등법원 2011. 5. 4. 선고 (제주)2010노107 판결], 그에 대한 상고가 기각되어(대판 2011. 9. 29. 2011도6347) 위 항소심 판결이 확정되었다.

위 청구인은 항소심 계속 중 형법 제129조 제1항 등에 대하여 헌법재판소법 제68조 제2항에 의한 헌법소원심판을 청구하였고, 헌법재판소는 2012. 12. 27. 2011헌바117 결정에서 "형법 제129조 제1항의 '공무원'에 구 '제주특별자치도 설치 및 국제자유도시 조성을 위한 특별법'(2007. 7. 27. 법률 제8566호로 개정되기 전의 것) 제299조 제2항의 제주특별자치도통합영향평가심의위원회 심의위원 중 위촉위원이 포함되는 것으로 해석하는 한 헌법에 위반된다."는 한정위헌결정(이하 '이 사건 한정위헌결정'이라 한다)을 선고하였다.

위 청구인은 이 사건 한정위헌결정 이후 헌법재판소법 제75조 제7항에 따라 위 상고기각 판결에 대하여 재심을 청구하였으나 기각되었고[광주고등법원 2013. 11. 25.자 (제주)2013재노2 결정], 그에 대한 재항고도 기각되었다(대결 2014. 8. 11. 2013모2593).

이에 위 청구인은 헌법재판소법 제68조 제1항 본문의 '법원의 재판' 부분에 대한 위헌청구와 함께 위 상고기각 판결, 재심기각결정 및 그에 대한 재항고기각결정의 취소를 구하는 헌법소원심판을 청구하였다.

(2) 청구인 이□□(2014헌마763)

청구인 이□□는 '제주특별자치도 통합(환경)영향평가심의위원회의 심의위원으로 위촉되어 활동하면서 공무원인 위 심의위원의 직무와 관련하여 뇌물을 수수하였다'는 범죄사실 등으로 항소심에서 징역 5년 및 추징금 4억 3,300만 원을 선고받고[광주고등법원 (제주)2010노13], 그에 대한 상고가 기각되어(대판 2011. 2. 24. 2010도14891) 위 항소심 판결이 그대로 확정되었다.

이후 청구인 남○○이 제기한 헌법소원심판 사건(헌재 2011헌바117)을 계기로 이 사건 한정위헌결정이 선고되자, 청구인 이□□는 헌법재판소법 제75조 제6항, 제47조 제4항에 따라 위 항소심 판결에 대하여 재심을 청구하였으나 기각되었고[광주고등법원 2013. 11. 26.자 (제주)2013재노1 결정], 그에 대한 재항고도 기각되었다(대결 2014. 8. 20. 2013모2645).

이에 위 청구인은 위 항소심 판결 및 재항고기각결정의 취소를 구하는 헌법소원심판을 청구하였다.

2. 심판의 대상

헌법재판소법(2011. 4. 5. 법률 제10546호로 개정된 것)

제68조(청구 사유) ① 공권력의 행사 또는 불행사(不行使)로 인하여 헌법상 보장된 기본권을 침해받은 자는 법원의 재판을 제외하고는 헌법재판소에 헌법소원심판을 청구할 수 있다. 다만, 다른 법률에 구제절차가 있는 경우에는 그 절차를 모두 거친 후에 청구할 수 있다.

3. 주 문

1. 헌법재판소법(2011. 4. 5. 법률 제10546호로 개정된 것) 제68조 제1항 본문 중 '법원의 재판' 가운데 '법률에 대한 위헌결정의 기속력에 반하는 재판' 부분은 헌법에 위반된다.

2. 광주고등법원 2013. 11. 25.자 (제주)2013재노2 결정 및 대법원 2014. 8. 11.자 2013모2593 결정은 청구인 남○○의 재판청구권을 침해한 것이므로 이를 모두 취소한다.

3. 대법원 2014. 8. 20.자 2013모2645 결정은 청구인 이□□의 재판청구권을 침해한 것이므로 이를 취소한다.

4. 청구인들의 나머지 심판청구를 모두 각하한다.

Ⅰ. 판시사항

1. 헌법재판소법 제68조 제1항 본문 중 '법원의 재판' 가운데 '법률에 대한 위헌결정의 기속력에 반하는 재판' 부분이 헌법에 위반되는지 여부(적극)

2. 법률에 대한 일부위헌결정에 해당하는 헌재 2012. 12. 27. 2011헌바117 결정의 기속력을 부인한 법원의 재판(재심기각결정)이 청구인들의 재판청구권을 침해하는지 여부(적극)

Ⅱ. 결정요지

1. 법률에 대한 규범통제 권한과 효력

헌법은 제107조 및 제111조에서 법률에 대한 위헌심사권을 헌법재판소에 부여하고 있다. 헌법재판소의 법률에 대한 위헌심사권은 법원의 제청에 의한 위헌법률심판에서뿐만 아니라 헌법재판소법 제68조 제2항의 헌법소원심판, 제68조 제1항의 헌법소원심판을 통해서 행사된다. 헌법재판소가 헌법에서 부여받은 위헌심사권을 행사한 결과인 법률에 대한 위헌결정은 법원을 포함한 모든 국가기관과 지방자치단체를 기속한다(법 제47조 제1항, 제75조 제1항, 제6항).

2. 법률에 대한 규범통제로서 한정위헌결정의 기속력

헌법재판소가 법률의 위헌성 심사를 하면서 합헌적 법률해석을 하고 그 결과로서 이루어지는 한정위헌결정도 일부위헌결정으로서, 헌법재판소가 헌법에서 부여받은 위헌심사권을 행사한 결과인 법률에 대한 위헌결정에 해당한다.

3. 재판소원금지조항의 위헌 여부에 대한 판단

헌법이 법률에 대한 위헌심사권을 헌법재판소에 부여하고 있으므로, 법률에 대한 위헌결정의 기속력을 부인하는 법원의 재판은 그 자체로 헌법재판소 결정의 기속력에 반하는 것일 뿐만 아니라 법률에 대한 위헌심사권을 헌법재판소에 부여한 헌법의 결단에 정면으로 위배된다.

헌법의 최고규범성을 수호하고 헌법이 헌법재판소에 부여한 법률에 대한 위헌심사권을 회복하기 위해서는 헌법재판소법 제68조 제1항 본문의 '법원의 재판'의 범위에서 '법률에 대한 위헌결정의 기속력에 반하는 재판' 부분을 명시적으로 제외하는 위헌결정을 하고, 위와 같은 법원의 재판에 대해서 예외적으로 헌법소원심판을 허용할 필요가 있다.

헌법재판소는 헌재 2016. 4. 28. 2016헌마33 사건에서 헌법재판소법 제68조 제1항 본문 중 '법원의 재판' 가운데 '헌법재판소가 위헌으로 결정한 법령을 적용함으로써 국민의 기본권을 침해한 재판' 부분에 대하여 위헌결정을 한 바 있다. 그러나 위 결정의 효력은 위 부분에 국한되므로, 재판소원금지조항의 적용 영역에서 '법률에 대한 위헌결정의 기속력에 반하는 재판' 부분을 모두 제외하기 위해서는 해당 부분에 대한 별도의 위헌결정이 필요하다.

따라서 헌법재판소는 이번 결정에서 재판소원금지조항 가운데 '법률에 대한 위헌결정의 기속력에 반하는 재판' 부분은 헌법에 위반된다고 선언한다.

4. 이 사건 재심기각결정들에 대한 판단

헌법재판소는 2012. 12. 27. 2011헌바117 결정에서 "형법 제129조 제1항의 '공무원'에 구 '제주특별자치도 설치 및 국제자유도시 조성을 위한 특별법' 제299조 제2항의 제주특별자치도통합영향평가심의위원회 심의위원 중 위촉위원이 포함되는 것으로 해석하는 한 헌법에 위반된다."는 한정위헌결정을 하였다. 이는 형벌 조항의 일부가 헌법에 위반되어 무효라는 내용의 일부위헌결정으로, 법 제75조 제6항, 제47조 제1항에 따라 법원과 그 밖의 국가기관 및 지방자치단체에 대하여 기속력이 있다.

그런데 이 사건 재심기각결정들은 이 사건 한정위헌결정의 기속력을 부인하여 헌법재판소법에 따른 청구인들의 재심청구를 기각하였다.

따라서 이 사건 재심기각결정들은 모두 '법률에 대한 위헌결정의 기속력에 반하는 재판'으로 이에 대한 헌법소원은 허용되고 청구인들의 헌법상 보장된 재판청구권을 침해하였으므로, 법 제75조 제3항에 따라 취소되어야 한다.

5. 이 사건 유죄판결들에 대한 판단

형벌 조항은 위헌결정으로 소급하여 그 효력을 상실하지만, 위헌결정이 있기 이전의 단계에서 그 법률을 판사가 적용하는 것은 제도적으로 정당성이 보장된다. 따라서 아직 헌법재판소에 의하여 위헌으로 선언된 바가 없는 법률이 적용된 재판을 그 뒤에 위헌결정이 선고되었다는 이유로 위법한 공권력의 행사라고 하여 헌법소원심판의 대상으로 삼을 수는 없다.

청구인들에 대한 유죄판결은 이 사건 한정위헌결정이 이루어지기 전에 확정된 재판으로 그에 대한 구제는 재심절차에 의해서만 가능하다. 따라서 이 사건 한정위헌결정 이전에 확정된 청구인들에 대한 유죄판결은 법률에 대한 위헌결정의 기속력에 반하는 재판이라고 볼 수 없으므로 이에 대한 심판청구는 부적법하다.

결정의 의의

헌법재판소는 이번 결정을 통해, '법원의 재판'을 헌법소원심판의 대상에서 원칙적으로 제외하고 있는 재판소원금지조항에서 '법률에 대한 위헌결정의 기속력에 반하는 재판' 부분에 대하여 위헌결정을 선고함으로써, 헌법이 부여한 헌법재판소의 법률에 대한 위헌심사권의 의미와 일부위헌결정으로서 한정위헌결정의 효력을 분명히 하였다. 헌법재판소는 2016. 4. 28. 2016헌마33 결정에서 헌법재판소법 제68조 제1항 본문의 '법원의 재판' 중 '헌법재판소가 위헌으로 결정한 법령을 적용함으로써 국민의 기본권을 침해한 재판' 부분에 대하여 위헌결정을 한 바 있으나, 위 결정의 효력은 위 주문에 표시된 부분에 국한되므로, 재판소원금지조항의 적용 영역에서 '법률에 대한 위헌결정의 기속력에 반하는 재판' 부분을 모두 제외하기 위해 헌법재판소법 제68조 제1항 본문 중 '법원의 재판' 가운데 '법률에 대한 위헌결정의 기속력에 반하는 재판' 부분은 헌법에 위반된다는 결정을 한 것이다.

이번 결정은, 헌법재판소의 한정위헌결정의 기속력을 부인하여 재심절차에 따른 재심청구를 받아들이지 아니한 법원의 재판에 대한 것으로, 헌법재판소가 직접 법원의 재판을 취소한 것은 헌재 1997. 12. 24. 96헌마172등 결정 이후 두 번째이다.

다만, 법률에 대한 위헌결정인 이 사건 한정위헌결정 이전에 확정된 청구인들에 대한 유죄판결은 법률에 대한 위헌결정의 기속력에 반하는 재판에 해당하지 않으므로 그에 대한 심판청구는 부적법하다고 판단하였다.

효력정지가처분신청

56 헌법재판소법 조항에 대한 효력정지가처분신청

2024.10.14. 2024헌사1250 [효력정지가처분신청]   **[인용]**

1. 사건의 개요

(1) 신청인은 2024. 7. 31. 방송통신위원회 위원장으로 임명되었다. 국회의원 김현 등 188인은 2024. 8. 1. 신청인에 대한 탄핵소추안(의안번호 제2202480호, 이하 '이 사건 탄핵소추안'이라 한다)을 발의하였다. 이 사건 탄핵소추안은 2024. 8. 2. 가결되었고, 소추위원은 2024. 8. 5. 헌법재판소법 제49조 제2항에 따라 소추의결서 정본을 헌법재판소에 제출함으로써 신청인에 대한 탄핵심판을 청구하였다(2024헌나1).

(2) 헌법재판소법 제23조 제1항은 재판관 7명 이상의 출석으로 사건을 심리한다고 규정하고 있다. 그런데 헌법재판소 재판관(이하 '재판관'이라 한다) 9명 중 3명의 임기가 2024. 10. 17. 종료된다. 따라서 위 <u>재판관 3명이 퇴임하여 재판관의 공석 상태가 된다면 신청인에 대한 탄핵심판의 심리를 더 이상 할 수 없다.</u>

(3) 이에 신청인은 헌법재판소법 제23조 제1항이 신청인의 재판청구권 등을 침해한다고 주장하며 2024. 10. 10. 헌법소원심판을 청구(2024헌마900)함과 동시에 <u>위 본안 사건의 종국결정 선고 시까지 헌법재판소법 제23조 제1항의 효력정지를 구하는 이 사건 가처분신청을</u> 하였다.

2. 심판의 대상

[관련조항]
헌법재판소법(2011. 4. 5. 법률 제10546호로 개정된 것)
제23조(심판정족수) ① 재판부는 <u>재판관 7명 이상의 출석으로 사건을 심리한다.</u>

3. 주 문

헌법재판소법(2011. 4. 5. 법률 제10546호로 개정된 것) 제23조 제1항 중 헌법재판소 재판관이 임기만료로 퇴직하여 재판관의 공석 상태가 된 경우에 적용되는 부분의 효력은 헌법재판소 2024헌마900 헌법소원심판청구사건의 종국결정 선고 시까지 이를 정지한다.

Ⅰ. 판시사항

재판부는 재판관 7명 이상의 출석으로 사건을 심리한다고 규정한 헌법재판소법 제23조 제1항 중 재판관이 임기만료로 퇴직하여 재판관의 공석 상태가 된 경우에 적용되는 부분의 효력을 본안 사건의 종국결정 선고 시까지 정지할 것인지 여부(적극)

Ⅱ. 판단

1. 가처분 인용 요건

헌법재판소법 제40조 제1항이 준용하는 행정소송법 제23조 제2항의 집행정지규정과 민사집행법 제300조의 가처분규정에 따를 때, 본안심판이 부적법하거나 이유 없음이 명백하지 않고, 헌법소원심판에서 문제된 '공권력 행사 또는 불행사'를 그대로 유지할 경우 발생할 회복하기 어려운 손해를 예방할 필요와 그 효력을 정지시켜야 할 긴급한 필요가 있으며, 가처분을 인용한 뒤 종국결정에서 청구가 기각되었을 때 발생하게 될 불이익과 가처분을 기각한 뒤 청구가 인용되었을 때 발생하게 될 불이익을 비교형량 하여 후자의 불이익이 전자의 불이익보다 클 경우 가처분을 인용할 수 있다(헌재 1999. 3. 25. 98헌사98; 헌재 2018. 6. 28. 2018헌사213 참조).

2. 가처분 인용 여부

(1) 신청인은 2024. 10. 10. 이 사건 가처분신청과 동시에 헌법재판소법 제23조 제1항에 대하여 헌법소원심판을 청구하였는바(2024헌마900), 위 조항이 신청인의 재판청구권 등을 침해하는지 여부는 본안심판에서 심리를 거쳐 판단될 필요가 있다. 또한, 3명의 재판관이 2024. 10. 17. 퇴임하여 재판관의 공석 상태가 된다면 위 조항에 의하여 신청인에 대한 기본권침해가 발생할 것이 현재 확실히 예측된다 할 것이다. 따라서 이 사건 가처분신청은 본안심판이 명백히 부적법하거나 이유 없는 경우에 해당한다고 보기 어렵다.

(2) 헌법 제27조 제3항 전단은 신속한 재판을 받을 권리를 국민의 기본권으로 규정하고 있으므로 신속한 재판의 요청은 단순히 헌법 제27조 제1항이 정한 재판청구권의 제한의 원리에 그치는 것이 아니라 재판청구권과 관련되어 있으면서 독자적인 헌법적 가치를 갖는 것으로 파악되어야 한다(헌재 2018. 7. 26. 2016헌바159). 재판청구권에는 민사재판, 형사재판, 행정재판뿐만 아니라 헌법재판을 받을 권리도 포함되므로, 헌법상 보장되는 기본권인 '신속한 재판을 받을 권리'에는 '신속한 헌법재판을 받을 권리'도 포함된다(헌재 2014. 4. 24. 2012헌마2 참조).
국회의 탄핵소추의 의결을 받은 자는 헌법재판소의 탄핵심판이 있을 때까지 그 권한행사가 정지된다(헌법 제65조 제3항, 헌법재판소법 제50조). 따라서 탄핵심판은 신중하면서도 신속하게 진행되어야 한다. 그런데 3명 이상의 재판관이 임기만료로 퇴직하여 재판관의 공석 상태가 된 경우에도 헌법재판소법 제23조 제1항에 따라 사건을 심리조차 할 수 없다고 한다면 이는 사실상 재판 외의 사유로 재판절차를 정지시키는 것이고 탄핵심판 사건 피청구인의 신속한 재판을 받을 권리에 대한 과도한 제한이다. 또한 신청인의 권한행사 정지상태가 그만큼 장기화되면서 방송통신위원회 위원장으로서의 업무수행에도 중대한 장애가 발생할 수 있다. 결국 신청인으로서는 헌법재판소법 제23조 제1항으로 인하여 회복하기 어려운 중대한 손해를 입을 위험이 있다. 또한, 3명의 재판관 퇴임이 임박한 만큼 손해를 방지할 긴급한 필요도 인정된다.

(3) 가처분을 인용하더라도 이는 의결정족수가 아니라 심리정족수에 대한 것에 불과하므로 법률의 위헌결정이나 탄핵결정을 하기 위하여는 여전히 6명 이상의 찬성이 있어야 한다. 만약 재판관 6명의 의견이 팽팽하게 맞서고 있어 나머지 3명의 재판관의 의견에 따라 사건의 향배가 달라질 수 있는 경우에는 현재 공석인 재판관이 임명되기를 기다려 결정을 하면 된다. 다만 보다 신속한 결정을 위하여 후임 재판관이 임명되기 전에 쟁점을 정리하고 증거조사를 하는 등 사건을 성숙시킬 필요가 있다.
그런데 가처분신청을 기각하면 그 후 본안심판의 종국결정에서 청구가 인용되더라도 이러한 절차를 제때에 진행하지 못하여 신청인의 신속한 재판을 받을 권리 등 기본권이 이미 침해된 이후이므로 이를 회복하기는 매우 어렵고, 이는 전원재판부에 계속 중인 다른 사건들의 경우도 마찬가지다. 결국 재판관 궐위로 인한 불이익을 그에 대하여 아무런 책임이 없는 국민이 지게 되는 것이다. 임기제를 두고 있는 우리 법제에서 임기만료로 인한 퇴임은 당연히 예상되는 것임에도 재판관 공석의 문제가 반복하여 발생하는 것은 국민 개개인의 주관적 권리보호 측면에서뿐만 아니라 헌법재판의 객관적 성격의 측면에서도 심각한 문제이다. 헌법재판소법 제23조 제1항에서 재판관 7명 이상이 출석하여야만 사건을 심리할 수 있다고 하면서도 직무대행제도와 같은 제도적 보완장치는 전무하다. 국회가 선출하여 임명된 재판관 중 공석이 발생한 경우, 국회가 상당한 기간 내에 공석이 된 재판관의 후임자를 선출하여야 할 헌법상 작위의무가 존재하고, 이러한 작위의무의 이행을 지체하였다고 판시한 사례(헌재 2014. 4. 24. 2012헌마2)가 있음에도 사정은 달라지지 않았다. 따라서 헌법재판소법 제23조 제1항이 위헌이라고 볼 여지가 있다. 결국 이 사건에서 가처분을 인용한 뒤 종국결정에서 청구가 기각되었을 때 발생하게 될 불이익보다 가처분을 기각한 뒤 청구가 인용되었을 때 발생하게 될 불이익이 더 크다.

3. 결론

사정이 이러하다면 신청인의 이 사건 가처분신청은 허용함이 상당하다. 다만 이 사건에서는 재판관이 임기만료로 퇴직하여 재판관의 공석 상태가 된 경우가 문제되는 것이고 신청인이 실질적으로 다투고자 하는 바도 이와 같으므로 헌법재판소법 제23조 제1항 중 재판관이 임기만료로 퇴직하여 재판관의 공석 상태가 된 경우에 적용되는 부분에 한하여 그 효력을 정지함이 상당하다.

권한쟁의심판

57 남양주시 자치사무 감사에 관한 권한쟁의 사건 1

2022.8.31. 2021헌라1 【남양주시와 경기도 간의 권한쟁의】	[인용(권한침해)]

1. 사건의 개요

(1) 피청구인 경기도는 2021. 4. 1. 청구인 남양주시에 송부한 '경기도 종합감사(남양주시) 실시계획 알림'(이하 '이 사건 감사계획'이라 한다) 공문을 통하여 청구인에 대한 사전조사(2021. 5. 20.부터 5. 26.까지) 및 종합감사(2021. 5. 27.부터 6.11.까지) 예정 일정과 감사범위(2017. 7. 19.이후 업무처리 전반)를 알리는 동시에, '사전조사 자료(감사자료)'의 자료 요구서식(결정문 [별지1])을 첨부하여 2021. 4. 23.까지 이를 작성하여 피청구인에게 제출할 것을 요구하였다.

(2) 청구인이 이 사건 감사계획 중 자치사무에 관한 부분은 관련 법령에서 정한 절차에 위반된다는 이유로 위 서식에 따른 자료제출 요구 중 자치사무에 관한 자료를 제출하지 않자, 피청구인은 2021. 4. 30. 청구인에 대하여 '경기도 종합감사(남양주시) 사전조사 자료 재요구' 공문을 통하여 266개 항목의 미제출 자료(결정문 [별지2])를 2021. 5. 6.까지 제출할 것을 재차 요구하였다.

(3) 이에 청구인은 위와 같은 자치사무에 대한 자료제출요구가 헌법 및 지방자치법에 의하여 부여된 청구인의 지방자치권을 침해한다고 주장하며 2021. 5. 6. 이 사건 권한쟁의심판을 청구하였다.

2. 심판의 대상

이 사건의 심판대상은 피청구인이 2021. 4. 1. 청구인에게 통보한 '경기도 종합감사(남양주시) 실시계획 알림'(경기도 감사담당관-3234)에 따른 [별지 1] 자료 요구서식에 의한 자료제출요구 중, 피청구인이 2021. 4. 30. 청구인에게 통보한 '경기도 종합감사(남양주시) 사전조사 자료 재요구'(경기도 감사담당관-4352)에서 특정한 자치사무에 관한 [별지 2] '사전조사 자료 재요청 목록' 기재 항목에 해당하는 부분(이하 '이 사건 자료제출요구'라 한다)이 헌법 및 지방자치법에 의하여 부여된 청구인의 지방자치권을 침해한 것인지 여부이다.

3. 주 문

피청구인이 2021. 4. 1. 청구인에게 통보한 '경기도 종합감사(남양주시) 실시계획 알림'(경기도 감사담당관-3234)에 따른 [별지 1] 자료 요구서식에 의한 자료제출요구 중, 피청구인이 2021. 4. 30. 청구인에게 통보한 '경기도 종합감사(남양주시) 사전조사 자료 재요구'(경기도 감사담당관-4352)에서 특정한 자치사무에 관한 [별지 2] '사전조사 자료 재요청 목록' 기재 항목에 해당하는 부분은 헌법 및 지방자치법에 의하여 부여된 청구인의 지방자치권을 침해한 것이다.

Ⅰ. 판시사항

1. 청구인의 자료제출 거부로 인하여 사전조사 및 감사 절차 진행이 중단된 경우, 자료제출요구에 대한 심판청구의 이익을 인정할 수 있는지 여부(적극)
2. 피청구인이 2021. 4. 1. 청구인에 통보한 종합감사 실시계획에 따른 자료제출요구 중, 자치사무에 관한 부분이 헌법 및 지방자치법에 의하여 부여된 남양주의 지방자치권을 침해하는지 여부(적극)

Ⅱ. 적법요건에 대한 판단

피청구인은 이 사건 감사계획에 의한 이 사건 자료제출요구, 사전조사 및 감사를 중단하였으나, 이 사건 자료제출요구가 이미 있었고, 감사계획을 철회하거나 관련 절차를 완전히 종료한 것이 아닌 이상 이 사건 감사계획에 따른 절차가 재개될 가능성을 배제할 수 없다. 따라서 권리보호이익은 인정된다고 할 것이다.

또한 이 사건 감사계획에 의한 절차가 진행되지 않는다고 하더라도, 피청구인이 청구인을 비롯한 산하 시·군에 대하여 2년의 범위 내에서 주기적으로 종합감사를 실시하도록 규정되어 있는 만큼(지방자치단체에 대한 행정감사규정 제9조) 같은 유형의 침해행위가 앞으로도 반복될 위험이 있고, 특별한 제한이 없는 자료제출요구를 통하여 감사대상을 특정하는 행위가 헌법상 허용되는지 여부에 관한 헌법적 해명은 필요하다고 할 것이므로 예외적으로 심판청구의 이익을 인정할 수 있다.

Ⅲ. 본안에 대한 판단

1. 쟁점

이 사건 감사계획에 따라 피청구인은 법령위반 자치사무를 감사대상으로 특정하기 위한 사전조사를 실시하기에 앞서, 이 사건 자료제출요구를 통하여 청구인에게 266개 항목에 관한 지방자치 사무자료를 제출할 것을 요구하였다. 이러한 자치사무에 관한 정보제공요구가 지방자치법상 허용되는 피청구인의 권한 범위를 벗어나 청구인의 자치권을 침해하는지 여부가 문제된다.

2. 지방자치단체 자치사무의 자율성

헌법은 제117조와 제118조에서 '지방자치단체의 자치'를 제도적으로 보장하고 있는바, 그 보장의 본질적 내용은 자치단체의 보장, 자치기능의 보장 및 자치사무의 보장이다(헌재 1994. 12. 29. 94헌마201). 이와 같이 헌법상 제도적으로 보장된 자치권 가운데에는 자치사무의 수행에 있어 다른 행정주체로부터 합목적성에 관하여 명령·지시를 받지 않는 권한도 포함된다(헌재 2009. 5. 28. 2006헌라6).

지방자치단체의 사무에는 자치사무와 위임사무가 있다. 위임사무는 지방자치단체가 위임받아 처리하는 국가사무임에 반하여, 자치사무는 지방자치단체가 주민의 복리를 위하여 처리하는 사무이며 법령의 범위 안에서 그 처리 여부와 방법을 자기책임 아래 결정할 수 있는 사무로서 지방자치권의 최소한의 본질적 사항이므로 지방자치단체의 자치권을 보장한다고 한다면 최소한 이 같은 자치사무의 자율성만은 침해해서는 안 된다(헌재 2009. 5. 28. 2006헌라6).

3. 이 사건 자료제출요구의 위법·위헌여부

이 사건 자료제출요구는 ① 피청구인의 청구인에 대한 종합감사 계획에 포함되어, 사전조사 및 감사 절차 직전에 오로지 사전조사 및 감사 대상을 특정하기 위한 목적으로 이루어진 것이고, ② 청구인의 자치사무 전 분야에 걸쳐 그 구체적인 업무처리 내용을 압축적으로 요약하는 형식으로 제출할 것을 요구하는 것으로서 내용적으로 사전적·일반적인 자료 요청이며, ③ 피청구인의 청구인에 대한 마지막 종합 감사 이후 현재까지의 기간 동안에 수행된 업무 내용을 포괄하는 것으로 시기적으로도 정기적인 자료요청에 해당한다. 이러한 점을 종합적으로 고려할 때, 이 사건 자료제출요구는 피청구인의 청구인에 대한 감사 절차의 일환으로서 청구인의 자치사무 전반에 대한 사전적·일반적 자료제출요청이고, 피청구인은 이를 통하여 청구인의 자치사무 처리와 관련된 문제점을 발견하거나 취약 분야를 확인하여 감사대상을 발굴할 목적이 있었음을 인정할 수 있다.

이 사건 자료제출요구는 그 목적이나 범위에서 감독관청의 일상적인 감독권 행사를 벗어난 것으로 구 지방자치법 제171조 제1항 전문 전단에서 예정하고 있는 보고수령 권한의 한계를 준수하였다고 볼 수 없으며, 사전조사 업무에 대한 수권조항인 구 '지방자치단체에 대한 행정감사규정' 제7조 제2항 제3호를 근거로 적법하다고 볼 여지도 없다. 지방자치단체의 자치권 보장을 위하여 자치사무에 대한 감사는 합법성 감사로 제한되어야 하는바, 포괄적·사전적 일반감사나 법령위반사항을 적발하기 위한 감사는 합목적성 감사에 해당하므로 구 지방자치법 제171조 제1항 후문 상 허용되지 않는다는 점은 헌법재판소가 2009. 5. 28. 2006헌라6 결정에서 확인한 바 있다. 이 사건 자료제출요구는 헌법재판소가 위 결정에서 허용될 수 없다고 확인한 자치사무에 대한 포괄적·사전적 감사나 법령위반사항을 적발하기 위한 감사 절차와 그 양태나 효과가 동일하고, 감사자료가 아닌 사전조사자료 명목으로 해당 자료를 요청하였다고 하여 그 성질이 달라진다고 볼 수 없다. 따라서, 이 사건 자료제출요구는 합법성 감사로 제한되는 자치사무에 대한 감사의 한계를 벗어난 것으로서 헌법상 청구인에게 보장된 지방자치권을 침해한다.

4. 결론

따라서 피청구인이 2021. 4. 1. 청구인에게 통보한 '경기도 종합감사(남양주시) 실시계획 알림'(경기도 감사담당관-3234)에 따른 [별지 1] 자료 요구서식에 의한 자료제출요구 중, 피청구인이 2021. 4. 30. 청구인에게 통보한 '경기도 종합감사(남양주시) 사전조사 자료 재요구'(경기도 감사담당관-4352)에서 특정한 자치사무에 관한 [별지 2] '사전조사 자료 재요청 목록' 기재 항목에 해당하는 부분은 헌법 및 지방자치법에 의하여 부여된 청구인의 지방자치권을 침해하였다.

결정의 의의

이 사건에서 헌법재판소는 자치사무에 대한 감사의 한계를 확인한 2009. 5. 28. 2006헌라6 결정의 내용이 광역지방자치단체의 기초지방자치단체에 대한 감사에도 적용되는 점을 확인하였다. 종합감사의 형식이나 자료제출 요청의 명목을 불문하고, 지방자치단체의 자치사무에 대한 포괄적·사전적 감사나 법령위반사항을 적발하기 위한 감사는 허용되지 않는다는 점을 확인함으로써, 2006헌라6 결정에 따라 정비된 지방자치법 관련 법령 상 자치사무 감사의 한계 및 절차에 관한 규정들의 엄격한 준수와 지방자치단체 자치권의 실질적 보장을 요청하였다.

58 남양주시 자치사무 감사에 관한 권한쟁의 사건 2

2023.3.23. 2020헌라5 [남양주시와 경기도 간의 권한쟁의]	[인용(권한침해), 기각]

1. 사건의 개요

피청구인(경기도)은 2020. 11. 10. 청구인(남양주시)의 자치사무에 대한 특별조사 계획을 수립하고, 2020. 11. 11. 청구인에게 조사개시를 통보하였다.

피청구인은 2020. 11. 16.부터 [별지 1] 목록 순번 1 내지 9 기재 각 항목(이하 '감사항목 1 내지 9'라 한다)에 대한 감사를 진행하였고, 감사 중에 추가로 제보된 내용 등을 바탕으로 같은 목록 순번 10 내지 14 기재 각 항목(이하 '감사항목 10 내지 14라 한다)을 감사대상으로 추가하여 감사를 진행하였다(이하 '이 사건 감사'라 한다).

청구인은 2020. 11. 26. 이 사건 감사가 구 지방자치법 제171조의 자치사무에 대한 감사의 개시요건을 갖추지 못하여 청구인의 지방자치권을 침해한다고 주장하며 이 사건 권한쟁의심판을 청구하고, 같은 날 위 조사개시 통보의 효력정지를 구하는 효력정지가처분신청(2020헌사1191)을 하였다.

피청구인은 2020. 12. 7. 청구인에게 '청구인의 협조 거부로 조사를 종료한다'고 통보하였고, 청구인은 2020. 12. 8. 위 가처분신청을 취하하였다.

2. 심판의 대상

이 사건 심판대상은 피청구인이 2020. 11. 16.부터 2020. 12. 7.까지 청구인에 대하여 실시한 [별지 1] 목록 기재 각 항목에 대한 감사가 헌법 및 지방자치법에 의하여 부여된 청구인의 지방자치권을 침해한 것인지 여부이다.

[관련조항]

구 지방자치법(2017. 7. 26. 법률 제14839호로 개정되고, 2021. 1. 12. 법률 제17893호로 전부개정되기 전의 것)

제171조(지방자치단체의 자치사무에 대한 감사) ① 행정안전부장관이나 시·도지사는 지방자치단체의 자치사무에 관하여 보고를 받거나 서류·장부 또는 회계를 감사할 수 있다. 이 경우 감사는 <u>법령위반사항</u>에 대하여만 실시한다.

② 행정안전부장관 또는 시·도지사는 제1항에 따라 감사를 실시하기 전에 해당 사무의 처리가 법령에 위반되는지 여부 등을 확인하여야 한다.

3. 주 문

1. 피청구인이 2020. 11. 16.부터 2020. 12. 7.까지 청구인에 대하여 실시한 [별지 1] 목록 기재 각 항목에 대한 감사 중 순번 9 내지 14 기재 각 항목에 대한 감사는 헌법 및 지방자치법에 의하여 부여된 청구인의 지방 자치권을 침해한 것이다.

2. 청구인의 나머지 심판청구를 기각한다.

Ⅰ. 판시사항

1. 감사가 이미 종료된 경우에도 심판청구의 이익을 인정할 수 있는지 여부(적극)
2. 광역지방자치단체가 기초지방자치단체의 자치사무에 대하여 실시하는 감사 중 연간 감사계획에 포함되지 아니하고 사전조사도 수행되지 아니한 감사의 경우 감사대상의 사전 통보가 감사의 개시요건인지 여부(소극)
3. 감사 진행 중에 감사대상을 확장 내지 추가하는 것이 허용되는지 여부(적극) 및 그 요건
4. 감사를 개시하기 위하여 요구되는 위법성 확인의 방법과 확인의 정도
5. 피청구인이 2020. 11. 16.부터 2020. 12. 7.까지 청구인에 대하여 실시한 감사(이하 '이 사건 감사'라 한다)가 헌법 및 지방자치법에 의하여 부여된 청구인의 지방자치권을 침해한 것인지 여부(일부 적극)
6. 감사항목 중 일부에 대한 인용이 가능한지 여부(적극) 및 그 요건

Ⅱ. 결정요지

1. 심판청구의 이익

피청구인이 청구인에 대하여 이 사건 감사의 종료를 통보하면서 '이번에 진행하지 못한 사항에 대하여는 향후 별도계획을 수립하여 추진할 예정'임을 밝히고 있어 앞으로 같은 유형의 침해행위가 반복될 위험이 있다. 또한 이 사건에서 문제가 된 감사대상 통보의무의 유무, 감사대상의 특정과 관련하여 감사 개시 이후 감사대상의

확장이나 추가 가능 여부, 감사 개시 전 위법성의 확인 방법 및 정도 등에 대한 해명이 필요하므로 예외적으로 심판청구의 이익을 인정할 수 있다.

2. 감사대상 통보

연간 감사계획에 포함되지 아니하고 사전조사가 수행되지 아니한 감사의 경우 지방자치법에 따른 감사의 절차와 방법 등에 관한 사항을 규정하는 '지방자치단체에 대한 행정감사규정' 등 관련 법령에서 감사대상이나 내용을 통보할 것을 요구하는 명시적인 규정이 없다. 광역지방자치단체가 자치사무에 대한 감사에 착수하기 위해서는 감사대상을 특정하여야 하나, 특정된 감사대상을 사전에 통보할 것까지 요구된다고 볼 수는 없다.

3. 감사대상 확장 내지 추가

지방자치단체의 자치사무에 대한 무분별한 감사권의 행사는 헌법상 보장된 지방자치권을 침해할 가능성이 크므로, 원칙적으로 감사 과정에서 사전에 감사대상으로 특정되지 아니한 사항에 관하여 위법사실이 발견되었다고 하더라도 감사대상을 확장하거나 추가하는 것은 허용되지 않는다. 다만, 자치사무의 합법성 통제라는 감사의 목적이나 감사의 효율성 측면을 고려할 때, 당초 특정된 감사대상과 관련성이 인정되는 것으로서 당해 절차에서 함께 감사를 진행하더라도 감사대상 지방자치단체가 절차적인 불이익을 받을 우려가 없고, 해당 감사대상을 적발하기 위한 목적으로 감사가 진행된 것으로 볼 수 없는 사항에 대하여는 감사대상의 확장 내지 추가가 허용된다.

4. 감사개시 위법성 확인의 정도

시·도지사 등이 제보나 언론보도 등을 통해 감사대상 지방자치단체의 자치사무의 위법성에 관한 정보를 수집하고, 객관적인 자료에 근거하여 해당 정보가 믿을만하다고 판단함으로써 위법행위가 있었으리라는 합리적 의심이 가능한 경우라면, 의혹이 제기된 사실관계가 존재하지 않거나 위법성이 문제되지 않는다는 점이 명백하지 아니한 이상 감사를 개시할 수 있을 정도의 위법성 확인은 있었다고 봄이 타당하다.

5. 지방자치권 침해 여부

이 사건 감사 중 [별지 1] 목록 순번 1 내지 8 기재 각 항목에 대한 감사는 감사 착수 시에 감사대상이 특정되고 감사 개시에 필요한 정도의 법령 위반 여부 확인도 있어 감사의 개시요건을 갖추었으나, 같은 목록 순번 9 내지 14 기재 각 항목에 대한 감사는 감사대상이 특정되지 않거나 당초 특정된 감사대상과의 관련성이 인정되지 않아 감사의 개시요건을 갖추지 못하였다.

이 사건 감사 중 [별지 1] 목록 순번 9 내지 14 기재 각 항목에 대해서만 감사의 개시요건을 갖추지 못하였는바, 위 항목들에 대한 감사가 이 사건 감사의 주된 목적이고 같은 목록 순번 1 내지 8 기재 각 항목에 대한 감사는 부수적인 것에 불과하다는 등의 특별한 사정이 없는 이상 같은 목록 순번 9 내지 14 기재 각 항목에 대한 감사에 한정해서 위법한 감사로 봄이 타당하다.

결정의 의의

남양주시가 경기도를 상대로 제기한 권한쟁의심판청구 사건은 이 사건을 포함하여 총 3건이 있었는데, 헌법재판소는 (1) 2022. 8. 31.에 '경기도가 2021. 4. 1. 남양주시에 통보한 종합감사 실시계획에 따른 자료제출 요구 중, 자치사무에 관한 부분은 합법성 감사로 제한되는 자치사무에 대한 감사의 한계를 벗어난 것으로서 남양주시의 지방자치권을 침해한다'고 결정하였고(헌재 2022. 8. 31. 2021헌라1), (2) 2022. 12. 22.에는 '경기도가 2020. 6. 4. 남양주시를 특별조정교부금 배분에서 제외한 행위가 남양주시의 지방자치권을 침해한 것이라고 볼 수 없다'는 이유로 남양주시의 심판청구를 기각하였다(헌재 2022.12.22. 2020헌라3).

이 사건은, 위 3건의 권한쟁의심판청구 사건 중 마지막에 선고되는 사건으로, 경기도가 2020. 11. 16.부터 2020. 12. 7.까지 남양주시의 자치사무에 대하여 실시한 감사의 위법 여부에 관하여 판단한 사건이다. 헌법재판소는 감사항목 1 내지 8에 대한 감사는 감사 착수 시에 감사대상이 특정되고 감사 개시에 필요한 정도의 법령 위반 여부 확인도 있어 감사 개시의 요건을 갖추었으나, 감사항목 9 내지 14에 대한 감사는 감사대상이 특정되지 않거나 당초 특정된 감사대상과의 관련성이 인정되지 않아 감사 개시의 요건을 갖추지 못하였다는 이유로, 이 사건 감사 중 감사항목 9 내지 14에 대한 감사는 청구인의 지방자치권을 침해한 것이라고 판단하였다.

59 검사의 수사권을 제한하는 검찰청법(소위 '검수완박법') 등 권한쟁의 사건

2023. 3. 23. 2022헌라2 [국회의원과 국회 법제사법위원회 위원장 등 간의 권한쟁의] [인용(권한침해), 기각]

1. 사건의 개요

(1) 청구인들은 제21대 국회의원으로서 국민의힘 소속 국회 법제사법위원회(이하 '법사위'라 한다) 위원들이다.

(2) 김용민 의원 등 더불어민주당(이하 '민주당'이라 한다) 소속 국회의원들은 검사의 직무권한에서 범죄수사권한을 제외하여 수사권과 기소권을 분리하는 방향으로 형사사법체계를 개편하려는 검찰청법 및 형사소송법 일부개정법률안 등을 발의하였고, 당시 민주당 교섭단체 대표의원인 박홍근 의원도 2022. 4. 15. 민주당 소속 국회의원 171인의 찬성자와 함께 '검찰청법 일부개정법률안'(의안번호 2115284) 및 '형사소송법 일부개정법률안'(의안번호 2115286)을 각 발의하였다(이하 각 법명에 따라 '검찰청법 개정법률안 원안들', '형사소송법 개정법률안 원안들', 또는 발의자 명에 따라 예를 들면 '박홍근 의원안'이라 하고, 위 개정법률안을 모두 합하여 '개정법률안 원안들'이라 한다).

(3) 위 개정법률안 원안들은 2022. 4. 18. 개회된 제395회 국회(임시회) 법사위 제2차 법안심사제1소위원회(이하 '법사1소위'라 한다)에서 처음 심사되었다.

(4) 2022. 4. 20. 무소속 법사위 양향자 위원이 위 개정법률안 원안들의 추진 방식에 대해 반대입장을 표명한 사실이 알려지자, 민주당 소속 법사위 민형배 위원은 같은 날 민주당을 탈당하였다. 같은 날 제4차 법사1소위가 개회되었으나, 민주당 소속 위원들이 안건조정위원회(이하 '조정위원회'라 한다) 구성을 요구할 계획이 알려짐에 따라 회의가 정회되었다. 같은 날 민주당 소속 김진표 위원 등 8인과 무소속 민형배 위원은 조정위원회 구성을 요구하였다.

(5) 2022. 4. 22. 민주당과 국민의힘 각 교섭단체 대표의원은 검사의 수사권 제한에 관한 피청구인 국회의장의 중재안을 수용하여 피청구인 국회의장과 함께 '1. 검찰의 직접 수사권과 기소권은 분리하는 방향으로 한다. 검찰의 직접 수사권은 한시적이며 직접 수사의 경우에도 수사와 기소 검사는 분리한다.'는 등 총 8개의 항목에 관한 합의문(이하 '국회의장 여야 합의문'이라 한다)을 작성하였다.

(6) 2022. 4. 25. 김진표 위원 등 9인은 조정위원회 구성 요구를 철회하였고, 같은 날 개회된 제5차 법사1소위에서 법사위 수석전문위원이 위 국회의장 여야 합의문을 반영하여 작성한 조정의견에 대하여 심사가 진행되었다.

(7) 2022. 4. 26. 14:01경 개회된 제6차 법사1소위에서 위 개정법률안 원안들을 폐기하고 민주당안을 기반으로 한 검찰청법 일부개정법률안(대안)과 형사소송법 일부개정법률안(대안)을 법사위 위원회안으로 제안하기로 하는 의결이 이루어졌다(이하 각 법률명에 따라 '이 사건 검찰청법 개정법률안', '이 사건 형사소송법 개정법률안'이라 하고, 위 둘을 합하여 '이 사건 개정법률안'이라 한다). 같은 날 21:19경 제395회 국회(임시회) 제3차 법사위 전체회

의가 개회되었고 개정법률안 원안들과 이 사건 개정법률안이 안건으로 상정되었으나, 국민의힘 소속 청구인들 등 6인이 조정위원회 구성을 요구하여 전체회의가 정회되었다. 법사위 전체회의가 정회된 뒤 민주당과 국민의힘 각 교섭단체 대표의원, 피청구인 법사위 위원장, 청구인들과 민주당 소속 위원 일부는 법사위 수석전문위원실에 모여 조정안 도출을 위한 논의를 하였고 합의한 부분에 대하여는 협의안(이하 '이 사건 협의안'이라 한다)을 마련하였다. 피청구인 법사위 위원장은 같은 날 민주당 소속 김남국, 김진표, 이수진 위원과 국민의힘 소속 청구인들, 무소속 민형배 위원을 각 조정위원으로 선임하였다. 같은 날 23:37경 제395회 국회(임시회) 제1차 법사위 조정위원회(이하 '이 사건 조정위원회'라 한다)가 개회되었고, 이 사건 개정법률안이 상정되어 조정안으로 의결되었다. 이 사건 조정위원회는 같은 날 23:54경 산회되었다.

(8) 이 사건 조정위원회 산회 직후인 2022. 4. 27. 00:03경 제395회 국회(임시회) 제4차 법사위 전체회의가 개회되었고, 피청구인 법사위 위원장은 이 사건 개정법률안을 상정하고 표결에 부쳐 법사위 법률안으로 가결선포하였다. 이에 청구인들은 같은 날 헌법재판소에 이 사건 개정법률안의 본회의 부의를 금지하는 가처분신청을 하였다(2022헌사366).

(9) 2022. 4. 27. 17:05경 제395회 국회(임시회) 제2차 본회의가 개의되었고, 피청구인 국회의장은 이 사건 검찰청법 개정법률안(의안번호 2115408)을 상정하고 국회법 제106조의2에 따라 무제한 토론을 실시하였다. 위 본회의 도중 이 사건 개정법률안에 대한 각 수정안(이하 법명에 따라 '이 사건 검찰청법 수정안', '이 사건 형사소송법 수정안'이라 하고, 합하여 '이 사건 수정안'이라 한다)이 제출되었다.

(10) 청구인들은 2022. 4. 29. 피청구인 법사위 위원장의 이 사건 개정법률안에 대한 각 가결선포행위와 피청구인 국회의장의 이 사건 개정법률안 및 그 수정안에 대한 각 상정행위 등으로 심의·표결권을 침해받았다고 주장하면서 이 사건 권한쟁의심판을 청구하였다.

(11) 한편, 이 사건 권한쟁의심판 청구 이후인 2022. 4. 30. 제396회 국회(임시회) 제1차 본회의에서 이 사건 검찰청법 개정법률안(의안번호 2115408)과 그 수정안이 상정되어 이 사건 검찰청법 수정안이 가결되었고(이하 '이 사건 검찰청법'이라 한다), 2022. 5. 2. 정부로 이송되었다. 또한 이 사건 형사소송법 개정법률안(의안번호 2115407)과 그 수정안도 2022. 4. 30. 제396회 국회(임시회) 제1차 본회의에 상정되어 무제한토론이 이루어졌고, 2022. 5. 3. 제397회 국회(임시회) 제1차 본회의에서 이 사건 형사소송법 수정안이 가결되어 같은 날 정부로 이송되었다(이하 '이 사건 형사소송법'이라 한다). 이 사건 검찰청법(법률 제18861호)과 형사소송법(법률 제18862호)은 2022. 5. 9. 공포되었다.

(12) 청구인들은 2022. 6. 9. 청구취지변경신청서를 제출하여 피청구인 법사위 위원장이 이 사건 개정법률안을 상정하여 각 가결선포한 행위와 피청구인 국회의장이 이 사건 검찰청법 개정법률안과 이 사건 형사소송법 개정법률안을 각 본회의에 부의하여 가결선포한 행위가 청구인들의 법률안 심의·표결권을 침해하였는지 여부 및 그 무효확인청구, 이 사건 검찰청법 및 형사소송법의 위헌확인을 구하는 취지로 청구취지를 변경하였다.

2. 심판의 대상

이 사건 심판대상은 (1) 피청구인 법사위 위원장이 2022. 4. 27. 제395회 국회(임시회) 제4차 법사위 전체회의에서 이 사건 검찰청법 개정법률안과 이 사건 형사소송법 개정법률안을 각 가결선포한 행위(이하 '피청구인 법사위 위원장의 이 사건 가결선포행위'라 한다)가 청구인들의 법률안 심의·표결권을 침해하였는지 여부 및 그 무효 여부, (2) 피청구인 국회의장이 2022. 4. 30. 제396회 국회(임시회) 제1차 본회의에서 이 사건 검찰청법 수정안(의안번호 2115408)을 가결선포한 행위와 2022. 5. 3. 제397회 국회(임시회) 제1차 본회의에서 이 사건 형사소송법 수정안(의안번호 2115407)을 가결선포한 행위(이하 '피청구인 국회의장의 이 사건 가결선포행위'라 한다)가 청구인들의 법률안 심의·표결권을 침해하였는지 여부 및 그 무효 여부이다.

3. 주 문

1. 피청구인 국회 법제사법위원회 위원장이 2022. 4. 27. 제395회 국회(임시회) 제4차 법제사법위원회 전체회

의에서 검찰청법 일부개정법률안(대안)과 형사소송법 일부개정법률안(대안)을 법제사법위원회 법률안으로 각 가결선포한 행위는 청구인들의 법률안 심의·표결권을 침해한 것이다.

2. 청구인들의 피청구인 국회 법제사법위원회 위원장에 대한 검찰청법 일부개정법률안(대안)과 형사소송법 일부개정법률안(대안)의 각 가결선포행위에 관한 무효확인청구 및 피청구인 국회의장에 대한 심판청구를 모두 기각한다.

Ⅰ. 판시사항

1. 피청구인 국회 법제사법위원회(이하 '법사위'라 한다) 위원장이 2022. 4. 27. 제395회 국회(임시회) 제4차 법제사법위원회 전체회의에서 검찰청법 일부개정법률안(대안)과 형사소송법 일부개정법률안(대안)(이하 '이 사건 개정법률안'이라 한다)을 법사위 법률안으로 각 가결선포한 행위(이하 '피청구인 법사위 위원장의 이 사건 가결선포행위'라 한다)가 청구인들의 법률안 심의·표결권을 침해하였는지 여부(적극)

2. 피청구인 법사위 위원장의 이 사건 가결선포행위가 무효인지 여부(소극)

3. 피청구인 국회의장이 2022. 4. 30. 제396회 국회(임시회) 제1차 본회의에서 이 사건 검찰청법 수정안(의안번호 2115408)을 가결선포한 행위와 2022. 5. 3. 제397회 국회(임시회) 제1차 본회의에서 이 사건 형사소송법 수정안(의안번호 2115407)(이하 위 두 수정안을 합하여 '이 사건 수정안'이라 한다)을 가결선포한 행위(이하 '피청구인 국회의장의 이 사건 가결선포행위'라 한다)가 청구인들의 법률안 심의·표결권을 침해하였는지 여부(소극)

4. 피청구인 국회의장의 이 사건 가결선포행위가 무효인지 여부(소극)

Ⅱ. 결정요지

1. 피청구인 법사위 위원장의 이 사건 가결선포행위의 법률안 심의·표결권 침해여부(재판관 5인)

헌법상 다수결원칙은 다수에 의한 의사결정 이전에 합리적인 토론과 상호 설득의 과정에서 의사의 내용이 변동되거나 조정될 수 있음을 전제로 하며, 이를 위해 의원들에게 실질적이고 자유로운 토론의 기회가 부여되어 있을 것을 요구한다.

특히, 헌법 제49조 후문에서는 "가부동수인 때에는 부결된 것으로 본다."라고 규정하여 우리 헌법상 국회 내 회의의 의결정족수 충족에 있어 회의의 주재자가 다른 구성원과 동등한 지위의 표결권을 넘어서는 결정권을 갖지 못하도록 하고 있다. 이는 국회 내 의결 절차에서 회의 주재자의 중립적 지위를 엄격하게 요구하는 것이다. 또한, 국회의 의사절차를 의안에 대한 실질적 토론 및 이에 기초한 표결을 보장하지 않는 방식으로 형성한다면, 헌법상 다수결의 원칙에 반하게 되어 국회의 자율권의 한계를 벗어난다고 할 것이다.

민형배 위원의 탈당 과정과 피청구인 법사위 위원장의 조정위원 선임과정 및 법사위 위원 구성 등의 사정을 살펴보면, 민형배 위원은 법사위에서 조정위원회가 구성될 경우 비교섭단체 몫의 조정위원으로 선임되어 더불어민주당(이하 '민주당'이라 한다) 소속 조정위원들과 함께 조정위원회의 의결정족수를 충족시킬 의도로 민주당과 협의하여 민주당을 탈당하였고, 같은 당 소속으로 민형배 위원과 함께 그 교섭단체 대표의원이 발의한 법률안에 찬성자로 참여하였던 피청구인 법사위 위원장은 이러한 사정을 알고도 검사의 수사권을 폐지 또는 축소하는 내용의 입법이 민주당의 당론에 따라 신속하게 추진될 수 있도록 하기 위해 민형배 위원을 조정위원으로 선임한 것임을 합리적으로 추단할 수 있다.

피청구인 법사위 위원장은 위와 같이 회의의 주재자로서의 중립적인 지위에서 벗어나 그 위원회 활동의 일부인 조정위원회에 관하여 미리 가결의 조건을 만들어 두었고, 조정위원회에서 축조심사 및 질의·토론이 모두 생략되어 실질적인 조정심사 없이 의결된 조정안에 대하여, 법사위 전체회의에서도 심사보고나 실질적인 토론의 기회를 부여하지 않은 채 그 조정안의 내용 그대로 이 사건 개정법률안의 가결을 선포한 것이다.

이는 제1교섭단체 소속 조정위원 수와 그렇지 않은 조정위원 수를 동수로 구성하도록 한 국회법 제57조의2 제4항을 위반한 것이고, 제1교섭단체인 민주당 소속 조정위원 3명과 민형배 위원만으로 재적 조정위원 6명의

3분의 2인 4명이 충족되도록 함으로써 국회 내 다수세력의 일방적 입법 시도를 저지할 수 있도록 의결정족수를 규정한 국회법 제57조의2 제6항의 기능을 형해화한 것이며, 위원회의 안건심사절차에 관하여 규정한 국회법 제58조도 위반한 것이다. 그뿐만 아니라 피청구인 법사위 위원장은 이를 통해 회의 주재자의 중립적인 지위에서 벗어나 법사위 법안심사에서의 실질적인 토론의 기회를 형해화하였다는 점에서 헌법 제49조도 위반하였다.
따라서 피청구인 법사위 위원장의 이 사건 가결선포행위는 청구인들의 법률안 심의·표결권을 침해한 것이다

2. 피청구인 법사위 위원장의 이 사건 가결선포행위의 무효여부

(1) 재판관 4인

피청구인 법사위 위원장의 이 사건 가결선포행위는 피청구인 법사위 위원장의 권한침해확인청구 기각의견에서 밝힌 바와 같이 청구인들의 법률안 심의·표결권을 침해하지 않았으므로, 그 침해를 전제로 하는 무효확인청구는 더 나아가 살펴볼 필요 없이 이유 없다.

(2) 재판관 1인

피청구인 법사위 위원장의 이 사건 가결선포행위가 청구인들의 법률안 심의·표결권을 침해하였다고 확인한 이상, 피청구인 법사위 위원장의 이 사건 가결선포행위에 대한 무효확인청구는 국회의 정치적 형성권을 존중하여 기각하여야 한다.

3. 피청구인 국회의장의 이 사건 가결선포행위의 법률안 심의·표결권 침해여부(재판관 5인)

피청구인 국회의장은 교섭단체 대표의원과 협의한 뒤 이 사건 검찰청법 개정법률안을 본회의에 상정하였으므로, 국회법 제93조의2를 위반하였다고 볼 수 없다.

또한 헌법과 국회법에서 임시회 회기, 특히 회기의 하한에 관한 규정을 두고 있지 않으므로, 회기를 본회의가 개회된 당일로 종료되도록 하거나 단 하루로 정하였다 하더라도 헌법과 국회법을 위반한 회기로 볼 수 없다. 따라서 피청구인 국회의장이 무제한토론이 신청된 본회의 당일로 회기가 종료되거나 당일 하루만 회기로 정하는 회기결정의 건을 가결선포하였다고 하더라도 무제한토론권한을 침해한 것이라고 보기 어렵다.

이 사건 수정안은 이미 법사위에서 논의되었던 사항이 포함된 것이므로, 그 원안과의 직접관련성이 인정되는 적법한 수정동의이다.

이처럼 피청구인 국회의장의 이 사건 가결선포행위는 헌법 및 국회법을 위반하였다고 볼 수 없으므로, 청구인들의 법률안 심의·표결권을 침해하였다고 보기 어렵다.

4. 피청구인 국회의장의 이 사건 가결선포행위의 무효여부(재판관 5인)

피청구인 국회의장의 이 사건 가결선포행위가 청구인들의 법률안 심의·표결권을 침해하지 않았으므로, 그 침해를 전제로 하는 피청구인 국회의장의 이 사건 가결선포행위에 대한 무효확인청구는 더 나아가 살펴볼 필요 없이 이유 없다.

결정의 의의

이 결정은 피청구인 법사위 위원장이 조정위원회의 의결정족수를 충족시킬 의도로 민주당을 탈당한 민형배 위원을 그 사정을 알면서도 비교섭단체 몫의 조정위원으로 선임하여 조정위원회에서 실질적인 조정심사 없이 조정안이 가결되도록 하였음에도 법사위 전체회의에서 청구인들의 침해된 법률안 심의·표결권을 회복시키려는 노력 대신 오히려 토론의 기회를 제공하지 않고 그대로 표결에 부쳐 가결선포한 행위가 관련 국회법 규정을 위반하였을 뿐만 아니라 헌법상 다수결원칙 등을 위반한 것임을 인정하고, 국회의원인 청구인들의 법률안 심의·표결권 침해를 인정하였다는 점에 그 의의가 있다.

2024.8.29. 2022헌라1 [경상남도 남해군과 경상남도 통영시 간의 권한쟁의]   **[인용(권한확인)]**

1. 사건의 개요

(1) 청구인(남해군)과 피청구인(통영시)은 모두 경상남도에서 남해안을 바라보며 해안선을 서로 동서로 대향하여 위치하는 지방자치단체이다.

(2) ○○풍력 주식회사는 2021. 4. 23. 청구인에게, 해상풍력 발전사업 예상 위치도 등을 적시하면서 해당 수역의 공유수면관리청 여부를 문의하였다. 청구인은 2021. 6. 9. ○○풍력에게 '새우조망어업구역은 우리군이 공유수면관리청이나, 그외 해역에 대해서는 남해군의 관리권한이 미치는 해역의 범위에 대하여 단정할 수 없다'는 취지로 답변하였다.

(3) ○○풍력 주식회사는 2021. 7. 23. 피청구인에게, 위 새우조망어업구역에 포함되지 않은 동쪽 해역에 관한 공유수면 점용·사용허가를 신청하였고, <u>피청구인은 2021. 9. 28. ○○풍력에게 공유수면 점용·사용 허가처분을 하였다</u>(2021. 9. 28.자 허가처분).

(4) 청구인은 피청구인에게 위 허가처분의 취소를 요구하였으나, 피청구인은 이를 거부하였다. 경상남도는 2021. 12. 23. 해상경계 갈등관련 간담회를 개최하였으나, 청구인과 피청구인 사이에 협의는 도출되지 아니하였다.

(5) 위 허가처분의 허가기간이 만료되자 ○○풍력은 다시 피청구인에게 공유수면 점용·사용기간 연장을 신청하였고, <u>피청구인은 2021. 12. 30. ○○풍력에게 공유수면 점용·사용기간 연장처분을 하였다</u>(2021. 12. 30.자 연장처분).

(6) 청구인은 위 해역에 관한 피청구인의 장래처분으로 청구인의 자치권한이 침해될 현저한 위험이 있다고 주장하면서, 2022. 3. 29. 권한쟁의심판을 청구하였다.

2. 심판의 대상

[관련조항]

공유수면 관리 및 매립에 관한 법률(2020. 2. 18. 법률 제17007호로 개정된 것)
제4조(공유수면의 관리) ② 다음 각 호의 어느 하나에 해당하는 공유수면은 해양수산부장관이 관리하고, <u>그 밖의 공유수면은 대통령령으로 정하는 바에 따라 특별시장·광역시장·특별자치시장·도지사·특별자치도지사 또는 시장·군수·구청장(구청장은 자치구의 구청장을 말한다. 이하 같다)이 관리한다.</u>
    1. 「배타적 경제수역 및 대륙붕에 관한 법률」 제2조에 따른 배타적 경제수역
    2. 그 밖에 대통령령으로 정하는 공유수면

공유수면 관리 및 매립에 관한 법률(2017. 3. 21. 법률 제14726호로 개정된 것)
제8조(공유수면의 점용·사용허가) ① 다음 각 호의 어느 하나에 해당하는 행위를 하려는 자는 대통령령으로 정하는 바에 따라 <u>공유수면관리청으로부터 공유수면의 점용 또는 사용(이하 "점용·사용"이라 한다)의 허가(이하 "점용·사용허가"라 한다)를 받아야 한다.</u> (단서 및 각 호 생략)

3. 주 문

경상남도의 구돌서와 두미도, 욕지도, 갈도, 상노대도, 하노대도 사이의 해역 중 [별지1] 도면 표시 1부터 121 사이의 각 점을 순차적으로 연결한 선의 왼쪽(서쪽) 부분에 대한 관할권한은 청구인에게 있고, 위 선의 오른쪽(동쪽) 부분에 대한 관할권한은 피청구인에게 있음을 확인한다.

Ⅰ. 판시사항

1. 장래처분에 관한 권한쟁의심판청구의 적법성을 인정한 사례
2. 쟁송해역 중 일부에서 불문법상 해상경계의 성립을 인정하나, 나머지 해역에는 불문법상 해상경계의 성립을 인정하지 않은 사례
3. 쟁송해역 중 불문법상 해상경계가 성립하지 않은 해역에서 제반 사정을 종합적으로 고려하여 형평의 원칙에 따라 해상경계선을 획정한 사례

Ⅱ. 판단

1. 장래처분에 관한 심판청구의 적법 여부

(1) 청구인은 쟁송해역에 대한 관할권한이 청구인에게 있다고 주장하는 반면, 피청구인은 쟁송해역에 대한 관할권한이 피청구인에게 있으므로 2021. 9. 28.자 허가처분 및 2021. 12. 30.자 연장처분이 정당하다고 주장한다.

(2) ○○풍력 주식회사는 2019. 3.경 산업통상자원부 전기위원회로부터 발전사업허가를 받아 352MW 규모의 해상풍력발전단지를 쟁송해역에 건설할 계획이므로, 향후 쟁송해역에 공유수면 점용·사용허가 등을 추가로 취득해야 하는 상황이다. ○○풍력 주식회사가 기존의 발전사업허가 및 계획에 따라 추가적인 공유수면 점용·사용허가를 신청할 경우, 피청구인은 쟁송해역에 대한 관할권한을 주장하며 2021. 9. 28.자 허가처분 및 2021. 12. 30.자 연장처분의 맥락에서 언제든 유사한 장래처분을 행사할 가능성이 높다.

결국, 쟁송해역에 대한 피청구인의 장래처분으로 인하여 청구인의 권한이 침해될 현저한 위험성이 존재하고, 장래처분에 관한 권한쟁의심판청구를 허용함으로써 쟁송해역에 대한 관할권한 분쟁을 해결하여 청구인의 권한을 사전에 보호해야 할 필요성이 인정되므로, 이 사건 권한쟁의심판청구는 적법하다.

2. 불문법상 해상경계 성립 여부

(1) 청구인은 쟁송해역에 불문법상 해상경계가 성립되어 있다고 주장하고, 피청구인은 불문법상 해상경계가 성립되어 있지 않다고 주장한다.

(2) 새우조망어업구역이 설정된 구돌서 북·남·서쪽 쟁송해역의 경우에는, 청구인이 구획어업허가를 통해 행정권한을 행사하여 왔고, 청구인 소속 어민들도 그 허가를 통해 독점적·배타적으로 새우조망어업을 영위한 사실이 확인되고, 이에 대해 피청구인과 그 소속 어민들이 이의를 제기한 사정은 발견되지 않는다. 따라서 구돌서 북·남·서쪽 쟁송해역에는 이를 청구인의 관할해역으로 하는 불문법상 해상경계의 성립이 인정된다.

그러나 새우조망어업구역을 넘어서는 구돌서 동쪽 쟁송해역의 경우에는, 청구인이 독점적·배타적으로 행정권한을 행사하여 온 사실이 확인되지 않는다. 따라서 구돌서 동쪽 쟁송해역에서는 불문법상 해상경계가 성립되어 있지 않다.

3. 형평의 원칙에 따른 해상경계 획정

(1) 구돌서 동쪽 쟁송해역에서 형평의 원칙에 따라 해상경계를 획정할 경우, 청구인은 구돌서를 기점에 포함시켜야 한다고 주장함에 반하여, 피청구인은 구돌서를 기점에서 배제해야 한다고 주장한다.

(2) 쟁송해역을 둘러싼 도서의 존재(쟁송해역은 청구인 관할 무인도인 구돌서와 피청구인 관할 유인도인 두미도·욕지도·갈도·상노대도·하노대도로 둘러싸여 있음), 행정권한 행사 연혁, 주민들의 생업과 편익, 관련 행정구역(갈도)의 관할 변경, 지리상의 자연적 조건 등을 종합하여 보면, 구돌서 동쪽 쟁송해역에서 형평의 원칙에 따른 해상경계는 유인도인 두미도·욕지도·갈도·상노대도·하노대도와 무인도인 구돌서의 해안선을 기점으로 한 등거리·중간선으로 획정함이 상당하고, 이는 [별지1] 도면 표시 1부터 121 사이의 각 점을 순차적으로 연결한 선과 같다.

4. 결론

그렇다면 [별지1] 도면 표시 1부터 121 사이의 각 점을 순차적으로 연결한 선의 왼쪽(서쪽)의 관할권한은 청구인에게, 위 선의 오른쪽(동쪽)의 관할권한은 피청구인에게 각 있음을 확인하기로 하여 주문과 같이 결정한다.

※ [별지1] 도면

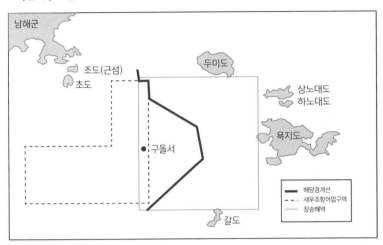

결정의 의의

지방자치단체의 자치권이 미치는 구역의 범위에는 육상과 해상이 포함되므로, 두 지방자치단체 사이에는 육상의 경계뿐만 아니라 해상의 경계도 존재한다. 그러나 지방자치단체 사이의 육상경계는 비교적 명확하였음에 반하여 해상경계는 그동안 불명확하였고, 관련법령에서도 지방자치단체의 해상관할구역과 경계에 대해 명시적으로 정하지 아니함에 따라, 지방자치단체들은 해상경계에 관한 분쟁이 발생하면 헌법재판소에 권한쟁의심판을 청구하게 되었다.

이에 헌법재판소는, '지방자치단체의 구역은 주민·자치권과 함께 지방자치단체의 구성요소이며 그 자치권이 미치는 관할구역의 범위에는 육지는 물론 바다도 포함되므로 공유수면에 대해서도 지방자치단체의 자치권한이 존재하는바, <u>지방자치단체의 공유수면 관할구역 경계에 관한 명시적 법령상 규정이 존재하지 않는다면 불문법상 경계에 따라야 하고, 이마저도 존재하지 않는다면 헌법재판소가 형평의 원칙에 따라 합리적이고 공평하게 해상경계선을 획정할 수밖에 없다</u>'라고 판시하였다(헌재 2019. 4. 11. 2016헌라8등 참조).

그 결과, 지방자치단체 사이의 해상경계에 관한 권한쟁의심판은 '㉠ 성문법상 해상경계 확인, ㉡ 불문법상 해상경계 확인, ㉢ 형평원칙상 해상경계 획정'이란 순서로 결론에 이르고 있다. (다만 ㉠은 현재까지 존재하지 않았으므로, 실제 사건은 ㉡ → ㉢의 순서로 결론에 이르게 됨)

이 사건에서 헌법재판소의 법정의견(재판관 5인)은, ㉡ 쟁송해역 중 일부(구돌서 북·남·서쪽)에는 불문법상 해상경계가 성립하나, 그 대부분 영역(구돌서 동쪽)에는 불문법상 해상경계가 성립하지 아니함을 확인한 다음, ㉢ <u>기존 선례(2016헌라8등)의 법리에 따라 쟁송해역을 둘러싼 유인도들과 중요 무인도(구돌서)를 기점에 포함하여 동등한 가중치를 부여함으로써, 형평의 원칙에 의한 해상경계를 획정하기로</u> 결정하였다.

한편, 반대의견(재판관 4인)은, ㉢ 형평의 원칙에 의한 해상경계 획정에서 중요 무인도인 구돌서를 기점에 포함하는 것에 동의하지만, 쟁송해역의 구체적 사정을 고려하여 구돌서의 가중치를 다른 유인도의 1/3 수준으로 낮추는 조정 법리를 제시하였다.

제2편

합헌판례

제1장 　합헌 중요판례
제2장 　합헌 요약판례

인격권

01 학교폭력 가해학생에 대한 서면사과 조치 등 사건

2023.2.23. 2019헌바93 [학교폭력예방 및 대책에 관한 법률 제12조 제4항 등 위헌소원]　　　**[합헌]**

1. 사건의 개요

청구인들은 구 '학교폭력예방 및 대책에 관한 법률'(이하 '구 학교폭력예방법'이라 한다) 제17조 제1항에 따른 피해학생에 대한 서면사과(제1호) 등의 조치를 받고 그 근거조항이 위헌이라고 주장하며 이 사건 헌법소원심판을 청구하였다.

2. 심판의 대상

구 학교폭력예방 및 대책에 관한 법률(2012. 3. 21. 법률 제11388호로 개정되고, 2019. 8. 20. 법률 제16441호로 개정되기 전의 것)
제12조(학교폭력대책자치위원회의 설치·기능) ④ 자치위원회의 설치·운영 등에 필요한 사항은 지역 및 학교의 규모 등을 고려하여 대통령령으로 정한다.

제13조(자치위원회의 구성·운영) ① 자치위원회는 위원장 1인을 포함하여 5인 이상 10인 이하의 위원으로 구성하되, 대통령령으로 정하는 바에 따라 전체위원의 과반수를 학부모전체회의에서 직접 선출된 학부모대표로 위촉하여야 한다. 다만, 학부모전체회의에서 학부모대표를 선출하기 곤란한 사유가 있는 경우에는 학급별 대표로 구성된 학부모대표회의에서 선출된 학부모대표로 위촉할 수 있다.

② 자치위원회는 분기별 1회 이상 회의를 개최하고, 자치위원회의 위원장은 다음 각 호의 어느 하나에 해당하는 경우에 회의를 소집하여야 한다.

　1. 자치위원회 재적위원 4분의 1 이상이 요청하는 경우

　2. 학교의 장이 요청하는 경우

　3. 피해학생 또는 그 보호자가 요청하는 경우

　4. 학교폭력이 발생한 사실을 신고받거나 보고받은 경우

　5. 가해학생이 협박 또는 보복한 사실을 신고받거나 보고받은 경우

　6. 그 밖에 위원장이 필요하다고 인정하는 경우

④ 그 밖에 자치위원회의 구성·운영에 필요한 사항은 대통령령으로 정한다.

제17조(가해학생에 대한 조치) ① 자치위원회는 피해학생의 보호와 가해학생의 선도·교육을 위하여 가해학생에 대하여 다음 각 호의 어느 하나에 해당하는 조치(수 개의 조치를 병과하는 경우를 포함한다)를 할 것을 학교의 장에게 요청하여야 하며, 각 조치별 적용 기준은 대통령령으로 정한다. 다만, 퇴학처분은 의무교육과정에 있는 가해학생에 대하여는 적용하지 아니한다.

　1. 피해학생에 대한 서면사과

　2. 피해학생 및 신고·고발 학생에 대한 접촉, 협박 및 보복행위의 금지

　7. 학급교체

⑥ 제1항에 따른 요청이 있는 때에는 학교의 장은 14일 이내에 해당 조치를 하여야 한다.

3. 주 문

구 학교폭력예방 및 대책에 관한 법률(2012. 3. 21. 법률 제11388호로 개정되고, 2019. 8. 20. 법률 제16441호로 개정되기 전의 것) 제12조 제4항, 제13조 제1항, 제2항, 제4항, 제17조 제1항 제1호, 제2호, 제7호, 제6항은 모두 헌법에 위반되지 아니한다.

Ⅰ. 판시사항

1. 학교폭력대책자치위원회(이하 '자치위원회'라 한다)의 설치·운영 등에 관한 사항과 자치위원회의 구성·운영 등에 관한 사항을 대통령령에 위임하도록 규정한 구 '학교폭력예방 및 대책에 관한 법률'(이하 '구 학교폭력예방법'이라 한다) 제12조 제4항, 제13조 제1항, 제4항(이하 '이 사건 자치위원회 위임규정'이라 한다)이 포괄위임금지원칙에 위배되는지 여부(소극)

2. 가해학생에 대한 조치별 적용 기준을 대통령령에 위임하도록 규정한 구 학교폭력예방법 제17조 제1항 본문 후단(이하 '이 사건 조치별 적용기준 위임규정'이라 한다)이 포괄위임금지원칙에 위배되는지 여부(소극)

3. 가해학생에 대한 조치로 피해학생에 대한 서면사과를 규정한 구 학교폭력예방법 제17조 제1항 제1호(이하 '이 사건 서면사과조항'이라 한다)가 가해학생의 양심의 자유와 인격권을 침해하는지 여부(소극)

4. 가해학생에 대한 조치로 피해학생 및 신고·고발한 학생에 대한 접촉, 협박 및 보복행위의 금지를 규정한 구 학교폭력예방법 제17조 제1항 제2호(이하 '이 사건 접촉 등 금지조항'이라 한다)가 가해학생의 일반적 행동자유권을 침해하는지 여부(소극)

5. 가해학생에 대한 조치로 학급교체를 규정한 구 학교폭력예방법 제17조 제1항 제7호(이하 '이 사건 학급교체조항'이라 한다)가 가해학생의 일반적 행동자유권을 침해하는지 여부(소극)

6. 학부모대표가 전체위원의 과반수를 구성하고 있는 자치위원회에서 일정한 요건을 갖춘 경우 반드시 회의를 소집하여 가해학생에 대한 조치의 내용을 결정하게 하고 학교의 장이 이에 구속되도록 규정한 구 학교폭력예방법 제13조 제1항, 제2항, 제17조 제1항, 제6항(이하 '이 사건 의무화 규정'이라 한다)이 과잉금지원칙을 위반하여 가해학생의 양심의 자유, 인격권 및 일반적 행동자유권을 침해하는지 여부(소극)

Ⅱ. 결정요지

1. 자치위원회 위임규정의 포괄위임금지원칙 위배 여부

학교폭력의 원인은 다양하고, 자치위원회는 개별 학교에 설치되는 기구이므로, 구체적인 학교 현실과 교육적인 측면의 정책적 판단이 반영될 수 있도록 자치위원회의 설치·운영·구성 등에 관한 사항을 대통령령에 위임할 필요성이 인정된다. 또한, 구 학교폭력예방법에서는 자치위원회의 설치 장소, 위원의 구성, 회의 개최 시기, 소집 요건 등 기본적인 사항을 직접 규정하고 있으므로, 이 사건 자치위원회 위임규정에 따라 대통령령에 규정될 내용이 위원장 및 위원의 자격요건이나 선출 또는 위촉방법, 회의의 구체적인 소집절차나 심의방법 등 자치위원회의 설치·운영 등에 관하여 필요한 구체적인 사항이 될 것임을 충분히 예측할 수 있다. 따라서 이 사건 자치위원회 위임규정은 포괄위임금지원칙에 위배되지 않는다.

2. 조치별 적용기준 위임규정의 포괄위임금지원칙 위배 여부

가해학생에 대한 각 조치별 적용기준을 학교폭력의 태양이나 심각성, 피해학생의 피해 정도나 가해학생에 미치는 교육적 효과 등 여러 가지 요소를 종합적으로 고려하여 정하는 것이 피해학생의 보호와 가해학생의 선도 및 교육에 보다 효과적인 방법이 될 수 있으므로, 대통령령에 위임할 필요성이 인정된다. 또한, 구 학교폭력예방법 제17조는 가해학생에 대한 조치의 경중 및 각 조치의 병과 여부 등 조치별 적용 기준의 기본적인 내용을 법률에서 직접 규정하고 있으므로, 이 사건 조치별 적용기준 위임규정에 따라 대통령령에 규정될 내용은 자치위원회가 가해학생에 대한 조치의 내용을 정함에 있어 고려해야 할 학교폭력의 태양이나 정도, 피해학생의 피해 정도나 피해 회복 여부, 가해학생의 태도 등 세부적인 기준에 관한 내용이 될 것임을 충분히 예측할 수 있다. 따라서 이 사건 조치별 적용기준 위임규정은 포괄위임금지원칙에 위배되지 않는다.

3. 서면사과조항의 양심의 자유 및 인격권 침해 여부

이 사건 서면사과조항은 가해학생에게 반성과 성찰의 기회를 제공하고 피해학생의 피해 회복과 정상적인 학교생활로의 복귀를 돕기 위한 것이다. 학교폭력은 여러 복합적인 원인으로 발생하고, 가해학생도 학교와 사회가 건전한 사회구성원으로 교육해야 할 책임이 있는 아직 성장과정에 있는 학생이므로, 학교폭력 문제를 온전히 응보적인 관점에서만 접근할 수는 없고 가해학생의 선도와 교육이라는 관점도 함께 고려하여야 한다.

학교폭력의 가해학생과 피해학생은 모두 학교라는 동일한 공간에서 생활하므로, 가해학생의 반성과 사과 없이는 피해학생의 진정한 피해회복과 학교폭력의 재발방지를 기대하기 어렵다. 서면사과 조치는 단순히 의사에 반한 사과명령의 강제나 강요가 아니라, 학교폭력 이후 피해학생의 피해회복과 정상적인 교우관계회복을 위한 특별한 교육적 조치로 볼 수 있다. 가해학생은 서면사과를 통해 자신의 잘못된 행위에 대하여 책임을 지는 방법과 피해학생의 피해를 회복하는 방법을 배우고, 이를 통해 건전한 사회구성원으로 성장해나갈 수 있다.

서면사과 조치는 내용에 대한 강제 없이 자신의 행동에 대한 반성과 사과의 기회를 제공하는 교육적 조치로 마련된 것이고, 가해학생에게 의견진술 등 적정한 절차적 기회를 제공한 뒤에 학교폭력 사실이 인정되는 것을 전제로 내려지는 조치이며, 이를 불이행하더라도 추가적인 조치나 불이익이 없다. 또한 이러한 서면사과의 교육적 효과는 가해학생에 대한 주의나 경고 또는 권고적인 조치만으로는 달성하기 어렵다. 따라서 이 사건 서면사과조항이 가해학생의 양심의 자유와 인격권을 과도하게 침해한다고 보기 어렵다.

4. 접촉 등 금지조항의 일반적 행동자유권 침해 여부

가해학생의 접촉, 협박이나 보복행위를 금지하는 것은 피해학생과 신고·고발한 학생의 안전한 학교생활을 위한 불가결한 조치이다. 이 사건 접촉 등 금지조항은 가해학생의 의도적인 접촉 등만을 금지하고 통상적인 학교 교육활동 과정에서 의도하지 않은 접촉까지 모두 금지하는 것은 아니며, 학교폭력의 지속성과 은닉성, 가해학생의 접촉, 협박 및 보복행위 가능성, 피해학생의 피해 정도 등을 종합적으로 고려하여 이루어지는 것이므로, 가해학생의 일반적 행동자유권을 침해한다고 보기 어렵다.

5. 학급교체조항의 일반적 행동자유권 침해 여부

이 사건 학급교체조항은 학교폭력의 심각성, 가해학생의 반성 정도, 피해학생의 피해 정도 등을 고려하여 가해학생과 피해학생의 격리가 필요한 경우에 행해지는 조치로서 가해학생은 학급만 교체될 뿐 기존에 받았던 교육 내용이 변경되는 것은 아니다. 피해학생이 가해학생과 동일한 학급 내에 있으면서 지속적으로 학교폭력의 위험에 노출된다면 심대한 정신적, 신체적 피해를 입을 수 있으므로, 이 사건 학급교체조항이 가해학생의 일반적 행동자유권을 과도하게 침해한다고 보기 어렵다.

6. 의무화 규정의 기본권 침해 여부

이 사건 의무화 규정은 학교폭력의 축소·은폐를 방지하고 피해학생의 보호 및 가해학생의 선도 교육을 위하여, 학부모들의 자치위원회 참여를 확대 보장하고 자치위원회의 회의소집과 가해학생에 대한 조치 요청, 학교의 장의 가해학생에 대한 조치를 모두 의무화한 것이다. 학부모들의 참여는 학교폭력의 부당한 축소·은폐를 방지하고 안전한 교육환경 조성에 기여할 수 있으며, 학부모 대표의 공정성 확보나 부족한 전문성을 보완할 수 있는 제도도 마련되어 있다. 또한 자치위원회의 가해학생에 대한 조치 요청이나 학교장의 조치는 모두 학교 폭력 사실이 인정되는 것을 전제로 의무화된 것이고, 의무화 규정 도입 당시 학교 측의 불합리한 처리나 은폐가 능성을 차단하고 학교폭력에 대한 교사와 학교의 책임을 강화하려는 사회적 요청이 있었으며, 가해학생 측에 의견진술 등 적정한 절차가 보장되고, 가해학생 측이 이에 불복하는 경우 민사소송이나 행정소송 등을 통하여 다툴 수 있다는 점 등을 고려하면, 이 사건 의무화 규정이 가해학생의 양심의 자유와 인격권, 일반적 행동자유권을 침해한다고 보기 어렵다.

결정의 의의

헌법재판소는 사죄광고나 사과문 게재를 명하는 조항에 대하여 양심의 자유와 인격권 침해를 인정하여 왔으나(헌재 1991. 4. 1. 89헌마160, 헌재 2012. 8. 23. 2009헌가27, 헌재 2015. 7. 30. 2013헌가8), 이 사건에서는 가해학생의 선도와 피해학생의 피해회복 및 정상적인 교육관계회복을 위한 특별한 교육적 조치로 보아 피해학생에 대한 서면사과 조치가 가해학생의 양심의 자유와 인격권을 침해하지 않는다고 판단하였다.

그러나 이에 대하여는, 사과는 외부에서 강제할 수 없는 성질의 것이므로 아직 성장과정에 있는 학생이라 하더라도 이를 강제하는 것은 가해학생의 양심의 자유와 인격권을 침해한다는 반대의견이 있었다.

이 사건에서는 가해학생에 대한 서면사과조치 외에도 피해학생과 신고·고발한 학생에 대한 접촉 등 금지 조항, 학급교체 조항 등에 대해서도 판단되었는데, 모두 피해학생 등을 보호하기 위하여 필요한 조치로서 가해학생의 일반적 행동자유권을 침해하지 않는다고 보았다.

학교폭력예방법은 2019. 8. 20. 법률 제16441호로 개정되면서 개별 학교에 두었던 자치위원회를 폐지하고 교육지원청에 학교폭력대책심의위원회(이하 '심의위원회'라 한다)를 설치하는 것으로 변경되었고, 경미한 사안으로서 피해학생 및 그 보호자가 심의위원회의 개최를 원하지 않는 경우 학교의 장이 자체적으로 해결할 수 있는 제도도 도입하였다. 그러나 헌법재판소는 이 사건 의무화 규정을 도입할 당시의 사회적 요청 등을 고려하여 이 사건 의무화 규정이 헌법에 위반되지 않는다고 판단하였다.

평등권(평등원칙)

02 가정폭력처벌법상 피해자보호명령 사건

2023.2.23. 2019헌바43 [가정폭력범죄의 처벌 등에 관한 특례법 제55조의2 제1항 위헌소원]　　　**[합헌]**

1. 사건의 개요

청구인은 부 ○○○부터 폭언과 욕설, 협박 등의 가정폭력범죄를 당하고 있다는 이유로 법원에 ○○○에게 청구인 직장에서 100미터 이내의 접근금지, 전자적 방식에 의한 접근금지, 우편에 의한 접근금지 등의 피해자보호명령을 하여줄 것을 청구하였고, 법원은 ○○○에게 6개월 동안 청구인의 주거 및 직장에서 100미터 이내의 접근금지와 전기통신을 이용한 접근금지를 명하는 취지의 피해자보호명령을 하였다.

이에 청구인은 ○○○이 청구인을 협박하고 비난하는 내용의 우편이나 소포를 청구인의 직장 및 주거에 보내는 방법으로 협박하고 있으므로, 피해자보호명령에 '우편을 이용한 접근금지'가 포함되어야 한다고 주장하면서 항고를 제기하였고 항고심 계속 중 '가정폭력범죄의 처벌 등에 관한 특례법'(이하 '가정폭력처벌법'이라 한다) 제55조의2 제1항에서 우편에 의한 접근금지를 규정하고 있지 아니한 것은 위헌이라고 주장하면서 위헌법률심판제청신청을 하였으나 모두 기각되자 2019. 1. 16. 이 사건 헌법소원심판을 청구하였다.

2. 심판의 대상

구 가정폭력범죄의 처벌 등에 관한 특례법(2014. 12. 30. 법률 제12877호로 개정되고, 2020. 10. 20. 법률 제17499호로 개정되기 전의 것)

제55조의2(피해자보호명령 등) ① 판사는 피해자의 보호를 위하여 필요하다고 인정하는 때에는 피해자 또는 그 법정대리인의 청구에 따라 결정으로 가정폭력행위자에게 다음 각 호의 어느 하나에 해당하는 피해자보호명령을 할 수 있다.

1. 피해자 또는 가정구성원의 주거 또는 점유하는 방실로부터의 퇴거 등 격리
2. 피해자 또는 가정구성원의 주거, 직장 등에서 100미터 이내의 접근금지
3. 피해자 또는 가정구성원에 대한 「전기통신사업법」 제2조 제1호의 전기통신을 이용한 접근금지
4. 친권자인 가정폭력행위자의 피해자에 대한 친권행사의 제한

3. 주 문

구 가정폭력범죄의 처벌 등에 관한 특례법(2014. 12. 30. 법률 제12877호로 개정되고, 2020. 10. 20. 법률 제17499호로 개정되기 전의 것) 제55조의2 제1항은 헌법에 위반되지 아니한다.

Ⅰ. 판시사항

우편을 이용한 접근금지를 피해자보호명령에 포함시키지 아니한 구 '가정폭력범죄의 처벌 등에 관한 특례법' 제55조의2 제1항이 평등원칙에 위배되는지 여부(소극)

Ⅱ. 결정요지

피해자보호명령제도는 가정폭력행위자가 피해자와 시간적·공간적으로 매우 밀접하게 관련되어 즉시 조치를 취하지 않으면 피해자에게 회복할 수 없는 피해를 입힐 가능성이 있을 때에 법원의 신속한 권리보호명령이 이루어질 수 있도록 하는 것이 입법의 주요한 목적 중 하나이다. 그런데 전기통신을 이용한 접근행위의 피해자와 우편을 이용한 접근행위의 피해자는 피해의 긴급성, 광범성, 신속한 조치의 필요성 등의 측면에서 차이가 있다. 우편을 이용한 접근행위에 대해서는 법원의 가처분결정과 간접강제결정을 통해 비교적 신속하게 우편을 이용한 접근의 금지라는 목적을 달성할 수 있고, 나아가 그 접근행위가 형법상 협박죄 등에 해당할 경우 피해자는 고소 등의 조치를 취할 수도 있다.

또한 피해자보호명령제도에 대해서는 진술거부권고지나 동행영장에 관한 규정이 준용되지 않고, 가정폭력행위자가 심리기일에 출석하지 않아도 되는 등 실무상 민사 또는 가사 신청사건과 유사하게 운영되고 있다.

이러한 피해자보호명령제도의 특성, 우편을 이용한 접근행위의 성질과 그 피해의 정도 등을 고려할 때, 입법자가 심판대상조항에서 우편을 이용한 접근금지를 피해자보호명령의 종류로 정하지 아니하였다고 하더라도 이것이 입법자의 재량을 벗어난 자의적인 입법으로서 평등원칙에 위반된다고 보기 어렵다.

결정의 의의

이 사건은 가정폭력처벌법상 피해자보호명령에 대하여 헌법재판소가 판단한 최초의 사례이다.

심판대상조항에 대하여 재판관 4인이 합헌의견이고 재판관 5인이 헌법불합치의견으로 헌법불합치의견이 다수이기는 하나, 헌법불합치결정을 위한 심판정족수(6인)에는 이르지 못하여 합헌을 선고하였다.

죄형법정주의 · 형벌에 관한 책임원칙

03 단체행동권 행사를 위력에 의한 업무방해로 규율 사건

2022. 5. 26. 2012헌바66 [형법 제314조 제1항 위헌소원]　　　　　　　　　**[합헌]**

1. 사건의 개요

청구인들은 ○○군 ○○읍 ○○로 (지번 생략)에 있는 ○○자동차 ○○공장 협력업체에 근무하는 사람들로 '□□노동조합 □□지부 □□ 비정규직 지회'의 간부들이다.

청구인들은 ○○자동차 ○○공장으로부터 ○○자동차 협력업체 직원 일부를 정리해고한다는 통보를 받고, 위 지회 소속 조합원들로 하여금 2010. 3. 13. 08:00경부터 2010. 3. 14. 08:00경까지 통상적으로 실시하여 온 휴일근로를 집단적으로 거부하도록 하여 위력으로써 ○○자동차 ○○공장으로부터 하도급을 받은 △△기업의 업무를 방해하였다는 등의 범죄사실로 기소되었다.

청구인들은 재판과정에서 소극적으로 근로제공을 거부한 행위는 업무방해죄를 구성하지 않는다고 주장하였으나, 1심 법원은 대법원 2011. 3. 17. 선고 2007도482 전원합의체 판결에 따라 <u>전후 사정과 경위 등에 비추어 청구인들의 파업은 사용자가 예측할 수 없는 시기에 전격적으로 이루어져 사용자의 사업운영에 심대한 혼란 내지 막대한 손해를 초래하였고, 그로 인하여 사용자의 사업계속에 관한 자유의사가 제압·혼란될 수 있다고 평가되므로, 위력에 의한 업무방해죄가 성립한다</u>고 판단하였다. 2011. 7. 6. 청구인 강○○, 김○○, 조○○은 각 징역 6월에 집행유예 1년을, 청구인 김□□은 징역 8월에 집행유예 2년을 각 선고받았다(전주지방법원 2010고단1937).

청구인들은 항소하였고, 항소심 계속 중 형법 제314조 제1항에 대하여 위헌법률심판제청신청을 하였다. 항소심 법원은 청구인들의 파업이 사용자가 예측할 수 없는 시기에 전격적으로 이루어져 사용자의 사업 운영에 심대한 혼란 내지 막대한 손해를 초래하였다는 1심 법원의 판단을 그대로 유지하였으나, 청구인들의 일부 양형부당 주장을 받아들여, 2011. 12. 30. 제1심 판결 중 청구인들에 대한 부분을 파기하고, 청구인 강○○, 김○○, 조○○에게 각 벌금 500만원을, 청구인 김□□에게 벌금 400만원을 각 선고하면서(전주지방법원 2011노1021), 같은 날 위헌법률심판제청신청을 기각하였다(전주지방법원 2011초기469). 이에 청구인들은 2012. 1. 4. 대법원에 상고하였고, 2012. 2. 17. 이 사건 헌법소원심판을 청구하였다.

한편, 대법원은 이 사건 심판청구 이후인 2012. 7. 12. 업무방해죄에 관한 법리를 오해하고 필요한 심리를 다하지 아니한 위법이 없다는 이유로 청구인들의 상고를 모두 기각하였다(대법원 2012도1039).

2. 심판의 대상

형법(1995. 12. 29. 법률 제5057호로 개정된 것)
제314조(업무방해) ① 제313조의 방법 또는 위력으로써 사람의 업무를 방해한 자는 5년 이하의 징역 또는 1천 500만원 이하의 벌금에 처한다.

3. 주 문

형법(1995. 12. 29. 법률 제5057호로 개정된 것) 제314조 제1항 중 '위력으로써 사람의 업무를 방해한 자' 부분은 헌법에 위반되지 아니한다.

Ⅰ. 판시사항

1. 형법 제314조 제1항 중 '위력으로써 사람의 업무를 방해한 자' 부분(이하 '심판대상조항'이라 한다)이 죄형법정 주의의 명확성원칙에 위배되는지 여부(소극)
2. 심판대상조항이 책임과 형벌 간의 비례원칙에 위배되는지 여부(소극)
3. 심판대상조항이 단체행동권을 침해하는지 여부(소극)

Ⅱ. 결정요지

1. 죄형법정주의 명확성원칙 등 위배 여부

헌법재판소는 1998. 7. 16. 97헌바23, 2005. 3. 31. 2003헌바91, 2010. 4. 29. 2009헌바168 결정에서 심판대상 조항이 죄형법정주의의 명확성원칙에 위배되지 않는다고 판단한 바 있고, 이후 대법원은 2011. 3. 17. 선고 2007도482 전원합의체 판결에서 전격성과 중대성을 위력의 판단기준으로 하여 위력에 의한 업무방해죄의 성립 범위를 위 결정 당시보다 축소하였다. 그럼에도 구체적 사건에 있어 어떤 행위가 법적 구성요건을 충족시키는지에 관하여 여전히 의문이 있을 수 있으나, 이는 형법규범의 일반성과 추상성에 비추어 불가피한 것으로, 그러한 사정만으로 형법규범이 불명확하다고 볼 수 없다. 따라서 선례와 달리 판단할 사정변경이 인정되지 않는다.

한편, 청구인들은 대법원이 심판대상조항을 추상적 위험범으로 해석하는 것은 부당한 확장해석으로 죄형법정 주의에 위반된다고 주장하나, 어떠한 범죄의 구성요건이 침해범인지 위험범인지 하는 문제는 일반법규의 해석과 적용의 문제이므로, 이는 헌법재판소의 심판대상이라 할 수 없다.

2. 책임과 형벌 간의 비례원칙 위배 여부

심판대상조항이 대부분의 '노동조합 및 노동관계조정법'(이하 '노동조합법'이라 한다)상의 처벌조항보다 형이 더 중하다 하더라도, 이는 보호법익이나 죄질이 다르고 법정형을 정함에 있어 고려해야 할 요소가 다르기 때문이고, 심판대상조항이 법정형의 하한에 제한을 두지 않고 있는 점 등을 고려하면, 책임과 형벌 간의 비례원칙에 위배된다고 볼 수 없다.

3. 단체행동권 침해 여부

(1) 재판관 이선애, 재판관 이은애, 재판관 이종석, 재판관 이영진의 합헌의견

대법원은 2007도482 전원합의체 판결에서 심판대상조항에 대한 확립된 해석을 제시하고 있으므로, 헌법재판소는 이를 존중하여 그 조항의 위헌 여부를 판단해야 한다. 따라서 이 사건에서 문제가 되는 것은 심판대상조항이 '사용자가 예측할 수 없는 시기에 전격적으로 이루어져 사용자의 사업운영에 심대한 혼란 내지 막대한 손해를 초래한 집단적 노무제공 거부행위'를 위력에 의한 업무방해죄로 처벌하는 부분이 근로자들의 단체행동권을 침해하는지 여부이다.

(가) 단체행동권의 제한

전격성과 중대성이 인정되는 집단적 노무제공거부라도 노동조합법상의 정당한 쟁의행위인지 여부와 별개로, 집단으로서 근로자가 근로조건의 향상을 위해 사용자의 업무의 정상적 운영을 저해하는 실력행사 개념에 포섭될 수 있으므로, 이를 형사처벌하는 심판대상조항은 단체행동권을 제한한다.

단체행동권은 제한이 불가능한 절대적 기본권이 아니므로, 헌법 제37조 제2항의 일반적 법률유보조항에 따른 기본권 제한의 대상이 된다.

(나) 과잉금지원칙 위배 여부

심판대상조항은 노사관계의 형성에 있어서 사회적 균형을 이룰 수 있도록 하기 위한 것이다. 즉, 필요한 범위

를 넘는 사용자의 영업의 자유(헌법 제15조)에 대한 침해를 방지하고, 개인과 기업의 경제상의 자유(헌법 제119조 제1항)와 거래질서를 보장하며, 경우에 따라 국민의 일상생활이나 국가의 경제적 기능에 부정적 영향을 미치는 행위를 억제하기 위한 것이라고 할 것이므로, 정당한 목적 달성을 위한 적합한 수단에 해당한다.

단체행동권은 집단적 실력행사로서 위력의 요소를 가지고 있으므로, 단체행동권 행사라는 이유로 무조건 형사책임이나 민사책임이 면제된다고 보기 어렵고, 사용자의 재산권이나 직업의 자유, 경제활동의 자유를 현저히 침해하고, 거래질서나 국가 경제에 중대한 영향을 미치는 일정한 단체행동권의 행사에 대한 제한은 가능하다. 사인간 기본권 충돌의 경우 입법자에 의한 규제와 개입은 개별 기본권 주체에 대한 기본권 제한의 방식으로 흔하게 나타나며, 노사관계의 경우도 마찬가지이다. 사적 관계에 대한 국가의 개입이 헌법적 한계를 준수하였는지 여부가 문제될 수 있으나, 사적 계약 관계라는 이유로 국가가 개입할 수 없다고 볼 것은 아니다.

헌법재판소는 이미 헌재 1998. 7. 16. 97헌바23 결정, 헌재 2005. 3. 31. 2003헌바91 결정, 헌재 2010. 4. 29. 2009헌바168 결정에서 심판대상조항에 대하여 세 차례에 걸쳐 합헌 결정을 내린 바 있고, 97헌바23 결정에서 권리행사로서의 성격을 갖는 쟁의행위에 대한 형사처벌은 단체행동권의 보장 취지에 부합하지 않는다는 점을 지적한 바 있으며, 2009헌바168 결정에서도 '단체행동권의 행사로서 노동법상의 요건을 갖추어 헌법적으로 정당화되는 행위를 범죄행위의 구성요건에 해당하는 행위임을 인정하되 다만 위법성을 조각하도록 해석하는 것은 헌법상 기본권의 보호영역을 하위 법률을 통해 지나치게 축소시키는 것'이라는 점을 밝힌 바 있다.

또한, 위와 같은 헌법재판소 결정 이후 대법원은 2007도482 전원합의체 판결에서 기존의 입장을 변경하여 심판대상조항의 '위력' 개념을 제한적으로 해석하여 구성요건해당성 단계부터 그 적용범위를 축소시켰다. 따라서 헌법재판소의 선례가 지적한, 단체행동권의 과도한 제한이나 위축가능성의 문제는 해소되었다고 봄이 상당하다.

결국, 심판대상조항은 직업의 자유나 경제활동의 자유 및 거래질서 등을 보호하기 위하여 사용자가 예측하지 못한 시기에 전격적으로 이루어져 사용자의 사업운영에 심대한 혼란이나 막대한 손해를 초래하여 사용자의 사업계속에 관한 자유의사를 제압·혼란시켰다고 평가할 수 있는 집단적 노무제공 거부에 한하여 형사처벌의 대상으로 삼고 있는 것이므로, 과잉금지원칙에 위배되어 단체행동권을 침해한다고 볼 수 없다.

(2) 재판관 유남석, 재판관 이석태, 재판관 김기영, 재판관 문형배, 재판관 이미선의 일부 위헌의견

이 사건의 쟁점은 심판대상조항이 쟁의행위 중 유형력이 수반되지 않은 채 단순히 근로자들이 사업장에 출근하지 않음으로써 집단적으로 노무제공을 거부하는 행위(이하 '단순파업'이라 한다)를 위력에 의한 업무방해죄의 처벌대상으로 하는 것이 단체행동권을 침해하는지 여부이다. 대법원은 2007도482 전원합의체 판결에서 위력의 포섭 범위를 축소하였으나, 이로 인하여 단순파업이 형사처벌의 대상이 된다는 규범 내용이 변경된 것은 아니다. 심판대상조항은 위법한 쟁의행위로부터 사용자의 영업이나 사업수행이 방해되는 것을 방지하고 노동관계를 공정하게 조정하여 산업평화 유지 및 국민경제 발전에 기여하기 위한 것이므로, 입법목적의 정당성 및 수단의 적합성은 인정된다.

그런데 심판대상조항은 이미 노동조합법상 쟁의행위의 주체, 시기, 절차, 방법 등을 제한하는 상세한 규정이 있음에도 '위력에 의한 업무방해'라는 포괄적인 방식으로 대부분의 노동조합법상 처벌조항보다 더 중한 형으로 단순파업 그 자체에 대하여도 형사처벌이 가능하도록 규정하여 근로자들이 단체행동권 행사를 주저하게 하는 위축효과를 초래하고 있다.

단순파업은 어떠한 적극적인 행위요소도 포함하지 않은 소극적인 방법의 실력행사로서, 그 본질에 있어 근로계약상 노무제공을 거부하는 채무불이행과 다를 바 없어, 단순파업 그 자체를 형사처벌의 대상으로 하는 것은 사실상 근로자의 노무제공의무를 형벌의 위하로 강제하는 것일 뿐만 아니라, 노사관계에 있어 근로자 측의 대등한 협상력을 무너뜨려 단체행동권의 헌법상 보장을 형해화할 위험도 존재한다.

대법원이 2007도482 전원합의체 판결에서 단순파업의 위력 해당 여부에 대한 판단기준으로 전격성과 결과의 중대성을 들어 위력의 포섭 범위를 제한하고 있으나, 쟁의행위의 정당성 여하는 쟁의행위의 전후 사정과 경위 등을 종합하여 사후적으로 결정되는 것이므로, 법률에 문외한이라고 할 수 있는 근로자들이 사전에 노동조합법상의 정당성 문제를 명확하게 판단한다는 것을 기대하기는 어렵다. 따라서 근로자들은 단순파업에 나아가는 경우에도 항상 심판대상조항에 의한 형사처벌의 위험을 감수하여야 하므로, 이는 그 자체로 단체행동권의 행사를 위축시킬 위험이 있다.

단순파업은 그 본질에 있어 근로계약상 채무불이행의 문제이므로, 정당성을 결여한 단순파업에 대해서는 민사상으로 책임을 추궁할 수 있고 이로써 정당성이 인정되지 않는 파업을 억지하는 효과를 기대할 수 있다. 그럼에도 제재수단으로 형벌을 택한 것은 형벌의 보충성 및 최후수단성 원칙에 부합한다고 보기 어렵다. 따라서 단순파업 그 자체에 대해 형법상 위력에 의한 업무방해죄로 처벌하도록 한 심판대상조항은 피해의 최소성 원칙에 위배된다.

또한, 심판대상조항은 근로자의 단체행동권 행사에 심대한 위축효과를 야기하고, 노동조합법이 공정하게 조정하고 있는 노사 간의 균형을 허물어뜨릴 뿐만 아니라, 국가가 노사 간의 자율적인 근로관계 형성을 위한 전제조건을 제대로 마련한 것이라고 보기도 어려워, 달성하고자 하는 공익에 비하여 제한되는 사익이 더 크므로, 법익의 균형성 원칙에도 위배된다.

그러므로 심판대상조항 중 근로조건의 향상을 위한 쟁의행위 가운데 집단적 노무제공 거부행위인 단순파업에 관한 부분은 단체행동권을 침해한다.

결정의 의의

헌법재판소는 쟁의행위로서의 파업을 위력에 의한 업무방해죄로 형사처벌하는 심판대상조항에 대하여 이미 세 차례에 걸쳐 합헌 결정을 내린 바 있다(헌재 1998. 7. 16. 97헌바23 결정, 헌재 2005. 3. 31. 2003헌바91 결정, 헌재 2010. 4. 29. 2009헌바168 결정).

이 사건에서는 재판관 5인이 심판대상조항 중 근로조건의 향상을 위한 쟁의행위 가운데 적극적 행위를 수반하지 않는 집단적 노무제공 거부행위인 단순파업에 관한 부분이 단체행동권을 침해한다는 위헌의견으로, 일부 위헌의견이 다수였지만, 위헌결정에 필요한 심판정족수에 이르지 못하여 합헌 결정을 선고하게 되었다.

04 국가보안법상 이적행위 및 이적표현물 제작행위 등 처벌 사건

| 2023.9.26. 2017헌바42 [국가보안법 제2조 제1항 등 위헌소원] | [합헌, 각하] |

1. 사건의 개요

(1) 2017헌바431 및 2020헌바230

청구인 서○○, 황ㅁㅁ은 이적행위 및 이적표현물의 반포·소지 등의 공소사실로 기소되어 재판 계속 중 국가보안법 제2조, 제7조 제1항 및 제5항에 대하여 위헌법률심판제청을 신청하였으나 기각되자, 이 사건 헌법소원심판을 청구하였다. 다만, 위 청구인들에 대해서는 무죄판결이 확정되었다.

(2) 2017헌바443 및 2018헌바116

청구인 이△△, 서◆◆은 이적단체가입, 이적행위, 이적표현물의 제작·소지·반포·취득 등의 공소사실로 기소되어 재판 계속 중 국가보안법 제2조 제1항, 제7조 제1항, 제3항 및 제5항에 대하여 위헌법률심판제청을 신청하였다가 기각되자, 이 사건 헌법소원심판을 청구하였다. 다만, 위 청구인들의 이적단체가입의 점에 대해서는 면소판결이 확정되었다.

(3) 2017헌바42, 2017헌바294, 2017헌바366, 2017헌바432 및 2018헌바225

위 사건 청구인들은 이적행위, 이적표현물 제작·소지·반포·취득 등의 공소사실로 기소되어 재판 계속 중 국가보안법 제2조 제1항, 제7조 제1항 및 제5항에 대한 위헌법률심판제청신청을 하였다가 기각되자, 위 조항들의 위헌확인을 구하는 이 사건 헌법소원심판을 청구하였다.

(4) 2017헌가27 및 2019헌가6

제청신청인 김▲▲, 김★★, 이◆◆, 이■■, 백▽▽는 이적행위, 이적표현물의 제작·소지·반포·취득 등의 공소사실로 기소되어 재판 계속 중 국가보안법 제7조 제1항 및 제5항에 대하여 위헌법률심판제청을 신청하였고, 제청법원은 위 신청을 받아들여 이 사건 위헌법률심판을 제청하였다.

2. 심판의 대상

국가보안법(1991. 5. 31. 법률 제4373호로 개정된 것)

제2조(정의) ① 이 법에서 "반국가단체"라 함은 정부를 참칭하거나 국가를 변란할 것을 목적으로 하는 국내외의 결사 또는 집단으로서 지휘통솔체제를 갖춘 단체를 말한다. (→ 반국가단체조항)

제7조(찬양·고무 등) ① 국가의 존립·안전이나 자유민주적 기본질서를 위태롭게 한다는 정을 알면서 반국가단체나 그 구성원 또는 그 지령을 받은 자의 활동을 찬양·고무·선전 또는 이에 동조하거나 국가변란을 선전·선동한 자는 7년 이하의 징역에 처한다. (→ 이적행위조항)

③ 제1항의 행위를 목적으로 하는 단체를 구성하거나 이에 가입한 자는 1년 이상의 유기징역에 처한다. (→ 이적단체가입조항)

⑤ 제1항·제3항 또는 제4항의 행위를 할 목적으로 문서·도화 기타의 표현물을 제작·수입·복사·소지·운반·반포·판매 또는 취득한 자는 그 각 항에 정한 형에 처한다. (→ 이적표현물조항)

3. 주 문

1. 청구인 서○○, 황○○의 심판청구와 청구인 이▽▽, 서□□의 국가보안법(1991. 5. 31. 법률 제4373호로 개정된 것) 제7조 제3항 중 '가입한 자'에 관한 부분에 대한 심판청구 및 청구인 김△△, 홍○○, 이▽▽, 서□□, 강○○의 국가보안법(1991. 5. 31. 법률 제4373호로 개정된 것) 제2조 제1항에 대한 심판청구를 모두 각하한다.

2. 국가보안법(1991. 5. 31. 법률 제4373호로 개정된 것) 제7조 제1항 중 '찬양·고무·선전 또는 이에 동조한 자'에 관한 부분과 제7조 제5항 중 '제1항 가운데 찬양·고무·선전 또는 이에 동조할 목적으로 제작·소지·운반·반포 또는 취득한 자'에 관한 부분은 모두 헌법에 위반되지 아니한다.

Ⅰ. 판시사항

이적행위조항 및 이적표현물조항이 죄형법정주의의 명확성원칙에 위배되는지 여부(소극)

Ⅱ. 결정요지

1. 각하 부분 이유의 요지

(1) 청구인 서○○, 황□□에 대해서는 <u>당해사건에서 무죄판결이 확정되었고</u>, 청구인 이△△, 서◆◆의 이적단체가입조항위반의 점에 대해서는 <u>당해사건에서 면소판결이 확정되었으므로</u>, 청구인 서○○, 황□□의 심판청구 및 청구인 이△△, 서◆◆의 이적단체가입조항에 대한 심판청구는 재판의 전제성이 인정되지 아니한다.

(2) <u>반국가단체조항에 북한이 포함된다고 해석하는 것이 헌법에 위반된다는 일부 청구인들의 주장은 법원의 법률해석이나 재판결과를 다투는 것에 불과하다.</u>

(3) 따라서 청구인 서○○, 황□□의 심판청구, 청구인 이△△, 서◆◆의 이적단체가입조항에 대한 심판청구 및 청구인 김▼▼ 외 4인의 반국가단체조항에 대한 심판청구는 모두 부적법하다.

2. 재판관 이은애, 이종석, 이영진, 김형두의 이적행위조항 및 이적표현물조항에 대한 합헌의견

(1) 헌법재판소의 선례

헌법재판소는 2015. 4. 30. 2012헌바95등 결정에서 이적행위조항은 죄형법정주의의 명확성원칙에 위배되지 않고, 과잉금지원칙에 위배되어 표현의 자유를 침해하지 아니하며, 이적표현물조항은 죄형법정주의의 명확성원칙에 위배되지 않고, 과잉금지원칙에 위배되어 표현의 자유 및 양심의 자유를 침해하지 아니하며, 책임과 형벌의 비례원칙에도 위배되지 아니하여, 모두 헌법에 위반되지 않는다고 판단한 바 있다.

(2) 선례 변경의 필요성

(가) 한반도를 둘러싼 국제정세 및 북한과의 관계

북한의 국가성을 부인하고 이를 반국가단체로 보는 것은 헌법 제3조의 영토조항에서 비롯된 것으로, 대한민국과 북한이 이념적으로 대립해 온 역사적 상황에 대응하고자 한 대한민국 정부의 전략적인 고려의 결과이다. 따라서 북한이 반국가단체임을 전제로 하는 국가보안법 조항들이 헌법에 위반되지 아니한다고 본 선례를 변경할 필요성이 있는지를 판단하기 위해서는 먼저 한반도의 지정학적 특성, 남·북한 관계 등이 선례 결정 당시와 달라졌는지를 살펴보아야 한다. 그런데 한반도를 둘러싼 지정학적 갈등은 여전히 계속되고 있고, 북한으로 인한 대한민국의 체제 존립의 위협 역시 지속되고 있는바, 북한을 반국가단체로 보아 온 국가보안법의 전통적 입장을 변경하여야 할 만큼 국제정세나 북한과의 관계가 본질적으로 변화하였다고 볼 수 없다.

(나) 죄형법정주의의 명확성원칙 위배 여부에 대한 판단

선례는 국가보안법의 개정연혁과 입법취지를 고려할 때, 수범자가 이적행위조항의 "국가의 존립·안전이나 자유민주적 기본질서를 위태롭게 한다는 정"이라는 것이 '국가의 존립·안전이나 자유민주적 기본질서에 실질적 해악을 미칠 명백한 위험성'을 의미하며, 이러한 해석을 전제로 할 때 이적표현물조항의 '문서·도화 기타의 표현물'이 국가의 존립과 안전을 위태롭게 할 수 있는 내용을 담고 있는 것에 한정된다는 점을 충분히 알 수 있고, 또한 그 문언에 근거하여 이적행위조항 및 이적표현물조항의 구성요건적 행위인 '찬양', '고무', '선전', '동조'가 의미하는 바를 합리적으로 파악할 수 있다고 판단하였으며, 수범자는 '제작', '운반', '반포', '취득', '소지'의 의미 역시 충분히 알 수 있다. 또한 이러한 선례 결정 이후, 법원 판례의 축적 등을 통해 위와 같은 해석에 따른 규범적 질서는 더욱 확고하게 형성되었으므로, 이적행위조항 및 이적표현물조항이 죄형법정주의의 명확성원칙에 위배되지 아니한다는 선례의 입장은 여전히 타당하다.

(다) 과잉금지원칙 위배 여부에 대한 판단

① 국가보안법의 제한적 해석원리를 밝힌 제1조 제2항을 신설하고 이적행위조항에 주관적 구성요건을 추가한 국가보안법의 개정취지, '국가의 존립·안전이나 자유민주적 기본질서에 실질적 해악을 미칠 위험성이 명백한 경우'에 한해 국가보안법이 적용된다는 점을 확인해 온 헌법재판소 결정 및 대법원의 판결 등을 통해 이적행위조항 및 이적표현물조항의 적용 범위는 이미 최소한으로 축소되었다.

② 실질적 해악을 미칠 위험성이 구체화되고 실제로 임박하여 현존하는 단계에서만 국가의 개입이 정당화된다는 반론이 있을 수도 있으나, '실질적 해악을 미칠 명백한 위험성'과 '임박하여 현존하는 위험'의 경계를 명확하게 설정하는 것은 현실적으로 쉽지 않고, 구체적 위험이 임박한 단계에서는 이러한 위험이 언제든지 현실화되어 국가의 존립·안전이나 자유민주적 기본질서를 위태롭게 하는 실질적 결과 발생으로 이어질 수 있다. 따라서 위험성이 구체화되고 실제로 임박하여 현존하는 단계에서야 비로소 이루어지는 공권력 개입을 통해서는 국가의 안전과 존립이라는 중대한 법익을 지키기 어렵다.

③ 청구인들은 '동조' 행위를 처벌하는 것이 과도하다고도 주장하나, 이적행위조항에 의해 처벌되는 동조행위는 '반국가단체 등의 활동을 찬양·고무·선전'하는 것과 같이 평가될 정도로 적극적인 의사를 외부에 표시하는 정도에 이른 행위에 국한되므로, 그 위험성이 찬양·고무·선전 행위에 비해 작지 않다.

④ 이적표현물조항은 국가의 존립·안전이나 자유민주적 기본질서에 실질적 해악을 미칠 명백한 위험성이 있는 경우에 한하여 적용되며, 행위자가 이적물의 이적성을 인식하는 것에서 더 나아가 이적행위를 할 목적이

있었음이 인정되어야만 처벌대상이 된다. 따라서 이적표현물조항 중 '소지 · 취득'에 관한 부분이 더 이상 이념적 성향에 대한 처벌수단이나 소수자를 탄압하는 도구로 악용될 가능성은 거의 없다. 더욱이 최근 증가하고 있는 전자매체 형태의 이적표현물의 경우에는, 소지 · 취득과 전파 사이에 시간적 간격이 거의 없고, 전파 범위나 대상이 어디까지 이를지도 예측할 수 없을 뿐만 아니라 일단 전파된 이후에는 이를 완전히 회수하는 것도 거의 불가능하므로, 이적표현물을 소지 · 취득하는 행위를 금지할 필요성은 종전보다 더욱 커졌다고도 볼 수 있다.

⑤ 외국의 입법례를 살펴보아도, 독일은 위헌조직 선전물의 '보관' 행위를 처벌하고, 영국은 테러출판물을 '소지'하는 행위를 처벌하며, 프랑스 역시 테러행위를 선동하거나 옹호하는 내용의 문서를 '소지'하는 행위를 처벌하는 등, 국가의 안보와 관련된 표현물의 소지행위를 형사처벌의 대상으로 삼고 있는 입법례가 특별히 예외적인 것도 아니다.

⑥ 형법상의 '내란의 죄'나 '외환의 죄'만으로 이적행위나 이적행위를 할 목적의 이적표현물 제작 · 소지 · 운반 · 반포 · 취득행위를 모두 처벌할 수 있는지가 불확실한 상황에서 국가보안법을 폐지할 경우, 용인하기 어려운 처벌의 공백이 발생할 우려가 있다.

⑦ 이러한 내용을 종합적으로 살펴보면, 이적행위조항 및 이적표현물조항이 과잉금지원칙에 위배되지 아니한다고 판단한 선례를 변경할 만한 규범이나 사실상태의 변경이 있다고 볼 수 없다.

(라) 책임과 형벌의 비례원칙 위배 여부에 대한 판단

선례에서 헌법재판소는 이적표현물조항 중 '소지 · 취득'에 관한 부분이 책임과 형벌의 비례원칙에 위배되지 아니한다고 판단하였다. 그리고 한반도의 이념적 대립상황 등에 비추어 볼 때 이적행위조항 및 이적표현물조항이 법정형으로 징역형만을 규정한 것이나, 이적행위조항이 '동조' 행위를 '찬양 · 고무 · 선전' 행위와 동일한 법정형으로 처벌하도록 정하고 있는 것이 형벌 체계상 균형을 잃었다고 할 정도로 과중하다고 볼 수도 없다.

그러므로 이적행위조항 및 이적표현물조항은 책임과 형벌 사이의 비례원칙에도 위배되지 아니한다.

(마) 소결

이상에서 살펴본 내용을 종합하면, 종전 선례 결정을 변경할만한 규범 또는 사실상태의 변화가 있다고 볼 수 없으므로, 이적행위조항 및 이적표현물조항이 헌법에 위반되지 아니한다고 판단한 선례의 입장은 지금도 타당하다.

결정의 의의

헌법재판소가 몇 차례 국가보안법상 이적행위조항 및 이적표현물조항에 대해 합헌결정을 선고하였음에도 불구하고, 그 동안 위 조항들이 표현의 자유 내지는 양심의 자유를 침해하는 것으로 헌법에 위반된다는 목소리가 지속적으로 존재하였다.

이 결정은 국가보안법의 적용 범위가 법률의 개정, 헌법재판소 결정 및 법원의 판결 등을 통해 계속적으로 제한되어 왔기 때문에 더 이상 이적행위조항이나 이적표현물조항이 오 · 남용될 가능성이 크지 아니하고, 북한으로 인한 위협이 존재하는 상황에서 국가보안법이 현시점에도 존재의의가 있음을 인정하고, 그 동안 이적행위조항 및 이적표현물조항에 대하여 합헌결정을 선고하였던 종전의 헌법재판소 선례들이 여전히 타당하며 이를 변경할 필요성이 없음을 선언하였다는 점에서 의미가 있다.

조항		결론
반국가단체조항(2조 1항)		9:0 각하
이적단체가입조항(7조 3항)		9:0 각하
이적행위조항(7조 1항)		6:3 합헌
이적표현물조항(7조 5항)	제작운반 반포 부분	6:3 합헌
	소지 취득 부분	4:5 합헌

2023.10.26. 2017헌가16 【군형법 제92조의6 위헌제청】 **[각하, 합헌]**

1. 사건의 개요

1. 2017헌가16 및 2020헌가3 (헌가 사건)

   ○○○, □□□는 군인에 대하여 추행하였다는 공소사실로 기소되어 제1심 재판 계속 중이다. 제1심 법원은 군형법 제92조의6 중 '그 밖의 추행' 부분에 대하여 직권으로 위헌법률심판을 제청하였다.

2. 2017헌바357, 414, 501 (헌바 사건)

   청구인 △△△, ◆◆◆, ▲▲▲, ★★★은 군인에 대하여 구강성교 내지 항문성교의 방법으로 추행하였다는 공소사실로 기소되어 그 형사재판 계속 중 군형법 제92조의6에 대하여 위헌법률심판제청을 신청하였으나 기각되자, 이 사건 헌법소원심판을 청구하였다. 다만, 이후 위 청구인들에 대해서는 무죄판결이 확정되었다.

2. 심판의 대상

군형법(2013. 4. 5. 법률 제11734호로 개정된 것)
제92조의6(추행) 제1조 제1항부터 제3항까지에 규정된 사람에 대하여 항문성교나 그 밖의 추행을 한 사람은 2년 이하의 징역에 처한다.

3. 주 문

1. 군형법(2013. 4. 5. 법률 제11734호로 개정된 것) 제92조의6 중 '그 밖의 추행'에 관한 부분은 헌법에 위반되지 아니한다.

2. 청구인들의 심판청구를 모두 각하한다.

Ⅰ. 판시사항

1. 청구인들에 대한 형사재판에서 무죄판결이 확정된 경우, 군형법 제92조의6의 위헌 여부에 따라 다른 내용의 재판을 받게 되는 경우에 해당한다고 볼 수 없어 재판의 전제성 요건이 인정되지 아니한 사례

2. 군형법 제92조의6 중 '그 밖의 추행'에 관한 부분(이하 '이 사건 조항'이라 한다)이 죄형법정주의의 명확성원칙에 위배되는지 여부(소극)

3. 이 사건 조항이 과잉금지원칙에 위배되어 군인의 성적 자기결정권 또는 사생활의 비밀과 자유를 침해하는지 여부(소극)

4. 이 사건 조항이 평등원칙에 위배되는지 여부(소극)

Ⅱ. 결정요지

1. 무죄판결 확정시 재판의 전제성

청구인들에 대하여는 대법원에서 파기 환송된 이후 항소심에서 무죄판결이 확정되었으므로, 군형법 제92조의6의 위헌 여부에 따라 다른 내용의 재판을 받게 되는 경우에 해당한다고 할 수 없다. 그러므로 청구인들의 이 사건 심판청구는 재판의 전제성이 인정되지 아니하여 부적법하다.

2. '그 밖의 추행' 부분의 위헌 여부

(1) 명확성원칙 위배 여부

군형법 제92조의6의 제정취지, 개정연혁 등을 살펴보면, 이 사건 조항은 동성 간의 성적 행위에만 적용된다고 할 것이고, 추행죄의 객체 또한 군인·군무원 등으로 명시하고 있으므로 불명확성이 있다고 볼 수 없다. 이러한 점에 비추어보면, 건전한 상식과 통상적인 법 감정을 가진 군인, 군무원 등 군형법 피적용자는 어떠한 행위가 이 사건 조항의 구성요건에 해당되는지 여부를 충분히 파악할 수 있다고 판단되므로, 이 사건 조항은 죄형법정주의의 명확성원칙에 위배되지 아니한다.

(2) 과잉금지원칙 위배 여부

군대는 상명하복의 수직적 위계질서체계 하에 있으므로, 직접적인 폭행·협박이 없더라도 위력에 의한 경우 또는 자발적 의사합치가 없는 동성 군인 사이의 추행에 대해서는 처벌의 필요성이 인정된다. 뿐만 아니라, 동성 군인 사이의 합의에 의한 성적 행위라 하더라도 그러한 행위가 근무장소나 임무수행 중에 이루어진다면, 이는 국군의 전투력 보존에 심각한 위해를 초래할 위험성이 있으므로, 이를 처벌한다고 하여도 과도한 제한이라고 할 수 없다. 그렇다면 이 사건 조항은 과잉금지원칙에 위배하여 군인의 성적 자기결정권 또는 사생활의 비밀과 자유를 침해한다고 볼 수 없다.

(3) 평등원칙 위반 여부

여전히 절대 다수의 군 병력은 남성으로 이루어져 있고, 이러한 젊은 남성 의무복무자들은 생활관이나 샤워실 등 생활공간까지 모두 공유하면서 장기간의 폐쇄적인 단체생활을 해야 하므로, 일반 사회와 비교하여 동성 군인 사이에 성적 행위가 발생할 가능성이 높다. 이러한 점에 비추어보면, 이 사건 조항이 이성 군인과 달리 동성 군인 간 합의에 의한 성적 행위를 처벌하는 것에는 합리적인 이유가 있다고 볼 수 있으므로, 이 사건 조항은 평등원칙에 위반되지 아니한다.

결정의 의의

이 사건 조항은, 군형법상 추행죄의 객체를 보다 명확하게 한 법률의 개정, 그 적용범위를 제한적으로 해석하는 대법원의 판결(대판 2022.4.21. 2019도3047) 등에 비추어 죄형법정주의의 명확성원칙에 위배되지 아니하고, 상명하복체계로서 대부분 남성으로 구성된 군 조직의 특수성, 군기 확립 및 전투력 보호라는 공익 등을 종합하여 보면, 과잉금지원칙과 평등원칙에도 위배되지 아니하여, 헌법에 위반되지 않는다는 점을 선언하였다는 점에서 의미가 있다. 이에 대해서는 4인의 위헌의견이 있었다.

양심의 자유

06 양심적 병역거부자 대체복무제 사건

> **2024.5.30. 2021헌마117등 [대체역의 편입 및 복무 등에 관한 법률 제18조 제1항 등 위헌확인]**　　**[기각]**

1. 사건의 개요

청구인들은 '대체역의 편입 및 복무 등에 관한 법률'(이하 연혁에 상관없이 '대체역법'이라 한다)에 따른 대체역 편입 신청이 인용되어, 대체복무요원으로 소집된 후 심판청구 당시 교정시설 내 생활관에서 합숙하며 복무하고 있었다.

청구인들은 대체복무요원이 복무하는 기관, 기간, 방식 등에 관하여 규정한 대체역법 제16조 제1항, 제18조 제1항, 제21조 제2항, 제26조, 대체역법 시행령 제18조, 제27조, 제32조, 대체역 복무관리규칙(이하 연혁에 상관없이 '복무규칙'이라 한다) 제7조, 제19조, 제22조, 제43조, 제67조, 제68조와 신체등급, 병역처분 및 현역병, 사회복무요원, 상근예비역의 소집 및 복무에 관한 사항을 규정한 병역법(이하 구체적 연혁에 관계없이 '병역법'으로 기재하기로 한다) 제12조, 제14조, 제21조, 제30조, 제31조, 제65조 제3항, 병역법 시행령 제61조가 청구인들의 기본권을 침해한다고 주장하면서 이 사건 헌법소원심판을 청구하였다.

2. 심판의 대상

대체역의 편입 및 복무 등에 관한 법률(2019. 12. 31. 법률 제16851호로 제정된 것)
제18조(대체복무요원의 복무기간) ① 대체복무요원의 복무기간은 36개월로 한다.
제21조(대체복무요원의 복무 및 보수 등) ② 대체복무요원은 합숙하여 복무한다.

대체역의 편입 및 복무 등에 관한 법률 시행령(2020. 6. 30. 대통령령 제30807호로 제정된 것)
제18조(대체복무기관) 법 제16조 제1항에서 "교정시설 등 대통령령으로 정하는 대체복무기관"이란 다음 각 호의 기관을 말한다.

　　1. 교도소
　　2. 구치소
　　3. 교도소·구치소의 지소(支所)

3. 주 문

이 사건 심판청구를 모두 기각한다.

Ⅰ. 판시사항

대체복무기관을 '교정시설'로 한정한 '대체역의 편입 및 복무 등에 관한 법률'(이하 '대체역법'이라 한다) 시행령 제18조(이하 '복무기관조항'이라 한다), 대체복무요원의 복무기간을 '36개월'로 한 대체역법 제18조 제1항(이하 '기간조항'이라 한다), 대체복무요원으로 하여금 '합숙'하여 복무하도록 한 대체역법 제21조 제2항(이하 '합숙조항'이라 한다)이 청구인들의 양심의 자유를 침해하는지 여부(소극)

Ⅱ. 판단

1. 쟁점의 정리

대체복무기관을 '교정시설'로 한정한 복무기관조항, 대체복무요원의 복무기간을 '36개월'로 한 기간조항, 대체복무요원으로 하여금 '합숙'하여 복무하도록 한 합숙조항이 대체복무요원에게 과도한 복무 부담을 주고 대체역을 선택하기 어렵게 만드는 것으로서, 이들의 양심의 자유를 침해하는지 여부를 판단하기로 한다.

2. 심판대상조항들의 양심의 자유 침해 여부

(1) 입법목적의 정당성 및 수단의 적합성

심판대상조항들은 헌법상 의무인 국방의 의무와 헌법상 기본권인 양심의 자유를 조화시키고, 국민개병 제도와 징병제를 근간으로 하는 병역 제도하에서 현역복무와 대체복무 간에 병역부담의 형평을 기하여, 궁극적으로 우리나라의 병역 체계를 유지하고 국가의 안전보장과 국민의 기본권 보호라는 헌법적 법익을 실현하고자 하는 것이므로, 위와 같은 입법목적은 정당하다.

대체역법 제16조에 따라 교정시설에서 복무하는 것은 집총 등 군사훈련이 수반되지 않고, 현역병은 원칙적으로 합숙복무를 하며, 대체복무요원 외에도 복무기간이 36개월인 병역들이 있는 점 등을 고려할 때, 심판대상조항들이 대체복무요원으로 하여금 교정시설에서 36개월동안 합숙하여 복무하도록 하는 것은 위와 같은 입법목적을 달성하는 데 일응 기여하고 있는바, 그 수단의 적합성을 인정할 수 있다.

(2) 복무기관조항

대체복무에는 군사적 역무와 관련한 것이 모두 제외되어 있으므로, 반드시 신체등급을 고려하여 복무기관을 달리하여야 한다고 보기 어렵다. 현역병도 희망하는 병과에서 특정 직무를 수행하는 방법으로 병역의무를 이행하게 해 줄 것을 요구할 구체적 권리가 존재하지 않는다. 복무기관조항은 복무 장소를 교정시설에 국한하였을 뿐, 대체복무요원이 수행하는 구체적인 업무 내용은 사회복지시설, 병원, 응급구조시설, 공공기관 등 다른 기관에서 복무를 하게 된다 하더라도 부여될 수 있는 업무들을 수행하고 있다.

(4) 기간조항

대체복무의 기간을 현역 복무기간보다 어느 정도 길게 하거나 대체복무의 강도를 현역복무의 경우와 최소한 같게 하거나 그보다 더 무겁고 힘들게 하는 것은 대체역 편입심사의 곤란성 문제를 극복하고 병역기피자의 증가를 막는 수단이 된다. 다만, 대체복무의 기간이나 고역의 정도가 과도하여 양심적 병역거부자라 하더라도 도저히 이를 선택하기 어렵게 만드는 것은 대체복무제를 유명무실하게 하거나 징벌로 기능하게 할 수 있다. 병역법상 현역 육군의 복무기간과 비교했을 때 기간조항의 복무기간은 1.5배에 해당한다.

(5) 합숙조항

현역병은 사격, 화생방, 각개전투, 완전군장행군 등 군사적 역무를 기본으로 하므로 육체적·정신적으로 크나큰 수고와 인내력이 요구되고, 각종 사고와 위험에 노출된다. 전시 등 국가비상사태 시 현역병은 생명의 위험을 무릅쓰고 전장에 나서게 되지만, 대체복무요원은 병력동원이나 전시근로소집 대상이 되지 않는다. 특별히 우리나라는 이례적 분단국가로서 남북이 대치하여 정전상태에 있고, 북한의 도발행위가 계속되고 있다.

현역병은 원칙적으로 군부대 안에서 합숙복무를 하고 있으며, 전투 준비와 훈련을 위하여 사실상 24시간 내내 대기 상태에 있어야 하고, 초병으로서 취침 중간에 각 초소와 부대를 방어하는 역할까지 병행하여야 한다. 한편, 자녀가 있는 현역병에게 출퇴근이 가능한 상근예비역 복무 기회를 준 것은 그 제도의 목적, 수행업무, 군인력 상황 등이 종합적으로 고려된 것이다.

이와 같은 현역병 복무의 실질적 강도와 현역 등의 복무를 대신하여 병역을 이행한다는 대체복무제의 목적에 비추어 볼 때, 복무기관조항, 기간조항 및 합숙조항으로 인한 고역의 정도가 지나치게 과도하여 양심적 병역거부자가 도저히 대체복무를 선택하기 어렵게 만드는 것으로 볼 수는 없다. 따라서 위 조항들은 과잉금지원칙을 위반하여 청구인들의 양심의 자유를 침해한다고 볼 수 없다.

결정의 의의

'현역병입영 대상자' 또는 '보충역' 처분을 받고서 양심상의 결정을 이유로 병역의무의 이행을 거부하는 사람은 과거 수십 년 동안 병역법 제88조 제1항 제1호 또는 제2호에 따라 기소되어 징역형을 선고받아 왔다. 이러한 양심적 병역거부자들에 대한 형사처벌의 위헌성이 지속적으로 다투어졌고, 헌법재판소는 병역법 제88조 제1항 제1호에 대하여 수차례의 합헌 결정을 하여 왔다(헌재 2004. 8. 26. 2002헌가1; 헌재 2004. 10. 28. 2004헌바61등; 헌재 2011. 8. 30. 2008헌가22등 참조).

그러다가 위 헌법재판소의 최초 합헌 결정 이후 약 14년이 지난 2018. 6. 28. 헌법재판소는 병역법 제88조 제1항 본문 제1호 및 제2호는 헌법에 위반되지 아니하지만, 병역의 종류에 양심적 병역거부자에 대한 대체복무제를 규정하지 아니한 병역법 제5조 제1항은 헌법에 합치되지 아니하며, 2019. 12. 31.을 시한으로 입법자가 개정할 때까지 계속 적용된다는 결정을 선고하였다(헌재 2018. 6. 28. 2011헌바379등 참조).

이에 국회는 2019. 12. 31. 양심의 자유를 이유로 현역 등의 복무를 대신하여 병역을 이행하기 위한 대체역의 편입 및 복무 등에 관한 사항을 규정하기 위하여 대체역법을 제정하였고(제1조), 이 법은 다음날 시행되었다. 이러한 과정을 통해 우리 사회는 양심적 병역거부자들의 요구를 수용하고 대체역법에 따른 대체복무제도를 도입하였다. 그러나 청구인들은 대체역법이 설정한 대체복무기관, 복무기간, 합숙의무가 다시금 청구인들의 양심의 자유를 침해하고 있다고 주장하면서, 심판대상조항들에 대한 헌법소원심판을 청구하였다.

헌법재판소는 대체복무요원의 실질적인 복무내용, 현역병 등과의 복무기간 및 복무강도의 차이 등을 종합적으로 고려해 볼 때, 대체복무요원들을 교정시설에서 36개월 동안 합숙하여 복무하게 하는 심판대상조항들이 대체복무요원의 양심의 자유를 침해하지 않는다고 보아, 재판관 5:4의 의견으로 기각 결정을 하였다.

[같은 날 선고한 관련 사건 결정의 요지]

한편, 대체복무요원들이 제기한 헌법소원 사건들은 이 사건(56건 병합) 외에도 2022헌마707등(2건 병합), 2022헌마1146, 2023헌마32등(65건 병합) 사건들이 있다.

헌법재판소는 2022헌마707등 사건에서, "교도소장이 청구인이 합숙하는 대체복무요원 생활관 내부의 공용공간에 CCTV를 설치하여 촬영하는 행위"는 교정시설의 계호, 경비, 보안 등의 목적을 달성하기 위하여 불가피한 점이 있다는 등의 이유로, 전원일치 의견으로 청구인의 사생활의 비밀과 자유를 침해하지 않는다는 판단을 하였다. 복무기관조항, 기간조항 및 합숙조항에 대해서는 위 2021헌마117등 사건과 같이, 재판관 5:4의 의견으로 양심의 자유를 침해하지 않는다는 판단을 하였다.

헌법재판소는 2022헌마1146 사건에서, 대체복무요원의 정당가입을 금지하는 구 대체역법(2019. 12. 31. 법률 제16851호로 제정되고, 2023. 10. 31. 법률 제19789호로 개정되기 전의 것) 제24조 제2항 본문 제2호 중 '정당에 가입하는 행위'에 관한 부분은 대체복무요원의 정치적 중립성을 유지하며 업무전념성을 보장하고자 하는 것으로, 청구인의 정당가입의 자유를 침해하지 않는다는 판단을 하였고, 이에 대해서는 재판관 김기영, 재판관 이미선의 반대의견이 있었다. 복무기관조항, 기간조항 및 합숙조항에 대해서는 위 2021헌마117등 사건과 같이, 재판관 5:4의 의견으로 양심의 자유를 침해하지 않는다는 판단을 하였다.

헌법재판소는 2023헌마32등 사건에서, 복무기관조항, 기간조항 및 합숙조항에 대해서 위 2021헌마117등 사건과 같이, 재판관 5:4의 의견으로 양심의 자유를 침해하지 않는다는 판단을 하였다(결정 주문이 2021헌마117등과 동일함).

표현의 자유

07 공공기관 등 게시판 본인확인제 사건

> 2022.12.22. 2019헌마654 [정보통신망 이용촉진 및 정보보호 등에 관한 법률 제44조의5 제1항 제1호 위헌확인]
>
> [기각]

1. 사건의 개요

(1) 청구인은 2019. 6. 19. '국가인권위원회 홈페이지 자유토론 게시판', '서울 동작구 홈페이지 자유게시판', 그 밖에 공기업·준정부기관 및 지방공사·지방공단 등의 인터넷 홈페이지 게시판에 자신의 의견을 게시하려고 하였으나 위 각 게시판의 운영자들이 게시판 이용자가 본인임을 확인하도록 하는 조치를 시행하고 있어서 곧바로 의견을 게시하지 못하였다.

(2) 청구인은 국가기관, 지방자치단체, 공기업 등으로 하여금 게시판을 설치·운영하려면 그 게시판 이용자의 본인 확인을 위한 방법 및 절차의 마련 등 대통령령으로 정하는 필요한 조치(이하 '본인확인조치'라 한다)를 하도록 규정한 '정보통신망 이용촉진 및 정보보호 등에 관한 법률' 제44조의5 제1항 제1호가 자신의 표현의 자유 등 기본권을 침해한다고 주장하며, 2019. 6. 21. 이 사건 헌법소원심판을 청구하였다.

2. 심판의 대상

정보통신망 이용촉진 및 정보보호 등에 관한 법률(2008. 6. 13. 법률 제9119호로 개정된 것)
제44조의5(게시판 이용자의 본인 확인) ① 다음 각 호의 어느 하나에 해당하는 자가 게시판을 설치·운영하려면 그 게시판 이용자의 본인 확인을 위한 방법 및 절차의 마련 등 대통령령으로 정하는 필요한 조치(이하 "본인확인조치"라 한다)를 하여야 한다.
  1. 국가기관, 지방자치단체, 「공공기관의 운영에 관한 법률」 제5조 제3항에 따른 공기업·준정부기관 및 「지방공기업법」에 따른 지방공사·지방공단(이하 "공공기관 등"이라 한다)

3. 주 문

이 사건 심판청구를 기각한다.

Ⅰ. 판시사항

게시판 이용자로 하여금 게시판에 정보를 게시하려면 본인확인을 위한 정보를 제공하도록 한 심판대상조항이 익명표현의 자유를 침해하는지 여부(소극)

Ⅱ. 결정요지

1. 제한되는 기본권

심판대상조항은 게시판 이용자로 하여금 게시판에 정보를 게시하려면 본인확인을 위한 정보를 제공하도록 함으로써 표현의 자유 중 게시판 이용자가 자신의 신원을 누구에게도 밝히지 아니한 채 익명으로 자신의 사상이나 견해를 표명하고 전파할 익명표현의 자유를 제한한다.

2. 과잉금지원칙 위반 여부

(1) 입법목적의 정당성 및 수단의 적합성

공공기관 등이 설치·운영하는 정보통신망 상의 게시판 이용자에 대한 본인확인조치는 정보통신망의 익명성 등에 따라 발생하는 부작용을 최소화하여 공공기관 등의 게시판 이용에 대한 책임성을 확보·강화하고, 게시판 이용자로 하여금 언어폭력, 명예훼손, 불법정보의 유통 등의 행위를 자제하도록 함으로써 건전한 인터넷 문화를 조성하기 위한 것이다. 따라서 심판대상조항은 그 입법목적의 정당성과 수단의 적합성이 인정된다.

(2) 침해의 최소성

심판대상조항에 따른 본인확인조치 의무는 그 적용범위가 공공기관 등이 설치·운영하는 게시판에 한정되어 있다. 심판대상조항이 규율하는 게시판은 그 성격상 대체로 공공성이 있는 사항이 논의되는 곳으로서 공공기관 등이 아닌 주체가 설치·운영하는 게시판에 비하여 통상 누구나 이용할 수 있는 공간이므로, 공동체 구성원으로서의 책임이 더욱 강하게 요구되는 곳이라고 할 수 있다. 공공기관 등이 설치·운영하는 게시판에 언어폭력, 명예훼손, 불법정보 등이 포함된 정보가 게시될 경우 그 게시판에 대한 신뢰성이 저하되고 결국에는 게시판 이용자가 피해를 입을 수 있으며, 공공기관 등의 정상적인 업무 수행에 차질이 빚어질 수도 있다. 따라서 공공기관 등이 설치·운영하는 게시판의 경우 본인확인조치를 통해 책임성과 건전성을 사전에 확보함으로써 해당 게시판에 대한 공공성과 신뢰성을 유지할 필요성이 크며, 그 이용 조건으로 본인확인을 요구하는 것이 과도하다고 보기는 어렵다. 이미 게시된 정보에 대한 삭제요청이나 임시조치, 손해배상 또는 형사처벌 등과 같은 사후적 구제수단이, 정보를 게시하고자 할 때 사전적으로 본인확인을 받도록 하는 심판대상조항과 동일한 정도로 입법목적에 기여한다고 볼 수는 없다. 개별 게시판의 설치·운영 목적에 따라서 본인확인이 필요한 경우에 한해 본인확인조치를 하는 대안 역시 게시판을 설치·운영하는 공공기관 등의 의도와는 무관하게 이용자는 언어폭력, 명예훼손, 불법정보의 유통 등의 행위를 할 가능성이 있기 때문에 입법목적 달성에 심판대상조항과 동일한 정도로 기여하는 수단이 된다고 보기는 어렵다. 따라서 심판대상조항은 침해의 최소성을 충족한다.

(3) 법익의 균형성

게시판의 활용이 공공기관 등을 상대방으로 한 익명표현의 유일한 방법은 아닌 점, 공공기관 등에 게시판을 설치·운영할 일반적인 법률상 의무가 존재한다고 보기 어려운 점, 심판대상조항은 공공기관 등이 설치·운영하는 게시판이라는 한정적 공간에 적용되는 점 등에 비추어 볼 때 기본권 제한의 정도가 크지 않다. 그에 반해 공공기관 등이 설치·운영하는 게시판에 언어폭력, 명예훼손, 불법정보의 유통이 이루어지는 것을 방지함으로써 얻게 되는 건전한 인터넷 문화 조성이라는 공익은 중요하다. 따라서 심판대상조항은 법익의 균형성을 충족한다.

(4) 심판대상조항은 과잉금지원칙을 준수하고 있으므로 청구인의 익명표현의 자유를 침해하지 않는다.

3. 반대의견(재판관 이석태, 재판관 김기영, 재판관 문형배, 재판관 이미선)

(1) 심판대상조항이 추구하는 입법목적은 이용자의 익명표현의 자유를 덜 제약하는 다른 수단에 의해서도 달성될 수 있다. 그럼에도 심판대상조항은 공공기관 등이 설치·운영하는 모든 게시판에서 이용자에 대한 본인확인조치를 요구하고, 결과적으로 본인확인이 이루어지지 않은 경우 게시판에서 표현을 할 기회를 원천적으로 봉쇄함으로써 입법목적 달성에 필요한 범위를 넘어 청구인의 기본권을 과도하게 제한하고 있으므로, 침해의 최소성이 인정되지 않는다.

(2) 심판대상조항에 따른 본인확인제로 인한 기본권 제한의 정도가 본인확인제로 달성하려는 공익보다 중대하므로, 심판대상조항은 법익의 균형성도 갖추지 못하였다. 심판대상조항이 규율하고 있는 공적 영역은 그렇지 않은 영역에 비하여 오히려 익명표현의 자유가 더욱 강하게 보장될 필요가 있는 곳이다. 그런데 심판대상조항은 공공기관 등이 설치·운영하는 모든 게시판에서 본인확인을 한 경우에만 정보를 게시하도록 하고 있다. 이는 본인확인을 하지 않은 사람에 대해서는 공공기관 등이 설치·운영하는 게시판에서 표현을 할 기회를 원천적

으로 봉쇄하는 것이고, 게시판에 자신의 사상이나 견해를 표현하고자 하는 사람에 대해서는 표현의 내용과 수위 등에 대해 자기검열을 할 가능성을 높이는 것으로서, 익명표현의 자유에 대한 과도한 제한이라고 볼 수밖에 없다. 심판대상조항에 따른 본인확인조치가 언어폭력, 명예훼손, 불법정보의 유통 등의 감소에 실제 어느 정도로 효과를 미치는지는 불확실하다. 심판대상조항을 통해 달성하는 공익이 사익에 비해 크다고 볼 수 없다.

(3) 그렇다면 심판대상조항은 본인확인이라는 방법으로 게시판 이용자의 표현의 자유를 사전에 제한하여 의사표현 자체를 위축시키고 민주주의의 근간을 이루는 자유로운 여론 형성을 방해하는 것으로서, 과잉금지원칙에 위반되어 청구인의 익명표현의 자유를 침해한다.

결정의 의의

헌법재판소는 2012. 8. 23. 2010헌마47등 결정에서 인터넷게시판을 설치·운영하는 정보통신서비스 제공자에게 본인확인조치의무를 부과하여 게시판 이용자로 하여금 본인확인절차를 거쳐야만 게시판을 이용할 수 있도록 하는 본인확인제를 규정한 정보통신망법 조항 및 같은 법 시행령 조항들이 과잉금지원칙에 위배하여 인터넷게시판 이용자의 표현의 자유, 개인정보자기결정권 및 인터넷게시판을 운영하는 정보통신서비스 제공자의 언론의 자유를 침해하여 헌법에 위반된다고 판시한 바 있다.

또한 헌법재판소는 2021.1.18. 2018헌마456, 2018헌가16(병합) 결정에서 선거운동기간 중 인터넷 실명확인제를 규정한 공직선거법 제82조의6 제1항 등에 대하여 게시판 이용자의 익명표현의 자유 및 개인정보자기결정권과 인터넷언론사의 언론의 자유를 침해한다고 판시하였다.

위 선례와 달리 이 사건에서는 공공기관 등이 설치·운영하는 게시판이 문제되었다. 법정의견은 위와 같은 게시판이 공공기관 등이 아닌 주체가 설치·운영하는 게시판에 비하여 공동체 구성원으로서의 책임이 더욱 강하게 요구되는 곳임을 전제로 심판대상조항이 과잉금지원칙을 준수하고 있으므로 청구인의 익명표현의 자유를 침해하지 않는다고 판단하였다. 반대의견은 심판대상조항이 규율하고 있는 공적 영역은 그렇지 않은 영역에 비하여 오히려 익명표현의 자유가 더욱 강하게 보장될 필요가 있는 곳임을 전제로 심판대상조항이 과잉금지원칙에 위반되어 청구인의 익명표현의 자유를 침해한다고 판단하였다.

재산권

08 개성공단 전면중단 조치 사건

2022.1.27. 2016헌마364 [개성공단 전면중단 조치 위헌확인]   [기각, 각하]

1. 사건의 개요

청구인 1 내지 145는 '남북교류협력에 관한 법률' 제17조 제1항에 따라 피청구인 통일부장관으로부터 협력사업의 승인을 받은 후 2016. 2. 10. 개성공업지구(이하 '개성공단'이라고도 한다) 운영이 중단될 때까지 개성공단에 기업(지사·영업소·사무소 포함)을 설립하고 운영해 온 국내기업으로서 '개성공업지구 지원에 관한 법률' 제2조 제4호의2가 정하고 있는 개성공업지구 투자기업이고(이하 이들을 '투자기업인 청구인들'이라 한다), 청구인 146 내지 163은 개성공업지구 투자기업 및 개성공업지구에 설립한 그 자회사 또는 영업소와의 거래를 주된 기업 영업활동으로 하는 국내기업이다(이하 이들을 '협력기업인 청구인들'이라 한다).

2016. 1. 6. 북한이 4차 핵실험을 단행하고 같은 해 2. 7. 장거리 미사일을 발사하자, 피청구인 대통령은 2016. 2. 8.경 피청구인 통일부장관에게 개성공단 철수 대책 마련을 지시하였고, 피청구인 통일부장관은 2016. 2. 10. 까지 국가안보실장 소집 회의 등을 거쳐 개성공단에서의 철수를 위한 세부계획을 마련하였다. 2016. 2. 10. 오전 개최된 국가안전보장회의 상임위원회에 개성공단 운영 중단 안건이 상정되어 협의가 이루어졌으며, 그 결과가 피청구인 대통령에게 보고되었다. 피청구인 대통령은 이 같은 과정을 거쳐 개성공단의 운영을 즉시 전면중단하기로 결정하였다.

피청구인 통일부장관은 2016. 2. 10. 14:00경 개성공단기업협회 회장단 소속 기업인들과의 간담회를 개최하고, 북한의 계속된 도발로 개성공단을 정상적으로 가동할 수 없다고 판단하여 정부가 개성공단의 운영을 전면 중단하기로 결정하였으며, 앞으로 개성공단에 남아 있는 우리 국민의 안전한 귀환을 최우선으로 하면서 개성공단 운영의 전면중단에 따른 제반 조치를 신속하게 추진하겠다고 설명하였다. 그리고 위 전면중단을 위한 세부 조치로서, ① 2016. 2. 11.부터 개성공단 내 공장 가동, 영업소 운영 전면중단, ② 2016. 2. 11.부터 사흘간 개성공단 출입 최소화 및 현지 체류 남한 주민 전원 복귀를 각각 지시하였고, ③ 이후 개성공단 방문승인을 불허할 방침임을 통보하였다.

우리 정부는 개성공업지구 관리위원회를 통해 2016. 2. 10. 16:40경 북한에 개성공단의 운영을 전면 중단하기로 결정한 사실을 통보하면서, 우리 측 최소 인원의 출입과 신변안전을 보장해 줄 것, 완제품, 원·부자재, 설비 반출을 위해 필요한 인원 입경 시 반출 차량의 남한 복귀에 문제가 없도록 협조해 줄 것 등의 요구사항을 전달하였다.

피청구인 통일부장관은 2016. 2. 10. 17:00 [별지 2]와 같은 내용의 개성공단 전면중단 성명을 발표하였고, 북한은 이에 대한 대응으로 2016. 2. 11. 17:00경 개성공단 내 남한 주민 전원 추방 및 자산 전면동결조치를 발표하였다. 당시 개성공단에 남아 있던 우리 기업인, 근로자 등 인원 280여 명은 같은 날 23:00경까지 군사분계선을 넘어 전원 남한으로 복귀하였고, 투자기업인 청구인들은 개성공단 내에 남아 있던 원·부자재, 완제품, 기계설비 등 유동자산을 남한으로 반출하지 못하였으며, 이후 개성공단에서의 공장가동 등 협력사업은 모두 중단되었다.

청구인들은 피청구인들의 개성공단 전면중단 결정 및 집행이 청구인들의 재산권 등을 침해한다고 주장하며 2016. 5. 9. 이 사건 헌법소원심판을 청구하였다.

2. 심판의 대상

피청구인 대통령이 2016. 2. 10.경 개성공단의 운영을 즉시 전면 중단하기로 결정하고, 피청구인 통일부장관은 피청구인 대통령의 지시에 따라 철수계획을 마련하여 관련 기업인들에게 통보한 다음 개성공단 전면중단 성명을 발표하고, 이에 대응한 북한의 조치에 따라 개성공단에 체류 중인 국민들 전원을 대한민국 영토 내로 귀환하도록 한 일련의 행위로 이루어진 개성공단 전면중단 조치

3. 주 문

1. 청구인 146 내지 163의 심판청구를 모두 각하한다.
2. 나머지 청구인들의 심판청구를 모두 기각한다.

Ⅰ. 판시사항

1. 협력기업인 청구인들의 자기관련성이 인정되는지 여부(소극)
2. 피청구인 대통령이 2016. 2. 10.경 개성공단의 운영을 즉시 전면 중단하기로 결정하고, 피청구인 통일부장관은 피청구인 대통령의 지시에 따라 철수계획을 마련하여 관련 기업인들에게 통보한 다음 개성공단 전면중단 성명을 발표하고, 이에 대응한 북한의 조치에 따라 개성공단에 체류 중인 국민들 전원을 대한민국 영토 내로 귀환하도록 한 일련의 행위로 이루어진 개성공단 전면중단 조치가 헌법소원심판의 대상이 되는지 여부(적극)

3. 개성공단 전면중단 조치가 헌법과 법률에 근거한 조치인지 여부(적극)

4. 개성공단 전면중단 조치가 적법절차원칙을 위반하여 개성공단 투자기업인 청구인들의 영업의 자유와 재산권을 침해하는지 여부(소극)

5. 개성공단 전면중단 조치가 과잉금지원칙을 위반하여 청구인들의 영업의 자유와 재산권을 침해하는지 여부(소극)

6. 개성공단 전면중단 조치가 신뢰보호원칙을 위반하여 청구인들의 영업의 자유와 재산권을 침해하는지 여부(소극)

7. 개성공단 전면중단 조치가 헌법 제23조 제3항을 위반하여 청구인들의 재산권을 침해하는지 여부(소극)

Ⅱ. 결정요지

1. 협력기업인 청구인들의 심판청구에 대한 판단

협력기업인 청구인들은 개성공단 투자기업 등과 거래하던 국내기업으로 이 사건 중단조치의 직접적인 상대방이 아니고, 이 사건 중단조치로 개성공단 투자기업 등이 받은 영향으로 말미암아 영업이익이 감소되는 피해를 보았다고 하더라도, 그것은 간접적·경제적 이해관계에 불과하다. 따라서 위 청구인들은 이 사건 중단조치에 관한 자기관련성이 인정되지 않으므로, 위 청구인들의 이 사건 헌법소원 심판청구는 부적법하다.

2. 투자기업인 청구인들의 심판청구에 대한 판단

(1) 이 사건 중단조치에 대한 사법심사가 배제되어야 하는지 여부

이 사건 중단조치가 북한의 핵무기 개발로 인한 위기에 대처하기 위한 조치로서 국가안보와 관련된 대통령의 의사 결정을 포함하고 그러한 의사 결정이 고도의 정치적 결단을 요하는 문제이기는 하나, 그 의사 결정에 따른 조치 결과 투자기업인 청구인들의 영업의 자유 등 기본권에 제한이 발생하였다. 그리고 국민의 기본권 제한과 직접 관련된 공권력의 행사는 고도의 정치적 고려가 필요한 대통령의 행위라도 헌법과 법률에 따라 정책을 결정하고 집행하도록 함으로써 국민의 기본권이 침해되지 않도록 견제하는 것이 국민의 기본권 보장을 사명으로 하는 헌법재판소 본연의 임무이므로, 그 한도에서 헌법소원심판의 대상이 될 수 있다. 따라서 이 사건 헌법소원심판이 사법심사가 배제되는 행위를 대상으로 한 것이어서 부적법하다고는 볼 수 없다.

(2) 헌법과 법률에 근거한 조치인지 여부

이 사건 중단조치가 대통령의 정치적 결단에 따른 조치라도 국민의 기본권 제한과 관련된 이상 반드시 헌법과 법률에 근거를 두어야 하고, 그 근거가 없을 경우 위헌적 조치로 보아야 한다.

국제사회는 2006. 10. 9. 북한의 1차 핵실험 이후 세계평화와 안전을 위협하는 북한의 핵무기 개발을 저지하기 위한 다양한 조치를 취해 왔다. 대표적으로 유엔 안전보장이사회는 2006. 10. 14. 북한에 대해 핵비확산체제 복귀, 핵실험 포기, 탄도 미사일 개발 중지 등을 요구하면서 이를 위해 모든 유엔 회원국들이 경제제재를 실행하도록 명시한 1718호 대북제재 결의를 채택하였고, 이후 북한이 핵실험을 이어감에 따라 추가로 1874호(2009. 6), 2087호(2013. 1), 2094호(2013. 3) 결의를 각각 채택하였다. 이는 모두 국제사회가 북한을 경제적으로 고립시켜 북한으로 하여금 핵무기 등 대량살상무기를 개발하려는 시도를 포기하게 만들려는 목적을 가지고 있다. 이 사건 중단조치는 그러한 국제평화 및 안전유지를 위한 국제적 합의에 이바지하기 위한 조치로서 '남북교류협력에 관한 법률'(이하 '남북교류협력법'이라 함) 제18조 제1항 제2호에 근거하여 통일부장관이 취할 수 있는 협력사업자에 대한 협력사업의 내용, 조건 또는 승인의 유효기간 등에 관한 조정명령의 범위 내에 있으므로, 위 법 조항에 근거한 조치로 볼 수 있다.

또한 대통령은 국가의 독립, 영토의 보전, 국가의 계속성과 헌법을 수호할 책무를 지고, 조국의 평화적 통일을 위한 성실한 의무를 지며(헌법 제66조 제2항, 제3항), 국가의 원수이자 행정부의 수반으로서 모든 행정에 대한 지휘, 감독권을 가지므로(헌법 제66조 제1항, 제4항, 정부조직법 제11조), 국가안보, 조국의 평화적 통일, 국제적 공조 등과 관련되는 대북제재 조치로서 개성공단의 운영 중단이라는 정책을 결정할 수 있고, 이를 법령에 따라 실행하도록 소관 부처 장관에게 지시할 수 있다고 할 것이므로, 헌법 제66조, 정부조직법 제11조도 피청구인 대통령이 관여한 이 사건 중단조치의 헌법적, 법률적 근거가 될 수 있다.

아울러 피청구인 통일부장관의 세부조치는 개성공단의 운영 중단 결정으로 인한 현지 체류 국민의 생명, 신체의 위험을 최소화하기 위한 조치이므로, 남북교류협력법 제18조 제1항 제2호 외에, 같은 법 제9조 제1항, 국가의 기본권 보호 의무에 관한 헌법 제10조, '개성공업지구 지원에 관한 법률' 제15조의3이 각각 근거가 될 수 있다. 따라서 이 사건 중단조치는 헌법과 법률에 근거한 조치로 보아야 한다.

(3) 적법절차원칙 위반 여부

이 사건 중단조치는 정부의 중요한 대외정책 또는 행정각부의 중요한 정책의 조정이 되어, 헌법 제89조 제2호, 제13호에 따라 국무회의 심의를 거쳐야 하는 것인지 문제될 수 있다.

그런데 구체적으로 어떤 정책을 국무회의 심의를 거쳐야 하는 중요한 정책으로 보아야 하는지는 국무회의에 의안을 상정할 수 있는 대통령 등에게 일정 정도의 판단재량이 인정되고, 그에 관한 대통령 등의 일차적 판단이 명백히 비합리적이거나 자의적인 것이 아닌 한 존중되어야 한다.

국가안보와 관련된 정책은 국가 존립 등과의 관련성 때문에 그 자체로 중요한 정책이 될 수 있지만, 안보정책이 가지는 긴급성, 기밀성 등의 특성으로 인해 국무회의 심의보다 다른 헌법상 기구인 국가안전보장회의가 더 효율적이고 적절한 의사 결정의 경로를 제공할 수 있다. 이 사건 중단조치는 국가안보와 관련되고, 개성공단 체류 국민들의 안전을 위해 관련 논의를 최대한 기밀로 유지하면서 신속하게 처리할 필요가 있었다. 이 사건 중단조치 과정에서 국무회의 심의가 이루어지지는 않았으나, 국가안보에 관한 필수 기관이 참여하는 국가안전보장회의 상임위원회가 개최되었고, 이 사건 중단조치의 법적 근거가 되는 남북교류협력법상 조정명령이 국무회의를 사전 절차로 요구하지도 않으므로, 국무회의 심의가 아닌 국가안전보장회의 상임위원회의 협의를 거치도록 한 피청구인 대통령의 절차 판단이 명백히 비합리적이거나 자의적인 것이라고 보기 어렵다.

따라서 피청구인 대통령이 개성공단의 운영 중단 결정 과정에서 국무회의 심의를 거치지 않았더라도 그 결정에 적법절차원칙에 따라 필수적으로 요구되는 절차를 거치지 않은 흠결이 있다고 할 수 없다.

이 사건 중단조치 과정에서 국회와의 사전 협의를 거쳐야 한다고 볼 만한 아무런 근거가 없고, 조치의 특성, 절차 이행으로 제고될 가치, 국가작용의 효율성 등에 비추어 볼 때, 이해관계자 등의 의견청취절차는 적법절차원칙에 따라 반드시 요구되는 절차라고 보기 어렵다.

따라서 이 사건 중단조치가 적법절차원칙에 위반되어 투자기업인 청구인들의 영업의 자유나 재산권을 침해한 것으로 볼 수 없다.

(4) 과잉금지원칙 위반 여부

이 사건 중단조치는 북한의 핵무기 개발 시도를 경제적 제재조치를 통해 저지하려는 국제적 합의에 이바지하고, 북한 핵 위기의 핵심 당사국으로 독자적인 경제제재 조치를 실행함으로써 보다 강력한 국제적 공조를 유도하여 종국적으로 한반도와 세계평화에 기여함을 목적으로 하며, 동시에 경제제재 조치와 관련된 영역에서 사업 활동을 하는 우리 국민의 신변안전 확보를 목적으로 하므로, 목적의 정당성이 인정된다. 그리고 개성공단의 운영 중단은 경제제재 조치로서 북한의 핵개발에 대응하는 국제사회의 제재 방식에 부합하고, 개성공단 현지 체류 근로자 등의 철수조치를 통해 북한의 보복적 대응에 노출되는 우리 국민의 수를 최소화할 수 있으므로 그 수단의 적합성도 인정된다.

이 사건 중단조치는 남북관계, 북미관계, 국제관계가 복잡하게 얽혀 있는 상황에서 단계적 중단만으로는 일괄 중단의 경우와 동일한 정도로 경제제재 조치를 통해 달성하고자 하는 목적을 달성하기 어렵다는 정치적 판단하에 채택된 것이고, 그러한 판단이 현저히 비합리적이라고는 보이지 않는다. 북한의 태도 변화를 쉽사리 예상할 수 없는 상황에서 중단 기간을 미리 한정하기 어렵고, 체류인원 제한 조치 역시 설비나 생산 물품 반출에 대한 북한 당국의 협조 여하에 따라 일부는 변경도 가능한 임시조치의 성격을 가진다. 따라서 이 사건 중단조치는 피해의 최소성 원칙에도 부합한다.

개성공단에서의 협력사업과 투자자산에 대한 보호는 지역적 특수성과 여건에 따른 한계가 있을 수밖에 없으며, 관련 개성공업지구 지원에 관한 법령은 그러한 특수성 등으로 인해 개성공단 투자기업에게 피해가 발생한 경우 각종 지원을 할 수 있도록 정하고 있다. 이 사건 중단조치는 그러한 법령에 따른 피해지원을 전제로 한 조치였고, 실제 그 예정된 방식에 따라 상당 부분 지원이 이루어졌다. 이 사건 중단조치로 투자기업인 청구인들이 입은 피해가 적지 않지만, 그럼에도 불구하고 북한의 핵개발에 맞서 개성공단의 운영 중단이라는 경제적 제재 조치를 통해, 대한민국의 존립과 안전 및 계속성을 보장할 필요가 있다는 피청구인 대통령의 판단이 명백히 잘못된 것이라 보기도 어려운바, 이는 헌법이 대통령에게 부여한 권한 범위 내에서 정치적 책임을 지고 한 판단과 선택으로 존중되어야 한다. 따라서 이 사건 중단조치는 법익의 균형성 요건도 충족하는 것으로 보아야 한다. 따라서 이 사건 중단조치는 과잉금지원칙에 위반되어 투자기업인 청구인들의 영업의 자유와 재산권을 침해하지 아니한다.

(5) 신뢰보호원칙 위반 여부

2013. 8. 14. 채택된 '개성공단의 정상화를 위한 합의서'는 투자기업인 청구인들에 대하여 직접적으로 그 효력과 존속에 대한 신뢰를 부여하였다고 인정하기 어렵고, 과거 사례에 비추어 이 사건 중단조치가 신뢰이익을 침해하는 정도는 비교적 낮은 수준에 불과하며, 이 사건 중단조치를 통해 달성하려는 공익은 그와 같은 신뢰의 손상을 충분히 정당화할 수 있다. 따라서 이 사건 중단조치는 신뢰보호원칙을 위반하여 투자기업인 청구인들의 영업의 자유와 재산권을 침해하지 아니한다.

(6) 헌법 제23조 제3항 위반 여부

이 사건 중단조치에 의해 개별적, 구체적으로 이미 형성된 구체적 재산권이 공익목적을 위해 제한되는 공용 제한이 발생한 것이 아니고, 개성공단에서 영업을 계속하지 못하여 발생한 영업 손실이나 주식 등 권리의 가치 하락은 헌법 제23조의 재산권보장의 범위에 속한다고 보기 어렵다. 따라서 그와 같은 재산권 제한이나 손실에 대하여 정당한 보상이 지급되지 않았더라도, 이 사건 중단조치가 헌법 제23조 제3항을 위반하여 투자기업인 청구인들의 재산권을 침해한 것으로 볼 수 없다.

결정의 의의

헌법재판소는 2016년 2월의 개성공단 운영 전면중단 조치가 적법절차원칙, 과잉금지원칙, 신뢰보호원칙 등을 위반하지 아니하며, 개성공단 투자기업인 청구인들의 영업의 자유와 재산권을 침해하지 않는다고 판단하였다.

또한 대통령의 고도의 정치적 결단에 따른 조치라도 국민의 기본권 제한과 관련된 이상 헌법소원심판의 대상이 되고 반드시 헌법과 법률에 근거하여야 함을 확인하면서, 개성공단 운영 전면중단 조치는 헌법과 법률에 근거한 조치로 보아야 한다고 판단하였다.

이 사건은 고도의 정치적 결단에 기초한 정책 결정과 같이 정치적 판단 재량이 인정되는 사안에서 기본권침해 여부를 심사함에 있어서는, 정책 판단이 명백하게 재량의 한계를 유월하거나 선택된 정책이 현저히 합리성을 결여한 것인지를 살피는 완화된 심사기준을 적용하여야 함을 제시한 점에서 의의가 있다.

2022.8.31. 2019헌가31 [구 공무원연금법 제59조 제1항 제2호 위헌제청] **[합헌]**

1. 사건의 개요

(1) 제청신청인은 2017. 12. 26. '제청신청인이 2014. 10. 29.부터 사실혼 관계에 있어 공무원연금법상 유족연금수급권을 상실하였음에도 유족연금을 지급받았다.'는 이유로 공무원연금공단으로부터 유족연금 지급종결과 2014. 10. 이후 수령한 유족연금의 환수를 고지받았다(이하 '이 사건 처분'이라 한다).

(2) 제청신청인은 이 사건 처분의 취소를 구하는 소를 제기하였고, 항소심 계속 중 재혼을 유족연금수급권 상실 사유로 규정한 구 공무원연금법 제59조 제1항 제2호가 재혼한 배우자의 재산권 등을 침해한다고 주장하면서 위헌법률심판제청신청을 하였다.

(3) 제청법원은 위 신청을 받아들여 2019. 12. 17. 이 사건 위헌법률심판을 제청하였다.

2. 심판의 대상

구 공무원연금법(2012. 10. 22. 법률 제11488호로 개정되고, 2016. 1. 27. 법률 제13927호로 개정되기 전의 것)
제59조(유족연금 및 순직유족연금의 수급권 상실) ① 유족연금이나 순직유족연금을 받을 권리가 있는 자가 다음 각 호의 어느 하나에 해당할 때에는 그 권리를 상실한다.
　2. 재혼한 때(사실상 혼인관계에 있는 경우를 포함한다)

3. 주 문

구 공무원연금법(2012. 10. 22. 법률 제11488호로 개정되고, 2016. 1. 27. 법률 제13927호로 개정되기 전의 것) 제59조 제1항 제2호 중 '유족연금'에 관한 부분은 헌법에 위반되지 아니한다.

Ⅰ. 판시사항

재혼을 유족연금수급권 상실사유로 규정한 구 공무원연금법 제59조 제1항 제2호 중 '유족연금'에 관한 부분(이하 '심판대상조항'이라 한다)이 재혼한 배우자의 인간다운 생활을 할 권리와 재산권을 침해하는지 여부(소극)

Ⅱ. 결정요지

1. 쟁점

심판대상조항은 유족연금수급권자인 배우자의 재혼(사실상 혼인관계 포함)을 유족연금수급권 상실사유로 규정하고 있다. 공무원연금법상 유족연금수급권은 사회보장적 급여로서 헌법 제34조 제1항의 인간다운 생활을 할 권리로 보호되는 한편, 경제적 가치 있는 권리로서 헌법 제23조의 재산권에 의하여 보장되므로(헌재 2009. 5. 28. 2008헌바107; 헌재 2021. 4. 29. 2019헌바412 참조), 배우자의 재혼을 유족연금수급권 상실사유로 규정하고 있는 심판대상조항은 재혼한 배우자의 인간다운 생활을 할 권리와 재산권을 침해하는지 여부가 문제된다.

2. 위헌성 판단

(1) 유족연금수급권의 형성과 입법재량

유족연금수급권은 헌법상 보장되는 재산권이나 사회보험원리에 입각한 사회보장적 급여로서의 성격을 가지고 있으므로, 입법자가 그 구체적인 내용을 형성함에 있어서는 일반적인 재산권보다 상대적으로 폭넓은 재량이 허용된다. 입법자는 공무원연금의 재정상황, 국민 전체의 소득 및 생활수준, 기타 여러 사회적·경제적 여건 등을 종합하여 공무원연금법의 입법목적에 맞도록 합리적인 수준에서 연금수급권의 내용을 형성할 수 있다(헌재 1999. 4. 29. 97헌마333; 헌재 2017. 12. 28. 2016헌바341; 헌재 2020. 6. 25. 2018헌마865 참조).

(2) 입법재량의 한계 일탈 여부

공무원연금법상 유족연금은 공무원의 사망으로 갑작스럽게 생계를 위협받게 된 유족의 생활을 보장하기 위하여 지급되는 급여이다. 국가가 한정된 재원의 범위 내에서 보다 더 많은 유족을 효과적으로 보호하기 위해서는 유족 보호의 필요성과 중요성을 고려하여 유족연금을 받을 유족의 범위를 결정할 필요가 있다. 부부는 민법상 서로 동거하며 부양하고 협조할 의무를 부담하므로(민법 제826조 제1항), 공무원연금법은 공무원 또는 공무원이었던 자의 사망 당시 그에 의하여 부양되고 있던 배우자를 갑작스러운 소득상실의 위험으로부터 보호해야 할 필요성과 중요성을 인정하여 유족연금수급권자로 규정하고 있다. 또한, 공무원연금법은 법률혼뿐만 아니라 사실혼 배우자도 유족으로 인정하고 있는데, 이는 사실혼 배우자도 법률혼 배우자와 마찬가지로 서로 동거·부양·협조의무가 인정된다는 점을 고려한 것이다(대판 1998.8.21. 97므544, 551 참조). 따라서 심판대상조항이 배우자의 재혼을 유족연금수급권 상실사유로 규정한 것은 배우자가 재혼을 통하여 새로운 부양관계를 형성함으로써 재혼 상대방 배우자를 통한 사적 부양이 가능해짐에 따라 더 이상 사망한 공무원의 유족으로서의 보호의 필요성이나 중요성을 인정하기 어렵다고 보았기 때문이다.

유족연금은 본래 생계를 책임진 자의 사망으로 생활의 곤란을 겪는 가족의 생계보호를 위하여 도입된 것이므로, 보험료 납부에 상응하여 결정되는 급여가 아니라 사망 당시의 혼인관계 및 생계의존성 여부에 따라 결정되는 파생적 급여이다. 따라서 배우자의 유족연금수급권 인정 여부가 반드시 기여금에 대한 공동 부담 여부에 따라 좌우되어야 하는 것은 아니다.

공무원연금법은 공무원의 연금형성에 대한 배우자의 기여를 고려하여 이혼 시 이를 정산·분할할 수 있는 분할연금제도를 두고 있으나, 이는 유족연금과는 그 제도의 목적이나 취지가 서로 다르다. 따라서 심판대상조항이 배우자의 혼인기간 동안의 연금형성에 대한 기여를 비례적으로 반영하지 않았다는 사실만으로 현저히 자의적이거나 비합리적인 입법이라고 보기 어렵다. 또한, 유족연금은 유족연금수급권 상실사유가 발생하면 다른 유족에게 수급권이 이전되도록 하고 있는데, 만약 재혼 상대방 배우자의 사망이나 이혼 등의 경제적 사정에 따라 유족연금수급권이 회복될 수 있도록 한다면, 다른 유족에게 불측의 손해를 입히거나 복잡한 법률문제가 발생할 우려도 있다.

따라서 심판대상조항이 재혼을 유족연금수급권 상실사유로 규정하였다고 하더라도 이는 한정된 재원의 범위 내에서 부양의 필요성과 중요성 등을 고려하여 유족들을 보다 효과적으로 보호하기 위한 것이므로, 입법재량의 한계를 벗어나 인간다운 생활을 할 권리와 재산권을 침해하였다고 볼 수 없다.

3. 반대의견(재판관 이석태, 재판관 이은애, 재판관 이종석, 재판관 김기영)

국가가 실시하는 사회보험은 민간시장이 떠맡지 않으려는 위험에 대한 사회보장적 배려에서 비롯된 것이므로, 재정의 안정과 효율성만 추구하는 것은 사회보험을 도입한 본래의 취지에 반할 위험이 있다. 따라서 입법자가 사회보험제도를 형성하면서 재정의 안정성만을 추구한 나머지 사회보험제도 본래의 사회보장적 성격을 도외시한다면 이는 합리적인 입법이라 보기 어렵다. 배우자는 혼인 기간 내내 공무원의 성실한 근무를 조력하고 경제적 생활공동체를 함께 구성하면서 연금형성에 기여한 사람이다. 이러한 배우자의 재산적 기여를 정당하게 고려하지 않고 공무원의 유족이라는 지위를 상실하였다는 이유만으로 유족연금수급권 전부를 영구히 박탈하는 것은 합리적인 입법이라 보기 어렵다. 공무원연금법은 5년 이상 혼인관계를 유지하고 이혼한 배우자에게 공무원의 퇴직연금에 대한 분할연금을 인정하고 있고, 이혼한 배우자의 재혼은 분할연금수급권 상실사유가 되지 않는다. 그런데 유족연금을 받는 배우자는 혼인한 기간 동안 사망한 공무원의 연금형성에 기여하였다는 점과 이미 공무원과의 혼인관계가 해소되었다는 점에서는 분할연금을 받는 배우자와 본질적인 차이가 없음에도 연금수급권 발생 원인이 공무원의 사망이라는 이유만으로 재혼 시 유족연금수급권 전부를 상실시키는 것은 형평에 반한다. 유족연금은 유족의 생활을 보장하는 사회보장적 성격의 급여이므로, 공무원의 사망 이후 유족연금이 유족의 생계보호에 기여하는 역할을 고려해야 한다. 그런데 심판대상조항은 실제 배우자가 재혼으로 부양을 받을 수 있는지 등 구체적인 생활보장의 측면을 전혀 고려하지 않고 있다. 더욱이 사실상 재혼관계는 법률상 재혼관계에 비하여 불안정한 상태로서 항상 상대방 배우자에 의한 부양이 이루어지고 있다고 보기 어렵고 부양의 지속에 대한 기대도 약하다. 그럼에도 사실상 혼인관계의 경우조차 아무런 보호조치 없이 영구히 수급권을 박탈시키는 것은 유족연금이 가진 사회보장적 성격에 부합한다고 보기 어렵다. 또한, 독일이나 미국과 같이 배우자가 재혼 후 이혼 또는 재혼 상대방 배우자의 사망과 같이 재혼이 해소된 경우 유족연금수급권이 부활되도록 하는 등 한정된 재원의 범위 내에서도 얼마든지 생활능력이 없는 배우자를 보호할 수 있는 방안들을 찾아 볼 수 있다. 그럼에도 심판대상조항은 아무런 보호조치 없이 재혼이라는 사유만으로 배우자의 유족연금수급권 전부를 영구히 박탈시키고 있어 재혼한 배우자의 인간다운 생활을 할 권리와 재산권을 침해한다.

그런데 심판대상조항의 위헌성은 재혼을 유족연금수급권 상실사유로 규정하였다는 것 자체에 있는 것이 아니라 구체적인 사정을 전혀 고려하지 않고 일률적으로 영구히 유족연금수급권 전부를 박탈하도록 하는 것에 있으므로, 단순위헌결정을 하는 대신 입법자의 개선입법이 있을 때까지 계속 적용을 명하는 헌법불합치결정을 선고하는 것이 타당하다.

결정의 의의

헌법재판소가 재혼을 유족연금수급권 상실사유로 규정한 구 공무원연금법 조항에 대하여 최초로 판단한 결정이다. 유족연금 제도의 목적과 취지, 분할연금과의 관계, 배우자의 연금형성에 대한 기여를 어떻게 평가할 것인지 등이 쟁점이 되어 판단되었다. 헌법재판소는 이 사건에서 재혼을 유족연금수급권 상실사유로 규정한 구 공무원연금법 제59조 제1항 제2호 중 '유족연금'에 관한 부분이 재혼한 배우자의 인간다운 생활을 할 권리와 재산권을 침해하지 않는다고 결정하였다.

직업의 자유

10 비의료인 문신시술 금지 사건

2022.3.31. 2017헌마1343등 [의료법 제27조 제1항 본문 전단 위헌확인 등] **[기각, 각하]**

1. 사건의 개요

(1) 2017헌마1343

청구인들은 ○○협회 구성원들로, 바늘로 살갗을 찔러서 색소를 투입하여 피부에 흔적을 남기는 시술(이하 '문신시술'이라 한다)을 업으로 영위하려고 하는 자들이다.

청구인들은 의료인이 아닌 자의 문신시술업을 금지하고 처벌하는 의료법 제27조 제1항 본문 전단, '보건범죄 단속에 관한 특별조치법'(이하 '보건범죄단속법'이라 한다) 제5조 제1호 중 의료법 제27조 제1항 본문 전단 부분이 죄형법정주의의 명확성원칙에 반하고 청구인들의 직업선택의 자유를 침해하며, 나아가 청구인들이 문신시술업을 영위할 수 있도록 그 자격 및 요건을 법률로 정하지 않는 입법부작위가 헌법에 위반된다고 주장하며 2017. 12. 8. 헌법소원심판을 청구하였다.

(2) 2019헌마993

청구인들은 ○○중앙회 구성원들로, 문신시술을 업으로 영위하려고 하는 자들이다. 청구인들은 2019. 9. 3. 의료법 제27조 제1항 본문 전단, 보건범죄단속법 제5조 제1호 중 의료법 제27조 제1항 본문 전단 부분 규정이 죄형법정주의의 명확성원칙에 위배되고, 청구인들의 직업선택의 자유를 침해하며, 문신시술업에 관한 입법부작위가 헌법에 위반된다고 주장하며 헌법소원심판을 청구하였다.

(3) 2021헌마1385

청구인들은 □□중앙회 회원들로 고객의 눈썹, 아이라인, 입술, 헤어라인 등에 문신시술을 하는 반영구화장시술을 직업으로 하고 있는 자들이다. 청구인들은 2021. 11. 12. 의료법 제27조 제1항 본문 전단이 죄형법정주의의 명확성원칙에 위배되고 청구인들의 직업선택의 자유, 표현의 자유, 예술의 자유를 침해한다고 주장하며 헌법소원심판을 청구하였다.

2. 심판의 대상

의료법(2007. 4. 11. 법률 제8366호로 전부개정된 것)

제27조(무면허 의료행위 등 금지) ① 의료인이 아니면 누구든지 의료행위를 할 수 없으며 의료인도 면허된 것 이외의 의료행위를 할 수 없다. (단서 생략)

보건범죄 단속에 관한 특별조치법(2011. 4. 12. 법률 제10579호로 개정된 것)

제5조(부정의료업자의 처벌) 의료법 제27조를 위반하여 영리를 목적으로 다음 각 호의 어느 하나에 해당하는 행위를 한 사람은 무기 또는 2년 이상의 징역에 처한다. 이 경우 100만 원 이상 1천만 원 이하의 벌금을 병과한다.

　1. 의사가 아닌 사람이 의료행위를 업(業)으로 한 행위

[관련조항]

의료법(2019. 8. 27. 법률 제16555호로 개정된 것)

제87조의2(벌칙) ② 다음 각 호의 어느 하나에 해당하는 자는 5년 이하의 징역이나 5천만원 이하의 벌금에 처한다.

　2. 제12조 제2항 및 제3항, 제18조 제3항, 제21조의2 제5항·제8항, 제23조 제3항, 제27조 제1항, 제33조 제2항(제82조 제3항에서 준용하는 경우만을 말한다)·제8항(제82조 제3항에서 준용하는 경우를 포함한다)·제10항을 위반한 자. 다만, 제12조 제3항의 죄는 피해자의 명시한 의사에 반하여 공소를 제기할 수 없다.

3. 주 문

1. 의료인이 아닌 사람도 문신시술을 업으로 행할 수 있도록 그 자격 및 요건을 법률로 정하지 아니한 입법부작위에 대한 심판청구를 각하한다.

2. 청구인들의 나머지 심판청구를 모두 기각한다.

Ⅰ. 판시사항

1. 의료인이 아닌 사람도 문신시술을 업으로 행할 수 있도록 그 자격 및 요건을 법률로 정할 입법의무가 있는지 여부(소극)

2. 의료인이 아닌 자의 문신시술업을 금지하고 처벌하는 의료법 제27조 제1항 본문 전단과 '보건범죄 단속에 관한 특별조치법' 제5조 제1호 중 의료법 제27조 제1항 본문 전단에 관한 부분이 청구인들의 직업선택의 자유를 침해하는지 여부(소극)

Ⅱ. 결정요지

1. 심판대상조항에 대한 판단

(1) 직업선택의 자유 침해 여부에 대한 판단

문신시술은, 바늘을 이용하여 피부의 완전성을 침해하는 방식으로 색소를 주입하는 것으로, 감염과 염료 주입으로 인한 부작용 등 위험을 수반한다. 이러한 시술 방식으로 인한 잠재적 위험성은 피시술자 뿐 아니라 공중위생에 영향을 미칠 우려가 있고, 문신시술을 이용한 반영구화장의 경우라고 하여 반드시 감소된다고 볼 수도 없다. 심판대상조항은 의료인만이 문신시술을 할 수 있도록 하여 그 안전성을 담보하고 있다.

외국의 입법례처럼 별도의 문신시술 자격제도를 통하여 비의료인의 문신시술을 허용할 수 있다는 대안이 제시되기도 한다. 그러나 문신시술에 한정된 의학적 지식과 기술만으로는, 현재 의료인과 동일한 정도의 안전성과 사전적·사후적으로 필요할 수 있는 의료조치의 완전한 수행을 보장할 수 없으므로, 이러한 대안의 채택은 사회적으로 보건위생상 위험의 감수를 요한다.

또한, 문신시술 자격제도와 같은 대안은 문신시술인의 자격, 문신시술 환경 및 절차 등에 관한 규제와 관리를 내용으로 하는 완전히 새로운 제도의 형성과 운영을 전제로 하므로 상당한 사회적·경제적 비용을 발생시킨다. 따라서 문신시술 자격제도와 같은 대안의 도입 여부는 입법재량의 영역에 해당한다. 입법부가 위와 같은 대안을 선택하지 않고 국민건강과 보건위생을 위하여 의료인만이 문신시술을 하도록 허용하였다고 하여 헌법에 위반된다고 볼 수 없다.

따라서 심판대상조항은 과잉금지원칙을 위반하여 청구인들의 직업선택의 자유를 침해하지 않는다.

(2) 명확성원칙 위반여부에 대한 판단

의료법의 입법목적, 의료인의 사명에 관한 의료법상의 여러 규정 및 의료행위의 개념에 관한 대법원 판례 등을 종합적으로 고려해 보면, 심판대상조항 중 '의료행위'는, 의학적 전문지식을 기초로 하는 경험과 기능으로 진찰, 검안, 처방, 투약 또는 외과적 시술을 시행하여 하는 질병의 예방 또는 치료행위 이외에도 의료인이 행하지 아니하면 보건위생상 위해가 생길 우려가 있는 행위로 분명하게 해석된다.

따라서 심판대상조항은 명확성원칙에 위반되지 않는다.

2. 이 사건 입법부작위에 대한 판단

의료인이 아닌 사람도 문신시술을 업으로 행할 수 있도록 그 자격 및 요건을 법률로 제정하도록 하는 내용의, 명시적인 입법위임은 헌법에 존재하지 않으며, 문신시술을 위한 별도의 자격제도를 마련할지 여부는 여러 가지 사회적·경제적 사정을 참작하여 입법부가 결정할 사항으로, 그에 관한 입법의무가 헌법해석상 도출된다고 보기는 어렵다.

따라서 이 사건 입법부작위에 대한 심판청구는 입법자의 작위의무를 인정할 수 없어 부적법하다.

3. 반대의견(재판관 이석태, 재판관 이영진, 재판관 김기영, 재판관 이미선)

문신시술은, 치료목적 행위가 아닌 점에서 여타의 무면허의료행위와 구분되고, 최근 문신시술에 대한 사회적 인식의 변화로 그 수요가 증가하여, 선례와 달리 새로운 관점에서 판단할 필요가 있다.

미국·프랑스·영국 등의 입법례와 같이, 문신시술자에 대하여 의료인 자격까지 요구하지 않고도, 안전한 문신시술에 필요한 범위로 한정된 시술자의 자격, 위생적인 문신시술 환경, 도구의 위생관리, 문신시술 절차 및 방법 등에 관한 규제와 염료 규제를 통하여도 안전한 문신시술을 보장할 수 있다. 이는 문신시술을 업으로 영위하기 위하여 의사면허를 갖출 것을 요청하는 방법에 비하여 덜 침해적인 수단이면서, 국민의 신체나 공중위생에 대한 위해 방지라는 입법목적을 달성할 수 있는 실효성 있는 대안이다.

문신시술을 수행하기 위해서는 안전한 시술을 위한 기술은 물론, 창의적이거나 아름다운 표현력도 필요하다. 그런데 오로지 안전성만을 강조하여 의료인에게만 문신시술을 허용한다면, 증가하는 문신시술 수요를 제대로 충족하지 못하여 오히려 불법적이고 위험한 시술을 조장할 우려가 있다. 따라서 외국의 입법례와 같이 예술적 감각이 풍부한 비의료인도 위생적이고 안전한 방식으로 문신시술을 할 수 있도록 허용할 필요가 있다.

그럼에도 의사자격을 취득하여야 문신시술업에 종사할 수 있도록 하는 것은 사실상 비의료인의 문신시술업을 금지하는 것으로, 청구인들의 직업선택의 자유를 침해한다. 따라서 심판대상조항 중 각 '의료행위' 가운데 문신시술에 관한 부분은 헌법에 위반된다.

결정의 의의

헌법재판소는 이 사건에서 의료법 제27조 제1항 본문 전단과 '보건범죄 단속에 관한 특별조치법' 제5조 제1호 중 의료법 제27조 제1항 본문 전단에 관한 부분에 대한 합헌 선례(헌재 2016. 10. 27. 2016헌바322 등, 7:2 합헌)의 입장을 유지하였다.
헌법재판소는 의료인 자격에 이르지 않는 문신시술 자격제도는 현행법에 상응하는 정도로 국민의 건강을 보호할 수 없으므로, 이러한 보건위생상 위험을 감수하고 새로운 제도를 도입할지 여부는 입법재량의 영역에 속하는 점을 확인하였다.

11 소송대리인이 되려는 변호사의 소송대리인 접견신청불허 사건

2022.2.24. 2018헌마1010 [형의 집행 및 수용자의 처우에 관한 법률 시행령 제58조 제4항 위헌확인 등]
[기각, 각하]

1. 사건의 개요

(1) 청구외 이ㅁㅁ은 2016. 7.경 ㅁㅁ교도소에 수용되어 있던 중 청구외 유ㅇㅇ로부터 폭행을 당하여 상처를 입는 일이 발생하자 2017. 2. 27. 유ㅇㅇ을 상대로 위 폭행과 관련한 손해배상청구 소송을 제기하였고(전주지방법원 2017가소9981), 그 무렵 법원에 소송구조를 신청하였다. 전주지방법원은 2017. 3. 10. 소송구조신청을 기각하는 결정을 하였으나, 2심 법원인 광주고등법원이 2017. 11. 30. 기각 결정을 취소하고, 인지대, 송달료, 변호사비용에 관한 소송구조를 하는 결정을 하였고, 그 무렵 그 결정은 확정되었다. 한편, 이ㅁㅁ은 ㅇㅇ교도소로 이감되면서 2018. 3. 21. 전주지방법원에 이송신청을 하였으며, 법원이 이를 받아들여 위 손해배상청구 소송이 춘천지방법원 원주지원으로 이송되었다(춘천지방법원 원주지원 2018가소3130).

(2) 이ㅁㅁ은 변호사인 청구인에게 법원으로부터 소송구조결정을 받았으니 위 손해배상청구 사건의 소송대리인이 되어 달라는 내용의 서신을 보냈고, 서신을 받은 청구인은 2018. 7. 9. 피청구인 ㅇㅇ교도소장에게 '형의 집행 및 수용자의 처우에 관한 법률 시행규칙' 별지 제32호 서식에 따른 '소송대리인 접견 신청서'를 제출하였으나, 피청구인은 2018. 7. 10. 위 접견신청을 불허하였다. 이에 청구인은 같은 날 일반접견을 신청하여 접촉차단시설이 설치된 접견실에서 이ㅁㅁ을 접견하였다.

(3) 청구인은 소송사건의 대리인이 되려는 변호사의 소송대리인 접견신청을 불허한 피청구인의 행위와 그 근거 법령인 구 '형의 집행 및 수용자의 처우에 관한 법률 시행령' 제58조 제4항 제2호가 청구인의 직업수행의 자유 등 기본권을 침해한다고 주장하며, 2018. 10. 8. 이 사건 헌법소원심판을 청구하였다.

2. 심판의 대상

구 형의 집행 및 수용자의 처우에 관한 법률 시행령(2014. 6. 25. 대통령령 제25397호로 개정되고, 2019. 10. 22. 대통령령 제30134호로 개정되기 전의 것)
제58조(접견) ④ 수용자의 접견은 접촉차단시설이 설치된 장소에서 하게 한다. 다만, 다음 각 호의 어느 하나에 해당하는 경우에는 그러하지 아니하다.
2. 수용자가 소송사건의 대리인 변호사와 접견하는 경우로서 교정시설의 안전 또는 질서를 해칠 우려가 없는 경우

형의 집행 및 수용자의 처우에 관한 법률 시행령

제58조(접견) ② 변호인(변호인이 되려고 하는 사람을 포함한다. 이하 같다)과 접견하는 미결수용자를 제외한 수용자의 접견시간은 회당 30분 이내로 한다.

③ 수형자의 접견 횟수는 매월 4회로 한다.

구 형의 집행 및 수용자의 처우에 관한 법률 시행령(2019. 10. 22. 대통령령 제30134호로 개정되기 전의 것)

제58조(접견) ④ 수용자의 접견은 접촉차단시설이 설치된 장소에서 하게 한다. 다만, 다음 각 호의 어느 하나에 해당하는 경우에는 그러하지 아니하다.

　　1. 미결수용자(형사사건으로 수사 또는 재판을 받고 있는 수형자와 사형확정자를 포함한다)가 변호인과 접견하는 경우

제59조의2(소송사건의 대리인인 변호사와의 접견) ① 제58조 제2항에도 불구하고 수용자가 소송사건의 대리인인 변호사와 접견하는 시간은 회당 60분으로 한다.

② 수용자가 소송사건의 대리인인 변호사와 접견하는 횟수는 월 4회로 하되, 이를 제58조 제3항, 제101조 및 제109조의 접견 횟수에 포함시키지 아니한다.

③ 소장은 제58조 제1항과 이 조 제1항 및 제2항에도 불구하고 소송사건의 수 또는 소송내용의 복잡성 등을 고려하여 소송의 준비를 위하여 특히 필요하다고 인정하면 접견 시간대 외에도 접견을 하게 할 수 있고, 접견 시간 및 횟수를 늘릴 수 있다.

④ 소장은 제1항 및 제2항에도 불구하고 접견 수요 또는 접견실 사정 등을 고려하여 원활한 접견 사무 진행에 현저한 장애가 발생한다고 판단하면 접견 시간 및 횟수를 줄일 수 있다. 이 경우 줄어든 시간과 횟수는 다음 접견 시에 추가하도록 노력하여야 한다.

⑤ 제1항부터 제4항까지에서 규정한 사항 외에 수용자와 소송사건의 대리인인 변호사의 접견에 관하여 필요한 사항은 법무부령으로 정한다.

형의 집행 및 수용자의 처우에 관한 법률 시행규칙

제29조의2(소송사건의 대리인인 변호사의 접견 등 신청) ① 소송사건의 대리인인 변호사가 수용자를 접견하고자 하는 경우에는 별지 제32호서식의 신청서에 다음 각 호의 자료를 첨부하여 소장에게 제출하여야 한다.

　　1. 소송위임장 사본 등 소송사건의 대리인임을 소명할 수 있는 자료

　　2. 소송계속 사실을 소명할 수 있는 자료

3. 주 문

1. 구 형의 집행 및 수용자의 처우에 관한 법률 시행령(2014. 6. 25. 대통령령 제25397호로 개정되고, 2019. 10. 22. 대통령령 제30134호로 개정되기 전의 것) 제58조 제4항 제2호에 대한 심판청구를 기각한다.

2. 나머지 심판청구를 각하한다.

Ⅰ. 판시사항

1. 소송대리인이 되려는 변호사가 신청한 소송대리인 접견신청을 교도소장이 불허한 행위(이하 '이 사건 접견불허 행위'라 한다)에 관한 심판청구가 권리보호이익이 인정되는지 여부(소극)

2. 접촉차단시설이 설치되지 않은 장소에서의 수용자 접견 대상을 소송사건의 대리인인 변호사로 한정한 구 '형의 집행 및 수용자의 처우에 관한 법률 시행령' 제58조 제4항 제2호(이하 '심판대상조항'이라 한다)가 변호사인 청구인의 직업수행의 자유를 침해하는지 여부(소극)

3. 헌법소원 기각의견이 4인이고 인용의견이 5인인 경우 기각 주문을 낸 예

Ⅱ. 결정요지

1. 이 사건 접견불허행위 부분

이 사건 심판청구 당시 청구인은 이미 소송대리인이 되어 소송대리인접견이 가능하게 되었으므로 이 사건 접견 불허행위에 관한 주관적 권리보호이익은 소멸하였고, 접견불허행위의 근거가 된 심판대상조항에 대하여 본안 판단에 나아가는 이상, 이 사건 접견불허행위에 대해서는 별도로 심판청구의 이익을 인정하지 않는 것이 상당 하다. 따라서, 이 사건 접견불허행위에 대한 심판청구는 부적법하다.

2. 심판대상조항 부분

(1) 제한되는 기본권

심판대상조항은 소송대리인이 되려고 하는 변호사인 청구인이 접촉차단시설이 설치된 장소에서 일반접견의 형 태로 수용자를 접견하도록 하여, 소송사건의 수임단계에서 자유로운 의사소통을 하며 업무를 진행할 수 없게 함으로써 직업수행의 자유를 제한한다.

(2) 직업수행의 자유 침해 여부

[재판관 유남석, 재판관 이종석, 재판관 문형배, 재판관 이미선의 기각의견]

소송대리인이 되려는 변호사의 수용자 접견의 주된 목적은 소송대리인 선임 여부를 확정하는 것이고 소송준비 와 소송대리 등 소송에 관한 직무활동은 소송대리인 선임 이후에 이루어지는 것이 일반적이므로 소송대리인 선임 여부를 확정하기 위한 단계에서는 접촉차단시설이 설치된 장소에서 접견하더라도 그 접견의 목적을 수행 하는데 필요한 의사소통이 심각하게 저해될 것이라고 보기 어렵다.

수용자가 소를 제기하지 아니한 상태에서 소송대리인이 되려는 변호사의 접견을 소송대리인인 변호사의 접견 과 같은 형태로 허용한다면 소송제기 의사가 진지하지 않은 수용자가 이를 악용할 우려가 있고, 소송사건이 계속 중인 상태에서 수용자가 소송대리인으로 선임할 의사를 표시하였으나 선임신고가 이루어지지 않았을 뿐 인 경우에도 선임신고가 이루어지기까지 특별한 절차나 상당한 시간이 소요된다고 보기 어려워 예외적으로 접 촉차단시설이 설치되지 않은 장소에서 접견을 허용해야 할 필요가 있다고 보기 어렵다.

소송대리인이 되려는 변호사의 경우 형사소송의 변호인이 되려는 사람이나 소송사건의 대리인인 변호사와 비 교하여 지위, 역할, 접견의 필요성 등에 차이가 있으므로 접견제도의 운영에 있어 이들과 달리 취급할 필요가 있다. 국가의 형벌권 행사에 따른 기본적 인권의 제약을 내제하고 있는 형사절차와 그 외의 소송절차를 동일하 게 취급할 것은 아니고, 본격적인 소송준비는 소송대리인으로 선임된 이후에 이루어지는 점을 고려하면 소송대 리인이 되려는 변호사의 수용자 접견을 소송대리인의 접견과 같이 보아야 할 필요성은 크다고 보기 어렵다. 소송대리인이 되려는 변호사는 이미 선임된 소송사건의 대리인과 달리 해당 범위가 상당히 넓어 접견의 수요를 예측하기 어려운 점도 양자를 달리 취급하여야 할 사정이 된다.

상소권회복 또는 재심청구 사건은 형 집행의 직접적 원인이 되는 확정판결에 대한 불복절차이고 청구요건과 절차가 까다롭기 때문에 변호사 선임 전이라도 접견상의 제약을 완화하고 있으나, 민사ㆍ행정 등 일반적인 소 송사건의 경우 형 집행의 원인이 되는 확정판결과 직접 관련되어 있다거나 소송대리인이 되려는 변호사와의 접견 장소나 방법에 특례를 두어야 할 정도로 요건과 절차가 특별히 까다롭다고 볼 수 없다.

위에서 살펴본 사항을 종합하면 심판대상조항은 침해의 최소성에 위배되지 아니한다.

소송대리인이 되려는 변호사의 경우 접촉차단시설이 설치된 장소에서 수용자와 접견하도록 되어 있어 다소 불편을 겪을 가능성이 있다 하더라도 선임 여부의 의사를 확인하는 데 지장을 초래할 정도라 할 수 없고, 접견 외 여러 방법을 통하여 수용자의 의사를 확인할 길이 있으므로 심판대상조항으로 인한 불이익의 정도가 크지 않은 반면, 심판대상조항이 달성하고자 하는 교정시설의 안전과 질서 유지라는 공익은 청구인이 입게 되는 불이익에 비하여 중대하다. 따라서 심판대상조항은 청구인에 대한 기본권 제한과 공익목적의 달성 사이에 법익의 균형성을 갖추 었다.

따라서 심판대상조항은 변호사인 청구인의 업무를 원하는 방식으로 자유롭게 수행할 수 있는 자유를 침해한다고 할 수 없다.

[재판관 이선애, 재판관 이석태, 재판관 이은애, 재판관 이영진, 재판관 김기영의 인용의견]

수용자가 변호사를 소송사건의 대리인으로 선임하는 단계는 소송사건의 재판을 준비하는 출발점에 해당하므로, 이 단계에서도 충분한 정보를 제공받으면서 의사소통을 할 수 있는 물적 조건을 제공받고, 소송사건 수임에 대하여 소송의 상대방 내지 제3자에 대한 관계에서 비밀유지가 보장될 필요성이 있는데, 심판대상조항은 소송대리인이 되려는 변호사의 경우 접촉차단시설이 설치된 장소에서 수용자를 접견하도록 함으로써 충분한 의사소통 및 소송사건 수임의 비밀유지를 제약하여 수용자는 적시에 효율적인 권리구제를 받지 못할 우려가 있고, 변호사는 그 직무인 소송사건의 수임을 위한 업무활동에 제약을 받을 가능성이 있다.

수용자가 제기하고자 하는 민사소송 등은 수용 중 발생한 사건에 관한 것이거나 교정시설의 장의 조치 기타 자신이 받은 처우에 대하여 국가 또는 교정시설을 상대로 한 소송일 가능성이 있는데, 소송대리인이 되려는 변호사가 접촉차단시설로 인해 직접 수용자에게 서류를 건네줄 수 없어 문서 송부나 반입을 하게 될 경우 교정시설의 검열을 의식하지 않을 수 없고 소송의 상대방이 될 수 있는 교정시설 관련자에게 수용자의 소송수임자료를 그대로 노출하는 것과 동일한 결과가 될 수 있어 비밀유지의 측면에서 바람직하지 않으며 수용자가 소 제기 자체를 포기하는 결과가 발생할 수도 있으므로 접촉차단시설이 설치되지 않은 장소에서 접견할 필요성이 크다. 소송대리인이 되려는 변호사도 원칙적으로 접촉차단시설이 없는 장소에서 접견하도록 하되, 교정시설의 규율 및 질서 유지를 해칠 우려가 있는 경우에 한하여 예외적으로 접촉차단시설이 설치된 장소에서 접견하도록 제한함으로써 변호사접견이 악용될 가능성을 방지할 수 있다.

따라서 심판대상조항은 과잉금지원칙에 반하여 변호사인 청구인의 직업수행의 자유를 침해한다.

결정의 의의

헌법재판소는 교도소 내 접촉차단시설이 설치되지 않은 장소에서 수용자를 접견할 수 있는 예외 대상에 소송사건의 대리인으로 선임된 변호사만 규정하고 소송사건의 대리인이 되려는 변호사는 포함하지 않은 이 사건 심판대상조항에 대한 헌법소원 사건에서 변호사인 청구인의 직업수행의 자유를 과도하게 침해하지 않는다는 이유로 헌법에 위반되지 않는다는 결정을 하였다.

다만, 이 사건 심판대상조항에 대하여 재판관 4인이 기각의견을, 재판관 5인이 인용의견을 표시하여 헌법에 위반된다는 의견이 다수이기는 하나, 헌법 제113조 제1항, 헌법재판소법 제23조 제2항 단서 제1호에서 정한 헌법소원 인용결정을 위한 심판정족수에 미달하여 이 사건 심판대상조항에 대한 심판청구는 기각으로 선고되었다.

12 교원소청심사결정에 대한 공공단체(총장)의 행정소송 제소권한 부인 사건

2022.10.27. 2019헌바117 [교원의 지위 향상 및 교육활동 보호를 위한 특별법 제10조 제3항 위헌소원] **[합헌]**

1. 사건의 개요

(1) 한국과학기술원은 한국과학기술원법에 따라 국가의 출연으로 설립된 법인으로, 박사·전문석사·석사 및 학사과정을 두고, 학사과정의 교육을 위하여 대학을 설치하고 있으며(한국과학기술원법 제1조, 제2조, 제14조), 한국과학기술원 총장(청구인)은 정관에서 정하는 바에 따라 한국과학기술원의 교원을 임면한다(같은 법 제16조 제1항).

(2) 청구외 박○○는 한국과학기술원 경영대학 경영공학부 교원으로, 2016. 3. 25. 한국과학기술원에 영년직 교수 임용 신청을 하였으나, 같은 해 6. 28. 한국과학기술원 교원인사위원회로부터 그 임용 기준에 미달하여 불추천한다는 심의결과를 통보받았다(이하 '이 사건 처분'이라 한다). 한편, 교원소청심사위원회는 2017. 6. 7. 박○○의 청구에 따라 이 사건 처분을 위법하다고 보아 이를 취소하는 결정을 하였다(이하 '이 사건 소청결정'이라 한다).

(3) 청구인은 2017. 9. 15. 교원소청심사위원회를 상대로 이 사건 소청결정의 취소를 구하는 소를 제기하는 한편 그 소송 계속 중 '교원의 지위 향상 및 교육활동 보호를 위한 특별법' 제10조 제3항에 대하여 위헌법률심판제청신청을 하였다. 제1심 법원은 2019. 2. 14. 한국과학기술원 총장은 위 조항에서 규정한 '등 당사자'에 포함되어 제소권자에 해당하고, 나아가 이 사건 처분이 위법하지 않다는 취지로 이 사건 소청결정을 취소하는 판결을 선고함과 동시에(대전지방법원 2017구합105219), 위 신청을 기각하였다(위 법원 2017아1000528). 제1심 판결에 불복하여 교원소청심사위원회가 항소하였는데, 항소심 법원은 2019. 8. 21. 한국과학기술원이 공공단체로서 '사립학교법 제2조에 따른 학교법인 또는 사립학교 등 당사자'에 해당하지 않으므로 한국과학기술원 총장의 원고적격이 흠결되었다는 취지로 각하 판결을 하였다(대전고등법원 2019누10649). 이에 청구인이 상고하여 현재 당해 사건은 상고심 계속 중이다(대법원 2019두53020).

(4) 청구인은 2019. 3. 22. 위 조항이 청구인의 재판청구권 등 기본권을 침해한다고 주장하며, 이 사건 헌법소원심판을 청구하였다.

2. 심판의 대상

구 교원의 지위 향상 및 교육활동 보호를 위한 특별법(2008. 3. 14. 법률 제8890호로 개정되고, 2021. 3. 23. 법률 제17952호로 개정되기 전의 것)
제10조(소청심사 결정) ③ 제1항에 따른 심사위원회의 결정에 대하여 교원, 「사립학교법」 제2조에 따른 학교법인 또는 사립학교 경영자 등 당사자는 그 결정서를 송달받은 날부터 90일 이내에 「행정소송법」으로 정하는 바에 따라 소송을 제기할 수 있다.

[관련조항]

교원의 지위 향상 및 교육활동 보호를 위한 특별법(2016. 1. 27. 법률 제13819호로 개정된 것)
제7조(교원소청심사위원회의 설치) ① 각급학교 교원의 징계처분과 그 밖에 그 의사에 반하는 불리한 처분(교육공무원법 제11조의4 제4항 및 사립학교법 제53조의2 제6항에 따른 교원에 대한 재임용 거부처분을 포함한다. 이하 같다)에 대한 소청심사(訴請審査)를 하기 위하여 교육부에 교원소청심사위원회(이하 "심사위원회"라 한다)를 둔다.

교원의 지위 향상 및 교육활동 보호를 위한 특별법(2008. 3. 14. 법률 제8890호로 개정된 것)
제9조(소청심사의 청구 등) ① 교원이 징계처분과 그 밖에 그 의사에 반하는 불리한 처분에 대하여 불복할 때에는 그 처분이 있었던 것을 안 날부터 30일 이내에 심사위원회에 소청심사를 청구할 수 있다. 이 경우에 심사청구인은 변호사를

대리인으로 선임(選任)할 수 있다.

3. 주 문

구 교원의 지위 향상 및 교육활동 보호를 위한 특별법(2008. 3. 14. 법률 제8890호로 개정되고, 2021. 3. 23. 법률 제17952호로 개정되기 전의 것) 제10조 제3항 중 '교원, 사립학교법 제2조에 따른 학교법인 또는 사립학교 경영자 등 당사자'에 관한 부분은 헌법에 위반되지 아니한다.

Ⅰ. 판시사항

공공단체인 한국과학기술원의 총장이 교원소청심사위원회의 결정에 대하여 행정소송법으로 정하는 바에 따라 소송을 제기할 수 없도록 하는 구 '교원의 지위 향상 및 교육활동 보호를 위한 특별법' 제10조 제3항 중 '교원, 사립학교법 제2조에 따른 학교법인 또는 사립학교 경영자 등 당사자'에 관한 부분이 재판청구권을 침해하는지 여부(소극)

Ⅱ. 결정요지

1. 재판청구권 침해 여부

(1) 심사기준

헌법 제27조 제1항은 "모든 국민은 헌법과 법률이 정한 법관에 의하여 법률에 의한 재판을 받을 권리를 가진다." 라고 규정함으로써 모든 국민은 헌법과 법률이 정한 자격과 절차에 의하여 임명되고 물적 독립과 인적 독립이 보장된 법관에 의하여 합헌적인 법률이 정한 내용과 절차에 따라 재판을 받을 권리를 보장하고 있다. 헌법 제27조 제1항에서 보장되는 재판을 받을 권리는 원칙적으로 제도적으로 보장되는 성격이 강하므로, 그에 관하여는 상대적으로 폭넓은 입법형성권이 인정된다(헌재 2012. 12. 27. 2011헌바155; 헌재 2017. 4. 27. 2015헌바24 참조).

(2) 판단

(가) 이 사건 구법 조항은 공공단체인 한국과학기술원의 총장이 '교원이나 사립학교법 제2조에 따른 학교법인 또는 사립학교 경영자 등 당사자'에 포함되지 않아 교원소청심사결정에 불복하여 행정소송을 제기하지 못하도록 규정하고 있고(2019헌바117), 이 사건 신법 조항은 공공단체인 한국과학기술원의 총장 또는 공공단체인 광주과학기술원이 교원소청심사결정에 대하여 행정소송을 제기하지 못하도록 한 것은(2021헌마686, 2021헌마1557), 교원의 인사를 둘러싼 분쟁을 신속하게 해결하고 궁극적으로는 한국과학기술원 또는 광주과학기술원의 설립취지를 효과적으로 실현하기 위한 것이다.

(나) 교원의 신분보장을 둘러싼 재판상 권리구제절차를 어떻게 마련할 것인지는 당해 학교의 설립목적과 공공적 성격의 정도, 국가의 감독 수준 등을 두루 고려하여 정할 수 있는 것으로 입법정책의 문제이고, 교원 근로관계의 법적 성격에 의해서만 좌우된다고 보기 어렵다.

(다) 한국과학기술원 또는 광주과학기술원의 설립목적의 특수성과 그 목적을 달성하기 위한 국가의 관리·감독 및 재정 지원, 사무의 공공성 내지 공익성 등을 고려할 때, 한국과학기술원 또는 광주과학기술원 교원의 신분을 국·공립학교의 교원의 그것과 동등한 정도로 보장하면서 한국과학기술원 교원의 임면권자이자 교원소청심사절차의 당사자인 한국과학기술원 총장이나 공공단체인 광주과학기술원이 교원소청심사결정에 대해 행정소송을 제기할 수 없도록 한 것을 두고 입법형성의 범위를 벗어났다고 보기 어렵다.

(라) 그렇다면 이 사건 구법 조항 또는 이 사건 신법 조항은 청구인의 재판청구권을 침해하여 헌법에 위반된다고 할 수 없다.

2. 반대의견(재판관 이은애, 재판관 이종석, 재판관 문형배)

한국과학기술원을 국·공립학교와 달리 정부가 출연한 법인 형태로 설립한 것은 그 설립목적을 보다 효과적으로 수행하기 위하여 운영상 일정한 자율성과 독립성을 부여하기 위한 것이다. 한국과학기술원은 총장이 정관에서 정하는 바에 따라 계약으로 교원을 임면하도록 하고 있고, 교원의 인사나 복무에 관하여도 내부의 자체 원규에 따르도록 하고 있으므로, 교육부 산하의 교원소청심사위원회를 법인 형태로 설립된 한국과학기술원에 대한 상급행정기관으로 보기 어려우며, 그렇다면 행정청인 국·공립학교가 상급행정기관에 의한 재결의 효력에 기속되는 구조를 한국과학기술원에 동일하게 적용하기 어렵다. 또한 교원지위부존재확인 등 민사소송을 통한 구제수단은 한국과학기술원의 권익을 구제할 실효적인 권리구제수단으로 보기 어렵고, 교원과 동등하게 청구인에게 행정소송을 제기할 수 있도록 하더라도 교원소청심사위원회 결정의 효력이 정지되지 않는 등 교원의 신분보장에 특별한 장애사유가 생긴다거나 그 권리구제에 공백이 발생하는 것이라고 보기 어렵다. 그럼에도 심판대상조항은 청구인이 교원소청심사결정에 대하여 행정소송을 제기함으로써 법관에 의한 재판을 받을 권리를 합리적 이유 없이 부인하고 있으므로 청구인의 재판청구권을 침해한다.

결정의 의의

헌법재판소는 2006. 2. 23. 2005헌가7등 결정에서 사립학교법인으로 하여금 교원소청심사결정에 대한 행정소송을 제기할 수 없도록 규정한 구 '교원지위향상을 위한 특별법' 제10조 제3항에 대해 학교법인과 그 소속 교원의 법률관계 및 불리한 처분이 사법적 법률행위로서의 성격을 지니고, 학교법인이 재심절차(현행 교원소청심사절차)에서 일방 당사자의 지위에 있음에도 교원과 달리 행정소송을 제기하지 못하게 함으로써 재판청구권 등을 침해한다는 취지로 위헌결정을 한 바 있다.

이 사건은, 교원의 신분보장을 둘러싼 재판상 권리구제절차가 반드시 근로관계의 법적 성격에 의해서만 좌우되는 것은 아니며, 당해 학교의 설립목적과 공공적 성격의 정도, 국가의 감독 수준 등을 두루 고려하여 정할 수 있는 입법정책의 문제에 해당한다고 보면서, 2005헌가7등 결정에서 사립학교법인에 대해 판단한 것과 달리, 공법인 형태로 국가의 출연으로 설립된 한국과학기술원이나 광주과학기술원의 경우, 한국과학기술원 총장이나 광주과학기술원에 교원소청심사결정에 대해 행정소송을 제기하지 못하도록 하더라도 재판청구권을 침해하는 것이 아님을 밝히고 있다.

헌법재판론

13 행정안전부장관 이상민에 대한 탄핵심판 사건

2023.7.25. 2023헌나1 [행정안전부장관(이상민) 탄핵] **[기각]**

1. 사건의 개요

(1) 2022. 10. 29. 토요일 서울 용산구 이태원동 해밀톤 호텔 서편의 골목길에 핼러윈데이(Halloween day)를 즐기려는 인파가 모여들었는데, 위 골목길은 평균 폭 4m의 티(T)자형의 내리막 경사로로, 골목길 위편에 '세계음식문화거리'가 있고, 아래편은 이태원역 1번 출구에 근접해 있다.

당일 17:00경부터 통행 인파가 늘면서 다중밀집 상태가 계속된 가운데 22:15 무렵 위 골목길에서 여러 사람이 동시다발적으로 넘어지면서 밀집된 사람들에게 눌림과 끼임이 발생하였고, 이러한 상황은 23:22경 해소되었다.

이때 발생한 눌림과 끼임에 의한 압력으로 사망자 총 159명, 부상자 총 320명의 인명피해사고가 발생하였다(이하 '이 사건 참사'라 한다).

(2) 피청구인은 2022. 5. 12. 행정안전부장관으로 임명된 사람으로서, 국회의원 176인은 2023. 2. 6. 피청구인이 이 사건 참사와 관련한 사전 예방과 사후 재난대응 조치 및 관련 발언을 함에 있어 헌법과 법률을 위반하였다는 이유로 '행정안전부장관(이상민) 탄핵소추안'을 발의하였다.

(3) 국회는 2023. 2. 8. 제403회 국회(임시회) 제4차 본회의에서 피청구인에 대한 탄핵소추안을 재적의원 299인 중 179인의 찬성으로 가결하였고, 소추위원은 2023. 2. 9. 헌법재판소법 제49조 제2항에 따라 소추의결서 정본을 헌법재판소에 제출하여 피청구인에 대한 탄핵심판을 청구하였다.

2. 심판의 대상

이 사건 심판대상은 행정안전부장관 이상민이 직무집행에 있어서 헌법이나 법률을 위반했는지 여부 및 파면 결정을 선고할 것인지 여부이다.

3. 주 문

이 사건 심판청구를 기각한다.

Ⅰ. 판시사항

1. 행정각부의 장의 탄핵 요건
2. 2022. 10. 29. 이태원에서 발생한 다중밀집으로 인한 인명피해사고(이하 '이 사건 참사'라 한다)와 관련하여, 피청구인의 사전 예방 조치가 헌법이나 법률을 위반하였는지 여부(소극)
3. 피청구인의 사후 재난대응 조치가 헌법이나 법률을 위반하였는지 여부(소극)
4. 피청구인의 사후 발언이 품위유지의무 위반에 해당하여 탄핵사유가 인정되는지 여부(소극)

Ⅱ. 결정요지

1. 행정각부의 장의 탄핵 요건

헌법재판소법 제53조 제1항이 규정한 '탄핵심판 청구가 이유 있는 경우'란 피청구인의 파면을 정당화할 수 있을 정도로 중대한 헌법이나 법률 위반이 있는 경우를 말한다. 행정각부의 장에 대한 파면 결정이 가져오는 국가적 손실이 경미하다고 보기는 어렵다. 다만 대통령과 비교할 때, 파면의 효과에 근본적인 차이가 있으므로, '법 위반 행위의 중대성'과 '파면 결정으로 인한 효과' 사이의 법익형량을 함에 있어 이 점이 고려되어야 한다.

2. 피청구인의 사전 예방 조치의 헌법이나 법률 위반 여부

'재난 및 안전관리 기본법'(이하 '재난안전법'이라 한다) 시행령은 재난관리주관기관이 없는 경우 행정안전부장관이 사후에 이를 지정할 수 있도록 한 것으로, 재난관리주관기관을 이 사건 참사 발생 전에 미리 지정하지 않았다고 하여 재난안전법을 위반한 것으로 보기 어렵다. 또 이 사건 참사 당시 적용된 '제4차 국가안전관리기본계획'과 '2022년 행정안전부 집행계획'은 법령에 따라 피청구인이 행정안전부장관으로 임명되기 전에 이미 작성된 것으로, 피청구인이 위 계획을 수정·변경하지 않았다는 이유로 위법하다고 볼 수 없다. 나아가 피청구인은 이 사건 참사 발생 전부터 재난안전법 제66조의11에 근거해 대규모·고위험 축제에 대해 예방, 대비를 하였으므로, 다중밀집사고 자체에 대한 예방, 대비가 전혀 없었다고 보기 어렵고, 세계 각국의 압사 사고 양상이나 다중밀집사고 예방 지침과 매뉴얼도 주최자 있는 행사나 직접적 관리자가 있는 구조물 내지 시설물 등과 관련되어 있으며, 다중밀집사고의 위험성이나 참사 당일 위험징후에 대하여 행정안전부나 피청구인에게 별도로 보고되지 않았으므로 피청구인에게 사전에 중앙재난안전대책본부(이하 '중대본'이라 한다), 중앙사고수습본부(이하 '중수본'이라 한다)를 설치하는 등 예방조치를 취할 것을 요구하기는 어렵다. 그 밖에 재난안전통신망은 2021. 5. 경 개통되었고, 재난안전통신망 구축·운영의 책임과 사용의 책임은 구분되므로, 피청구인이 재난안전통신망 구축·운영의무를 위반하였다고 보기 어렵다. 결국, 피청구인이 사전 재난예방과 관련하여, 헌법 제34조 제6항, 재난안전법 제4조 제1항, 제6조, 제22조, 제23조, 제25조의2, 제34조의8, 재난안전통신망법 제7조, 제8조를 위반하였다고 보기 어렵고, 나아가 헌법 제7조 제1항, 제10조, 국가공무원법 제56조를 위반하였다고 볼 수 없다.

3. 피청구인의 사후 재난대응 조치의 헌법이나 법률 위반 여부

피청구인이 이 사건 참사 발생 사실을 인지한 후 처음 보고받은 내용에만 기초하여 재난의 원인과 유형, 피해 상황 및 규모 등을 제대로 파악하고 재난대응 방안을 결정하기에는 한계가 있었고, 현장지휘소에서 소방재난본부장으로부터 상황 보고를 받았을 당시에는 긴급구조가 마무리되지 않아서 여전히 재난 원인과 유형, 피해 상황 및 규모 등이 명확히 파악되지 않았다. 이 사건 참사 발생 후 이루어진 초동조치를 살펴보면 중대본과 중수본이 수행하는 역할 내지 기능이 일정 부분은 실질적으로 수행되었고 중수본에서 할 수 있었던 재난대응이 중대본 운영의 형태로 이행되었다. 따라서 중대본과 중수본의 설치·운영에 관한 피청구인의 판단이 현저히 불합리하여 사회적 타당성을 잃은 정도에 이르렀다고 보기 어렵다. 한편 긴급구조통제단장에 의한 현장지휘 및 긴급구조지원기관과의 협력이 법령이 정한 바에 따라 원활하게 이루어지지 않았다고 하더라도, 피청구인이 소방청장 직무대리 등으로부터 특별한 협력요청을 받은 사실이 없었던 이상, 보다 적극적·구체적인 현장지휘·감독에 나아가지 않았다는 이유로 총괄·조정의무를 이행하지 않은 것으로 볼 수 없다. 나아가 중앙재난안전상황실의 설치·운영 및 국가재난관리시스템의 구축·운영에 관한 재난안전법을 위반하였다고 보기도 어렵다. 또 이 사건 참사 발생 당시 주최자 있는 지역축제에 적용되는 안전관리계획의 수립·점검, 매뉴얼 등을 유추 적용할 수 있는지에 관한 확립된 기준이 없어 체계적 대응이 어려웠으며, 피청구인이 참사 현장으로 이동하는 과정에서 지시 및 협력요청을 계속한 점을 고려할 때, 피청구인이 성실의무를 위반하였다고 보기 어렵다. 그 밖에 국민의 생명·신체의 안전을 보호하기 위한 조치가 필요한 상황이었음에도 피청구인이 아무런 보호조치를 취하지 않거나, 적절하고 효율적인 보호조치가 분명히 존재하는 상황에서 피청구인이 이를 이행하지 않은 것이 명백한 경우에 해당하지 않으므로, 헌법상 기본권 보호의무를 위반하였다고 볼 수도 없다. 결국 피청구인의 사후 재난대응 조치가 헌법 제34조 제6항, 재난안전법 제4조 제1항, 제6조, 제14조, 제15조, 제15조의2, 제18조, 제74조를 위반하였다고 보기는 어렵고, 나아가 헌법 제7조 제1항, 제10조, 국가공무원법 제56조를 위반하였다고 볼 수 없다.

4. 피청구인의 사후 발언의 탄핵사유 인정 여부

표현행위가 품위손상행위로서 탄핵사유가 되는지 여부는 신중한 판단이 필요하다. 피청구인의 발언 중 참사 원인과 골든타임에 관한 발언이 부적절한 점은 인정되나, 이러한 발언들은 수동적 답변으로서, 참사 원인이나 경과를 왜곡할 의도가 있었던 것이라고 보기 어렵고, 피청구인이 해명·사과한 점 등을 종합하면, 그로 인해 재난 및 안전관리 업무에 관한 국민의 신뢰가 현저히 실추되었다거나 파면을 정당화할 정도로 재난 및 안전관리 행정의 기능이 훼손되었다고 보기 어려우므로 탄핵사유가 인정되지 않는다.

결정의 의의

이 사건은 우리 헌정사 최초의 '행정안전부장관(행정각부의 장이자 국무위원)에 대한 탄핵심판청구' 사건이자, 대통령(2인)과 법관 탄핵에 이은 4번째 탄핵심판청구 사건이다.

피청구인은 재난 및 안전에 관한 정책의 수립·총괄·조정을 관장하는 행정안전부의 장으로, 다중밀집으로 인한 인명피해사고인 이 사건 참사와 관련하여 사전 예방·대비, 사후 재난대응 조치 및 관련 발언을 함에 있어 헌법과 법률을 위반하였는지가 문제되었다.

헌법재판소 전원재판부는 이 사건 탄핵심판청구를 기각하는 데 의견이 일치하였으나, 그 이유에 있어서는 3가지로 나뉘었다. 각 의견은 위법성 판단을 달리하였으나, 기각 결론에서는 의견이 일치한다.

[법정의견] 피청구인이 재난관리 주무부처의 장으로서 재난대응 과정에서 최적의 판단과 대응을 하지 못하였다 하더라도, 헌법과 법률의 관점에서 보았을 때 재난대응기구의 설치·운영 및 재난관리 총괄·조정 등에 관한 재난안전법, 공무원의 성실의무 등을 규정한 국가공무원법, 국민의 기본권 보호에 관한 헌법 규정을 위반한 것으로 보기는 어렵다고 보아 탄핵심판청구를 '기각'하였다.

[이에 대한 재판관 3인(재판관 김기영, 문형배, 이미선)의 별개의견] 피청구인의 사후대응이 국가공무원법상 성실의무를 위반하였고, 피청구인의 참사원인, 골든타임에 관한 발언 및 재난관리주관기관에 관한 일부 사후 발언이 국가공무원법상 품위유지의무를 위반하였으나, 파면을 정당화하는 사유가 존재하지는 않는다고 보아 (기각) 법정의견과 이유를 달리 하였다. 또한 [재판관 1인(재판관 정정미)의 별개의견]은, 피청구인의 참사원인, 골든타임에 관한 발언 및 재난관리주관기관에 관한 일부 사후 발언이 품위유지의무에 위반되나 법 위반 행위가 중대하여 파면을 정당화하는 사유로는 볼 수 없어(기각) 법정의견과 이유를 달리하였다.

제2장 | 합헌 요약판례

01 항거불능 상태를 이용하여 간음·추행을 한 자 처벌 조항 사건

(2022.1.27. 2017헌바528 [형법 제299조 위헌소원])　　　　　　　　　　　　　　　　　　　**[합헌]**

Ⅰ. 판시사항

형법 제299조 중 '항거불능' 부분(이하 '심판대상조항'이라 한다)이 죄형법정주의 명확성원칙에 위배되는지 여부(소극)

Ⅱ. 결정요지

심판대상조항의 사전적 의미와 형법 제299조의 입법목적을 고려하면 '항거불능'의 상태란 가해자가 성적인 침해행위를 함에 있어 별다른 유형력의 행사가 불필요할 정도로 피해자의 판단능력과 대응·조절능력이 결여된 상태를 말하는 것으로 볼 수 있는 점, '항거불능'의 상태는 형법 제299조의 문언상 '심신상실'에 준하여 해석되어야 하고, 강간죄 또는 강제추행죄에서 폭행·협박으로 인하여 야기된 대항능력의 결여 상태와도 상응하여야 하는 점, 대법원도 이러한 전제에서 심판대상조항의 의미에 관하여 일관된 해석을 제시하고 있는 점 등을 종합적으로 고려하면, 심판대상조항은 그 의미를 예측하기 곤란하다거나 법 집행기관의 자의적 해석이나 적용가능성이 있는 불명확한 개념이라고 보기 어려우므로 죄형법정주의의 명확성원칙에 위배되지 아니한다.

02 지역아동센터 이용아동 구성 제한 사건

(2022.1.27. 2019헌마583 [2019년 지역아동센터 지원 사업안내 제1장 1. 목적 등 위헌확인])　　　**[기각]**

Ⅰ. 판시사항

1. 지역아동센터 시설별 신고정원의 80% 이상을 돌봄취약아동으로 구성하도록 정한 '2019년 지역아동센터 지원 사업안내' 제3장 지역아동센터 운영 2. 이용아동 선정기준 나. 선정기준별 이용아동 구분 3) 이용아동 등록의 '시설별 신고정원의 80%이상은 돌봄취약아동이어야 하며, 일반아동은 20% 범위 내에서 등록가능' 부분(이하 '이 사건 이용아동규정'이라 한다)이 법률유보원칙을 위반하여 지역아동센터 운영자와 이용아동인 청구인들의 기본권을 침해하는지 여부(소극)
2. 이 사건 이용아동규정이 과잉금지원칙을 위반하여 청구인들의 기본권을 침해하는지 여부(소극)

Ⅱ. 결정요지

1. 쟁점의 정리

이 사건 이용아동규정이 지역아동센터 이용아동을 모집, 구성하는 데 일정한 요건을 규정한 것이 법률유보원칙 또는 과잉금지원칙을 위반하여 청구인 운영자들의 직업수행의 자유 및 청구인 아동들의 인격권을 침해하는지 여부를 차례로 살핀다.

2. 법률유보원칙 위반 여부

이 사건 이용아동규정이 돌봄취약아동을 지역아동센터 시설별 신고정원의 80% 이상 유지하도록 한 것이 수권 법률조항의 목적에 배치되거나 관련 조항의 내용을 위반함으로써 법률유보원칙을 위반하여 청구인들의 기본권을 침해한다고 할 수 없다.

3. 과잉금지원칙 위반 여부

지역사회에는 소득이 부족하거나 가구형태가 돌봄에 적합하지 않은 등 다양한 형태로 돌봄에 취약한 환경에 놓여있는 아동들이 있으며, 이들에게 지역아동센터의 돌봄서비스가 우선적으로 제공되도록 한정된 예산과 자원을 적절히 배분하고자 하는 공익은 결코 가볍지 않다. 반면, 이 사건 이용아동규정에 따라 청구인 운영자들이 받는 제약은, 신고정원을 축소하거나 제한하는 것이 아니라 돌봄취약아동의 우선적 이용을 보장하는 것일 뿐이다. 이용아동 구성이 달라진다고 하여 청구인 운영자들의 지역아동센터 운영에 어떠한 본질적인 차이를 가져온다고 보기 어렵고, 청구인 운영자들은 국가의 재정적 지원에 상응하는 공익적 의무를 부담할 수 있다는 것을 충분히 예견할 수 있다. 따라서 이 사건 이용아동규정이 청구인 운영자들의 직업 수행의 자유를 중대하게 제한하고 있다고 할 수 없다. 이 사건 이용아동규정의 취지는 지역아동센터 이용에 있어서 돌봄취약아동과 일반아동을 분리하려는 것이 아니라 돌봄취약아동에게 우선권을 부여하려는 것이다. 돌봄취약아동이 일반아동과 함께 초·중등학교를 다니고 방과 후에도 다른 돌봄기관을 이용할 선택권이 보장되고 있는 이상, 설령 이 사건 이용아동규정에 따라 돌봄취약아동이 일반아동과 교류할 기회가 다소 제한된다고 하더라도 그것만으로 청구인 아동들의 인격 형성에 중대한 영향을 미친다고 보기는 어렵다. 이 사건 이용아동규정은 과잉금지원칙에 위반하여 청구인 운영자들의 직업수행의 자유 및 청구인 아동들의 인격권을 침해하지 않는다.

---

03 명의신탁이 증여로 의제되는 경우 증여세 신고의무 사건

(2022.2.24. 2019헌바225 [구 상속세 및 증여세법 제68조 제1항 본문 위헌소원])　　　　　　　　　**[합헌]**

Ⅰ. 판시사항

명의신탁이 증여로 의제되는 경우 명의신탁의 당사자에게 '증여세의 과세가액 및 과세표준을 납세지관할세무서장에게 신고할 의무'(이하 '증여세 신고의무'라고 한다)를 부과하는 구 '상속세 및 증여세법' 제68조 제1항 본문의 '제4조의 규정에 의하여 증여세납세의무가 있는 자' 가운데 제4조 제1항 본문 중 제41조의2 제1항 본문에 관한 부분, 같은 법 제68조 제1항 본문의 '제4조의 규정에 의하여 증여세납세의무가 있는 자' 가운데 제4조 제4항 중 제41조의2 제1항 본문에 관한 부분 등(이하 '심판대상조항'이라 한다)이 일반적 행동의 자유를 침해하는지 여부(소극)

Ⅱ. 결정요지

심판대상조항은 명의신탁이 증여로 의제되는 경우 명의신탁의 당사자에게도 다른 여타의 증여세 납세의무자와 동일하게 증여세 신고의무를 부과함으로써, 효과적인 조세 부과 및 징수를 담보하고, 궁극적으로는 명의신탁을 내세워 조세를 회피하는 것을 방지하여 조세정의와 조세평등을 실현하려는 것이다.

명의신탁의 당사자에게 부과되는 증여세가 행정상 제재의 성격을 갖는 측면이 있다고는 하지만 기본적으로는 조세에 해당하고, 명의신탁의 당사자라고 하여 일률적으로 신고의무를 부담하는 것이 아니라 조세회피의 목적이 없는 경우에는 신고의무를 부담하지 아니하므로, 심판대상조항이 명의신탁의 당사자에게 필요 이상의 과도한 제한을 부과하는 것이라고 할 수 없다.

증여세 납세의무를 부담하는 명의신탁의 당사자에게 신고의무를 부담시키고 증여세를 부과하는 것은 명의신탁이 증여의 은폐수단으로 이용되거나 각종 조세의 회피수단으로 이용되는 것을 방지하는 데 결정적으로 기여하고, 이러한 공익은 심판대상조항이 부과하는 증여세 신고의무로 인해 청구인들이 받게 되는 불편함보다 훨씬 중대하다.

따라서 심판대상조항이 일반적 행동의 자유를 침해한다고 볼 수 없다.

04 민간어린이집에 인건비를 지원하지 않는 보건복지부지침 사건

(2022.2.24. 2020헌마177 [2020년도 보육사업안내 중 X.보육예산 지원 1.공통사항 부분 등 위헌확인])　　**[기각]**

Ⅰ. 판시사항

국공립어린이집, 사회복지법인어린이집, 법인·단체등어린이집 등과 달리 민간어린이집에는 보육교직원 인건비를 지원하지 않는 '2020년도 보육사업안내' 본문 X. 보육예산 지원(어린이집별 지원), 2. 국공립·법인어린이집 등 지원, 가. 대상 어린이집 부분(이하 '심판대상조항'이라 한다)이 민간어린이집을 운영하는 청구인의 평등권을 침해하는지 여부(소극)

Ⅱ. 결정요지

영유아보육법상 어린이집은 설치·운영의 주체가 인건비 지원을 받고 있는지 및 영리를 추구할 수 있는지에 따라 두 유형으로 구별된다. 국공립어린이집, 사회복지법인어린이집, 법인·단체등어린이집(이하 '국공립어린이집 등'이라 한다)은 보육예산으로부터 인건비 지원을 받으나 영리 추구를 제한받는다. 민간어린이집, 가정어린이집은 보육예산으로부터 인건비 지원을 받지 못하지만 영리를 추구하는 것이 일반적이다. 두 유형 사이에는 성격상 차이가 있으므로, 둘을 단순 비교하여 인건비 지원이 자의적으로 이루어지는지 판단하기는 쉽지 않다.

민간어린이집, 가정어린이집은 인건비 지원을 받지 않지만 만 3세 미만의 영유아를 보육하는 등 일정한 요건을 충족하면 보육교직원 인건비 등에 대한 조사를 바탕으로 산정된 기관보육료를 지원받는다. 보건복지부장관이 민간어린이집, 가정어린이집에 대하여 국공립어린이집 등과 같은 기준으로 인건비 지원을 하는 대신 기관보육료를 지원하는 것은 전체 어린이집 수, 어린이집 이용 아동수를 기준으로 할 때 민간어린이집, 가정어린이집의 비율이 여전히 높고 보육예산이 한정되어 있는 상황에서 이들에 대한 지원을 국공립어린이집 등과 같은 수준으로 당장 확대하기 어렵기 때문이다.

이와 같은 어린이집에 대한 이원적 지원 체계는 기존의 민간어린이집을 공적 보육체계에 포섭하면서도 나머지 민간어린이집은 기관보육료를 지원하여 보육의 공공성을 확대하는 방향으로 단계적 개선을 이루어나가고 있다.

이상을 종합하여 보면, 심판대상조항이 합리적 근거 없이 민간어린이집을 운영하는 청구인을 차별하여 청구인의 평등권을 침해하였다고 볼 수 없다.

게임머니 등의 환전업 등 금지 사건

(2022.2.24. 2017헌바438 [게임산업진흥에 관한 법률 제32조 제1항 제7호 위헌소원])　　**[합헌]**

Ⅰ. 판시사항

1. 누구든지 게임물의 유통질서를 저해하는 행위로서, 게임물의 이용을 통하여 획득한 유·무형의 결과물(점수, 경품, 게임 내에서 사용되는 가상의 화폐로서 대통령령이 정하는 게임머니 및 대통령령이 정하는 이와 유사한 것을 말한다)을 환전 또는 환전 알선하거나 재매입을 업으로 하는 행위를 하여서는 아니 된다고 규정한 '게임산업진흥에 관한 법률'(이하 '게임산업법'이라 한다) 제32조 제1항 제7호(이하 '이 사건 금지조항'이라 한다)가 죄형법정주의 및 포괄위임금지원칙에 위배되는지 여부(소극)

2. 이 사건 금지조항 및 이에 해당하는 행위를 한 자는 5년 이하의 징역 또는 5천만 원 이하의 벌금에 처하도록 규정한 게임산업법 제44조 제1항 제2호 중 제32조 제1항 제7호에 관한 부분(이하 이 사건 금지조항과 합하여 '이 사건 법률조항들'이라 한다)이 과잉금지원칙을 위반하여 직업수행의 자유를 침해하는지 여부(소극)

Ⅱ. 결정요지

1. 죄형법정주의 및 포괄위임금지원칙 위배 여부

환전업 등이 금지되는 게임결과물에 관한 내용은, 전문적·기술적 사항으로서 게임산업 환경의 변동에 따른 탄력적 대응과 다양한 방식의 위법·탈법적인 행위의 신속한 차단을 위하여 하위 법령에 위임할 필요성이 인정된다. 대통령령으로 정하는 '게임머니' 및 '이와 유사한 것'에 대해서는, '게임 내에서 사용되는 가상의 화폐'라는 기준, 게임물의 유통질서를 저해하는 게임물 이용을 조장하는 행위를 차단하는 조항의 기능, 게임물의 유통질서를 저해하는 행위를 유형별로 나열하고 있는 게임산업법 제32조 제1항 각 호를 비롯하여 게임물의 내용과 이용 방식을 규제하는 게임산업법 및 기타 관련법 등을 토대로 그 구체적인 내용의 대강을 예측할 수 있다. 따라서 이 사건 금지조항은 죄형법정주의 및 포괄위임금지원칙에 위배되지 아니 한다.

2. 과잉금지원칙 위반 여부

게임물의 유통 및 이용과 관련하여 게임산업의 기반 또는 건전한 게임문화를 훼손하는 행위를 방지하는 것은 목적의 정당성이 인정되고, 이를 위해 위법한 게임물 이용을 조장하는 게임결과물 환전업 등을 금지하고 처벌하는 것은 수단의 적합성이 인정된다. 수범자를 모든 국민으로 하여 게임결과물의 환전 등을 '업으로 하는 행위'만을 금지하고, 그 대상물은 온라인 게임을 포함하는 모든 유형의 게임의 결과물이 포함될 수 있도록 하되, 현금 거래를 반복적으로 계속하면 게임산업법 및 기타 관련법상 위법한 게임물 이용을 조장하는 경우로 구체적인 범위를 한정한 것, 그리고 이에 해당하는 게임결과물에 대한 환전업 등 금지를 위반한 경우 형벌의 제재를 가하는 것은, 입법목적의 달성에 필요한 정도를 벗어났다고 보기 어려우므로, 침해의 최소성이 인정된다. 게임물의 유통질서를 저해하는 행위를 방지하는 것은 게임산업의 진흥 및 건전한 게임문화의 확립에 필요한 기초가 되는 공익이며, 이에 비하여 청구인들의 직업수행의 자유가 제한되는 정도가 결코 중하다고 볼 수 없으므로, 법익의 균형성도 인정된다. 따라서 이 사건 법률조항들은 과잉금지원칙을 위반하여 직업수행의 자유를 침해하지 아니한다.

06 군인 상호간 폭행죄에 '반의사불벌죄' 적용 배제 사건

(2022.3.31. 2021헌바62 [군형법 제60조의6 제1호 위헌소원])　　　　　　　　　　[합헌]

Ⅰ. 판시사항

군사기지·군사시설에서 군인 상호간의 폭행죄에 반의사불벌에 관한 형법조항의 적용을 배제하고 있는 군형법 제60조의6 제1호, 제2호 중 군인이 군사기지·군사시설에서 군인을 폭행한 경우 형법 제260조 제3항을 적용하지 아니하도록 한 부분(이하 '심판대상조항'이라 한다)이 형벌체계상 균형을 상실하여 평등원칙에 위반되는지 여부(소극)

Ⅱ. 결정요지

'일반 폭행죄'와 '군사기지·군사시설에서 군인 상호간의 폭행죄'는 타인의 신체에 대한 유형력 행사로 성립되는 죄라는 공통점이 있다. 그러나 전자는 '신체의 안전'을 주된 보호법익으로 함에 반하여, 후자는 '군 조직의 기강과 전투력 유지'를 주된 보호법익으로 한다는 점에서 차이가 있다. 또한 엄격한 위계질서와 집단생활을 하는 군 조직의 특수성으로 인하여 피해자가 가해자에 대한 처벌을 희망할 경우 다른 구성원에 의해 피해를 당할 우려가 있고, 상급자가 가해자·피해자 사이의 합의에 관여할 경우 피해자가 처벌불원의사를 거부하기 어려운 경우가 발생할 수 있다. 특히 병역의무자는 헌법상 국방의 의무의 일환으로서 병역의무를 이행하는 대신, 국가는 병영생활을 하는 병역의무자의 신체·안전을 보호할 책임이 있음을 고려할 때, 궁극적으로는 군사기지·군사시설에서의 폭행으로부터 병역의무자를 보호해야 한다는 입법자의 판단이 헌법이 부여한 광범위한 형성의 자유를 일탈한다고 보기 어렵다. 따라서 심판대상조항이 형벌체계상 균형을 상실하였다고 보기 어려우므로 평등원칙에 위반되지 아니한다.

07 복수 당적 보유 금지 사건

(2022.3.31. 2020헌마1729 [정당법 제42조 제2항 등 위헌확인])　　　　　　[기각, 각하]

Ⅰ. 판시사항

"누구든지 2 이상의 정당의 당원이 되지 못한다."라고 규정하고 있는 정당법 제42조 제2항(이하 '심판대상조항'이라 한다)이 정당의 당원인 청구인들의 정당 가입·활동의 자유를 침해하는지 여부(소극)

Ⅱ. 결정요지

심판대상조항은 정당의 정체성을 보존하고 정당 간의 위법·부당한 간섭을 방지함으로써 정당정치를 보호·육성하기 위한 것으로 볼 수 있다. 이러한 입법목적은 국민의 정치적 의사형성에 중대한 영향을 미치는 정당의 헌법적 기능을 보호하기 위한 것으로 정당하고, 복수 당적 보유를 금지하는 것은 입법목적 달성을 위한 적합한 수단에 해당한다. 복수 당적 보유가 허용될 경우 정당 간의 부당한 간섭이 발생하거나 정당의 정체성이 약화될 수 있고, 그 결과 정당이 국민의 정치적 의사형성에 참여하고 필요한 조직을 갖추어야 한다는 헌법적 과제를 효과적으로 수행하지 못하게 될 우려가 있다. 심판대상조항은 예외 없이 복수 당적 보유를 금지하고 있으나, 정당법상 당원의 입당, 탈당 또는 재입당이 제한되지 아니하는 점, 복수 당적 보유를 허용하면서도 예상되는 부작용을 실효적으로 방지할 수 있는 대안을 상정하기 어려운 점, 어느 정당의 당원이라 하더라도 일반에 개방되는 다른 정당의 경선에 참여하는 등 다양한 방법으로 정치적 의사를 표현할 수 있다는 점 등을 고려하면,

심판대상조항이 침해의 최소성에 반한다고 보기 어렵다. 나아가, 당원인 청구인들로 하여금 다른 정당의 당원이 될 수 없도록 하는 정당 가입 · 활동 자유 제한의 정도가 정당정치를 보호 · 육성하고자 하는 공익에 비하여 중하다고 볼 수 없다. 따라서 심판대상조항이 정당의 당원인 나머지 청구인들의 정당 가입 · 활동의 자유를 침해한다고 할 수 없다.

08 선거범죄로 인한 선거권 · 공무담임권 제한 사건

(2022.3.31. 2019헌마986 [공직선거법 제266조 제1항 등 위헌확인]) **[기각]**

Ⅰ. 판시사항

1. 공직선거법 제256조 제1항 제5호 중 제108조 제11항 제2호의 선거범죄로 100만 원 이상의 벌금형의 선고를 받고 그 형이 확정된 후 5년을 경과하지 아니한 자는 선거권이 없다고 규정한 공직선거법 제18조 제1항 제3호 중 제256조 제1항 제5호 가운데 제108조 제11항 제2호의 선거범죄를 범한 자로서 100만 원 이상의 벌금형의 선고를 받고 그 형이 확정된 후 5년을 경과하지 아니한 자에 관한 부분(이하 '선거권제한조항'이라 한다)이 청구인들의 선거권을 침해하는지 여부(소극)

2. 위 선거범죄로 100만 원 이상의 벌금형의 선고를 받은 자는 지방의회의원의 직에서 퇴직한다고 규정한 공직선거법 제266조 제1항 제1호 중 제256조 제1항 제5호 가운데 제108조 제11항 제2호의 죄를 범함으로 인하여 100만 원 이상의 벌금형의 선고를 받은 자는 지방의회의원의 직에서 퇴직되도록 한 부분(이하 '퇴직조항'이라 한다)이 청구인들의 공무담임권을 침해하는지 여부(소극)

Ⅱ. 결정요지

1. 선거권 침해 여부

선거권제한조항은 공정한 선거를 보장하고 선거범에 대하여 사회적 제재를 부과하며 일반국민에 대하여 선거의 공정성에 대한 의식을 제고하려는 목적을 달성하는데 적합한 수단이다. 공직선거법 제256조 제1항 제5호 중 제108조 제11항 제2호의 선거범죄는 선거에 관한 여론조사의 결과에 영향을 미치게 하기 위하여 둘 이상의 전화번호를 착신전환 등의 조치를 하여 같은 사람이 두 차례 이상 응답하는 행위 또는 이를 지시 · 권유 · 유도하는 행위를 구성요건으로 하는 범죄(이하 이를 '착신전환 등을 통한 중복 응답 등 범죄'라 한다)로서 이러한 방식으로 여론조사가 시행되면 여론조사 결과에 유권자의 진정한 의사를 반영하지 못하여 선거의 공정성을 해칠 우려가 있다. 선거의 공정성을 담보하기 위해서는 착신전환 등을 통한 중복 응답 등 범죄를 한 사람에 대한 선거권 제한이 필요하다. 선거권제한조항은 착신전환 등을 통한 중복 응답 등 범죄로 100만 원 이상의 벌금형의 선고를 받고 형이 확정된 후 5년이 경과하지 아니한 경우에 선거권을 제한하여 그 대상과 기간이 제한적이다. 법원이 벌금 100만 원 이상의 형을 선고한다면, 여기에는 피고인의 행위가 선거의 공정을 침해할 우려가 높다는 판단과 함께 피고인의 선거권을 일정 기간 박탈하겠다는 판단이 포함되어 있다고 보아야 한다. 선거권 제한을 통하여 달성하려는 선거의 공정성 확보라는 공익이 선거권을 행사하지 못함으로써 침해되는 개인의 사익보다 크다. 따라서 선거권제한조항은 선거권을 침해하지 아니한다.

2. 공무담임권 침해 여부

퇴직조항은 선거에 관한 여론조사의 결과에 부당한 영향을 미치는 행위를 방지하고 선거의 공정성을 담보하며 공직에 대한 국민 또는 주민의 신뢰를 제고한다는 목적을 달성하는데 적합한 수단이다. 지방의회의원이 선거의 공정성을 해하는 범죄로 유죄판결이 확정되었다면 지방자치행정을 민주적이고 공정하게 수행할 것이라고 기대하기 어렵다. 오히려 그의 직을 유지시키는 것이 공직 전체에 대한 신뢰 훼손으로 이어질 수 있다. 대상 범죄인 착신전환 등을 통한 중복 응답 등 범죄는 선거의 공정성을 직접 해하는 범죄로, 위 범죄로 형사처벌을 받은 사람이라면 지방자치행정을 민주적이고 공정하게 수행할 것이라 볼 수 없다. 입법자는 100만 원 이상의 벌금형 요건으로 하여 위 범죄로 지방의회의원의 직에서 퇴직할 수 있도록 하는 강력한 제재를 선택한 동시에 퇴직 여부에 대하여 법원으로 하여금 구체적 사정을 고려하여 판단하게 하였다. 당선무효, 기탁금 등 반환, 피선거권 박탈만으로는 퇴직조항, 당선무효, 기탁금 등 반환, 피선거권 박탈이 동시에 적용되는 현 상황과 동일한 정도로 공직에 대한 신뢰를 제고하기 어렵다. 퇴직조항으로 인하여 지방자치의원의 직에서 퇴직하게 되는 사익의 침해에 비하여 선거에 관한 여론조사의 결과에 부당한 영향을 미치는 행위를 방지하고 선거의 공정성을 담보하며 공직에 대한 국민 또는 주민의 신뢰를 제고한다는 공익이 더욱 중대하다. 퇴직조항은 청구인들의 공무담임권을 침해하지 아니한다.

09 공무원 징계에 따른 승진, 승급, 정근수당 제한 사건

(2022.3.31. 2020헌마211 [국가공무원법 제80조 제6항 등 위헌확인])　　　　　　　　　　　　　**[기각, 각하]**

Ⅰ. 판시사항

1. 공무원이 징계처분을 받은 경우 대통령령등으로 정하는 기간 동안 승진임용 및 승급을 제한하는 국가공무원법 제80조 제6항 본문(이하 '이 사건 법률조항'이라 한다)이 포괄위임금지원칙에 위반되는지 여부(소극)
2. 공무원이 감봉처분을 받은 경우 12월간 승진임용을 제한하는 이 사건 법률조항 중 '승진임용'에 관한 부분 및 공무원임용령 제32조 제1항 제2호 나목(이하 두 조항을 통틀어 '이 사건 승진조항'이라 한다)이 공무담임권을 침해하는지 여부(소극)
3. 공무원이 감봉처분을 받은 경우 12월간 승급을 제한하는 이 사건 법률조항 중 '승급'에 관한 부분 및 공무원보수규정 제14조 제1항 제2호 나목(이하 두 조항을 통틀어 '이 사건 승급조항'이라 한다), 정근수당을 지급하지 않는 '공무원수당 등에 관한 규정' 제7조 제2항 중 '감봉처분을 받은 공무원'에 관한 부분(이하 '수당제한규정'이라 한다)이 재산권을 침해하는지 여부(소극)

Ⅱ. 결정요지

1. 이 사건 법률조항의 문언상 의미와 입법취지 및 관련 조항 전체를 유기적·체계적으로 종합하여 고려하면, 이 사건 법률조항의 위임을 받은 대통령령등에는 강등·정직·감봉·견책이라는 징계의 종류 또는 징계사유에 따라 개별 징계처분의 취지를 담보할 정도의 승진임용 또는 승급 제한기간이 규정될 것을 예측할 수 있다. 위 조항은 포괄위임금지원칙에 위배된다고 할 수 없다.
2. 징계처분에 따른 승진임용 제한기간을 정함에 있어서는 일반적으로 승진임용에 소요되는 기간을 고려하여 적어도 공무원 징계처분의 취지와 효력을 담보할 수 있는 기간이 설정될 필요가 있다. 감봉의 경우 12개월간 승진임용이 제한되는데 이는 종래 18개월이었던 것을 축소한 것이며, 강등·정직(18개월)이나 견책(6개월)과의 균형을 고려하면 과도하게 긴 기간이라고 보기는 어렵다. 비위공무원에 대한 징계를 통해 불이익을 줌으로써 공직기강을 바로 잡고 공무수행에 대한 국민의 신뢰를 유지하고자 하는 공익은 제한되는 사익 이상으로 중요하다. 이 사건 승진조항은 과잉금지원칙을 위반하여 청구인의 공무담임권을 침해하지 않는다.
3. 감봉의 경우 12개월간 승급이 제한되는데 이는 승진임용 제한기간과 동일한 기간으로서 과도하다고 보기는 어렵다. 이 기간은 종래 18개월이었던 것을 축소한 것이며, 강등·정직(18개월)이나 견책(6개월)과의 균형을 고려하면 이보다 더 짧은 기간을 정해야 한다고 보기는 어렵다. 정근수당은 1월과 7월의 보수지급일에 연 2회 지급되는데, 수당제한규정은 지급대상기간 중 감봉처분을 받은 경우 1회의 정근수당 지급을 제한하는 데 그

치고 그 불이익이 지속되는 것은 아니다. 이 사건 승급조항 및 수당제한규정은 과잉금지원칙을 위반하여 청구인의 재산권을 침해하지 않는다.

10 주택법상 주택공급계약취소 시 선의의 제3자 보호 미규정 사건

(2022.3.31. 2019헌가26 [구 주택법 제39조 제2항 위헌제청])　　　　　　　　　　　　　　　[합헌]

Ⅰ. 판시사항

사업주체가 공급질서 교란행위를 이유로 주택공급계약을 취소한 경우 선의의 제3자 보호규정을 두고 있지 않는 구 주택법 제39조 제2항이 입법형성권의 한계를 벗어나서 선의의 제3자의 재산권을 침해하는지 여부(소극)

Ⅱ. 결정요지

입법자는 헌법 제23조 제1항 제2문에 따라 소유권의 내용과 한계를 구체적으로 형성할 권한이 있고, 소유권을 취득할 수 있는 범위와 예외를 설정하는 것은 입법자의 구체적 입법형성권에 속하므로, 심판대상조항이 입법형성권의 한계를 일탈한 것인지를 살펴볼 필요가 있다.

심판대상조항의 입법취지는 주택이 최초로 공급되는 단계부터 투기적 행위 등 공급질서를 교란시키는 행위를 차단함으로써 투명하고 공정한 주택공급 절차를 확립하고, 이를 통해 실수요자 위주의 건전한 주택공급체계의 토대를 형성하는 것이다.

우리나라에서 주택의 공급량은 수요에 비해 부족한 것이 현실이고, 주택법 등이 정한 절차에 따라 공급되는 주택의 가격은 보통 시장가보다 저렴하기 때문에 주택에 대한 투기수요가 상존하고 있다. 실수요자인 무주택 서민들에게 주택이 우선적으로 공급되는 것을 목적으로 하는 주택공급제도의 목표를 달성하기 위해서는, 주택 분양단계에서 그 절차 및 과정이 투명하고 공정하게 운영되는 것이 특히 중요하다. 사업주체가 공급질서 교란자와 체결한 주택공급계약을 취소할 수 있도록 하는 것은 이를 위해 필요하고 적절한 조치이다.

공급질서 교란행위에도 불구하고 선의의 제3자를 보호한다면 거래의 안전성 증진에는 긍정적인 효과를 기대할 수 있지만, 분양단계에서 훼손된 투명성과 공정성을 회복하지 못한다는 점에서 심판대상조항의 입법취지에 부합하지 않는 면이 있다. 한편 심판대상조항은 '주택공급계약을 취소할 수 있다'고 규정하여 사업주체가 선의의 제3자 보호의 필요성 등을 고려하여 주택공급계약의 효력을 유지할 수 있는 가능성을 열어두고 있다.

심판대상조항은 입법형성권의 한계를 벗어났다고 보이지 않으므로 재산권을 침해하지 않아 헌법에 위반되지 아니한다.

11 부동산을 '사실상 취득'한 경우에도 취득세 부과 조항 사건

(2022.3.31. 2019헌바107 [지방세법 제7조 제2항 위헌소원])　　　　　　　　　　　　　　　[합헌]

Ⅰ. 판시사항

1. 민법에 따라 등기를 하지 아니한 경우라도 부동산을 사실상 취득한 경우 그 취득물건의 소유자 또는 양수인을 취득자로 보도록 한 구 지방세법 제7조 제2항 본문 중 '부동산의 사실상 취득'에 관한 부분(이하 '심판대상조항'이라 한다)이 과세요건 명확주의에 위배되는지 여부(소극)
2. 심판대상조항이 과잉금지원칙에 반하여 재산권을 침해하는지 여부(소극)

II. 결정요지

1. 취득세의 목적, 성격과 심판대상조항의 규정내용 등을 종합하면, 심판대상조항에서 말하는 '부동산의 사실상 취득'이라 함은 등기와 같은 소유권 취득의 형식적 요건을 갖추지는 못하였으나 대금의 지급과 같은 소유권 취득의 실질적 요건을 갖춘 경우를 말하고, 매매에 있어서는 사회통념상 대금의 거의 전부가 지급되었다고 볼 만한 정도의 대금지급이 이행된 경우를 의미하는 것임을 충분히 예측할 수 있다. 따라서 심판대상조항은 과세요건 명확주의에 위배된다고 볼 수 없다.

2. 심판대상조항이 부동산을 사실상 취득한 양수인에게 취득세를 부과하는 것은 조세공평과 조세정의를 실현하기 위한 것으로서, 심판대상조항에 의하더라도 양수인이 등기를 마치지 아니한 모든 경우가 아니라 사회통념상 대금의 거의 전부가 지급되었다고 볼 수 있는 경우에만 취득세를 부과하므로, 입법목적의 달성에 필요한 정도를 벗어났다고 보기 어렵다. 따라서 심판대상조항은 과잉금지원칙에 반하여 재산권을 침해한다고 볼 수 없다.

12 서울대학교 정시모집 교과이수 가산점 사건

(2022.3.31. 2021헌마1230 [2022학년도 대학 신입학생 정시모집 안내 위헌확인])　　　　　　　**[기각]**

I. 판시사항

1. ○○대학교 총장의 '2022학년도 대학 신입학생 정시모집('나'군) 안내' 중 수능 성적에 최대 2점의 교과이수 가산점을 부여하고, 2020년 2월 이전 고등학교 졸업자에게 모집단위별 지원자의 가산점 분포를 고려하여 모집단위 내 수능점수 순위에 상응하는 가산점을 부여하도록 한 부분(이하 '이 사건 가산점 사항'이라 한다)이 법률유보원칙에 위반되어 청구인의 교육받을 권리를 침해하는지 여부(소극)
2. 이 사건 가산점 사항이 청구인을 불합리하게 차별하여 균등하게 교육받을 권리를 침해하는지 여부(소극)

II. 결정요지

1. 고등교육법 및 동법 시행령은 대학의 장이 입학전형에 의하여 학생을 선발하고, 이를 위하여 고등학교 학교생활기록부의 기록, 수능 성적 등을 입학전형자료로 활용할 수 있다고 규정하고 있다. 따라서 이 사건 가산점 사항은 법률유보원칙에 위반되어 청구인의 교육받을 권리를 침해하지 아니한다.

2. 이 사건 가산점 사항은, 2015 개정 교육과정의 내실 있는 운영이라는 공익을 추구하면서도, 위 교육과정을 따를 수 없는 지원자에게 동등한 기회를 제공하고 있다. 이는 2015 개정 교육과정을 이수한 사람들이 대부분 가산점 2점을 받는다면 해당 모집단위에 지원한 다른 교육과정 지원자들도 대부분 가산점 2점을 받게 되는 구조이므로, 청구인을 불합리하게 차별하여 균등하게 교육받을 권리를 침해하는 것이라고 볼 수 없다.

13 2010. 5. 24.자 대북조치로 인한 개성공단 보상입법요구 사건

(2022.5.26. 2016헌마95 [입법부작위 위헌확인])　　　　　　　**[각하]**

I. 판시사항

1. 통일부장관이 2010. 5. 24. 발표한 북한에 대한 신규투자 불허 및 진행 중인 사업의 투자확대 금지 등을 내용으로 하는 대북조치(이하 '2010. 5. 24.자 대북조치'라 한다)가 헌법 제23조 제3항 소정의 재산권의 공용제한에 해당하는지 여부(소극)

2. 2010. 5. 24.자 대북조치로 인하여 재산상 손실을 입은 자에 대한 보상입법을 마련하지 아니한 입법부작위에 대한 심판청구가 적법한지 여부(소극)

Ⅱ. 결정요지

1. 재산권의 공용제한에 해당 여부

2010. 5. 24.자 대북조치가 개성공단에서의 신규투자와 투자확대를 불허함에 따라 청구인이 보유한 개성공단 내의 토지이용권을 사용·수익하지 못하게 되는 제한이 발생하기는 하였으나, 이는 개성공단이라는 특수한 지역에 위치한 사업용 재산이 받는 사회적 제약이 구체화된 것일 뿐이므로, 공익목적을 위해 이미 형성된 구체적 재산권을 개별적, 구체적으로 제한하는 헌법 제23조 제3항 소정의 공용 제한과는 구별된다. 그렇다면 <u>2010. 5. 24.자 대북조치로 인한 토지이용권의 제한은 헌법 제23조 제1항, 제2항에 따라 재산권의 내용과 한계를 정한 것인 동시에 재산권의 사회적 제약을 구체화하는 것으로 볼 수 있다.</u>

2. 입법부작위 헌법소원청구의 적법성 여부

2010. 5. 24.자 대북조치에 대하여 보상입법을 두지 않은 입법부작위는 진정입법부작위로서, 헌법의 명시적 입법위임이나 헌법해석상 입법의무가 있을 것을 요건으로 한다. <u>헌법 제23조 제1항, 제2항은 입법자에게 2010. 5. 24.자 대북조치로 인한 재산권 제한에 대하여 보상하도록 하는 내용의 법률을 제정하여야 할 명시적이고 구체적인 입법의무를 부과하고 있지 않다.</u> 북한에 대한 투자는 그 본질상 다양한 요인에 의하여 변화하는 남북관계에 따라 불측의 손해가 발생할 가능성이 당초부터 있었고, 경제협력사업을 하고자 하는 자들은 이러한 사정을 모두 감안하여 자기 책임 하에 스스로의 판단으로 사업 여부를 결정하였다.

나아가 정부는 예기치 못한 정치적 상황 변동에 따른 경제협력사업자의 손실을 보전하기 위하여 남북협력기금을 재원으로 하는 비영리 정책보험인 경제협력보험제도를 운영하고, 남북 당국의 조치에 의하여 개성공단 사업이 상당기간 중단되는 경우 경영 안정을 위한 자금지원, 투자기업의 국내 이전이나 대체생산시설 설치에 대한 자금지원 등 필요한 조치를 취할 수 있도록 하고 있다. 이를 종합하면, 헌법 해석상으로도 <u>2010. 5. 24.자 대북조치로 인하여 재산상 손실을 입은 자에 대한 보상을 하여야 할 입법의무가 도출된다고 보기 어렵다.</u> 따라서 이 사건 입법부작위에 대한 심판청구는 부적법하다.

14 노조전임자급여지원 등 부당노동행위에 대한 형사처벌 사건

(2022.5.26. 2019헌바341 [노동조합 및 노동관계조정법 제81조 제4호 등 위헌소원])　　　　　　　**[합헌]**

Ⅰ. 판시사항

1. 노동조합을 지배·개입하는 행위를 금지하는 노동조합 및 노동관계조정법 제81조 제4호 본문 중 '근로자가 노동조합을 조직 또는 운영하는 것을 지배하거나 이에 개입하는 행위' 부분(이하 '이 사건 지배개입금지조항'이라 한다)이 죄형법정주의의 명확성원칙에 위배되는지 여부(소극)

2. 노조전임자의 급여를 지원하는 행위를 금지하는 노동조합 및 노동관계조정법 제81조 제4호 본문 중 '노동조합의 전임자에게 급여를 지원하는 행위' 부분(이하 '이 사건 급여지원금지조항'이라 한다)이 과잉금지원칙에 위배되는지 여부(소극)

3. 이 사건 지배개입금지조항과 이 사건 급여지원금지조항을 위반할 경우 사용자를 처벌하는 노동조합 및 노동관계조정법 제90조 가운데 이 사건 지배개입금지조항과 이 사건 급여지원금지조항에 관한 부분(이하 '이 사건 처벌조항'이라 한다)이 과잉금지원칙에 위배되는지 여부(소극)

4. 법인의 대표자가 이 사건 지배개입금지조항과 이 사건 급여지원금지조항을 위반할 경우 법인을 함께 처벌하는 노동조합 및 노동관계조정법 제94조 중 법인의 대표자가 그 법인의 업무에 관하여 이 사건 처벌조항의 위반행위를 한 경우에 관한 부분(이하 '이 사건 양벌조항'이라 한다)이 책임주의원칙에 위배되는지 여부(소극)

Ⅱ. 결정요지

1. '지배·개입'의 사전적 의미, 이 사건 지배개입금지조항의 입법목적과 연혁, 지배·개입행위의 특징 및 수범자의 특성 등을 종합하여 보면 '지배·개입행위'란 사용자가 노동조합의 조직·운영을 조종하거나 이에 간섭하는 일체의 행위로서 노동조합의 자주성을 저해하거나 저해할 위험성이 있는 행위라고 볼 수 있다. 비록 이 사건 지배개입금지조항은 '지배·개입'이라는 다소 광범위한 용어를 사용하고 있으나 수범자인 사용자가 노동조합과의 관계에서 자신의 행위를 결정해 나가기에 충분한 기준이 될 정도의 의미내용을 가지고 있다고 할 것이다. 또한 앞서 본 바와 같은 학설, 판례 등의 집적을 통하여 실무적 기준이 충분히 확립되어 있으므로 법집행자가 자의적으로 해석하는 것을 허용한다고 보기도 어렵다. 따라서 이 사건 지배개입금지조항이 헌법상 죄형법정주의가 요구하는 명확성원칙에 위반된다고 볼 수 없다.

2. 이 사건 급여지원금지조항은 사용자에 대한 근로제공 없이 노동조합의 업무만 담당하는 근로자에 대한 비용을 원칙적으로 노동조합 스스로 부담하도록 함으로써 노동조합의 자주성 및 독립성 확보에 기여하는 한편 나아가 경영의 효율성을 제고하고자 함에 목적이 있으므로 그 입법목적은 정당하다. 입법자는 사용자의 노조전임자에 대한 급여 지원 여부를 노사 자율에 맡기지 않고 부당노동행위로 규정하여 금지하는 것을 택하였는데, 이는 입법목적 달성을 위한 적합한 수단이다.

노조전임자에 대한 급여지원은 부당노동행위로서 '지배·개입행위'의 한 형태에 해당한다. 사용자가 노조전임자에 대한 급여지원 여부, 지원 규모 등을 조건으로 노동조합을 회유하거나 압박하는 등 노동조합의 활동에 영향력을 행사할 수 있으므로, 노동조합의 자주성의 중요성에 비추어 사용자의 이러한 행위는 금지하여야 할 필요성이 크다. 또한 이 사건 급여지원금지조항이 사용자의 노조전임자 급여지원을 금지하면서 예외적으로 근로시간 면제 한도의 범위 내에서 유급으로 노동조합의 업무를 수행할 수 있도록 한 것은 노동조합이 자주성을 잃지 않으면서도 노동조합의 활동을 일정수준 보장받을 수 있도록 적절한 균형점을 찾은 것으로 볼 수 있다. 이 사건 급여지원금지조항과 같이 노조전임자에 대한 급여지원을 금지하면서도 법령에 따라 정한 근로시간 면제 한도 내에서 유급으로 노조업무를 수행할 수 있게 함으로써 노조전임자를 둘러싼 불필요한 노사갈등이 예방되고, 근로시간 중 근로자의 조합활동이 감소하여 경영의 효율성이 올라가는 등 사용자의 입장에서 긍정적인 측면도 존재한다.

헌법재판소는 2018. 5. 31. 2012헌바90 결정에서 구 노동조합법 제81조 제4호 중 '노동조합의 운영비를 원조하는 행위'에 관한 부분이 노동조합의 단체교섭권을 침해한다고 판단하여 헌법불합치결정을 하였으나, 운영비 원조 금지와 노조전임자 급여 지원 금지는 그 금지의 취지와 규정의 내용, 예외의 인정 범위 등이 다르므로 이 사건 급여지원금지조항에 대하여 동일하게 볼 수는 없다. 위와 같은 사정들을 종합하면 이 사건 급여지원금지조항이 침해의 최소성에 반한다고 보기는 어렵다.

이 사건 급여지원금지조항으로 인하여 초래되는 사용자의 기업의 자유의 제한은 근로시간 면제 제도로 인하여 상당히 완화되는 반면에, 이 사건 급여지원금지조항은 노동조합의 자주성과 독립성 확보, 안정적인 노사관계의 유지와 산업 평화를 도모하기 위한 것으로서 그 공익은 중대하므로 법익의 균형성도 인정된다. 따라서 이 사건 급여지원금지조항은 과잉금지원칙에 위배되지 아니한다.

3. 사용자가 부당노동행위를 할 경우 노동위원회의 구제절차가 마련되어 있으나(노동조합법 제82조, 제84조), 노동위원회의 구제명령은 사후적인 원상회복을 목적으로 하므로 사용자의 부당노동행위를 예방하는 수단으로서는 불완전하다. 원상회복주의를 취할 경우 사용자가 구제명령을 충실히 이행하는 한 부당노동행위를 하였다는 사실에 대하여는 아무런 불이익을 받지 아니하여 사용자가 원하는 경우에 언제든지 부당노동행위를

다시 행할 여지가 있고, 특히 사용자가 노동조합에 대하여 지배·개입함으로써 노동조합에 미치는 부정적 영향은 단순히 금전으로 환산하여 배상하는 것만으로는 완전한 원상회복이 곤란할 가능성이 크다. 부당노동행위를 사전에 예방하고자 하는 취지, 부당노동행위가 노동조합의 조직과 활동 및 근로자의 근로3권에 미치는 악영향 등을 고려할 때 형사처벌보다 경한 과태료 처분 등으로 이 사건 처벌조항의 입법목적을 충분히 달성할 수 있다고 단정하기는 어렵다. 또한 이 사건 처벌조항은 법정형의 하한을 두고 있지 않으므로 비교적 경미한 불법성을 가진 행위에 대하여는 법관의 양형으로 책임에 알맞은 형벌이 선고될 수 있는 점 등을 고려할 때, 책임과 형벌의 비례원칙에 반한다거나 형벌체계상의 균형을 상실한 과잉형벌이라고 보기 어렵다.

따라서 이 사건 처벌조항은 과잉금지원칙에 위반되지 않는다.

4. 법인 대표자의 법규위반행위에 대한 법인의 책임은 법인 자신의 법규위반행위로 평가될 수 있는 행위에 대한 법인의 직접책임이므로, 대표자의 고의에 의한 위반행위에 대하여는 법인이 고의 책임을, 대표자의 과실에 의한 위반행위에 대하여는 법인이 과실 책임을 부담한다. 따라서 이 사건 양벌조항은 법인의 직접책임을 근거로 하여 법인을 처벌하므로 책임주의원칙에 위배되지 않는다.

15 선불폰 개통에 필요한 증서 등의 타인제공 금지 및 처벌 사건

(2022.6.30. 2019헌가14 [전기통신사업법 제30조 등 위헌제청])　　　　　　　　[합헌]

Ⅰ. 판시사항

이동통신사업자가 제공하는 전기통신역무를 타인의 통신용으로 제공하는 것을 원칙적으로 금지하고, 위반 시 형사처벌하는 전기통신사업법(2010. 3. 22. 법률 제10166호로 전부개정된 것) 제30조 본문 중 '누구든지 전기통신사업자 가운데 이동통신사업자가 제공하는 전기통신역무를 타인의 통신용으로 제공하여서는 아니 된다.' 부분과 제97조 제7호 중 '전기통신사업자 가운데 이동통신사업자가 제공하는 전기통신역무를 타인의 통신용으로 제공한 자'에 관한 부분이 헌법에 위반되는지 여부(소극)

Ⅱ. 결정요지

1. 제한되는 기본권

심판대상조항은 누구든지 이동통신사업자가 제공하는 전기통신역무를 타인의 통신용으로 제공하는 것을 원칙적으로 금지하고 위반 시 형사처벌하므로, 이동통신서비스 이용자의 일반적 행동자유권을 제한한다.

2. 일반적 행동자유권 침해 여부

심판대상조항은 이동통신사업자가 제공하는 전기통신역무를 타인의 통신용으로 제공하는 자를 형사처벌함으로써 명의자와 실제 이용자가 다른 차명휴대전화, 이른바 대포폰이 보이스피싱(Voice Phishing) 등 범죄의 범행도구로 악용되는 것을 방지하여 이동통신시장질서를 교란하는 행위 등을 막기 위한 취지의 조항으로 입법목적이 정당하고, 대포폰 개통에 필요한 증서 등을 제공하는 방법으로 이동통신서비스를 타인의 통신용으로 제공한 자를 형사처벌하는 것은 이러한 입법목적을 달성하기 위한 적합한 수단이다.

이동통신서비스를 타인의 통신용으로 제공한 사람들은 이동통신시장에 대포폰이 다량 공급되는 원인으로 작용하고 있으므로, 대포폰의 공급을 차단하여 이를 이용한 보이스피싱 등 신종범죄로부터 통신의 수신자 등을 보호하기 위해서는 이동통신서비스 이용자가 이동통신서비스를 타인의 통신용으로 제공하는 것을 금지하고 위반 시 처벌할 필요성이 크다. 대포폰으로 인한 보이스피싱 등 신종범죄의 발생 추세, 대포폰 개통에 명의를 제공한 자가 단속된 건수 등에 비추어 볼 때 보이스피싱 등 범죄의 범행도구로 악용될 위험을 과태료 등 행정질서벌의 제재만으로도 충분히 방지할 수 있다고 단정할 수 없으므로, 이동통신사업자가 제공하는 전기통신역무를 타인의 통신용으로 제공하는 것을 금지하는 데 실질적 강제력을 부여하기 위해 그 위반행위에 대하여 형벌을 부과하도록 규정한 입법자의 판단이 잘못되었다고 보기 어렵다. 나아가 이동통신서비스를 타인의 통신용으로 제공하는 행위로 인한 피해를 더 효과적으로 방지할 수 있는 수단이 마련되어 있다고 보기 어렵고, 달리 입법목적을 달성할 수 있는 효과적인 수단을 상정하기도 어렵다. 그 밖에 전기통신사업법은 예외적으로 처벌대상에서 제외되는 행위를 법에 직접 규정하여 기본권 침해를 최소화하고 있다(제30조 제1호 내지 제5호 참조). 따라서 심판대상조항이 침해의 최소성에 반한다고 보기는 어렵다.

심판대상조항은 이동통신시장질서를 교란하는 행위 등을 막기 위한 것인바, 차명휴대전화의 생성을 억제하여 보이스피싱 등 범죄의 도구로 악용될 가능성을 방지하는 것은 매우 중대한 공익이다. 반면 이동통신서비스 이용자는 심판대상조항으로 인해 이동통신서비스 이용계약 체결에 필요한 증서 등을 타인에게 제공하거나 자기 명의로 이동통신서비스 이용계약을 체결한 후 실제 이용자에게 휴대전화를 양도할 수 없는 불이익을 입을 뿐이다. 이처럼 이동통신서비스 이용자가 제한받는 사익의 정도가 공익에 비하여 과다하다고 보기 어려우므로, 심판대상조항은 법익의 균형성도 충족한다.

심판대상조항은 이동통신서비스 이용자의 일반적 행동자유권을 침해하지 아니하므로 헌법에 위반되지 아니한다.

16 전기통신금융사기 이용계좌에 대한 지급정지 및 거래제한 사건

(2022.6.30. 2019헌마579 [전기통신금융사기 피해 방지 및 피해금 환급에 관한 특별법 제4조 제1항 위헌확인])

[기각]

Ⅰ. 판시사항

1. 전기통신금융사기의 피해자가 피해구제 신청을 하는 경우 사기이용계좌를 지급정지하는 '전기통신금융사기 피해방지 및 피해금 환급에 관한 특별법' 제4조 제1항 제1호가 청구인의 재산권을 침해하는지 여부(소극)
2. 지급정지가 이루어진 사기이용계좌 명의인의 전자금융거래를 제한하는 구 '전기통신금융사기 피해방지 및 피해금 환급에 관한 특별법' 제13조의2 제1항, '전기통신금융사기 피해방지 및 피해금 환급에 관한 특별법' 제13조의2 제3항이 청구인의 일반적 행동자유권을 침해하는지 여부(소극)

Ⅱ. 결정요지

1. 지급정지조항에 대한 판단

전기통신금융사기의 범인이 피해자의 자금이 송금·이체된 계좌 및 해당 계좌로부터 자금의 이전에 이용된 계좌(이하 '사기이용계좌'라 한다)에서 피해금을 먼저 인출한다면 피해자는 전기통신금융사기로 인한 피해를 실질적으로 회복하기 어려우므로, 사기이용계좌에 대하여 피해자의 피해구제 신청에 따라 신속히 지급정지를 할 필요가 있다.

전기통신금융사기는 범행 이후 피해금 인출이 신속히 이루어지고 전기통신금융사기의 범인은 동일한 계좌를 이용하여 다수의 피해자를 상대로 여러 차례 범행을 저지를 가능성이 있으므로, 어느 한 피해자의 피해구제 신청으로 사기이용계좌라는 점이 드러난 경우 전기통신금융사기로 인한 피해를 실효적으로 구제하기 위하여는 피해금 상당액을 넘어 사기이용계좌 전부에 대하여 지급정지를 하는 것이 불가피하다.

피해자는 피해구제 신청을 하기 위하여 범죄 신고를 한 후 수사기관의 피해신고확인서와 신분증 사본을 첨부한 피해구제 신청서를 금융회사에 제출하여야 하며, 거짓으로 피해구제 신청을 하면 형사 처벌을 받으므로(통신사기피해환급법 제16조 제1호 참조), 거짓으로 피해구제 신청을 하거나 피해자가 전기통신금융사기의 범인과 공모하여 피해구제 신청을 함으로써 계좌 명의인이 부당한 지급정지 조치로 인한 손해를 입을 가능성은 낮다.

전기통신금융사기 범인이 피해자에게 그 범죄와 무관한 사람의 계좌에 피해금을 입금하도록 하고 범인은 그

계좌 명의인으로부터 재화 또는 용역을 제공받는 경우, 통신사기피해환급법은 계좌 명의인이 입금 받은 금원이 재화 또는 용역 공급의 대가 기타 정당한 권원에 의하여 취득한 것임을 객관적인 자료로 소명하여 이의제기를 하면 지급정지 조치가 해제될 수 있도록 규정하여(통신사기피해환급법 제7조 제1항 제2호, 제8조 제1항 제2호, 제2항 제2호 단서 참조), 계좌 명의인의 재산권 제한을 완화하는 규정을 마련하고 있다. 또한 계좌 명의인이 소명자료를 갖추어 이의제기를 하였음에도 금융회사가 부당하게 지급정지 조치의 종료를 지연함으로써 계좌 명의인이 손해를 입는다면, 계좌 명의인은 금융회사를 상대로 불법행위로 인한 손해배상을 청구할 수도 있을 것이다. 다만 피해자의 지급정지 신청 후 계좌 명의인의 이의제기가 있기 전까지는 피해금이 입금된 계좌가 범인이 지배하여 범행에 이용한 계좌인지 아니면 범행과 무관한 자 명의의 계좌인지를 구별할 방법이 없으므로, 위와 같은 통신사기피해환급법 및 민법상의 구제수단 이외에, 이의제기 결과 사후적으로 전기통신금융사기와 무관함이 밝혀진 사기이용계좌의 명의인에게 지급정지 조치를 하였다는 사정만을 이유로 한 손해배상에 관한 별도의 규정을 두지 않았다고 하더라도 재산권에 대한 과도한 제한으로 볼 수 없다.

지급정지조항으로 인하여 사후적으로 전기통신금융사기와 무관함이 밝혀진 계좌 명의인의 재산권이 일시적으로 제한될 수는 있으나, 그 제한의 정도가 전기통신금융사기 피해자를 실효적으로 구제하려는 공익에 비하여 결코 중하다고 볼 수 없다.

따라서 지급정지조항은 과잉금지원칙을 위반하여 청구인의 재산권을 침해하지 않는다.

2. 전자금융거래제한조항에 대한 판단

전기통신금융사기의 범인은 동일인 명의의 복수 계좌를 확보하여 범행에 나서는 경우가 적지 않으므로, 전기통신금융사기로 인한 피해를 예방하기 위하여는 피해구제 신청에 따라 전기통신금융사기에 관련된 것으로 드러난 계좌 명의인이 보유한 다른 계좌의 전자금융거래를 제한하는 것은 불가피하다.

전자금융거래 제한 조치가 이루어지더라도 계좌 명의인은 영업점에 방문하여 거래를 할 수 있고, 통신사기피해환급법은 거짓의 피해구제 신청으로 인한 부당한 전자금융거래 제한 조치가 이루어져 계좌명의인이 손해를 입는 것을 예방하는 장치를 마련하고 있으며, 범행과 무관한 계좌 명의인은 정당한 권원에 의하여 입금받은 것이라는 점을 소명하여 이의제기를 하고 전자금융거래 제한 조치를 종료시킬 수 있다.

따라서 전자금융거래제한조항은 과잉금지원칙을 위반하여 청구인의 일반적 행동자유권을 침해하지 않는다.

17 사관학교 교육기간의 군인연금법상 복무기간 미산입 사건

(2022.6.30. 2019헌마150 [군인연금법 제16조 제5항 위헌확인])   **[기각]**

Ⅰ. 판시사항

현역병 등의 복무기간과는 달리 사관생도의 사관학교 교육기간을 연금 산정의 기초가 되는 복무기간에 산입할 수 있도록 규정하지 아니한 구 군인연금법(2013. 3. 22. 법률 제11632호로 개정되고, 2019. 12. 10. 법률 제16760호로 전부개정되기 전의 것) 제16조 제5항 전문이 청구인들의 평등권을 침해하는지 여부(소극)

Ⅱ. 결정요지

심판대상조항은 본인의 의사와 상관없이 징집 또는 소집되어 열악한 근무환경 속에서 일정한 기간 국토방위 등의 직무를 수행하는 현역병 등의 공로를 복무기간 산입이라는 제도를 통해 보상하려는 목적을 가진다. 그러한 점에서 군인연금법은 어떤 형태의 군 복무이든 가리지 않고 그 복무기간을 군 복무기간으로 인정하는 것이 아니라 실역 복무기간으로 인정해도 좋을 만한 군 복무기간을 한정하여 산입하고 있다.

군간부후보생인 사관생도는 병역법 제5조 제1항 제1호의 현역으로 분류되고 군인에 준하여 신분상 및 생활상

규제를 받는 등 현역 군인과 유사한 지위를 가진다고 볼 여지도 있다. 그러나 현역병 등과 사관생도는 지위, 역할, 근무환경 등 여러 가지 측면에서 차이가 있다. 즉 사관생도는, 병역의무의 이행을 위해 본인의 의사와 상관없이 복무 중인 현역병 등과는 달리 자발적으로 직업으로서 군인이 되기를 선택한 자들이다. 현역병 등은 병역판정검사 결과 현역병징집 대상자 또는 사회복무요원소집 대상자에 해당하면 징집 또는 소집되어 비교적 열악한 근무환경 속에서 적은 보수를 지급받으며 1년 6개월 내지 3년의 기간 동안 의무복무를 하는 반면, 사관생도는 지원에 의하여 선발되며 사관학교 재학 중에는 본인이 의사에 따라 퇴교하여 그 신분에서 벗어날 수도 있고, 교육에 필요한 비용을 국가가 부담하는 등 다양한 경제적 혜택을 받는다. 또한 현역병은 군의 말단 계급을 이루며 전력(戰力)으로서 업무를 수행하고, 사회복무요원 등 보충역들도 공익 목적에 필요한 업무에 종사하게 되는 반면, 사관생도는 기본적으로 대학의 교육을 받는 학생으로서 사관생도의 교육기간은 장차 장교로서의 복무를 준비하는 기간이므로 이를 현역병 등의 복무기간과 동일하게 평가하기는 어렵다.

위와 같은 군인연금법상 군 복무기간 산입제도의 목적과 취지, 현역병 등과 사관생도의 신분, 역할, 근무환경 등을 종합적으로 고려하면, 심판대상조항이 사관학교에서의 교육기간을 현역병 등의 복무기간과 달리 연금 산정의 기초가 되는 복무기간에 산입하도록 규정하지 않은 것이 현저히 자의적인 차별이라고 볼 수는 없다.

따라서 심판대상조항은 청구인들의 평등권을 침해하지 아니한다.

18 경유차 소유자에 대한 환경개선부담금 사건

(2022.6.30. 2019헌바440 [환경개선비용 부담법 제9조 제1항 위헌소원])　　　　　**[합헌]**

Ⅰ. 판시사항

1. 경유차 소유자로부터 환경개선부담금을 부과·징수하도록 정한 환경개선비용 부담법 제9조 제1항이 재산권을 침해하는지 여부(소극)
2. 이 사건 심판대상조항이 평등원칙에 위반되는지 여부(소극)

Ⅱ. 결정요지

1. 환경개선부담금의 법적 성격

환경개선부담금은 경유차가 유발하는 대기오염으로 인해 발생하는 사회적 비용을 오염원인자인 경유차 소유자에게 부과함으로써 경유차 소비 및 사용 자제를 유도하는 한편, 징수된 부담금으로 환경개선을 위한 투자재원을 합리적으로 조달하는 것에 그 주된 목적이 있다.

그렇다면, 환경개선부담금은 내용상으로는 '원인자부담금'으로 분류될 수 있다. 목적 및 기능상으로는 '환경개선을 위한 투자재원의 합리적 조달'이라는 재정조달목적뿐 아니라 정책실현목적도 갖는다고 볼 수 있다. 환경개선부담금은 경유차의 소유·운행 자체를 직접적으로 금지하는 대신 납부의무자에게 일정한 금전적 부담을 지움으로써 위와 같은 행위를 간접적·경제적으로 규제하고 억제하려는 유도적 수단의 성격을 가지고 있고, 경유차 소유 및 운행 자제를 통한 대기오염물질 배출의 자발적 저감이라는 정책적 효과가 환경개선부담금의 부과 단계에서 행위자의 행위선택에 영향을 미침으로써 이미 실현되기 때문이다. 따라서 환경개선부담금은 정책실현목적의 유도적 부담금으로 분류될 수 있다.

2. 쟁점 정리

환경개선부담금과 같은 부담금은 국민의 재산권을 제한하는 성격을 가지고 있으므로 부담금을 부과할 때도 과잉금지원칙과 같은 기본권 제한의 한계는 준수되어야 한다. 한편, 앞서 살펴본 부담금의 헌법적 정당화 요건은 기본권 제한의 한계를 심사함으로써 자연히 고려될 수 있다(헌재 2005. 3. 31. 2003헌가20; 헌재 2019. 12. 27. 2017 헌가21; 헌재 2020. 8. 28. 2018헌바425 참조).

이 사건 법률조항은 경유차 소유자에게는 환경개선부담금을 부과하면서, 휘발유차 소유자에게는 환경개선부담금을 부과하지 않고 있으므로 이 사건 법률조항이 휘발유차 소유자와 경유차 소유자를 합리적 이유 없이 차별취급하여 평등원칙에 위배되는지 여부도 살펴본다.

3. 과잉금지원칙 위반

이 사건 법률조항의 입법목적은 경유차가 유발하는 대기오염으로 인해 발생하는 경제적 비용을 환경오염 원인자인 경유차 소유자에게 부과함으로써 경유차 소유 및 운행의 자제를 유도하는 한편, 징수된 부담금으로 환경개선을 위한 투자재원을 합리적으로 조달하여, 궁극적으로 국가의 지속적인 발전의 기반이 되는 쾌적한 환경을 조성하는 데 이바지하기 위한 것이다(법 제1조 참조). 이러한 입법목적은 헌법 제35조 제1항에 따라 국가에게 부여된 환경보전이라는 헌법적 과제실현을 위한 것이므로 그 입법목적의 정당성이 인정된다.

경유차 운행의 책임자에 해당하는 경유차 소유자들에게 환경개선부담금을 부과하는 것은 위와 같은 입법목적 내지 정책목적을 실현하기 위한 적합한 수단이다.

개별 경유차의 차량관리 상태를 정확하게 측정하고 주행거리를 확인하여 개별 경유차의 오염물질 배출량에 따라 차등적으로 부담금을 부과하는 것이 원인자부담금이라는 환경개선부담금의 성격과 부과 취지에 더 부합한다는 주장이 있을 수 있다. 그러나 증가하는 경유차의 수 대비 제한된 행정력, 현재 부과되는 환경개선부담금의 액수(2022년 기준 반기별 최소 8,513원에서 최대 377,726원), 개별 경유차의 차량관리상태 측정 및 주행거리 확인을 위해 소요되는 시간적·경제적 비용 등을 고려할 때, 부담금 부과 시마다 개별 경유차 차량관리 상태를 정확히 측정하고, 주행거리를 일일이 확인하여 그에 비례하는 부과금을 산정하는 것은 현실적으로 어렵다. 따라서 대기오염물질 배출량을 반영할 수 있는 일정한 기준들을 통해 일률적으로 부과금을 산정하는 것은 어느 정도 불가피한 측면이 있다.

법은 환경개선부담금 부과대상 중에서도 "배출가스가 현저히 적게 배출되는 자동차"에 부담금을 면제할 수 있도록 하는 근거를 마련하고 있고(제9조 제3항 제8호), 실제로 위 조항에 근거하여 '저공해자동차', '유로5 경유차', '유로6 경유차' 등 배출가스가 현저히 적게 배출되는 자동차에 대하여 환경개선부담금이 면제되고 있다[환경개선부담금 면제대상 자동차 등에 관한 규정(2015. 8. 26. 환경부고시 제2015-150호) 제4조, 제5조].

교통·에너지·환경세의 경우 경유에 리터당 부과되므로 경유 소비량에 비례하여 부담이 증가할 뿐, 개별 경유차의 상태로 인한 오염유발 수준을 고려하지 않는다. 그리하여 환경개선부담금 부과 없이 교통·에너지·환경세만 부과하는 경우 노후 경유차나 대도시 등록차량 등 오염유발 수준이 높은 차량이 얻는 혜택이 상대적으로 크게 나타나고, 오염유발 수준이 상대적으로 낮은 친환경경유차 소유자의 부담은 상대적으로 커지게 되어, 오염원인자부담원칙이나 친환경차량으로의 전환을 통해 환경개선 효과를 얻고자 한 정책적 방향과 차이가 날 수 있다. 따라서 환경개선부담금은 교통·에너지·환경세가 규율하지 못하는 별도의 정책적 목적도 수행한다고 볼 수 있다. 그렇다면, 경유차 소유자가 교통·에너지·환경세 외 환경개선부담금을 추가 부담한다고 하더라도 그 부담이 지나치다고 보기 어렵다.

환경개선부담금은 대기오염물질을 다량 배출하는 경유차의 소유·운행을 직접 규제하지 아니하고 경제적 유인수단을 통해 간접적으로 규제하는 것에 그치고 있다. 또한 그 간접적 규제로 부과되는 경제적 부담이 사실상 경유차의 소유·운행을 직접 규제한다고 볼 수 있을 정도로 과도한 액수라고 보기도 어렵다. 반면, 국가의 지속적인 발전의 기반이 되는 쾌적한 환경 조성이라는 공익은 경유차 소유자가 받는 위와 같은 불이익에 비해 결코 작다고 할 수 없다. 따라서 이 사건 법률조항은 법익의 균형성에 반한다고 할 수 없다.

그렇다면, 이 사건 법률조항이 과잉금지원칙을 위반하여 청구인의 재산권을 침해한다고 볼 수 없다.

4. 평등원칙 위반 여부

이 조항은 경유차 소유자에게는 환경개선부담금을 부과하면서, 휘발유차 소유자에게는 부담금을 부과하지 않고 있다.

경유차는 휘발유차에 비해 미세먼지, 초미세먼지, 질소산화물 등 대기오염물질을 훨씬 더 많이 배출하는 것으로 조사되고 있고, 경유차가 초래하는 환경피해비용 또한 휘발유차에 비해 월등히 높은 것으로 연구되고 있다. 입법자는 이와 같은 과학적 조사·연구결과 등을 토대로 자동차의 운행으로 인한 대기오염물질 및 환경피해비용을 저감하기 위해서는 환경개선부담금의 부과를 통해 휘발유차보다 경유차의 소유·운행을 억제하는 것이 더 효과적이라고 판단한 것으로 보이고, 위와 같은 입법자의 판단은 합리적인 이유가 있다.

대기오염물질 배출 저감 및 쾌적한 환경조성이라는 목적을 고려할 때, 환경개선부담금을 경유차 소유자에게만 부담시키는 것은 합리적인 이유가 있다고 할 것이므로, 이 사건 법률조항은 평등원칙에 위반되지 아니한다.

19 공유물분할청구 사건

(2022.7.21. 2020헌바205 【민법 제269조 제2항 위헌소원】)　　　　　　　　　　　　　　　　　　　　　　**[합헌]**

Ⅰ. 판시사항

1. 재판상 공유물분할에 있어서 대금분할의 요건을 정한 민법 제269조 제2항(이하 '심판대상조항'이라 한다)이 명확성원칙에 위배되는지 여부(소극)
2. 심판대상조항이 재산권을 침해하는지 여부(소극)

Ⅱ. 결정요지

1. 심판대상조항에서 정한 대금분할의 요건인 "현물로 분할할 수 없거나"라는 부분은 현물분할이 물리적·유형적으로 불가능한 경우뿐만 아니라 공유물의 성질 등에 비추어 현실적으로 불가능한 경우를 포함하는 것으로 합리적으로 해석할 수 있고, "분할로 인하여 현저히 가액이 감손될 염려"라는 부분 역시 현물분할이 가능하기는 하나 교환가치의 감손이 불가피한 우려가 존재하는 경우로 비교적 분명하게 의미를 파악할 수 있다. 나아가 "현저히"라는 표현은 특정한 법률효과를 발생시키기 위한 가중된 요건으로 우리 법 문언에 널리 통용되고 있는 용어이고 심판대상조항에서도 법관으로 하여금 "가액이 감손될 우려"에 관하여 엄격한 판단을 요청하는 역할을 하고 있다. 재판상 공유물분할에 있어서는 다양한 기초사실이 존재할 수밖에 없으므로 그 요건을 정할 때에는 어느 정도 추상적 표현의 사용이 불가피하고, 대법원이 법관에게 허용된 재량의 한계를 제시하고 있는 점을 고려하면, 심판대상조항은 수범자의 예측가능성을 저해하거나 법관의 자의적 해석에 관한 위험이 있다고 볼 수 없으므로 명확성원칙에 위배되지 아니한다.

2. 공유물분할청구권자를 비롯한 공유자들의 재산권을 보장하고 이해관계를 합리적으로 조율하여 공유물분할을 둘러싼 다툼을 공평하고 신속하게 해결하기 위한 심판대상조항의 입법목적은 정당하고, 중립성이 보장되는 법원으로 하여금 현물분할이 불가능하거나 어려운 때에 대금분할을 명하도록 함으로써 위와 같은 입법목적을 달성할 수 있으므로 수단의 적합성도 인정된다. 심판대상조항이 예정하고 있는 공유물분할의 원칙적인 형태는 어디까지나 현물분할이고 대금분할은 보충적·예외적인 점, 여기에 대금분할을 희망하지 않는 공유자의 기본권을 덜 제한하면서 동일한 정도로 입법목적을 달성하는 다른 대안을 상정하기 어려운 점을 고려하면, 심판대상조항은 침해의 최소성을 충족한다. 심판대상조항에 따라 공유물분할절차를 둘러싼 다툼의 공평하고 신속한 해결이라는 공익을 효과적이고 실질적으로 달성할 수 있는 반면, 심판대상조항에 따른 재산권의 제한 정도는 공유물분할에 관한 법원의 공정한 재판권 행사와 절차적 보장에 의해 상당 부분 완화되고, 대금분할을 희망하지 않는 공유자가 경매절차에서 매수인으로 참여하여 공유지분을 포함한 공유물에 대한 소유권을 취득할 수 있는 점 등을 고려하면 심판대상조항은 법익의 균형성도 충족하므로 재산권을 침해하지 아니한다.

공유물분할소송에서 법관에게 경매에 의한 대금분할을 명할 수 있도록 정한 민법 제269조 제2항의 입법 목적과 문언을 전체적으로 살펴볼 때, 법관의 자의적 해석 위험성이 있다거나 내용이 불명확하다고 볼 수 없음을 확인하였다.

민법 제269조 제2항에 따라 공유물분할절차를 둘러싼 다툼의 공평하고 신속한 해결이라는 공익을 효과적이고 실질적으로 달성할 수 있는 반면, 그에 따른 재산권의 제한 정도는 공유물분할에 관한 법원의 공정한 재판권 행사와 절차적 보장에 의해 상당 부분 완화될 수 있으므로, 위 법률조항이 공유자의 재산권을 침해하지 아니함을 확인하였다.

20 공직선거법상 장기 공소시효 사건

(2022.8.31. 2018헌바440 【공직선거법 제268조 제3항 등 위헌소원】) [합헌]

I. 판시사항

1. 공무원이 지위를 이용하여 선거운동의 기획행위를 하는 것을 금지하고 이를 위반한 경우 형사처벌하는 구 공직선거법 제86조 제1항 제2호 중 '공무원이 지위를 이용하여'에 관한 부분, 제255조 제1항 제10호 가운데 제86조 제1항 제2호 중 '공무원이 지위를 이용하여'에 관한 부분이 죄형법정주의의 명확성원칙에 위배되는지 여부(소극)
2. 공무원이 지위를 이용하여 범한 공직선거법위반죄의 경우 일반인이 범한 공직선거법위반죄와 달리 공소시효를 10년으로 정한 공직선거법 제268조 제3항 중 '공무원이 지위를 이용하여 범한 공직선거법위반죄에 대해 공소시효를 10년으로 한 것'에 관한 부분이 평등원칙에 위배되는지 여부(소극)

II. 결정요지

1. 문언해석과 입법목적 및 법원의 해석례 등에 비추어 보면 '지위를 이용하여'란 공무원이 공무원 개인 자격으로서가 아니라 공무원의 지위와 결부되어 선거운동의 기획행위를 하는 것을 뜻하고, 공무원의 지위에 있기 때문에 특히 선거운동의 기획에 참여하거나 그 기획의 실시에 관여하는 행위를 효과적으로 할 수 있는 영향력 또는 편익을 이용하는 것이라고 해석된다. 따라서 이 조항이 죄형법정주의의 명확성원칙에 위배된다고 할 수 없다.
2. 공무원이 지위를 이용하여 범한 공직선거법위반죄의 경우 선거의 공정성을 중대하게 저해하고 공권력에 의하여 조직적으로 은폐되어 단기간에 밝혀지기 어려울 수도 있어 단기 공소시효에 의할 경우 처벌규정의 실효성을 확보하지 못할 수 있다. 이러한 취지에서 공무원이 지위를 이용하여 범한 공직선거법위반죄의 경우 해당 선거일 후 10년으로 공소시효를 정한 입법자의 판단은 합리적인 이유가 인정되므로 평등원칙에 위반되지 않는다.

이 결정은 공무원이 지위를 이용하여 범한 공직선거법위반죄의 경우 일반인이 범한 공직선거법위반죄와 달리(공직선거법 제268조 제1항. 선거일 후 6월) 해당 선거일 후 10년으로 공소시효를 정한 공직선거법 규정의 위헌 여부에 대하여 헌법재판소에서 처음 판단한 사건이다.

헌법재판소는 공무원이 지위를 이용하여 범한 공직선거법위반죄의 경우 선거의 공정성을 중대하게 저해하고 단기 공소시효에 의할 경우 처벌규정의 실효성을 확보하지 못할 수 있다는 점 등에 비추어 합리적 이유가 인정되므로 평등원칙에 위반되지 않는다고 보아 재판관 전원일치의 의견으로 합헌 결정을 하였다.

21 근로자의 날을 관공서 공휴일에 포함시키지 않은 규정에 대한 사건

(2022.8.31. 2020헌마1025 [관공서의 공휴일에 관한 규정 제2조 본문 위헌확인])　　　　　　**[기각]**

Ⅰ. 판시사항

1. 근로자의 날을 관공서의 공휴일에 포함시키지 않은 '관공서의 공휴일에 관한 규정' 제2조 본문(이하 '심판대상조항'이라 한다)이 공무원인 청구인들의 평등권을 침해하는지 여부(소극)
2. 심판대상조항이 청구인들의 단결권 및 집회의 자유를 침해하는지 여부(소극)

Ⅱ. 결정요지

1. 평등권 침해 여부

헌법재판소는 헌재 2015. 5. 28. 2013헌마343 결정에서, 심판대상조항과 같이 근로자의 날을 관공서의 공휴일에 포함시키지 않은 구 '관공서의 공휴일에 관한 규정' 제2조 본문에 대해 공무원들의 평등권을 침해하지 않는다고 판단하였다. 선례 결정 이후 근로기준법의 개정으로 근로기준법의 적용을 받는 근로자(이하 '일반근로자'라한다)에게도 심판대상조항 중 일요일을 제외한 공휴일 및 대체공휴일이 법정유급휴일로 인정되어 일반근로자의 법정유급휴일이 확대되었다. 그런데 공무원의 근로조건을 정할 때에는 공무원의 국민전체에 대한 봉사자로서의 지위 및 직무의 공공성을 고려할 필요가 있고, 공무원의 경우 심판대상조항이 정하는 관공서의 공휴일 및 대체공휴일뿐만 아니라 '국가공무원 복무규정' 등에서 토요일도 휴일로 인정되므로, 공무원에게 부여된 휴일은 근로기준법상의 휴일제도의 취지에 부합한다고 볼 수 있다. 따라서 심판대상조항이 <u>근로자의 날을 공무원의 유급휴일로 규정하지 않았다고 하여 일반근로자에 비해 현저하게 부당하거나 합리성이 결여되어 있다고 보기 어려우므로</u>, 헌법재판소의 위 선례의 입장은 그대로 타당하고, <u>심판대상조항은 청구인들의 평등권을 침해한다고 볼 수 없다.</u>

2. 단결권 및 집회의 자유 침해 여부

근로자의 날을 공휴일로 규정하지 않은 심판대상조항에 따라 공무원인 청구인들은 근로자의 날에도 복무를 하여야 하고 근무시간에 집회를 하거나 기념행사를 자유롭게 할 수 없다. 그러나 <u>심판대상조항은 공무원의 단결권이나 집회의 자유 등을 제한하기 위한 목적의 규정이 아니고</u>, 공무원인 청구인들에게 근로자의 날 기념행사 및 집회 등에 참석하는 것을 직접적으로 방해하거나 금지하는 규정도 아니다.
따라서 <u>심판대상조항은 직접적으로 공무원의 단결권 및 집회의 자유를 제한한다고 볼 수 없으므로, 청구인들의 단결권 및 집회의 자유를 침해하지 아니한다.</u>

결정의 의의

헌법재판소는 이 사건에서 일반근로자의 법정유급휴일이 근로기준법의 개정으로 확대되었지만, 근로자의 날을 공무원의 유급휴일에 해당하는 관공서의 공휴일로 규정하지 않은 '관공서의 공휴일에 관한 규정' 제2조 본문이 공무원인 청구인들의 평등권을 침해하지 않는다는 합헌 선례의 입장을 유지하였다.

22 사회복무요원의 겸직 제한 사건

(2022.9.29. 2019헌마938 [병역법 제33조 제2항 본문 등 위헌확인])　　　　　　　　**[기각]**

I. 판시사항

사회복무요원이 복무기관의 장의 허가 없이 다른 직무를 겸하는 행위를 한 경우 경고처분하고 경고처분 횟수가 더하여질 때마다 5일을 연장하여 복무하도록 하는 병역법 제33조 제2항 본문 제4호 후단(이하 '심판대상조항'이라 한다)이 사회복무요원인 청구인의 직업의 자유 내지 일반적 행동자유권을 침해하는지 여부(소극)

II. 결정요지

심판대상조항은 사회복무요원이 자신의 직무에만 전념하도록 함으로써 그의 공정한 직무 수행과 충실한 병역의무 이행을 담보하고자 하는 것이므로 그 입법목적의 정당성이 인정된다. 그리고 사회복무요원이 복무기관의 장의 허가 없이 겸직행위를 한 경우 경고처분 및 복무기간 연장이라는 불이익을 부과하는 것은 위 입법목적을 달성하기 위한 적합한 수단이다. 한편, 다른 직무의 내용과 근무시간의 장단, 사회복무요원이 배치되는 복무기관의 성질이나 담당하는 복무분야, 근무환경 등은 매우 다양하고 상이하므로, 겸직 제한 대상이 되는 직무를 유형화하여 규정하는 등 사회복무요원 일반에 대하여 통일적이고 일관된 규율을 마련하는 것은 현실적으로 매우 어렵다. 그러므로 심판대상조항이 사회복무요원의 겸직행위 일반을 원칙적으로 금지한 다음, 사회복무요원을 지휘·감독할 지위에 있는 각 복무기관의 장으로 하여금 구체적 사안마다 겸직행위가 사회복무요원의 직무 전념성, 직무 수행의 공정성을 저해하는지 판단하여 겸직 허가 여부를 결정하도록 한 것이 과도하다고 보기 어렵다. 게다가 심판대상조항에 따르더라도 사회복무요원이 다른 직무를 일절 겸할 수 없는 것은 아니고, 복무기관의 장으로부터 사전에 허가를 받으면 다른 직무를 수행할 수 있으며, 실제로 상당 수의 사회복무요원이 매년 겸직허가를 받아 다른 직무를 수행해오고 있다. 또한 일정한 기간 동안 병역의무 이행으로서 의무복무를 하는 사회복무요원의 특수한 지위를 감안할 때, 사회복무요원이 허가 없이 겸직행위를 한 경우 경고처분 및 복무기간 연장의 불이익을 부과하는 것이 과도한 제재라고 보기도 어렵다. 따라서 심판대상조항은 침해의 최소성에 반하지 않고, 심판대상조항으로 인하여 사회복무요원이 제한받는 사익의 정도가 위 조항이 목적으로 하는 공익보다 더 크다고 볼 수 없으므로 법익균형성에 위배되지도 않는다. 심판대상조항은 과잉금지원칙을 위반하여 청구인의 직업의 자유 내지 일반적 행동자유권을 침해하지 않는다.

결정의 의의

이 사건에서 헌법재판소는 심판대상조항이 사회복무요원의 직업의 자유 및 일반적 행동자유권을 침해하지 않는다고 판단하였다.

참고로 헌법재판소가 2022. 9. 29. 선고한 결정들 중에는 사회복무요원의 겸직을 제한하는 조항 외에 사회복무요원의 보수 및 실비 지급 조항이 함께 문제된 사건이 있다(2019헌마535). 그런데 사회복무요원의 보수 및 실비 지급 조항에 관하여는 헌법재판소가 이미 그에 대한 헌법소원심판청구를 기각한 바 있다(사회복무요원의 보수조항에 관하여는 헌재 2019. 2. 28. 2017헌마374등 결정, 실비 지급 조항에 관하여는 헌재 2019. 4. 11. 2018헌마262 결정).

23 서울대학교 저소득학생 특별전형에 관한 사건

(2022.9.29. 2021헌마929 [2023학년도 대학 신입학생 입학전형 시행계획 위헌확인])　　　　[기각]

Ⅰ. 판시사항

1. 서울대학교 2023학년도 저소득학생 특별전형의 모집인원을 모두 수능위주전형으로 선발하도록 정한, 피청구인의 2021. 4. 29.자 '서울대학교 2023학년도 대학 신입학생 입학전형 시행계획'(이하 '2023학년도 입시계획'이라 한다) 중 '2023학년도 모집단위와 모집인원' 가운데 기회균형특별전형Ⅱ의 모집인원 합계를 정한 부분, Ⅵ. 수능위주전형 정시모집 '나'군 기회균형특별전형Ⅱ 2. 전형방법 전형요소 및 배점 가운데 '수능 100％' 부분(이하 위 두 부분을 합하여 '이 사건 입시계획'이라 한다)이 신뢰보호원칙에 위배되어 청구인의 균등하게 교육을 받을 권리를 침해하는지 여부(소극)

2. 이 사건 입시계획이 저소득학생 특별전형에 응시하고자 하는 수험생들의 기회를 불합리하게 박탈하여 청구인의 균등하게 교육을 받을 권리를 침해하는지 여부(소극)

Ⅱ. 결정요지

1. 대학입학전형시행계획에 매년 새로운 내용이 규정될 수 있다는 점, 교육부장관이 2018년경부터 수능위주전형 비율을 높이는 대입정책을 발표해 왔다는 점, 서울대학교의 저소득학생 특별전형이 이미 2022학년도부터 일부 수능위주전형으로 실시되었다는 점을 고려하면, '2023학년도 입시계획'에 기존 전형방법과 다른 전형방법이 규정될 수 있음은 충분히 예측할 수 있으므로, 저소득학생 특별전형이 학생부종합전형으로 실시될 것이라는 청구인의 신뢰는 보호가치가 크다고 볼 수 없다. 피청구인은 사회적·경제적 여건으로 인하여 비교과활동 등을 체험하기 어려운 저소득학생들에게 다양한 전형요소를 대비하여야 하는 입시 부담을 완화하고, 궁극적으로는 대입제도의 공정성을 강화하여 저소득학생의 교육 기회를 실질적으로 확대하기 위해 이 사건 입시계획을 공표하였으므로, 이로써 달성하려는 공익은 적지 않다. 반면, 이 사건 입시계획은 고등교육법에 규정된 공표시기보다 6개월 빨리 예고되었고, 이 사건 입시계획으로 인해 청구인의 서울대 입학 기회 자체가 박탈되는 것이 아니다. 따라서 이 사건 입시계획으로 달성되는 공익이 청구인이 받는 불이익보다 크다고 할 수 있으므로, 이 사건 입시계획은 신뢰보호원칙에 위배하여 청구인의 균등하게 교육을 받을 권리를 침해하지 않는다.

2. 저소득학생 특별전형과 달리 농어촌학생 특별전형은 학생부종합전형으로 실시된다. 저소득학생 특별전형과 농어촌학생 특별전형은 그 목적, 지원자들 특성 등이 동일하지 아니하므로, 전형방법을 반드시 동일하게 정해야 한다고 볼 수 없다. 수능 성적으로 학생을 선발하는 전형방법이 사회통념적 가치기준에 적합한 합리적인 방법인 이상, 대입제도 공정성을 강화하기 위해 수능위주전형 비율을 높이면서 농어촌학생 특별전형과 달리 저소득학생 특별전형에서는 모집인원 전체를 수능위주전형으로 선발한다고 하더라도, 이것이 저소득학생의 응시기회를 불합리하게 박탈하는 것이라고 보기는 어렵다. 결국 이 사건 입시계획은 청구인의 균등하게 교육을 받을 권리를 침해하지 않는다.

결정의 의의

피청구인은 기존에 저소득학생 특별전형에서 학생부종합전형을 실시하다가 2023학년도부터 모집인원을 모두 수능위주전형으로 선발하는 것으로 변경하였는데, 헌법재판소는 위 전형방법의 변경이 2023학년도 수능이 실시되기 2년 전에 예고되었고, 교육부장관이 2018년경부터 수능위주전형 비율을 높이는 대입정책을 발표해 왔다는 점 등을 고려하여 신뢰보호원칙에 위배되지 않는다고 결정하였다.

피청구인은 '저소득학생 특별전형'과 달리 '농어촌학생 특별전형'에서는 학생부종합전형으로 모집인원 모두를 선발하도록 정하였는데, 헌법재판소는 두 전형의 목적, 지원자의 특성이 동일하지 아니하여 전형방법을 같게 정하여야 하는 것은 아니고, 수능 성적이 사회통념적 가치기준에 적합한 합리적인 입학전형자료인 이상, 이는 대학의 자율성의 범위 내에 있는 것으로서 저소득학생의 응시기회를 불합리하게 박탈하고 있다고 보기 어렵다고 결정하였다.

24 가상통화공개(ICO)를 금지하기로 한 '가상통화 관계기관 합동 TF'의 방침 등 사건

(2022.9.29. 2018헌마1169 [가상통화공개(ICO)금지 방침 등 위헌확인])   [각하]

I. 판시사항

1. 금융위원회 부위원장 주재로 2017. 9. 29. 개최된 가상통화 TF 회의의 '모든 형태의 ICO를 금지할 방침' (이하 '이 사건 방침'이라 한다)이 헌법소원의 대상인 공권력의 행사라고 볼 수 있는지 여부(소극)
2. 국회가 ICO 관련 법률을 제정하지 않은 부작위, 행정부가 이 사건 방침 후 후속 입법적·행정적 조치를 취하지 아니한 부작위(이하 부작위를 모두 합하여 '이 사건 부작위'라 한다)에 대한 심판청구가 적법한지 여부(소극)

II. 결정요지

1. 이 사건 방침은 정부기관이 ICO에 의해 발생할 수 있는 위험을 알리고, 그 소관 사무인 금융에 관한 정책 및 제도의 방향을 사전에 공표함으로써 일반 국민들의 행위를 일정한 방향으로 유도·조정하려는 목적을 지닌 행정상의 안내·권고·정보제공행위에 불과하다. 이는 국민으로 하여금 스스로의 판단에 따라 행정기관이 의도하는 바에 따르게 하는 사실상의 효력을 갖지만 직접 작위·부작위 등의 의무를 부과하는 어떤 법적 구속력도 없다. 따라서 이 사건 방침은 헌법소원의 대상이 되는 공권력의 행사에 해당된다고 볼 수 없다.

2. 청구인들은 ICO를 전면금지하는 이 사건 방침이 국민에게 사실상 이를 따를 의무를 부과하는 권력적 사실행위임을 전제로 국회 및 행정부가 ICO와 관련 입법을 할 작위의무가 있다고 주장한다. 그러나 이 사건 방침은 국민에게 직접 작위·부작위 등의 의무를 부과하는 어떤 법적 구속력도 없으므로, 이를 전제로 하는 청구인들의 심판청구는 부적법하다. 청구인들은 행정부가 이 사건 방침 후 후속 행정적 조치를 하지 아니한 부작위 역시 위헌이라고 주장한다. 그런데 청구인들이 주장하는 행정부의 작위의무는 헌법상 명문으로 규정되어 있지 않고, 헌법의 해석상 작위의무가 도출되지 않으며, 법령에 구체적으로 규정되어 있지도 않다. 따라서 이러한 작위의무가 있음을 전제로 하는 행정부의 부작위의 위헌확인을 구하는 심판청구는 부적법하다.

결정의 의의

이 사건은 이 사건 방침이 법적 구속력이 없는 일반 국민을 상대로 하는 행정상의 안내·권고·정보제공행위에 불과하므로 헌법소원의 대상이 되는 공권력의 행사에 해당된다고 볼 수 없으며, 이 사건 방침과 관련된 입법부·행정부의 부작위에 대한 심판청구는 부적법하다고 한 결정이다.

헌법재판소는 2021. 11. 25. 정부의 가상통화 관련 긴급대책 등 위헌확인 결정(2017헌마1384등)에서 재판관 5:4의 의견으로 금융위원회가 시중 은행들을 상대로 가상통화 거래를 위한 가상계좌의 신규제공을 중단하도록 한 조치 등이 공권력의 행사에 해당하지 않는다고 판시하였다.

이 사건은 일반국민을 상대로 한 ICO와 관련된 이 사건 방침의 공권력행사성이 문제가 되었다는 점에서, 위 2017헌마1384등 결정과 구분된다.

25 가사사용인에 대한 퇴직급여법 적용제외 사건

(2022.10.27. 2019헌바454 [근로자퇴직급여 보장법 제3조 단서 위헌소원]) **[합헌]**

Ⅰ. 판시사항

'가구 내 고용활동'에 대해서는 근로자퇴직급여 보장법을 적용하지 않도록 규정한 근로자퇴직급여 보장법(이하 '퇴직급여법'이라 한다) 제3조 단서 중 '가구 내 고용활동' 부분이 평등원칙에 위배되는지 여부(소극)

Ⅱ. 결정요지

1. 쟁점의 정리

청구인은 심판대상조항이 평등권과 재산권, 행복추구권을 침해하고, 헌법 제32조 제4항에 위배된다고 주장하고 있다.

심판대상조항은 '가구 내 고용활동'을 퇴직급여법의 적용범위에서 제외하여 가사사용인을 다른 근로자와 달리 취급하고 있는바, 이것이 평등원칙에 위배되는지 살펴본다.

한편 임금 내지 퇴직금채권은 법령 등에서 정하고 있는 요건이 충족되는 경우에 비로소 재산권적 성격이 인정되므로(헌재 2021. 11. 25. 2015헌바334등 참조), 애초 퇴직급여법의 적용대상에서 명시적으로 제외되어 있는 가사사용인의 경우 법령에서 정하고 있는 퇴직급여의 요건 자체가 결여되어 있다는 점에서 심판대상조항으로 인한 재산권 제한 문제는 발생하지 않으므로, 이에 대하여는 판단하지 아니한다.

헌법 제10조의 행복추구권은 국민이 행복을 추구하기 위하여 필요한 급부를 국가에게 적극적으로 요구할 수 있는 것을 내용으로 하는 것이 아니라, 국민이 행복을 추구하기 위한 활동을 국가권력의 간섭 없이 자유롭게 할 수 있다는 포괄적인 의미의 자유권으로서의 성격을 가진다(헌재 2004. 4. 29. 2003헌바64 참조). 행복추구권에 대하여도 판단하지 아니한다.

나아가 헌법 제32조 제4항은 고용·임금 및 근로조건에 있어서 여성에 대한 부당한 차별을 금지하고 있지만, 여성만이 가구 내 고용활동에 종사하는 것이 아니고 가사사용인 중 여성근로자가 많다고 하더라도 이는 심판대상조항에 의하여 초래되는 법적 효과라고 볼 수 없으므로 심판대상조항이 헌법 제32조 제4항에 위반되는지 여부에 대해서는 별도로 판단하지 아니한다.

따라서 이하에서는 심판대상조항이 평등원칙에 위배되는지에 대하여만 판단하기로 한다.

2. 평등원칙 위배 여부

가사사용인도 근로자에 해당하지만, 제공하는 근로가 가정이라는 사적 공간에서 이루어지는 특수성이 있다. 그런데 퇴직급여법은 사용자에게 여러 의무를 강제하고 국가가 사용자를 감독하고 위반 시 처벌하도록 규정하고 있다. 가구 내 고용활동에 대하여 다른 사업장과 동일하게 퇴직급여법을 적용할 경우 이용자 및 이용자 가족의 사생활을 침해할 우려가 있음은 물론 국가의 관리 감독이 제대로 이루어지기도 어렵다. 퇴직급여법을 적용할 경우 이용자에게는 퇴직금 또는 퇴직연금 지급을 위한 직접적인 비용 부담 외에도 퇴직급여제도 설정 및 운영과 관련한 노무관리 비용과 인력의 부담도 발생한다. 그런데 가사사용인 이용 가정의 경우 일반적인 사업 또는 사업장과 달리 퇴직급여법이 요구하는 사항들을 준수할만한 여건과 능력을 갖추지 못한 경우가 대부분인 것이 현실이다. 이러한 현실을 무시하고 퇴직급여법을 가사사용인의 경우에도 전면 적용한다면 가사사용인 이용자가 감당하기 어려운 경제적·행정적 부담을 가중시키는 부작용을 초래할 우려가 있다. 최근 제정된 '가사근로자의 고용개선 등에 관한 법률'(이하 '가사근로자법'이라 한다)에 의하면 인증받은 가사서비스 제공기관과 근로계약을 체결하고 이용자에게 가사서비스를 제공하는 사람은 가사근로자로서 퇴직급여법의 적용을 받게 된다. 이에 따라 가사사용인은 가사서비스 제공기관을 통하여 가사근로자법과 근로 관계 법령을 적용받을 것인지,

직접 이용자와 고용계약을 맺는 대신 가사근로자법과 근로 관계 법령의 적용을 받지 않을 것인지 선택할 수 있다. 이를 종합하면 심판대상조항이 가사사용인을 일반 근로자와 달리 퇴직급여법의 적용범위에서 배제하고 있다 하더라도 합리적 이유가 있는 차별로서 평등원칙에 위배되지 아니한다.

결정의 의의

가사사용인은 퇴직급여법 제정 당시부터 적용범위에서 배제되어 있었고, 나아가 근로기준법 및 산업재해보상보험법 등 많은 근로 관련 법령의 적용범위에서도 배제되어 있다. 이 결정은 가사사용인에 대한 퇴직급여법의 적용 배제가 일반 근로자와 비교하여 평등원칙에 반하는지에 대하여 처음으로 판단한 사건이다.
참고로 최근 '가사근로자의 고용개선 등에 관한 법률'이 제정·시행되었으며, 이 법은 인증받은 가사서비스 제공기관이 직접 가사근로자를 고용할 경우 가사근로자가 근로기준법, 퇴직급여법 등 근로 관계 법령의 적용을 받을 수 있도록 규정하였다.

26 집합건물 하자담보청구권 제척기간 사건

(2022.10.27. 2020헌바368 [집합건물의 소유 및 관리에 관한 법률 제9조의2 제1항 위헌소원]) 　　　　　[합헌]

Ⅰ. 판시사항

집합건물의 구분소유자가 분양자 등에 대하여 가지는 공용부분 일부 하자에 관한 하자담보청구권의 제척기간을 사용검사일 등부터 5년 이하로 규정한 '집합건물의 소유 및 관리에 관한 법률'(이하 '집합건물법'이라 한다) 제9조의2 제1항 제2호 중 '공용부분'에 관한 부분과 구 집합건물법 제9조의2 제2항 제2호(이하 통틀어 '심판대상조항'이라 한다)가 재산권을 침해하는지 여부(소극)

Ⅱ. 결정요지

심판대상조항은 공용부분에 발생한 주요구조부와 지반공사의 하자 외의 비교적 경미한 하자에 관한 하자담보청구권에 대하여 사용검사일 등부터 5년 이하의 제척기간을 두고 있다. 이는 집합건물의 하자를 둘러싼 분쟁의 증가 및 장기화를 방지하여 법적 불안정성을 조기에 해소하기 위한 것으로서 그 입법목적이 정당하고, 위와 같은 권리행사기간의 제한은 입법목적 달성을 위한 적합한 수단이다. 공용부분은 원칙적으로 구분소유자 전원의 공유에 속하므로, 통일적인 분쟁해결을 위하여 하나의 집합건물에 공통되는 제척기간의 기산점을 정할 필요가 있다. 공용부분 하자에 관한 제척기간이 구분소유자별로 각각 진행되도록 한다면 분양자 등이 지나치게 장기간 담보책임을 부담하게 된다. 비록 미분양 집합건물, 분양전환된 임대주택 등은 사용검사일 등과 구분소유자에 대한 인도일이 근접하지 않을 수 있으나, 이러한 경우는 일반적인 선분양과 달리 건물 완성 후 분양계약을 체결하므로 하자를 확인하고 하자보수비용이나 하자로 인한 손해를 반영하여 분양가격을 결정할 수 있다. 또한, 분양전환된 임대주택에 대하여는 임차인이 임대인에게 공용부분의 수선·보수를 요청할 수 있는 제도적 장치도 마련되어 있다. 따라서 사용검사일 등을 공용부분 하자에 관한 제척기간의 기산점으로 정한 것이 불합리하다고 할 수 없다. 주요구조부와 지반공사의 하자 외의 하자는 표면적이고 소모되기 쉬운 부분에 해당하여 비교적 하자가 조기에 발현되고 그 하자를 인식하기도 용이하므로, 사용검사일 등부터 5년 이하의 제척기간이 지나치게 단기간이라고 할 수 없다. 이상을 종합하면, 심판대상조항이 제척기간의 기산점을 불합리하게 정하였다거나 제척기간이 지나치게 단기간이어서 구분소유자의 하자담보청구권 행사를 현저히 곤란하게 하거나 사실상 불가능하게 한다고 볼 수 없으므로, 심판대상조항은 재산권을 침해하지 아니한다.

27 정비사업조합임원 후보자가 금품을 제공받는 행위 금지 · 처벌 조항 사건

(2022.10.27. 2019헌바324 [구 도시 및 주거환경정비법 제21조 제4항 등 위헌소원]) **[합헌]**

Ⅰ. 판시사항

1. 정비사업 조합 임원의 선출과 관련하여 후보자가 금품을 제공받는 행위를 금지하고 이에 위반한 경우 처벌하는 구 도시 및 주거환경정비법 제21조 제4항 제2호 중 '조합 임원의 선출과 관련하여 후보자가 금품을 제공받는 행위' 부분, 제84조의2 제3호 중 '제21조 제4항 제2호를 위반하여 조합 임원의 선출과 관련하여 금품을 제공받은 후보자' 부분(이하 위 두 조항을 합하여 '심판대상조항'이라 한다)이 죄형법정주의의 명확성원칙, 평등원칙에 위배되는지 여부(소극)
2. 심판대상조항이 과잉금지원칙에 위배하여 정비사업 조합 임원 후보자의 일반적 행동자유권을 침해하는지 여부(소극)

Ⅱ. 결정요지

1. 문언해석과 입법목적, 법원의 해석례 등에 비추어 보면 '조합 임원의 선출과 관련하여'는 '조합 임원의 선출에 즈음하여, 조합 임원의 선출에 관한 사항을 동기로 하여'라는 의미로 봄이 타당하다. 개별사건에서 조합 임원의 선출과 관련하여 금품을 제공받은 경우에 해당하는지 여부는 그 행위 동기 및 경위, 행위 내용과 태양, 행위 당시의 시기적 상황 등을 고려하여 법관의 보충적 해석 · 적용을 통해 가려질 수 있으므로, 심판대상조항이 죄형법정주의의 명확성원칙에 위배된다고 할 수 없다. 나아가 조합 임원의 선출과 관련하여 후보자가 '금품을 제공받는 행위'를 '금품을 제공하는 행위'와 똑같이 엄중하게 처벌하는 것은, 조합의 의사결정 과정에 금전이 결부되는 것을 사전에 방지하고자 하는 것으로써 그 필요성과 합리성이 인정된다는 점에서 평등원칙에 위배되지 아니한다.

2. 조합 임원의 선임은 조합 총회의 의결사항이므로 그 과정에 금품 수수행위가 개입되었다면 조합 총회의 의사결정이 왜곡된 것이어서 공정한 결정이 이루어진 것으로 보기 어렵고, 정비사업에 참여하는 시공사 및 협력업체와 정비사업 조합 임원 후보자 사이에 금품이 오가게 되면 협력업체 선정이나 대금증액 문제 등 정비사업 진행 과정에 부당한 영향을 미칠 우려가 있다. 심판대상조항이 정비사업 조합 임원의 선출과 관련하여 후보자가 금품을 제공받는 행위를 금지한 것은 조합 임원 선거의 공정성과 투명성을 담보하여 정비사업이 공정하고 원활하게 진행될 수 있도록 하는 데 적합한 조치로서, 다른 방법으로는 위와 같은 공익이 효율적으로 실현될 수 없으므로, 이로 인하여 정비사업 조합 임원 후보자가 받게 되는 일반적 행동자유권의 제한은 과도한 것이라고 보기 어렵다. 따라서 심판대상조항은 과잉금지원칙에 위배하여 일반적 행동자유권을 침해하지 아니한다.

이 사건은 정비사업 조합 임원의 선출과 관련하여 후보자가 금품을 제공받는 행위를 금지하고 이에 위반한 경우 처벌하는 구 '도시 및 주거환경정비법' 규정의 위헌 여부에 대하여 헌법재판소에서 처음 판단한 사건이다. 헌법재판소는 문언해석과 입법목적, 법원의 해석례 등에 비추어 심판대상조항이 죄형법정주의의 명확성원칙에 위배되지 아니하고, 조합의 의사결정 과정에 금전이 결부되는 것을 사전에 방지하고자 하는 입법취지 등에 비추어 평등원칙에 위배되지 아니하며, 정비사업의 공공적 성격과 조합 임원 선거의 공정성·투명성 확보 필요성 등에 비추어 심판대상조항으로 인하여 정비사업 조합 임원 후보자가 받게 되는 일반적 행동자유권의 제한은 과도한 것으로 볼 수 없다고 보아 재판관 전원일치 의견으로 합헌 결정을 하였다.

28 아동학대행위자의 식별정보 보도금지 사건

(2022.10.27. 2021헌가4 【아동학대범죄의 처벌 등에 관한 특례법 제35조 제2항 위헌제청】) **[합헌]**

Ⅰ. 판시사항

신문의 편집인 등으로 하여금 아동보호사건에 관련된 아동학대행위자를 특정하여 파악할 수 있는 인적 사항 등을 신문 등 출판물에 싣거나 방송매체를 통하여 방송할 수 없도록 하는 '아동학대범죄의 처벌 등에 관한 특례법' 제35조 제2항 중 '아동학대행위자'에 관한 부분(이하 '보도금지조항'이라 한다)이 언론·출판의 자유, 국민의 알 권리를 침해하는지 여부(소극)

Ⅱ. 결정요지

학대로부터 아동을 특별히 보호하여 건강한 성장을 도모하는 것은 중요한 법익이다. 이에는 아동학대 자체로부터의 보호뿐만 아니라 사건처리 과정에서 발생할 수 있는 사생활 노출 등 2차 피해로부터의 보호도 포함된다. 아동학대행위자 대부분은 피해아동과 평소 밀접한 관계에 있으므로, 행위자를 특정하여 파악할 수 있는 식별정보를 신문, 방송 등 매체를 통해 보도하는 것은 피해아동의 사생활 노출 등 2차 피해로 이어질 가능성이 매우 높다. 식별정보 보도 후에는 2차 피해를 차단하기 어려울 수 있고, 식별정보 보도를 허용할 경우 대중에 알려질 가능성을 두려워하는 피해아동이 신고를 자발적으로 포기하게 만들 우려도 있다. 따라서 아동학대행위자에 대한 식별정보의 보도를 금지하는 것이 과도하다고 보기 어렵다. 보도금지조항은 아동학대사건 보도를 전면금지하지 않으며 오직 식별정보에 대한 보도를 금지할 뿐으로, 익명화된 형태의 사건보도는 가능하다. 따라서 보도금지조항으로 제한되는 사익은 아동학대행위자의 식별정보 보도라는 자극적인 보도의 금지에 지나지 않는 반면 이를 통해 달성하려는 2차 피해로부터의 아동보호 및 아동의 건강한 성장이라는 공익은 매우 중요하다. 따라서 보도금지조항은 언론·출판의 자유와 국민의 알 권리를 침해하지 않는다.

이 사건은 아동학대처벌법상 아동학대행위자에 대한 식별정보 보도금지 조항이 헌법에 위배되지 않는다고 판단한 최초의 사건이다.
헌법재판소는 아동학대 사건처리 과정에서 발생할 수 있는 사생활 노출 등 2차 피해로부터의 피해아동 보호를 중요한 공익으로 인정하면서, 아동학대행위자의 식별정보의 보도는 그와 밀접한 관계에 있는 피해아동의 2차 피해로 이어질 수 있는 점, 언론기능 및 국민의 알 권리는 익명화된 사건보도로도 충족될 수 있는 점 등을 고려하여 재판관 전원일치 의견으로 심판대상조항이 언론·출판의 자유 및 국민의 알 권리를 침해하지 않는다고 판단하였다.

29 영화근로자에 대한 근로시간 명시의무 사건

(2022.11.24. 2018헌바514 [영화 및 비디오물의 진흥에 관한 법률 제3조의4 등 위헌소원])　　　　　**[합헌]**

Ⅰ. 판시사항

'영화 및 비디오물의 진흥에 관한 법률' 제3조의4 중 '근로시간'에 관한 부분, 제96조의2 중 '근로시간'에 관한 부분(이하 위 두 조항을 합하여 '심판대상조항'이라 한다)이 영화업자가 영화근로자와 계약을 체결할 때 근로시간을 구체적으로 밝히도록 하고 위반 시 처벌하는 것이 영화제작계약을 일반적인 근로계약과 마찬가지로 취급하는 것으로서 영화업자의 평등권을 침해하는지 여부(소극)

Ⅱ. 결정요지

1. 쟁점의 정리

심판대상조항이 영화업자가 영화근로자와 계약을 체결할 때 근로시간을 구체적으로 밝히도록 하고 위반 시 처벌하는 것은 영화제작계약을 일반적인 근로계약과 마찬가지로 취급하는 것이므로, 심판대상조항이 영화업자의 평등권을 침해하는지 살펴본다.

2. 평등권 침해 여부

심판대상조항은 사용자로 하여금 근로계약을 체결할 때 소정근로시간을 명시하도록 하는 근로기준법 조항이 영화근로자와 계약을 체결하는 영화업자에게도 적용됨을 분명히 한 것으로서, 사용자에 비해 상대적으로 취약한 지위에 있는 근로자를 보호하기 위해서 핵심적인 근로조건에 해당하는 근로시간을 근로계약 체결 당시에 미리 알리도록 할 필요가 있는 것은 영화근로자의 경우에도 마찬가지이다. 영화근로자의 업무가 재량근로 대상 업무에 해당할 수 있다는 사실만으로 달리 볼 수도 없다. 따라서 심판대상조항은 영화업자의 평등권을 침해하지 않는다.

> **결정의 의의**
>
> 이 사건은 영화업자가 영화근로자와 계약을 체결할 때 근로시간을 명시하도록 하고 위반 시 처벌하는 영화비디오법 조항이 영화업자의 평등권을 침해하지 않는다고 판단한 결정으로서, 근로시간 명시 의무 측면에서 영화근로자도 여타의 근로자와 마찬가지로 보호받아야 함을 확인한 점에 의의가 있다.

30 아동·청소년성착취물 배포행위 처벌 사건

(2022.11.24. 2021헌바144 [아동·청소년의 성보호에 관한 법률 제11조 제3항 위헌소원])　　　　　**[합헌]**

Ⅰ. 판시사항

1. 아동·청소년이 등장하는 아동·청소년성착취물을 배포한 자를 3년 이상의 징역에 처하도록 한 '아동·청소년의 성보호에 관한 법률' 제11조 제3항 중 '아동·청소년이 등장하는 아동·청소년성착취물을 배포한 자'에 관한 부분(이하 '심판대상조항'이라 한다)이 책임과 형벌 간의 비례원칙에 위반되는지 여부(소극)
2. 심판대상조항이 형벌체계상 균형을 상실하여 평등원칙에 위반되는지 여부(소극)

Ⅱ. 결정요지

1. 아동·청소년성착취물의 배포는 아동·청소년의 성적 자기결정권의 침해에 그치는 것이 아니라 인격의 파괴에까지 이를 수 있으며 회복되기 어려울 정도로 삶을 무너뜨릴 수 있으므로 이들을 심판대상조항의 행위와 같은 성범죄로부터 보호하여 건전한 사회구성원으로 성장할 수 있도록 하는 것은 포기할 수 없는 중대한 법익이 아닐 수 없다. 현재 정보통신매체의 기술 수준에서는 아동·청소년성착취물이 일회적으로라도 배포되면 즉시 대량 유포 및 대량 복제가 가능하다. 이와 같은 현실에서 아동·청소년성착취물을 배포하는 행위는 그 피해를 광범위하게 확대시킬 수 있고 그러한 피해는 쉽사리 해결할 수 없으며, 경우에 따라서는 성착취물에 관여된 피해 아동·청소년에게 회복할 수 없는 상처를 남길 수 있으므로 <u>아동·청소년성착취물 배포행위는 인간의 존엄과 가치에 정면으로 반하는 범죄로서 죄질과 범정이 매우 무겁고 비난가능성 또한 대단히 높다.</u> 형사정책적인 측면에서 보더라도, 최근 아동·청소년을 성적 대상으로 보는 성폭력범죄의 흉악성이 심각해져 위기감이 고조되고 있고, 아동·청소년 대상 성범죄의 특성상 외부에 드러나지 않고 있는 범죄가 상당히 많을 것으로 추정되고 있어, 아동·청소년 대상 성범죄에 대한 특단의 조치가 필요한 실정이다. <u>심판대상조항은 법정형의 하한이 징역 3년으로 법관이 법률상 감경이나 작량감경을 하지 않더라도 집행유예 선고가 가능하며, 죄질이 경미하고 비난가능성이 적은 경우 법관이 작량감경 등을 통해 양형 단계에서 피고인의 책임에 상응하는 형을 선고할 수 있다. 따라서 심판대상조항은 책임과 형벌 간의 비례원칙에 위반되지 않는다.</u>

2. 심판대상조항에 정한 범죄는 아동·청소년의성보호에관한법률위반(강제추행)죄, 아동·청소년의성보호에관한법률위반(16세미만아동·청소년추행)죄, 아동·청소년의성보호에관한법률위반(알선영업행위등)죄, 아동복지법위반(아동에 대한 음행강요·매개·성희롱 등)죄, 성폭력범죄의처벌등에관한특례법위반(카메라등이용촬영·반포등)죄, 아동학대범죄의처벌등에관한특례법위반(아동학대중상해)죄 등 다른 범죄와 비교하였을 때 보호법익, 행위태양, 피해의 지속성과 범위 등에 차이가 있다. 따라서 위 각 범죄의 법정형과 단순히 평면적으로 비교하여 심판대상조항에 정한 법정형의 경중을 논할 수는 없으며, 더 나아가 아동·청소년이 등장하는 아동·청소년성착취물의 배포행위가 아동학대범죄의처벌등에관한특례법위반(아동학대중상해)죄 등에 비하여 반드시 죄질이 가볍다거나 비난가능성이 약하다고 단정할 수도 없다. 따라서 <u>심판대상조항은 형벌체계상의 균형을 현저히 잃어 평등원칙에 위반된다고 보기 어렵다.</u>

결정의 의의

이 사건은 아동·청소년성착취물 배포행위의 법정형이 3년 이상의 징역으로 상향된 이후 그러한 법정형이 책임과 형벌 간의 비례원칙 또는 평등원칙에 위반되는지 여부가 쟁점이 된 사안이다.

헌법재판소는 재판관 전원일치의 의견으로, 보호법익의 중요성, 아동·청소년 대상 성범죄의 불법성과 죄질의 정도, 형사정책적 측면, 법관의 양형재량의 범위 등을 고려할 때 아동·청소년이 등장하는 아동·청소년성착취물 배포행위에 대해 3년 이상의 징역에 처하도록 한 아동·청소년의 성보호에 관한 법률 조항이 책임과 형벌 간의 비례원칙에 위반되지 않으며, 위 조항에 규정된 범죄의 성질 등을 고려할 때 다른 범죄의 법정형과 단순히 평면적으로 비교하여 법정형의 경중을 논할 수는 없다고 보아 평등원칙에 위반되지 않는다고 판단하였다.

헌법재판소는 2019. 12. 27. 2018헌바46 결정에서 아동·청소년이용음란물을 '제작'한 자를 무기 또는 5년 이상의 징역에 처하는 '아동·청소년의 성보호에 관한 법률' 조항에 대하여 합헌결정을 하였는데, 이 사건에서는 아동·청소년이 등장하는 아동·청소년성착취물 '배포'행위를 처벌하는 조항에 관해 합헌결정을 하였다는 점에서 의의가 있다.

31 안장 대상자 배우자의 국립묘지 합장 사건

(2022.11.24. 2020헌바463【국립묘지의 설치 및 운영에 관한 법률 제5조 제3항 제1호 단서 위헌소원】)　　**[합헌]**

Ⅰ. 판시사항

국립묘지 안장 대상자의 사망 당시의 배우자가 재혼한 경우에는 국립묘지에 안장된 안장 대상자와 합장할 수 없도록 규정한 '국립묘지의 설치 및 운영에 관한 법률' 제5조 제3항 본문 제1호 단서 중 '안장 대상자가 사망한 후에 다른 사람과 혼인한 배우자는 제외한다.' 부분(이하 '심판대상조항'이라 한다)이 평등원칙에 위배되는지 여부(소극)

Ⅱ. 결정요지

1. 쟁점의 정리

국립묘지법 제5조 제3항 본문 제1호에 따르면 안장 대상자의 사망 당시 배우자였다 하더라도 안장 대상자 <u>사망 후 재혼하지 않은 배우자는 합장 대상자에 포함되는 반면 다른 사람과 재혼한 배우자는 합장의 대상에서 제외되고</u>, 배우자 사망 후에 안장 대상자가 재혼한 경우에는 안장 대상자 사망 당시의 배우자가 아님에도 불구하고 종전 배우자가 합장 대상에 포함되는바, 심판대상조항에서 안장 대상자 사망 후에 재혼한 배우자를 합장 대상에서 제외한 것이 합장 대상에 포함되는 자들과 비교하여 불합리하게 차별하는 것인지 문제된다.

2. 평등원칙 위배 여부

(1) 심사기준

국립묘지에 안장될 국가유공자 등의 범위와 자격 등은 국립묘지의 수용능력, 국가유공자 등에 대한 평가기준 등에 따라 정하여질 수밖에 없으므로 안장 대상자의 범위와 자격을 정함에 있어서는 입법자에게 폭넓은 입법형성권이 부여된다(헌재 2011. 10. 25. 2010헌바272 참조). 이와 마찬가지로 안장 대상자와 합장될 수 있는 자의 범위와 자격 등도 국립묘지의 수용능력, 안장 대상자와의 관계 등에 따라 정하여지는 <u>입법자의 폭넓은 입법형성의 자유영역에 속하는 것으로 기본적으로 국가의 입법정책에 달려 있다. 따라서 그 내용이 현저히 불합리하지 않은 한</u> 헌법에 위반된다고 할 수 없다.

(2) 판단

<u>안장 대상자가 사망한 후에 재혼한 배우자는 다른 사람과 혼인관계를 형성하여 안장 대상자를 매개로 한 인척관계를 종료하였다는 점에서, 안장 대상자의 사망 후에 재혼하지 않은 배우자나 배우자 사망 후 안장 대상자가 재혼한 경우에 있어 종전 배우자와는 차이가 있다.</u>

안장 대상자가 사망한 뒤 그 배우자가 재혼을 통해 새로운 혼인관계를 형성하고 안장 대상자를 매개로 한 인척관계를 종료하였다면, 그가 국립묘지에 합장될 자격이 있는지는 사망 당시의 배우자를 기준으로 하는 것이 사회통념에 부합한다.

안장 대상자의 사망 후 재혼하지 않은 배우자나 배우자 사망 후 안장 대상자가 재혼한 경우의 종전 배우자는 자신이 사망할 때까지 안장 대상자의 배우자로서의 실체를 유지하였다는 점에서 합장을 허용하는 것이 국가와 사회를 위하여 헌신하고 희생한 안장 대상자의 충의와 위훈의 정신을 기리고자 하는 국립묘지 안장의 취지에 부합하고, 안장 대상자의 사망 후 그 배우자가 재혼을 통하여 새로운 가족관계를 형성한 경우에 그를 안장 대상자와의 합장 대상에서 제외하는 것은 합리적인 이유가 있다.

따라서 <u>심판대상조항은 평등원칙에 위배되지 않는다.</u>

결정의 의의

헌법재판소는 이 결정에서 최초로 국립묘지에 안장된 자와 합장될 수 있는 배우자의 범위를 재혼 여부에 따라 제한하는 조항의 위헌 여부에 대하여 판단하면서, 국립묘지 안장의 취지, 재혼으로 인한 가족관계의 변동 등의 사정을 고려하여 합헌이라고 판단하였다.

32 못된 장난 등으로 업무 및 공무를 방해하는 행위를 처벌하는 경범죄 처벌법 사건

(2022.11.24. 2021헌마426 [경범죄 처벌법 제3조 제2항 제3호 위헌확인])　　　　　　　　**[기각]**

Ⅰ. 판시사항

1. 못된 장난 등으로 다른 사람, 단체 또는 공무수행중인 자의 업무를 방해한 사람을 20만 원 이하의 벌금, 구류 또는 과료로 처벌하는 '경범죄 처벌법' 제3조 제2항 제3호(이하 '심판대상조항'이라 한다)가 죄형법정주의의 명확성원칙을 위반하여 청구인의 일반적 행동자유권을 침해하는지 여부(소극)
2. 심판대상조항이 과잉금지원칙을 위반하여 청구인의 일반적 행동자유권을 침해하는지 여부(소극)

Ⅱ. 결정요지

1. 명확성원칙 위반 여부

심판대상조항의 입법 목적, '못된 장난'의 사전적 의미, '경범죄 처벌법'의 예방적·보충적·도덕적 성격 등을 종합하면, 심판대상조항의 '못된 장난 등'은 타인의 업무에 방해가 될 수 있을 만큼 남을 괴롭고 귀찮게 하는 행동으로 일반적인 수인한도를 넘어 비난가능성이 있으나 형법상 업무방해죄, 공무집행방해죄에 이르지 않을 정도의 불법성을 가진 행위를 의미한다고 할 것이다. 형법상 업무방해죄, 공무집행방해죄에 이르지 아니하나 업무나 공무를 방해하거나 그러한 위험이 있는 행위의 유형은 매우 다양하므로 심판대상조항에서는 '못된 장난 등'이라는 다소 포괄적인 규정으로 개별 사안에서 법관이 그 적용여부를 판단할 수 있도록 하고 있으나, '경범죄 처벌법'은 제2조에서 남용금지 규정을 둠으로써 심판대상조항이 광범위하게 자의적으로 적용될 수 있는 가능성을 차단하고 있다. 따라서 심판대상조항은 죄형법정주의의 명확성원칙을 위반하여 청구인의 일반적 행동자유권을 침해하지 않는다.

2. 과잉금지원칙 위반 여부

업무를 통한 사람의 사회적·경제적 활동과 공무를 수행하는 사람에 의하여 구체적으로 행하여지는 국가나 공공기관의 기능을 보호하기 위한 심판대상조항의 입법목적은 정당하고, 못된 장난 등으로 업무를 방해하는 행위를 경범죄로 처벌하는 것은 적합한 수단이다. '경범죄 처벌법'의 예방적·보충적·도덕적 성격을 반영하여 형법과 달리 업무방해와 공무방해를 함께 규율하는 것도 가능하고, 형법상 처벌되는 행위보다 불법성은 경미하지만 규제하지 않는다면 국가기능의 정상적 수행에 어려움과 혼란을 초래할 수 있는 행위를 금지하여야 할 필요성도 인정되는바, 심판대상조항은 방해되는 것이 사적 업무인지 공무인지 관계없이 '못된 장난 등'으로 업무를 방해하는 행위를 처벌하고 있다. 심판대상조항의 법정형은 그 상한이 비교적 가볍고 벌금형 선택 시 선고유예도 가능하며 법관이 여러 양형조건을 고려하여 행위책임에 비례하는 형벌을 부과할 수 있으므로 법정형의 수준이 과중하다고 보기 어렵다. 나아가 '경범죄 처벌법'에서는 통고처분 제도를 두어 형사처벌을 받지 않을 수 있는 절차도 추가적으로 보장하고 있다. 심판대상조항으로 인하여 제한되는 사익은 업무나 공무를 방해할 위험이 있는 못된 장난 등을 할 수 없는 데 그치나, 달성하려는 공익은 널리 사람이나 단체가 사회생활상의 지위에서 계속적으로 행하는 일체의 사회적 활동의 자유 보장 및 국가기능의 원활한 작동이라고 할 것인바, 이러한 공익은 위와 같은 사익보다 크다. 따라서 <u>심판대상조항은 과잉금지원칙을 위반하여 청구인의 일반적 행동자유권을 침해하지 않는다.</u>

결정의 의의

이 결정은 '경범죄 처벌법'상 '못된 장난 등'의 죄형법정주의의 명확성원칙 위반 여부에 대하여 헌법재판소에서 처음 판단한 사건이다.

이 사건에서 헌법재판소는 못된 장난 등으로 다른 사람의 사적업무나 공무를 방해한 사람을 경범죄로 처벌하는 심판대상조항이 죄형법정주의의 명확성원칙 및 과잉금지원칙을 위반하여 청구인의 일반적 행동자유권을 침해하지는 아니한다고 판단하였다.

33 정당의 내부조직인 시·도당의 법정당원수 사건

(2022.11.24. 2019헌마445 【정당법 제3조 등 위헌확인】)　　　　　　　　　　　　　**[기각, 각하]**

Ⅰ. 판시사항

정당의 시·도당은 1천인 이상의 당원을 가져야 한다고 규정한 정당법 제18조 제1항(이하 '법정당원수 조항'이라한다)이 과잉금지원칙을 위반하여 각 시·도당창당준비위원회의 대표자인 청구인들의 정당의 자유를 침해하는지 여부(소극)

Ⅱ. 결정요지

우리나라에 현존하는 정당의 수, 각 시·도의 인구 및 유권자수, 인구수 또는 선거인수 대비 당원의 비율, 당원의 자격 등을 종합하여 보면, 시·도당은 1,000명 이상의 당원을 가져야 한다고 규정한 법정당원수 조항이 <u>신생정당의 창당이나 기성정당의 추가적인 시·도당 창당을 현저히 어렵게 하여 시·도당창당준비위원회의 대표자들에게 지나치게 과도한 부담을 지운 것이라고 보기 어렵다.</u> 당원수가 시·도당을 창당하기에 부족한 경우에는 기초자치단체나 국회의원지역구에서 기초조직인 당원협의회를 통해 국민의 정치적 의사형성에 참여하는 활동을 하는 것도 가능하다. 그밖에 홈페이지, 블로그, 사회관계망 서비스(SNS) 등을 활용하여 시·도당 창당지연으로 인한 정당활동의 위축을 최소화할 방법도 널리 열려 있다. 각 시·도당창당준비위원회의 대표자들은 법정당원수 조항으로 인해 당원이 1,000명 이상이 될 때까지 시·도당 창당이 지연되는 불이익을 입을 뿐이므로, 이들이 제한받는 사익의 정도가 공익에 비하여 크다고 보기도 어렵다. 따라서 <u>법정당원수 조항은 과잉금지원칙을 위반하여 각 시·도당창당준비위원회의 대표자들의 정당조직의 자유와 정당활동의 자유를 포함한 정당의 자유를 침해하지 아니한다.</u>

34 입양신고 시 불출석 당사자의 신분증명서 제시 사건

(2022.11.24. 2019헌바108 [가족관계의 등록 등에 관한 법률 제23조 제2항 전문 위헌소원])　　**[합헌]**

Ⅰ. 판시사항

입양신고 시 신고사건 본인이 시·읍·면에 출석하지 아니하는 경우에는 신고사건 본인의 신분증명서를 제시하도록 한 '가족관계의 등록 등에 관한 법률'(이하 '가족관계등록법'이라 한다) 제23조 제2항 전문 중 '신고사건 본인의 주민등록증·운전면허증·여권, 그 밖에 대법원규칙으로 정하는 신분증명서를 제시하거나' 부분(이하, '이 사건 법률조항'이라 한다)이 입법형성권의 한계를 넘어서서 입양당사자의 가족생활의 자유를 침해하는지 여부(소극)

Ⅱ. 결정요지

이 사건 법률조항은 입양의 당사자가 출석하지 않아도 입양신고를 하여 가족관계를 형성할 수 있는 자유를 보장하면서도, 출석하지 아니한 당사자의 신분증명서를 제시하도록 하여 입양당사자의 신고의사의 진실성을 담보하기 위한 조항이다. 가족관계등록법은 신고인인 입양당사자들이 입양신고서에 서명 또는 기명날인 하도록 하고, 입양신고서에 당사자의 개인정보를 기재하도록 한다. 특히 신청인의 등록기준지를 요구하여 상당 정도 입양당사자의 신고의사의 진실성을 담보한다. 그리고 이 사건 법률조항이 추가로 당사자의 신고의사의 진실성을 담보하기 위하여 제출하도록 한 신분증명서는 주민등록증, 운전면허증, 여권 등으로 자신의 신분증명을 위하여 소지하여야 하고, 타인에게 넘어갈 경우에 부정사용될 가능성이 높아 함부로 타인에게 교부하지 않는 서류이다. 신분증명서를 부정사용하여 입양신고가 이루어질 경우 형법에 따라 형사처벌되고, 그렇게 이루어진 허위입양은 언제든지 입양무효확인의 소를 통하여 구제받을 수 있다. 비록 출석하지 아니한 당사자의 신분증명서를 요구하는 것이 허위의 입양을 방지하기 위한 완벽한 조치는 아니라고 하더라도 이 사건 법률조항이 원하지 않는 가족관계의 형성을 방지하기에 전적으로 부적합하거나 매우 부족한 수단이라고 볼 수는 없다. 따라서 이 사건 법률조항이 입양당사자의 가족생활의 자유를 침해한다고 보기 어렵다.

결정의 의의

이 결정은 가족관계등록법상 입양신고를 포함한 창설적 신고와 관련하여 신고사건 본인이 직접 출석하지 아니할 경우에 그 신고사건 본인의 신분증명서를 제시하도록 하여 입양당사자의 신고의사의 진실성을 담보하도록 한 조항의 위헌 여부에 대하여 헌법재판소가 처음 판단한 사건이다.

이 사건 법률조항은 구 호적법에서는 없던 규정으로, 창설적 신고를 하는 당사자의 신고의사의 진실성을 담보하기 위하여 가족관계등록법을 제정하면서 강화된 요건으로서 규정된 조항이다.

헌법재판소는 출석하지 아니한 당사자의 신분증명서를 요구하는 것이 허위의 입양을 방지하기 위한 완벽한 조치는 아니라고 하더라도 입양의 당사자가 출석하지 않아도 입양신고를 하여 가족관계를 형성할 수 있는 자유를 보장할 필요성을 고려하여 이 사건 법률조항이 원하지 않는 가족관계의 형성을 방지하기에 전적으로 부적합하거나 매우 부족한 수단은 아니어서 입법형성권의 한계를 벗어났다고 보기 어렵다고 보아 재판관 7:2의 의견으로 합헌 결정을 하였다.

35 국내로 귀환하지 못한 국군포로의 보수지급 청구 사건

(2022.12.22. 2020헌바39 【국군포로의 송환 및 대우 등에 관한 법률 제9조 제1항 위헌소원】)   [합헌]

Ⅰ. 판시사항

귀환하여 등록절차를 거친 등록포로에게만 보수를 지급한다고 규정한 심판대상조항이 평등원칙에 위배되는지 여부(소극)

Ⅱ. 결정요지

국군포로가 국가를 위하여 겪은 희생을 위로하고 국민의 애국정신을 함양한다는 국군포로송환법의 취지에 비추어 볼 때 위와 같은 등록 및 등급 부여는 형식적인 절차가 아니라 국군포로에 대한 대우와 지원을 통하여 국군포로송환법의 취지를 구현하기 위한 필수적인 절차이다. 그런데 귀환하지 못한 국군포로의 경우에는 그와 같은 등록을 신청하는 것 자체가 불가능하다. 6·25 전쟁이 발발한 지 오랜 시간이 흘렀을 뿐만 아니라 북한은 국군포로의 존재 자체를 부인하는 등 국군포로의 존재 및 생사 여부에 대한 확인이 어려워, 북한을 이탈하여 대한민국에 귀환한 국군포로 본인의 주장과 신청에 의하는 경우 외에는 다른 등록방법을 상정하기 어렵기 때문이다.

북한을 이탈하여 대한민국에 입국한 억류지출신 포로가족이 국군포로 본인의 등록을 신청하는 경우를 상정할 수는 있겠으나, 국군포로 본인이 귀환하지 않은 상태에서는 등록 거부 혹은 등급 부여를 위해 대상자의 신원, 포로가 된 경위, 억류기간 중의 행적 등을 파악하는 데에는 한계가 있을 수밖에 없고, 등록을 인정한다고 하여도 국군포로송환법에 따른 대우와 지원을 받을 대상자가 현재 대한민국에 존재하지 않는다면 그 실효성이 인정되기 어렵다. 심판대상조항을 비롯하여 등록포로에게 각종 대우와 지원을 규정하고 있는 국군포로송환법의 취지는 본인의 의사와 달리 북한에 억류되어 고초를 겪었을 국군포로 본인의 희생을 위로하고 안정적 정착을 지원하고자 하는 것이기 때문이다.

위와 같은 점들을 고려하면 심판대상조항이 국군포로가 귀환하여 등록절차를 거친 경우에 억류기간(단, 60세가 되는 날이 속하는 달까지)에 대한 보수를 지급하도록 하고 귀환하지 못한 국군포로에 대하여 이를 인정하지 않는 것에는 합리적인 이유가 있다.

따라서 심판대상조항은 평등원칙에 위배되지 않는다.

결정의 의의

동일 청구인이 과거에 유사한 취지로 헌법소원심판을 청구한 바 있으나, 과거(헌법재판소법 제68조 제1항에 따른 청구)와는 달리 법원의 위헌제청신청을 거치는 등 헌법재판소법 제68조 제2항의 헌법소원으로 청구유형을 바꾸어 청구한 경우로서, 재판의 전제성을 충족하였다고 보고 본안 판단에 나아간 사건이다(과거에 제기한 헌법소원과는 헌법소원의 유형이 다른 이상 일사부재리 원칙을 위반하지 않는다).

헌법재판소는 이 사건에서 귀환하지 아니한 국군포로의 경우 그간의 행적 등을 파악할 수 없는 한계 등을 이유로 억류기간 동안의 보수지급 대상에서 제외한 것은 평등원칙에 위배되지 않는다고 판단하였다.

36 행정안전부장관의 소속청장 지휘에 관한 규칙 권한쟁의 사건

(2022.12.22. 2022헌라5 [국가경찰위원회와 행정안전부장관 간의 권한쟁의])   **[각하]**

Ⅰ. 판시사항

법률에 의하여 설치된 국가기관인 국가경찰위원회에게 권한쟁의심판의 당사자능력이 인정되는지 여부(소극)

Ⅱ. 결정요지

헌법은 제111조 제1항 제4호에서 헌법재판소의 관장사항으로서 권한쟁의심판과 관련하여 "국가기관 상호간, 국가기관과 지방자치단체 간 및 지방자치단체 상호간의 권한쟁의에 관한 심판"이라고 규정하고 있을 뿐 권한쟁의심판의 당사자가 될 수 있는 국가기관의 종류나 범위에 관하여는 아무런 규정을 두고 있지 않고, 이에 관하여 특별히 법률로 정하도록 위임하고 있지도 않다. 따라서 위 조항에서 말하는 국가기관의 의미와 권한쟁의심판의 당사자가 될 수 있는 국가기관의 범위는 결국 헌법해석을 통하여 확정되어야 한다. 헌법 제111조 제1항 제4호 소정의 "국가기관"에 해당하는지 아닌지를 판별함에 있어서는 그 국가기관이 헌법에 의하여 설치되고 헌법과 법률에 의하여 독자적인 권한을 부여받고 있는지 여부, 헌법에 의하여 설치된 국가기관 상호간의 권한쟁의를 해결할 수 있는 적당한 기관이나 방법이 있는지 여부 등을 종합적으로 고려하여야 한다. 그런데, 헌법상 국가에 부여된 임무 또는 의무를 수행하고 그 독립성이 보장된 국가기관이라고 하더라도, 오로지 법률에 설치근거를 둔 국가기관이라면 국회의 입법행위에 의하여 존폐 및 권한범위가 결정될 수 있으므로, 이러한 국가기관은 '헌법에 의하여 설치되고 헌법과 법률에 의하여 독자적인 권한을 부여받은 국가기관'이라고 할 수 없다.

국회가 제정한 경찰법에 의하여 비로소 설립된 청구인은 국회의 경찰법 개정행위에 의하여 존폐 및 권한범위 등이 좌우되므로, 헌법 제111조 제1항 제4호 소정의 헌법에 의하여 설치된 국가기관에 해당한다고 할 수 없다. 국가경찰위원회 제도를 채택하느냐의 문제는 우리나라 치안여건의 실정이나 경찰권에 대한 민주적 통제의 필요성 등과 관련하여 입법정책적으로 결정되어야 할 사항이다. 권한쟁의심판의 당사자능력은 헌법에 의하여 설치된 국가기관에 한정하여 인정하는 것이 타당하므로, 법률에 의하여 설치된 청구인에게는 권한쟁의심판의 당사자능력이 인정되지 아니한다.

결정의 의의

법률에 의하여 설치된 국가기관인 국가경찰위원회에게는 권한쟁의심판의 당사자능력이 인정되지 아니하므로, 심판청구를 각하한다는 내용의 결정이다.
헌법재판소는 국가인권위원회와 대통령 간의 권한쟁의 사건에서도 법률에 의하여 설치된 국가기관인 국가인권위원회에게 위와 같이 당사자능력을 인정하지 않았다(헌재 2010. 10. 28. 2009헌라6).

37 남양주시 특별조정교부금 배분에 관한 권한쟁의 사건

(2022.12.22. 2020헌라3 [남양주시와 경기도 간의 권한쟁의])   **[기각]**

Ⅰ. 판시사항

피청구인이 청구인을 이 사건 특별조정교부금 배분에서 제외한 행위가 청구인의 지방재정권을 침해하는지 여부(소극)

Ⅱ. 결정요지

이 사건 특별조정교부금 배분은, 피청구인이 지역화폐로 재난기본소득을 지급하는 '경기도형 재난기본소득 사업'에 동참한 시·군에 대하여 일정 금액의 특별조정교부금을 우선적으로 지원한 것인바, 청구인은 지역화폐가 아닌 현금으로 재난기본소득을 지급하였으므로 위 우선지급대상자에 해당하지 않는다. 지방재정법 관련 규정의 문언과 특별조정교부금 제도의 취지를 고려할 때, 청구인이 특별조정교부금을 신청하였다고 하여 피청구인이 이를 반드시 배분하여야 한다고 해석할 수 없고, 피청구인이 광역행정 정책인 '경기도형 재난기본소득 사업'에 동참하지 않은 청구인에게 이 사건 특별조정교부금을 지급하지 않았다고 하여 곧바로 청구인의 자치재정권에 대한 침해가 있었다고 단정할 수 없다. 피청구인이 지역화폐의 경기부양 효과 등을 고려하여 지역화폐 형태의 재난기본소득 지급을 유도하기 위하여 이를 특별조정교부금 우선 배분의 기준으로 정한 것이 객관적으로 명백히 부당하거나 현저하게 자의적이라고 볼 수 없다.

또한, 이 사건 배분 제외행위로 인하여 청구인의 재정자주도가 큰 타격을 입었다고 보기도 어려우며, 청구인도 지역화폐 형태의 재난기본소득 지급이 이 사건 특별조정교부금 배분의 요건임을 인식하고 있었다고 볼 수 있다. 따라서, 피청구인이 청구인을 이 사건 특별조정교부금 배분에서 제외한 행위가 청구인의 지방재정권을 침해한 것이라고 볼 수 없다.

결정의 의의

지난 2022. 8. 31. 자치사무 감사에 관하여 선고된 2021헌라1 남양주시와 경기도 간의 권한쟁의 사건에 이어 두 번째로 선고된 남양주시와 경기도 간의 권한쟁의 사건이다.

38 비급여 진료비용의 보고 및 공개에 관한 사건

(2023.2.23. 2021헌마374등 [의료법 제45조의2 제1항 등 위헌확인])　　　　　　　　　　　**[기각, 각하]**

Ⅰ. 판시사항

1. 의료기관의 장으로 하여금 보건복지부장관에게 비급여 진료비용에 관한 사항을 보고하도록 한 의료법 제45조의2 제1항 중 '비급여 진료비용'에 관한 부분(이하 '보고의무조항'이라 한다)이 법률유보원칙에 반하여 의사의 직업수행의 자유와 환자의 개인정보자기결정권을 침해하는지 여부(소극)

2. 보고의무조항이 포괄위임금지원칙에 반하여 의사의 직업수행의 자유와 환자의 개인정보자기결정권을 침해하는지 여부(소극)

3. 보고의무조항이 과잉금지원칙에 반하여 의사의 직업수행의 자유와 환자의 개인정보자기결정권을 침해하는지 여부(소극)

4. 의원급 의료기관의 비급여 진료비용에 관한 현황조사·분석 결과를 공개하도록 한 '비급여 진료비용 등의 공개에 관한 기준' 제3조 중 '의료법 제3조 제2항 제1호에 따른 의료기관'의 '비급여 진료비용'에 관한 부분 (이하 '이 사건 고시조항'이라 한다)이 법률유보원칙에 반하여 의사의 직업수행의 자유를 침해하는지 여부(소극)

5. 이 사건 고시조항이 과잉금지원칙에 반하여 의사의 직업수행의 자유를 침해하는지 여부(소극)

Ⅱ. 결정요지

1. 보고의무조항은 '비급여 진료비용의 항목, 기준, 금액, 진료내역'을 보고하도록 함으로써 보고의무에 관한 기본적이고 본질적인 사항을 법률에서 직접 정하고 있으므로, 법률유보원칙에 반하여 청구인들의 기본권을 침해하지 아니한다.

2. 비급여는 그 유형과 종류가 다양하므로 보고의무에 관한 세부적인 사항은 하위법령에 위임할 필요가 있고, 보고의무조항의 입법목적과 '개인정보 보호법'의 내용 등을 고려하면, 보고대상인 '진료내역'에는 상병명, 수술·시술명 등 비급여 진료의 실태파악에 필요한 진료정보만 포함될 뿐 환자 개인의 신상정보는 포함되지 않을 것임을 예상할 수 있다. 따라서 보고의무조항은 포괄위임금지원칙에 반하여 청구인들의 기본권을 침해하지 아니한다.

3. 비급여는 급여와 달리 사회적 통제기전이 없어 국민들이 비급여 진료의 필요성과 위험성을 바탕으로 진료 여부를 결정할 수 있는 체계가 부족하고, 그동안 시행되었던 표본조사의 방법으로는 비급여 현황을 정확히 파악하는 데 한계가 있다. 병원마다 제각각 비급여 진료의 명칭과 코드를 사용하고 있으므로 구체적인 진료내역을 추가로 조사할 수밖에 없고, 보고된 정보는 입법목적에 필요한 용도로만 제한적으로 이용하고 안전하게 관리되도록 관련 법률에서 명확히 규정하고 있으며, 보고의무의 이행에 드는 노력이나 시간도 의사의 진료활동에 큰 부담을 주는 정도라고 보기 어렵다. 따라서 보고의무조항은 과잉금지원칙에 반하여 청구인들의 기본권을 침해하지 아니한다.

4. 비급여 진료비용의 '현황조사·분석 및 결과 공개의 범위·방법·절차'에 관한 사항은 그 내용이 전문적·기술적이어서 하위법령에 위임할 필요가 있고, '사회적 수요가 큰 비급여 항목'에 대하여 기존 '병원급 의료기관'과 유사한 방법으로 진료비용이 공개될 것임을 예측할 수 있다. 따라서 이 사건 고시조항의 상위법령인 의료법 제45조의2 제4항은 위임입법의 한계를 준수하였다. 또한 의료법령의 체계와 관련규정에 비추어 보면, '전체 비급여에서 차지하는 비중이 큰 항목'들이 보고대상이 될 것이고, '그러한 비급여 진료를 주로 수행하는 의료기관'이 보고 및 결과공개 대상인 의료기관이 될 것임을 알 수 있다. 따라서 '현황조사·분석 및 결과 공개 대상인 의료기관'을 고시로 정하도록 한 의료법 시행규칙 제42조의3 제2항 중 '비급여 진료비용'에 관한 부분은 백지위임에 해당한다고 볼 수 없다. 따라서 이 사건 고시조항은 위임입법의 한계를 준수한 상위법령의 위임범위 내에서 규정하고 있으므로 법률유보원칙에 반하여 청구인들의 기본권을 침해하지 아니한다.

5. 비급여 진료비용이 공개되면 국민들은 자신이 방문하고자 하는 지역의 비급여 진료비용을 미리 알 수 있고 각 의료기관의 비급여 진료비용을 비교하여 선택할 수 있다. 비급여 고지제도 및 병원급 의료기관의 비급여 진료비용 공개만으로는 의료소비자의 알권리와 의료선택권을 충분히 보장할 수 없고, 비급여 진료비용을 공개하더라도 여전히 의료기관들은 자유롭게 비급여 진료를 하고 진료비용을 정할 수 있으므로 이 사건 고시조항이 진료비용을 규제하거나 획일화하는 것이라고 보기 어렵다. 의료소비자는 비용 외에도 다양한 요소를 고려하여 의료기관을 선택할 것이므로 최저가 경쟁이 심화될 것이라고 보기 어렵고, 무리하게 진료비를 낮춰 환자를 유인한 후 불필요한 비급여 진료를 받게 하는 사례는 별도의 의료법 규정과 제도들로 규제가 가능하다. 그러므로 이 사건 고시조항은 과잉금지원칙에 반하여 청구인들의 기본권을 침해하지 아니한다.

결정의 의의

한편, 같은 날 선고된 헌재 2021헌마93 결정에서도, 헌법재판소는 보고의무조항에 관하여 재판관 5:4의 의견으로 기각결정을 선고하였다.

그리고, 의료기관 개설자로 하여금 보건복지부장관이 정하여 고시하는 비급여 대상을 제공하려는 경우 환자 또는 환자의 보호자에게 진료 전 해당 비급여 대상의 항목과 가격을 직접 설명하도록 한 의료법 시행규칙 제42조의2 제2항 본문에 관하여는 재판관 전원일치 의견으로 기각결정을 선고하였다(헌재 2021헌마93). 이 결정은, 2021년에 새로 도입된 '비급여 진료비용의 보고제도' 및 '의원급 의료기관의 비급여 진료비용 공개제도'에 대하여 헌법재판소가 2022년 5월 한 차례 변론을 거친 끝에 최종적으로 기각결정을 선고한 사안이다. 보건복지부는 2022년 12월 보고의무조항의 위임에 따라 구체적인 보고대상 등을 정한 '비급여 진료비용 등의 보고 및 공개에 관한 기준'(보건복지부 고시) 개정안을 행정예고하였는바, 보고의무조항에 대하여 합헌결정이 선고됨에 따라, 위 개정 고시가 시행되면 고시의 부재로 그동안 시행되지 못했던 비급여 진료비용의 보고제도가 곧 현실화될 것으로 보인다.

39 외국에 영주목적없이 체류한 직계존속의 자의 국적이탈제한 사건

(2023.2.23. 2019헌바462 [국적법 제12조 제3항 위헌소원]) **[합헌]**

Ⅰ. 판시사항

1. 직계존속이 외국에서 영주할 목적 없이 체류한 상태에서 출생한 자는 병역의무를 해소한 경우에만 국적이
탈을 신고할 수 있도록 하는 구 국적법 제12조 제3항(이하, '심판대상조항'이라 한다)이 명확성원칙에 위배되는
지 여부(소극)
2. 심판대상조항이 국적이탈의 자유를 침해하는지 여부(소극)

Ⅱ. 결정요지

1. 심판대상조항에서 '외국에서 영주할 목적'이 없다는 표현은 입법취지 및 그에 사용된 단어의 사전적 의미 등
을 고려할 때 다른 나라에서 오랫동안 살고자 하는 목적이 없음을 뜻함이 명확하므로 명확성원칙에 위배되지
아니한다.
2. 심판대상조항은 공평한 병역의무 분담에 관한 국민적 신뢰를 확보하려는 것으로, 장차 대한민국과 유대관계
가 형성되기 어려울 것으로 예상되는 사람에 대해서는 병역의무 해소 없는 국적이탈을 허용함으로써 국적이
탈의 자유에 대한 제한을 조화롭게 최소화하고 있는 점, 병역기피 목적의 국적이탈에 대하여 사후적 제재를
가하거나 생활근거에 따라 국적이탈을 제한하는 방법으로는 입법목적을 충분히 달성할 수 있다고 보기 어려
운 점, 심판대상조항으로 제한받는 사익은 그에 해당하는 사람이 국적이탈을 하려는 경우 모든 대한민국 남
성에게 두루 부여된 병역의무를 해소하도록 요구받는 것에 지나지 않는 반면 심판대상조항으로 달성하려는
공익은 대한민국이 국가 공동체로서 존립하기 위해 공평한 병역분담에 대한 국민적 신뢰를 보호하여 국방역
량이 훼손되지 않도록 하려는 것으로 매우 중요한 국익인 점 등을 감안할 때 심판대상조항은 과잉금지원칙에
위배되어 국적이탈의 자유를 침해하지 아니한다.

결정의 의의

이 사건은 병역의무의 헌법적 중요성 등을 감안할 때 '직계존속의 영주목적 없는 국외출생자'의 국적이탈에
병역의무 해소를 요구하는 국적법 조항이 헌법에 위배되지 않는다고 판단한 최초의 사건이다.
한편, 헌법재판소는 이 사건과 같은 날 선고한 '외국에 주소 없는 자의 국적이탈 제한 사건(2020헌바603)'에서
모든 복수국적자에게 국적이탈시 '외국 주소'를 요구하는 국적법 조항이 헌법에 위배되지 않는다고 판단하였다.

40 중등교사 임용시험에서 코로나19 확진자 응시금지 공고 등 사건

(2023.2.23. 2021헌마48 [강원도교육청 공고 제2020-163호 위헌확인]) **[각하]**

Ⅰ. 판시사항

1. '2021학년도 강원도 공·사립 중등학교 교사 임용후보자 선정경쟁 제1차 시험 합격자 및 제2차 시험(이하
'이 사건 제2차 시험'이라 한다) 시행계획 공고'(강원도교육청 공고 제2020-163호)(이하 '이 사건 공고'라 한다) 중 코로
나바이러스감염증-19(이하 '코로나19'라 한다) 확진자의 응시를 금지한 부분(이하 '이 사건 확진자 응시금지'라 한
다)에 대한 심판의 이익이 인정되는지 여부(소극)

2. 이 사건 공고 중 자가격리자에 대하여 응시 가능 여부를 정하면서 이의제기를 제한한 부분(이하 '이 사건 자가격리자 응시제한'이라 한다)의 기본권 침해가능성이 인정되는지 여부(소극)

3. 이 사건 공고 중 시험장에서 확진자와 접촉한 응시자에 대하여 다음날 시험을 별도시험장·별도시험실에서의 비대면 평가로 응시하도록 조치할 수 있다고 정하면서 이의제기를 제한한 부분(이하 '이 사건 접촉자 응시제한'이라 한다)의 기본권 침해가능성이 인정되는지 여부(소극)

Ⅱ. 결정요지

1. 헌법재판소의 가처분결정을 계기로 보건당국과 교육부가 확진자의 응시를 허용하는 방향으로 지침을 변경함에 따라 피청구인도 이 사건 제2차 시험 시행 전인 2021. 1. 13. 확진자의 응시를 허용하였다. 이후에 실시된 전국단위 자격시험 등도 변경된 지침에 따라 확진자의 응시를 허용하였다. 이처럼 청구인들이 당초 다투던 확진자의 일률적인 응시 금지는 더 이상 문제되지 않을 뿐만 아니라 이 사건 제2차 시험도 이미 종료되었으므로, 이 사건 확진자 응시금지에 관하여 심판을 구할 주관적인 권리보호이익은 더 이상 존재하지 않는다. 또한 감염병 확진자에 대하여 이 사건 확진자 응시금지와 같은 기본권제한이 반복될 가능성이 있다거나 이에 관한 헌법적 해명의 필요성이 인정된다고 보기도 어렵다. 따라서 이 사건 헌법소원심판청구 중 이 사건 확진자 응시금지 부분은 심판의 이익이 인정되지 아니하므로 부적법하다.

2. 이 사건 자가격리자 응시제한 부분은, 자가격리자의 경우 사전(시험 예정일 오전 8:20까지) 신청절차를 거쳐 별도시험장·별도시험실에서 응시가 가능하며, 다만, 비대면 평가 등 시험 방법에 대한 이의제기를 제한하는 것으로 해석되므로, 청구인들이 주장하는 것과 같이 피청구인의 재량에 따라 자가격리자의 응시 자체가 허용되지 않을 가능성이 인정된다고 보기 어렵다. 따라서 이 사건 헌법소원심판청구 중 이 사건 자가격리자 응시제한 부분은 기본권 침해가능성이 인정되지 아니하므로 부적법하다.

3. 이 사건 접촉자 응시제한 부분은, 확진자와 접촉한 응시자의 경우 시험에 응시할 수는 있으며, 다만, 별도시험장·별도시험실에서 비대면 평가의 방법으로 시험의 방법을 변경할 수 있고, 그 시험 방법의 변경에 대한 이의제기를 제한하는 내용으로 해석되므로, 청구인들의 주장처럼 피청구인의 재량에 따라 접촉자의 응시 자체가 허용되지 않을 가능성이 인정된다고 보기 어렵다. 따라서 이 사건 헌법소원심판청구 중 이 사건 접촉자 응시제한 부분도 기본권 침해가능성이 인정되지 아니하므로 부적법하다.

결정의 의의

이 사건은 코로나19가 유행하던 2021. 1.말 시행 예정이던 2021학년도 강원도 공·사립 중등학교 교사 임용후보자선정경쟁 제2차 시험에서 확진자의 응시를 금지하고, 자가격리자와 접촉자의 응시를 제한한 강원도교육청 공고에 관하여 판단한 사건이다.

헌법재판소는 이 사건 공고 중 ① 확진자 응시금지 부분은 헌법재판소의 변호사시험에 관한 가처분결정의 취지에 따라 피청구인이 시험 시행 전에 확진자의 응시를 허용하였고, 이미 시험이 종료되었으며, 이후에 실시된 전국단위 자격시험과 공무원시험에서 변경된 시험 방역관리 지침에 따라 확진자의 응시가 허용되었으므로 심판의 이익이 없고, ② 자가격리자 및 접촉자 응시제한 부분은 기본권 침해가능성이 인정되지 않아 청구인들의 심판청구가 모두 부적법하다고 판단하였다.

[관련사건 - 2020헌마1736] 한편, 헌법재판소는 같은 날 선고된 2020헌마1736 결정을 통해 제10회 변호사시험에서 코로나19 확진환자의 응시를 금지하고, 자가격리자 및 고위험자의 응시를 제한한 것이 청구인들의 직업선택의 자유를 침해하여 위헌이라고 판단하였다. 위 사건은 피청구인인 법무부장관이 위와 같은 금지조치와 제한조치를 스스로 철회 또는 변경하거나, 응시를 허용하는 내용의 지침을 마련하는 등의 조치를 취하지 않았다는 점에서 이 사건과 결론을 달리하게 되었다.

41 택시운전근로자 최저임금산입 특례조항 사건

(2023.2.23. 2020헌바11 [최저임금법 제6조 제5항 위헌소원])　　　　　　　　　　　**[합헌]**

Ⅰ. 판시사항

1. 심판대상조항이 일반택시운송사업자의 계약의 자유와 직업의 자유를 침해하는지 여부(소극)
2. 심판대상조항이 일반택시운송사업자의 평등권을 침해하는지 여부(소극)

[참고] 청구인들 주장의 요지

가. 대리운전업, 차량공유제, 렌터카를 비롯한 관련 산업의 성장에 따른 택시수요의 감소 등 일반택시운송사업(이하 '택시운송사업'이라 한다)을 둘러싼 사회적, 경제적 환경이 크게 변화하고 있는 데 반해 택시운송사업자의 영세성은 더욱 심화되고 있는 점을 고려할 때, 택시운송사업자는 택시운전근로자와 최저임금법이 정한 통상적인 최저임금액 이상의 임금을 지급하는 범위에서 자유롭게 임금에 관한 협약을 체결하고 이를 바탕으로 택시운송사업을 영위할 수 있어야 한다. 그럼에도 심판대상조항에 따라 택시운송사업자는 생산고에 따른 임금을 제외하고 고정급으로만 최저임금액 이상을 지급하여야 하는바, 심판대상조항은 택시운송사업자의 단체협약 자치를 포함한 계약의 자유, 직업의 자유 및 재산권을 침해한다.

나. 심판대상조항은 택시운전근로자들의 최저임금에 대해서만 특례를 규정하여 생산고에 따른 임금을 지급하는 다른 업종의 사업자보다 더 많은 임금을 지급하여야 하므로 택시운송사업자의 평등권을 침해한다.

Ⅱ. 결정요지

1. 심판대상조항은 대중교통의 중요한 역할을 담당하고 있음에도 대표적인 저임금, 장시간 근로 업종에 해당하는 택시운전근로자들의 임금의 불안정성을 일부나마 해소하여 생활안정을 보장한다는 사회정책적 배려를 위하여 제정된 규정으로서 입법목적이 정당하고, 그 내용은 입법목적을 실현하기 위하여 적합한 수단이다. 심판대상조항은 입법목적 달성을 위하여 임금의 구성 비율 조정이라는 상대적으로 가벼운 제한을 부과하고 있다. 또한 생산고에 따른 임금 전부를 비교대상 임금에서 제외하는 방식이 아니라 그 중 일부를 제외하는 대안이나, 지역에 따라 그 포함 여부와 비율을 달리하는 대안도 고려해볼 수 있으나, 이러한 대안들이 심판대상조항과 입법목적을 같은 정도로 달성하면서도 일반택시운송사업자들의 기본권을 덜 제한하는 것으로 볼 수는 없다. 심판대상조항이 달성하려는 공익은 열악한 근로조건 아래 놓여 있는 택시운전근로자들의 임금에 일부나마 안정성을 부여하는 것으로서 택시운전근로자들의 인간다운 생활을 보장하고, 헌법에서 국가에게 명한 근로자의 적정임금의 보장에 노력하고 법률이 정하는 최저임금제를 시행할 의무를 이행하는 것이므로 중대한 공익에 해당하고, 초과운송수입금이 임금의 많은 부분을 차지하는 임금체계를 그대로 둔다면 과속과 난폭운전 등이 늘어나 택시운송질서를 위협할 수 있으므로 국민의 안전을 보장할 국가의 의무 이행이라는 측면에서도 중요하다. 반면 심판대상조항에 의해 일반택시운송사업자들의 계약의 자유나 직업의 자유가 제한되는 정도는 고정급의 비율을 높여 근로계약을 체결하여야 한다는 의무를 수인하는 정도에 그친다. 여기에 택시의 공급 과잉, 열악한 근로조건에 따른 택시운전근로자들의 이탈, 심판대상조항과 운송수입금 전액관리제의 기반이 되는 적정한 요금 및 서비스체계의 미비 등 우리 택시산업이 안고 있는 오래된 구조적 문제가 코로나19의 확산에 따른 사회적 거리두기 등으로 인한 택시수요의 급속한 감소와 맞물려 일반택시운송사업자의 경영난에 큰 영향을 준 점 등을 고려하면, 심판대상조항을 통해 택시운송사업자들의 계약의 자유와 직업의 자유를 다소간 제한하는 것을 감수하고서라도 택시운전근로자들의 생활안정 및 국민의 교통안전을 확보하고자 한 입법자의 판단이 공익과 사익 사이의 비례관계를 명백하게 벗어났다고 볼 수 없다.

2. 택시산업은 대중교통의 한 축을 이루는 공공성이 강한 업종이고, 택시운전근로자의 생활안정이 보장되지 않을 경우 사고의 증가 등 사회적 폐해를 낳을 수 있으며, 사납금제하에서 택시운전근로자의 임금 불안정성이 더욱 크다고 볼 여지가 있으므로, 심판대상조항이 이러한 사정을 두루 고려하여 택시운전근로자들에 관하여만 생활안정을 위한 규율을 둔 것은 차별의 합리적인 이유가 있다.

결정의 의의

헌법재판소는 이미 두 차례에 걸쳐 심판대상조항이 헌법에 위반되지 않는다는 결정을 한 바 있다(헌재 2011.8.30. 2008헌마477 및 2016.12.29. 2015헌바327등).

대법원은 2019. 4. 18. '정액사납금제하에서 생산고에 따른 임금을 제외한 고정급이 최저임금에 미달하는 것을 회피할 의도로 사용자가 소정근로시간을 기준으로 산정되는 시간당 고정급의 외형상 액수를 증가시키기 위해 택시운전근로자 노동조합과 사이에 실제 근무형태나 운행시간의 변경 없이 소정근로시간만을 단축하기로 합의한 경우, 이러한 합의는 강행법규인 최저임금법상 심판대상조항 등의 적용을 잠탈하기 위한 탈법행위로서 무효'라고 판단하였다(2016다2451 전원합의체 판결). 헌법재판소는, 위 대법원 판결이 심판대상조항의 입법 취지를 회피한 택시운송사업자들의 탈법행위에 따라 발생한 불가피한 결과이므로, 심판대상조항에 따라 제한되는 사익을 평가함에 있어서 중요한 고려 요소가 될 수 없다고 보았다. 이에 다시 한 번 재판관 전원일치 의견으로 심판대상조항이 헌법에 위반되지 않는다고 판단한 것이다.

이에 대하여 운송수입금의 전액관리제의 정착에 발맞추어 심판대상조항과 같은 특례조항이 궁극적으로는 폐지되는 것이 타당하다는 재판관 4인의 보충의견이 있었다.

42 외국에 주소 없는 자의 국적이탈 제한 사건

(2023.2.23. 2020헌바603 [국적법 제14조 제1항 위헌소원])   [합헌]

Ⅰ. 판시사항

1. 복수국적자가 외국에 주소가 있는 경우에만 국적이탈을 신고할 수 있도록 하는 국적법 제14조 제1항 본문 (이하, '심판대상조항'이라 한다)이 명확성원칙에 위배되는지 여부(소극)
2. 심판대상조항이 국적이탈의 자유를 침해하는지 여부(소극)

Ⅱ. 결정요지

1. 국적법 제14조 제1항 본문의 '외국에 주소가 있는 경우'라는 표현은 입법취지 및 그에 사용된 단어의 사전적 의미 등을 고려할 때 다른 나라에 생활근거가 있는 경우를 뜻함이 명확하므로 명확성원칙에 위배되지 아니한다.
2. 심판대상조항은 국가 공동체의 운영원리를 보호하고자 복수국적자의 기회주의적 국적이탈을 방지하기 위한 것으로, 더 완화된 대안을 찾아보기 어려운 점, 외국에 생활근거 없이 주로 국내에서 생활하며 대한민국과 유대관계를 형성한 자가 단지 법률상 외국 국적을 지니고 있다는 사정을 빌미로 국적을 이탈하려는 행위를 제한한다고 하여 과도한 불이익이 발생한다고 보기도 어려운 점 등을 고려할 때 심판대상조항은 과잉금지원칙에 위배되어 국적이탈의 자유를 침해하지 아니한다.

이 사건은 복수국적 제도를 운영함에 있어 발생할 수 있는 기회주의적인 국적이탈을 방지할 헌법적 필요성 등을 감안할 때, 국적을 이탈하려는 모든 복수국적자에게 '외국에 주소'가 있을 것을 일률적으로 요구하는 국적법 조항이 헌법에 위배되지 않는다고 판단한 최초의 사건이다.

한편, 헌법재판소는 이 사건과 같은 날 선고한 '외국에 영주할 목적 없이 체류한 직계존속으로부터 태어난 자의 국적이탈 제한 사건(2019헌바462)'에서 '직계존속(直系尊屬)이 외국에서 영주(永住)할 목적 없이 체류한 상태에서 출생한 자'의 국적이탈에 병역의무 해소를 일률적으로 요구하는 국적법 조항이 헌법에 위배되지 않는다고 판단하였다.

43 어린이 보호구역에서 교통사고 가중처벌조항(이른바 '민식이법') 사건

(2023.2.23. 2020헌마460 [특정범죄 가중처벌 등에 관한 법률 제5조의13 위헌확인])   [기각]

Ⅰ. 판시사항

1. 어린이 보호구역에서 제한속도 준수의무 또는 안전운전의무를 위반하여 어린이를 상해에 이르게 한 경우 1년 이상 15년 이하의 징역 또는 500만 원 이상 3천만 원 이하의 벌금에, 사망에 이르게 한 경우 무기 또는 3년 이상의 징역에 처하도록 규정한 '특정범죄 가중처벌 등에 관한 법률' 제5조의13(이하 '심판대상조항'이라 한다)이 죄형법정주의의 명확성원칙에 위반되는지 여부(소극)
2. 심판대상조항이 과잉금지원칙에 위반되어 청구인들의 일반적 행동자유권을 침해하는지 여부(소극)

Ⅱ. 결정요지

1. 차량의 통행에 관하여 운전자에게 자세하게 규율된 의무를 부여하고 있는 도로교통법의 개정 연혁과 개정 취지, 그리고 특별한 보호가 필요한 보행자에 관한 구역을 별도로 지정할 수 있도록 도로교통법이 근거조항을 두게 된 경위와 연혁을 종합하면, 건전한 상식과 통상적 법 감정을 가진 운전자의 경우 어린이 보호구역에서 도로의 유형과 형태, 횡단보도 및 신호기 설치 여부, 주요 표지 및 어린이의 존부 등을 살핌으로써 해당 보호구역에서 운전자에게 부여되는 안전운전의무의 구체적 의미 내용이 무엇인지 충분히 파악할 수 있을 것으로 보이고, 달리 심판대상조항이 법 해석·적용기관에 의한 자의적 법 집행 여지를 두고 있다고 보기 어렵다. 따라서 심판대상조항은 죄형법정주의의 명확성원칙에 위반되지 아니한다.

2. 어린이의 통행이 빈번한 초등학교 인근 등 제한된 구역을 중심으로 어린이 보호구역을 설치하고 엄격한 주의의무를 부과하여 위반자를 엄하게 처벌하는 것은 어린이에 대한 교통사고 예방과 보호를 위해 불가피한 조치이다. 심판대상조항에 의할 때 어린이 상해의 경우 죄질이 가벼운 위반행위에 대하여 벌금형을 선택한 경우는 정상참작감경을 통하여, 징역형을 선택한 경우는 정상참작감경을 하지 않고도 집행유예를 선고할 수 있음은 물론, 선고유예를 하는 것도 가능하다. 어린이 사망의 경우 법관이 정상참작감경을 하지 않더라도 징역형의 집행유예를 선고하는 것은 가능하다. 운전자의 주의의무 위반의 내용 및 정도와 어린이가 입은 피해의 정도가 다양하여 불법성 및 비난가능성에 차이가 있다고 하더라도, 이는 법관의 양형으로 충분히 극복될 수 있는 범위 내에 있다. 운전자가 어린이 보호구역에서 높은 주의를 기울여야 하고 운행의 방식을 제한받는 데 따른 불이익보다, 주의의무를 위반한 운전자를 가중처벌하여 어린이가 교통사고의 위험으로부터 벗어나 안전하고 건강한 생활을 영위하도록 함으로써 얻게 되는 공익이 더 크다. 따라서 심판대상조항은 과잉금지원칙에 위반되어 청구인들의 일반적 행동자유권을 침해한다고 볼 수 없다.

결정의 의의

이 사건은, 어린이 보호구역에서 제한속도 준수의무 또는 안전운전의무를 위반하여 어린이를 상해 또는 사망에 이르게 한 경우를 가중처벌하는 특정범죄 가중처벌 등에 관한 법률 제5조의13에 대하여 헌법재판소가 처음으로 위헌 여부를 판단한 사건이다.

헌법재판소는 심판대상조항이 어린이 상해의 경우 법정형이 징역 1년 이상 15년 이하 또는 500만 원 이상 3천만 원 이하의 벌금으로, 사망의 경우 법정형이 무기 또는 3년 이상의 징역형으로 규정하고 있고, 운전자의 불법성 및 비난가능성에 차이가 있다고 하더라도, 이는 법관의 양형으로 충분히 극복될 수 있는 범위 내의 것이라고 보았고, 주의의무를 위반한 운전자를 가중처벌하여 어린이가 교통사고의 위험으로부터 벗어나 안전하고 건강한 생활을 영위하도록 함으로써 얻게 되는 공익이 크다는 이유로 심판대상조항이 과잉금지원칙에 위반되어 청구인들의 일반적 행동자유권을 침해한다고 볼 수 없다고 판단하였다.

44 대한적십자사 회비모금 목적의 자료제공 사건

(2023.2.23. 2019헌마1404 [대한적십자사 조직법 제8조 위헌확인 등])　　　　　　　　**[기각, 각하]**

Ⅰ. 판시사항

1. 대한적십자사가 국가 등에 요청할 수 있는 자료의 범위를 대통령령에 위임한 '대한적십자사 조직법' 제8조 제2항(이하 '이 사건 위임조항'이라 한다)이 포괄위임금지원칙에 반하여 청구인들의 개인정보자기결정권을 침해하는지 여부(소극)

2. 대한적십자사의 회비모금 목적으로 자료제공을 요청받은 국가와 지방자치단체는 특별한 사유가 없으면 그 자료를 제공하여야 한다고 규정한 '대한적십자사 조직법' 제8조 제3항 중 같은 조 제1항의 '회비모금'에 관한 부분(이하 '이 사건 자료제공조항'이라 한다)이 명확성원칙에 반하여 청구인들의 개인정보자기결정권을 침해하는지 여부(소극)

3. 이 사건 자료제공조항과, 대한적십자사가 요청할 수 있는 자료로 세대주의 성명 및 주소를 규정한 '대한적십자사 조직법 시행령' 제2조 제1호 중 같은 법 제8조 제1항의 '회비모금'에 관한 부분(이하 '이 사건 시행령조항'이라 한다)이 과잉금지원칙에 반하여 청구인들의 개인정보자기결정권을 침해하는지 여부(소극)

Ⅱ. 결정요지

1. 적십자사가 요청하고 국가 등이 적십자사에 제공하는 자료의 범위는 '적십자사의 운영, 회원모집, 회비모금 및 기부금영수증 발급'이라는 각 목적별로 달라질 수밖에 없으므로 '필요한 자료'의 구체적인 범위를 미리 법률에 상세하게 규정하는 것은 입법기술상 어렵다. 국가가 자료 제공의 목적과 필요한 자료의 범위, 자료 제공의 용이성, 적십자사의 운영 상황 및 회비모금 실무의 변화 등을 고려하여 탄력적으로 정할 필요가 있으므로, 그 구체적인 내용을 하위법령에 위임할 필요성이 인정된다. 또한 '대한적십자사 조직법'(이하 '적십자법'이라 한다) 제8조 제1항과 제6조 제4항 등을 종합하면 회원모집, 회비모금 및 기부금 영수증 발급 목적의 경우 대통령령으로 정하여질 자료의 범위는 '적십자법 제6조 제4항에서 정한 정보주체들에 대하여 회비모금 등을 위해 필요한 정보'임을 알 수 있고, 회비모금 등을 위해 각 정보주체에 대하여 연락할 수 있는 인적사항이 포함될 것임을 예측할 수 있다. 따라서 이 사건 위임조항이 포괄위임금지원칙에 위반되어 청구인들의 개인정보자기결정권을 침해한다고 볼 수 없다.

2. 이 사건 자료제공조항은 자료제공을 요청받은 국가 등은 '특별한 사유'가 없으면 자료를 제공하여야 한다고 규정하고 있는바 이때 '특별한 사유'가 명확성원칙에 반하는 것이 아닌지 의문이 든다. 그런데 이 사건 자료

제공조항은 '개인정보 보호법'상 개인정보처리자가 수집한 목적 외의 용도로 제3자에게 개인정보를 제공하는 경우의 한 형태에 해당한다. 그렇다면 '특별한 사유'라는 문언 자체는 비록 불확정적 개념이라 하더라도, 개인정보의 목적 외 제3자 제공을 더욱 엄격하게 제한하는 '개인정보 보호법'의 취지를 고려해보면 이 사건 자료제공조항의 '특별한 사유'도 '정보주체 또는 제3자의 이익을 부당하게 침해할 우려가 있을 때'에 준하는 경우로서 그 규율 범위의 대강을 예측할 수 있다. 따라서 이 사건 자료제공조항이 명확성원칙에 위반하여 청구인들의 개인정보자기결정권을 침해한다고 볼 수 없다.

3. 이 사건 자료제공조항 및 이 사건 시행령조항은 적십자 회비모금을 위해 국가 등이 보유하고 있는 자료를 적십자사에 제공하도록 하는 것으로서 궁극적으로는 적십자 사업의 원활한 운영에 그 목적이 있다. 우리나라는 제네바협약의 체약국으로서 정부가 적십자사의 활동을 지원하여야 할 의무가 있는 점, 전시 또는 평시의 인도주의 사업을 수행하는 적십자사의 설립목적과 공익성, 적십자사가 정부의 인도적 활동에 대한 보조적 역할을 수행하는 점, 특히 남북교류사업이나 혈액사업 등 다른 공익법인들이 수행하지 못하는 특수한 사업들을 수행하는 점 등을 고려하면 이와 같은 입법목적은 정당하다. 또한 이러한 정보를 적십자사에 제공하는 것은 입법목적 달성을 위한 적합한 수단이다.

이 사건 자료제공조항과 이 사건 시행령조항을 종합하면 자료제공의 목적은 적십자회비 모금을 위한 것으로 한정되고, 제공되는 정보의 범위는 세대주의 성명과 주소로 한정된다. 이때 '주소'는 지로통지서 발송을 위해 필수적인 정보이며, '성명'은 사회생활 영역에서 노출되는 것이 자연스러운 정보로서, 다른 위험스러운 정보에 접근하기 위한 식별자(識別子) 역할을 하거나, 다른 개인정보들과 결합함으로써 개인의 전체적·부분적 인격상을 추출해 내는 데 사용되지 않는 한 그 자체로 언제나 엄격한 보호의 대상이 된다고 하기 어렵다. 한편 적십자사는 '개인정보 보호법'상 공공기관에 해당하므로(개인정보 보호법 제2조 제6호 나목, 같은 법 시행령 제2조 제2호), 적십자사는 '개인정보 보호법'상 개인정보처리자로서 '개인정보 보호법'을 준수하여야 하며 위반 시 과태료나 형사처벌에 처해질 수 있다. 또한 성명과 주소는 주민등록사항이므로, 적십자사가 주민등록전산정보자료를 이용하고자 하는 경우에는 주민등록법과 같은 법 시행령을 준수하여야 한다. 이를 종합하면 이 사건 자료제공조항 및 이 사건 시행령조항은 청구인들의 개인정보자기결정권에 대한 제한을 최소화하고 있으며 법익의 균형성도 갖추었다. 따라서 이 사건 자료제공조항 및 이 사건 시행령조항이 과잉금지원칙에 반하여 청구인들의 개인정보자기결정권을 침해한다고 볼 수 없다.

결정의 의의

적십자사 지로통지서가 전국의 세대주에게 발송될 수 있었던 근거규정인 적십자법 및 그 시행령이 개인정보자기결정권을 침해하는지에 대하여 처음으로 판단한 사건이다.
참고로, 심판대상조항들은 개정되지 않았지만, 2023년도 적십자회비부터는 최근 5년간 적십자회비 모금에 참여 이력이 있는 세대주에게만 지로통지서를 발송하는 것으로 모금실무가 개선되었다.

45 초고가 아파트 구입용 주택담보대출 금지 사건

(2023.3.23. 2019헌마1399 [기획재정부 주택시장 안정화 방안 중 일부 위헌확인])　　　　　　[기각]

Ⅰ. 판시사항

1. 피청구인 금융위원회위원장이 2019. 12. 16. 시중 은행을 상대로 투기지역·투기과열지구 내 초고가 아파트(시가 15억 원 초과)에 대한 주택구입용 주택담보대출을 2019. 12. 17.부터 금지한 조치(이하 '이 사건 조치'라 한다)가 헌법소원심판의 대상인 공권력 행사에 해당하는지 여부(적극)

2. 피청구인의 이 사건 조치가 법률유보원칙에 반하여 청구인의 재산권 및 계약의 자유를 침해하는지 여부(소극)

3. 피청구인의 이 사건 조치가 과잉금지원칙에 반하여 청구인의 재산권 및 계약의 자유를 침해하는지 여부(소극)

Ⅱ. 결정요지

1. 이 사건 조치는 비록 행정지도의 형식으로 이루어졌으나, 일정한 경우 주택담보대출을 금지하는 것을 내용으로 하므로 규제적 성격이 강하고, 부동산 가격 폭등을 억제할 정책적 필요성에 따라 추진되었으며, 그 준수 여부를 확인하기 위한 현장점검반 운영이 예정되어 있었다. 그러므로 이 사건 조치는 규제적·구속적 성격을 갖는 행정지도로서 헌법소원의 대상이 되는 공권력 행사에 해당된다.

2. 피청구인은 언제든 은행업감독규정 〈별표6〉을 개정하여 이 사건 조치와 동일한 내용의 규제를 할 수 있는 권한이 있고, 은행업감독규정 〈별표6〉에 근거한 주택담보대출의 규제에는 은행법 제34조와 은행법 시행령 제20조 제1항 등 법률적 근거가 있다. 또한 피청구인은 해당 권한을 행사하여 이 사건 조치를 통해 은행업감독규정 〈별표6〉을 개정할 것임을 예고하고 개정될 때까지 당분간 개정될 내용을 준수해 줄 것을 요청한 것이고, 이 사건 조치에 불응하더라도 불이익한 조치가 이루어지지 않을 것임이 명시적으로 고지되었으므로 이 사건 조치로 인한 기본권 제한의 정도는 은행업감독규정의 기본권 제한 정도에는 미치지 않는다. 결국 행정지도로 이루어진 이 사건 조치는 금융위원회에 적법하게 부여된 규제권한을 벗어나지 않았으므로, 법률유보원칙에 반하여 청구인의 재산권 및 계약의 자유를 침해하지 아니한다.

3. 이 사건 조치는 전반적인 주택시장 안정화를 도모함과 동시에 금융기관의 대출 건전성 관리 차원에서 부동산 부문으로의 과도한 자금흐름을 개선하기 위한 것으로 목적이 정당하다. 또한 초고가 주택에 대한 주택담보대출 금지는 수요 억제를 통해 주택 가격 상승 완화에 기여할 것이므로 수단도 적합하다. 이 사건 조치 당시 주택시장의 과열로 주택담보대출이 급격히 증가함에 따라, 장래 주택가격이 하락하거나 금리가 상승할 경우 금융안정성과 국가경제 전반에 미치는 부정적 파급효과가 클 수밖에 없었다. 이에 2018년 이후 계속되어 온 고가주택에 대한 주택담보대출 규제의 일환에서, 기존 규제에도 불구하고 주택가격이 급등하는 등 주택시장 안정화 및 금융시장의 건전성 관리라는 목표 달성이 어려워지자, 피청구인이 이 사건 조치를 통해 일시적으로 이를 한 단계 강화한 것에 불과하다. 또한 이 사건 조치는 투기지역·투기과열지구로 그 적용 '장소'를 한정하고, 시가 15억원 초과 아파트로 '대상'을 한정하였으며, 초고가 아파트를 담보로 한 주택구입목적의 주택담보대출로 '목적'을 구체적으로 한정하였음을 고려할 때, 침해의 최소성과 법익의 균형성도 인정된다. 따라서 이 사건 조치는 과잉금지원칙에 반하여 청구인의 재산권 및 계약의 자유를 침해하지 아니한다.

46 특수경비원의 일체의 쟁의행위 금지 사건

(2023.3.23. 2019헌마937 [경비업법 제15조 제3항 위헌확인])   [기각, 각하]

Ⅰ. 판시사항

1. 일사부재리원칙 위반을 이유로 일부 청구인의 심판청구를 각하한 사례
2. 특수경비원의 파업·태업 그 밖에 경비업무의 정상적인 운영을 저해하는 일체의 쟁의행위를 금지하는 경비업법 제15조 제3항(이하 '심판대상조항'이라 한다)이 나머지 청구인들의 단체행동권을 침해하는지 여부(소극)

Ⅱ. 결정요지

1. 청구인 박○○은 이미 심판대상조항에 대하여 헌법소원심판을 청구하였다가 청구기간 도과를 이유로 각하 결정을 받았으므로, 청구인 박○○의 이 사건 심판청구는 일사부재리원칙에 위배되어 부적법하다.

2. 재판관 이선애, 재판관 이은애, 재판관 이종석, 재판관 이영진의 기각의견

심판대상조항은 <u>경비업무의 정상적인 운영을 저해하는 쟁의행위를 금지</u>함으로써 국가중요시설의 안전을 도모하고 국가중요시설의 정상적인 기능을 유지하여 방호혼란을 방지하려는 것이므로 입법목적의 정당성 및 수단의 적합성이 인정된다.

국가중요시설에서 발생할 수 있는 보안 관련 사건의 심각성, 이에 대응하기 위하여 무기 휴대가 가능한 특수경비원 업무의 중요성을 감안하면 경비업무의 정상적인 운영을 저해하는 일체의 쟁의행위를 금지할 수밖에 없고, 그 외 다른 수단들로는 위 목적 달성에 기여할 수 없다. 특수경비원은 단체행동권에 대한 대상조치인 노동조합법상 조정 및 중재를 통하여 노동쟁의에 대한 해결책을 마련할 수도 있다. 따라서 심판대상조항은 침해의 최소성을 갖추었다.

심판대상조항으로 인하여 특수경비원이 받는 불이익이 국가나 사회의 중추를 이루는 중요시설 운영에 안정을 기함으로써 얻게 되는 국가안전보장, 질서유지, 공공복리 등의 공익보다 중대한 것이라고 볼 수 없다. 따라서 심판대상조항은 법익의 균형성을 갖추었다.

그러므로 심판대상조항은 과잉금지원칙에 위배되어 나머지 청구인들의 단체행동권을 침해하지 않는다.

결정의 의의

이 사건과 동일한 심판대상조항에 대하여 헌법재판소는 2009년 재판관 6:3의 의견으로 합헌결정을 한 바 있다(헌재 2009. 10. 29. 2007헌마1359 참조). 이 사건에서는 심판대상조항이 단체행동권을 침해한다는 위헌의견이 재판관 5인의 의견으로서 다수의견이나, 헌법소원심판 인용 결정을 위한 심판정족수에 이르지 못하여 기각결정을 선고하게 되었다.

---

47 검사의 수사권 축소 등에 관한 권한쟁의 사건

(2023.3.23. 2022헌라4 [법무부장관 등과 국회 간의 권한쟁의])   [각하]

Ⅰ. 판시사항

1. 국회가 2022. 5. 9. 법률 제18861호로 검찰청법을 개정한 행위 및 같은 날 법률 제18862호로 형사소송법을 개정한 행위(이하 '이 사건 법률개정행위'라 한다)에 대한 권한쟁의심판에서, 법무부장관의 '청구인적격' 인정 여부(소극)
2. 이 사건 법률개정행위로 인한 검사의 '권한침해가능성' 인정 여부(소극)

Ⅱ. 결정요지

1. 법무부장관의 청구인적격

법무부장관은 헌법상 소관 사무에 관하여 부령을 발할 수 있고 정부조직법상 법무에 관한 사무를 관장하지만, 이 사건 법률개정행위는 이와 같은 법무부장관의 권한을 제한하지 아니한다. 물론 법무부장관은 일반적으로 검사를 지휘·감독하고 구체적 사건에 대하여는 검찰총장만을 지휘·감독할 권한이 있으나, 이 사건 법률개정행위가 이와 같은 법무부장관의 지휘·감독 권한을 제한하는 것은 아니다. 따라서 <u>법무부장관은 이 사건 법률개정행위에 대해 권한쟁의심판을 청구할 적절한 관련성이 인정되지 아니하므로, 청구인적격이 인정되지 아니한다.</u>

2. 검사의 권한침해가능성

국가기관의 '헌법상 권한'은 국회의 입법행위를 비롯한 다양한 국가기관의 행위로 침해될 수 있다. 그러나 국가기관의 '법률상 권한'은, 다른 국가기관의 행위로 침해될 수 있음은 별론으로 하고, 국회의 입법행위로는 침해될 수 없다. 국가기관의 '법률상 권한'은 국회의 입법행위에 의해 비로소 형성·부여된 권한일 뿐, 역으로 국회의 입법행위를 구속하는 기준이 될 수 없기 때문이다. 따라서 문제 된 침해의 원인이 '국회의 입법행위'인 경우에는 '법률상 권한'을 침해의 대상으로 삼는 심판청구는 권한침해가능성을 인정할 수 없다.

이 사건 법률개정행위는 검사의 수사권 및 소추권을 조정·배분하는 내용을 담고 있으므로, 해당 수사권 및 소추권이 검사의 '헌법상 권한'인지 아니면 '법률상 권한'인지 문제 된다. 수사 및 소추는 우리 헌법상 본질적으로 행정에 속하는 사무이므로, 특별한 사정이 없는 한 '대통령을 수반으로 하는 행정부'(헌법 제66조 제4항)에 부여된 '헌법상 권한'이다. 그러나 수사권 및 소추권이 행정부 중 어느 '특정 국가기관'에 전속적으로 부여된 것으로 해석할 헌법상 근거는 없다. 이에 헌법재판소는, 행정부 내에서 수사권 및 소추권의 구체적인 조정·배분은 헌법사항이 아닌 '입법사항'이므로, 헌법이 수사권 및 소추권을 행정부 내의 특정 국가기관에 독점적·배타적으로 부여한 것이 아님을 반복적으로 확인한 바 있다(94헌바2, 2007헌마1468, 2017헌바196, 2020헌마264등). 같은 맥락에서 입법자는 검사·수사처검사·경찰·해양경찰·군검사·군사경찰·특별검사와 같은 '대통령을 수반으로 하는 행정부' 내의 국가기관들에, 수사권 및 소추권을 구체적으로 조정·배분하고 있다.

헌법 제12조 제3항, 제16조는 검사의 영장신청권을 규정한다. 이에 헌법재판소는, 헌법상 영장신청권 조항은 수사과정에서 남용될 수 있는 다른 수사기관의 강제수사를 '법률전문가인 검사'가 합리적으로 '통제'하기 위한 취지에서 도입된 것임을 확인한 바 있다(96헌바28등). 물론 헌법은 검사의 수사권에 대해 침묵하므로, 입법자로서는 영장신청권자인 검사에게 직접 수사권을 부여하는 방향으로 입법형성을 하여 영장신청의 신속성·효율성을 증진시킬 수 있다. 그러나 형사절차가 규문주의에서 탄핵주의로 이행되어 온 과정을 고려할 때, 수사기관이 자신의 수사대상에 대한 영장신청 여부를 스스로 결정하도록 하는 것은 객관성을 담보하기 어려운 구조라는 점도 부인하기 어렵다. 이에 영장신청의 신속성·효율성 측면이 아니라, 법률전문가이자 인권옹호기관인 검사로 하여금 제3자의 입장에서 수사기관의 강제수사 남용을 통제하는 취지에서 영장신청권이 헌법에 도입된 것으로 해석되므로, 헌법상 검사의 영장신청권 조항에서 '헌법상 검사의 수사권'까지 도출된다고 보기 어렵다.

결국 이 사건 법률개정행위는 검사의 '헌법상 권한'(영장신청권)을 제한하지 아니하고, 국회의 입법행위로 그 내용과 범위가 형성된 검사의 '법률상 권한'(수사권·소추권)이 법률개정행위로 침해될 가능성이 있다고 볼 수 없으므로, 권한침해가능성이 인정되지 아니한다.

결정의 의의

이 사건은 국회의 입법행위에 대하여 국회 밖의 국가기관인 법무부장관과 검찰청법상 검사가 권한침해 및 그 행위의 무효확인을 구한 사건으로서, 심판청구가 각하되었다.

① 재판관 5인의 법정의견(재판관 유남석, 재판관 이석태, 재판관 김기영, 재판관 문형배, 재판관 이미선)은 법무부장관의 청구인적격, 검사에 대한 권한침해가능성을 부정하였다.

② 재판관 4인의 반대의견(재판관 이선애, 재판관 이은애, 재판관 이종석, 재판관 이영진)은 심판청구의 적법성을 모두 인정하고, 권한침해를 확인하면서, 헌법재판소법 제67조 제2항을 적용하여 이 사건 법률개정행위를 취소하여야 한다는 의견을 제시하였다.

한편, 이 사건 법률개정행위의 절차에 관하여 법제사법위원회 위원장 및 국회의장의 각 법률안 가결선포행위에 대하여 국회의원들이 청구한 2022헌라2 권한쟁의심판사건에서는, 법제사법위원회 위원회 위원장의 가결선포행위에 대한 권한침해확인청구는 인용되고, 나머지 청구는 모두 기각되었다.

① 재판관 4인(재판관 유남석, 재판관 이석태, 재판관 김기영, 재판관 문형배)은 권한침해확인청구 및 무효확인청구에 대하여 전부 기각하는 의견을 제시하였다.

② 재판관 1인(재판관 이미선)은 법제사법위원회 위원회 위원장의 가결선포행위에 대한 권한침해확인청구는 인용하고, 나머지 청구들은 기각하는 의견을 제시하였다.

③ 재판관 4인(재판관 이선애, 재판관 이은애, 재판관 이종석, 재판관 이영진)은 권한침해확인청구 및 무효확인청구를 전부 인용하는 의견을 제시하였다.

48 코로나19의 예방 방역조치를 명하는 서울시고시에 관한 사건

(2023.5.25. 2021헌마21 【서울특별시고시 제2020-415호 등 위헌확인】) **[각하]**

Ⅰ. 판시사항

코로나바이러스감염증-19(이하 '코로나19'라고 한다)의 예방을 위하여 음식점 및 PC방 운영자 등에게 영업시간을 제한하거나 이용자 간 거리를 둘 의무를 부여하는 서울특별시고시들(이하 '심판대상고시'라고 한다)에 대한 심판청구가 보충성 요건을 충족하는지 여부(소극)

Ⅱ. 결정요지

심판대상고시는 관내 음식점 및 PC방의 관리자·운영자들에게 일정한 방역수칙을 준수할 의무를 부과하는 것으로서, 피청구인은 구 감염병예방법 제49조 제1항 제2호에 근거하여 행정처분을 발하려는 의도에서 심판대상고시를 발령한 것이다. 대법원도 심판대상고시와 동일한 규정 형식을 가진 피청구인의 대면예배 제한 고시(서울특별시고시 제2021-414호)가 항고소송의 대상인 행정처분에 해당함을 전제로 판단한 바 있다(대판 2022.10.27. 2022두48646). 그러므로 심판대상고시는 항고소송의 대상인 행정처분에 해당한다.

심판대상고시의 효력기간이 경과하여 그 효력이 소멸하였으므로, 이를 취소하더라도 그 원상회복은 불가능하다. 그러나 피청구인은 심판대상고시의 효력이 소멸한 이후에도 2022. 4.경 코로나19 방역조치가 종료될 때까지 심판대상고시와 동일·유사한 방역조치를 시행하여 왔고, 향후 다른 종류의 감염병이 발생할 경우 피청구인은 그 감염병의 확산을 방지하기 위하여 심판대상고시와 동일·유사한 방역조치를 취할 가능성도 있다. 그렇다면 심판대상고시와 동일·유사한 방역조치가 앞으로도 반복될 가능성이 있고 이에 대한 법률적 해명이 필요한 경우에 해당하므로 예외적으로 그 처분의 취소를 구할 소의 이익이 인정되는 경우에 해당한다. 대법원도 피청구인의 대면예배 제한 고시(서울특별시고시 제2021-414호)에 대한 위 항고소송에서 소의 이익이 인정됨을 전제로 심리불속행으로 상고를 기각한 바 있다(대판 2022.10.27. 2022두48646).

그렇다면 심판대상고시는 항고소송의 대상이 되는 행정처분에 해당하고 그 취소를 구할 소의 이익이 인정된다. 따라서 이에 대한 다툼은 우선 행정심판이나 행정소송이라는 구제절차를 거쳤어야 함에도, 이 사건 심판청구는 이러한 구제절차를 거치지 아니하고 제기된 것이므로 보충성 요건을 충족하지 못하였다.

결정의 의의

헌법재판소는 코로나19의 예방을 위한 방역조치를 명하는 지방자치단체장의 고시는 항고소송의 대상인 행정처분에 해당하고 그 취소를 구할 소의 이익도 인정되므로, 행정소송 등 사전 구제절차를 거치지 아니하고 그 취소를 구하는 헌법소원심판을 청구하는 것은 보충성 요건을 갖추지 못하여 부적법하다고 판단하였다(헌법재판소법 제72조 제3항 제1호 참조).

49 대한민국과 미합중국 간의 상호방위조약 등 관련사건

(2023.5.25. 2022헌바36 [대한민국과 미합중국 간의 상호방위조약 제4조 등 위헌소원])　　　　　　**[각하]**

Ⅰ. 판시사항

심판대상조항의 위헌 여부가 당해사건의 재판의 전제가 되는지 여부(소극)

Ⅱ. 결정요지

법원이 당해사건에 적용되는 재판규범 중 위헌제청신청대상이 아닌 관련 법률에서 규정한 소송요건을 구비하지 못하였기 때문에 부적법하다는 이유로 소각하 판결을 선고하고 그 판결이 확정된 경우에는 당해사건에 관한 재판의 전제성 요건이 흠결되어 헌법재판소법 제68조 제2항의 헌법소원심판청구가 부적법하다(헌재 2005.3.31. 2003헌바113; 헌재 2021.2.25. 2018헌바423등).

청구인들은 경북 성주군 초전면에 소재한 토지를 소유하고 있거나 이 사건 부지 인근에서 거주하고 있는 주민들이다. 청구인들이 2017. 4. 21. 외교부장관을 피고로 하여 '피고가 2017. 4. 20. 고고도미사일방어체계(Terminal High Altitude Area Defense) 배치를 위하여 경북 성주군 초전면 (주소생략) 일대 30여 만㎡의 공여를 승인한 처분은 무효임을 확인'하는 소송을 제기하였으나(서울행정법원 2017구합62433), 위 법원은 2020. 12. 11. 청구인들의 소를 모두 각하하였다. 위 법원이 청구인들의 소를 각하한 이유는 '① 이 사건 부지공여승인은 국유재산법에서 규정하고 있는 행정재산의 사용허가에 해당한다고 할 수 없고, 대한민국을 대표한 외교부 북미국장과 미국을 대표한 주한미군사령부 부사령관이 동등한 지위에서 공동방위를 위하여 행한 합의에 근거한 것이지 대한민국의 행정청이 우월적 지위에서 행하는 고권적 또는 일방적 행위라고는 볼 수 없으므로 항고소송의 대상이 되는 처분에 해당하지 않고, ② 이 사건 부지의 사용을 최종적으로 승인한 주체는 합동위원회로 보아야 하므로, 피고에게 피고적격이 인정되지 않는다.'는 것이다. 이후 청구인들의 항소(서울고등법원 2021누31278), 상고(대법원 2022두34746)가 모두 기각되어 위 판결이 확정되었다. 따라서, 결국 심판대상조항의 위헌 여부는 당해사건의 재판의 전제가 되지 아니한다.

50 어린이집 원장 및 보육교사 자격취소 사건

(2023.5.25. 2021헌바234 [영유아보육법 제16조 제6호 등 위헌소원])　　　　　　**[합헌]**

Ⅰ. 판시사항

어린이집 원장 또는 보육교사가 아동학대관련범죄로 처벌을 받은 경우 행정청이 재량으로 그 자격을 취소할 수 있도록 정한 영유아보육법 제48조 제1항 제3호 중 '아동복지법 제17조 제5호를 위반하여 아동복지법 제71조 제1항 제2호에 따라 처벌받은 경우'에 관한 부분이 직업선택의 자유를 침해하는지 여부(소극)

Ⅱ. 결정요지

1. 아동학대관련범죄로 처벌받은 어린이집 원장 또는 보육교사는 심판대상조항으로 인하여 행정청으로부터 어린이집 원장 또는 보육교사 자격을 취소당할 가능성이 있고, 이 경우 자격 재교부 기한이 경과하기 전에는 어린이집에서 근무할 수 없으므로, 심판대상조항이 과잉금지원칙에 반하여 직업선택의 자유를 침해하는지 여부가 문제이다.
2. 심판대상조항은 어린이집의 윤리성과 신뢰성을 높여 영유아를 안전한 환경에서 건강하게 보육하기 위한 것으

로 입법목적이 정당하고, 행정청으로 하여금 아동학대관련범죄로 처벌받은 어린이집 원장 또는 보육교사의 자격을 취소할 수 있도록 한 것은 입법목적 달성을 위한 적합한 수단이다. 어린이집 원장 또는 보육교사는 6세 미만의 취학 전 아동인 영유아와 상시적으로 접촉하면서 긴밀한 생활관계를 형성하므로, 이들에 의한 아동학대관련범죄는 영유아의 신체·정서 발달에 치명적 영향을 미칠 수 있다. 따라서 어린이집의 안전성에 대한 사회적 신뢰를 지키고 영유아의 완전하고 조화로운 인격 발달을 도모하기 위해서는 아동학대관련범죄로 처벌받은 어린이집 원장 또는 보육교사의 자격을 취소하여 보육현장에서 배제할 필요가 크다. 심판대상조항은 임의적 규정으로서 행정청이 어린이집 원장 또는 보육교사가 저지른 아동학대관련범죄의 죄질과 선고된 형벌의 종류와 정도, 재범 위험성 등을 고려하여 재량으로 자격을 취소할 수 있고, 그 재량권 행사의 당부는 법원에서 사후적으로 판단받을 수도 있다. 심판대상조항으로 실현하고자 하는 공익은 영유아를 건강하고 안전하게 보육하는 것으로서, 이로 인하여 어린이집 원장 또는 보육교사 자격을 취득하였던 사람이 그 자격을 취소당한 결과 자격 재교부 기한이 경과하기 전까지는 어린이집에 근무하지 못하는 제한을 받는다고 하더라도, 그 제한의 정도가 위 공익에 비하여 더 중대하다고 할 수 없다.

따라서 심판대상조항은 과잉금지원칙에 반하여 직업선택의 자유를 침해하지 않는다.

결정의 의의

이 결정은 행정청으로 하여금 아동학대관련범죄로 처벌을 받은 어린이집 원장 또는 보육교사의 자격을 취소할 수 있도록 한 영유아보육법 규정의 위헌 여부에 대하여 헌법재판소에서 처음 판단한 사건이다.

헌법재판소는 영유아를 보호·양육하는 어린이집 원장 또는 보육교사의 역할에 비추어 그에 부합하는 자질을 갖추지 못한 사람을 보육현장에서 배제할 필요가 크다는 점, 아동학대관련범죄를 저지른 어린이집 원장 또는 보육교사에 대한 형사처벌만으로는 어린이집의 윤리성과 신뢰성을 높여 영유아를 안전한 환경에서 건강하게 보육한다는 입법목적을 달성하지 못하는 경우가 있다는 점, 법원에서 아동복지법에 따른 아동관련기관에 대한 취업제한명령을 면제한 경우에도 영유아를 직접 대면하여 보육하는 어린이집 원장 또는 보육교사 자격을 취소할 필요는 여전히 존재할 수 있다는 점 등을 고려하여 심판대상조항이 헌법에 위반되지 않는다고 보아 재판관 전원일치의 의견으로 합헌 결정을 하였다.

51 수의사 등 처방대상 동물용의약품 사건

(2023.6.29. 2021헌마199 [처방대상 동물용의약품 지정에 관한 규정 위헌확인])　　　　　　**[기각, 각하]**

I. 판시사항

1. 동물약국 개설자가 수의사 또는 수산질병관리사(이하 '수의사 등'이라 한다)의 처방전 없이 판매할 수 없는 동물용의약품을 규정한 '처방대상 동물용의약품 지정에 관한 규정' 제3조에 대한 동물보호자인 청구인들의 심판청구가 기본권 침해의 자기관련성 요건을 갖추었는지 여부(소극)
2. 동물약국 개설자인 청구인들의 직업수행의 자유가 침해되는지 여부(소극)

II. 결정요지

1. 적법요건에 대한 판단

심판대상조항은 '동물약국 개설자'를 그 직접적인 규율대상으로 하고 있으며, 동물보호자인 청구인들과 같은 '동물용의약품 소비자'는 직접적인 규율대상이 아닌 제3자에 불과하다. 심판대상조항으로 인해 동물보호자인

청구인들은 수의사 또는 수산질병관리사(이하 '수의사 등'이라 한다)의 처방전 없이는 '동물약국 개설자'로부터 심판대상조항이 규정한 동물용의약품을 구매할 수 없게 되었는바, 이로 인한 불편함이나 경제적 부담은 간접적·사실적·경제적인 것에 지나지 않는다. 따라서 <u>동물보호자인 청구인들의 심판청구는 기본권 침해의 자기관련성이 인정되지 아니하여 부적법하다.</u>

2. 본안에 대한 판단

수의사 등의 동물용의약품에 대한 전문지식을 통해 <u>동물용의약품 오·남용 및 그로 인한 부작용 피해를 방지하여 동물복지의 향상을 도모함은 물론, 이를 통해 동물용의약품 오·남용에 따른 내성균 출현과 축산물의 약품잔류 등을 예방하여 국민건강의 증진을 이루고자 하는 입법목적은 정당하고,</u> 약사인 약국개설자의 동물용의약품에 관한 전문성을 기본적으로 인정하는 전제에서 입법되고 동물병원이 없는 도서·벽지의 축산농가 등에 동물용의약품을 판매하는 경우 수의사 등의 처방전 없이 판매할 수 있는 약사법의 특례규정도 두고 있다는 점과, 백신의 부작용은 외견상 건강해 보이는 개체에서도 발생할 수 있어 부작용 발생 여부를 쉽게 예측할 수 없고, 발생경로 및 작용도 다양하므로 그 사용에 있어서는 전문지식을 가지는 수의사 등의 판단이 필요하다는 점과, 백신 주사 후 예상치 못한 부작용이 발생한 경우 곧바로 필요한 조치를 할 필요성과, 관련 폐기용품의 처리도 안전하게 이루어져야 한다는 측면 등을 고려하면 <u>심판대상조항이 동물약국 개설자에 대한 과도한 제약이라고 보기 어려워, 동물약국 개설자인 청구인들의 직업수행의 자유를 침해하지 아니한다.</u>

52 집합제한조치로 발생한 손실보상 미규정 사건

(2023.6.29. 2020헌마1669 [입법부작위 위헌확인])   [기각]

Ⅰ. 판시사항

1. 집합제한 조치로 발생한 손실을 보상하는 규정을 두지 않은 구 '감염병의 예방 및 관리에 관한 법률'(이하 '감염병예방법'이라 한다) 제70조 제1항이 청구인들의 재산권을 제한하는지 여부(소극)
2. 심판대상조항이 청구인들의 평등권을 침해하는지 여부(소극)

Ⅱ. 결정요지

1. 헌법 제23조에서 보장하는 재산권은 사적 유용성 및 그에 대한 원칙적 처분권을 내포하는 재산가치 있는 구체적 권리이므로, 구체적인 권리가 아닌 단순한 이익이나 재화의 획득에 관한 기회 또는 기업활동의 사실적·법적 여건 등은 재산권보장의 대상에 포함되지 아니한다(헌재 1996.8.29. 95헌바36; 헌재 1997.11.27. 97헌바10 참조). 감염병예방법 제49조 제1항 제2호에 근거한 집합제한 조치로 인하여 청구인들의 일반음식점 영업이 제한되어 영업이익이 감소되었다 하더라도, <u>청구인들이 소유하는 영업 시설·장비 등에 대한 구체적인 사용·수익 및 처분권한을 제한받는 것은 아니므로, 보상규정의 부재가 청구인들의 재산권을 제한한다고 볼 수 없다.</u>

2. 심판대상조항의 개정 배경과 보상대상 조치의 특성을 고려하면, 입법자가 미리 집합제한 또는 금지 조치로 인한 영업상 손실을 보상하는 규정을 마련하지 않았다고 하여 곧바로 평등권을 침해하는 것이라고 할 수 없다. 정부는 집합제한 조치로 인한 부담을 완화하기 위하여 다양한 지원을 하였고, '소상공인 보호 및 지원에 관한 법률'이 2021년 개정되어 집합제한 조치로 인한 손실을 보상하는 규정이 신설되었다. <u>코로나19 유행 전보다 영업 매출이 감소하였더라도, 집합제한 조치는 공동체 전체를 위하여 코로나19의 확산을 방지하기 위한 것이므로 사회구성원 모두가 그 부담을 나누어 질 필요가 있고, 그러한 매출 감소는 코로나19 감염을 피하기 위하여 사람들이 자발적으로 음식점 방문을 자제한 것에 기인하는 측면도 있다.</u> 한편, 비수도권에서 음식점

을 영업하는 청구인들은 영업시간 제한을 받은 기간이 짧고, 영업이 제한된 시간 이외에는 정상적으로 영업이 가능하였으며 영업이 제한된 시간 동안에도 포장·배달을 통한 영업은 가능하였다. 그러므로 심판대상조항이 감염병의 예방을 위하여 집합제한 조치를 받은 영업장의 손실을 보상하는 규정을 두고 있지 않다고 하더라도 청구인들의 평등권을 침해한다고 할 수 없다.

> **결정의 의의**
>
> 헌법재판소는 구체적인 권리가 아닌 단순한 이익이나 재화의 획득에 관한 기회 또는 기업활동의 사실적·법적 여건 등은 재산권보장의 대상에 포함되지 아니하므로, 코로나19의 예방을 위한 집합제한 조치로 인하여 음식점을 영업하는 청구인들의 영업이익이 감소하였다고 하더라도 그 손실을 보상하지 않는 것이 청구인들의 재산권을 제한하는 것은 아니라고 판단하였다.
>
> 나아가 헌법재판소는 심판대상조항의 개정 연혁과 집합제한 조치의 특성, 정부의 집합제한 조치에 대한 보상책 및 청구인들이 받은 영업제한의 정도 등을 고려할 때, 심판대상조항이 청구인들의 평등권을 침해하지 않는다고 판단하였다.

53 정부광고 업무 한국언론진흥재단 위탁 사건

(2023.6.29. 2019헌마227 [정부기관 및 공공법인 등의 광고시행에 관한 법률 제10조 등 위헌확인]) **[기각, 각하]**

Ⅰ. 판시사항

1. 문화체육관광부장관이 필요하다고 인정하는 경우 정부광고 업무를 대통령령으로 정하는 기관이나 단체에 위탁할 수 있도록 한 '정부기관 및 공공법인 등의 광고시행에 관한 법률' 제10조 제1항에 대한 심판청구가 기본권 침해의 직접성 요건을 충족하는지 여부(소극)
2. 문화체육관광부장관이 정부광고 업무를 한국언론진흥재단에 위탁하도록 한, '정부기관 및 공공법인 등의 광고시행에 관한 법률 시행령' 제6조 제1항(이하 '이 사건 시행령조항'이라 한다)이 광고대행업에 종사하는 청구인들의 직업수행의 자유를 침해하는지 여부(소극)

Ⅱ. 결정요지

1. 이 사건 법률조항에 대한 판단

청구인들이 주장하는 기본권 침해는 이 사건 시행령조항에 의하여 비로소 발생하는 것이지 이 사건 법률조항에 의하여 곧바로 발생하는 것이 아니므로, 이 사건 법률조항에 대한 심판청구는 기본권 침해의 직접성 요건을 갖추지 못하여 부적법하다.

2. 이 사건 시행령조항에 대한 판단

이 사건 시행령조항은 정부광고의 업무 집행을 일원화함으로써 정부광고 업무의 공공성과 투명성, 효율성을 도모하여 정부광고의 전반적인 질적 향상을 이루고자 하는 것으로, 정당한 입법목적을 달성하기 위한 적합한 수단이다.

정부광고의 대국민 정책소통 효과를 높이기 위해서는 정부광고의 기획부터 집행에 이르는 과정을 통합적으로 관리할 필요가 있다. 또한, 정부광고 업무를 전담하여 수행할 기관을 두지 않을 경우, 광고사업자들 사이에 과다한 광고 유치 경쟁이 벌어져 정부광고 거래질서가 지금보다 혼란스러워질 수 있다. 정부광고는 그 대부분이 소액광고들인 반면, 광고주에 해당하는 정부기관등의 수는 매우 많다. 나아가 정부광고는 각 정부기관 등의 예산을 통하여 그 광고료가 지급되므로, 광고료의 효율적인 집행이 매우 중요하다. 이에 이 사건 시행령조항은 단일한 공적 기관이 규모의 경제를 통하여 협상력을 가지고 정부광고 업무를 신속하고 효율적으로 처리할 수 있도록 한 것이다. 한국언론진흥재단은 정부광고에 특화된 경험을 가진 전문인력들과 정부광고 업무 지원에 필요한 시스템 등을 보유하고 있고, 민간 광고대행사에 비하여 낮은 수수료율을 적용하고 있으며, 위 재단이 수수하는 수수료는 언론 진흥과 방송·광고 진흥을 위한 지원 등 공익 목적에 전액 사용되고 있다. 따라서 한국언론진흥재단에 정부광고 업무를 위탁한 것이 불합리하다고 보기는 어렵다.

정부광고가 전체 국내 광고시장에서 차지하는 비중이 크지 않고, 정부기관 등을 제외한 나머지 광고주들이 의뢰하는 광고는 이 사건 시행령조항의 적용을 받지 않으므로, 이 사건 시행령조항으로 인한 기본권제한의 정도는 제한적이다. 나아가 민간 광고 사업자들이 경우에 따라 한국언론진흥재단을 통하여 정부광고에 참여할 수 있는 길은 열려 있다. 그렇다면 이 사건 시행령조항으로 인하여 청구인들이 입는 불이익이 이 사건 시행령조항이 추구하는 공익에 비하여 크다고 보기 어렵다.

따라서 이 사건 시행령조항은 과잉금지원칙에 위배되어 청구인들의 직업수행의 자유를 침해한다고 볼 수 없다.

결정의 의의

정부광고란 정부기관 또는 공공법인이 국내외의 홍보매체에 광고, 홍보, 계도 및 공고 등을 하기 위한 모든 유료고지 행위를 말한다(정부광고법 제2조 제3호). 이 결정은 문화체육관광부장관이 정부광고 업무를 한국언론진흥재단에 위탁하도록 한 정부 광고법 시행령조항의 위헌 여부를 판단한 최초의 결정이다.

참고로 헌법재판소는 2008. 11. 27. 한국방송광고공사와 이로부터 출자를 받은 회사가 아니면 지상파방송 사업자에 대해 방송 광고 판매대행을 할 수 없도록 규정하고 있던 구 방송법 제73조 제5항 및 구 방송법시행령 제59조 제3항이 방송광고판매 대행업자인 해당 사건 청구인의 직업수행의 자유와 평등권을 침해한다는 이유로 헌법불합치결정을 하였다(2006헌마352).

국회는 2012. 2. 22. 위 헌법불합치결정에 대한 개선입법으로 '방송광고판매대행 등에 관한 법률'을 제정하였는데, 위 법률 제5조 제1항은 방송광고판매대행업에 허가제를 도입함으로써 복수의 방송광고판매대행업체가 존재할 수 있도록 하였다. 다만 위 법률 제5조 제2항은 방송문화진흥회가 최다출자자인 방송사업자 등의 경우 한국방송광고진흥공사가 위탁하는 방송광고에 한하여 방송광고를 할 수 있도록 하여, 주식회사 문화방송(MBC)은 한국방송광고진흥공사만을 통해 방송광고를 판매할 수 있게 되었다.

이에 주식회사 문화방송(MBC)은 위 법률 제5조 제2항에 대하여 헌법소원심판을 청구하였는데, 헌법재판소는 2013. 9. 26. 위 '방송광고판매대행 등에 관한 법률' 제5조 제2항 중 '방송문화진흥회법에 따라 설립된 방송문화진흥회가 최다출자자인 방송 사업자' 부분이 종전 헌법불합치결정의 기속력에 반하지 아니하고, 과잉금지원칙에도 위반되지 아니한다고 판단하였다(2012헌마271).

위 선례들은 지상파방송의 광고 '판매대행'과 관련된 사건이나, 이 사건은 매체사의 광고 '판매대행'이 아닌, 광고주인 정부기관 등의 광고 '구매대행'과 관련된다는 점에서 선례의 사안들과 차이가 있다.

54 도서정가제 사건

(2023.7.20. 2020헌마104 [출판문화산업 진흥법 제22조 제4항 등 위헌확인]) **[기각]**

Ⅰ. 판시사항

간행물 판매자에게 정가 판매 의무를 부과하고, 가격할인의 범위를 가격할인과 경제상의 이익을 합하여 정가의 15퍼센트 이하로 제한하는 출판문화산업 진흥법 제22조 제4항, 제5항(이하 합하여 '이 사건 심판대상조항'이라 한다)이 과잉금지원칙에 위배되어 청구인의 직업의 자유를 침해하는지(소극)

Ⅱ. 결정요지

종이출판물 시장에서 자본력, 협상력 등의 차이를 그대로 방임할 경우 지역서점과 중소형출판사 등이 현저히 위축되거나 도태될 개연성이 매우 높고 이는 우리 사회 전체의 문화적 다양성 축소로 이어지므로 가격할인 등을 제한하는 입법자의 판단은 합리적일 뿐만 아니라 필요하다고 인정된다. 반면 신간도서에 대하여만, 또는 대형서점 서점에게만 가격할인 등에 관한 제한을 부과하는 것은 실효적인 대안이라고 보기 어렵다.

한편 전자출판물의 경우 종이출판물과 구분되는 특성이 있는 것은 사실이나, 양자는 상호보완적인 관계에 있는데, 전자출판물에 대해서만 이 사건 심판대상조항을 적용하지 않을 경우 종이출판산업이 쇠퇴하고 그로 인하여 양자의 상호보완적 관계가 더 이상 유지되기 어렵게 될 우려가 있다. 또한 전자출판물 시장에서도 소수의 대형 플랫폼이 경제력을 남용하는 것을 방지함으로써 문화적 다양성을 보존할 필요성이 충분히 인정된다.

지식문화 상품인 간행물에 관한 소비자의 후생이 단순히 저렴한 가격에 상품을 구입함으로써 얻는 경제적 이득에만 한정되지는 않고 다양한 관점의 간행물을 선택할 권리 및 간행물을 선택함에 있어 필요한 지식 및 정보를 용이하게 제공받을 권리도 포괄하므로, 이 사건 심판대상조항으로 인하여 전체적인 소비자후생이 제한되는 정도는 크지 않다.

따라서 이 사건 심판대상조항은 과잉금지원칙에 위배되어 청구인의 직업의 자유를 침해한다고 할 수 없다.

결정의 의의

이 결정은 이른바 도서정가제를 정한 출판법 규정이 간행물 판매자의 기본권을 침해하는지 여부에 관하여 판단한 첫 사례이다.

헌법재판소는 출판문화산업에서 존재하고 있는 자본력, 협상력 등의 차이를 간과하고 이를 그대로 방임할 경우 우리 사회 전체의 문화적 다양성 축소로 이어지게 되고, 지식문화 상품인 간행물에 관한 소비자의 후생이 단순히 저렴한 가격에 상품을 구입함으로써 얻는 경제적 이득에만 한정되지는 않는 점 등에 비추어 이 사건 심판대상조항이 청구인의 직업의 자유를 침해하지 않는다고 판단하였다.

55 준연동형 비례대표제 사건

(2023.7.20. 2019헌마1443 [공직선거법 제189조 제2항 등 위헌확인])   [기각, 각하]

Ⅰ. 판시사항

1. 국회의원의 의원정수를 규정한 공직선거법 제21조 제1항(이하 '이 사건 의원정수조항'이라 한다)에 대한 심판청구가 청구기간을 준수하였는지 여부(소극)

2. 2020. 4. 15. 실시하는 제21대 비례대표국회의원선거에 관한 특례를 규정한 공직선거법 부칙 제4조(이하 '이 사건 특례조항'이라 한다)에 대한 심판청구가 심판의 이익이 인정되는지 여부(소극)

3. 준연동형 비례대표제를 규정한 공직선거법 제189조 제2항(이하 '이 사건 의석배분조항'이라 한다)이 직접선거원칙에 위배되는지 여부(소극)

4. 이 사건 의석배분조항이 평등선거원칙에 위배되는지 여부(소극)

Ⅱ. 결정요지

1. 청구인들은 늦어도 제21대 국회의원선거가 실시되었던 2020. 4. 15. 이 사건 의원정수조항의 내용을 알았다 할 것이므로, 안 날로부터 90일이 경과하여 제기된 이 사건 의원정수조항에 대한 심판청구는 청구기간을 도 과하였다.

2. 이 사건 특례조항은 2020. 4. 15. 실시된 제21대 국회의원선거에만 적용되는 조항이고, 제21대 국회의원선거 는 이미 종료하여 당선자도 결정되었으므로, 헌법재판소가 이 사건 특례조항을 위헌으로 결정한다 하더라도 청구인들의 권리가 구제되기 어렵다. 또한, 이 사건 특례조항은 제21대 국회의원선거에만 적용되므로 반복침 해가능성도 인정되지 않는다. 따라서 이 사건 특례조항에 대한 심판청구는 심판의 이익이 인정되지 않는다.

3. 이 사건 의석배분조항은 선거권자의 정당투표결과가 비례대표의원의 의석으로 전환되는 방법을 확정하고 있 고, 선거권자의 투표 이후에 의석배분방법을 변경하는 것과 같은 사후개입을 허용하고 있지 않다. 따라서 이 사건 의석배분조항은 직접선거원칙에 위배되지 않는다.

4. 대의제민주주의에 있어서 선거제도는 정치적 안정의 요청이나 나라마다의 정치적·사회적·역사적 상황 등 을 고려하여 각기 그 나라의 실정에 맞도록 결정되는 것이고 거기에 논리 필연적으로 요청되는 일정한 형태 가 있는 것은 아니다. 소선거구 다수대표제나 비례대표제 등 어느 특정한 선거제도가 다른 선거제도와 비교 하여 반드시 우월하거나 열등하다고 단정할 수 없다.

이 사건 의석배분조항은 지역구의석과 비례대표의석을 연동하여 정당의 득표율에 비례한 의석배분이 이루어 지도록 하고 있다. 다만, 지역구의석과 비례대표의석의 연동률을 50%로 제한하고, 초과의석이 발생한 정당 에게도 잔여의석이 배분될 수 있도록 하고 있으나, 이는 우리나라의 정치·사회적 상황을 고려하여 국회의원 정수를 늘리거나 지역구의석을 줄이지 않는 범위 내에서 기존의 병립형 제도보다 선거의 비례성을 향상시키 기 위한 것이다. 또한 이 사건 의석배분조항은 위성정당 창당과 같은 지역구의석과 비례대표의석의 연동을 차단시키기 위한 선거전략을 통제하는 제도를 마련하고 있지 않으나, 이 사건 의석배분조항이 개정 전 공직 선거법상의 병립형 선거제도보다 선거의 비례성을 향상시키고 있고, 이러한 방법이 헌법상 선거원칙에 명백 히 위반된다는 사정이 발견되지 않으므로, 정당의 투표전략으로 인하여 실제 선거에서 양당체제를 고착화시 키는 결과를 초래하였다는 이유만으로, 이 사건 의석배분조항이 투표가치를 왜곡하거나 선거의 대표성의 본 질을 침해할 정도로 현저히 비합리적인 입법이라고 보기는 어렵다. 따라서 이 사건 의석배분조항은 평등선거 원칙에 위배되지 않는다.

결정의 의의

헌법재판소는 헌재 2003. 11. 27. 2003헌마259등 결정과 헌재 2016. 5. 26. 2012헌마374 결정에서 이미 소 선거구 상대 다수대표제를 규정하고 있던 구 '공직선거및선거부정방지법' 조항과 구 공직선거법 조항에 대하 여, 보통, 평등, 직접, 비밀, 자유선거라는 헌법상의 선거원칙을 모두 구현한 이상, 소선거구 다수대표제를 규정하여 다수의 사표가 발생한다 하더라고 그 이유만으로 헌법상 요구된 선거의 대표성의 본질을 침해한다 거나 그로 인해 국민주권원리를 침해하고 있다고 할 수 없고, 청구인의 평등권과 선거권을 침해한다고 할 수 없다고 판시한 바 있다(헌재 2003. 11. 27. 2003헌마259등; 헌재 2016. 5. 26. 2012헌마374 참조).
헌법재판소는 선거제도의 형성에 관해서는 헌법 제41조 제1항에 명시된 보통·평등·직접·비밀선거의 원칙 과 자유선거 등 국민의 선거권이 부당하게 제한되지 않는 한, 소선거구 다수대표제나 비례대표제 등 어느 특 정한 선거제도가 다른 선거제도와 비교하여 반드시 우월하거나 열등하다고 단정할 수 없고, 입법자의 광범 위한 형성재량이 인정된다고 보고 있는데, 이 사건에서도 그러한 입장을 전제로 국회의원선거 사상 처음으 로 도입된 준연동형 비례대표제를 규정한 공직선거법 제189조 제2항에 대하여 판단을 하였고, 전원일치의 의견으로 기각결정을 내렸다.

장애인 편의시설 미설치 사건

(2023.7.20. 2019헌마709 [장애인 편의시설 설치 부작위 위헌확인]) **[각하]**

Ⅰ. 판시사항

1. 서울고등법원, 청주지방검찰청 충주지청, 서울광역수사대 마약수사계, 서울서초경찰서, 서울구치소, 인천 구치소에 장애인전용 주차구역, 장애인용 승강기 또는 화장실을 설치하지 아니한 부작위에 대한 심판청구 가 보충성 요건을 갖추었는지 여부(소극)
2. 보건복지부장관이 위 대상시설에 대한 편의시설의 설치·운영에 관한 업무를 총괄하지 아니한 부작위에 대 한 심판청구가 헌법소원의 대상이 되는 공권력의 불행사에 대한 헌법소원인지 여부(소극)

Ⅱ. 결정요지

1. '장애인차별금지 및 권리구제 등에 관한 법률'(이하 '장애인차별금지법'이라 한다) 제48조 제2항에 따르면, 법 원은 피해자의 청구에 따라 차별적 행위의 중지, 임금 등 근로조건의 개선, 그 시정을 위한 적극적 조치 등의 판결을 할 수 있고, 장애인차별금지법 제18조 제1항, 제3항, 제4항, 제26조 제1항, 제4항, 제8항 등 관련 법 령의 규정을 종합하면, 이 사건에서 문제된 시설물을 이용하는 장애인은 장애인전용 주차구역, 장애인용 승 강기 또는 화장실 등 정당한 편의 미제공과 관련하여 장애인차별금지법에 따른 차별행위가 존재하는지 여 부에 대한 판단과 그러한 차별행위가 존재할 경우에 이를 시정하는 적극적 조치의 이행을 청구하기 위하여 법원의 판결을 구할 수 있다. 그런데 이 사건 기록을 살펴보면 청구인이 위와 같은 구제절차를 거쳤다고 볼 만한 자료가 발견되지 아니하므로, 이 부분 심판청구는 보충성 요건을 흠결하여 부적법하다.
2. 헌법상 명문 규정이나 헌법의 해석으로부터 청구인의 주장과 같이 보건복지부장관이 이 사건에서 문제된 해 당 공공기관에 장애인전용 주차구역, 장애인용 승강기 및 화장실을 설치하도록 할 작위의무가 도출된다고 보 기 어렵고, '장애인·노인·임산부 등의 편의증진 보장에 관한 법률' 등 규정을 살펴보더라도 위 대상시설에 대한 시정조치 요청 행위는 재량행위로 보건복지부장관이 해당 시설의 규모나 상태, 안전성 등을 종합적으로 고려하여 판단할 사안에 해당하여 보건복지부장관으로 하여금 위 공공기관들에게 장애인전용 주차구역이나 장애인용 승강기 등을 설치하거나 시정조치를 하도록 요청할 구체적 작위의무를 도출하기 어렵다. 따라서 이 부분 심판청구는 작위의무 없는 공권력의 불행사에 대한 헌법소원이어서 부적법하다.

> **결정의 의의**
>
> 법원, 검찰청, 구치소 등에서 장애인전용 주차구역, 장애인용 승강기 또는 화장실을 설치하지 아니한 부작위 에 대해서는 장애인이 장애인차별금지법령에 따라 법원에 적극적 조치 판결을 구할 수 있고, 이러한 구제절 차를 거치지 아니한 헌법소원심판청구는 보충성 요건을 갖추지 못하였다고 본 사안이다.

57 신규성 상실의 예외를 제한하는 디자인보호법 조항 사건

(2023.7.20. 2020헌바497 [디자인보호법 제36조 제1항 단서 위헌소원]) **[합헌]**

Ⅰ. 판시사항

1. 법률에 따라 국내에서 출원공개된 경우 신규성 상실의 예외를 제한하는 디자인보호법 제36조 제1항 단서 중 '법률에 따라 국내에서 출원공개된 경우'에 관한 부분(이하 '심판대상조항'이라 한다)이 입법형성권의 한계를 일탈하였는지 여부(소극)
2. 심판대상조항이 재산권을 제한하는지 여부(소극)

Ⅱ. 결정요지

1. 심판대상조항은 신규성 상실의 예외가 인정되지 않는 경우로서 디자인이 법률에 따라 국내에서 출원공개된 경우를 규정한다. 이는 디자인 개발 후 사업준비 등으로 미처 출원하지 못한 디자인에 대하여 출원의 기회를 부여하는 신규성 상실 예외 제도의 취지를 고려할 때, 이미 출원되어 공개된 디자인은 재출원의 기회를 부여하지 않아도 출원인에게 불이익이 없고 재출원의 기회를 부여할 필요도 없기 때문이다. 특히 일반에 공개된 디자인은 공공의 영역에 놓인 것으로서 원칙적으로 누구나 자유롭게 이용할 수 있어야 한다는 점을 고려하면, 이미 출원공개된 디자인에 대하여 신규성 상실의 예외를 인정하지 않는 것에 합리적 이유가 없다고 볼 수 없다. 또한 디자인보호법상 디자인권의 효력, 관련디자인제도 등을 고려할 때 법률에 따라 국내에서 출원공개된 경우 신규성 상실의 예외를 인정하지 않는다고 하더라도 디자인 등록 출원인에게 가혹한 결과를 초래한다고 볼 수 없다. 그러므로 심판대상조항은 입법형성권의 한계를 일탈하였다고 보기 어렵다.
2. 디자인보호법상의 요건을 갖춰 등록을 마친 디자인권은 재산권에 포함되나, 청구인은 디자인등록을 마친 독점 배타적인 디자인권을 취득한 사실이 없다. 그렇다면 심판대상조항은 청구인의 재산권을 제한하지 아니한다.

결정의 의의

디자인보호제도는 창작한 디자인을 비밀로 유지하지 않고 공개한 자에게 그 공개의 대가로 일정 기간 동안 독점권을 부여하는 제도인바, 이미 사회 일반에 공개되어 공중이 자유롭게 이용할 수 있는 디자인에 대하여 특정인에게 독점권을 부여한다면 '디자인의 보호와 이용을 도모함으로써 디자인의 창작을 장려하여 산업발전에 이바지한다'는 디자인보호법의 본래 목적(제1조 참조)에 반하게 되므로, 디자인보호법은 디자인등록의 요건으로 신규성, 창작비용이성을 요구하는 것이다.

한편, 디자인보호법은 진정한 창작자에게 출원기회를 보장하기 위하여 신규성 상실의 예외를 인정하고 있으나, 디자인등록 출원을 한 후 법률에 따라 출원공개한 출원인은 그러한 보호를 할 필요가 없고 신규성 상실의 예외를 인정하지 않는다고 하더라도 가혹한 결과를 초래한다고 볼 수도 없으므로, 헌법재판소는 심판대상조항이 헌법에 위반되지 않는다고 판단하였다.

58 사립학교 교비회계 전용 금지 사건

(2023.8.31. 2021헌바180 [구 사립학교법 제73조의2 등 위헌소원]) [합헌]

Ⅰ. 판시사항

1. 구 사립학교법 제29조 제2항 중 '교비회계의 세입·세출에 관한 사항은 대통령령으로 정하되' 부분(이하 '이 사건 위임조항'이라 한다)이 포괄위임금지원칙에 위반되는지 여부(소극)
2. 교비회계의 전용을 금지하는 구 사립학교법 제29조 제6항 본문(이하 '이 사건 금지조항'이라 한다) 및 교비회계 전용 금지 규정을 위반하는 경우 처벌하는 구 사립학교법 제73조의2(이하 '이 사건 처벌조항'이라 한다)가 사립학교 운영의 자유를 침해하는지 여부(소극)

Ⅱ. 결정요지

1. '교비회계의 세입'과 '교비회계의 세출' 항목은 기술적이고 세부적인 특성을 가지고 있어 그와 관련된 사항을 하위법령에서 정하도록 위임할 필요성이 인정되고, 이 사건 위임조항에서 위임하고 있는 '교비회계의 세입' 항목은 등록금이나 기부금, 학교시설 대여료나 이자수익 등과 같이 학생으로부터 징수하는 각종 금원과 학교시설이나 재산으로부터 발생하는 수익 등이 될 것이고, '교비회계의 세출' 항목은 학교의 운영이나 교육과 관련하여 지출하는 비용 등이 됨을 충분히 예측할 수 있다는 점에서, 이 사건 위임조항은 포괄위임금지원칙에 위반되지 아니한다.
2. 이 사건 금지조항과 처벌조항은, 사립학교의 '교비회계에 속하는 수입 및 재산'이 본래의 용도인 학교의 학문 연구와 교육 및 학교운영을 위해 사용될 수 있도록 강제함으로써 사립학교가 교육기관으로서 양질의 교육을 제공하는 동시에 교육의 공공성을 지킬 수 있는 재정적 기초를 보호하고 있다. 우리나라에서 사립학교가 공교육에서 차지하는 비중은 매우 높은바, 교비회계에 속하는 수입 및 재산의 전용을 금지하고 그 위반시 처벌하는 강력한 제재는 사립학교의 발전을 이루기 위해 반드시 필요한 조치이다. 사립학교법은 교비회계에 속하는 수입이나 재산을 다른 회계에 전출하거나 대여할 수 있는 예외적인 경우를 규정하고 있으며, 법원은 구체적인 개별 사안에서 그 지출이 당해 학교의 교육에 직접 필요한 경비인지 여부를 결정함으로써 구체적인 타당성을 도모하고 있는 점 등을 종합하면, 이 사건 위임조항과 처벌조항은 사립학교 운영의 자유를 침해한다고 할 수 없다.

결정의 의의

이 사건은, 사립학교법상 교비회계의 세입세출에 관한 사항을 대통령령으로 정하도록 한 규정이 포괄위임금지원칙에 위반되지 않고, 교비회계의 다른 회계로의 전용을 금지하는 규정과 위 금지규정을 위반한 경우 처벌하는 규정이 사립학교 운영의 자유를 침해하지 않는다고 판단한 첫 결정이다.

59 전투근무수당에 관한 구 군인보수법 사건

(2023.8.31. 2020헌바594 [구 군인보수법 제17조 위헌소원]) [합헌]

Ⅰ. 판시사항

1. 전시·사변 등 국가비상사태에 있어서 전투에 종사하는 자에 대하여 각령(閣令)이 정하는 바에 의하여 전투

근무수당을 지급하도록 한 구 군인보수법 제17조(이하 '심판대상조항'이라 한다) 중 '전시·사변 등 국가비상사태' 부분이 명확성원칙에 위반되는지 여부(소극)

  2. 심판대상조항이 평등원칙에 위반되는지 여부(소극)

Ⅱ. 결정요지

1. 심판대상조항의 '전시', '사변'은 그 문언 자체로도 그 의미가 명확하고, '전시·사변 등'이라는 예시가 있는 점, 그리고 심판대상조항이 전투근무수당의 지급대상으로 '전투에 종사한 자'를 규정하고 있는 점에 비추어 '국가비상사태'는 위 전시, 사변과 같이 전투가 발생하였거나 발생할 수 있는 수준의 대한민국의 국가적인 비상사태를 의미함을 쉽게 알 수 있다. 심판대상조항 중 '전시·사변 등 국가비상사태' 부분은 명확성원칙에 위반되지 않는다.

2. 전시·사변 등 대한민국의 존립이 위태롭거나 질서를 유지하기 어려운 국가비상사태에서 국가 안전보장 또는 질서유지 등을 위하여 전투를 수행하는 군인의 사기를 높임으로써 위와 같은 국가비상사태를 극복하고자 하는 한편, 위와 같은 전투를 수행하는 군인이 부담하는 생명과 신체에 대한 상당한 위험에 대하여 보상을 하려는 심판대상조항의 입법취지, 국가비상사태에 있어서 전투에 종사하는 군인은 큰 위험에 상시적으로 노출될 가능성이 큰 점, 위 군인의 사기를 높이는 등의 방법을 통하여 전시·사변 등 국가비상사태를 조속히 극복할 필요성도 있는 점, 군인보수법령은 전시·사변 등 국가비상사태에서 전투에 종사하지 않는 군인에게도 그 군인이 수행하는 업무, 근무지, 근무형태 및 그 위험성 등을 고려하여 그에 맞는 특수근무수당을 지급하도록 하고 있는 점 등을 종합하면, 전시·사변 등 국가비상사태에 있어서 전투에 종사하는 자를 전투근무수당의 지급대상으로 한 심판대상조항은 평등원칙에 위반되지 않는다.

결정의 의의

당해 사건 법원은, 대한민국이 베트남전쟁에 참전한 군인들에게 구 군인보수법 제16조에 따라 해외파견근무수당 등을 지급한 사실이 인정되고, 위 수당 중 지급하지 아니한 부분이 있다고 볼 만한 사정이 없으며, 심판대상조항(제17조)의 '전시·사변 등 국가비상상태'는 '대한민국의 전시·사변 또는 이에 준하는 국가비상사태'로 해석되고, 베트남전쟁은 여기에 포함되지 않는다고 봄이 타당하므로, 청구인에게 심판대상조항에 근거한 전투근무수당청구권이 인정된다고 볼 수 없다고 판단하였다. 이에 청구인은 자신을 전투근무수당의 지급대상으로 규정하지 아니한 심판대상조항이 헌법에 위반된다고 주장하며 이 사건 헌법소원심판을 청구하였다.

헌법재판소는 이 결정에서 심판대상조항이 '전시·사변 등 국가비상사태에 있어서 전투에 종사하는 자'만을 전투근무수당의 지급대상자로 정한 것이 평등원칙에 위반되지 않는다고 판단하였다. 헌법재판소는 그 주요 근거로 ① 전시·사변 등 국가비상사태에 있어서 전투에 종사하는 자에 대하여 전투근무수당을 지급하여야 할 필요성, ② 전시·사변 등 국가비상사태에서 전투에 종사하지 않는 군인에게도 그 군인이 수행하는 업무, 근무지, 근무형태 및 그 위험성 등을 고려하여 그에 맞는 특수근무수당을 지급하도록 한 군인보수법령의 체계를 들었다.

한편, 같은 날 헌법재판소는 베트남전쟁 참전군인 또는 그 유족들이 구 군인보수법 제17조(이 사건 결정의 심판대상조항)에 따른 대통령령을 제정하지 아니한 부작위가 자신들의 기본권을 침해한다고 주장하며 제기한 심판청구를 모두 각하하였다(헌재 2023. 8. 31. 2022헌마17). 헌법재판소는 이 결정에서 베트남전쟁 참전군인은 특수근무수당 또는 해외파견근무수당의 지급대상에 해당할 뿐, 구 군인보수법 제17조의 '전시·사변 등 국가비상사태에 있어서 전투에 종사하는 자'로서 전투근무수당의 지급대상에 해당한다고 볼 수 없으므로, 위 사건의 청구인들은 구 군인보수법 제17조에 관한 부작위의 자기관련성이 인정되지 않는다고 보았다.

60 대한민국 국민인 남성에 대한 병역의무 부과 사건

(2023.9.26. 2019헌마423 [병역법 제3조 제1항 전문 등 위헌확인])　　　　　**[합헌, 기각, 각하]**

Ⅰ. 판시사항

대한민국 국민인 남성에게 병역의무를 부과한 구 병역법 제3조 제1항 전문, 병역법 제3조 제1항 전문(이하 '병역의무조항'이라 한다)의 평등권 침해 여부(소극)

Ⅱ. 결정요지

국방의 의무를 부담하는 국민 중 병역의무의 범위를 정하는 문제는, 국가의 안보상황·재정능력을 고려하여 급변하는 국내외 정세에 탄력적으로 대응하면서 국군이 최적의 전투력을 유지할 수 있도록 합목적적으로 정해야 할 사항이므로, 헌법재판소로서는 제반사정을 고려하여 법률로 국방의 의무를 구체적으로 형성해야 하는 국회의 광범위한 입법재량을 존중할 필요성이 크다. 이와 함께, 일반적으로 집단으로서의 남성과 여성은 서로 다른 신체적 능력을 보유하는 점, 보충역과 전시근로역도 혹시라도 발생할 수 있는 국가비상사태에 즉시 전력으로 편입될 수 있는 예비적 전력인 점, 비교법적으로 보아도 징병제가 존재하는 70여 개 나라 중에서 여성에게 병역의무를 부과하는 나라는 극히 한정되어 있는 점 등을 고려할 때, 장기적으로는 출산율의 변화에 따른 병역자원 수급 등 사정을 고려하여 양성징병제의 도입 또는 모병제로의 전환에 관한 입법논의가 사회적 합의 과정을 통해 진지하게 검토되어야 할 것으로 예상되지만, 현재의 시점에서 제반 상황을 종합적으로 고려하여 기존 징병제도를 유지하고 있는 입법자의 판단이 현저히 자의적이라고 단정하기 어렵다. 사정이 이러하다면, 병역의무조항으로 인한 차별취급을 정당화 할 합리적 이유가 인정되므로, 병역의무조항은 평등권을 침해하지 아니하고, 헌법에 위반되지 아니한다.

결정의 의의

헌법재판소 4기 재판부는 헌재 2010. 11. 25. 2006헌마328 결정에서 처음으로, 재판관 4(기각) – 재판관 이강국, 재판관 김희옥, 재판관 이동흡, 재판관 송두환의 기각의견, 2(기각) – 재판관 조대현, 재판관 김종대의 기각의견, 2(위헌) – 재판관 이공현, 재판관 목영준의 위헌의견, 1(각하) – 재판관 민형기의 각하의견 – 의 의견으로 대한민국 국민인 남성에게 병역의무를 부과한 병역의무조항이 평등권을 침해하지 아니한다고 결정하였다. 이후 헌법재판소 5기 재판부는 헌재 2014. 2. 27. 2011헌마825 결정에서 위 4기 재판부의 기각의견 ⑷을 계승하여, 재판관 전원일치의 의견 – 재판관 박한철, 재판관 이정미, 재판관 김이수, 재판관 이진성, 재판관 김창종, 재판관 안창호, 재판관 강일원, 재판관 서기석, 재판관 조용호 – 으로 병역의무조항이 평등권을 침해하지 아니한다고 결정하였다. 헌법재판소 6기 재판부는 이 사건에서 재판관 전원일치의 의견으로 현재의 시점에서도 그 차별취급을 정당화할 합리적 이유가 있다고 판단함으로써, 병역의무조항에 대한 헌법재판소의 합헌 결론을 유지하였다.

61 반사회질서의 법률행위를 무효로 하는 민법 제103조 사건

(2023.9.26. 2020헌바552 [민법 제103조 위헌소원])   [합헌]

Ⅰ. 판시사항

선량한 풍속 기타 사회질서에 위반한 사항을 내용으로 하는 법률행위를 무효로 하는 민법 제103조(이하 '심판대상조항'이라 한다)가 명확성원칙에 위반되는지 여부(소극)

Ⅱ. 결정요지

심판대상조항은 사회적·문화적 환경의 변화 속에서 실정법에 의하여 미처 구체화되지 못한 사회의 질서를 수용하여 법질서를 보충·구체화하며, 법률행위의 당사자들이 공동체의 전체질서 내에서 사적자치를 발현하도록 하고자 한다. 심판대상조항의 '선량한 풍속'은 사회의 일반적 도덕관념 또는 건전한 도덕관념으로 모든 국민에게 지킬 것이 요구되는 최소한의 도덕률로 해석할 수 있고, '사회질서'란 사회를 구성하는 여러 요소와 집단이 조화롭게 균형을 이룬 상태로 해석할 수 있다. 심판대상조항은 구체적으로 어떠한 내용의 법률행위가 선량한 풍속 기타 사회질서에 위반한 내용의 법률행위에 해당하는지를 일일이 규정하고 있지 않으나, 법률에서 선량한 풍속 기타 사회질서에 위반한 내용으로서 그 효력을 부인해야 하는 법률행위를 빠짐없이 규율하는 것은 입법기술상 매우 어렵고, 나아가 심판대상조항의 입법목적과 기능에 비추어 적절하지도 않다. 또한, 문제되는 법률행위의 내용이 선량한 풍속 기타 사회질서에 위반한 것인지는 헌법을 최고규범으로 하는 전체 법질서, 그 법질서가 추구하는 가치 및 이미 구체화된 개별입법 등을 종합적으로 고려하여 판단되어야 하고, 개별 사례들에 관한 학설과 판례 등의 집적을 통해 그 판단에 대한 예측 가능성을 높일 수 있다. 이로써 문제되는 법률행위가 선량한 풍속 기타 사회질서에 위반한 것인지에 대한 판단은 법관의 주관적·자의적 신념이 아닌 헌법을 최고규범으로 하는 법 공동체의 객관적 관점에 의하여 이루어질 수 있다. 따라서 심판대상조항은 명확성원칙에 위반된다고 볼 수 없다.

결정의 의의

선량한 풍속 기타 사회질서에 위반한 사항을 내용으로 하는 법률행위를 무효로 하는 민법 제103조는 이른바 '일반조항'으로 불린다.

헌법재판소는 민법 제103조의 '선량한 풍속 기타 사회질서에 위반한 사항'이 다소 추상적이고 광범위한 의미를 가진 것으로 보이는 용어이기는 하나, 그 문언의 의미, 민법 제103조의 입법목적과 기능, 개별적·구체적 사안에서 문제되는 법률행위가 선량한 풍속 기타 사회질서에 위반한 것인지는 헌법을 최고규범으로 하는 법 공동체의 객관적 관점에 의하여 판단될 수 있다는 점 등을 종합하면 명확성원칙에 위반된다고 볼 수 없다고 판단하였다.

62 정당등록, 정당명칭사용금지, 지역정당, 법정당원수에 대한 정당법 사건

(2023.9.26. 2021헌가23 [정당법 제59조 제2항 등 위헌제청])　　　　　　　　**[합헌, 기각]**

Ⅰ. 판시사항

1. 등록을 정당의 설립요건으로 정한 정당법 제4조 제1항(이하 '정당등록조항'이라 한다)이 청구인들의 기본권을 침해하고 헌법에 위반되는지 여부(소극)

2. 정당법상 등록된 정당이 아니면 정당이라는 명칭을 사용하지 못하게 하는 정당법 제41조 제1항 및 제59조 제2항 중 제41조 제1항에 관한 부분(이하 합하여 '정당명칭사용금지조항'이라 한다)이 헌법에 위반되는지 여부(소극)

3. 정당은 수도에 소재하는 중앙당과 5 이상의 특별시·광역시·도에 각각 소재하는 시·도당을 갖추어야 한다고 정한 정당법 제3조, 제4조 제2항 중 제17조에 관한 부분, 제17조(이하 합하여 '전국정당조항'이라 한다)가 청구인들의 기본권을 침해하고 전국정당조항(정당법 제3조는 제외한다)이 헌법에 위반되는지 여부(소극)

4. 시·도당은 1천인 이상의 당원을 가져야 한다고 정한 정당법 제4조 제2항 중 제18조에 관한 부분 및 제18조(이하 합하여 '법정당원수 조항'이라 한다)가 청구인들의 기본권을 침해하고 헌법에 위반되는지 여부(소극)

Ⅱ. 결정요지

1. 정당등록제도는 어떤 정치적 결사가 정당법상 정당임을 법적으로 확인하여 줌으로써 법적 안정성과 확실성에 기여하고, 창당준비위원회가 형식적 요건을 구비하여 등록을 신청하면 중앙선거관리위원회는 이를 반드시 수리하여야 하므로, 정당등록제도가 정당의 이념 등을 이유로 등록 여부를 결정하는 것이라고 볼 수는 없다. 따라서 <u>정당등록조항이 과잉금지원칙을 위반하여 정당의 자유를 침해한다고 볼 수 없다.</u>

2. 정당명칭사용금지조항은 정당법에 따른 등록요건을 갖추지 못한 단체들이 임의로 정당이라는 명칭을 사용하는 것을 금지하여 정당등록제도 및 등록요건의 실효성을 담보하고, 국민의 정치적 의사형성 참여과정에 혼란이 초래되는 것을 방지하기 위한 것이다. 정당의 명칭사용과 관련하여 국민의 정치적 의사형성 참여과정에 위협이 되는 행위만 일일이 선별하여 금지하는 것은 현실적으로 어렵고, 1년 이하의 징역 또는 100만 원 이하의 벌금이라는 법정형이 과도하다고 보기도 어렵다. 따라서 <u>정당명칭사용금지조항이 과잉금지원칙을 위반하여 정당의 자유를 침해한다고 볼 수 없다.</u>

3. 전국정당조항은, 정당이 특정 지역에 편중되지 않고 전국적인 규모의 구성과 조직을 갖추어 국민의 정치적 의사를 균형 있게 집약, 결집하여 국가정책의 결정에 영향을 미칠 수 있도록 함으로써, 헌법 제8조 제2항 후단에 따라 정당에게 부여된 기능인 '국민의 정치적 의사형성에의 참여'를 실현하고자 하는 것이다. 지역적 연고에 지나치게 의존하는 정당정치 풍토가 다른 나라와 달리 우리의 정치현실에서는 특히 문제시되고 있고, 지역정당을 허용할 경우 지역주의를 심화시키고 지역 간 이익갈등이 커지는 부작용을 야기할 수도 있다는 점에서, 정당의 구성과 조직의 요건을 정함에 있어 전국적인 규모를 확보할 필요성이 인정된다. 이러한 정치현실과 우리나라에 현존하는 정당의 수에 비추어 보면, <u>전국정당조항이 과잉금지원칙에 반하여 정당의 자유를 침해한다고 볼 수 없다.</u>

4. 법정당원수조항은 국민의 정치적 의사형성에의 참여를 실현하기 위한 지속적이고 공고한 조직의 최소한을 갖추도록 하는 것이다. 우리나라에 현존하는 정당의 수, 각 시·도의 인구 및 유권자수, 인구수 또는 선거인수 대비 당원의 비율, 당원의 자격 등을 종합하여 보면, 각 시·도당에 1천인 이상의 당원을 요구하는 법정당원수조항이 신생정당의 창당을 현저히 어렵게 하여 과도한 부담을 지운 것으로 보기는 어렵다. 따라서 <u>법정당원수조항이 과잉금지원칙을 위반하여 정당의 자유를 침해한다고 볼 수 없다.</u>

63 사전투표용지 인쇄날인에 관한 사건

(2023.10.26. 2022헌마232 [공직선거관리규칙 제84조 제3항 위헌확인]) **[기각]**

Ⅰ. 판시사항

1. 공직선거관리규칙 제84조 제3항 중 '사전투표관리관이 투표용지에 자신의 도장을 찍는 경우 도장의 날인은 인쇄날인으로 갈음할 수 있다' 부분이 법률유보원칙에 위배되는지 여부(소극)
2. 이 사건 규칙 조항이 현저히 불합리하거나 불공정하여 청구인들의 선거권을 침해하는지 여부(소극)

Ⅱ. 결정요지

1. 하위법령에 규정된 내용이 법률상 근거가 있는지 여부를 판단함에 있어서는 관련 법령조항 전체를 유기적·체계적으로 고려하여 종합적으로 판단하여야 한다. 사전투표에 관하여 정하고 있는 공직선거법 제158조 제8항은 "전기통신 장애 등이 발생하는 경우 사전투표절차, 그 밖에 필요한 사항은 중앙선거관리위원회규칙으로 정한다."라고 규정하고 있고, 투표절차 일반에 관하여 정하고 있는 같은 법 제151조 제4항을 비롯하여 같은 조 제9항, 같은 법 제157조 제8항에 비추어, 공직선거법은 사전투표 또는 선거일 투표의 투표용지에 관한 사항을 중앙선거관리위원회규칙으로 정할 수 있도록 충분히 그 근거를 마련하고 있다. 아래에서 살펴볼 바와 같이 사전투표가 선거일 투표와 비교하여 위조된 투표용지의 사용 가능성이 높다고 볼 수 없는 점, 사전투표는 선거인별 지정된 투표소가 없어 전국 어느 투표소에서든 투표가 가능하여 투표인원 수 등의 예측이 어렵다는 점을 고려하면, 사전투표의 원활한 진행을 위해서 사전투표용지에 사전투표관리관이 직접 도장을 날인하는 것 외의 방법을 사용할 수도 있다. 이 사건 규칙 조항이 이러한 도장의 날인을 인쇄날인으로 갈음할 수 있도록 하고 있는 것은 그 날인을 선거일 투표와 달리해야 할 특별한 이유가 없음에 기인한 것으로서, 앞서 살펴본 공직선거법 조항들에 근거한 것으로 볼 수 있다. 따라서 심판대상조항이 법률유보원칙에 위배되어 청구인들의 선거권을 침해한다고 볼 수 없다.

2. 사전투표의 경우 전국 어느 투표소에서든 투표가 가능하므로 각 사전투표소에서는 총 방문자 수나 대기시간을 예측하는 것이 현저히 곤란하다. 이 사건 규칙 조항은 이러한 점을 고려하여 사전투표의 효율적 진행을 위해 마련되었다. 사전투표의 경우 투표용지 발급기가 봉함·봉인된 상태에서 사전투표관리관에게 인계되고, 사전투표참관인이 사전투표 상황을 참관하고 사전투표기간 각 일자별 투표가 마감되면 '사전투표록'에 투표용지 발급기에 의한 발급수, 투표용지 교부수를 기록하며, 실물 투표지 역시 존재하는바, 이 사건 규칙 조항으로 인하여 사전투표관리관이 자신의 도장을 직접 찍을 때에 비하여 위조된 투표지의 유입가능성이 있다고 볼 만한 사정도 없다. 이를 종합해 보면, 이 사건 규칙 조항이 현저히 불합리하거나 불공정하여 청구인들의 선거권을 침해한다고 볼 수 없다.

헌법재판소는 투표용지에 자신의 도장을 찍는 경우 도장의 날인을 인쇄날인으로 갈음할 수 있도록 한 이 사건 규칙 조항에 대해 이번 결정으로써 최초로 본안판단을 하였다.

헌법재판소는 공직선거법 조항들의 유기적·체계적 고려, 이 사건 규칙조항의 의의, 사전투표의 특성, 위조된 투표지의 유입가능성을 막기 위한 제도의 존재 등을 바탕으로 판단하면서, 이 사건 규칙조항이 법률유보원칙에 위배되지 않고 입법형성권의 한계를 일탈하지 않는다고 보았다.

이에 대한 재판관 김형두의 보충의견의 취지는, 비록 이 사건 규칙 조항이 입법형성의 한계를 일탈하였다고 보기는 어려우나, 선거의 효율성을 일부 포기하더라도 부정선거가 발생할 가능성을 조금이나마 낮추고 그 의혹 내지 우려를 불식시켜 선거의 공정성을 더욱 도모하는 방향으로 입법개선이 이루어지는 것이 바람직하다는 것이다.

64 인체면역결핍바이러스(HIV) 전파매개행위죄 사건

(2023.10.26. 2019헌가30 [후천성면역결핍증 예방법 제19조 등 위헌제청]) **[합헌]**

Ⅰ. 판시사항

1. 후천성면역결핍증 예방법 제19조 "감염인은 혈액 또는 체액을 통하여 다른 사람에게 전파매개행위를 하여서는 아니 된다"는 전파매개행위의 금지 및 처벌 조항에 대한 제한적 해석의 필요성
2. 심판대상조항의 죄형법정주의 명확성원칙 위반 여부(소극)
3. 심판대상조항이 과잉금지원칙을 위반하여 사생활의 자유 및 일반적 행동자유권을 침해하는지 여부(소극)

Ⅱ. 결정요지

1. 인체면역결핍바이러스 감염인이 치료를 받아 체내에 인체면역결핍바이러스가 검출한계치 미만으로 억제된 상태에 있으면, 별다른 예방조치가 없더라도 그와 전파매개행위를 한 상대방은 바이러스에 감염된 사례를 발견할 수 없다는 것이 다수의 대규모 임상연구에서 드러난 공통된 결과이다. 국제연합(UN) 소속 에이즈 예방활동기구인 유엔에이즈계획(UNAIDS)의 'U=U' 캠페인은 이러한 연구결과를 반영한 것으로, '인체면역결핍바이러스 미검출 = 미전파'(Undetectable = Untransmittable)라는 것이다. 이러한 인체면역결핍바이러스의 전파가능성에 대한 현재의 의학수준과 국민의 법의식 등을 반영한 규범적 재평가의 필요성, 상대방의 자기결정권 보장 필요성, 상대방에 의한 심판대상조항의 악용가능성 방지 필요성 등을 고려하면, <u>심판대상조항은 '의학적 치료를 받아 인체면역결핍바이러스의 전파가능성이 현저히 낮은 감염인이 상대방에게 자신이 감염인임을 알리고 한 행위'에는 적용되지 않는 것으로 해석함이 타당하다.</u>

2. 인체면역결핍바이러스 감염을 예방하고자 하는 심판대상조항의 입법취지를 고려하면, 심판대상조항이 규정하는 '체액'이란 타인에게 감염을 일으킬 만한 인체면역결핍바이러스를 가진 체액으로 한정되고, '전파매개행위'는 체액이 전달되는 성행위, 모유수유, 혈액이 전달되는 오염된 주사바늘이나 의료 기구 사용, 수혈, 혈액제제 투여 등과 같이 인체면역결핍바이러스 감염가능성이 있는 행위에 국한될 것임을 예측할 수 있다. 한편, 비감염인의 건강권을 효과적으로 보장하기 위해서는 감염인과 성행위를 하는 상대방의 자기결정권 보장이 전제되어야 한다는 점을 고려하면, 심판대상조항은 '의학적 치료를 받아 인체면역결핍바이러스의 전파가능성이 현저히 낮은 감염인이 상대방에게 자신이 감염인임을 알리고 한 행위'에는 적용되지 않는 것으로 해석함이 타당하다. 의학적 치료를 받아 타인을 인체면역결핍바이러스에 감염시킬 가능성이 현저히 낮은 감염인이라

하더라도 상대방에게 자신이 감염인임을 알리지 않고 예방조치 없이 성행위를 한 경우에는, 심판대상조항에서 금지 및 처벌대상으로 규정한 '전파매개행위'에 해당할 것임을 예측할 수 있다. 따라서 심판대상조항은 법집행기관에 의한 자의적 해석가능성이 있다고 할 수 없고, 심판대상조항에 대한 법관의 보충적인 해석이 필요하더라도 건전한 상식과 통상적인 법감정을 가진 사람으로 하여금 금지 및 처벌되는 행위를 충분히 알 수 있도록 규정하고 있다고 할 것이므로, 죄형법정주의의 명확성원칙을 위반하지 않는다.

3. 심판대상조항에 대한 앞서 본 바와 같은 해석을 전제로, 의학적 치료를 받아 인체면역결핍바이러스의 전파가능성이 현저히 낮은 감염인은, 상대방에게 자신이 감염인이라는 사실을 알리고 그의 동의를 받은 경우 예방조치 없이도 성행위를 할 수 있다. 심판대상조항에 따라 처벌 가능한 법정형의 종류에는 벌금형이 없으나, 징역형의 하한에 제한을 두지 않고 있으므로 1월부터 3년까지 다양한 기간의 징역형을 선고하는 것이 가능하고, 작량감경을 하지 않더라도 결격사유가 있는 경우가 아니라면 징역형의 집행유예나 선고유예를 선고할 수 있으므로, 책임에 비례한 형을 선고하는 것이 가능하다. 심판대상조항으로 인하여 감염인에게는 자유로운 방식의 성행위가 금지되므로 그의 사생활의 자유 및 일반적 행동자유권이 제한될 수 있다. 그러나 상대방은 아무런 영문도 모른 채 감염인과의 성행위로 인하여 완치가 불가능한 바이러스에 감염되어 평생 매일 약을 복용하여야 하는 등 심각한 위험에 처하게 될 수 있다. 이러한 점을 감안하면, 감염인의 제한 없는 방식의 성행위 등과 같은 사생활의 자유 및 일반적 행동자유권이 제약되는 것에 비하여 국민의 건강 보호라는 공익을 달성하는 것은 더욱 중대하다. 따라서 심판대상조항은 과잉금지원칙을 위반하여 감염인의 사생활의 자유 및 일반적 행동자유권을 침해하지 아니한다.

결정의 의의

이 사건은 인체면역결핍바이러스 감염인의 전파매개행위에 대하여 헌법재판소가 판단한 최초의 사례로, 변론을 실시하여 질병관리청, 당해사건 피고인의 대리인, 참고인(의료전문가, 교수)의 의견을 청취하였다.
심판대상조항에 대한 합헌의견이 재판관 4인, 일부위헌의견이 재판관 5인으로, 일부위헌의견이 다수이기는 하나 위헌결정을 위한 심판정족수(6인)에는 이르지 못하여 합헌을 선고하였다.

65 '노란봉투법'법률안 직회부 관련 권한쟁의 사건

(2023.10.26. 2023헌라3 [국회의원과 국회 환경노동위원회 위원장 등 간의 권한쟁의]) [기각]

Ⅰ. 판시사항

1. 피청구인 국회 환경노동위원회 위원장이 피청구인 국회의장에게 노동조합법 일부개정법률안 등의 본회의 부의를 요구한 행위에 대한 권한침해확인청구 및 무효확인청구 (기각)
2. 국회의장이 노동조합법 일부개정법률안 등 본회의 부의의 건에 대해 가결을 선포한 행위에 대한 권한침해확인청구 및 무효확인청구 (기각)

Ⅱ. 결정요지

1. 피청구인 환노위 위원장의 이 사건 본회의 부의 요구행위는 국회법 제86조 제3항의 절차를 준수하여 이루어졌고, 그 정당성이 국회법 제86조 제4항이 정하고 있는 본회의 내에서의 표결절차를 통해 인정되었다. 따라서 피청구인 환노위 위원장의 이 사건 본회의 부의 요구행위에는 국회법을 위반한 위법이 없다. 한편, 법사위 전체회의의 기재내용에 의하면, 법사위는 체계·자구 심사를 위해 반드시 필요하다고 보기 어려운 절차를

반복하면서 체계·자구 심사절차를 지연시키고 있었던 것으로 보이고, 달리 국회 내의 사정에 비추어 <u>법사위</u>가 심사절차를 진행하는 것이 현저히 곤란하거나 심사기간 내에 심사를 마치는 것이 물리적으로 불가능하였다고 볼만한 사정도 인정되지 아니하므로, 국회법 제86조 제3항의 '이유 없이'를 실체적으로 판단하더라도 법사위의 심사지연에는 여전히 이유가 없다. 이처럼 피청구인 환노위 위원장의 이 사건 본회의 부의 요구행위는 청구인들의 법률안 심의·표결권을 침해하지 아니하였다고 판단되므로, 그 침해를 전제로 하는 이에 대한 무효확인청구는 더 나아가 살펴볼 필요 없이 이유 없다.

2. 선행 절차인 피청구인 환노위 위원장의 이 사건 본회의 부의 요구행위에 권한침해 사유가 존재하지 아니하는 이상, 그 하자가 후행 절차인 피청구인 국회의장의 이 사건 가결선포행위에 승계된다는 청구인들의 주장은 이유 없고, 직권으로 살펴보아도 피청구인 <u>국회의장의 이 사건 가결선포행위는 국회법 제86조 제4항의 절차를 준수한 것으로, 여기에 독자적인 절차나 내용상의 하자가 없다.</u> 따라서 <u>피청구인 국회의장의 이 사건 가결선포행위는 청구인들의 법률안 심의·표결권을 침해하지 아니하고, 그 침해를 전제로 하는 이에 대한 무효확인청구 역시 이유 없다.</u>

결정의 의의

2023헌라2 사건 및 2023헌라3 사건은 국회법 제86조 제3항의 '이유 없이'의 해석이 문제된 최초의 사건이다. 국회법 제86조 제3항의 해석과 관련하여, ① 재판관 유남석, 김기영, 문형배, 이미선, 정정미는 국회법이 '이유 없이'에 대한 판단이 '소관 위원회 위원장의 간사와의 협의 또는 소관 위원회 재적위원 5분의 3 이상의 찬성 의결, 국회의장의 교섭단체 대표의원과의 합의 또는 본회의에서의 표결'이라는 국회 내부의 절차를 통해 자율적으로 이루어질 수 있도록 제도를 설계하고 있다고 보았다. 국회가 이러한 절차를 준수하여 법률안을 본회의에 부의하기로 결정하였다면, 특별한 사정이 없는 한 이러한 결정은 존중되어야 하고 국회 이외의 기관이 그 판단에 개입하는 것은 가급적 자제되어야 한다는 것이다.

또한, '이유 없이'의 의미를 실체적으로 판단하는 경우에도 개별적이고 구체적인 사정을 일일이 고려하여 이유의 유무를 판단해서는 아니되며, '법사위의 책임 없는 불가피한 사유로 그 기간을 준수하지 못하였는지 여부'를 기준으로 엄격하게 판단함이 타당하다고 보았다.

이에 비해, ② 재판관 이은애, 이종석, 이영진, 김형두는 국회법 제86조 제3항의 '이유 없이'는 '60일의 기간 내에 법률안에 대한 체계·자구 심사를 마칠 것을 기대하기 어려운 객관적이고 합리적인 사유 없이'를 의미하는 것으로, 이에 대한 구체적 판단은 구체적이고 개별적인 사정을 종합적으로 고려하여 이루어져야 한다고 보았다.

구분		5인(법정의견)	4인
환노위원장 본회의 부의 요구행위	권한침해확인청구	기각	기각(별개의견)
	무효확인청구	기각	
국회의장 가결 선포행위	권한침해확인청구	기각	
	무효확인청구	기각	

'방송법 등'법률안 직회부 관련 권한쟁의 사건

(2023.10.26. 2023헌라2 [국회의원과 국회 과학기술정보방송통신위원회 위원장 등 간의 권한쟁의]) **[기각]**

Ⅰ. 판시사항

1. 피청구인 국회 과학기술정보방송통신위원회 위원장이 피청구인 국회의장에게 방송법 일부개정법률안 등의 본회의 부의를 요구한 행위에 대한 권한침해확인청구 및 무효확인청구 (기각)
2. 국회의장이 방송법 일부개정법률안 등 본회의 부의의 건에 대해 가결을 선포한 행위에 대한 권한침해확인 청구 및 무효확인청구 (기각)

Ⅱ. 결정요지

1. 이 사건 본회의 부의 요구행위는 국회법 제86조 제3항의 절차를 준수하여 이루어졌고, 그 정당성이 국회법 제86조 제4항이 정하고 있는 본회의 내에서의 표결절차를 통해 인정되었다. 따라서 피청구인 과방위 위원장 의 이 사건 본회의 부의 요구행위에는 국회법을 위반한 위법이 없다. 한편, 법사위 전체회의 및 제2소위 회 의의 회의록의 기재내용에 의하면, 법사위는 체계·자구 심사권한을 벗어나는 내용에 대한 정책적 심사를 하 면서 60일의 심사기간을 도과한 것으로 보이므로, 국회법 제86조 제3항의 '이유 없이'를 실체적으로 판단하 더라도 법사위의 심사지연에는 여전히 이유가 없다. 이처럼 피청구인 과방위 위원장의 이 사건 본회의 부의 요구행위는 청구인들의 법률안 심의·표결권을 침해하지 아니하였다고 판단되므로, 그 침해를 전제로 하는 이에 대한 무효확인청구는 더 나아가 살펴볼 필요 없이 이유 없다.
2. 선행 절차인 피청구인 과방위 위원장의 이 사건 본회의 부의 요구행위에 권한침해 사유가 존재하지 아니하는 이상, 그 하자가 후행 절차인 피청구인 국회의장의 이 사건 가결선포행위에 승계된다는 청구인들의 주장은 이유 없고, 직권으로 살펴보아도 피청구인 국회의장의 이 사건 가결선포행위는 국회법 제86조 제4항의 절차 를 준수한 것으로, 여기에 독자적인 절차나 내용상의 하자가 없다. 따라서 피청구인 국회의장의 이 사건 가 결선포행위는 청구인들의 법률안 심의·표결권을 침해하지 아니하고, 그 침해를 전제로 하는 이에 대한 무효 확인청구 역시 이유 없다.

결정의 의의

[1] 헌법재판소는 2023. 10. 26. ① 재판관 5:4의 의견으로, 피청구인 국회 과학기술정보방송통신위원회 위 원장이 2023. 3. 21. 피 구인 국회의장에게 방송법 일부개정법률안[대안], 방송문화진흥회법 일부개정법률 안[대안], 한국교육방송공사법 일부개정법률안[대안]의 본회의 부의를 요구한 행위에 대한 권한침해확인청 구를 기각하고, ② 재판관 전원의 일치된 의견으로, 피청구인 국회 과학기술정보방송통신위원회 위원장의 위 본회의 부의 요구행위의 무효확인청구 및 피청구인 국회의장이 2023. 4. 27. 개의된 제405회 국회[임시 회] 제5차 본회의에서 '위 각 법률안 본회의 부의의 건'에 대해 가결을 선포한 행위에 대한 권한침해확인청구 및 무효확인청구를 기각하였다. [기각]

구분		5인(법정의견)	4인
과방위위원장 본회의 부의 요구행위	권한침해확인청구	기각	인용(반대의견)
	무효확인청구	기각	기각(별개의견)
국회의장 가결 선포행위	권한침해확인청구	기각	기각(별개의견)
	무효확인청구	기각	기각(별개의견)

67 불법 인터넷 사이트 접속차단 사건

(2023.10.26. 2019헌마158 [웹사이트 차단 위헌확인]) [기각]

Ⅰ. 판시사항

방송통신심의위원회가 2019. 2. 11. 주식회사 케이티 외 9개 정보통신서비스제공자 등에 대하여 895개 웹사이트에 대한 이용자들의 접속을 차단하도록 시정을 요구한 행위가 통신의 비밀과 자유 및 알 권리 침해 여부(소극)

Ⅱ. 결정요지

이 사건 시정요구는 불법정보 등의 유통을 차단함으로써 정보통신에서의 건전한 문화를 창달하고 정보통신의 올바른 이용환경을 조성하고자 하는 것으로서 그 목적이 정당하다. 보안접속 프로토콜을 사용하는 경우에도 접근을 차단할 수 있도록 SNI를 확인하여 불법정보 등을 담고 있는 특정 웹사이트에 대한 접속을 차단하는 것은 수단의 적합성이 인정된다. 보안접속 프로토콜이 일반화되어 기존의 방식으로는 차단이 어렵기 때문에 SNI 차단 방식을 동원할 필요가 있고, 인터넷을 통해 유통되는 정보는 복제성, 확장성, 신속성을 가지고 있어 사후적 조치만으로는 이 사건 시정요구의 목적을 동일한 정도로 달성할 수 없다. 또한, 시정요구의 상대방인 정보통신서비스제공자 등에 대해서는 의견진술 및 이의신청의 기회가 보장되어 있고, 해외에 서버를 둔 웹사이트의 경우 다른 조치에 한계가 있어 접속을 차단하는 것이 현실적인 방법이다. 따라서 침해의 최소성 및 법익의 균형성도 인정된다. 따라서 이 사건 시정요구는 청구인들의 통신의 비밀과 자유 및 알 권리를 침해하지 아니한다.

결정의 의의

이 사건은, '방송통신심의위원회'의 접속차단 시정요구는, 과거부터 사용되던 DNS 차단 방식, URL 차단 방식 외에 보다 기술적으로 고도화된 SNI 차단 방식을 함께 적용하는 것을 전제로 하더라도, 이용자들의 통신의 비밀과 자유 및 알 권리를 침해하지 않는다고 판단한 결정이다.

한편, 헌법재판소는 같은 날 선고한 2019헌마164(불법 해외 인터넷사이트 접속 차단 기능 고도화 조치 위헌확인) 결정에서 '방송통신위원회'가 정보통신서비스제공자 등에게 앞으로 SNI 차단 방식을 함께 적용하도록 협조를 요청한 행위는 이미 협의된 사항을 전제로 임의적 협력을 요청하는 행정지도에 불과하여 헌법소원의 대상이 되는 공권력의 행사에 해당하지 않는다는 이유로 이에 대한 심판청구를 각하하였다.

68 가축사육 제한구역 지정에 관한 위임법률 사건

(2023.12.21. 2020헌바374 [가축분뇨의 관리 및 이용에 관한 법률 제8조 제1항 위헌소원]) [합헌]

Ⅰ. 판시사항

시장·군수·구청장이 지방자치단체의 조례로 정하는 바에 따라 일정한 구역을 지정·고시하여 가축의 사육을 제한할 수 있도록 한 '가축분뇨의 관리 및 이용에 관한 법률' 제8조 제1항 본문이 포괄위임금지원칙 및 과잉금지원칙에 위배 여부(소극)

Ⅱ. 결정요지

1. 환경과 조화되는 축산업의 발전 및 국민보건의 향상과 환경보전에 이바지한다는 가축분뇨법의 입법목적(가축

분뇨법 제1조)에 비추어보면, 가축사육의 제한은 가축사육에 따라 배출되는 환경오염물질 등이 지역주민에 미치는 지리적·보건적·환경적 영향 등을 종합적으로 고려하여 이루어질 필요가 있고, 이는 지형이나 인구 분포 등 생활환경 및 자연환경에 따라 달라질 수 있는 부분을 포함하므로 각 지방자치단체가 실정에 맞게 전문적·기술적 판단과 정책적 고려에 따라 합리적으로 규율하도록 할 필요성이 인정된다.

심판대상조항은 가축사육 제한이 가능한 대상 지역의 한계를 설정하고 있고, 가축분뇨법의 입법목적과 가축사육에 따라 배출되는 환경오염물질이나 악취 등으로 인하여 지역주민의 생활환경이나 상수원의 수질이 오염되는 것을 방지하려는 심판대상조항의 목적을 종합적으로 고려하면, 사육대상인 축종이나 사육규모 외에 각 지역의 지형, 상주인구 분포, 인구밀집시설의 존부, 지역 내 가축사육농가의 수, 상수원지역에 미치는 영향 등을 고려하여 구체적인 가축사육제한구역이 정해질 수 있다는 점이 충분히 예측 가능하므로, 심판대상조항은 포괄위임금지원칙에 위배되지 아니한다.

2. 심판대상조항은 가축사육에 따라 배출되는 환경오염물질이나 악취 등으로 인하여 지역주민의 생활환경이나 상수원의 수질이 오염되는 것을 방지하여 국민보건의 향상과 환경보전에 이바지하기 위한 것으로서 입법목적이 정당하고, 지방자치단체별로 일정한 구역에서 가축사육을 제한할 수 있도록 한 것은 환경오염물질의 배출이나 악취의 발생을 사전에 방지하는 데 기여하므로 목적 달성에 적합한 수단이다.

가축의 사육과정에서 배출되는 오염물질이나 악취의 발생을 저감시키기 위해 축사의 종류나 배설물 관리 등과 관련한 여러 조치가 개발·적용되고 있으나, 오염물질 등의 배출을 전적으로 차단하거나 이를 정화할 수 있는 기술적 조치가 현재 존재하고 있다고 단정하기는 어려우므로, 이를 사전에 억제하기 위해 가축의 사육 자체를 제한할 필요성이 인정된다. 한편, 오염물질 등의 생활환경 내지 자연환경에 대한 영향력의 정도는 가축의 사육이 이루어지는 장소와 관련성이 크고, 장소적 특성을 기준으로 생활환경이나 자연환경에 대한 위해 가능성이 큰 경우에 가축사육의 제한을 허용하는 심판대상조항의 제한은 부득이하며, 달리 입법목적을 심판대상조항과 같은 정도로 달성할 수 있는 대안을 상정하기 어려우므로 심판대상조항은 침해의 최소성을 충족한다. 가축을 사육하며 축산업에 종사하려는 사람들은 심판대상조항에 의하여, '주거밀집지역으로 생활환경의 보호가 필요한 지역' 등 일정한 지역 내에서 가축사육을 제한받을 수 있다. 그러나 심판대상조항을 통하여 달성되는 국민의 생활환경 및 자연환경 보호의 공익은 제한되는 사익보다 더 중대하다. 심판대상조항은 법익의 균형성을 충족한다.

따라서 심판대상조항은 과잉금지원칙에 위배되지 아니한다.

결정의 의의

이 결정은 시장·군수·구청장이 지방자치단체의 조례로 정하는 바에 따라 일정한 구역을 지정·고시하여 가축의 사육을 제한할 수 있도록 한 '가축분뇨의 관리 및 이용에 관한 법률' 제8조 제1항 본문의 위헌 여부에 대하여 헌법재판소에서 처음 판단한 사건이다.

69 생활폐기물 수집·운반 대행계약 대상 제외 사건

(2023.12.21. 2020헌마189 [폐기물관리법 제14조 제8항 제7호 위헌소원]) **[합헌]**

Ⅰ. 판시사항

생활폐기물 수집·운반 대행계약과 관련하여 뇌물공여, 사기 등 범죄를 범하여 일정한 형을 선고받은 자를 3년 간 위 대행계약 대상에서 제외하도록 규정한 폐기물관리법 제14조 제8항 제7호가 과잉금지원칙에 위배되어 직업수행의 자유를 침해하는지 여부(소극)

Ⅱ. 결정요지

심판대상조항은 생활폐기물 수집·운반 대행계약(이하 '대행계약')과 관련하여 뇌물공여, 사기 등 범죄를 범한 자를 일정 기간 동안 대행계약 대상에서 제외함으로써 생활폐기물 수집·운반 업무의 공정성, 적정성을 확보하고 대행계약의 성실한 이행을 담보하며 대행자의 독과점, 지방자치단체와의 유착 등 문제를 해소하고자 한 것이다.

대행계약과 관련하여 뇌물공여죄 등을 범하여 벌금 이상의 형을 선고받았거나, 사기죄 등을 범하여 벌금 300만 원 이상의 형을 선고받은 경우라면, 생활폐기물 수집·운반 업무의 공정성 및 적정성을 매우 중대하게 침해하였다고 볼 수 있다. 나아가 생활폐기물 수집·운반 업무의 공공성이 높은 점, 대행자에게 지급되는 비용은 지방자치단체의 예산에서 지출되는 점, 그동안 지방자치단체와 대행자 간의 유착비리 등 문제점이 발생하였던 점 등을 고려하면, 심판대상조항이 위와 같은 형을 선고받은 경우에 대하여 재량의 여지없이 3년간 계약대상에서 제외되도록 규정하고 있다고 하더라도 이를 과도한 제재라고 보기는 어렵다.

심판대상조항은 생활폐기물 수집·운반 업무의 공정성 및 적정성을 저하할 수 있는 일부 범죄만을 특정하여 계약제외 대상으로 삼고 있고, 경미한 범행의 경우에는 계약제외 대상이 되지 않도록 하고 있으며, 그러한 범행이 대행계약과 관련성이 있는 경우에만 계약제외 대상이 되도록 하고 있다. 그리고 계약대상 제외도 3년의 기간 동안 한시적으로 이루어진다.

따라서 심판대상조항은 과잉금지원칙에 위배되어 청구인의 직업수행의 자유를 침해한다고 볼 수 없다.

결정의 의의

그동안 생활폐기물 수집·운반 대행자가 지방자치단체와 장기간 반복적으로 수의계약을 하면서 매년 대행료가 과도하게 상승하거나, 지방자치단체와 대행자 간의 유착비리가 발생하거나, 청소서비스의 질이 저하되는 등의 문제점이 발생하였다.

폐기물관리법 제14조 제8항 제7호는 생활폐기물 수집·운반 대행계약과 관련하여 뇌물공여, 사기 등 범죄를 범하여 일정한 형을 선고받은 자를 3년 간 위 대행계약 대상에서 제외하도록 함으로써 위와 같은 문제를 해소하고자 하였다.

헌법재판소는 그와 같은 입법 취지와 제반 사정을 고려하여, 폐기물관리법 제14조 제8항 제7호가 과잉금지원칙에 위배되지 않는다고 판단하였다. 이 결정은 위 조항의 위헌 여부를 판단한 최초의 결정이다.

---

70 서울시 송파구와 문화재청간의 권한쟁의 사건

(2023.12.21. 2023헌라1 [서울특별시 송파구와 문화재청 간의 권한쟁의]) **[각하]**

Ⅰ. 판시사항

풍납토성 보존·관리 종합계획을 수립하고, 2023. 2. 1. 문화재청 고시 제2023-17호로 서울특별시 송파구 풍납동 일대를 보존·관리구역으로 지정한 문화재청장의 행위를 다투는 서울특별시 송파구의 권한쟁의 청구가 적법한지 여부(소극)

Ⅱ. 결정요지

헌법 제111조 제1항 제4호에 따른 권한쟁의심판의 당사자가 될 수 있는 "국가기관"에 해당하는지 여부는 그 국가기관이 헌법에 의하여 설치되고 헌법과 법률에 의하여 독자적인 권한을 부여받고 있는지, 권한의 존부를 둘러싼 다툼을 해결할 적당한 기관이나 방법이 있는지 등을 종합적으로 고려하여 판단하여야 하고, 오로지 법률에 설치 근거를 둔 국가기관으로서 국회의 입법행위에 의하여 존폐 및 권한범위가 정해지는 국가기관은 '헌법에 의하여 설치되고 헌법과 법률에 의하여 독자적인 권한을 부여받은 국가기관'이라고 볼 수 없다.

문화재청 및 문화재청장은 정부조직법 제36조 제3항, 제4항에 의하여 행정각부 장의 하나인 문화체육관광부장관 소속으로 설치된 기관 및 기관장으로서, 오로지 법률에 그 설치 근거를 두고 있으며 그 결과 국회의 입법행위에 의하여 그 존폐 및 권한범위가 결정된다. 따라서 이 사건 피청구인인 문화재청장은 '헌법에 의하여 설치되고 헌법과 법률에 의하여 독자적인 권한을 부여받은 국가기관'이라고 할 수 없다.

결국, 법률에 의하여 설치된 피청구인에게는 권한쟁의심판의 당사자능력이 인정되지 아니한다.

결정의 의의

이 사건에서 헌법재판소는 피청구인인 문화재청장은 권한쟁의심판 당사자능력이 인정되지 아니한다고 판단하였다.

헌법재판소는 권한쟁의심판의 당사자가 될 수 있는 국가기관의 범위에 관하여, 오로지 법률에 의하여 설치된 국가기관으로서 국회의 입법행위에 의하여 존폐 및 권한범위가 정해지는 국가기관까지 포함되는 것은 아니라는 선례의 해석을 재차 확인하였다.

71 혼인무효판결로 정정된 가족관계등록부의 재작성 사건

(2024.1.25. 2020헌마65 [가족관계의 등록 등에 관한 법률 제11조 제2항 등 위헌확인])　　　　**[기각]**

Ⅰ.판시사항

혼인무효로 정정된 가족관계등록부의 재작성 신청을 제한하는 '가족관계등록부의 재작성에 관한 사무처리지침' 제2조 제1호 중 '혼인무효'에 관한 부분 및 제3조 제3항 중 제2조 제1호의 사유로 인한 가족관계등록부재작성신청 시 '혼인무효가 한쪽 당사자나 제3자의 범죄행위로 인한 것임을 소명하는 서면 첨부'에 관한 부분(이하 위 두 조항을 합하여 '심판대상조항'이라 한다)이 청구인의 개인정보자기결정권을 침해하는지 여부(소극)

Ⅱ. 결정요지

심판대상조항은 신분관계의 이력이 노출됨으로 인한 부당한 피해를 방지하면서도, 진정한 신분관계의 등록·관리·증명 등 가족관계등록제도의 목적과 기능을 달성하기 위한 것이므로 입법목적이 정당하고, 제한적인 경우에만 가족관계등록부 재작성을 허용하는 것은 목적 달성에 적합한 수단이다.

혼인에 따른 법률효과는 제3자에 대한 관계에서도 문제될 수 있고, 법률관계를 안정시키고 명확하게 하기 위하여 공적 증명이 필요한 경우가 있을 수 있으므로, 무효인 혼인에 관한 가족관계등록부 기록사항의 보존은 원칙적으로 필요하다. 심판대상조항도 그 중 하나로, 혼인무효사유가 한쪽 당사자나 제3자의 범죄행위로 인한 경우 등록부 재작성 신청권을 부여한 것은, 당초 등록부에 혼인에 관한 사항이 기재된 데 귀책사유가 인정되지 않고 오히려 피해자의 지위에 있는 사람에 대하여 무효인 혼인에 관한 사항의 정정 표시를 보존하는 것이 진정한 신분관계를 공적으로 증명하는 데 기여한다고 보기 어려운 반면, 개인정보 내지 사생활의 비밀을 보호할 필요가 크기 때문으로, 그 밖의 혼인무효사유가 있는 경우와는 구분된다. 다만, 혼인의 무효가 명백하여 가정법원의 허가를 받아 등록부가 정정된 경우, 관할 가정법원장이 사회통념상 이해관계인에게 현저히 부당하다고 인정하는 경우에는 가족관계등록부 재작성이 허용될 수 있으므로, 혼인무효의 경우 합리적 범위에서 가족관계

등록부가 재작성될 수 있는 점 등을 고려하면, 심판대상조항은 침해의 최소성이 인정된다. 심판대상조항은 청구인의 개인정보를 새로이 수집·관리하는 것이 아니고, 그러한 정보는 법령에 따른 교부 청구 등이 없는 한 공개되지 아니하므로, 심판대상조항으로 인하여 청구인이 입는 불이익이 중대하다고 보기는 어렵다. 반면, 심판대상조항이 가족관계의 변동에 관한 진실성을 담보하는 공익은 훨씬 중대하므로 심판대상조항은 법익균형성이 인정된다. 심판대상조항은 과잉금지원칙을 위반하여 청구인의 개인정보자기결정권을 침해하지 않는다.

> **결정의 의의**
>
> 이 결정은 혼인무효로 정정된 가족관계등록부의 재작성과 관련하여 헌법재판소에서 처음 판단한 사건이다.

72 종교단체 내 직무상 지위 이용 선거운동 제한 사건

(2024.1.25. 2021헌바233 [공직선거법 제255조 제1항 제9호 등 위헌소원])　　　　　**[합헌, 각하]**

I. 판시사항

1. 선거운동기간 전에 공직선거법에 규정된 방법을 제외하고 선거운동을 한 자를 처벌하는 공직선거법 제254조 제2항(이하 '기간위반 처벌조항'이라 한다)이 공직선거법 제59조 단서 제4호의 개정으로 해당 공소사실에 더는 적용되지 않을 뿐만 아니라, 해당 공소사실에 면소 사유가 있다고 판단한 당해 사건 판결이 확정되어 재심개시의 결정이 이루어질 여지도 없으므로, 이 조항에 대한 재판의 전제성이 부인된 사례
2. 공직선거법 제85조 제3항 중 '누구든지 종교적인 기관·단체 등의 조직내에서의 직무상 행위를 이용하여 그 구성원에 대하여 선거운동을 하거나 하게 할 수 없다' 부분(이하 '직무이용 금지조항'이라 한다)이 죄형법정주의의 명확성원칙에 위배되는지 여부(소극)
3. 직무이용 금지조항 및 공직선거법 제255조 제1항 제9호 중 직무이용 금지조항에 관한 부분(이하 직무이용 금지조항과 합하여 '직무이용 제한조항'이라 한다)이 과잉금지원칙에 위배되어 정치적 표현의 자유를 침해하는지 여부(소극)

II. 결정요지

1. 제1심 법원이 기간위반 처벌조항을 적용하여 선거운동기간 위반의 점에 대하여 유죄를 인정한 후 개정된 공직선거법 제59조 단서 제4호에 의하여 '옥내에서 다중을 대상으로 확성장치를 사용하지 아니하고 말로 선거운동을 한 경우'는 선거운동기간의 제한을 받지 않게 되었는바, 당해 사건 법원은 해당 공소사실에 대하여 범죄 후 법률 변경에 의하여 그 행위가 범죄를 구성하지 않는 경우(형사소송법 제326조 제4호)에 해당하는 면소 사유가 있다고 판단하였다. 그렇다면 기간위반 처벌조항은 해당 공소사실에 더는 적용되지 않을 뿐만 아니라, 해당 공소사실에 면소 사유가 있다고 판단한 당해 사건 판결이 확정되어 재심개시의 결정이 이루어질 여지도 없으므로, 기간위반 처벌조항에 대한 심판청구 부분은 어느 모로 보나 재판의 전제성이 인정되지 않는다.
2. 직무이용 금지조항 중 '직무상 행위를 이용하여' 부분이 다소 추상적이고 포괄적인 측면이 있기는 하나, 종교단체 내에서 직무상 행위를 이용하는 구체적 행위 태양을 예상하여 열거하는 것은 불가능하거나 현저히 곤란하고, 구체적으로 어떠한 행위가 종교단체 내에서의 직무상 행위를 이용한 것에 해당하는지는 행위자가 종교단체 안에서 차지한 지위에 기하여 취급하는 직무 내용, 직무상 행위를 하는 시기, 장소, 방법 등 여러 사정을 종합적으로 관찰하여 직무와 관련된 것인지 여부 등을 살펴봄으로써 판단할 수 있으므로, 이는 죄형법정주의의 명확성원칙에 위배되지 않는다.

3. 직무이용 제한조항은 선거의 공정성 확보라는 입법목적을 달성하고자 하는 것이다. 종교단체 내에서 일정한 직무상 행위를 하는 사람이 종교적 신념을 공유하는 신도에게 자신의 지도력, 영향력 등을 기초로 공직선거에서 특정인이나 특정 정당에 대한 맹목적 지지 또는 반대를 끌어내려 하는 경우 대상이 되는 구성원은 그 영향력에 이끌려 왜곡된 정치적 의사를 형성할 가능성이 커지고, 국민의 정치적 의사가 그 형성 단계에서부터 왜곡된다면 선거의 공정성을 확보하기 어렵다.

직무이용 제한조항에 따라 종교단체 내에서의 정치적 표현의 자유가 일정 부분 제한되지만, 공통된 신앙에 기초하여 구성원 상호 간에 밀접한 관계를 형성하는 종교단체의 특성과 성직자 등 종교단체 내에서 일정한 직무를 가지는 사람이 가지는 상당한 영향력을 고려하면, 선거의 공정성을 확보하고 종교단체가 본연의 기능을 할 수 있도록 하며 정치와 종교가 부당한 이해관계로 결합하는 부작용을 방지함으로써 달성되는 공익이 더 크다.

그렇다면 직무이용 제한조항은 과잉금지원칙을 위반하여 선거운동 등 정치적 표현의 자유를 침해하지 않는다.

결정의 의의

성직자나 신도 조직의 대표자·간부 등(이하 '성직자 등'이라 한다)은 종교단체 내에서 신도에게 상당한 영향력을 행사할 수 있으므로, '종교단체 안에서의 직무상 행위를 이용하여 그 구성원에 대하여 선거운동을 하거나 하게 하는 행위'를 제한하는 직무이용 제한조항은 선거의 공정성을 확보하는 데 기여한다. 반면, 정치적 표현의 자유가 널리 보장되고 미디어가 발달하여 다양한 정보를 손쉽게 접할 수 있는 현재에 이르러서는 공직선거와 관련한 성직자 등의 정치적 표현이 신도의 의사결정에 직접 영향을 준다고 보기 어려운데도, 직무이용 제한조항은 성직자 등의 영향력을 과대평가하여 이들의 종교단체 내에서의 정치적 표현의 자유를 과도하게 제한한다는 사회 일각의 반론도 있었다.

이 결정은 종교단체의 구성원들이 공통된 종교적 신념을 기초로 빈번하게 종교 집회나 교육 등의 활동을 공동 수행하면서 상호 밀접한 관계를 형성한다는 점, 성직자 등의 종교단체 내 지위와 영향력을 간과할 수 없다는 점을 고려한 것으로, 선거의 공정성 확보가 중요하다는 인식에 바탕을 두고 있다.

헌법재판소의 직무이용 제한조항에 대한 합헌결정에 따라, 종교단체 내에서의 직무상 행위를 이용하여 그 구성원에 대하여 선거운동을 하거나 하게 할 수 없는 제한은 그대로 유지된다.

73 문화재보호구역에 있는 부동산에 대한 재산세 경감 사건

(2024.1.25. 2020헌바479 【지방세법 제106조 제1항 제3호 등 위헌소원】)　　　　　　　　　　　**[합헌]**

Ⅰ. 판시사항

문화재보호법 제27조에 따라 지정된 보호구역에 있는 부동산에 대한 재산세 경감을 규정하고 있는 구 지방세특례제한법 제55조 제2항 제1호 중 '같은 법 제27조에 따라 지정된 보호구역에 있는 부동산'에 관한 부분이 조세평등주의에 위배되는지 여부(소극)

Ⅱ. 결정요지

보호구역은 문화재가 외부환경과의 직접적인 접촉으로 인하여 훼손되지 않도록 하는 데 목적이 있는 반면, 역사문화환경 보존지역은 문화재 주변 경관을 저해하는 이질적 요소들로 인해 문화재의 가치가 하락하지 않도록 하는 데 목적이 있으므로, 양자는 그 취지와 목적을 달리한다.

보호구역에 있는 부동산의 경우 문화재의 보존에 영향을 미칠 우려가 있는지 여부와 무관하게 대부분의 현상 변경 행위에 대하여 허가가 필요하다. 반면, 역사문화환경 보존지역에 있는 부동산의 경우 건설공사의 시행이 지정문화재의 보존에 영향을 미칠 우려가 있는지 여부를 사전에 검토하여 그러한 우려가 있는 경우에만 허가를 받도록 하고 있고, 미리 고시된 행위기준의 범위 안에서 행하여지는 건설공사에 대하여는 위 검토 절차도 생략되므로, 보호구역에 있는 부동산과 비교하여 건설공사의 시행이 더 자유롭게 이루어질 수 있다. 이처럼 보호구역에 있는 부동산과 역사문화환경 보존지역에 있는 부동산은 그 재산권 행사 제한의 정도에 있어서 상당한 차이가 있다.

이상과 같은 점들을 종합하면, 심판대상조항이 보호구역에 있는 부동산을 재산세 경감 대상으로 규정하면서 역사문화환경 보존지역에 있는 부동산을 재산세 경감 대상으로 규정하지 않은 것이 입법재량을 벗어난 합리적 이유 없는 차별에 해당한다고 볼 수 없으므로, 심판대상조항은 조세평등주의에 위배되지 않는다.

결정의 의의

이 결정은 문화재보호구역에 있는 부동산에 대한 재산세 경감을 규정한 심판대상조항의 위헌 여부를 판단한 최초의 결정이다.

헌법재판소는 보호구역과 역사문화환경 보존지역이 그 취지와 목적을 달리하며 재산권 행사 제한의 정도에 있어서도 상당한 차이가 있다는 이유로, 보호구역에 있는 부동산을 재산세 경감 대상으로 규정하면서 역사문화환경 보존지역에 있는 부동산을 재산세 경감 대상으로 규정하지 않은 심판대상조항이 조세평등주의에 위배되지 않는다고 판단하였다.

74 법률상 근거 없이 송환대기실에 수용되었던 외국인에 대한 보상 입법부작위에 관한 사건

(2024.1.25. 2020헌바475 [형사보상 및 명예회복에 관한 법률 제2조 제1항 위헌소원]) **[각하]**

Ⅰ. 판시사항

1. 헌법재판소법 제68조 제2항에 의한 헌법소원에서 청구인들이 주장하는 입법부작위가 진정입법부작위에 해당한다는 이유로 해당 부분 심판청구를 각하한 사례
2. 외국인이 출입국관리법에 의하여 보호처분을 받아 수용되었다가 이후 난민인정을 받은 경우 및 법률상 근거 없이 송환대기실에 수용되었던 경우에 대하여, 헌법에서 명시적으로 보상을 해주어야 할 입법의무를 부여하고 있다거나 헌법해석상 국가의 입법의무가 발생하였다고 볼 수 있는지 여부(소극)

Ⅱ. 결정요지

1. 성질상 '형사보상 및 명예회복에 관한 법률'이 적용되지 않는 행정작용에 의하여 신체의 자유가 침해된 자에 대하여 위 법과 동일한 정도의 보상을 내용으로 하는 새로운 입법을 하여 달라는 심판청구는 진정입법부작위를 다투는 것에 해당하고, 헌법재판소법 제68조 제2항에 의한 헌법소원에서 진정입법부작위를 다투는 것은 그 자체로 허용되지 않으므로, 청구인들의 이 부분 심판청구는 모두 부적법하다.

2. 헌법에서 명시적으로 입법자에게 국내에서 난민인정신청을 한 외국인이 강제퇴거명령을 받고 보호처분을 받아 수용되었다가 이후 난민인정을 받은 경우 및 출입국항에서 입국불허결정을 받은 외국인이 법률상 근거 없이 송환대기실에 수용되었던 경우에 대하여 보상을 해주어야 할 입법의무를 부여하고 있다고 볼 수 없다. 또한 출입국관리법에 따른 보호명령과 송환대기실에서의 수용은 신체의 자유 제한 자체를 목적으로 하는 형사 절차상의 인신구속과 그 목적이나 성질이 다르다는 점, 외국인의 입국과 국내 체류에 관한 사항은 주권국가

로서의 기능을 수행하는 데 필요한 것으로서 광범위한 정책재량의 영역에 있고, 외국인의 국내 체류에 관한 사항은 주권국가로서의 기능을 수행하는 데 필수적인 것이므로 엄격하게 관리되어야 하는 점, 국가는 국가배상법 제정을 통해 스스로의 불법행위로 인한 손해를 배상함으로써 그 피해를 회복하여 주는 국가배상제도를 마련하고 있는 점 등에 비추어 보면, 헌법해석상으로도 위와 같은 입법의무가 도출된다고 볼 수 없다.

결정의 의의

이 사건은, 외국인이 출입국관리법에 의하여 보호처분을 받아 수용되었다가 이후 난민인정을 받은 경우 및 법률상 근거 없이 송환대기실에 수용되었던 경우에 대하여, 헌법에서 명시적으로 보상을 해주어야 할 입법의무를 부여하고 있다거나 헌법해석상 국가의 입법의무가 발생하였다고 볼 수 없다고 처음 판단한 사건이다.

75 주택임대차보호법상 임차인의 계약갱신요구권 및 차임증액 제한 사건

(2024.2.28. 2020헌마1343 [주택임대차보호법 제6조의3 위헌확인 등])　　　　　　　　**[합헌, 기각, 각하]**

Ⅰ. 판시사항

1. 갱신되는 임대차의 차임과 보증금의 증액한도 및 임대인이 실제 거주를 이유로 갱신 거절 후 정당한 사유 없이 제3자에게 임대한 경우의 손해배상책임을 규정한 주택임대차보호법(이하 '주택임대차법'이라 한다) 제6조의3 제3항 단서 중 제7조 제2항에 관한 부분 및 제6조의3 제5항이 명확성원칙에 위배되는지 여부(소극)
2. 임차인이 계약갱신을 요구할 경우 임대인이 정당한 사유 없이 이를 거절하지 못하도록 한 주택임대차법 제6조의3 제1항, 제3항 본문(이하 '계약갱신요구 조항'이라 한다), 갱신되는 임대차의 차임과 보증금 증액한도를 규정한 제6조의3 제3항 단서 중 제7조 제2항에 관한 부분(이하 '차임증액한도 조항'이라 한다), 임대인이 실제 거주를 이유로 갱신 거절 후 정당한 사유 없이 제3자에게 임대한 경우의 손해배상책임 및 손해액을 규정한 제6조의3 제5항, 제6항(이하 '손해배상 조항'이라 한다)이 과잉금지원칙에 반하는지 여부(소극)
3. 보증금을 월 단위 차임으로 전환하는 경우 그 전환 금액에 곱하는 비율을 대통령령에 위임한 주택임대차법 제7조의2(이하 '월차임전환율 조항'이라 한다)가 포괄위임금지원칙에 반하는지 여부(소극)
4. 개정 법률 시행 당시 존속 중인 임대차에도 개정 조항을 적용하도록 한 주택임대차법 부칙(2020. 7. 31. 법률 제17470호) 제2조(이하 '부칙조항'이라 한다)가 신뢰보호원칙에 위반되는지 여부(소극)

Ⅱ. 결정요지

1. 명확성원칙 위배 여부

증액청구의 산정 기준이 되는 '약정한' 차임이나 보증금의 구체적 액수는 임대차계약을 통해 확인 가능하고, 차임과 보증금이 모두 존재할 경우 차임을 보증금으로 환산한 총 보증금을 산정 기준으로 삼는 것이 타당한 점, 임대인이 손해배상책임을 면할 수 있는 '정당한 사유'란, 임대인이 갱신거절 당시에는 예측할 수 없었던 것으로서 제3자에게 목적 주택을 임대할 수밖에 없었던 불가피한 사정을 의미하는 것으로 해석되는 점 등에 비추어 명확성원칙에 반하지 아니한다.

2. 과잉금지원칙 위배 여부

계약갱신요구 조항, 차임증액한도 조항, 손해배상 조항은 임차인 주거안정 보장을 위한 것으로 임차인의 주거
이동률을 낮추고 차임 상승을 제한해 임차인의 주거안정을 도모할 수 있으므로 입법목적의 정당성 및 수단의
적합성이 인정된다.

또한 갱신요구권의 행사기간 및 횟수가 제한되고 갱신되는 임대차의 법정 존속기간이 2년인 점, 일정한 경우
임대인이 갱신요구를 거절할 수 있는 점, 차임증액 한도를 정한 것은 갱신요구권 제도의 실효성 확보를 위한
것으로 그 액수를 직접 통제하거나 인상 자체를 금지하지 않는 점, 임대인에게 손해배상책임을 묻는 것은 갱신
거절 남용을 방지하고 갱신요구 제도의 실효성을 확보하기 위한 것이고, 정당한 사유가 인정되는 임대인은 손
해배상책임을 면할 수 있는 점, 손해액의 입증책임을 완화하여 분쟁을 조기에 해결할 수 있는 점 등에 비추어
피해최소성에도 어긋나지 아니한다.

임차인의 주거안정이라는 공익에 비해 임대인의 계약의 자유와 재산권 제한 정도가 크다고 볼 수 없어 법익
균형성도 인정된다. 따라서 이들 조항은 과잉금지원칙에 반하여 청구인들의 계약의 자유와 재산권을 침해한다
고 볼 수 없다.

3. 포괄위임금지원칙 위배 여부

임대차계약의 보증금, 차임 시세는 임대차의 수요, 공급, 금리변동, 경제상황 등에 따라 변화하여 이에 탄력적
으로 대응할 필요가 있고 정책적 고려가 요구되므로, 보증금을 월 단위 차임으로 전환하는 비율을 하위법령에
서 정하도록 위임할 필요성이 인정된다. 또한 월차임전환율 조항 중 제7조의2 제2호의 '대통령령에서 정하는
이율'이란, 기준금리, 월세로의 전환 비율, 임차인의 주거비 부담 정도, 주거안정 저해 가능성 등을 고려해 산
정됨을 예측할 수 있으므로, 포괄위임금지원칙에 반하지 아니한다.

4. 부칙조항의 신뢰보호원칙 위배 여부

임차인의 주거안정 확보의 필요성, 갱신요구권과 전월세 상한 제한에 대한 사회적 논의를 토대로 다수의 법안
이 제출되어 온 점 등을 고려하면 계약갱신요구권 도입에 대해 전혀 예측할 수 없었다고 보기 어렵고, 개정
법률 시행 당시 존속 중인 임대차계약에 개정조항을 적용하지 않을 경우 임대주택의 공급부족 또는 차임 상승
등의 부작용을 초래될 우려가 있는 점, 임차인의 주거안정 보장이라는 공익이 임대인의 신뢰이익에 비해 큰
점 등에 비추어 볼 때, 부칙조항은 신뢰보호원칙에 반하여 청구인들의 계약의 자유와 재산권을 침해하지 아니
한다.

결정의 의의

이 사건 청구인들은 주택 임대인 내지 임대인의 지위를 승계한 자들로, 이른바 '임대차 3법'으로 불리는
2020. 7. 31. 법률 제17470호로 개정된 주택임대차보호법상 개정 조항들의 위헌 여부를 주로 문제 삼아 심
판청구를 하였다.

이 결정에서, 헌법재판소는 주택 임차인에게 계약갱신요구권을 부여하고, 계약갱신 시 보증금과 차임의 증
액 한도를 제한한 조항, 실제 거주 목적으로 갱신거절을 한 후 정당한 사유 없이 제3자에게 임대한 임대인의
손해배상책임을 규정한 조항 및 개정법 시행 당시 존속 중인 임대차에도 개정조항을 적용하도록 한 부칙조
항과, 이보다 앞서 개정된 보증금을 월차임으로 전환하는 경우의 산정률을 규정한 조항에 대하여 처음 본안
에 나아가 위헌 여부를 판단하였다.

헌법재판소는 임차인의 주거안정 보장이라는 주택임대차보호법의 취지 등을 고려해 위 조항들이 과잉금지원
칙, 명확성원칙, 포괄위임금지원칙, 신뢰보호원칙에 반하여 임대인의 계약의 자유와 재산권을 침해하지 않는
다고 보아 재판관 전원의 일치된 의견으로 합헌 내지 기각 결정(해설집 발간배포 부분은 각하)을 하였다.

(2024.2.28. 2020헌마139 [고용보험 및 산업재해보상보험의 보험료징수 등에 관한 법률 제33조 제1항 등 위헌확인])
[기각]

Ⅰ. 판시사항

사업주로부터 위임을 받아 고용보험 및 산업재해보상보험에 관한 보험사무를 대행할 수 있는 기관의 자격을 일정한 기준을 충족하는 단체 또는 법인, 공인노무사 또는 세무사로 한정한 '고용보험 및 산업재해보상보험의 보험료징수 등에 관한 법률' 제33조 제1항 전문 및 같은 법 시행령 제44조가 과잉금지원칙에 위배되어 공인회계사인 청구인들의 직업수행의 자유를 침해하는지 여부(소극)

Ⅱ. 결정요지

심판대상조항은 보험사무대행기관의 자격을 규정함으로써 보험사무대행업무의 품질을 유지하고 보험사무를 효율적으로 관리하며 사업주의 보험사무 관련 행정처리 부담을 효과적으로 덜어주고자 하는 것이다.

심판대상조항이 규정하고 있는 단체, 법인이나 개인들은 사업주들의 접근이 비교적 용이하거나, 그 공신력과 신용도를 일정 수준 이상 담보할 수 있거나, 그 직무상 보험사무대행업무의 전문성이 있거나, 이미 상당수의 영세 사업장에서 사실상 보험사무대행업무를 수행하여 와서 보험사무대행기관으로 추가할 현실적 필요성이 있었다는 점에서 보험사무대행기관의 범위에 포함될 나름의 합리적인 이유를 갖고 있다고 볼 수 있다.

반면 개인 공인회계사의 경우는 그 직무와 보험사무대행업무 사이의 관련성이 높다고 보기 어렵고, 사업주들의 접근이 용이하다거나 보험사무대행기관으로 추가해야 할 현실적 필요성이 있다고 보기도 어렵다. 게다가 상당수의 공인회계사들이 소속되어 있는 회계법인은 보험사무대행기관이 될 수 있어 개인 공인회계사를 보험사무대행기관에 별도로 추가할 실익이 상대적으로 적은 점까지 고려하면, 심판대상조항이 보험사무대행기관에 개인 공인회계사를 포함시키지 않은 것이 입법자의 형성재량을 벗어나 불합리하다고 보기는 어렵다. 따라서 심판대상조항은 과잉금지원칙에 위배되어 청구인들의 직업수행의 자유를 침해한다고 볼 수 없다.

결정의 의의

이 결정은 고용 · 산재보험의 보험사무대행기관의 자격을 규정한 고용산재보험료징수법 조항 및 같은 법 시행령 조항의 위헌 여부를 판단한 최초의 결정이다.

고용산재보험료징수법 제정 이전에는 고용보험법과 산업재해보상보험법에서 보험사무조합제도를 두어 사업주의 위임 내지 보험가입자의 위탁을 받아 보험료 등의 납부와 기타 보험사무를 행할 수 있도록 하면서, 보험사무조합이 될 수 있는 자를 일정한 요건을 갖춘 단체 또는 법인으로 한정하였다.

그러나 2003. 12. 31. 제정된 고용산재보험료징수법 및 그 시행령은 '보험사무조합' 대신 '보험사무대행기관'이라는 명칭을 사용하면서 보험사무대행기관이 될 수 있는 자로 위 단체 또는 법인 외에 일정한 직무 경력을 가진 공인노무사를 추가하였고, 2014. 3. 24.에는 일정한 직무 경력을 가진 세무사를 추가하였다.

이 결정에서 법정의견은 위 단체, 법인이나 개인(공인노무사 및 세무사)과 달리 개인 공인회계사는 그 직무와 보험사무대행업무 사이의 관련성이 높다고 보기 어렵고, 사업주들의 접근이 용이하다거나 보험사무대행기관으로 추가해야 할 현실적 필요성이 있다고 보기도 어려우므로, 보험사무대행기관의 범위에 개인 공인회계사를 포함하지 않았다고 하여 과잉금지원칙에 위배되지는 않는다고 보았다.

반면 재판관 4인의 반대의견은 보험사무대행기관에 개인 세무사는 포함하면서 개인 공인회계사를 제외할 합리적인 이유를 찾기 어렵고, 개인 공인회계사에게도 개인 세무사와 마찬가지로 일정한 직무 경력을 요구하고 교육을 이수하도록 한다면 보험사무대행업무를 처리하는 데 별다른 문제가 발생하지 않을 것으로 보인다는 이유로, 심판대상조항이 과잉금지원칙에 위배된다고 보았다.

(2024.2.28. 2019헌마500 [최저임금법 제8조 제1항 등 위헌확인])　　　　　　　　**[기각, 각하]**

Ⅰ. 판시사항

1. 최저임금 결정 권한 등을 정하고 있는 최저임금법 제8조 제1항, 최저임금위원회의 구성 등을 정하고 있는 최저임금법 제14조, 최저임금위원회 위원의 위촉 또는 임명 등을 정하고 있는 최저임금법 시행령 제12조(이하 위 조항들을 합하여 '최저임금법령조항'이라 한다)에 대한 심판청구와 사업주인 청구인 중 상시 5명 이상 근로자를 사용하는 사업주가 아닌 청구인들의 주 52시간 상한제를 정하고 있는 근로기준법 제53조 제1항(이하 '주 52시간 상한제조항'이라 한다)에 대한 심판청구가 적법한지 여부(소극)
2. 주 52시간 상한제조항이 상시 5명 이상 근로자를 사용하는 사업주인 청구인의 계약의 자유와 직업의 자유, 근로자인 청구인들의 계약의 자유를 침해하는지 여부(소극)

Ⅱ. 결정요지

1. 주 52시간 상한제 미적용 사업주의 청구

최저임금법령조항은 그 자체로 청구인들의 기본권에 불리한 영향을 미치지 않거나 청구인들의 기본권을 직접 침해하지 않으므로, 이 부분 심판청구는 부적법하다. 또한 주 52시간 상한제조항은 상시 5명 이상 근로자를 사용한 사업주나 근로자에게만 적용되므로, 상시 5명 이상 근로자를 사용하는 사업주가 아닌 청구인들의 주 52시간 상한제조항에 대한 심판청구는 자기관련성이 없어 부적법하다.

2. 계약의 자유와 직업의 자유 침해 여부

주 52시간 상한제조항은 법정근로시간 외 근로가 연장근로와 휴일근로로 이원적으로 운영되는 것을 막고, 연장근로의 틀 안에 법정근로시간 외 근로를 일원화하여 실근로시간을 획기적으로 단축시키고자 하였다. 입법자는 사용자와 근로자가 일정 부분 장시간 노동을 선호하는 경향, 포괄임금제의 관행 및 사용자와 근로자 사이의 협상력의 차이 등으로 인해 장시간 노동 문제가 구조화되었다고 보고, 사용자와 근로자 사이의 합의로 주 52시간 상한을 초과할 수 없다고 판단했는데, 이러한 입법자의 판단이 현저히 합리성을 결여했다고 볼 수 없다. 또한 입법자는 주 52시간 상한제로 인해 중소기업이나 영세사업자들에게 발생할 수 있는 피해를 최소화하기 위해 기존의 근로기준법상 연장근로 상한 제한에 대한 다양한 예외 규정 외에도 주 52시간 상한제 적용의 유예기간, 한시적인 상시 30명 미만 사업장에 대한 특례, 휴일근로수당과 연장근로수당의 중복지급 금지 등을 마련했고, 정부도 각종 지원금 정책 등을 시행했다.

한편 입법자는 주 52시간 상한제로 인해 근로자에게도 임금 감소 등의 피해가 발생할 수 있지만, 근로자의 휴식을 보장하는 것이 무엇보다 중요하다는 인식을 정착시켜 장시간 노동이 이루어졌던 왜곡된 노동 관행을 개선해야 한다고 판단했다. 따라서 이러한 입법자의 판단이 합리성을 결여했다고 볼 수 없으므로 주 52시간 상한제조항은 과잉금지원칙에 반하여 상시 5명 이상 근로자를 사용하는 사업주인 청구인의 계약의 자유와 직업의 자유, 근로자인 청구인들의 계약의 자유를 침해하지 않는다.

결정의 의의

헌법재판소는 주 52시간 상한제가 비록 사용자와 근로자가 근로시간에 관하여 자유롭게 계약할 수 있는 자유를 제한하고 사용자의 직업의 자유를 제한하지만, 우리나라의 장시간 노동 문제를 해결하기 위해 이와 같은 조치가 필요하다고 본 입법자의 판단이 합리적이므로, 이는 과잉금지원칙에 반하여 사용자와 근로자의 계약의 자유와 사용자의 직업의 자유를 침해하지 않는다고 판단했다.

입법자는 기존에 법정근로시간 외에 연장근로와 휴일근로가 당연한 것으로 인식되어 주 68시간 근로제처럼 활용되어 온 근로시간법제의 왜곡된 관행을 개선하고자, 연장근로의 틀 안에 법정근로시간 외 근로를 일원화하는 주 52시간 상한제를 도입했다.

헌법재판소는 근로시간법제가 헌법 제32조 제3항의 근로조건 법정주의의 헌법적 근거를 지니고 있고, 사회적 연관관계에 놓여 있는 경제 활동을 규제하는 사항으로서 그와 같은 입법자의 정책판단에 대한 위헌 심사를 할 때에는 현저히 합리성을 결여한 것이라고 볼 수 없는 한 입법자의 판단을 존중해야 한다는 점에서 완화된 심사를 해야 한다고 판단했다.

이 결정은 근로시간법제와 같이 다양한 당사자의 입장이 첨예하게 대립하는 사회구조적인 문제에 대해, 헌법재판소가 입법자의 역할을 존중하여 위헌심사를 했다는 점에 의의가 있다.

78 공무원의 휴업급여·상병보상연금 미도입 사건

(2024.2.28. 2020헌마1587 [공무원 재해보상법 제8조 위헌확인])　　　　　　　　　　　　　　　　　**[기각]**

Ⅰ. 판시사항

1. 공무원에게 재해보상을 위하여 실시되는 급여의 종류로 휴업급여 또는 상병보상연금 규정을 두고 있지 않은 '공무원 재해보상법' 제8조(이하 '심판대상조항'이라 한다)가 공무원의 인간다운 생활을 할 권리를 침해하는지 여부(소극)
2. 심판대상조항이 일반 근로자에 대한 산업재해보상보험법과 달리 휴업급여 또는 상병보상연금 규정을 두고 있지 않아 공무원의 평등권을 침해하는지 여부(소극)

Ⅱ. 결정요지

1. 청구인의 인간다운 생활을 할 권리가 침해되었는지 여부는 그에게 지급되는 재해보상의 실질을 가진 급여를 모두 포함하여도 공무상 부상 또는 질병으로 인해 발생한 소득 공백이 보전되고 있지 않은지 여부를 살펴보아야 한다. 공무상 질병 또는 부상으로 인한 공무원의 병가 및 공무상 질병휴직 기간에는 봉급이 전액 지급되고, 그 휴직기간이 지나면 직무에 복귀할 수도 있으며, 직무 복귀가 불가능하여 퇴직할 경우 장해급여를 지급받을 수도 있다. 장해급여가 지급될 수 있는 요건을 충족하지 못하는 경우에도 요양급여와 함께 공무원연금법에 따른 퇴직일시금 또는 퇴직연금이 지급된다. 재해보상으로서의 휴업급여 내지 상병보상연금과, 공무원연금법에서의 퇴직연금 내지 퇴직일시금은, 지급원인이나 지급수준이 다르기는 하나 직무에 종사하지 못해 소득공백이 있는 경우 생계를 보장하기 위한 사회보장적 급여라는 점에서는 같은 기능을 수행한다. 이를 종합하면, 심판대상조항이 현저히 불합리하여 인간다운 생활을 할 권리를 침해할 정도에 이르렀다고 할 수는 없다.
2. 공무원에게 인정되는 신분보장의 정도, 질병휴직 후 직무복귀의 가능성, 공무상 병가 및 공무상 질병휴직기간 동안 지급받는 보수의 수준, 퇴직연금 내지 퇴직일시금 제도에 의한 생계보장 면에서 공무원이 일반 근로자에 비해 대체로 유리하다는 점을 고려하면, 심판대상조항이 휴업급여 내지 상병보상연금이라는 급여를 별도로 규정하지 않았다 하여 공무원의 업무상 재해보상에 관하여 합리적인 이유 없이 일반 근로자와 달리 취급하고 있다고 볼 수 없다. 따라서 심판대상조항은 청구인의 평등권을 침해하지 아니한다.

2018. 3. 20. 제정된 '공무원 재해보상법'은 공무원연금법에서 연금과 함께 규율되던 공무원 재해보상제도를 독자적인 법률로 분리하였고, 기존 공무원연금법상 인정되던 재해보상급여보다 급여 범위를 확대(요양급여 중 세부항목으로 간병급여·재활급여 등을 추가)하였으나, 휴업급여·상병보상연금은 도입하지 않았다.

휴업급여제도는 일반 근로자에게 적용되는 산재보험법에 규정되어 있는 것으로서, 근로자가 산재로 요양 중이면 기간 제한 없이 계속 평균임금의 70퍼센트(고령자의 경우 일부 감액)가 지급된다(산재보험법 제52조). 한편, 요양을 시작한지 2년이 경과하여도 부상이나 질병이 치유되지 아니하고, 장해등급이 중한 폐질등급 제1급 내지 제3급에 해당하며, 요양으로 인해 취업하지 못하면 휴업급여를 대신하여 상병보상연금이 지급된다(산재보험법 제66조 및 같은 법 시행령 제65조).

헌법재판소는 공무원 재해보상법에서 공무원에게 휴업급여·상병보상연금 규정을 두고 있지 않다고 하여, 공무원의 인간다운 생활을 할 권리와 평등권을 침해한다고 볼 수 없다고 결정하였다.

79 사실혼 배우자의 상속권 및 재산분할청구권에 관한 사건

(2024.3.28. 2020헌바494 [민법 제1003조 제1항 위헌소원]) **[합헌]**

I. 판시사항

1. 청구인의 민법 제839조의2 제1항, 제2항, 제843조 중 제839조의2 제1항, 제2항에 관한 부분(이하 위 조항들을 합하여 '재산분할청구권조항'이라 한다)에 대한 심판청구는 헌법재판소법 제68조 제2항에 의한 헌법소원에서 허용되지 아니하는 진정입법부작위를 다투는 것에 해당하여 부적법하다고 본 사례

2. 생존 사실혼 배우자에게 상속권을 인정하지 않은 민법 제1003조 제1항 중 '배우자' 부분(이하 '상속권조항'이라 한다)이 청구인의 재산권(상속권)을 침해하고 평등원칙에 반하는지 여부(소극)

II. 결정요지

1. 재산분할청구권조항에 관한 판단

민법은 혼인관계가 '일방 당사자의 사망으로 종료된 경우'에는 생존 배우자도 다른 상속인들과 마찬가지로 상속제도의 규율을 받도록 정하고, 혼인관계가 '쌍방 생전에 해소된 경우'에는 재산분할제도의 규율을 받도록 정하여 그 체계를 달리하고 있다. 그러므로 입법자는 이혼과 같이 생전에 혼인이 해소된 경우의 재산분할제도만을 재산분할청구권조항의 입법사항으로 하였다고 봄이 타당하다. 그렇다면 청구인이 문제삼는 '일방의 사망으로 사실혼이 종료된 경우 생존 사실혼 배우자에게 재산분할청구권을 부여하는 규정을 두지 않은 부작위'는, 입법자가 애당초 그러한 입법적 규율 자체를 전혀 하지 않은 경우에 해당한다. 따라서 이 부분 심판청구는 외형상 특정 법률조항을 심판대상으로 삼아 제기되었으나 실질적으로는 헌법재판소법 제68조 제2항에 의한 헌법소원에서 허용되지 아니하는 진정입법부작위를 다투는 것이므로 그 자체로 부적법하다.

2. 상속권조항에 관한 판단

헌법재판소는 2014. 8. 28. 선고한 2013헌바119 결정에서, 상속권조항이 사실혼 배우자에게 상속권을 인정하지 아니하는 것은 상속인에 해당하는지 여부를 객관적인 기준에 의하여 파악할 수 있도록 함으로써 상속을 둘러싼 분쟁을 방지하고, 상속으로 인한 법률관계를 조속히 확정시키며, 거래의 안전을 도모하기 위한 것이고, 사실혼 배우자는 혼인신고를 함으로써 상속권을 가질 수 있고, 증여나 유증을 받는 방법으로 상속에 준하는 효과를

얻을 수 있으며, 근로기준법, 국민연금법 등에 근거한 급여를 받을 권리 등이 인정되므로 위 조항이 상속권을 침해한다고 할 수 없다고 보았다. 나아가 법률혼주의를 채택한 취지에 비추어 볼 때 제3자에게 영향을 미쳐 명확성과 획일성이 요청되는 상속과 같은 법률관계에서는 사실혼을 법률혼과 동일하게 취급할 수 없으므로, 위 조항이 사실혼 배우자의 평등권을 침해한다고 보기 어렵다고 판단하였다.

선례와 달리 판단해야 할 사정변경이나 필요성이 인정되지 않으므로, 상속권조항은 생존 사실혼 배우자의 재산권(상속권)을 침해하지 않고 평등원칙에도 반하지 아니한다.

결정의 의의

현행 민법 하에서 일방의 사망으로 사실혼관계가 종료된 경우 생존한 사실혼 배우자에게는 상속권이 없고, 재산분할청구권도 행사할 수 없다.

헌법재판소는 재판관 전원일치 의견으로 생존 사실혼 배우자에게 상속권을 인정하지 않은 상속권조항이 헌법에 위반되지 아니한다고 판단하였다. 이 부분 결정은, 상속권조항이 입법형성권의 한계를 일탈하지 않아 상속권(재산권)을 침해하지 않고, 평등원칙에도 위배되지 않는다는 이유로 합헌결정을 선고하였던 종전의 헌법재판소 선례(헌재 2014. 8. 28. 2013헌바119)가 여전히 타당하며 이를 변경할 필요성이 없음을 선언하였다는 점에서 의미가 있다.

이 사건은 재산분할청구권조항에 대하여도 심판청구가 이루어졌다는 점에서 상속권조항만이 문제되었던 종전 선례와 차이가 있다. 이에 관하여 헌법재판소는 일방의 사망으로 사실혼이 종료된 경우 생존 사실혼 배우자에게 재산분할청구권을 인정하지 않은 부작위는, 헌법재판소법 제68조 제2항에 의한 헌법소원에서 허용되지 않는 진정입법부작위를 다투는 것이어서 이 부분 심판청구는 부적법하다고 판단하였다. (헌법재판소법 제68조 제2항에 따른 헌법소원은 입법활동의 결과인 법률이나 법률조항이 헌법에 위반되는지 여부를 적극적으로 다투는 제도이므로 법률의 부존재, 즉 진정입법부작위를 대상으로하여 다투는 것은 그 자체로서 허용되지 않는다. 법정의견은 재산분할청구권조항이 쌍방 생존 중 혼인이 해소된 경우의 재산분할제도만을 규율한 것이므로, 일방의 사망으로 사실혼이 종료된 경우의 재산분할에 관한 입법적 규율 자체가 존재하지 않는다고 보았다(진정입법부작위)

80 국민권익위원회 공무원 취업제한 사건

(2024.3.28. 2020헌마1527 [공직자윤리법 제17조 제1항 위헌확인])   [기각]

Ⅰ. 판시사항

국민권익위원회 심사보호국 소속 5급 이하 7급 이상의 일반직공무원으로 하여금 퇴직일부터 3년간 취업심사대상기관에 취업할 수 없도록 한 공직자윤리법 제17조 제1항 중 '대통령령으로 정하는 공무원'에 관한 부분과 공직자윤리법 시행령 제31조 제1항 제7호 중 '국민권익위원회 심사보호국 소속 5급 이하 7급 이상의 일반직공무원'에 관한 부분(이하 두 조항을 합쳐서 '심판대상조항'이라 한다)이 과잉금지원칙에 위배되어 직업선택의 자유를 침해하는지 여부(소극)

Ⅱ. 결정요지

국민권익위원회 심사보호국은 부패관련 각종 신고를 직접 접수, 분류하고 처리하는 부서로서 업무의 공정성과 투명성을 확보하기 위하여서는 소속 공무원들의 재취업을 일정 기간 제한할 필요가 있다. 심판대상조항은 국민권익위원회 소속 공무원이라 하더라도 관할 공직자윤리위원회로부터 퇴직 전 5년 동안 소속되었던 부서의 업무와 취업심사대상기관 간에 밀접한 관련성이 없다는 확인을 받거나 취업승인을 받은 때에는 예외적으로 취업이 가능하도록 규정하고 있는데, 취업을 원칙적으로 제한하지 아니하고 사후심사를 통하여 취업을 제한하거나 특정 이해충돌 행위만을 금지하여서는, 공직자가 재직 중 취업예정기관에 특혜를 부여하거나 퇴직 이후에 재직했던 부서에 부당한 영향력을 행사할 가능성을 방지하기 어렵다. 따라서 <u>심판대상조항은 과잉금지원칙에 위배되어 청구인의 직업선택의 자유를 침해하지 않는다.</u>

결정의 의의

헌법재판소는 2021. 11. 25. 2019헌마555 결정에서, <u>금융감독원의 4급 이상 직원에 대하여 퇴직일부터 3년간 취업심사대상기관에 취업을 제한한 공직자윤리법 조항에 대하여 합헌 결정을 한 바 있다.</u>

이 사건은 국민권익위원회 심사보호국 소속 5급 이하 7급 이상의 일반직공무원에 대하여 퇴직일부터 3년간 취업심사대상기관에 취업을 제한한 조항이 문제된 사건이다. 국민권익위원회 심사보호국의 업무 내용과 그 권한을 고려할 때, 소속 공무원에 대한 취업제한이 과도하지 않다는 결정을 한 것이다.

이에 대해서는 심판대상조항의 취업제한기간이 지나치게 길고 다른 덜 침해적인 수단도 상정할 수 있다는 취지의 반대의견이 개진되었다.

81 고고도미사일방어체계(THAAD) 배치 승인 사건

(2024.3.28. 2017헌마372 [고고도미사일방어체계 배치 승인 위헌확인]) **[각하]**

Ⅰ. 판시사항

외교부 북미국장이 2017. 4. 20. 주한미군사령부 부사령관과 사이에 주한미군에 성주 스카이힐 골프장 부지 중 328,779㎡(이하 '이 사건 부지'라 한다)의 사용을 공여하는 내용으로 체결한 협정(이하 '이 사건 협정'이라 한다)에 대한 심판청구에 기본권침해가능성이 인정되는지 여부(소극)

Ⅱ. 결정요지

청구인들은 주한미군이 이 사건 부지에 고고도미사일방어체계[Terminal High Altitude Area Defense (THAAD), 이하 '사드'라 한다]를 배치함으로써 평화적 생존권을 침해한다고 주장하나, 이 사건 협정의 근거인 '대한민국과 미합중국 간의 상호방위조약'은 외부의 무력공격을 전제한 공동방위를 목적으로 하고, 사드 배치는 북한의 핵실험 및 탄도미사일 시험 발사 또는 도발에 대응한 방어태세로 이해되므로, 이 사건 협정이 국민들로 하여금 침략전쟁에 휩싸이게 함으로써 이들의 평화적 생존을 위협할 가능성이 있다고 볼 수 없다. 또한 청구인들은 주한미군이 이 사건 부지에 사드를 배치하면 건강권 및 환경권이 침해된다고 주장하나, <u>이 사건 협정으로 청구인들의 건강권 및 환경권이 바로 침해된다고 보기 어렵고, 혹시 이러한 우려가 있더라도 이는 주한미군의 사드 체계 운영 과정에서 잠재적으로 나타날 수 있는 것에 불과하다.</u> 다음으로 청구인들은 성주경찰서 소속 경찰이 이 사건 부지 인근 농작지 접근을 제한하고 중국이 제재조치를 시행함으로 인하여 직업의 자유를 침해받는다고 주장하나, 청구인들의 주장과 같은 내용은 성주경찰서 소속 경찰 또는 중국 정부의 조치로 인한 것이므로 이 사건 협정으로 인한 것이라 할 수 없다. 마지막으로 청구인들은 이 사건 부지 일대가 원불교 성지로서 보호되지 않는다면 이와 관련된 교리 역시 보호되기 어려우므로 신앙의 자유가 침해되고, 군 당국의 사전 허가를 받아야 이 사건 부지에서 종교적 활동을 하거나 종교집회를 개최할 수 있어 종교적 행위의 자유 및 종교집회의 자유가 침해받는다는 취지로 주장한다. 살펴건대, 주한미군이 이 사건 부지를 사용한다고 하여 특정 종교의 교리를 침해하거나 청구인들의 신앙 활동에 직접적 영향을 미친다고 할 수 없고, 종교적 행위의 자유 및 종교 집회의 자유 침해에 관한 청구인들의 주장은 군 당국의 후속 조치 등으로 발생하는 것이므로 이 사건 협정으로 인한 것이라 할 수 없다. 따라서 이 사건 협정은 성주군·김천시 주민 또는 원불교도 및 그 단체인 청구인들의 법적 지위에 아무런 영향을 미치지 아니하므로, 이 사건 협정에 대한 심판청구는 기본권침해가능성이 인정되지 아니한다.

82 탄핵소추안 철회 및 재발의 권한쟁의 사건

(2024.3.28. 2023헌라9 [국회의원과 국회의장 간의 권한쟁의])　　　　　　　　　**[각하, 심판절차종료]**

Ⅰ. 판시사항

1. 권한쟁의심판절차 계속 중 국회의원직을 상실한 일부 청구인들에 대하여 심판절차종료를 선언한 사례
2. 탄핵소추안에 대해서도 의안의 철회에 대한 일반 규정인 국회법 제90조가 적용되는지 여부(적극)
3. 탄핵소추안이 본회의에 보고되었으나 국회법 제130조 제2항에 따른 표결을 위해 본회의 안건으로 상정된 바 없는 경우, 해당 탄핵소추안이 국회법 제90조 제2항의 '본회의에서 의제가 된 의안'에 해당하는지 여부(소극)
4. 피청구인 국회의장이 2023. 11. 10. 방송통신위원회 위원장 및 검사 2명에 대한 탄핵소추안(이하 '이 사건 탄핵소추안'이라 한다)의 철회요구를 수리한 행위(이하 '이 사건 수리행위'라 한다)가 국회의원인 청구인들의 이 사건 탄핵소추안 철회 동의 여부에 대한 심의·표결권을 침해할 가능성이 있는지 여부(소극)
5. 피청구인 국회의장이 2023. 12. 1. 이 사건 탄핵소추안과 동일한 내용으로 다시 발의된 위 검사 2명에 대한 탄핵소추안(이하 '재발의 탄핵소추안'이라 한다)을 국회 본회의에서 안건으로 상정하여 표결을 실시한 후, 이에 대하여 가결을 선포한 행위(이하 '이 사건 가결선포행위'라 한다)가 국회의원인 청구인들의 심의·표결권을 침해할 가능성이 있는지 여부(소극)

Ⅱ. 결정요지

1. 이 사건 권한쟁의심판절차 계속 중 일부 청구인들이 퇴직(탈당)으로 인해 국회의원직을 상실하였다. 그런데 발의된 의안의 철회 동의 여부에 관한 국회의원의 심의·표결권은 일신전속적인 것으로서, 그에 관련된 이 사건 권한쟁의심판절차는 수계될 수 있는 성질의 것이 아니다. 따라서 위 청구인들의 이 사건 심판청구는 국회의원직 상실과 동시에 당연히 그 심판절차가 종료되었다.
2. 국회법 제90조가 해당 조항이 적용되는 의안의 종류나 유형에 관하여 아무런 제한을 두고 있지 아니하고, 달리 탄핵소추안의 철회를 허용하는 것이 탄핵소추의 성질에 반한다고 보이지도 아니하므로, 탄핵소추안에 대해서도 의안의 철회에 대한 일반 규정인 국회법 제90조가 적용된다.

3. 국회법 제130조 제1항의 보고는 국회의 구성원인 국회의원들에게 탄핵소추안이 발의되었음을 알리는 것으로, 탄핵소추안을 실제로 회의에서 심의하기 위하여 의사일정에 올리는 상정과 절차적으로 구분된다. 따라서 탄핵소추안도 일반 의안과 마찬가지로, 국회의장이 탄핵소추가 발의되었음을 본회의에 보고하고, 국회법 제130조 제2항에 따른 표결을 위해 이를 본회의의 안건으로 상정한 이후에 비로소 국회법 제90조 제2항의 '본회의에서 의제가 된 의안'이 된다고 할 것이다. 그러므로 탄핵소추안이 본회의에 보고되었다고 할지라도, 본회의에 상정되어 실제 논의의 대상이 되기 전에는 이를 발의한 국회의원은 본회의의 동의 없이 탄핵소추안을 철회할 수 있다.

4. 피청구인은 이 사건 탄핵소추안이 발의되었음을 본회의에 보고하였을 뿐 이 사건 탄핵소추안을 의사일정에 기재하고 본회의의 안건으로 상정한 바가 없으므로, 이 사건 탄핵소추안은 국회법 제90조 제2항의 '본회의에서 의제가 된 의안'에 해당하지 아니한다. 이처럼 이 사건 탄핵소추안이 본회의에서 의제가 된 의안에 해당하지 아니하여 이를 발의한 국회의원이 본회의의 동의 없이 이를 철회할 수 있는 이상, 청구인들에게는 이 사건 탄핵소추안 철회 동의 여부에 대해 심의·표결할 권한 자체가 발생하지 아니하고, 그 권한의 발생을 전제로 하는 권한의 침해 가능성도 없다. 따라서 이 사건 수리행위를 다투는 청구는 부적법하다.

5. 청구인들이 이 사건 수리행위로 인한 권한침해를 다툴 수 없게 된 이상, 이 사건 탄핵소추안 철회의 효력은 여전히 유효하다. 그리고 국회법 제92조의 '부결된 안건'에 적법하게 철회된 안건은 포함되지 아니하므로, 이 사건 탄핵소추안과 동일한 내용으로 발의된 재발의 탄핵소추안은 적법하게 발의된 의안으로 일사부재의 원칙에 위배되지 아니한다. 그렇다면 이 사건 가결선포행위로 인하여 청구인들의 심의·표결권 침해가 발생할 가능성은 인정되지 아니하므로, 이 사건 가결선포행위를 다투는 청구 역시 부적법하다.

결정의 의의

국회법 제90조는 제1항에서 국회의원이 그가 발의한 의안을 철회할 수 있다고 정하면서, 제2항에서 '본회의에서 의제가 된 의안'을 철회할 때에는 본회의의 동의를 받아야 한다고 정하고 있다.

한편, 국회법 제130조는 탄핵소추안에 대한 특수한 의결절차를 정하고 있다. 그렇다면 의안의 철회에 관한 일반 규정인 국회법 제90조가 탄핵소추안의 경우에도 적용되는지, 적용된다면 탄핵소추안이 본회의에서 의제가 된 시점을 언제로 보아야 하는지가 문제된다.

이 결정은 위 쟁점들에 대하여 헌법재판소가 판단한 최초의 결정이다. 헌법재판소는 탄핵소추안에 대해서도 국회법 제90조가 적용되며, 탄핵소추안도 일반 의안과 마찬가지로 국회의장이 표결을 위해 이를 본회의의 안건으로 상정한 이후에 비로소 국회법 제90조 제2항의 '본회의에서 의제가 된 의안'이 된다고 판단하였다.

이어 헌법재판소는, 피청구인은 이 사건 탄핵소추안이 발의되었음을 본회의에 보고하였을 뿐 이 사건 탄핵소추안을 본회의의 안건으로 상정한 바가 없으므로, 이 사건 탄핵소추안은 국회법 제90조 제2항의 '본회의에서 의제가 된 의안'에 해당하지 아니하고, 그 결과 이를 발의한 국회의원이 본회의의 동의 없이 이를 철회할 수 있다고 하였다.

그렇다면 청구인들에게는 이 사건 탄핵소추안 철회 동의 여부에 대해 심의·표결할 권한 자체가 발생하지 아니하고, 그 권한의 발생을 전제로 하는 권한의 침해 가능성도 없으므로, 이 사건 수리행위를 다투는 청구는 부적법하다고 보았다.

나아가 청구인들이 이 사건 수리행위로 인한 권한침해를 다툴 수 없게 된 이상, 이 사건 탄핵소추안 철회의 효력은 여전히 유효하고, 그에 따라 재발의 탄핵소추안은 일사부재의 원칙에 위배되지 아니하므로, 이 사건 가결선포행위로 인하여 청구인들의 심의·표결권 침해가 발생할 가능성도 인정되지 아니하여 이 사건 가결선포행위를 다투는 청구 역시 부적법하다고 보았다.

결론적으로 헌법재판소는 청구인 허은아, 권은희의 심판청구는 심판절차종료를 선언하고, 나머지 청구인들의 심판청구는 모두 부적법하고 그 흠결을 보정할 수 없는 경우에 해당한다는 이유로 헌법재판소법 제40조, 민사소송법 제219조에 의하여 변론 없이 이를 각하하기로 하였다.

83 전자상거래 등을 통한 콘택트렌즈 판매 금지 사건

(2024.3.28. 2020헌가10 [의료기사 등에 관한 법률 제12조 제5항 위헌제청]) **[합헌]**

Ⅰ. 판시사항

안경사가 전자상거래 등의 방법으로 콘택트렌즈를 판매하는 것을 금지하고 있는 '의료기사 등에 관한 법률' 제12조 제5항 제1호 중 '안경사의 콘택트렌즈 판매'에 관한 부분이 과잉금지원칙에 위반하여 안경사의 직업수행의 자유를 침해하는지 여부(소극)

Ⅱ. 결정요지

전자상거래 등을 통한 콘택트렌즈 거래가 허용된다면, 착용자의 시력 및 눈 건강상태를 고려하지 않은 무분별한 콘택트렌즈 착용이 이뤄질 수 있고, 배송 과정에서 콘택트렌즈가 변질·오염될 가능성을 배제할 수 없으므로, 국민보건의 향상·증진이라는 심판대상조항의 입법목적이 달성되기 어려울 수 있다. 또한 안경사 아닌 자에 의한 콘택트렌즈 판매행위를 규제하기가 사실상 어려워지게 되고, 안경사로 하여금 소비자에게 콘택트렌즈의 사용방법, 유통기한 및 부작용에 관한 정보를 제공하도록 한 '의료기사 등에 관한 법률' 제12조 제7항의 취지가 관철되기도 어려워진다. 우리나라는 소비자의 안경업소 및 안경사에 대한 접근권이 상당히 보장되어 있어, 심판대상조항으로 인한 소비자의 불편이 과도하다고 보기도 어렵다. 따라서 심판대상조항이 과잉금지원칙에 위반하여 안경사의 직업수행의 자유를 침해한다고 볼 수 없다.

> **결정의 의의**
>
> 이 결정은 안경사가 전자상거래 등을 통해 콘택트렌즈를 판매하는 행위를 금지하고 있는 '의료기사 등에 관한 법률' 조항의 위헌 여부에 대하여 헌법재판소에서 처음 판단한 사건이다.
> 헌법재판소는 심판대상조항이 안경사의 직업 수행의 자유를 제한하고 있으나, 국민보건의 향상·증진이라는 입법목적의 달성을 위하여 필요한 정도를 넘어선 과도한 제한이라 보기는 어렵고, 그로 인한 소비자의 불편이 과도하다고 보기도 어렵다고 판단하여, 재판관 8:1의 의견으로 합헌 결정을 하였다.

84 장교의 집단 진정 또는 서명 행위 금지 사건

(2024.4.25. 2021헌마1258 [군인의 지위 및 복무에 관한 기본법 제31조 제1항 제5호 위헌확인]) **[기각]**

Ⅰ. 판시사항

장교가 군무와 관련된 고충사항을 집단으로 진정 또는 서명하는 행위를 하는 것을 금지하고 있는 '군인의 지위 및 복무에 관한 기본법'(이하 '군인복무기본법'이라 한다) 제31조 제1항 제5호 중 '장교'에 관한 부분(이하 '심판대상조항'이라 한다)이 과잉금지원칙을 위반하여 청구인의 표현의 자유를 침해하는지 여부(소극)

Ⅱ. 결정요지

심판대상조항은 군조직의 질서 및 통수체계를 확립하여 군의 전투력을 유지, 강화하고 이를 통하여 국가의 안전보장과 국토방위를 달성하기 위한 것이다. 특수한 신분과 지위에 있는 군인의 집단행위에 대하여는 보다 강화된 기본권 제한이 가능한 점, 단순한 진정 또는 서명행위라 할지라도 각종 무기와 병력을 동원할 수 있는 군대 내에서 이루어지는 집단행위는 예측하기 어려운 분열과 갈등을 조장할 수 있는 점, 위와 같은 행위는 정파적 또는 당파적인 것으로 오해 받을 소지가 커서 그로부터 군 전체가 정치적 편향성에 대한 의심을 받을 수 있는 점, 군무와 관련된 고충사항이 있는 경우 집단으로 진정 또는 서명하지 않고도 문제를 제기할 수 있는 방법들이 이미 군인복무기본법에 마련되어 있는 점 및 심판대상조항을 통하여 군조직의 고도의 질서 및 규율을 유지하고 국가 안전보장과 국토방위에 기여한다는 공익의 중요성 등을 종합하면, 심판대상조항은 과잉금지원칙을 위반하여 청구인의 표현의 자유를 침해하지 않는다.

결정의 의의

이 사건은 장교가 군무와 관련된 고충사항을 집단으로 진정 또는 서명하는 행위를 하는 것을 금지하고 있는 심판대상조항이 장교인 청구인의 표현의 자유를 침해하는지 여부가 쟁점이 된 사건이다.

법정의견은, 군무와 관련된 고충사항을 집단으로 진정 또는 서명하는 행위가 군기를 문란하게 하여 예측하기 어려운 분열과 갈등을 조장할 수 있는 점, 장교 집단의 이익을 대변하기 위한 것으로 비추어질 경우 군무의 공정성과 객관성에 대한 신뢰가 저하될 수 있는 점, 군 전체가 정치적 편향성에 대한 의심을 받을 수 있는 점, 군인복무기본법에서 군무와 관련된 고충사항과 관련된 문제를 제기할 수 있는 다른 방법들을 이미 마련하고 있는 점 등을 고려하여 심판대상조항이 장교의 표현의 자유를 침해하지 않는다고 판단하였다.

이에 대하여 재판관 김기영, 재판관 문형배, 재판관 이미선, 재판관 정정미의 반대의견은 군무와 관련된 고충사항을 집단으로 진정 또는 서명하는 행위에 대한 규제의 필요성은 그 위험성에 따라 개별적 사안에서 구체적으로 판단되어야 하는 점, 군무와 관련된 고충사항을 집단으로 진정 또는 서명하는 행위에는 공익적인 목적을 가진 행위도 포함될 수 있으므로, 일률적으로 군무의 공정성과 객관성에 대한 신뢰를 훼손시킨다고 단정할 수 없는 점, 위와 같은 행위가 정치적 중립성을 훼손하는지 행위에 해당하는지 여부는 제반 사정을 고려하여 판단하여야 하는 점, 군인복무기본법 및 국가공무원법 등은 이미 군무와 관련된 고충사항을 집단으로 진정 또는 서명하는 행위가 오·남용될 경우에 대한 금지 및 처벌 규정을 별도로 마련하고 있는 점, 군인복무기본법이 마련하고 있는 다른 방법은 군무와 관련된 고충사항을 집단으로 진정 또는 서명하는 행위와 동일한 정도로 실효성을 담보할 수 없는 점 등을 고려하여 심판대상조항이 장교의 표현의 자유를 침해한다고 판단하였다.

이 결정은 헌법재판소가 장교의 지위와 역할, 집단적 표현행위의 특성, 군인복무기본법상의 다양한 권리구제제도 등을 종합적으로 고려하여 장교가 군무와 관련된 고충사항에 관하여 집단으로 진정 또는 서명하는 행위를 금지하는 조항이 표현의 자유를 침해하는지 여부에 대하여 최초로 판단한 사건이라는 점에 의의가 있다.

85 미성년자에 대한 생활자금 대출상환의무 부과 사건

(2024.4.25. 2021헌마473 [구 자동차손해배상 보장법 시행령 제18조 제1항 제2호 등 위헌확인])　　**[기각, 각하]**

Ⅰ. 판시사항

1. 기본권 침해사유 발생일로부터 1년이라는 청구기간을 준수하지 못한 데에 정당한 사유를 인정하였으나, 기본권 침해사유를 안 날로부터 90일이라는 청구기간을 준수하지 못하여 심판청구가 부적법하다고 본 사례
2. 자동차사고 피해가족 중 유자녀에 대한 대출을 규정한 구 '자동차손해배상 보장법 시행령' 제18조 제1항 제2호 중 '유자녀의 경우에는 생계유지 및 학업을 위한 자금의 대출' 부분(이하 '심판대상조항')이 청구인 강ㅁㅁ의 아동으로서의 인간다운 생활을 할 권리를 침해하는지 여부(소극)
3. 심판대상조항이 청구인 강ㅁㅁ의 평등권을 침해하는지 여부(소극)

Ⅱ. 결정요지

1. 청구인 강○○는 심판대상조항에 의하여 기본권 침해사유가 발생한 날인 대출 신청시부터 약 20년이 지나 헌법소원심판을 청구하였지만, 청구인 강○○의 아버지가 대출을 신청할 당시 청구인 강○○는 만 9세였으므로, 기본권 침해사유가 발생한 날로부터 1년이라는 헌법재판소법 제68조 제1항에 의한 헌법소원심판의 청구기간을 준수하지 못한 데에 정당한 사유가 인정된다. 그러나 이 경우에도 기본권 침해사유를 안 날로부터 90일이라는 청구기간은 별도로 준수하여야 하는데, 청구인 강○○는 2020. 10.경 대출금에 관하여 알게 되었다고 밝히고 있다. 따라서 2021. 4. 26. 청구인 강○○의 심판청구는 기본권 침해사유를 안 날로부터 90일이라는 청구기간을 준수하지 못하여 부적법하다.

2. 심판대상조항이 대출의 형태로 유자녀의 양육에 필요한 경제적 지원을 하는 것은 유자녀가 향후 소득활동을 할 수 있게 된 후에는 자금을 회수하여, 자동차 운전자들의 책임보험료로 마련된 기금을 가급적 많은 유자녀를 위해 사용할 수 있게 하기 위함이다. 심판대상조항에 따르면 대출을 신청한 법정대리인이 상환의무를 부담하지 않으므로 법정대리인과 유자녀 간의 이해충돌이라는 부작용이 일부 발생할 가능성이 있지만, 이를 이유로 생활자금 대출 사업 전체를 폐지하면, 대출로라도 생활자금의 조달이 필요한 유자녀에게 불이익이 돌아가게 될 수 있다.
   유자녀에 대한 적기의 경제적 지원 및 자동차 피해지원사업의 지속가능성 확보는 중요하다는 점, 민법상 부당이득반환청구와 같은 구제수단이 있다는 점 등을 고려하면, 심판대상조항은 청구인 강ㅁㅁ의 아동으로서의 인간다운 생활을 할 권리를 침해하지 않는다.

3. 자동차사고를 당한 본인인 중증후유장애인과 그의 가족인 유자녀 및 피부양가족(65세 이상인 자)은 모두 자동차사고로 인한 직·간접적 피해를 겪는 자임은 동일하나, 잠재적 상환가능성에서 차이가 있다. 따라서 유자녀에게는 상환의무 있는 형태인 대출로 생활자금을 지급하고, 중증후유장애인과 피부양가족에게는 상환의무가 없는 재활보조금·생계보조금을 지급함으로써 이들을 달리 취급하는 것은 합리적인 이유가 있는 차별이므로, 심판대상조항은 청구인 강ㅁㅁ의 평등권을 침해하지 않는다.

결정의 의의

이 사건에서는 친권자 또는 후견인(법정대리인)의 대출 신청으로 인하여 아동이 자신 명의의 계좌로 대출금을 지급받은 대신 성인이 된 30세 이후, 자신이 신청하는데 관여하지 않은 대출의 상환의무를 부담하는 것이 문제되었다.

이렇게 생활형편이 어려운 계층에 대한 지원을 무상의 보조금이 아닌 대출형태로 한 것에 대해서는 인간다운 생활을 할 권리라는 기본권이 문제된다. 특히 유자녀는 물질적 생존뿐 아니라 인격발달을 위한 보호가 요청되는 등 특별한 집단인 '아동'(18세 미만의 자)에 해당하므로, 헌법재판소는 아동으로서의 인간다운 생활을 할 권리의 침해 여부를 판단함에 있어서는 아동의 최선의 이익에 반하는지 여부를 고려할 필요가 있다고 밝혔다.

다만, 법정의견은 유자녀에 대하여 적기에 경제적 지원을 하는 동시에 자동차 피해지원사업의 지속가능성을 확보할 필요가 있는 점 등을 고려하여 유자녀 대출 상환의무가 헌법에 위배되지 않는다고 판단하였다. 이에 대하여 반대의견은 생계가 어려운 아동의 불확실한 미래 소득을 담보로 하는 대출사업은 국가의 아동에 대한 부양과 양육의 책임과는 조화될 수 없다고 지적하였다.

유자녀 생활자금 대출금의 상환의무에 관하여 심리한 첫 사건이다.

86 코로나19 관련 이태원 기지국 접속자 정보수집 사건

(2024.4.25. 2020헌마1028 [감염병의 예방 및 관리에 관한 법률 제2조 제15호 위헌확인 등]) **[기각, 각하]**

Ⅰ. 판시사항

1. 코로나19 검사 권고 통지를 하기 위하여 기지국 접속자 조회를 통해 이태원 클럽 주변을 방문한 자의 개인 정보를 수집한 피청구인의 행위(이하 '이 사건 정보수집'이라 한다)를 다투는 청구의 권리보호이익을 인정할 수 있는지 여부(소극)

2. 감염병 전파 차단을 위한 개인정보 수집의 수권조항인 구 감염병예방법 제76조의2 제1항 제1호(이하 '심판대 상조항'이라 한다)가 청구인의 개인정보자기결정권을 침해하는지 여부(소극)

Ⅱ. 결정요지

1. 이 사건 심판청구 당시 이미 이 사건 정보수집은 종료되었고 해당 정보는 모두 파기되었으므로 원칙적으로 권리보호이익이 없고, 처분의 근거조항인 이 사건 심판대상조항에 관하여 판단하는 이상, 반복가능성을 이유 로 이 사건 정보수집에 대해 별도의 심판청구 이익을 인정할 실익이 없다.

   심판대상조항을 근거로 인적사항에 관한 정보를 수집하면서 특정 시간의 특정 기지국 접속자와 같은 조건을 부과하는 방법으로 위치정보까지 함께 파악하는 것이 허용되는지 여부에 대한 의문이 있을 수 있으나, 이는 법률에 의하여 부여받은 피청구인의 권한의 범위와 한계를 정하는 문제로서, 개별사안의 구체적인 사실관계 에 따른 법률의 해석과 적용의 문제이므로, 헌법적 해명이 긴요한 사항이 아니다. 따라서 이 사건 정보수집 에 관한 청구의 심판이익이 인정되지 않는다.

2. 심판대상조항은 보건당국이 전문성을 가지고 감염병의 성질과 전파정도, 유행상황이나 위험정도, 예방 백신 이나 치료제의 개발 여부 등에 따라 정보 수집이 필요한 범위를 판단하여 정보를 요청할 수 있도록 하여 효 과적인 방역을 달성할 수 있도록 한다. 또한 정보수집의 목적 및 대상이 제한되어 있고, 관련 규정에서 절차 적 통제장치를 마련하여 정보의 남용 가능성을 통제하고 있다. 심판대상조항은 감염병이 유행하고 신속한 방 역조치가 필요한 예외적인 상황에서 일시적이고 한시적으로 적용되는 반면, 인적사항에 관한 정보를 이용한 적시적이고 효과적인 방역대책은 국민의 생명과 건강을 보호하고 사회적·경제적인 손실 방지를 위하여 필요 한 것인 점에서 그 공익의 혜택 범위와 효과가 광범위하고 중대하다. 따라서 심판대상조항은 과잉금지원칙에 반하여 청구인의 개인정보자기결정권을 침해하지 않는다.

결정의 의의

이 사건 정보수집행위의 정당성 여부는, 해당 사안의 구체적 사실관계에 따라 피청구인이 법률에 의하여 부 여받은 권한 범위를 일탈하였는지 여부에 관한 것으로서 법률의 해석과 적용의 문제이고, 헌법적 해명이 필 요한 사안이 아니라고 보아 판단하지 않았다.

이 사건 심판대상조항은, 방역당국이 감염병 예방 및 감염 전파의 차단을 위하여 감염병의심자 등의 인적사 항에 관한 정보를 수집할 수 있도록 하는 규정으로, 당초 2015년 메르스-코로나바이러스(MERS-CoV) 유행 당시 보건당국의 초동대처가 미흡하고 효율적 방역이 이루어지지 못했다는 지적에 따라 도입된 것이다.

헌법재판소는, 미리 예측하기 어려운 다양한 감염병 유행 상황에 적합한 방역조치를 보건당국이 전문적 판 단재량을 가지고 신속하고 적절하게 취할 수 있도록 하여야 한다는 점을 인정하여 이 사건 심판대상조항이 개인정보자기결정권을 침해하지 않는다고 판단하면서도, 이 사건 심판대상조항을 근거로 하는 개별 정보수 집 처분은 감염병 예방을 위해 필요한 최소한의 범위 내에서만 허용되는 점을 강조하였다.

이 사건 심판대상조항에 관한 헌법재판소 최초의 결정이다.

(2024.4.25. 2020헌마542 [주민등록법 제24조 제2항 위헌확인 등]) **[기각]**

Ⅰ. 판시사항

1. 시장·군수·구청장으로 하여금 주민등록증 발급신청서를 관할 경찰서 지구대장 등에게 보내도록 한 구 주민등록법 시행규칙 제8조(이하 '이 사건 규칙조항'이라 한다)에 관하여, 주민등록증 발급신청을 하지 않은 청구인에게 기본권침해의 자기관련성 및 현재성이 인정되지는 않는다고 본 선례를 변경하여 자기관련성 및 현재성을 인정한 사례

2. 주민등록증 발급신청서에 열 손가락 지문을 날인하도록 한 구 주민등록법 시행령 제36조 제3항에 의한 별지 제30호 서식 중 열 손가락의 지문을 찍도록 한 부분(이하 '이 사건 시행령조항'이라 한다)이 법률유보원칙을 위반하여 개인정보자기결정권을 침해하는지 여부(소극)

3. 피청구인 경찰청장이 주민등록증 발급신청서에 날인되어 있는 지문정보를 보관·전산화하고 이를 범죄수사 목적에 이용하는 행위(이하 '이 사건 보관등행위'라 한다)가 법률유보원칙을 위반하여 개인정보자기결정권을 침해하는지 여부(소극)

4. 주민등록증에 지문을 수록하도록 한 구 주민등록법 제24조 제2항 본문 중 '지문(指紋)'에 관한 부분(이하 '이 사건 법률조항'이라 한다), 이 사건 시행령조항 및 이 사건 보관등행위가 과잉금지원칙을 위반하여 개인정보자기결정권을 침해하는지 여부(소극)

5. 이 사건 규칙조항이 개인정보자기결정권을 침해하는지 여부(소극)

6. 이 사건 규칙조항에 대한 심판청구에 대하여 재판관 2인의 기각의견, 재판관 4인의 인용의견 및 재판관 3인의 각하의견으로 의견이 나뉘어 위 심판청구를 기각한 사례

Ⅱ. 결정요지

1. 청구인은 이 사건 법률조항 및 이 사건 시행령조항에 따라 주민등록증 발급신청서를 제출하여야 하는데, 이 사건 규칙조항은 청구인이 발급신청서를 제출할 경우 시장·군수·구청장으로 하여금 이를 관할 경찰서의 지구대장 또는 파출소장에게 송부하도록 예정하고 있으므로, 이 사건 규칙조항에 의한 기본권 침해 또한 이 사건 법률조항 및 이 사건 시행령조항과 마찬가지로 청구인이 주민등록증 발급신청서를 제출할 의무를 부담하게 된 때 발생한다. 이 사건 규칙조항에 대한 심판청구는 기본권침해의 자기관련성 및 현재성이 인정되어 적법하다.
   종래 이 사건 규칙조항과 동일한 내용의 구 주민등록법 시행규칙 조항에 관하여 주민등록증 발급신청서를 제출하지 아니한 청구인은 기본권침해의 자기관련성 및 현재성이 인정되지 않는다고 본 헌재 2005. 5. 26. 99헌마513등 결정은 이 결정과 저촉되는 범위 내에서 이를 변경하기로 한다.

2. 헌법재판소는 2005. 5. 26. 99헌마513등 결정에서 이 사건 시행령조항과 동일한 내용을 규정한 구 주민등록법 시행령 제33조 제2항에 의한 별지 제30호 서식 중 '열 손가락의 회전지문과 평면지문을 날인하도록 한 부분'이 법률유보원칙에 위반되지 않는다고 판단하였고, 또한 2015. 5. 28. 2011헌마731 결정에서도 이 사건 시행령조항과 동일한 내용을 규정한 구 주민등록법 시행령 제36조 제2항에 의한 별지 제30호 서식 중 '열 손가락의 지문을 찍도록 한 부분'이 법률유보원칙에 위반되지 않는다고 판단하였다. 위와 같은 선례들의 결정이유는 이 사건에서도 그대로 타당하고, 위 선례들이 적시하고 있는 주민등록법 조항들은 법률개정에 따라 위치만 변경되었을 뿐 그 내용이 그대로 유지되고 있으므로(주민등록법 제24조 등), 이 사건에서 위 선례들과 달리 판단하여야 할 특별한 사정변경이나 필요성이 인정되지 않는다. 즉, 이 사건 법률조항은 주민등록증의 수록사항의 하나로 지문을 규정하고 있을 뿐 "오른손 엄지손가락 지문"이라고 특정한 바가 없으며, 이 사건 시행령조항에서는 주민등록법 제17조의8 제5항의 위임규정에 근거하여 주민등록증발급신청서의 서식을

정하면서 보다 정확한 신원확인이 가능하도록 하기 위하여 열 손가락의 지문을 날인하도록 하고 있는 것이므로, 이를 두고 법률에 근거가 없는 것으로서 법률유보의 원칙에 위배되는 것으로 볼 수는 없다.

3. 헌법재판소는 2005. 5. 26. 99헌마513등 결정에서 경찰청장이 주민등록증 발급신청서에 날인되어 있는 지문정보를 보관하고, 이를 전산화하여 범죄수사목적에 이용하는 행위는 법률유보원칙에 위반되지 않는다고 판단하였다. 위 선례가 경찰청장이 지문정보를 보관·전산화하고 이를 범죄수사목적에 이용하는 행위의 법률상 근거로 든 법률조항들은 현행법에서도 여전히 그 내용을 유지하고 있으므로, <u>이 사건 보관등행위가 법률유보원칙에 위반되지 않는다고 본 선례의 결정 이유는 이 사건에서도 그대로 타당하고, 이 사건에서 위 선례와 달리 판단하여야 할 특별한 사정변경이나 필요성이 인정되지 않는다. 이 사건 보관등행위는 법률유보원칙에 위반되지 않는다.</u>

4. 헌법재판소는 2005. 5. 26. 99헌마513등 결정에서 이 사건 시행령조항과 동일한 내용을 규정한 구 주민등록법 시행령 제33조 제2항에 의한 별지 제30호 서식 중 '열 손가락의 회전지문과 평면지문을 날인하도록 한 부분' 및 경찰청장이 주민등록증 발급신청서에 날인되어 있는 지문정보를 보관하고, 이를 전산화하여 범죄수사목적에 이용하는 행위가 모두 과잉금지원칙에 위반되지 않는다고 판단하였다. 헌법재판소는 또한, 2015. 5. 28. 2011헌마731 결정에서도 이 사건 시행령조항과 동일한 내용을 규정한 구 주민등록법 시행령 제36조 제2항에 의한 별지 제30호 서식 중 <u>'열 손가락의 지문을 찍도록 한 부분'</u>이 과잉금지원칙에 위반되는지 여부에 대하여, 위 99헌마513등 결정의 이유는 그대로 타당하고, 달리 판단하여야 할 아무런 사정변경이 없다고 판단하였다.

이 사건 시행령조항과 이 사건 보관등행위는 불가분의 일체를 이루어 지문정보의 수집·보관·전산화·이용이라는 넓은 의미의 지문날인제도를 구성하는 것이어서, 이 사건 시행령조항과 이 사건 보관등행위의 법률상 근거가 되는 이 사건 법률조항 또한 마찬가지로 넓은 의미의 지문날인제도를 구성한다고 할 것이고, 또한 이 사건 법률조항은 열 손가락 지문을 요구하지 않는다는 점을 제외하고는 이 사건 시행령조항과 기본권 제한의 내용에 큰 차이가 없으므로, 이 사건 시행령조항 및 이 사건 보관등행위가 과잉금지원칙에 위반되지 않는다고 본 선례의 설시는 이 사건 법률조항에 대해서도 그대로 타당하다.

주민등록법상 지문날인제도는 신원확인기능의 효율적인 수행을 도모하고, 신원확인의 정확성 내지 완벽성을 제고하기 위하여 17세 이상 모든 국민의 열 손가락 지문정보를 수집하고 이를 보관·전산화하여 이용하는 것이다. 경찰이 범죄수사나 사고피해자의 신원확인 등을 위하여 지문정보를 효율적으로 이용하기 위해서는 사전에 광범위한 지문정보를 보관하여야 할 필요가 있는 점, 한 손가락 지문정보로는 신원확인이 불가능하게 되는 경우가 흔히 발생할 수 있는 점, 다른 여러 신원확인수단 중에서 정확성·간편성·효율성 등의 종합적인 측면에서 지문정보와 비견할 만한 것은 현재에도 찾아보기 어려운 점을 종합하면, 이 사건 법률조항, 이 사건 시행령조항 및 이 사건 보관등행위는 과잉금지원칙에 위반되지 않는다.

결정의 의의

헌법재판소는 2005. 5. 26. 99헌마513등 결정에서 이 사건 시행령조항과 동일한 내용의 구 주민등록법 시행령조항 및 경찰청장의 지문정보 보관·이용 등 행위가 법률유보원칙 및 과잉금지원칙에 위반되지 않아 개인정보자기결정권을 침해하지 않는다고 판단하였고, 또한 2015. 5. 28. 2011헌마731 결정에서 이 사건 시행령조항과 동일한 내용의 구 주민등록법 시행령조항이 법률유보원칙 및 과잉금지원칙에 위반되지 않아 개인정보자기결정권을 침해하지 않는다고 판단하였다. 이 결정은 기존 선례들의 위와 같은 입장을 그대로 유지하였다.

다만, 위 헌재 2005. 5. 26. 99헌마513등 결정은 이 사건 청구인1과 유사한 지위에 있는 청구인이 이 사건 규칙조항과 동일한 내용을 규정한 구 주민등록법 시행규칙 조항에 대하여 제기한 심판청구가 기본권침해의 자기관련성 및 현재성이 인정되지 않는다고 판단하였었는데, 이 결정은 이 사건 규칙조항에 대한 청구인1의 심판청구가 적법하다고 함으로써, 위 99헌마513등 결정 중 일부를 변경하였다.

이 사건 법률조항이 개인정보자기결정권을 침해하는지 여부는 이 결정에서 처음으로 판단되었다. 헌법재판소는 이 결정에서 이 사건 시행령조항 및 이 사건 보관등행위가 과잉금지원칙에 위반되는지 여부에 대한 선례의 판단을 이 사건 법률조항의 과잉금지원칙 위반 여부에 대한 판단에서 원용함으로써, 이 사건 법률조항은 이 사건 시행령조항 및 이 사건 보관등행위와 마찬가지로 과잉금지원칙에 위반되지 않는다고 판단하였다.

88 학교의 마사토 운동장에 대한 유해물질의 유지·관리 기준 부재 사건

(2024.4.25. 2020헌마107 [학교보건법 시행규칙 [별표 2의2] 제1호 등 위헌확인]) **[기각]**

Ⅰ. 판시사항

학교시설에서의 유해중금속 등 유해물질의 예방 및 관리 기준을 규정한 학교보건법 시행규칙 제3조 제1항 제1호의2 [별표 2의2] 제1호, 제2호(이하, '심판대상조항'이라 한다)에 마사토 운동장에 대한 규정을 두지 아니한 것이 청구인의 환경권을 침해하는지 여부(소극)

Ⅱ. 결정요지

심판대상조항은 학교시설에서의 유해중금속 등 유해물질의 예방 및 관리 기준을 규정하면서 마사토 운동장에 대하여는 규정하지 않고 있다. 그러나 학교보건법 시행규칙과 관련 고시의 내용을 전체적으로 보면 필요한 경우 학교의 장이 마사토 운동장에 대한 유해중금속 등의 점검을 실시하는 것이 가능하고, 또한 토양환경보전법령에 따른 학교용지의 토양 관리체제, 교육부 산하 법정기관이 발간한 운동장 마감재 조성 지침 상의 권고, 학교장이나 교육감에게 학교 운동장의 유해물질 관리를 의무화하고 있는 각 지방자치단체의 조례 등을 통해 마사토 운동장에 대한 유해중금속 등 유해물질의 관리가 이루어지고 있다. 지속적으로 유해중금속 등의 검출 문제가 제기되었던 인조잔디 및 탄성포장재와 천연소재인 마사토가 반드시 동일한 수준의 유해물질 관리 기준으로써 규율되어야 한다고 보기는 어렵다는 점까지 고려하면, 심판대상조항에 마사토 운동장에 대한 기준이 도입되지 않았다는 사정만으로 국민의 환경권을 보호하기 위한 국가의 의무가 과소하게 이행되었다고 평가할 수는 없다. 따라서 심판대상조항은 청구인의 환경권을 침해하지 아니한다.

결정의 의의

헌법재판소는 국가는 국민의 건강하고 쾌적한 환경에서 생활할 권리를 보호할 의무를 진다는 점을 확인하였다. 이 사건 심판대상조항인 학교보건법 시행규칙에서 학교시설에서의 유해중금속 등 유해물질의 예방 및 관리 기준을 규정하면서 마사토 운동장에 대하여는 규정을 두지 아니하고 있으나, 헌법재판소는 그밖에 ① 토양환경보전법에서 학교용지토양에 대해 가장 엄격한 오염 기준을 적용하고 정화조치 등 조치가 가장 적극적으로 이루어질 수 있도록 하고 있는 점, ② 환경부장관은 전국적으로 280개의 학교용지에 측정 지점을 설치하여 전국의 학교 용지 일반에 대한 상시적인 토양 오염 측정을 실시하고 있는 점, ③ 교육부 산하 한국교육시설안전원은 마사토 운동장 조성 현장에 재료 반입 시 반드시 유해중금속 등의 함유량 검사를 하도록 하고 이후 토양 내 유해 요소의 함량을 주기적으로 점검하고 조치할 것을 권고하고 있는 점, ④ 대부분의 지방자치단체에서는 학교 운동장의 유해물질 관리를 위한 조례가 제정 및 시행되어 학교장이나 교육감에게 학교 운동장의 유해물질 관리를 의무화하고 있는 점 등을 고려하여 청구인의 환경권이 침해되지 않는다고 판단하였다.

한편, 헌법재판소는 이 사건과 동일한 심판대상조항에 대하여 인조잔디 및 탄성포장재 설치업자들이 청구한 헌법소원심판 사건(2020헌마108)에 대하여는 심판대상조항으로 인한 기본권침해의 자기관련성이 인정되지 않는다는 이유로 이 사건과 같은 날 각하 결정하였다.

89 광장 벤치 흡연제한 사건

(2024.4.25. 2022헌바163 [국민건강증진법 제9조 제8항 위헌소원])　　　　　　　　　　　**[합헌]**

Ⅰ. 판시사항

금연구역으로 지정된 연면적 1천 제곱미터 이상의 사무용건축물, 공장 및 복합용도의 건축물에서 금연의무를 부과하고 있는 국민건강증진법 제9조 제8항 중 제4항 제16호에 관한 부분(이하 '심판대상조항'이라 한다)이 흡연자의 일반적 행동자유권을 침해하여 헌법에 위반되는지 여부(소극)

Ⅱ. 결정요지

심판대상조항은 공중 또는 다수인이 왕래할 수 있는 공간에서 흡연을 금지하여, 비흡연자의 간접흡연을 방지하고 흡연자 수를 감소시켜, 국민 건강을 증진시키기 위하여 만들어진 것이다. 실외 또는 실외와 유사한 공간이라고 하더라도 간접흡연의 위험이 완전히 배제된다고 볼 수 없고, 금연·흡연구역의 분리운영 등의 방법으로도 담배연기를 물리적으로 완벽히 차단하기 어려운 점, 심판대상조항은 특정 장소에 한정하여 금연의무를 부과하고 있을 뿐, 흡연 자체를 원천적으로 봉쇄하고 있지는 않은 점, 심판대상조항으로 인하여 흡연자는 일정한 공간에서 흡연을 할 수 없게 되는 불이익을 입지만, 일반적으로 타인의 흡연으로 인한 간접흡연을 원치 않는 사람을 보호하여야 할 필요성은 흡연자의 자유로운 흡연을 보장할 필요성보다 더 큰 점 등을 종합하면, 심판대상조항은 과잉금지원칙에 반하여 흡연자의 일반적 행동자유권을 침해한다고 볼 수 없다.

결정의 의의

헌법재판소는 2004. 8. 26. 2003헌마457 결정에서 공중이용시설의 전체 또는 일정 구역을 금연구역으로 지정하도록 한 구 국민건강증진법 시행규칙 조항에 대해 합헌결정을 하였다. 또한, 헌법재판소는 2013. 6. 27. 2011헌마315등 결정에서 인터넷컴퓨터게임시설제공업소 전체를 금연구역으로 지정하도록 한 국민건강증진법 조항이 과잉금지원칙에 반하여 인터넷컴퓨터게임시설제공업소(PC방) 운영자의 직업수행의 자유를 침해하지 않는다고 판단하였고, 2014. 9. 25. 2013헌마411등 결정에서는 공중이용시설의 소유자 등은 해당시설의 전체를 금연구역으로 지정하여야 한다고 규정한 국민건강증진법 조항이 흡연자의 일반적 행동자유권을 침해하지 않는다고 판단한 바 있다.
이 사건 결정은 위와 같은 선례의 연장선상에서 연면적 1천 제곱미터 이상의 사무용건축물, 공장 및 복합용도의 건축물로서 금연구역으로 지정된 공간은 다수인이 왕래할 가능성이 높고, 이러한 경우 간접흡연으로부터의 보호를 관철할 필요성이 더욱 크다는 점 등을 고려하여 합헌결정을 하였다.

(2024.5.30. 2023헌마820등 [방송법 시행령 입법예고 공고 취소])   **[기각, 각하]**

Ⅰ. 판시사항

1. 2023. 6. 16. 방송통신위원회공고 제2023-50호 방송법 시행령 일부개정령(안) 입법예고 중 의견제출 기간을 10일로 규정한 부분에 대한 심판청구의 이익을 인정할 수 있는지 여부(소극)
2. 수신료 징수업무를 지정받은 자가 수신료를 징수하는 때 그 고유업무와 관련된 고지행위와 결합하여 이를 행해서는 안 된다고 규정한 방송법 시행령 제43조 제2항(이하 "심판대상조항"이라 한다)이 법률유보원칙에 위배되는지 여부(소극)
3. 심판대상조항이 입법재량의 한계를 위반하여 청구인의 방송운영의 자유를 침해하는지 여부(소극)
4. 심판대상조항이 적법절차원칙을 위반하는지 여부(소극)
5. 심판대상조항이 신뢰보호원칙을 위반하는지 여부(소극)

Ⅱ. 결정요지

1. 이 사건 입법예고기간은 그 기간만료일 경과로 종료되었고, 입법예고된 심판대상조항이 시행되었으므로 이 사건 입법예고를 다툴 권리보호이익이 소멸하였다. 청구인이 이 사건 입법예고기간에 대한 심판청구를 통하여 종국적으로 다투고자 하는 것은 심판대상조항으로 인한 기본권 침해 여부인바, 청구인의 주장취지 및 권리구제의 실효성 등을 종합적으로 고려할 때, 심판대상조항에 대하여 본안 판단에 나아가는 이상, 이 사건 입법예고기간에 대하여는 심판청구의 이익을 인정하지 아니한다. 따라서 이 사건 입법예고기간에 대한 심판청구는 부적법하다.

2. 심판대상조항은 수신료의 구체적인 고지방법에 관한 규정인바, 이는 수신료의 부과·징수에 관한 본질적인 요소로서 법률에 직접 규정할 사항이 아니므로 이를 법률에서 직접 정하지 않았다고 하여 의회유보원칙에 위반된다고 볼 수 없다. 심판대상조항은 수신료의 징수를 규정하는 상위법의 시행을 위하여 수신료 납부통지에 관한 절차적 사항을 규정하는 집행명령이다. 집행명령의 경우 법률의 구체적·개별적 위임 여부 등이 문제되지 않고, 다만 상위법의 집행과 무관한 독자적인 내용을 정할 수 없다는 한계가 있다. 심판대상조항은 청구인이 방송법 제65조, 제67조 제2항에 따라 수신료 징수업무를 위탁하는 경우 그 구체적인 시행방법을 규정하고 있을 뿐이라는 점에서 집행명령의 한계를 일탈하였다고 볼 수 없다.

3. 심판대상조항은 수신료의 통합징수를 금지할 뿐이고, 수신료의 금액이나 납부의무자, 미납이나 연체 시 추징금이나 가산금의 금액을 변경하는 것은 아니므로, 규범적으로 청구인의 수신료 징수 범위에 어떠한 영향을 끼친다고 볼 수 없다. 공법상 의무인 수신료 납부의무와 사법상 의무인 전기요금 납부의무는 분리하여 고지·징수하는 것이 원칙적인 방식이고, 미납이나 연체된 수신료에 대한 추징금 및 가산금의 징수 및 강제가 가능하며, 지난 30년간 수신료 통합징수 시행을 통하여 수상기 등록 세대에 대한 정보가 확보된 점, 30년 전 통합징수가 실시되기 이전과는 달리 현재는 정보통신기술의 발달로 각종 요금의 고지 및 납부 방법이 전산화·다양화된 점 등을 고려할 때 심판대상조항으로 인하여 곧 청구인의 재정적 손실이 초래된다고 단정할 수 없다. 통합징수방식이 공영방송의 재원에 기여한 측면은 있으나, 수신료와 전기요금의 통합징수방식으로 인한 수신료 과오납 사례가 증가함에 따라 이를 시정할 필요가 있고, 청구인은 필요시 수신료 외에도 방송광고수입이나 방송프로그램 판매수익, 정부 보조금 등을 통하여 그 재정을 보충할 수 있는 점을 고려할 때, 심판대상조항은 공영방송의 기능을 위축시킬 만큼 청구인의 재정적 독립에 영향을 끼친다고 볼 수 없다.

4. 심판대상조항의 개정 절차를 살펴보면, '국민 불편을 해소하고 국민의 권리를 보호하기 위해 신속한 개정이 필요'하다는 이유로 방송통신위원회 위원장은 법제처장과 입법예고기간을 10일로 단축할 것을 협의한 사실을

인정할 수 있고, 이는 행정절차법 빛 법제업무 운영규정에 따른 것으로 절차상 위법한 내용이 없다. 관련 방송통신위원회의 의결도 재적위원 3인 중 2인의 찬성으로 의결이 된 것으로 '방송통신위원회의 설치 및 운영에 관한 법률'상 절차를 위반한 사실을 인정하기 어렵다. 심판대상조항은 법률에서 정하는 수신료 징수방법의 절차를 구체화하는 것으로서, 규제의 신설이나 강화에 해당한다고 보기 어려워 규제영향분석 대상도 아니므로 적법절차원칙에 위배되지 않는다.

5. 개정 전 법령이 전기요금과 수신료를 통합하여 징수하는 방식만을 전제로 하였다거나 그러한 수신료 징수방식에 대한 신뢰를 유도하였다고 볼 수 없으며, 청구인과 한국전력공사 간 TV 방송수신료 징수업무 위·수탁 계약서도 관련 법률의 개정 등 사유를 예정하고 있는 점, 심판대상조항으로 인하여 청구인이 징수할 수 있는 수신료의 금액이나 범위의 변경은 없고 수신료 납부통지 방법만이 변경되는 점 등을 고려할 때 심판대상조항이 신뢰보호원칙에 위배된다고 볼 수 없다.

결정의 의의

이 사건에서 헌법재판소는 수신료의 분리징수를 규정하는 심판대상조항이 법률유보원칙, 적법절차원칙, 신뢰보호원칙을 위반하지 않고, 입법재량의 한계를 일탈하지 않아 청구인의 방송운영의 자유를 침해하지 않는다고 판단하였다.

헌법재판소는 공영방송이 민주적인 여론을 매개하고, 시민의 알 권리를 보장하며, 사회·문화·경제적 약자나 소외계층이 마땅히 누려야 할 문화에 대한 접근기회를 보장하여 인간다운 생활을 할 권리를 실현하는 기능을 수행하므로 우리 헌법상 그 존립가치와 책무가 크고, 이러한 기능을 보장하기 위하여 공영방송의 재정적 독립성이 유지되어야 한다는 점을 확인하였다.

심판대상조항에 관하여 수신료 납부통지 방법의 변경은 공영방송의 기능을 위축하거나 축소시킬 만큼 청구인의 재정적 독립에 영향을 끼친다고 볼 수 없다고 판단하였다.

2023헌사672 효력정지가처분 사건은 같은 날 기각되었다.

91 세월호 사고에 대한 대한민국 정부의 구호조치 사건

(2024.5.30. 2014헌마1189등 [신속한 구호조치 등 부작위 위헌확인])   [각하]

Ⅰ. 판시사항

2014. 4. 16. 세월호가 전남 진도군 조도면 병풍도 북방 1.8마일 해상에서 기울기 시작한 때부터 피청구인 대한민국 정부가 행한 구호조치(이하 '이 사건 구호조치'라 한다)에 대한 헌법소원심판청구에 권리보호이익과 심판청구이익을 인정할 수 있는지 여부(소극)

Ⅱ. 결정요지

세월호 사고는 2014. 4. 16. 발생하였고, 세월호 사고에 관한 이 사건 구호조치는 이 사건 심판청구가 제기되기 전에 종료되었으므로, 이 사건 심판청구는 권리보호이익이 없다. 다만, 이 사건 심판청구에 있어 예외적으로 심판청구이익을 인정할 것인지 문제되는바, 세월호 사고와 같은 대형 해난사고로부터 국민의 생명을 보호할 국가의 포괄적 의무가 있음은 종래 헌법재판소가 해명한 바 있고, 다만 구체적인 구호조치의 내용은 관련 법령의 해석·적용의 문제로서 이미 법원을 통해 구체적인 위법성이 판단되어 그 민·형사적 책임이 인정된 상황이므로, 이 사건에서 헌법적 해명의 필요성을 이유로 예외적인 심판청구이익을 인정하기 어렵다.

(2024.5.30. 2022헌바189등 [구 종합부동산세법 제7조 제1항 등 위헌소원])　　　　　　**[합헌]**

Ⅰ. 판시사항

1. 2020년 귀속 종합부동산세의 납세의무자를 과세기준일 현재 주택분 재산세의 납세의무자로서 국내에 있는 재산세 과세대상인 주택의 공시가격을 합산한 금액이 6억 원을 초과하는 자로 규정한 구 종합부동산세법 (이하 연혁에 상관없이 종합부동산세법은 '종부세법', 종합부동산세는 '종부세'라 각 칭한다) 제7조 제1항 중 '공시가격' 부분이 조세법률주의에 위반되는지 여부(소극)

2. 종부세의 과세표준을 정하면서 '공정시장가액비율'을 대통령령으로 정하도록 규정한 종부세법 제8조 제1항, 제13조 제1항, 제2항 중 각 '공정시장가액비율' 부분이 포괄위임금지원칙에 위반되는지 여부(소극)

3. 주택분 종부세의 세율을 정하고 있는 종부세법 제9조 제1항 각호 중 '조정대상지역' 부분이 과세요건명확주의에 위반되는지 여부(소극)

4. 주택 수 계산 등에 관하여 필요한 사항을 대통령령으로 정하도록 규정한 종부세법 제9조 제4항 중 '주택 수 계산' 부분이 포괄위임금지원칙에 위반되는지 여부(소극)

5. 주택분 및 토지분 종부세의 과세표준, 세율 및 세액, 세부담 상한 등을 규정한 종부세법 제7조 제1항, 제8조 제1항, 제9조 제1항, 제3항 내지 제7항, 제10조, 제13조 제1항, 제2항, 제14조 제1항, 제3항, 제4항, 제6항, 제7항, 제15조(이하 합하여 '심판대상조항'이라 한다)가 과잉금지원칙에 위반되어 재산권을 침해하는지 여부(소극)

6. 심판대상조항이 조세평등주의에 위반되는지 여부(소극)

7. 주택분 및 토지분 종부세의 세율을 규정한 종부세법 제9조 제1항, 제14조 제1항, 제4항, 주택분 종부세의 세부담 상한을 규정한 제10조가 신뢰보호원칙에 위반되는지 여부(소극)

Ⅱ. 결정요지

1. 종부세법 및 지방세법 등에서 정하고 있는 '공시가격'의 의미, '부동산 가격공시에 관한 법률'에서 정하고 있는 표준주택가격·공동주택가격의 조사·산정 절차 및 개별주택가격의 결정 절차, 중앙부동산가격공시위원회 및 시·군·구부동산가격공시위원회의 심의 절차, 토지 및 주택 소유자 등에 대한 의견청취 및 이의신청 절차 등에 관한 규정들의 내용을 종합하여 보면, 법률이 직접 공시가격의 산정기준, 절차 등을 정하고 있지 않다고 보기 어렵고, 국토교통부장관 등에 의해 공시가격이 자의적으로 결정되도록 방치하고 있다고 볼 수 없다. 따라서 종부세법 제7조 제1항 중 '공시가격' 부분은 조세법률주의에 위반되지 아니한다.

2. 부동산 시장은 그 특성상 적시의 수급 조절이 어렵고, 종부세 부과를 통한 부동산 투기 억제 및 부동산 가격 안정을 도모하기 위해서는 부동산 시장의 상황에 탄력적으로 대응할 필요가 있으므로, 종부세 과세표준 산정을 위한 조정계수인 '공정시장가액비율'을 하위법령에 위임할 필요성이 인정된다. 종부세법은 공정시장가액비율을 부동산 시장의 동향과 재정 여건 등을 고려하여 100분의 60부터 100분의 100까지의 범위 내에서 정하도록 하고 있으므로, 하위법령에 정해질 공정시장가액비율의 내용도 충분히 예측할 수 있다. 따라서 종부세법 제8조 제1항, 제13조 제1항, 제2항 중 각 '공정시장가액비율' 부분은 포괄위임금지원칙에 위반되지 아니한다.

3. 주택법 및 주거기본법 등에서 정하고 있는 '조정대상지역'의 의미, 주거정책심의위원회의 구성 등에 관한 사항 등을 종합하여 보면, '조정대상지역'은 주택 분양 등이 과열되거나 과열될 우려 등이 있는 경우 주택 시장 안정 및 부동산 가격의 형평성 제고 등을 위해 국토교통부장관이 주거정책 관련 전문가들로 구성된 주거정책심의위원회의 심의를 거쳐 지정하는 지역이라고 해석된다. 따라서 종부세법 제9조 제1항 각호 중 '조정대상지역' 부분은 과세요건명확주의에 위반되지 아니한다.

4. 주택의 종류는 매우 다양하고, '주택 수 계산'의 문제는 주택이 갖는 고유의 특성, 주택 시장의 동향 등을 고려하여 탄력적으로 규율할 필요성이 크므로, '주택 수 계산'에 관한 사항을 하위법령에 위임할 필요성이 인정된다. '주택'의 의미 및 주택분 종부세의 과세표준 합산대상에서 제외되는 주택의 범위를 규정한 종부세법 조항들과 더불어 지방세법 및 주택법상의 관련조항들에 비추어 보면, 하위법령에 규정될 주택 수 계산의 범위도 충분히 예측할 수 있다. 따라서 <u>종부세법 제9조 제4항 중 '주택 수 계산' 부분은 포괄위임금지원칙에 위반되지 아니한다.</u>

5. 종부세는 일정 가액 이상의 부동산 보유에 대한 과세 강화를 통해 부동산 가격 안정을 도모하고 실수요자를 보호하려는 정책적 목적을 위해 부과되는 것으로서, 2020년 귀속 종부세 과세의 근거조항들인 심판대상조항의 입법목적은 정당하다.

주택분 종부세와 관련하여, 그 세율은 소유 주택 수 및 조정대상지역 내에 주택이 소재하는지 여부에 따라 1천분의 5부터 1천분의 27까지, 1천분의 6부터 1천분의 32까지로 구분되는데 이는 총 6개의 과세표준 구간별로 점차 세율이 높아지는 초과누진세율 체계인 점, 2020년 공시가격 현실화율은 공동주택의 경우 69%, 단독주택의 경우 53.6%였던 점, 일정 요건을 갖춘 임대주택, 사원용 주택, 미분양주택, 가정어린이집용 주택 등은 과세표준 합산대상에서 제외되는 점, 종부세액에서 재산세가 공제되고 세부담 상한도 정해져 있는 점, 1세대 1주택자는 과세표준 추가 공제 및 고령자·장기보유 공제를 받을 수 있는 점 등을 종합하여 보면, 주택분 종부세로 인한 납세의무자의 세부담 정도가 그 입법목적에 비추어 지나치다고 보기는 어렵다.

토지분 종부세와 관련하여, 종합합산과세대상 토지에 대해서는 1천분의 10부터 1천분의 30까지의 세율, 별도합산과세대상 토지에 대해서는 1천분의 5부터 1천분의 7까지의 세율이 각 적용되고 이 역시 초과누진세율 체계를 갖추고 있는 점, 가용 토지 면적이 절대적으로 부족한 우리나라의 현실에 비추어 볼 때 토지분 종부세의 세율 그 자체가 지나치게 높다고 보기는 어려운 점, 재산세 공제 및 세부담 상한에 관한 규정 등을 고려해 볼 때, 토지분 종부세로 인한 납세의무자의 세부담 정도 역시 과도하다고 보기는 어렵다.

<u>심판대상조항에 의한 종부세 부담의 정도와, 부동산 가격 안정을 도모하여 실수요자를 보호하고 국민 경제의 발전을 도모한다는 공익을 비교해 보면, 이와 같은 공익은 제한되는 사익에 비하여 더 크다고 할 것이므로, 심판대상조항은 과잉금지원칙을 위반하여 재산권을 침해하지 아니한다.</u>

6. 주택과 토지의 사회적 기능, 특히 주택은 개인이 행복을 추구하고 인격을 실현할 기본적인 주거공간인 점 등을 고려해 보면, 심판대상조항이 주택 및 토지 소유자와 그 이외의 재산 소유자를 달리 취급하는 것에는 합리적 이유가 있다. 또한 일정한 수를 넘는 주택 보유는 투기적이거나 투자에 비중을 둔 수요로 간주될 수 있는 점, 조정대상지역은 주택 분양 등이 과열되어 있거나 과열될 우려가 있는 지역인 점 등을 고려해 보면, 심판대상조항이 2주택 이하 소유자와 3주택 이상 또는 조정대상지역 내 2주택 소유자를 달리 취급하는 데에도 합리적 이유가 있다. 따라서 <u>심판대상조항은 조세평등주의에 위반되지 아니한다.</u>

7. 2005. 1. 5. 종부세법이 제정된 이래 종부세의 세율 및 주택분 종부세의 세부담 상한은 여러 차례 조정되어 온 점, 변동성이 큰 부동산 가격 등 우리나라의 경제상황, 조세우대조치로 납세의무자가 한 번 혜택을 보았다고 하여 그것이 지속되어야 한다고 볼 수도 없는 점 등에 비추어 볼 때, 청구인들이 종전과 같은 내용의 세율과 세부담 상한이 적용될 것이라고 신뢰하였다고 하더라도, 이는 특별한 보호가치가 있는 신뢰이익으로 보기 어려운 반면, 부동산 투기 수요의 차단을 통한 부동산 시장의 안정 및 실수요자의 보호라는 정책적 목적의 실현은 중대한 공익에 해당한다. 따라서 <u>종부세법 제9조 제1항, 제10조, 제14조 제1항, 제4항은 신뢰보호원칙에 위반되지 아니한다.</u>

헌법재판소는 종부세와 관련하여 헌재 2008. 11. 13. 2006헌바112등 결정(이하 '선례'라 한다)을 통해 2005. 1. 5. 제정 종부세법 조항들과 2005. 12. 31. 개정 종부세법 조항들에 대하여 일부 합헌, 일부 위헌, 일부 헌법불합치 결정을 선고한 바 있다. 선례에서는 주택분 종부세 부과의 근거규정들 및 종합합산과세대상 토지분 종부세 부과의 근거규정들로 인한 납세의무자의 세부담 정도가 과도하지 않다고 보면서도(합헌), 주택 및 종합합산과세대상 토지에 대한 세대별 합산과세 방식은 헌법 제36조 제1항에 위반되고(단순 위헌), 주택분 종부세 부과의 근거규정들이 주거 목적의 1주택 장기보유자, 혹은 장기보유자가 아니더라도 과세대상 주택 외에 별다른 재산, 수입이 없는 자에 대한 과세조정장치를 두지 않은 점에 대해서는 재산권을 침해한다(2009. 12. 31. 시한 계속적용 헌법불합치)고 보았다(전부 합헌의견, 헌법불합치 부분에 대한 일부 합헌의견 있음).

⇒ 위 결정 이후 세대별 합산과세 방식을 규정한 조항은 선고일인 2008. 11. 13. 그 즉시 효력을 상실하였고, 2008. 12. 26. 법률 제9273호 개정을 통해 1세대 1주택자에 대한 과세조정장치가 신설되었으며, 주택분 및 토지분 종부세 세율, 세부담 상한 등이 완화되었다.

⇒ 이번 결정은 선례 이후 종부세 부과의 주요 근거조항들에 대한 헌법재판소의 두 번째 결정에 해당한다. 2008. 12. 26. 개정 이후 큰 변화 없이 유지되어 오던 종부세법은 2018. 12. 31. 법률 제16109호 개정을 통해 다소 큰 변화를 맞이하였다.

⇒ 종부세법 제정 이후 처음으로 주택분 종부세와 관련하여 소유 주택 수 및 조정대상지역 내에 주택이 소재하는지 여부에 따라 세율 차등 적용 + 주택분 종부세 세율, 세부담 상한 인상 + 종합합산과세대상 토지분 세율의 상향 조정 등.

+ 이와 동시에 입법자는 1세대 1주택자에 대해서는 과세조정장치 보강을 통해 종부세 부담을 보다 완화시켰다.

이번 결정은, 헌법재판소가 2008년 선례에서 위헌 및 헌법불합치라고 선언한 부분 이외에는 주택분 종부세 및 종합합산과세대상 토지분 종부세의 주요 근거조항들이 모두 합헌이라고 판시한 이후로 2018년 종부세법 개정 내용의 상당 부분을 담고 있는 심판대상조항은 헌법에 위반되는지 여부, 1세대 1주택자에 대한 과세조정장치들이 선례의 취지를 잘 반영하고 있는지 여부, 선례에서는 심판대상이 아니었던 별도합산과세대상 토지 관련 종부세제의 위헌 여부 등을 종합적으로 검토한 결정이다. 특히, 이번 결정에서는 ① 주택분 종부세와 관련하여 소유 주택 수 및 조정대상지역 내에 주택이 소재하는지 여부 기준으로 세율, 세부담의 상한 등을 차등화한 것, ② 주택분 종부세의 세율 및 세부담 상한의 인상, ③ 종합합산과세대상 토지분 종부세의 세율 인상 등이 재산권에 과도한 제한을 불러오는지 여부 등이 중점적으로 문제되었다. 이에 대하여 헌법재판소는 심판대상조항이 조세법률주의, 포괄위임금지원칙, 과잉금지원칙, 조세평등주의, 신뢰보호원칙에 위반되지 않는다고 판단하였다.

한편, 조정대상지역 내 2주택 소유자(개인에 한함)에 대한 종부세 중과가 재산권을 침해한다는 재판관 3인의 반대의견은, 조정대상지역 지정 이전부터 해당 지역 내에 2주택을 소유해 온 자에게 투기적 목적을 인정하기 어려운 점, 부모 부양, 자녀 학업 등의 이유로 2주택을 소유한 자에 대한 입법적 배려가 전혀 없는 점 등을 이유로 일부 위헌 의견을 개진하였다.

2021년 귀속 종합부동산세에 관한 사건

(2024.5.30. 2022헌바238등 [종합부동산세법 제8조 제1항 등 위헌소원])　　　　　　**[합헌]**

Ⅰ. 판시사항

1. 2021년 귀속 종합부동산세의 과세표준을 납세의무자별로 각 과세대상 물건의 공시가격을 합산한 금액을 기준으로 정하도록 규정한 구 종합부동산세법 제8조 제1항, 종합부동산세법 제13조 제1항, 제2항(이하 연혁에 상관없이 종합부동산세법은 '종부세법', 종합부동산세는 '종부세'라 각 칭한다) 중 각 '공시가격' 부분이 조세법률주의에 위반되는지 여부(소극)

2. 종부세의 과세표준을 정하면서 '공정시장가액비율'을 대통령령으로 정하도록 규정한 종부세법 제8조 제1항, 제13조 제1항, 제2항 중 각 '공정시장가액비율' 부분이 포괄위임금지원칙에 위반되는지 여부(소극)

3. 주택분 종부세의 세율을 정하고 있는 종부세법 제9조 제1항 각호 및 제2항 각호 중 각 '조정대상지역' 부분이 조세법률주의에 위반되는지 여부(소극)

4. 주택 수 계산, 주택분 및 토지분 재산세로 부과된 세액의 공제 등에 관하여 필요한 사항을 대통령령으로 정하도록 규정한 종부세법 제9조 제4항, 제14조 제7항이 포괄위임금지원칙에 위반되는지 여부(소극)

5. 주택분 및 토지분 종부세의 과세표준, 세율 및 세액, 세부담 상한 등을 규정한 종부세법 제8조 제1항, 제9조, 제10조, 제13조 제1항, 제2항, 제14조 제1항, 제3항, 제4항, 제6항, 제7항, 제15조(이하 합하여 '심판대상조항'이라 한다)가 과잉금지원칙에 위반되어 재산권을 침해하는지 여부(소극)

6. 심판대상조항이 조세평등주의에 위반되는지 여부(소극)

7. 주택분 종부세의 과세표준, 세율 및 세액, 세부담 상한을 규정한 종부세법 제8조 제1항, 제9조, 제10조가 신뢰보호원칙에 위반되는지 여부(소극)

Ⅱ. 결정요지

2020년 귀속 종부세에 관한 사건(2022헌바189등) '결정요지' 내용 참조

결정의 의의

⇒ 2020년 귀속 종부세에 관한 사건(2022헌바189등) '결정의 의의' 내용 참조.

2020년 귀속 종부세에 관한 사건(2022헌바189등)에서는 주로 2018년 종부세법 개정 내용의 상당 부분을 담고 있는 종부세법 조항들이 합헌인지 여부, 1세대 1주택자에 대한 과세조정장치들이 선례의 취지를 잘 반영하고 있는지 여부, 선례에서는 심판대상이 아니었던 별도합산과세대상 토지 관련 종부세제의 위헌 여부 등을 종합적으로 검토하였다.

2021년 귀속 종부세제의 경우, 2020년 귀속 종부세제와 비교할 때, 주택분 세율의 인상, 조정대상지역 내 2주택 소유자에 대한 세부담 상한의 인상, 법인에 대한 주택분 종부세의 과세표준 기본공제 및 세부담 상한 폐지 및 단일세율로의 전환을 통해 특히 다주택자 및 법인에 대한 주택분 종부세를 보다 강화한 반면, 1세대 1주택자에 대한 과세표준 기본공제액 인상(3억 원→5억 원), 고령자 공제율 및 고령자·장기보유 공제의 중복적용 범위의 상향 조정, 부부 공동명의 주택에 대한 1세대 1주택자 특례 적용을 통해 1세대 1주택자에 대한 종부세 부담은 보다 완화시켰다는 특징이 있다.

이번 2021년 귀속 종부세 결정은, 2020년 들어서도 부동산 가격이 안정되지 아니하자 부동산 투자 내지 투기적 수요의 억제를 목적으로 이루어진 2020년~2021년 사이의 종부세법 개정 내용들에 관한 것으로서, 주로 2020. 8. 18. 법률 제17478호 개정 조항들을 대상으로 하고 있다. 특히, 이번 결정에서는 다주택자 및 법인에 대한 주택분 종부세의 강화 내용의 재산권 침해 여부가 중점적으로 문제되었다. 이에 대하여 헌법재판소는 심판대상조항들이 조세법률주의, 포괄위임금지원칙, 과잉금지원칙, 조세평등주의, 신뢰보호원칙에 위반되지 않는다고 판단하였다.

한편, 조정대상지역 내 2주택 소유자(2020년 귀속과 마찬가지로 개인에 한함)에 대한 종부세 중과가 재산권을 침해한다는 재판관 3인의 반대의견은, 조정대상지역 지정 이전부터 2주택을 소유해 온 자에게 투기적 목적을 인정하기 어려운 점, 부모 부양, 자녀 학업 등의 이유로 2주택을 소유한 자에 대한 입법적 배려가 전혀 없는 점, 2020년 6월부터 같은 해 12월 사이에 조정대상지역이 세 차례나 추가 지정된 점 등을 이유로 일부 위헌 의견을 개진하였다.

94 공무원의 직권남용권리행사방해 사건

(2024.5.30. 2021헌바55등 [형법 제123조 위헌소원]) **[합헌, 각하]**

Ⅰ. 판시사항

1. 형법 제123조 중 '직권을 남용하여 사람으로 하여금 의무없는 일을 하게 하거나'에 관한 부분(이하 '이 사건 형법조항'이라 한다)이 죄형법정주의 명확성원칙에 위반되는지 여부(소극)
2. 이 사건 형법조항이 책임과 형벌 간의 비례원칙에 위반되는지 여부(소극)

Ⅱ. 결정요지

1. 헌법재판소는 2006. 7. 27. 2004헌바46 결정을 통해 이 사건 형법조항과 동일한 내용의 형법조항 중 '직권', '남용', '의무없는 일'에 대하여 죄형법정주의 명확성원칙에 위반되지 아니한다고 판단한 바 있고, 이 사건에서 이러한 선례의 판단을 변경할 사정이 있다고 할 수 없으며, <u>이 사건 형법조항 중 '사람'의 의미에 공무원이 배제되지 않는다는 점도 충분히 예측할 수 있으므로, 이 사건 형법조항은 죄형법정주의 명확성원칙에 위반되지 아니한다.</u>

2. 직권남용행위의 폐해를 고려할 때 이 사건 형법조항의 입법목적인 국가기능의 공정한 행사에 대한 사회 일반의 신뢰 보호 및 개인의 자유와 권리 보호를 위하여 가능한 수단들을 검토하여 그 효과를 예측한 결과, 행정상 제재보다 단호한 수단을 선택하는 것이 필요하다고 본 입법자의 판단이 현저히 자의적이라고 보이지 아니하고, <u>형의 하한을 두고 있지 아니하여 법관이 제반 사정을 고려하여 형을 선택하고 적절히 양형을 정할 수 있는 점 등을 고려할 때, 이 사건 형법조항은 책임과 형벌 간의 비례원칙에 위반되지 아니한다.</u>

결정의 의의

이 결정은 2004헌바46 결정 이후 이 사건 형법조항이 죄형법정주의 명확성원칙에 위반되지 아니함을 다시금 확인하면서 직권남용행위의 상대방인 '사람'에 관한 해석도 명확하다고 판단하였고, 공무원의 직권남용행위를 행정상 제재가 아닌 형사처벌로 규율하는 것이 책임과 형벌 간의 비례원칙에 위반되지 않는다고 처음으로 판단한 사건이다.

검사에 대한 탄핵심판 사건 1

(2024.5.30. 2023헌나2 [검사(안동완) 탄핵]) **[기각]**

Ⅰ. 판시사항

1. 피청구인이 2014. 5. 9. 유○○에 대하여 외국환거래법위반 혐의로 공소를 제기한 행위(이하 '이 사건 공소제기'라 한다)가 헌법 또는 법률을 위반한 것인지 여부 및 (법위반이 인정된다면) 피청구인에 대한 파면 결정을 정당화하는 사유가 인정되는지 여부(소극)

2. 이 사건 공소제기가 공소권남용에 해당한다는 이유로 공소를 기각한 항소심판결에 대하여 상고한 행위(이하 '이 사건 상고'라 한다)와 관련하여 피청구인의 헌법 또는 법률 위반을 인정할 수 있는지 여부(소극)

Ⅱ. 결정요지

피청구인은 유○○의 외국환거래법위반 혐의에 관한 재수사가 필요하다고 판단하여 수사를 개시하였고, 유○○이 외당숙과 공모하여 적극적으로 '환치기' 범행에 가담한 점, 사실은 중국 국적의 화교임에도 이를 숨기고 북한이탈주민으로 인정받은 후 각종 범행을 저지른 점 등 종전 기소유예처분을 번복하고 유○○을 기소할 만한 사정이 밝혀져 이 사건 공소제기를 하였으므로, 이 사건 공소제기가 형법 제123조, 구 검찰청법 제4조 제2항, 국가공무원법 제56조를 위반한 것으로 볼 수 없다.

결정의 의의

이 사건은 우리 헌정사 최초의 '검사에 대한 탄핵심판청구' 사건이자, 대통령(2인)과 법관, 행정안전부장관 탄핵에 이은 5번째 탄핵심판청구 사건이다.

피청구인은 종전 기소유예사건을 재기한 후 유○○의 외국환거래법위반 혐의를 다시 수사하여 이 사건 공소제기를 하였는데, 항소심법원은 이 사건 공소제기가 공소권남용에 해당한다는 이유로 공소를 기각하는 판결을 선고하였고, 대법원은 이에 대한 검사의 상고(이 사건 상고)를 기각하는 판결을 선고하였다. 이 사건은 이 사건 공소제기 및 이 사건 상고가 법률을 위반하였는지 여부 및 법률을 위반하였다면 파면 결정을 선고할 것인지 여부가 문제되었다.

헌법재판소 전원재판부는 재판관 5:4의 의견으로 이 사건 탄핵심판청구를 기각하였다.

재판관 5인은 이 사건 탄핵심판청구를 기각하는 데 의견이 일치하였으나, 그 이유에 있어서는 2가지로 나뉘었다. 재판관 3인은 이 사건 공소제기가 어떠한 법률도 위반하지 않은 것이라고 본 반면, 재판관 2인은 이 사건 공소제기가 구 검찰청법 제4조 제2항 및 국가공무원법 제56조를 위반한 것이라는 점은 인정하면서도 형법 제123조 위반을 인정하지 않고, 피청구인에 대한 파면결정을 정당화하는 사유가 존재하지 않는다고 보아 이 사건 탄핵심판청구를 기각하여야 한다는 결론에 이르렀다.

반면, 재판관 4인은 이 사건 공소제기가 형법 제123조, 구 검찰청법 제4조 제2항, 국가공무원법 제56조를 모두 위반하였고, 이는 피청구인의 파면을 정당화할 수 있을 정도로 중대한 법률 위반이므로, 피청구인을 그 직에서 파면하여야 한다고 보았다.

각 의견은 이 사건 공소제기와 관련하여 의견을 달리하였으나, 이 사건 상고와 관련하여 피청구인의 헌법 또는 법률 위반을 인정할 수 없다는 점(피청구인이 이 사건 상고에 관여하였음을 인정할 수 없음)에서는 의견이 일치하였다.

한편, 재판관 4인은 탄핵소추시효 또는 탄핵심판의 청구기간에 관한 규정을 입법할 필요가 있다는 취지의 기각의견에 대한 보충의견을 제시하였다.

(2024.8.29. 2023헌나4 【검사(이정섭) 탄핵】) **[기각]**

Ⅰ. 판시사항

1. 이 사건 탄핵심판청구가 탄핵소추권을 남용한 것인지 여부(소극)
2. 이 사건 탄핵심판청구의 소추사유의 특정 여부(일부 소극)
3. 직무집행과 관련이 없는 행위가 탄핵소추사유가 될 수 있는지 여부(소극)
4. 피청구인에 대한 소추사유(이하 '이 사건 소추사유'라 한다) 중 피청구인이 김○○(이하 '피고인'이라 한다)의 뇌물죄 관련 형사재판(이하 '이 사건 형사재판'이라 한다)에서 증인신문 전에 증인을 면담한 행위(이하 '이 사건 면담'이라 한다)가 헌법 제27조, 구 검찰청법 제4조 제2항을 위반하였는지 여부(소극)
5. 이 사건 면담이 국가공무원법 제56조를 위반하였는지 여부(소극)

Ⅱ. 결정요지

1. 탄핵소추권이 남용된 것인지 여부

탄핵소추안이 적법하게 철회된 이상 다시 발의되었다는 사정만으로 국회 또는 국회의원이 탄핵소추권을 남용한 것이라고 보기 어려운 점, 탄핵소추안의 첫 발의부터 의결에 이르기까지의 경과를 보면 탄핵소추권을 가진 국회가 소추사유의 구체적 내용이나 존부에 관하여 충분한 조사 내지 검토를 거칠 시간이 있었음에도 그러한 절차를 거치지는 않은 것으로 보이나, 국회법은 탄핵소추의 발의가 있을 때 그 사유 등에 대한 조사 여부를 국회의 재량으로 규정하고 있고, 탄핵심판은 형사절차나 일반 징계절차와는 성격을 달리 하므로, 국회가 탄핵소추사유에 대하여 별도의 조사를 하지 않았다거나 수사결과 내지 감찰결과를 기다리지 않고 탄핵소추안을 의결하였다고 하여 그것만으로 그 의결이 헌법이나 법률을 위반한 것이라고 볼 수 없는 점, 비록 이 사건 소추사유 중 일부가 특정되었다고 볼 수 없고, 또한 이 사건 소추사유 중 일부는 피청구인의 직무집행에 관한 것이라고 볼 수 없으나 앞서 본 탄핵심판의 성격에 비추어 그것만으로는 이 사건 탄핵심판청구가 탄핵소추권의 남용에 해당한다고 단정하기에는 부족한 점 등을 종합하면, 피청구인이 주장하는 사정들로는 청구인이 소추재량권을 일탈하여 탄핵소추권을 남용하였다고 인정하기 부족하다.

2. 탄핵소추사유가 특정되었는지 여부

탄핵소추사유는 그 대상 사실을 다른 사실과 명백하게 구분할 수 있을 정도의 구체적 사실이 기재되면 충분하다. 그런데 이 사건 소추사유 중 범죄경력조회 무단 열람 등, 부정청탁금지법위반 부분, 골프장 예약 편의 제공, 수사 무마 의혹은 심판대상을 확정할 수 있을 정도로 사실관계가 구체화되어 다른 사실과 명백하게 구분할 수 있다고 보기 어려우므로, 위 소추사유들은 특정되었다고 볼 수 없다.

3. 집합금지명령위반 및 위장전입 부분에 대한 판단

헌법 제65조 제1항의 직무'집행'이라 함은 법제상 소관 직무에 속하는 고유 업무와 사회통념상 이와 관련된 업무를 근거로 구체적으로 외부에 표출되고 현실화되는 것을 말한다. 따라서 순수한 직무행위 그 자체만을 뜻하는 것은 아니고 직무행위의 외형을 갖춘 행위까지도 포함되나, 직무집행과 관계가 없는 행위는 탄핵의 사유가 될 수 없다. 이 사건 소추사유 중 집합금지명령위반 부분 및 위장전입 부분은 소추의결서 기재 자체로 피청구인의 직무집행에 관한 사실이 아님이 명백하므로, 탄핵의 사유가 될 수 없다.

4. 증인신문 전 증인 면담에 대한 판단

⑴ 이 사건 면담은 피고인의 증인과의 접촉을 차단한 것이 아니고, 증인의 진술은 형사재판에 현출되었으며,

또한 증인이 직접 법정에서 증언을 하였고, 피고인은 증인에 대한 반대신문권을 적극적으로 행사하였으며, 종국적으로 관련 공소사실에 대하여 피고인에게 무죄판결이 확정되었다. 또한, 이 사건 형사재판에서 법원은 이 사건 면담에서 증인에 대한 회유나 압박 등이 있었다고 판단한 바 없고, 단지 증인의 진술이 전후 일관성이 없고, 그 중 일부는 객관적 증거에 들어맞지도 않으며, 또한 이 사건 면담의 주체, 방식, 시기, 과정의 기록 여부 등과 같은 측면에서 검사의 증인에 대한 회유나 압박 등이 없었는지에 관하여 명확히 해명되었다고 보기 어렵다는 이유로 증인의 진술의 신빙성을 배척하였을 뿐이다. 따라서 이 사건 면담이 재판의 공정성을 해하여 헌법 제27조를 위반한 것이라거나 권한을 남용하여 구 검찰청법 제4조 제2항을 위반한 것이라고 볼 수 없다.

⑵ 앞서 본 바와 같이 이 사건 면담이 헌법 제27조, 구 검찰청법 제4조 제2항을 위반하였다고 볼 수 없으므로, 피청구인이 공익의 대표자이자 인권옹호기관으로서의 성실의무를 위반하였다고 볼 수 없다. 또한, 현재 증인신문 전 증인 면담 자체를 금지하는 법령의 규정은 없고, 증인신문 전 증인 면담이 있는 경우 증인의 진술의 신빙성을 인정하기 위해서는 검사의 증인에 대한 부당한 회유나 압박 등이 없었다는 사정이 입증되어야 한다는 것은 이 사건 형사재판의 상고심판결에서 처음으로 밝혀진 법리이므로, 이 사건 면담을 사후적 관점에서 불성실한 직무수행이라고 보기 어렵고, 따라서 공소제기 및 유지 직무를 수행하는 국가기관으로서 성실의무를 위반한 것이라고 볼 수 없다.

결정의 의의

이 사건 결정은 검사를 대상으로 한 탄핵심판사건 중 두 번째 결정이다.

헌법재판소는 과거 헌재 2017. 3. 10. 2016헌나1 결정에서 탄핵소추사유의 특정의 요구 정도에 대하여 설시한 바 있다. 헌법재판소 전원재판부는 위 결정에서 설시된 법리를 바탕으로, 이 사건 소추사유 중 범죄경력 조회 무단열람 등, 부정청탁금지법위반 부분, 골프장 예약, 수사 무마 의혹의 소추사유는 특정되지 않았다고 판단하였다. 이 점에 대하여는 재판관 전원의 의견이 일치하였다.

재판부는 이 사건 결정에서 헌법 제65조 제1항에 따라 직무집행에 관련된 행위여야 탄핵소추사유가 될 수 있다는 점을 명확히 하면서, 이 사건 소추사유 중 감염병예방법위반 및 위장전입 부분은 직무집행에 관련된 것이 아니어서 탄핵사유가 될 수 없다고 보았다. 이 점에 대해서도 재판관 전원의 의견이 일치하였다.

한편, 이 사건 사전면담에 관해서는 헌법 제27조 제1항, 구 검찰청법 제4조 제2항을 위반하지 않았다는 점에 대해서는 재판관 전원의 의견이 일치되었으나, 이 사건 사전면담이 국가공무원법 제56조의 성실의무 및 헌법 제7조 제1항의 공익실현의무를 위반한 것인지에 대해서는 의견이 나뉘었다. 법정의견(재판관 7인)은 헌법 또는 법률위반을 인정할 수 없다고 본 반면, 별개의견(재판관 2인)은 이 사건 사전면담이 국가공무원법 제56조를 위반하였고, 따라서 헌법 제7조 제1항도 위반하였으나, 이러한 헌법 및 법률위반이 파면을 정당화하는 사유에는 해당하지 않는다고 보았다.

이 사건 탄핵심판청구를 기각한다는 결론에는 재판관 전원의 의견이 일치하였다.

97 교섭창구 단일화 사건

(2024.6.27. 2020헌마237등 [노동조합 및 노동관계조정법 제29조 제2항 등 위헌확인])　　　　　**[합헌, 기각]**

Ⅰ. 판시사항

1. 하나의 사업 또는 사업장에 복수 노동조합이 존재하는 경우 '교섭대표노동조합'을 정하여 교섭을 요구하도록 하는 조항인 2010년 개정 '노동조합 및 노동관계조정법' 제29조 제2항, 구 '노동조합 및 노동관계조정법'(이하 '구법'이라 한다) 및 '노동조합 및 노동관계조정법'(이하 '현행법'이라 한다) 제29조의2 제1항 본문(이하 '제

1조항'이라 한다)과, 자율적으로 교섭창구를 단일화하지 못하거나 사용자가 단일화 절차를 거치지 아니하기로 동의하지 않은 경우 과반수 노동조합이 '교섭대표노동조합'이 되도록 하는 조항인 구법 제29조의2 제3항, 현행법 제29조의2 제4항(이하 '제2조항'이라 한다)이 과잉금지원칙을 위반하여 청구인들의 단체교섭권을 침해하는지 여부 및 단체교섭권의 본질적 내용을 침해하는지 여부(소극)

2. '교섭대표노동조합'에 의하여 주도되지 아니한 쟁의행위를 금지하는 조항인 구법 및 현행법 제29조의5 중 제37조 제2항에 관한 부분(이하 '제3조항'이라 한다)이 과잉금지원칙을 위반하여 청구인들의 단체행동권을 침해하는지 여부(소극)

Ⅱ. 결정요지

1. 교섭창구 단일화 제도는 근로조건의 결정권이 있는 사업 또는 사업장 단위에서 복수 노동조합과 사용자 사이의 교섭절차를 일원화하여 효율적이고 안정적인 교섭체계를 구축하고, 소속 노동조합이 어디든 관계없이 조합원들의 근로조건을 통일하고자 하는 데 그 목적이 있는바, 그 목적의 정당성은 인정되고, 교섭창구를 단일화하여 교섭에 임하는 경우 효율적으로 교섭을 할 수 있으며, 통일된 근로조건을 형성할 수 있다는 점에서 수단의 적합성도 인정된다.

노동조합법이 규정한 개별교섭 조항(제29조의2 제1항 단서), 교섭단위 분리 조항(제29조의3 제2항), 공정대표의무 조항(제29조의4) 등은 모두 교섭창구 단일화를 일률적으로 강제할 경우 발생하는 문제점을 보완하기 위한 것으로서, 노동조합의 단체교섭권 침해를 최소화하기 위한 제도라 볼 수 있고, 한편 제2조항은, 사업장 내 보다 많은 근로자를 대표하는 노동조합으로 하여금 교섭대표노동조합이 되어 사용자와 교섭에 나아가게 하려는 것으로 그 자체로 합리적인 방법이라 할 것이고, 이 때 과반수 노동조합은 2개 이상의 노동조합이 위임 또는 연합 등의 방법으로 구성하는 것도 가능하므로, 제1조항 및 제2조항은 침해의 최소성 요건을 충족하였다.

또한 교섭창구 단일화를 이루어 교섭에 임하게 되면 효율적이고 안정적인 교섭체계를 구축할 수 있게 됨은 물론, 교섭대표노동조합이 획득한 협상의 결과를 동일하게 누릴 수 있어 소속 노동조합에 관계없이 조합원들의 근로조건을 통일할 수 있게 됨으로써 얻게 되는 공익은 큰 반면, 이로 인해 발생하는 교섭대표노동조합이 아닌 노동조합의 단체교섭권 제한은 교섭대표노동조합이 그 지위를 유지하는 기간 동안에 한정되는 잠정적인 것이고, 노동조합법이 제1조항 및 제2조항에 따른 교섭창구 단일화로 인해 일부 노동조합의 단체협약 체결을 위한 단체교섭권 행사가 제한되는 것을 보완하기 위한 장치를 두고 있으므로 제1조항 및 제2조항은 법익의 균형성 요건도 갖추었다 할 것이다.

따라서 제1조항 및 제2조항은 과잉금지원칙을 위반하여 청구인들의 단체교섭권을 침해하지 아니하며 단체교섭권의 본질적 내용을 침해하지도 아니한다.

2. 단체행동권은 근로조건에 관한 근로자들의 협상력을 사용자와 대등하게 만들어주기 위하여 쟁의행위 등 근로자들의 집단적인 실력행사를 보장하는 기본권이다. 교섭창구 단일화 제도 하에서 단체협약 체결의 당사자가 될 수 있는 교섭대표노동조합으로 하여금 쟁의행위를 주도하도록 하는 것은 교섭절차를 일원화하여 효율적이고 안정적인 교섭체계를 구축하고 근로조건을 통일하고자 하는 목적에 부합하는 적합한 수단이 된다.

노동조합법 제41조 제1항은 노동조합법 제29조의2에 따라 교섭대표노동조합이 결정된 경우에는 교섭대표노동조합이 쟁의행위를 하기 위하여 교섭창구 단일화 절차에 참여한 노동조합의 전체 조합원의 직접 · 비밀 · 무기명투표에 의한 조합원 과반수의 찬성으로 결정하지 아니하면 이를 행할 수 없도록 하였는바, 이와 같이 노동조합법이 교섭창구 단일화 절차와 관련된 노동조합의 투표 과정 참여를 통해 쟁의행위에 개입할 수 있는 장치를 마련함으로써 이 사건 제3조항이 교섭대표노동조합이 아닌 노동조합과 그 조합원들의 단체행동권을 제한하는 데에 침해의 최소성 요건을 갖추었다고 할 수 있고, 법익의 균형성 요건도 충족하였다.

따라서 제3조항은 과잉금지원칙을 위반하여 청구인들의 단체행동권을 침해하지 아니한다.

제1조항에 대하여는 헌재 2012. 4. 24. 선고된 2011헌마338 결정에서 전원 일치의 의견으로 합헌 판단을 받은 바 있고, 제2조항 및 제3조항의 위헌 여부에 대하여는 이 결정에서 헌법재판소가 처음으로 판단하였다. 헌법재판소는 하나의 사업 또는 사업장에 복수 노동조합이 존재하는 경우 '교섭대표노동조합'을 정하여 교섭을 요구하도록 하는 제1조항과, 자율적으로 교섭창구를 단일화하지 못하거나 사용자가 단일화 절차를 거치지 아니하기로 동의하지 않은 경우 과반수 노동조합이 '교섭대표노동조합'이 되도록 하는 제2조항이 과잉금지원칙을 위반하여 청구인들의 단체교섭권을 침해하지 아니하며 단체교섭권의 본질적 내용을 침해하지도 아니하고, '교섭대표노동조합'에 의하여 주도되지 아니한 쟁의행위를 금지하는 제3조항이 과잉금지원칙을 위반하여 청구인들의 단체행동권을 침해하지도 아니한다고 보아 재판관 5:4의 의견으로 합헌 결정을 하였다.

98 16세 미만 미성년자 의제강간죄 사건

(2024.6.27. 2022헌바106등 [형법 제305조 제2항 위헌소원])　　　　　　　　　　**[합헌]**

Ⅰ. 판시사항

1. 13세 이상 16세 미만의 사람에 대하여 간음 또는 추행을 한 19세 이상의 자를 강간죄, 유사강간죄, 강제추행죄의 예에 따라 처벌하도록 한 형법 제305조 제2항 중 '제297조, 제297조의2, 제298조'에 관한 부분(이하 '심판대상조항'이라 한다)이 성적 자기결정권 및 사생활의 비밀과 자유를 침해하는지 여부(소극)

2. 심판대상조항이 형벌체계상의 정당성이나 균형성을 상실하여 평등원칙에 위반되는지 여부(소극)

Ⅱ. 결정요지

1. 심판대상조항은 아직 성적 자기결정권을 온전하게 행사하기 어려운 13세 이상 16세 미만의 사람을 부적절한 성적 자극이나 침해행위로부터 보호하여 건전하고 자율적인 사회구성원으로 성장할 수 있도록 하기 위한 것이다.

　형법은 제정 이래로 지금까지 '13세 미만의 사람'에 대한 성행위를 강간죄 등의 예에 따라 처벌하도록 규정하고 있다. 최근 13세 이상 16세 미만의 청소년을 대상으로 한 성범죄의 비중이 급속히 증가하고 있고, 계획적으로 청소년에게 접근하여 자연스러운 이성교제인 것처럼 환심을 산 뒤에 성행위에 응하도록 하는 그루밍 성범죄도 만연하고 있다. 이에 2020. 5. 19. 법률 제17265호로 개정된 형법은 제305조 제2항을 신설하여 미성년자의제강간죄 등의 피해자 연령기준을 13세에서 16세로 상향하고, 동의 여부와 무관하게 13세 이상 16세 미만의 사람에 대한 성행위를 강간죄 등의 예에 따라 처벌하도록 규정하였다.

　결국 심판대상조항은 13세 이상 16세 미만의 사람도 13세 미만의 사람과 마찬가지로 성적 자기결정권을 온전히 행사할 수 없고, 설령 동의에 의하여 성적 행위에 나아간 경우라 하더라도 그것은 성적 행위의 의미에 대한 불완전한 이해를 바탕으로 한 것으로 온전한 성적 자기결정권의 행사에 의한 것이라고 평가할 수 없다는 전제에서 해당 연령의 아동·청소년의 성을 보호하고자 하는 입법적 결단이라고 할 수 있다. 일본, 미국, 독일 등 세계 각국의 입법례를 살펴보더라도 아동뿐만 아니라 일정 연령 미만의 청소년까지 절대적 보호대상의 범주 안에 포함시킴으로써 아동·청소년을 성범죄로부터 폭넓게 보호하고 있음을 알 수 있다.

　심판대상조항은 아동·청소년의 개별적이고 구체적인 상황을 고려함이 없이 피해자가 '13세 이상 16세 미만의 사람'에 해당하면 그 상대방인 '19세 이상인 자'를 일률적으로 처벌하도록 규정하고 있다. 13세 이상 16세 미만의 아동·청소년은 상대방의 행위가 성적 학대나 착취에 해당하는지 여부를 제대로 평가할 수 없는 상태에서 성행위에 나아갈 가능성이 높아 절대적 보호의 필요성이 있는 사람들이다. 반대로 19세 이상의 성인에게는 미성년자의 성을 보호하고 미성년자가 스스로 성적 정체성 및 가치관을 형성할 수 있도록 조력할 책임이 인정된다. 개인의 성숙도나 판단능력, 분별력을 계측할 객관적 기준과 방법이 존재하지 아니하므로 입법자로서는 가해자와 피해자의 범위를 연령에 따라 일의적·확정적으로 유형화하는 것이 불가피하다.

심판대상조항은 행위주체를 '19세 이상의 자'로 한정하고 있어서 '19세 미만의 자'가 13세 이상 16세 미만의 사람과 합의에 의하여 성행위를 한 경우는 처벌대상에서 제외된다. 연령이나 발달정도 등의 차이가 크지 않은 미성년자 사이의 성행위는 심리적 장애 없이 성적 자기결정권을 행사한 것이라 보고 이를 존중하여 줄 필요가 있음을 고려한 것이다. 일본 형법은 16세 미만인 사람과의 성행위를 처벌하되, 피해자가 13세 이상 16세 미만인 경우에는 가해자가 5세 이상 연장자인 경우에만 처벌하도록 규정하고 있다. 미국 각 주의 형법은 이른바 '로미오와 줄리엣법(Romeo and Juliet law)'이라고 하여, 피해자와 가해자의 연령 차이가 적은 경우에는 불처벌 또는 면책되거나 적극적 항변사유로 주장할 수 있는 등의 예외조항을 두고 있다. 독일 형법은 14세 미만의 아동에 대한 성행위를 원칙적으로 처벌하되, 당사자 사이에 합의가 있었고 서로 연령·발달단계·성숙도의 차이가 경미한 경우에는 법원이 형을 면제할 수 있도록 규정하고 있다.

심판대상조항은 단순히 주변 지인이나 특정 관계에 있는 사람에 의한 성적 착취로부터 아동·청소년을 보호하는 데에만 그치는 것이 아니라, 날이 갈수록 그 수법이 정교해지고 있는 온라인 성범죄나 그루밍 성범죄로부터 16세 미만의 청소년을 두텁게 보호하려는 데에 그 입법취지가 있으므로, 피해자의 범위를 '업무·고용·양육·교육 등'의 특정 관계가 있는 사람으로 한정하여서는 그 입법취지를 달성하기 어렵다.

심판대상조항은 13세 이상 16세 미만인 사람에 대한 간음 또는 추행을 강간죄, 유사강간죄, 강제추행죄와 동일한 법정형으로 처벌하고 있다. 19세 이상의 성인이 아동·청소년을 간음 또는 추행한 행위는 19세 이상의 성인이 다른 성인을 폭행·협박으로 간음 또는 추행한 행위보다 그 불법과 책임의 정도가 결코 가볍다고 볼 수 없다. 구체적인 사안에서 비난가능성이 경미한 경우에는 법관이 양형재량권을 적절히 활용함으로써 그 책임에 상응하는 수준으로 형벌을 부과할 수 있다.

그렇다면 심판대상조항은 과잉금지원칙에 위반하여 19세 이상인 자의 성적 자기결정권 및 사생활의 비밀과 자유를 침해하지 아니한다.

2. 심판대상조항은 '13세 미만의 사람'을 간음 또는 추행한 자를 처벌하는 형법 제305조 제1항의 죄와 동일한 법정형을 정하고 있다. 심판대상조항과 형법 제305조 제1항은 입법목적이 동일하고 간음 또는 추행에 강제성이 개입되지 않는다는 점에서 행위태양도 동일하므로, 피해자의 연령이 13세 미만인지 아니면 13세 이상 16세 미만인지에 따라 그 보호법익이나 죄질에 큰 차이가 있다고 보기 어렵다.

형법 제302조는 '미성년자에 대하여 위계 또는 위력으로써 간음 또는 추행을 한 자'는 5년 이하의 징역에 처하도록 규정하고 있다. 그런데 형법 제302조가 보호의 대상으로 삼고 있는 '미성년자'는 형법 제305조에서 성범죄의 상대방으로 규정하지 아니한 '16세 이상 19세 미만의 사람'을 가리키는 것으로 보는 것이 타당하므로, 심판대상조항과 형법 제302조는 비교대상이 될 수 없다.겨우

청소년성보호법 제8조의2 제1항은 19세 이상의 사람이 13세 이상 16세 미만인 아동·청소년의 '궁박한 상태를 이용하여' 해당 아동·청소년을 간음한 경우에 3년 이상의 유기징역에 처하도록 규정하고 있는바, '궁박한 상태를 이용하여' 간음한 경우와 이러한 행위요소 없이 간음한 경우의 법정형이 결과적으로 동일하게 되었다. 그러나 두 범죄는 모두 아동·청소년의 미성숙함과 부족한 자기방어능력을 이용한 것이라는 점에서 보호법익이나 비난가능성에 큰 차이가 없고, 심판대상조항은 흉포화·집단화·지능화·저연령화되고 있는 아동·청소년 대상 성범죄에 적절히 대처하기 위한 것이므로, 청소년성보호법에 비하여 법정형을 가볍게 정하지 아니하였다고 하여 형벌체계상의 균형성을 상실하였다고 볼 수 없다.

그렇다면 심판대상조항은 형벌체계상의 정당성이나 균형성을 상실하여 평등원칙에 위반되지 아니한다.

이 사건은, 2020. 5. 19. 법률 제17265호로 개정된 형법에서 미성년자 의제강간죄의 피해자 연령기준이 13세에서 16세로 상향된 후, 헌법재판소에서 처음 판단한 사건이다.

헌법재판소는 19세 이상의 사람이 13세 이상 16세 미만인 사람을 상대로 성행위를 한 경우, 설령 그것이 피해자의 동의에 의한 것이라 하더라도, 강간죄, 유사강간죄 또는 강제추행죄의 예에 따라 처벌하도록 한 것이 헌법에 위반되지 아니한다고 판단하였다.

99 국회의원 출석정지 징계에 관한 권한쟁의 사건

(2024.6.27. 2022헌라3 [국회의원과 국회의장 간의 권한쟁의])　　　　　　　　　　　　　**[기타]**

Ⅰ. 판시사항

권한쟁의심판절차 계속 중 국회의원 임기가 만료됨에 따라 심판절차종료를 선언한 사례

Ⅱ. 결정요지

청구인은 제21대 국회의원의 자격에서, 그 임기 중 이 사건 징계로 인하여 자신의 국회의원으로서의 권한이 침해되었다고 주장하며 이 사건 권한쟁의심판을 청구하였다. 그런데 제21대 국회의원의 임기는 2020. 5. 30. 부터 2024. 5. 29.까지로, 이 사건 권한쟁의심판절차 계속 중 만료되었다. 따라서 <u>청구인이 이 사건 징계로 인한 권한침해를 주장하며 제기한 이 사건 권한쟁의심판청구는 국회의원 임기만료와 동시에 당연히 그 심판절차가 종료되었다.</u>

이 사건은 헌법재판소가, 국회의원인 청구인이 자신에 대한 출석정지의 징계안이 가결선포된 것을 다투며 제기한 권한쟁의심판청구의 심판절차 중 제21대 국회의원 임기가 만료되어 그 심판절차가 종료되었음을 선언한 사건이다.

한편, 헌법재판소는 2022. 6. 3.에 피청구인이 청구인에 대하여 한 '30일 국회 출석정지 처분'의 효력정지를 구하는 가처분신청에 대한 인용 결정(2022헌사448)을 하여, 청구인에 대한 출석정지 처분은 정지된 상태였다.

100 민사소송 전자적 송달 간주 사건

(2024.7.18. 2022헌바4 [민사소송법 제268조 제2항 등 위헌소원])　　　　　　　　　　　**[합헌, 각하]**

Ⅰ. 판시사항

전자문서 등재사실을 통지한 날부터 1주 이내에 확인하지 아니하는 때에는 통지한 날부터 1주가 지난 날에 송달된 것으로 보는 '민사소송 등에서의 전자문서 이용 등에 관한 법률'(이하 '민소전자문서법'이라 한다) 제11조 제4항 단서(이하 '심판대상조항'이라 한다)가 재판청구권을 침해하는지 여부(소극)

Ⅱ. 결정요지

심판대상조항은 소송지연을 방지함과 동시에 민사소송 등에서의 전자문서 이용을 활성화함으로써 소송당사자의 편의 증진 및 권리 실현에 이바지하고자 하는 것이다. 소송당사자가 전자소송 진행에 대한 동의를 하여야 전자적 송달제도가 사용되는 점, 현대사회에서는 컴퓨터와 휴대전화의 이용이 보편화되었다는 점, 전자송달 간주 조항을 두지 않을 경우 소송당사자의 의지에 따라 재판이 지연될 우려가 있다는 점, 민소전자문서법 등은 소송당사자가 전자적 송달을 받을 수 없는 경우에 대한 규정을 충분히 마련하고 있다는 점 등을 고려하면, 심판대상조항은 입법자의 형성적 재량을 일탈한 것이라고 보기 어려우므로 재판청구권을 침해하지 않는다.

결정의 의의

헌법재판소는 입법자에게 민사소송절차를 형성함에 있어 상대적으로 넓은 입법형성권이 인정된다는 전제 아래, 소송당사자가 전자소송 진행에 대한 동의를 하여야 전자적 송달제도가 사용되는 점, 현대사회에서는 컴퓨터와 휴대전화의 이용이 보편화되었다는 점, 전자송달 간주 조항을 두지 않을 경우 소송당사자의 의지에 따라 재판이 지연될 우려가 있다는 점, 민소전자문서법 등은 소송당사자가 전자적 송달을 받을 수 없는 경우에 대한 규정을 충분히 마련하고 있다는 점 등을 근거로 전자송달 간주 조항이 합헌이라고 판단하였다. 이 사건은 전자송달 간주 조항의 합헌 여부에 관한 최초의 결정이다.

101 코로나19 격리자의 가구원이 행정기관 근로자인 경우 생활지원비 지원 제외 사건

(2024.8.29. 2021헌마450 [코로나19 입원·격리자를 위한 생활지원사업 위헌확인])　　　　　　　　**[기각]**

Ⅰ. 판시사항

정부조직법에 따른 각급 행정기관의 근로자가 가구원인 경우 해당 가구의 격리자를 생활지원비 지원제외 대상으로 정한 '「코로나바이러스감염증-19」 관련 입원·격리자 생활지원비 지원사업 안내 2-5판' 규정(이하 '이 사건 제외규정'이라 한다)이 위 행정기관의 근로자를 가구원으로 둔 청구인의 평등권을 침해하는지 여부(소극)

Ⅱ. 결정요지

'감염병의 예방 및 관리에 관한 법률'에 따른 생활지원비는 격리기간에 소득활동을 하기 어렵다는 점을 고려하여 격리자의 생활안정을 도모하기 위해 한시적으로 지원되는 금전이고, 지원 주체인 피청구인은 생활지원비 지원의 취지, 재정부담 능력, 감염병 확산 상황 등 제반 사정을 고려하여 지원대상의 범위 등을 정하는 데 광범위한 입법재량을 가진다. 코로나19가 급속히 확산되는 상황에서 한정된 재원을 효과적으로 지원하기 위해서는 격리로 인하여 생계가 곤란하게 될 위험성을 살펴 지원대상의 범위를 제한할 필요가 있다. 행정기관 근로자는 입원하거나 격리하더라도 유급휴가를 받을 수 있어 격리자를 포함한 해당 가구가 생계곤란을 겪을 위험이 현저히 낮다. 따라서 행정기관 근로자가 가구원인 경우 해당 가구의 격리자에게 생활지원비를 지원하지 않는 것에는 합리적 이유가 있으므로, 이 사건 제외규정은 청구인의 평등권을 침해하지 않는다.

이 결정은 헌법재판소가 코로나19 격리자의 가구원이 행정기관 근로자인 경우 입원·격리자에 대한 생활지원비 지원 대상에서 제외한 질병관리청 지침이 행정기관 근로자를 가구원으로 둔 격리자의 평등권을 침해하는지 여부에 대하여 처음 판단한 사건이다.

헌법재판소는, 질병관리청장이 생활지원비 지원의 취지, 국가 및 지방자치단체의 재정부담 능력, 감염병 확산 상황 등 제반 사정을 고려하여 지원 대상의 범위 등 설정에 관한 광범위한 입법재량을 가진다는 전제하에, 행정기관 근로자가 속한 가구는 가구원이 격리하더라도 생계곤란을 겪을 위험이 현저히 낮다는 점 등을 고려하여 해당 가구의 격리자를 지원제외 대상으로 정한 것은 합리적 이유가 인정된다고 판단하였다.

102 학습자의 사유로 인한 교습비 반환의무 사건

(2024.8.29. 2021헌바74 [학원의 설립·운영 및 과외교습에 관한 법률 제18조 제1항 등 위헌소원])　　**[합헌, 각하]**

Ⅰ. 판시사항

1. 학습자가 수강을 계속할 수 없는 경우 학원설립·운영자로 하여금 교습비등을 반환하도록 규정한, '학원의 설립·운영 및 과외교습에 관한 법률' 제18조 제1항 중 '학원설립·운영자는 학습자가 수강을 계속할 수 없는 경우에는 학습자로부터 받은 교습비등을 반환하여야 한다' 부분(이하 '교습비등반환조항'이라 한다)이 명확성원칙에 반하는지 여부(소극)

2. 교습비등반환조항이 과잉금지원칙에 반하여 학원설립·운영자의 계약의 자유를 침해하는지 여부(소극)

3. 교습비등반환조항에 따른 교습비등의 반환사유, 반환금액, 그 밖에 필요한 사항을 대통령령으로 정하도록 한, '학원의 설립·운영 및 과외교습에 관한 법률' 제18조 제2항 중 제1항 가운데 '학습자가 수강을 계속할 수 없는 경우'에 관한 부분(이하 '위임조항'이라 한다)이 법률유보원칙에 반하는지 여부(소극)

4. 위임조항이 포괄위임금지원칙에 반하는지 여부(소극)

Ⅱ. 결정요지

1. 교습비등 반환의무가 발생하는 경우로 교습자 측의 사유만을 두고 있다가 학습자 측의 사유도 추가하게 된 입법경위 및 입법취지, 교습비등이 적정하고 공평한 수준에서 정해지도록 규정하고 있는 관련 조항, 장기간의 교습비등을 일시불로 선불하도록 할 가능성이 있는 교습계약의 특성 등을 종합해 보면, 교습비등반환조항은 학습자의 단순변심을 포함하여 학습자 측의 사유로 수강을 계속할 수 없는 모든 경우를 규율하는 것임을 예측할 수 있으므로, 명확성원칙에 반하지 아니한다.

2. 교습계약의 특성상 장기간의 교습비등을 일시불로 선불하도록 하는 경우가 많아 분쟁발생의 소지가 크므로 국가가 이에 일부 개입할 필요가 있는 점, 교습계약 당사자들이 교습비등의 반환여부 및 반환금액 등을 자유롭게 정하도록 한다면 상대적으로 불리한 지위에 놓이는 학습자에게 계약해지로 인한 위험이 전가될 수 있는 점, 구체적인 반환사유 및 반환금액 등을 대통령령으로 정하도록 하고 있는 점 등을 고려할 때, 교습비등반환조항은 과잉금지원칙에 반하여 학원설립·운영자의 계약의 자유를 침해한다고 볼 수 없다.

3. 위임조항은, 교습비등 반환에 관한 본질적 사항인 반환의무의 발생요건 및 그 주체 등을 법률이 직접 규정한 상태에서, 제반 여건을 고려하여 달리 규율할 필요가 있는 세부적·기술적 사항인 반환사유 및 반환금액 등만을 대통령령에 위임하고 있으므로, 법률유보원칙에 반하지 아니한다.

4. 교습비등의 반환사유 및 반환금액 등은, 학원운영의 실정이나 사회통념의 변화에 따라 유연하게 규율될 수

있도록 구체적 사항을 행정입법에 위임할 필요성이 인정된다. 또한 학원의 건전한 발전 및 학습자의 권익 보호라는 '학원의 설립·운영 및 과외교습에 관한 법률'의 입법목적, 학원설립·운영자로 하여금 적정한 수준에서 교습비등을 징수하도록 한 위 법률 제4조 제1항, 학습자를 보호하기 위한 교습비등반환조항 및 위임조항의 규정내용 등을 고려해 보면, 대통령령에서는 학습자가 수령한 교습에 해당하는 교습비등의 지급은 보장하면서 학원설립·운영자와 학습자의 이익을 조화하는 정도로 반환사유 및 반환금액 등이 정해질 것임을 충분히 예측할 수 있다. 따라서 <u>위임조항은 포괄위임금지원칙에도 반하지 아니한다.</u>

결정의 의의

이 사건은, 학원설립·운영자의 교습비등 반환의무가 발생하는 경우로, 기존에 규정되어 있었던 학원설립·운영자 측의 사유에 더하여 학습자 측의 사유도 추가하는 내용의 1999년 법률 개정이 행해진 이후, 관련된 조항에 관하여 헌법재판소가 처음 판단한 사건이다.

헌법재판소는 단순변심을 포함하여 학습자가 수강을 계속할 수 없는 사유가 발생한 경우, 학원설립·운영자로 하여금 학습자로부터 받은 교습비등을 반환하도록 하면서, 그 반환사유 및 반환금액 등을 대통령령으로 정하도록 한 학원법 조항들이 헌법에 위반되지 않는다고 판단하였다.

한편, 청구인은 구체적인 반환사유 및 반환금액 등을 정하고 있는 학원법 시행령 조항, 교습비등 반환의무를 이행하지 않으면 과태료를 부과하도록 한 학원법 조항에 관하여도 심판을 청구하였으나, 헌법재판소는 위 학원법 시행령 조항의 경우 헌법재판소법 제68조 제2항에 의한 헌법소원심판의 대상이 될 수 없는 대통령령을 대상으로 한 것이라는 이유로, 위 학원법 조항의 경우 청구인이 당해 사건 재판에서 위헌법률심판제청신청을 하지 않았다는 이유로, 이 부분 심판청구는 모두 부적법하다고 판단하였다.

103 골프장 입장행위에 부과되는 개별소비세 사건

(2024.8.29. 2021헌바34 【개별소비세법 제1조 제3항 제4호 위헌소원】)　　　　　　　　　　　　　　**[합헌]**

Ⅰ. 판시사항

1. 골프장 입장행위에 대하여 1명 1회 입장마다 1만 2천 원의 개별소비세를 골프장 경영자에게 부과하는 개별소비세법 제1조 제3항 제4호(이하 '심판대상조항'이라 한다)가 과잉금지원칙에 위반되어 재산권을 침해하는지 여부(소극)
2. 심판대상조항이 조세평등주의에 위반되는지 여부(소극)

Ⅱ. 결정요지

1. 헌법재판소는 2012. 2. 23. 2011헌가8 결정에서 심판대상조항과 동일한 내용의 구 개별소비세법 조항에 대하여, 골프장 입장행위에 대한 개별소비세 부과는 담세력에 상응하는 조세부과를 통해 과세의 형평을 도모하기 위한 것으로서 <u>세율이 자의적이라거나 골프장 이용객 수의 과도한 감소를 초래할 정도라고 보이지 아니하며, 사치성이 없다고 볼 수 있는 골프장 입장에 대하여는 개별소비세를 배제할 수 있는 길을 열어놓고 있는</u> 점에 비추어 과잉금지원칙에 위반되어 재산권을 침해하지 않는다고 판단한 바 있다.

위 결정 선고 이후 지속적으로 골프 인구가 늘어나고 골프장이 증설되었으나, 여전히 비용과 이용접근성, 일반 국민의 인식 측면에서 골프장 이용행위가 사치성 소비로서의 성격이 완전히 희석되었다거나 대중적인 소비행위로 자리 잡았다고 보기는 어려우며, 이 사건에서 선례와 달리 판단하여야 할 사정이 없으므로, <u>심판대상조항은 과잉금지원칙에 반하여 재산권을 침해한다고 볼 수 없다.</u>

2. 헌법재판소는 위 결정에서, 시설이용의 대중성, 일반국민의 인식 등을 근거로 골프장 입장행위와 달리 승마장 입장행위는 개별소비세 부과가 적절하지 아니하다고 본 입법자의 판단이 자의적인 조치라고 보기 어려우므로 구 개별소비세법 조항은 조세평등주의에 위배되지 아니한다고 판단하였고, 이와 관련하여 선례와 달리 판단할 사정변경은 인정되지 않는다. 한편, 요트장, 스키장, 고가의 회원제 스포츠클럽의 경우 매출액, 이용료, 이용방법, 이용객 수 등에 비추어, 그 입장행위에 대해 개별소비세를 부과하지 않는 것이 골프장 입장행위에 대한 과세와의 관계에서 자의적이라고 보기 어렵고, 경마장 등 사행행위 장소 입장에 부과되는 개별소비세는 과세의 목적과 세율이 다르므로 다른 것을 같게 취급하는 것이라 할 수 없다. 따라서 심판대상조항은 조세평등주의에 위배되지 않는다.

결정의 의의

헌법재판소는 헌재 2012. 2. 23. 2011헌가8 사건에서 이 사건 심판대상조항과 동일한 내용의 구 개별소비세법 조항에 대하여 재판관 6:3의 의견으로 합헌 결정한 바 있다.

헌법재판소는 선례 결정이 선고된 이래 골프 인구가 늘어나고 골프장이 증설된 것은 사실이나, 골프장 이용행위의 비용과 이용접근성, 정부 정책 및 세제변화, 개별소비세의 세율, 다른 체육시설의 현황 등 제반사정을 종합할 때 선례와 달리 판단하여야 할 사정변경이나 필요성이 인정되지 않는다고 판단하였다.

재판관 3인의 반대의견은 골프장 이용행위를 더 이상 개별소비세의 과세 대상이 될 만한 사치성 소비행위로 보기 어렵다는 점, 획일적인 세율이 침해의 최소성에 어긋난다는 점, 다른 사치성 체육시설과의 차별취급에 합리적인 이유가 있다고 보기 어려운 점 등을 이유로 헌법불합치 의견을 개진하였다.

104 강제추행죄 벌금형 확정시 체육지도자의 필요적 자격 취소

(2024.8.29. 2023헌가10 [국민체육진흥법 제12조 제1항 제4호 등 위헌제청])　　　　　　　　　　　　[합헌]

I. 판시사항

강제추행죄로 벌금형이 확정된 체육지도자의 자격을 필요적으로 취소하도록 한 구 국민체육진흥법 제12조 제1항 단서 제4호 중 '제11조의5 제4호 가목의 성폭력범죄 가운데 형법 제298조(강제추행)의 죄를 저지른 사람으로서 벌금형이 확정된 사람'에 관한 부분(이하 '심판대상조항'이라 한다)이 강제추행죄로 벌금형이 확정된 체육지도자의 직업선택의 자유를 침해하는지 여부(소극)

II. 결정요지

심판대상조항은 체육지도자 자격제도에 대한 공공의 신뢰를 보호하고 국민을 잠재적 성범죄로부터 보호하는 한편 건전한 스포츠 환경을 조성하기 위한 것이다. 강제추행죄는 상대방의 성적 자기결정권을 직접적으로 침해하는 범죄로 가해자에 대한 비난가능성이 높고, 범행의 내용이나 정도를 개별적으로 검토하여 임의적으로 자격을 취소하는 방법으로는 제도 운영의 투명성과 공정성을 기하기 어렵다. 일반 국민을 잠재적 성범죄로부터 보호할 필요성, 피해자의 효과적 대응이 어려운 전문체육분야의 특성 등을 고려하면, 체육지도자 자격의 필요적 취소에 관한 입법자의 판단이 현저히 불합리하다고 보기 어렵고, 법률에서 체육지도자 자격을 필요적으로 요구하는 분야 이외에는 체육지도자 자격이 취소되더라도 체육 종목 지도가 가능하므로, 이를 과도한 제한이라고 단정하기 어렵다. 또한 심판대상조항으로 인한 필요적 자격 취소의 불이익보다 체육활동을 하는 국민과 선수들을 보호하고 건전한 스포츠 환경을 조성하는 공익이 훨씬 더 중요하다. 따라서 심판대상조항은 과잉금지원칙에 위반하여 직업선택의 자유를 침해한다고 볼 수 없다.

결정의 의의

이 사건은 헌법재판소가 심판대상조항의 위헌 여부에 관하여 판단한 최초의 사건으로, 헌법재판소는 심판대상조항이 체육지도자의 직업수행의 자유를 침해하지 않는다고 판단하였다.

제청신청인은 제청법원이 위헌법률심판제청신청을 기각한 부분에 관하여 헌법소원심판을 청구하였고(2023헌바73), 위 사건에 관하여 헌법재판소는 2024. 8. 29. 국민체육진흥법 부칙(2020. 2. 4. 법률 제16931호) 제4조 중 제12조 제1항 단서 제4호 가운데 '제11조의5 제4호 가목의 성폭력범죄를 저지른 사람으로서 벌금형이 확정된 사람'에 관한 부분에 대하여 합헌결정을 하였다. (위 부칙조항은, 개정법 시행 전에 성폭력범죄를 저지른 자도 개정법 시행 후에 형이 확정되어 자격취소사유가 발생한 경우, 개정법에 따라 체육지도자 자격을 취소하도록 규정하고 있다. 청구인은 이러한 부칙조항이 헌법상 허용되지 아니하는 소급입법 등에 해당한다고 주장하였다.)

부록

판례색인

MEMO

MEMO